玄武年鉴 2023

南京市玄武区地方志编纂委员会办公室

方志出版社

图书在版编目（CIP）数据

玄武年鉴. 2023 / 南京市玄武区地方志编纂委员会办公室编.—北京：方志出版社, 2023.11

ISBN 978-7-5144-5889-3

Ⅰ. ①玄… Ⅱ. ①南… Ⅲ. ①区（城市）—南京—2023—年鉴 Ⅳ. ①Z525. 34

中国国家版本图书馆CIP数据核字（2023）第249249号

责任编辑：李志瑜
责任校对：张玉霞
责任印制：梅中英
出 版 者：方志出版社
地　　址：北京市朝阳区潘家园东里 9 号（国家方志馆4层）
邮　　编：100021
网　　址：http://www.zgfzcb.cn
发　　行：方志出版社图书营销中心（010-67110500）
印　　刷：南京顺和印刷有限责任公司
开　　本：889毫米×1194毫米 1/16
印　　张：26.5
字　　数：715千字
版　　次：2023年11月第1版
印　　次：2023年11月第1次印刷
定　　价：200.00元

玄武年鉴
XUANWU ALMANAC
2023

玄武区地方志编纂委员会

主　　任： 张志超

副 主 任： 吕　璟　马千山　施丽燕　余莉萍　庄佳峰　张　望

委　　员： 徐远帆　朱海峰　汪拥政　邹德勇　王　茜　吴　恒
张恒柱　陈　静　李海沅　郭建军　陶　祥　马云翊
魏　超　叶冬梅　王　河　庞　敏　秦　洁　王　鹤
朱　妍　孙　力　申留昌　吕梦旦

《玄武年鉴（2023）》编辑部

主　　编： 王　茜

副 主 编： 刘心林　卢永晨

编　　辑： 张　弛　时蔓菲

摄　　影： 区融媒体中心　各供稿单位

彩页设计： 张南海

装帧设计： 新志坊南京文化发展有限公司

《玄武年鉴（2023）》审稿人

（按篇目先后排列）

汪祥君　赵　虎　刘艳军　钟文舟　吴桂红　杨宇峰
孙丽萍　陈振昌　凌立玉　黄洁云　孙　敏　王娴竹
茅晓春　张　晖　杜宏亮　郑　倩　王　荣　汪凤华
梁卫国　马　俊　张　前　赵雪雁　刘必军　张　赟
姚晓晖　马义兵　邱　健　张兴保　魏　超　薛惠艳
李海沅　周　皓　徐　姝　孙远洁　王　娟　孙　荟
龚庆亚　王　莉　江　洁　但加成　郭　骞　马云逸
刘　康　章　凯　赵　伟　姚宇军　张　弘　陈克俊
丁毓萍　刘心林　杨　勇　苏　勤　黄文和　陶志龙
梁哲斌　竹军波　姬　智　董春燕　卢建华　王　涛
申留昌　邹玲华

地址
南京市月苑南路3号
电话
025-83682122
传真
025-83678279
邮编
210028
电子信箱
xwdfzb@163.com

金陵 style 浪漫中心 （区融媒体中心 供图）

石象路 （石伟 摄）

梅花山　　　　（区融媒体中心 供图）

前湖　　　　（区融媒体中心 供图）

美龄宫

（张春燕 摄）

4 月 27 日，玄武区人民政府与南京市国资委战略合作备忘录签约仪式　（区融媒体中心 供图）

4 月 29 日，2022 南京国际消费节玄武分会场启动仪式　（区融媒体中心 供图）

5月20日，城市金融客厅 · 玄武金融对接会　　（区融媒体中心 供图）

9月5日，2022中国南京金秋经贸洽谈会－玄武专场活动　　（区融媒体中心 供图）

4月，顾家营保障房项目竣工交付　　（区城建集团 供图）

520学生运动纪念广场　　（区融媒体中心 供图）

6月18日，玄武区委书记闵一峰（右三）调度林化所雨污管道清疏修缮　　（区融媒体中心 供图）

南京徐庄软件园“小蛮腰”　　（区融媒体中心 供图）

5月15日，“第32次全国助残日”玄武区广场宣传服务活动　　（区残联 供图）

5月27日，第二十届“玄武之春”暨玄武区文化进万家惠民系列活动启动仪式　　（区文旅局 供图）

6月10日，南京市“红石榴手拉手”大中小学铸牢中华民族共同体意识教育实践一体化建设项目暨玄武区“铸牢中华民族共同体意识宣传月”启动仪式 （区融媒体中心 供图）

6月23日，举行玄武区2022年文化惠民活动精品演出，演奏民乐《丝竹新韵》 （区文旅局 供图）

6月24日，第六届南京玄武国际城市休闲旅游节开幕式　　（区文旅局 供图）

6月28日，玄武区运动员代表南京市参加第20届省运会青少年部花样游泳和艺术体操比赛，共获得12枚金牌、5枚银牌、4枚铜牌的优异成绩　　（区文旅局 供图）

7月13日，访文脉聚民意助发展四级人大代表视察玄武文旅消费产业　　（区融媒体中心 供图）

9月7日，玄武区庆祝第三十八个教师节大会　　（区教育局 供图）

编辑说明

一、《玄武年鉴》以马克思列宁主义、毛泽东思想、邓小平理论、“三个代表”重要思想、科学发展观、习近平新时代中国特色社会主义思想为指导，坚持辩证唯物主义和历史唯物主义的立场、观点和方法，旨在准确、科学、系统地记载玄武区域内自然、政治、经济、文化、社会发展等方面基本情况、重大事件，为社会各界了解和研究玄武提供权威、翔实的信息，为领导决策提供参考和依据，为编修志书积累史料。

二、《玄武年鉴》是由南京市玄武区地方志编纂委员会办公室编辑出版的综合性信息资料文献。《玄武年鉴》1985年创刊，逐年编辑出版。

三、《玄武年鉴（2023）》采用分类编辑法，主体内容分为类目、分目、条目3个层次，部分分目下设副分目。条目为记述的基本层次。本卷设特载、专记、大事记、概览、中共南京市玄武区委员会、南京市玄武区人民代表大会、南京市玄武区人民政府、政协南京市玄武区委员会、中共南京市玄武区纪委 玄武区监委、民主党派·人民团体、法治、军事、产业经济、商贸·投资促进、财政·税务、经济管理与监督、城建城管·环境保护、应急管理、教育、科学技术、文化·旅游业、卫生·体育、人民生活、街道、人物·荣誉、附录26个类目。类目标题标于各类目前篇扉页和书眉，标题文字符号均以蓝墨色为基调；分目标题标于各分目的起始处并用蓝墨色大标宋字标出，副分目标题字体用黑体字前后加“·”表示；条目标题则用黑体字前后加【 】表示。

四、《玄武年鉴（2023）》记载2022年度玄武区所发生的事件。为提高年鉴的时效性，事件主体发生在2022年，但其相关内容延伸至2023年年初，如先进表彰、科技成果评选结果公布等，予以跨年度记述。部分条目记述时涉及2022年前的情况，为使记述的事件连续和完整，仍予简略记载。所收录的组织机构负责人名单均以2022年内任职为限，有任免的分别予以注明。文中“区”“全区”“区内”“区域”均指玄武区。

五、《玄武年鉴（2023）》所载资料，分别由玄武区各部、委、办、局及各街道和有关单位专人撰写，并经领导（主审人）审阅。年鉴引用的工作报告、文件、讲话和新闻报道均按原件记载。统计资料数据使用法定计量单位，主要数据由玄武区统计局提供，数据时间截至2022年12月31日。所用统计数据，由于统计的来源、口径、方式、方法和时间的不同而有一定的差异，引用时请注意。

六、为方便检索，在《玄武年鉴（2023）》卷末附有索引。“玄武区政区图”由玄武区民政局提供。

目　录

南京市玄武区人民代表大会

南京市玄武区人民政府

政协南京市玄武区委员会

中共南京市玄武区纪委
玄武区监委

民主党派·人民团体

法　　治

军　　事

产业经济

商贸·投资促进

财政·税务

经济监督与管理

城建城管·环境保护

应急管理

教　育

科学技术

文化·旅游业

卫生·体育

人民生活

街　　道

人物·荣誉

附　　录

索　　引

特载

区委常委会工作报告

政府工作报告

区委常委会工作报告

——在区委十二届六次全会上

区委书记　闵一峰

2022年12月8日

这次全会的主要任务是，坚持以习近平新时代中国特色社会主义思想为指导，深入学习宣传贯彻党的二十大精神，按照省委十四届三次全会和市委十五届五次全会要求，回顾总结今年工作，研究部署明年任务，在新征程上全面推进中国式现代化玄武新实践，更好地"扛起新使命、谱写新篇章"，为全面建设社会主义现代化国家、全面推进中华民族伟大复兴做出玄武贡献。

一、在服务大局中展现作为，全区各项事业取得长足进步

今年以来，区委常委会坚持以习近平新时代中国特色社会主义思想为指导，按照中央和省市委决策部署，全面落实"疫情要防住、经济要稳住、发展要安全"重大要求，高效统筹疫情防控和经济社会发展，统筹发展和安全，营造了平稳健康的经济环境、国泰民安的社会环境、风清气正的政治环境。一年来，我们在讲政治中迎盛会、担使命。坚持把迎接党的二十大、学习宣传贯彻党的二十大精神，作为贯穿全年的工作主线，大会召开前，积极开展社会宣传和氛围营造工作，大会召开后，按照上级统一部署，认真组织传达学习、制定相关工作方案，迅速掀起学习宣传贯彻的热潮，推动党的二十大精神在玄武落地生根、开花结果。我们在抓发展中挑重担、扛重责。坚决担起"勇挑大梁"重大责任，全力以赴补短板、强弱项、固底板、扬优势，以最大努力克服疫情冲击、争取最好结果，经济发展持续向好，主要经济指标企稳回升，文旅、外贸工作获得省政府督查激励表彰，有力展现了省会城市中心城区、市委市政府所在地的责任担当。我们在攻难点中筑防线、守底线。扎实做好"3·10""10·25""11·16"等疫情防控工作，一体推进"大

走访、大排查、大攻坚”和“信访突出问题攻坚化解年”行动，年度10件民生实事全部兑现，中央环保督察移交信访问题全部办结，为党的二十大期间社会安全稳定做出了玄武贡献。具体工作成效体现在六个方面：

*一是筑牢防疫坚固屏障。*突出“防在前、早发现、快处置”，优化防控组织，保持应急指挥体系高效灵敏，坚持每天调度、及时研判，严格执行“日常值班+防疫值班”双值班制度，连续编发疫情防控信息简报超过1000期，快速处置市中西医结合医院、东部战区总医院、皮肤病研究所、南京林业大学、熊猫万谷金融科技中心等突发状况，坚决切断疫情传播链条。细化防控措施，坚持人、物、环境同防，压实“四方责任”、落实“四早”要求，守牢南京站重要入城通道，强化来返宁人员排查管控，抓好商场超市、宾馆酒店、文博场馆、旅游景区等人员密集场所管理，科学组织核酸筛查，统筹“落地检”“重点检”等措施，稳步推进疫苗接种工作，全人群全程接种率超过96%。强化防控基础，认真执行第九版防控方案和20条优化措施要求，加强公共卫生应急体系建设，做好物资储备、充实应急队伍，区PCR实验室成为国家疾控中心新冠肺炎监测网络实验室成员单位。

*二是巩固经济向好态势。*牢牢把握稳中求进工作总基调，抓项目提质效，统筹推进103个区级以上重大项目，招商局江苏中心、律政产业园等37个项目启动建设，钟山风景名胜区旅游服务中心、中央路224号总部经济大楼等39个项目实现竣工，双拜巷等3幅地块顺利出让，聚智园获得国家政策性开发性金融工具支持，全区累计新建改造产业载体突破50万平方米。抓企业扩增量，突出精准招商、深化政企合作，与市国资委召开战略合作推进会，举办金洽会玄武专场等招商活动58场，亚新科总部等顺利落户，中核能源被认定为省级跨国公司功能性机构，全区签约项目投资总额突破540亿元。抓服务优环境，持续优化包保联系机制，开展“服务企业·面对面”大走访活动，对重点企业、重大项目、重要人才全覆盖联系走访，出台助企纾困稳定经济发展“20条”和优化营商环境“55条”，完善减税降费、援企稳岗、融资扶持等措施，创新推出“应急贷”“码上贷”“线上融”等服务，促进优惠政策免申即享、直达企业，汇通达在港交所顺利上市，速度时空、中科天文获评国家级专精特新“小巨人”企业。

*三是充分激活发展动能。*突出创新引领、消费促进，积极探索、持续发力，科技创新动力强劲，持续推进“一区一特色”改革任务，生物育种钟山实验室召开理事会第一次会议，全面启动实质性运作，省委、省政府主要领导作出专门批示，江苏集萃医工交叉研究所、鼓楼医院临床医学研究院成功落户，出台集聚高新技术企业、海外高层次人才系列政策，建成“玄武人才港”，国家级高层次人才计划入选数位居主城第一，南京林业大学“创客汇”入选国家级众创空间，全区获评国家知识产权强县建设试点单位、全国创新百强区。消费市场活力迸发，深化国际消费中心城市中心区建设，多措并举建载体、办活动、优服务，南京国际消费节玄武系列活动覆盖全年，玄武国际城市休闲旅游节创出品牌，全区集聚一线品牌20个、中国首店10家、消费新场景150个，1912街区入选全省示范步行街，全区创成省文旅消费示范单位、省文旅产业融合发展示范区。

*四是全面增进民生福祉。*始终坚持以人民为中心的发展思想，推动基本保障提标，突出就业优先、促进共同富裕，全区新增城镇就业超过2.1万人、支持自主创业超过4000人，徐庄高新区获评全国和谐劳动关系创建示范工业园区。高质量完成住户调查大样本轮换工作，预计全区居民人均可支配收入达8.3万元左右、保持省市第一。聚焦“一老一小”、心系困难群众，街道儿童“关爱之家”、社区未保服务点实现全覆盖，探索“时间银行”互助养老模式，实施“3+X”特色救助，成立社工关爱基金。推动公共服务提优，坚持教育优先发展，落实立德树人根本任务，贯彻爱的教育理念，深化教育布局调整和集团化办学，创成省建设基础教育高质量发展实验区。优化基层医疗服务体系，成立医疗发展联盟。完善退役军人服务网络，全国示范型退役军人服务站实现街道社区全覆盖，以全市第一的成绩获评省双拥模范区“九连冠”。推动

城市面貌提质，深入推进污染防治工作，空气、水环境质量稳步好转，玄武湖、珍珠河创成全市首批幸福河湖。启动上乘庵路建设，打好地铁6号线、9号线征收攻坚战，推进项目按时扫尾清零，探索卫巷危房片区化整治模式，南京站金陵盛景观景平台、中山门大街入选南京新十年48张“新名片”。积极推进共享停车，新增共享停车泊位超过1300个。大力推进绿化工作，新增绿地10万平方米。建立文明城市创建“1+6”长效机制，圆满完成国测、省测工作任务。

*五是坚决守好安全底线。*增强忧患意识、树牢底线思维，紧抓安全生产不懈怠，认真贯彻新《中华人民共和国安全生产法》，落实国务院安全生产15条硬措施，深化提升安全生产“三年大灶”专项整治，扎实做好上级安全生产督导反馈问题整改，不断深化安全生产大检查，聚焦压降火灾事故数量，制定火灾防控和消防能力提升工作实施方案，依托“181”平台，提升安全生产网格化、信息化管理水平，全区未发生安全生产亡人责任事故。紧抓社会稳定不放松，抓好市委化解民生诉求突出问题专项巡察反馈意见整改，深化越级进京访和重复访治理，圆满完成党的二十大和冬奥会、冬残奥会信访维稳工作任务，越级进京访同比下降超过80%。加强政府性债务管理，全面盘清融资平台公司家底，逐步压降融资平台公司数量，完善公益性项目市场化融资管理机制。加大隐性债务化解力度，推动政府性债务率和债务规模“双下降”，债务风险等级稳定在绿色区间。深入开展非法集资排查处置行动，办理全省首起非法集资行政处罚案件。积极稳妥处置宗教领域重大舆情。开展“食品安全宣传周”等活动，提升食品药品监管能力。紧抓基层治理不停步，认真贯彻《政法工作条例》精神，深入推进特殊困难群体救助帮扶和妇女儿童权益保障问题专项排查整治，严格落实严重精神障碍患者管理服务措施。整合政法、司法、信访职能，建成区政法综治中心。深化《中华人民共和国反有组织犯罪法》宣传，健全扫黑除恶长效机制，实施平安护民、法治惠民“双十”项目，严厉打击各类违法犯罪活动，在全市打击整治养老诈骗专项行动中，破获全市养老诈骗第一案。

*六是广泛凝聚奋进合力。*牢固树立管党治党主责主业意识，落实新时代党的建设总要求，以高质量党建引领保障高质量发展。强化思想武装，发挥理论学习中心组领学促学作用，区委理论学习中心组入选全市党委理论学习中心组学习示范点。创新形式、丰富载体，打造“知行玄武”理论宣讲品牌，全区入选全市基层理论宣讲先进集体、全省基层党员冬训工作示范区。完善长效工作机制，强化重点阵地管理，牢牢掌握意识形态工作领导权和话语权，网络综合治理体系建设被列入全省试点。加强新闻舆论工作，深化与中央、省、市级媒体合作，一批重点工作被新闻联播、求是网等主流媒体报道。强化组织建设，严格选人用人，突出“一班子一档”“一人一档”，深化无任用考察调研，强化对领导班子和领导干部分析研判，出台年轻干部培养重点责任清单，激励年轻干部担当作为，提升年轻干部能力素质。夯实基层基础，举办“党建引领基层治理玄武实践”观摩点评会，发布“百子红”老旧小区治理标准化体系，开展新业态新就业群体“红领·蜂行”十项行动，推出“两新”组织“双考四评”机制，《物见初心》等获评全国党员电教一等奖。强化监督执纪，充分发挥监督保障执行、促进完善发展作用，聚焦疫情防控、安全生产、信访维稳等强化政治监督，开展直管公房、挂证取酬、停车收费等专项整治。坚守政治巡察定位，制定区委巡察工作五年规划，组织3轮巡察，覆盖18家机关部门，持续加大对“一把手”和领导班子监督力度。以全周期管理一体推进“三不腐”，实行“室组地”一体化监督办案，深化“廉洁校园行”“倡廉护企行动”廉洁文化品牌建设，涵养风清气正的良好政治生态。强化团结协作，全力支持人大、政协工作和建设，召开区委人大工作会议，全面推行街道议政代表会制度，建立政协“专属融合”机制，成立应用型智库。区法院推动建设生物多样性司法保护馆，区检察院发起成立文物和文化遗产公益保护联盟。巩固最广泛的爱国统一战线，召开区委民族工作会议暨全区宗教工作会议，开展“红石榴手拉手”铸牢中华民族共同体意识教育实践进校园活动。党管武装不断加强，深

化“四个秩序”规范化建设，应急应战能力持续提升。做好新时代党的青年工作，举办庆祝建团百年系列活动。区总工会、残联、慈善总会换届工作圆满完成，党校、党史、档案、老干部、关心下一代等工作全面加强。

二、在学思践悟中汲取力量，推动党的二十大精神落地生根

党的二十大是在全党全国各族人民迈上全面建设社会主义现代化国家新征程、向第二个百年奋斗目标进军的关键时刻召开的一次十分重要的大会，是一次高举旗帜、凝聚力量、团结奋进的大会。学习宣传贯彻党的二十大精神，是当前和今后一个时期的首要政治任务，全区上下要把思想和行动统一到党的二十大精神上来，按照中央和省市委部署要求，在全面学习、全面把握、全面落实上下功夫，推动大会精神在玄武付诸行动、见之于成效。

*一是要充分认识重大意义，自觉增强历史主动。*党的二十大事关党和国家事业继往开来，事关中国特色社会主义前途命运，事关中华民族伟大复兴，具有重大现实意义和深远历史意义。要全面理解党的二十大报告发出了党团结带领全国各族人民夺取新时代中国特色社会主义新胜利的政治宣言。习近平总书记所作的报告，高屋建瓴、气势磅礴，承前启后、继往开来，具有极强的政治性、思想性、理论性、实践性，是党和人民智慧的结晶，是一篇闪耀着马克思主义真理光芒的纲领性文献。要全面理解党章修正案彰显了党的理论创新、实践创新和制度创新的时代特色。大会通过的党章修正案，充分体现了马克思主义中国化时代化最新成果，充分体现了党百年奋斗的重大成就和历史经验，对推进新时代党的事业和党的建设具有根本规范和指导作用。要全面理解大会选举产生以习近平同志为核心的新一届中央领导集体，体现了全党意志、凝聚了全党共识、反映了人民期待。习近平同志继续当选中央委员会总书记、担任中央军委主席，是党心所向、军心所向、民心所向，反映了9600多万名党员和亿万人民紧跟伟大复兴领路人开创美好未来的坚定信心。

*二是要深刻领会思想精髓，牢牢把握核心要义。*党的二十大精神内涵丰富、博大精深，既有政治上的高瞻远瞩，也有理论上的深邃思考，相互联系、有机统一。习近平总书记强调的“五个牢牢把握”，是对党的二十大精神的高度概括，为我们深刻领会党的二十大精神提供了重要遵循。要牢牢把握过去5年工作和新时代10年伟大变革的重大意义，全面认识党和国家事业取得的历史性成就、发生的历史性变革，深刻领悟“两个确立”的决定性意义，增强“四个意识”、坚定“四个自信”、坚决做到“两个维护”。要牢牢把握习近平新时代中国特色社会主义思想的世界观和方法论，坚持好、运用好贯穿其中的立场观点方法，做到知其言更知其义、知其然更知其所以然，坚持不懈用党的理论创新成果武装头脑、指导实践、推动工作。要牢牢把握以中国式现代化推进中华民族伟大复兴的使命任务，准确把握新时代新征程党和国家事业发展的大政方针和战略部署，沿着中国式现代化的康庄大道稳步前行，在玄武大地展现出中国式现代化的美好图景。要牢牢把握以伟大自我革命引领伟大社会革命的重要要求，以“永远在路上”的坚韧和执着，推进全面从严治党向纵深发展，为玄武现代化建设提供坚强政治保证。要牢牢把握团结奋斗的时代要求，在党的旗帜下团结成“一块坚硬的钢铁”，万众一心、迎难而上，在新的赶考之路上，不断开创事业发展的新天地，交出无愧于人民和时代的新答卷。

*三是要保持高度政治自觉，坚决抓好贯彻落实。*推动党的二十大精神在玄武落地见效，关键看行动，关键在落实。要紧跟总书记指引方向，在新的伟大征程上坚定勇毅前行。进入新时代，总书记为江苏擘画了“经济强、百姓富、环境美、社会文明程度高”的宏伟蓝图，踏上新征程，又赋予我们“争当表率、争做示范、走在前列”的光荣使命，我们要牢记谆谆嘱托、强化责任担当，做到看任何问题、抓任何工作都向总书记看齐、听党中央指挥，以实际行动把蓝图变为现实、把愿景变为实景。要紧抓现代化建设机遇，在新的伟大征程上探索特色路径。党的二十大对全面建成社会主义现代化强国作出总的战略安排，深刻阐述

了中国式现代化的中国特色和本质要求，我们要坚持中国式现代化道路不动摇，主动在全市、全省乃至全国的坐标系中找准定位，顺应发展趋势、把握发展机遇，在推进中国式现代化中体现玄武担当、展现玄武作为。要紧扣二十大宏伟蓝图，在新的伟大征程上贡献玄武力量。党的二十大确定的目标任务，既有总的战略安排，又有阶段性的工作举措，我们要突出统筹兼顾、分清轻重缓急，找准全区各项工作与党的二十大精神的结合点、切入点，拿出实实在在的举措，明确"时间表"、算好"任务账"、确定"施工图"，一个节点一个节点向前推进，把党的二十大精神落实到具体行动上、体现在工作效果中。

四是要树立鲜明工作导向，推动发展行稳致远。实现党的二十大描绘的宏伟蓝图，既是思想的检验，也是能力的考验。要站稳人民立场，坚持全心全意为人民服务的根本宗旨，牢记江山就是人民、人民就是江山，把人民群众对美好生活的向往作为奋斗目标，始终同人民想在一起、干在一起，风雨同舟、同甘共苦。要强化系统观念，加强前瞻性思考、全局性谋划、战略性布局、整体性推进，既立足当前、又着眼长远，既统筹全局、又突出重点，善于在多重挑战中把握先机、赢得主动，实现工作高效联动、整体协同。要弘扬实干精神，锤炼"马上就办、真抓实干"的作风，大力推行项目工作法、一线工作法、典型引路法，坚持任务项目化、项目清单化、清单具体化，通过作风转变、效能提升，不断开创工作新局面。要坚持底线思维，发扬斗争精神，提高斗争本领，保持"时时放心不下""处处瞪大眼睛"的精神状态，精准识别风险、充分认识风险，打好防范和抵御风险的有准备之战，努力在危机中育新机、于变局中开新局。要突出从严要求，坚持严字当头、一严到底，以最坚决的态度、最严格的标准、最有力的措施，持之以恒推进全面从严治党，不断增强政治领导力、思想引领力、群众组织力、社会号召力，确保党内政治生活严肃健康、党内政治文化正气充盈、党内政治生态山清水秀。

三、在抢抓机遇中赢得主动，全面推进中国式现代化玄武新实践

党的二十大发出了以中国式现代化全面推进中华民族伟大复兴的动员令，并强调高质量发展是全面建设社会主义现代化国家的首要任务。近年来，我们立足玄武区情实际，挖掘优势资源、激扬特色禀赋，从"文旅融合"到"消费促进"再到"创新引领"，一年一个主题、一步一个脚印，着力探索特大城市中心城区彰显玄武特色的高质量发展之路。省第十四次党代会提出了"六个显著提升"的工作目标，市第十五次党代会强调了"五个做示范"的具体目标，区第十二次党代会提出了建设"最具竞争力的创新高地、最具影响力的消费中心、最具吸引力的美丽城区、最具凝聚力的幸福家园"的奋斗目标，现代化建设的基础更加坚实、任务更加明确。站在新的历史起点上，我们要自觉用党的二十大精神统一思想、统一意志、统一行动，主动服务大局、积极创新实践，丰富工作内涵、细化工作举措，努力让中国式现代化在玄武大地展现可观可感的现实图景。

明年是全面贯彻落实党的二十大精神的开局之年，对全面推进中国式现代化玄武新实践，具有十分重要的意义。要坚持以习近平新时代中国特色社会主义思想为指导，深入学习宣传贯彻党的二十大精神，按照省委十四届三次全会和市委十五届五次全会决策部署，坚持稳中求进工作总基调，全面贯彻新发展理念，服务构建新发展格局，着力推动高质量发展，建设最具竞争力的创新高地、最具影响力的消费中心、最具吸引力的美丽城区、最具凝聚力的幸福家园，全面推进中国式现代化玄武新实践，更好地"扛起新使命、谱写新篇章"，为全面建设社会主义现代化国家、全面推进中华民族伟大复兴做出玄武贡献。具体要抓好五个方面工作：

(一)增创区域竞争新优势

聚焦创新引领，提振发展能级。融入全市引领性国家创新型城市建设，提升合作深度，充分发挥高校院所基础研究主力军和原始创新策源地作用，完善"校地共商""院地共商"机制，支持高校院所一流学科建设，推动高校院所重点实验室重组，持续深化东大科技园、南师大玄武科技园、南理工科技创新园等科技

园区建设，整体谋划中科院南京分院“一院四所”迁后空间利用，促进校区、园区、社区“三区联动”，形成创新型城区与创新型高校院所协同发展良好局面。提升平台高度，对接国家战略科技力量布局，加快生物育种钟山实验室建设，全力争创国家级科创平台，发挥江苏集萃医工交叉研究所、鼓楼医院临床医学研究院示范作用，打造生命科学、集成电路、空天科技等领域科创平台集群，探索“揭榜挂帅”工作机制，推进重大科研项目攻关，在科技创新高原上竖起更多高峰。提升人才密度，坚持人才链、产业链、创新链深度融合，积极实施“凤栖玄武”人才工程，依托“玄武人才港”，构建一站式人才服务保障体系，广泛引进“高精尖缺”领军人才和创新团队，完善市场化人才评价激励机制，鼓励优秀人才向特色产业和重点企业集聚，切实营造人才各得其所、尽展所长的良好氛围。

聚焦消费促进，释放发展活力。持续推动国际消费中心城市中心区建设，增强消费辐射力，放大新街口“中华第一商圈”品牌效应，深化长江路文旅集聚区建设，串联整合D9街区和1912街区，精心打造红庙、估衣廊、碑亭巷等特色街巷。以环山、滨湖、沿墙等为重点，全力开发青石街、钟岚里、百子亭等片区，建设高端化商业地标，打造沉浸式网红场景，构筑覆盖全域、布局合理的现代化商业网点体系。增强消费影响力，推动文化、科技与消费深度融合，大力发展首店经济、夜间经济、流量经济，培育康养、育幼等消费热点，推动智能家电、新能源汽车等大宗商品消费，集聚一线品牌20个、潮流首店50家，推动消费潜力释放、品质提升。增强消费吸引力，抢抓“6·18”“双11”“双12”等重要节点，认真办好玄武国际城市休闲旅游节等品牌活动，持续扩大消费宣传、激发消费热情。组建行业性、区域性消费联盟，广泛开展品牌、信息、管理、服务等合作。推进“放心消费”创建工作，建成20家放心消费企业服务站，完善消费者权益保护机制，加快诚信体系建设，切实营造良好消费氛围。

（二）培育经济发展新动能

推动产业集群成链。全力打造“1+2+2”现代化都市型产业体系，聚焦产业发展重点领域和关键环节，做好稳链固链、强链补链工作，推动新技术、新业态、新模式发展，促进产业高端攀升、特色集聚。把数字经济作为关键增量，落实数字经济发展三年行动计划，稳步推进5G基站等数字化基础设施建设，大力实施企业上云工程，促进“数字+文化”“数字+旅游”“数字+金融”等快速发展，加快数字产业化、产业数字化进程。

推动项目提质增效。牢固树立大抓项目、抓大项目的鲜明导向，坚持全程代办、完善要素保障，推动矽力微中国区总部等项目开工，加快“玄武之光”新一代信息技术科创中心、招商局江苏中心等项目建设步伐，确保铁北数码港、铁北创新孵化集群等项目竣工投产，谋划长途东站、经五路公交场站等地块开发，探索REITs融资模式，争取国家政策性开发性金融工具支持，形成开工一批、建设一批、竣工一批、储备一批的项目链条，新建改造产业载体突破100万平方米。

推动企业扩容升级。完善招商工作机制，依托金洽会、进博会、软博会等重点经贸交流展会，策划50场以上招商活动，创新网络招商、金融招商、以商招商等模式，加快引进一流国企、优质外企、实力民企。实施企业升级计划，用好用活资本市场、推进企业上市工程，支持龙头企业做强做优，鼓励中小企业向“专精特新”方向发展，大力培育“独角兽”企业、“瞪羚”企业、“单项冠军”企业，力争新增“四上”企业突破150家。

推动服务直通快享。围绕打造营商环境最优区，落实助企纾困政策，完善包保联系机制，聚焦融资、物流、用工等难题，全力解决企业困难、传递发展信心。持续推进“一件事”改革，优化“企业开办服务专区”“政务服务综合窗口”，探索“跨区通办”“无感审批”等措施，完善全科政务服务，打造“满意玄武”品牌。以律政产业园为引领，推动法务、会计、专利、咨询等高端中介机构定向集聚，实现“政产学研金”各类要素优势互补、融合汇聚。扎实做好“五经普”工作，全面摸清经济家底。

（三）绘就宜居宜业新画卷

在城市建设上倾注工匠精神。全面改善出行条件，配合做好6号线、9号线等轨道交通建设，新建大壮观路，建成文枢西路西延，实施铁匠营、尖角营等街巷整治，畅通城市交通循环。全力优化居住环境，推进黄家圩片区改造，启动仙鹤门保障房建设，开展晏公庙西村等12个老旧小区整治，打造宁栖路等3个“口袋公园”，推广海绵城市、绿色建筑等技术，整体改善城市功能品质。

在城市管理上用足绣花功夫。全力美化市容市貌，聚焦环玄武湖、铁北红山新城等重点片区，持续推进综合管养，重拳整治违章停车、占道经营等城市管理“顽疾”，促进城市有序运行。积极破解停车难题，优化共享停车模式。提升环卫保洁水平，广泛开展垃圾分类“争优除差”行动，稳步推进循环经济产业园建设，实现垃圾无害化处理、资源化利用，全力打造“无废城区”。

在生态保护上保持攻坚劲头。坚持减污降碳协同增效，持续抓好治气治水工作，推进挥发性有机物、扬尘、餐饮油烟源头治理，实现PM2.5和臭氧“双控双减”，推动环境空气质量持续好转。严格落实河湖长制，推进内秦淮河、珍珠河雨水排口截流优化改造和内秦淮河、紫金山一沟、唐家山沟流域雨污水管网清疏修缮工程，创成2条幸福河湖，促进重点断面水质稳定达标。广泛开展绿色出行、绿色办公、绿色消费等创建活动，切实守住环境质量“只能更好、不能变坏”的底线。

（四）共享美好幸福新生活

高标准推进社会保障提优。坚持产业支撑就业、创业带动就业，抓好高校毕业生等重点群体就业，拓宽居民增收渠道、夯实共同富裕基础，确保居民人均可支配收入继续保持省市第一。坚持应保尽保、应扶尽扶，对困难群体开展滚动排查、精准帮扶，高度关注“一老一小”群体，促进居家、社区、机构养老服务协调发展，推动困境儿童“一人一档”“一人一策”关怀救助，发展慈善事业，打造慈善品牌，织密织牢民生保障网底。

全方位推动社会事业提质。深化现代化教育强区建设，落实“双减”政策、实施素质教育，充分整合社会资源，打造“课后服务15分钟教育圈”，大力推进教育基础设施建设，建成十三中红山新城校区，推进北京东路小学红山分校、南京理工大学实验小学改扩建工程，促进优质教育资源均衡分布、普惠共享。积极建设“健康玄武”，深化综合医改、落实分级诊疗，加快社区卫生服务中心提档升级，全力打造名医工作室和家庭医生工作室，促进医疗资源整体联动。深化双拥共建工作，优化退役军人服务保障体系。

大力度促进文明程度提升。弘扬社会主义核心价值观，深入实施公民道德建设工程，积极选树道德模范、最美家庭、玄武好人，完善文明城市创建常态长效机制，显著提升社会文明程度和市民文明素养。深入挖掘本土文化资源，强化历史文化传承创新，实施文旅体惠民工程，推进“梅花戏剧角”等文化阵地建设，深化全民阅读，建设书香玄武，编撰《玄武区志（2000—2019年）》，不断提升文化传播力、影响力。

（五）营造安定和谐新局面

慎之又慎护安全。根据国家政策和疫情形势变化，持续优化调整防控措施，科学精准抓好疫情防控。严格落实新《安全生产法》要求，聚焦危化品、消防、城镇燃气、交通运输、建筑施工等重点行业领域和高层楼宇、自建房、地下空间、“九小”场所、“三合一”场所等重点场所，持续开展安全生产大检查，加强安全生产监测预警和监管执法，推进区应急指挥中心建设，扎实做好防灾减灾工作。推进国家安全体系和能力现代化，全面构建玄武“大安全”格局，积极防范政府性债务、融资平台经营性债务、房地产、非法金融等风险，着力统筹发展和安全，牢牢守住不发生系统性风险底线。

严之又严保稳定。严格落实领导干部下访、接访、约访和包案制度，畅通群众诉求表达、利益协调、权益保障通道，坚持源头着手、系统施策，更大力度推进信访突出问题攻坚化解，扎实做好“送上门来的群众工作”。充分发挥区政法综治中心作用，完善立体化社会治安防控体系，持续加大对违法犯罪活动的打击力度，做好重要部位巡逻值守，提升街面见警率、巡防管事率、治安控制力。大力弘扬新时代“枫桥经验”，持续推进“八五普法”，促进访调对接、诉调对接、警调对接，巩固政法队伍教育整顿成果，切实加大从严治警力度，营造和谐稳定的良好氛围。

实之又实打基础。加强“一网统管”工作，依托城市运行管理中心，打破数据壁垒，强化工作协同，打造网格化管理、精细化服务、信息化支撑的基层治理平台。突出重心下移、力量下沉，以“社创谷”建设为依托，实施社区强基工程，夯实社区治理基础，推进社会工作站建设，实施公益创投项目，探索“五社联动”机制，建设人人有责、人人尽责、人人享有的社会治理共同体。

四、在管党治党中夯实基础，筑牢现代化建设政治保证

全面从严治党永远在路上，党的自我革命永远在路上，要弘扬伟大建党精神，深入推进新时代党的建设新的伟大工程，以党的自我革命引领社会革命。

*一是要旗帜鲜明抓好政治建设。*坚持以党的政治建设为统领，深刻领悟“两个确立”的决定性意义，增强“四个意识”、坚定“四个自信”、坚决做到“两个维护”，始终在政治立场、政治方向、政治原则、政治道路上同以习近平同志为核心的党中央保持高度一致。胸怀“两个大局”、牢记“国之大者”，严守政治纪律和政治规矩，不断提高政治判断力、政治领悟力、政治执行力，确保中央和省市委各项决策部署在玄武落地见效。

*二是要持之以恒强化思想武装。*坚持思想建党、理论强党，深入学习贯彻习近平新时代中国特色社会主义思想，加强理论学习中心组制度化、规范化建设，推进党史学习教育常态化长效化，切实做到学思用贯通、知信行统一。充分认识意识形态工作的极端重要性，强化动态监测和风险排查，严管高校、宗教、网络等重点意识形态阵地。全力打造“两微一网”全媒体传播矩阵，全方位、多角度讲好玄武故事、唱响玄武声音，巩固壮大奋进新时代的主流思想舆论。

*三是要坚持不懈夯实组织保障。*坚持新时代好干部标准，以事察人、依事择人，完善干部“选育管用”工作体系，统筹用好各层次、各年龄段干部，鼓励干部到基层一线和急难险重岗位上摔打锻炼，不断增强防风险、迎挑战、抗打压能力，打造高素质专业化干部队伍。树牢大抓基层鲜明导向，聚焦提升政治功能和组织功能，放大“百子红”党建品牌示范效应，深化探索党建引领基层治理玄武路径，推进“两新”组织“双有”攻坚行动，培育党建与发展“双强型”企业典型，优化“红领·蜂行”运作机制，推动基层党建全面进步、全面过硬。

*四是要驰而不息推进正风反腐。*始终坚持严的基调，认真落实中央八项规定精神，持续深化纠治“四风”，严防问题反弹回潮。推进纪律、监察、派驻、巡察“四项监督”统筹衔接，强化政治监督、做实日常监督，增强对“一把手”和领导班子监督实效。坚持不敢腐、不能腐、不想腐一体推进，同时发力、同向发力、综合发力，把不敢腐的强大震慑效能、不能腐的刚性制度约束、不想腐的思想教育优势融于一体，打好党风廉政建设和反腐败斗争攻坚战、持久战。

*五是要全力以赴凝聚奋进力量。*坚持党对一切工作的领导，提高把方向、谋大局、定政策、促改革的能力和定力。发展全过程人民民主，支持人大及其常委会依法行使职权，扎实推进“四个机关”建设，支持政协发挥协商民主重要渠道和专门协商机构作用，推动政协协商和基层治理融合共进。完善大统战工作格局，持续推进统战工作实践创新。提高党管武装工作水平，全面加强国防动员和后备力量建设。深化工会、共青团、妇联等群团组织改革和自身建设，更好发挥桥梁纽带作用。统筹抓好党校、党史、档案、老干部、关心下一代等工作，汇聚万众一心、团结奋斗的磅礴力量。

同志们，新征程催人奋进，新使命重任在肩。让我们更加紧密地团结在以习近平同志为核心的党中央周围，坚持以习近平新时代中国特色社会主义思想为指导，踔厉奋发担使命、勇毅前行创未来，为全面建设社会主义现代化国家、全面推进中华民族伟大复兴做出新的更大贡献。

政府工作报告

——在区第十九届人民代表大会第二次会议上

区长 钱 维

2023年1月1日

一、2022年工作回顾

2022年是党的二十大召开之年，是新时代新征程中具有特殊重要意义的一年。一年来，面对宏观环境更加严峻、疫情冲击远超预期、"三重压力"[1]明显加大的复杂局面，区政府坚持以习近平新时代中国特色社会主义思想为指导，深入学习贯彻党的二十大精神，全面落实党中央"疫情要防住、经济要稳住、发展要安全"重大要求，按照市委市政府和区委的决策部署，高效统筹疫情防控和经济社会发展，统筹发展和安全，各项工作取得积极成效。

过去的一年，我们坚持与民同行，全力打好疫情防控攻坚战。始终坚持人民至上、生命至上，认真贯彻落实党中央、国务院决策部署，在疫情防控的不同阶段，因时因势做好应对处置，切实保障群众生命健康安全。及时阻断疫情传播链。紧紧围绕"防在前、早发现、快处置"要求，突出精准科学、以快制快，密切跟踪国内外疫情形势变化，及时优化完善应急指挥体系，坚持每日调度、研究会商，严格执行"日常值班+防疫值班"双值班制度，充分发挥"宁搏疫"平台作用，高效应对"3·10""10·13""10·25"等突发输入性疫情，快速处置市中西医结合医院、南京邮政中心局、熊猫万谷金融科技中心等突发状况，以最小范围、最短时间、最低成本切断疫情传播链条，坚决守住不发生规模性疫情底线。严密扎牢常态管控网。始终将外防输入作为重中之重，认真做好南京南站、禄口机场、马群交通卡口转运保障，严格落实南京站"落地检"

要求，累计排查重点地区来宁返宁人员1372.2万人次、提供居家健康服务1.5万人次。全面加强重点场所管理，大力推广使用“场所码”，注册“场所码”超过3万个。充分发挥核酸筛查作用，开展规模性核酸检测，落实重点人群“应检尽检”75.8万人次。积极推进疫苗接种工作，全力构建免疫屏障，全人群全程接种率达97.1%。我们坚持第九版防控方案、落实二十条优化措施，有效遏制疫情大面积蔓延，为防控措施调整转段赢得了主动。全面提升服务保障力。认真执行新十条优化措施，及时调整优化防控举措，引导群众做好自身健康第一责任人，最大程度保障正常生产生活秩序。加快老年人疫苗接种，坚持应接尽接原则，不断优化接种服务，60～79岁老年人首剂接种率、全程接种率均超过95%，80岁及以上老年人首剂接种率超过90%。强化重点人群健康管理，发挥社区卫生服务中心“网底”和家庭医生健康“守门人”作用，全面摸排全区基础性疾病患者底数，分级分类提供医疗服务。做好医疗资源准备，设置二级以上医疗机构发热门诊6个、基层医疗机构发热诊室和发热诊疗站20个，配备重症救治床位217张，区疾控中心PCR实验室被列入全国新冠肺炎监测网络实验室成员单位。

过去的一年，我们坚持向难而行，坚决稳住经济社会发展基本盘。始终将稳增长、促转型、惠民生摆在突出位置，锚定目标任务不动摇，直面困难挑战不松劲，全力推动经济社会持续健康发展。经济运行稳步恢复。出台助企纾困稳定经济发展20条，持续加大为企服务力度，全面提振市场信心，全年新增地方级退税减税降费超35亿元，留抵退税规模主城第一。升级优化营商环境“55条”，发挥“办不成事”反映窗口功能，创新设立“应急贷”[2]“码上贷”[3]，新增市场主体9400余户、注册资本171亿元，汇通达成功登陆港交所，赛特斯提交证监会注册。统筹抓好103个区级以上重大项目，预计全年完成投资164亿元，37个新项目全面开工，40个项目竣工投产，3幅地块挂牌出让，新建改造产业载体面积突破50万平方米。徐庄聚智园项目获国家政策性开发性金融工具支持并补充项目资本金近2亿元，获全市重大项目推进优星奖。创新运用“云洽谈”“云签约”方式开展招商引资，中国头部汽车零部件制造企业亚新科集团总部正式入驻，矽力微电子中国总部、国网英大集团江苏总部成功落户，中核能源被认定为省级跨国公司功能性机构，全年签约项目投资总额突破540亿元，获全市招商工作擂台赛“重大项目推进奖”。预计完成地区生产总值1240亿元，同比增长2.5%左右，两年平均增长5.6%左右；社会消费品零售总额1130亿元，同比实现正增长；实际利用外资3.2亿美元、实际利用内资117亿元，均超额完成全年任务。在留抵退税高达26.2亿元的情况下，预计完成一般公共预算收入84.9亿元，扣除留抵退税因素后增长3.6%，增幅位居全市前列。产业升级加速推进。深入推动“1+2+2”现代化都市型产业体系建设，新增规模以上服务业企业56家、限上贸易业企业60家，服务业增加值突破1200亿元，文化产业增加值占GDP比重位居全省前列。将数字经济作为转型升级的关键增量，完成智改数转项目9个，新增“独角兽”、培育“独角兽”和“瞪羚”企业14家，新增国家级专精特新“小巨人”企业2家、省级“专精特新”中小企业12家，汇通达、好享家入选2022中国产业数字化百强榜单。持续推动国际消费中心城市中心区建设，打造特色消费新场景150个，引进品牌首店87个，1912历史文化街区入选省示范步行街，创成省首批文旅产业融合发展示范区、省文旅消费示范单位，外贸和文旅两项工作获省政府督查激励表彰。科技创新成果丰硕。全力推进多主体合作共建多层次科创平台，生物育种钟山实验室正式揭牌，江苏集萃医工交叉研究所挂牌运行，鼓楼医院临床医学研究院成功落户，新增高新技术企业168家、科技型中小企业1082家，建成玄武“人才港”[4]，国家级高层次人才计划入选数主城第一，每万人有效发明专利拥有量继续位列全省第一，入选全国创新百强区、首批国家知识产权强区建设试点单位，科普示范区建设通过国家验收。城市品质持续改善。全年组织实施31个城建项目，全面完成地铁6号线富贵山站等5个征收项目，整治改造雍园41号等11个老旧小区，提前完成4幢危房消险整治任务，新增机动车泊位4620个，环紫金山绿道、环玄武湖绿道入选全市10条“最美绿道”，南京站金陵盛景观景平台、中山门大街入选新十年新南京48张“新名片”。对标全国文明典范城市创建要求，深入开展交通秩序、集贸市场、公共卫生等专项整治活动，深化生活垃圾分类，强化物业管理兜底保障，新托管无物业老旧小区72个，新增垃圾分类省级达标小区46个。民生保障提质增效。组织各类招聘会120余场次，发放社保就业补贴7700余万元，城镇新增就业2.1万人、大学生就业2.9万人，徐庄高新区获评全国和谐劳动关系创建示范工业园区。完成五年一次住户调查大样本轮换，居民人均可支配收入连续9年位居全省第一，成功入选中国幸福百强区。成立玄武医疗发展联盟，完成家庭适老化改造320户，新增养老床位455张，智汇家认知症养老服务中心入选全国老年心理关爱示范点，锁金村街道锁四社区获评全国示范性老年友好型社区。切实维护妇女儿童合法权益，社区未成年人保护工作服务点实现全覆盖。全年发放各类救助金3753.6万元，惠及困难群众5.5万人次。深入推进现代化教育强区建设，“双减”经验做法在全省推广，入选省建设基础教育高质量发展实验区、省融合教育示范区。加强区、街道、社区三级退役军人服务保障体系建设，荣获省级双拥模范区“九连冠”。举办区第十四届运动会，区青少年业余体校代表南京市在省运会中勇夺12枚金牌。

过去的一年，我们坚持协调并行，有效构建安全稳定新格局。始终树牢安全发展理念，强化源头预防、突出精准监管、注重标本兼治，全面提高安全治理现代化水平。系统性增强安全韧性。认真贯彻新《安全生产法》，严格落实国务院安全生产十五条硬措施[5]，以推进安全生产大检查和百日攻坚行动为抓手，以火灾防控和消防能力提升为重点，扎实做好省、市安全生产督导巡查反馈问题整改，持续强化消防、建筑施工、自建房、危化品、道路交通、特种设备等重点领域专项整治，全区未发生安全生产亡人责任事故。推进城市生命线安全工程建设，开展第一次全国自然灾害综合风险普查，加强城镇燃气、危大工程、市政设施日常养护，全力守护人民群众生命财产安全。多层次实施生态保护。围绕夏季臭氧污染防治、秋冬季PM2.5污染防治、柴油货车污染治理等重点任务，深入打好大气污染防治攻坚战，全年空气优良天数290天、优良率达79.5%，PM2.5平均浓度28.3微克/立方米、同比下降4.4%，均位列主城前列。坚持水安全、水环境、水资源、水生态“四水”统筹，全面实现玉带河水环境综合提升，清疏修缮28个片区雨污水管网，建成城镇污水处理提质增效达标区2个、幸福河湖6条，8个市考断面全年水质达标率100%。强化危险废物全过程监管，安全转移危险废物3500余吨。高标准做好第二轮中央生态环境保护督察迎查工作，37件信访交办件全部办结。常态化防范重大风险。在全省率先运用行政手段成功办结非法集资案件，近三年涉非企业数量年均降幅达61.2%。强化融资平台公司经营性债务管理，全面提升政府债务风险防范水平，地方政府隐性债务风险等级保持在绿色区域。加大食品药品监管力度，成立区药品安全委员会，查处食品类案件184起。落实严重精神障碍患者管理措施，严密防范肇事肇祸风险。强化意识形态工作责任制，抓好舆情风险预警处置，坚决守牢政府系统意识形态阵地。全方位维护社会秩序。落实“信访突出问题攻坚化解年”要求，深入开展“大走访、大排查、大攻坚”行动，加强领导包案、接访下访、纠纷调处，全力化解民生诉求突出问题，中央信访联席办交办的199件重复信访事项报结率达100%、化解稳定率达97.5%，省信访联席办线上交办的16件重点信访案件全部报结，为党的二十大期间全市社会面稳定做出了玄武贡献。健全完善社会治安防控体系，在全区范围内新设67个“玄安警点”，成立新街口商圈治安防控指挥部，破获全市养老诈骗第一案，公安玄武分局荣获全国公安机关执法示范单位。

各位代表，2022年是新一届区政府履职的第一年。一年来，我们不断强化自身建设，全面提升行政效能，为各项目标任务的扎实推进打下了坚实基础。政治建设全面深入。坚持以习近平新时代中国特色社会主义思想为指导，深入学习贯彻党的二十大精神，深刻领悟“两个确立”的决定性意义，坚决做到“两个维护”。纵深推进政府系统党的建设，落实全面从严治党主体责任，压实党风廉政建设“一岗双责”，严格执行中央八项规定及其实施细则精神，主动接受各方监督，扎实做好巡视巡察反馈问题整改。法治建设持续发力。全面落实政府权责清单制度，严格执行重大行政决策程序规定，制定出台《玄武区法治政府建设实施方案（2021—2025）》，扎实开展街道综合执法赋权事项评估，办理行政复议案件80件，全区行政机关负责人出庭应诉率达100%。自觉接受人大和政协监督，坚持向区人大及其常委会报告工作，主动向区政协通报情况，高质量办理各级人大代表建议和政协委员提案335件。办结“12345”热线工单12.6万件，满意率达95.4%、解决率达90.2%。效能建设纵深推进。成立区城市数字治理等“三个中心”[6]，全面加强政务数据归集和运用，区“一网统管”平台助力疫情防控工作被央视新闻联播报道。加强重大政策落实、重点项目建设、重要资金使用审计监督，完成审计项目17个、促进增收节支1.5亿元。持续深化政务公开，区政府及部门预算公开率达100%。深入践行过“紧日子”理念，严控“三公”经费和一般性支出。此外，全区老龄、慈善、残疾人、关心下一代等工作切实加强，工会、共青团、妇联、红十字会等群团组织桥梁纽带作用有效发挥，国防动员、人民防空、外事、台侨、档案、机关事务等工作扎实推进。

各位代表，过去的一年，面对疫情冲击远超预期、内外环境深刻变化的重大挑战，我们始终坚持不畏难、敢作为、善统筹，用奋斗作答、以实干应变，在高质量发展与高水平安全的良性互动中，实现了经济社会建设各项事业的新进展。这些成绩的取得，是坚决贯彻党中央和省、市、区委决策部署的结果，是全区干部群众心手相牵、团结拼搏的结果，是社会各界关心关爱、鼎力支持的结果。在此，我代表区人民政府，向在各条战线、各个岗位上辛勤工作的全区人民，向给予政府工作大力支持与监督的人大代表和政协委员，向各民主党派和各人民团体，向各驻区单位和各驻区部队，向所有关心和支持玄武发展的社会各界人士，表示衷心的感谢并致以崇高的敬意！

在总结成绩的同时，我们也清醒地认识到，玄武的发展还存在不少矛盾和问题，主要体现在：疫情对经济的冲击尚未见底，实体经济困难增多，市场主体信心不足，稳增长、促发展的基础还不牢固；产业类型不够丰富，主导产业竞争力不够突出，培育和创新发展新动能的任务依然艰巨；城区运行和管理还存在不少薄弱环节，安全风险隐患较多；教育、医疗、养老、托幼等资源布局不够均衡，民生服务供给水平仍需持续提升。我们将坚持系统观念，树立问题导向，以解决经济发展的难点问题、民生保障的痛点问题、公共服务的堵点问题为突破口，在全力满足群众需求的基础上，努力实现更高水平、更高质量的发展。

二、2023年工作总体要求

2023年是全面贯彻落实党的二十大精神的开局之年，也是实施“十四五”规划承上启下的关键一年。随着疫情防控措施的持续优化给经济恢复带来积极影响以及正常生产生活秩序的加速回归，我们坚信，只要我们把握好发展机遇，发挥好自身优势，玄武就一定能够在全面推进中国式现代化新实践中起好步，在新征程上不断开创新的辉煌。展望2023年，我们要满怀信心地看到，乘势而上的机遇在涌现。党的二十大提出了以中国式现代化全面推进中华民族伟大复兴的宏伟目标，中央及省、市将出台扬优势、提能级、促转型一揽子政策措施，全面释放政策红利、拓展发展空间、集聚发展要素、激发动力活力，实现玄武高质量发展将迎来难得的机遇期、窗口期。我们要满怀信心地看到，跨越赶超的势能在汇聚。玄武地处南京主城中心区域,科教资源密集,人才优势突出,加之南京正在全力建设引领性国家创新型城市、努力打造国家区域科技创新中心,我们实现创新引领发展的机会更多、空间更大、动力更强。我们要满怀信心地看到,干事创业的本领在提升。经过三大攻坚战、疫情防控等大战大考的锤炼洗礼,玄武广大干部群众综合素质不断增强、奋斗决心更加坚定、创业热情持续高涨,这是我们在更高层次上实现高质量发展最大的底气。

今年政府工作的指导思想是:坚持以习近平新时代中国特色社会主义思想为指导,全面贯彻落实党的二十大精神,深刻领会党中央重大部署要求,牢牢把握稳中求进工作总基调,深入践行新发展理念,更好统筹疫情防控和经济社会发展,更好统筹发展和安全,全力以赴、集中精力推动高质量发展,齐心协力建设最具竞争力的创新高地、最具影响力的消费中心、最具吸引力的美丽城区、最具凝聚力的幸福家园。

各位代表,做好今年工作,要始终坚持"四个必须":一是必须立足当前、着眼长远。要审时度势、趋利避害,危中寻机、化危为机,把眼前需要与长远发展统筹起来考虑,把解决具体问题与化解深层次矛盾结合起来谋划,善于用战略眼光、系统思维推动各项工作,办好玄武自己的事、走好玄武未来的路,努力在复杂局面中赢得主动,在区域竞争中再塑优势。二是必须稳字当头、稳中求进。"稳字当头"是对当前时与势的深刻把握,具体要求是"前进"不"冒进"、"大干"不"蛮干",努力实现经济稳定增长、民生稳步改善、社会秩序和谐稳固。"稳中求进"是对历史使命的深刻把握,具体要求是以"有为"代替"不为"、要"保底"更要"争优",促进经济社会发展各项事业不断向前,把区第十二次党代会确定的发展蓝图变为美好现实。三是必须找准定位、精准发力。要坚持因地制宜、扬长避短,充分发挥玄武科教、文化、生态等资源禀赋优势,以"四最"城区建设为引领,坚持创新驱动和消费促进,各有侧重、协同有序推进核心区、新城区、高新区的建设和发展,展现一个有内涵有品位、有魅力有活力的玄武形象。四是必须唯实唯勤、苦干实干。要"干"出转型发展新优势,建设"科创型"平台,引育"高层次"人才,攻关"卡脖子"技术,进一步培育发展新动能。要"干"出产业升级新业绩,全面提升文化旅游、高端商贸、现代金融等主导产业的集聚度和竞争力,进一步塑造产业新能级。要"干"出民生保障新气象,从群众"急难愁盼"问题入手,增加优质资源供给,提升公共服务品质,进一步满足群众对美好新生活的向往。

综合考虑各方面因素,今年全区经济社会发展的主要预期性指标为:地区生产总值可比增长5%以上,一般公共预算收入增长6%以上,全社会固定资产投资增长5.5%,社会消费品零售总额增长5%以上,服务业增加值增长5%以上,居民人均可支配收入与经济增长基本同步。

三、2023年主要工作安排

实现今年经济社会发展目标,要着重做好以下六方面工作:

(一)突出增速增效,推动更高质量的经济发展

坚持发展为要,以稳投资、促消费、拓增量为关键,全面提振发展信心,推动经济运行整体好转,努力实现质的有效提升和量的合理增长。

加大项目投资稳增长。聚焦项目攻坚,完善重大项目全过程推进机制,全年安排省、市、区级重大项目105个,其中亿元以上项目62个。项目投资总额1002亿元,当年计划完成投资165亿元。启动矽力微中国区总部等47个新项目建设,加快招商局江苏中心、律政产业园等24个项目建设进度,实现铁北创新孵化集群、铁北数码港等28个项目竣工投产,推动长途东站商业综合体等前期项目尽早落地,全年新建改造产业载体突破80万平方米。落实国家"双循环"发展战略,利用"金洽会""进博会"等重大活动平台,举办50场以上的招商推介活动,支持内外贸企业抢抓机遇、拓展市场。全年签约项目投资总额达546亿元,实际利用内资、实际利用外资和外贸进出口总额稳中提质。

推动产业集聚促转型。突出稳链固链、强链补链,加快打

造“1+2+2”现代化都市型产业体系。深入实施数字经济发展三年行动计划，大力发展数字新基建、数字新科技、数字新智造，多领域拓展数字人民币、元宇宙[7]等技术应用场景，新增国家级专精特新“小巨人”企业2家。推动软件和信息服务产业、新医药与生命健康产业、人工智能与集成电路产业提质增效，建成高端电池管理系列芯片研发等产业项目，加快汇通达下沉农村市场数字交易服务平台等产业项目进度，软件和信息服务产业收入达340亿元，新医药与生命健康产业营业收入达280亿元，人工智能与集成电路产业营业收入达26亿元。强化金融杠杆功能，帮助7家以上企业获得股权融资，助推大汉软件、誉葆科技等企业上市，现代金融产业增加值达245亿元。

激发消费活力增动能。深入推进国际消费中心城市中心区建设，有效增强发展动力。推动新街口商圈打造高品质、国际化消费地标，提升红山新城高端商业中心影响力，加大中山门大街沿线商圈整合力度，建设南京站枢纽型消费活力区，全力构建以高端商务为引领、特色商贸为补充、本土品牌为支撑的消费格局。启动德基广场三期、钟岚里商旅综合体等载体建设，建成百子亭天地、和昌红山奥莱等特色消费街区，新增消费载体16万平方米。突出首店经济、夜间经济、直播经济等业态培育，集聚一线品牌20个、潮流首店50家，新增消费场景100余个。用足用好各级消费促进政策，积极开展“全域放心消费”创建，策划组织国际城市休闲旅游节等主题活动，加快释放消费潜能。

（二）突出高端高质，构建更富活力的创新生态

坚持创新驱动，重点围绕产业链布局创新链，加快形成以科创为核心、以企业为主体、以平台为枢纽、以人才为支撑的创新创业生态。

建设一流创新平台。全力推动生物育种钟山实验室建设，大力开展原创性、引领性科技攻关，加快构建以种业研发为核心的科技创新高地。支持驻区重大科创平台做好国家重点实验室重组、创建工作，“一室一策”提供服务保障。启动鼓楼医院临床医学研究院等创新平台建设，加快玄武之光新一代信息技术科创中心等创新载体建设步伐，提高中科院“一院四所”[8]搬迁后空间利用效能，推动众创空间、科技企业孵化器、大学科技园等科创载体加速汇聚高端创新资源，新增市级以上科创载体不少于3个、硅巷载体面积超10万平方米。

培育一流创新主体。实施高新技术企业提质工程，进一步充实壮大高新技术企业培育后备库，新增高新技术企业150家以上、科技型中小企业1000家以上，技术合同成交额达84亿元，有效发明专利拥有量超2万件。以开展国家知识产权强区建设试点为契机，实施知识产权强企计划，加快建设、布局完善知识产权工作站，帮助企业提升自主创新能力。发挥“区长质量奖”示范作用，树立一批以创新强内核、以质量提效益的科创企业典型。升级优化“玄武金卡”[9]功能，加快建设徐庄二期聚才公寓，解决好人才安家落户、子女就学、医疗保障、创业资助等需求，招引高层次科技人才125名、优秀海外留学人员555名。

营造一流创新氛围。持续深化“放管服”改革，优化区、街两级“综合窗口”服务模式，不断提升行政服务水平。完善“校（院）地共商”机制，拓展技术、人才、成果转化等方面的合作深度，持续推动南师大玄武科技园、南理工科技创新园等园区建设。用好“宁科贷”[10]、玄武科创基金等科技金融工具，逐步形成财政资金、金融资本、社会资本“三位一体”的科技创新投入机制，全力支持企业开展自主创新和技术攻关，推动创新成果就地转化运用。发挥玄武硅巷等联盟优势，全年组织200场以上的互助合作活动，拓展产学研交流渠道。

（三）突出精细精致，打造更具品位的城区面貌

坚持品质优先，因地制宜、分片联动开展城市更新，不断提升城市功能、改善环境面貌，加快建设底蕴厚、颜值高、生态好的美丽城区。

构建舒适宜居生活圈。全年牵头实施城建项目49个，投资总额44.7亿元，当年计划投资20.2亿元。完成锁金二村等12个老旧小区改造，推进卫巷片区

危房改造，修复整治铁匠营、尖角营等道路，统筹开展罗汉巷综合治理、木马广场口袋公园等“微更新”项目，进一步改善主城核心区的居住生活条件。新建大壮观路、寒光亭路，完成文枢西路西延工程，实施恒嘉路10kV、110kV杆线下地工程，推进尚塘村、华飞两个110kV变电站建设，进一步完善红山新城区的综合配套功能。组织实施“徐庄境”景观提升工程，改造出新研发一区、研发三区，完成启缤精选商业中心主体工程，进一步提升徐庄高新区的园区整体形象。

巩固蓝天碧水生态圈。深入打好污染防治攻坚战，全力守住“环境质量只能更好，不能变坏”的底线。强化重点领域整治、重点区域提升、重点时段管控，实施挥发性有机物、餐饮油烟、工地扬尘治理等专项行动，努力实现PM2.5和臭氧“双减双控”。严格落实河湖长制，深入开展国家级县域节水型社会达标建设，实施内秦淮河流域等53个片区雨污管网清疏修缮，优化改造珍珠河等雨水排口截流设施，建成城镇污水处理提质增效达标区4个、幸福河湖2条，确保市考断面水质稳定达标。加强危险废物收集、贮存、运输全程监管，严厉打击非法转移、倾倒、填埋等行为，保证建设用地土壤环境安全。

打造绿色循环生产圈。严格落实碳达峰碳中和实施方案，刚性执行“三线一单”[11]项目准入要求，积极推广绿色建筑、装配式建筑，万元GDP能耗完成市定目标。主动对接北京东路历史城区保护工作，统筹谋划部队停偿载体开发利用，持续推进百子亭等历史风貌区建设，特色化、实效性做好历史建筑和文化资源的保护开发。以“无废城区”建设为抓手，加快建设玄武循环经济产业园，新增新能源作业车辆10辆。依托“环保宝”智能服务平台，积极探索可回收物收集分拣、二手闲置物品交易等资源利用新模式。

（四）突出同心同向，提供更加优质的公共服务

坚持人民至上，高标准办好民生实事项目，进一步提升民生温度、增加幸福厚度，在高质量发展中增进民生福祉。

全面促进就业创业。落细落实援企稳岗各项举措，重点解决好高校毕业生等青年就业问题，加大失业人员、就业困难人员等群体就业服务力度，城镇新增就业2万人，大学生就业2.2万人，城镇失业人员就业9600人。以企业需求、产业需求、劳动需求为导向，开展职业技能培训1.1万人次，新增技能人才4500人。举办退役军人和军嫂专场招聘会，做好军转干部、退役士兵安置工作。全面规范企业用工行为，完善政府、工会、企业共同参与的劳动争议协商协调机制，积极构建和谐劳动关系。

全面优化服务供给。以优质、均衡为目标，稳步提升公共服务水平。不断完善教育资源布局，启动南理工实验小学改扩建工程，建成十三中红山分校。持续推进教育管理改革，更大力度推进“双减”工作，实现义务教育阶段学校“课后服务15分钟教育圈”全覆盖。深化玄武医疗发展联盟建设，建立完善社区肿瘤早筛、青少年近视防控等健康保障体系，建成名医工作室14个，开展中医惠民健康宣讲100场。举办第27届“玄武之春”艺术节等群众文化品牌活动，丰富居民精神文化生活。开展第五次全国经济普查工作，真实掌握全区经济社会发展状况。积极做好《玄武区志（2000—2019年）》编纂工作。

全面加强兜底保障。加大惠民安居工程实施力度，全面启动仙鹤门保障房建设。建成2个综合养老服务中心，社区养老服务“时间银行”[12]站点覆盖率达90%以上。强化未成年人分级分类救助服务，新建“梦想小屋”20个，实施个案跟踪服务70次，全力创成全国首批未成年人保护示范区。加强对妇女儿童、残疾人及因疫因灾遇困群众的关心关爱，持续开展“博爱送万家”等救助活动，为50户困难家庭提供每户不少于5000元的慈善物资救助帮扶。

各位代表，利民之事，丝发必兴。今年，区政府充分把握群众对教育、养老、医疗、住房等方面的需求，经过多轮论证形成了12件民生实事候选项目，请代表们审议并票决。对大会确定的项目，我们将以言出必行的态度，坚决把民生实事一件件解决

好、一桩桩落实好。

（五）突出共治共享，实现更为高效的社会治理

坚持统筹协调，着力推动治理架构科学化、治理方式系统化、治理手段智能化，不断提升特大城市中心城区综合治理效能。

提升风险治理能力。积极适应疫情防控新形势，加大医疗资源建设投入，加强重点人群健康监测，提高疫苗加强免疫接种覆盖率，提供分级分类健康服务，切实保障人民群众生命安全和身体健康。深化食品安全社区标准化建设，加强药品经营使用监管，依法打击食品药品领域违法违规行为。强化社会治安防控体系建设，完善司法救助、法治教育、人民调解等工作机制，推动信访突出问题攻坚化解，有效维护群众合法权益。加大非法集资防范教育和排查处置力度，坚决守住不发生区域性、系统性金融风险的底线。

夯实安全治理根基。持续开展消防、建筑施工、危化品、城镇燃气等22个重点行业领域专项整治，强化高层建筑、商业综合体、老旧小区、自建房等重点场所隐患治理，加强安全生产监管执法，坚决遏制重特大事故发生。依托应急管理“181”信息化平台[13]，实现城市风险源普查建档、动态监管。推进区应急指挥中心建设，加强应急物资储备，全面提升快速响应处置能力。综合运用人防、物防、技防等手段，加强极端天气等重大自然灾害综合监测预警，开展地质灾害隐患点排查整治，有效完善防灾减灾应急体系。

加快数字治理转型。全面启动城市运行“一网统管”体系建设，优化系统平台、畅通数据循环、打造应用场景，积极构建上下联动、协同发力、平急转换的智慧管理运行机制。持续推进“一网通办”，提升政务服务事项“就近办”“帮代办”能力，推动政务服务直通快享。深化社会治理一体化平台建设，规范网格巡查工作流程，快速高效解决群众身边的急难事、麻烦事。深入推进智慧工地建设，加强垃圾分类智能化监管，进一步拓展智慧城市综合管理服务应用场景。

（六）突出从严从紧，建设更有作为的效能政府

坚持政治引领，以奋发有为的精神状态和“时时放心不下”的责任意识，把各项工作落细落实落到位，努力实现政府系统的效能提升和作风转变。

提振忠诚干事的“精气神”。始终把讲政治摆在首位，在全面学习、把握、落实党的二十大精神上下功夫，深刻领悟“两个确立”的决定性意义，增强“四个意识”、坚定“四个自信”、做到“两个维护”，以实际行动自觉践行对党和人民的绝对忠诚。严格落实中央八项规定及其实施细则精神，力戒形式主义、官僚主义，加强和改进意识形态工作，全面提升政府系统党风廉政建设水平。

增强依法办事的“执行力”。一体推进法治玄武、法治政府、法治社会建设，确保政府工作全面纳入法治轨道。严格落实“三重一大”决策制度，充分发挥法律顾问作用，切实加强重大行政决策及规范性文件合法性审查。自觉接受人大法律监督、工作监督和政协民主监督，努力让每一项建议、每一件提案都能落地有声。强化街道综合执法归口管理，完成“八五”普法中期检查验收，推动法治政府建设再上新台阶。

练就担当成事的“真本领”。坚持敢字为先、干字当头，聚焦群众最需要、最急迫、最牵挂的事，知难而进、迎难而上，一件接着一件办，一年接着一年干，以看得见、摸得着的成效回应群众期盼。坚持过“紧日子”，严格预算硬约束与绩效严管理，公用经费压减10%。稳妥推进政府性债务去存量、控增量，严格管控融资平台公司经营性债务规模，切实守牢政府债务管控底线。

各位代表，万里征途风正劲，策马扬鞭再起航！回首过往的奋斗路，成之艰辛、来之不易，必须倍加珍惜；眺望前方的新征程，使命在肩、战鼓催征，唯有砥砺奋进。让我们紧密团结在以习近平同志为核心的党中央周围，在省委省政府、市委市政府和区委的坚强领导下，以扛起新使命、谱写新篇章的担当和作为，为全面推动党的二十大精神在玄武落地生根，奋力推进中国式现代化玄武新实践而努力奋斗！

名词解释

1.“三重压力”：是指需求收缩、供给冲击、预期转弱。

2.“应急贷”：是指为满足区内企业应急资金需求，由玄武区政府发起，联合区内银行、担保公司等金融机构，共同推出的手续便利、审批快速的标准化贷款产品。

3.“码上贷”：是指以二维码为载体，企业自主发布基本情况和融资需求，驻区银行根据推送信息针对性提供金融产品，实现快速对接、精准服务、全程跟踪的融资对接平台。

4.玄武“人才港”：是指按照南京市关于“高品质人才社区”建设规划要求，打造的一站式人才公共服务综合体，一期载体共7000平方米，包含一站式集成服务大厅、共享办公空间和专属办公空间，提供公安、工商、税务、人社等相关手续咨询代办，为企业提供全周期、全要素、全链条的“陪伴服务”。

5.安全生产十五条硬措施：是指2022年3月31日在全国安全生产工作会议上首次提出，国务院安委会制定的进一步强化安全生产责任落实、坚决防范遏制重特大事故的十五条措施。

6.“三个中心”：是指玄武区城市数字治理中心、区域社会治理现代化指挥中心和城市运行管理中心。

7.元宇宙：即“metaverse”，是指运用数字技术构建的、由现实世界映射或超越现实世界、可与现实世界交互的虚拟世界。

8.“一院四所”：是指中国科学院南京分院以及中国科学院南京地质古生物研究所、中国科学院南京土壤研究所、中国科学院南京地理与湖泊研究所、中国科学院国家天文台南京天文光学技术研究所。

9.“玄武金卡”：是指为落户玄武的优质企业高管团队或高端人才，提供子女入学、专属医疗、政务通道、人才安居、文旅休闲等一站式服务。

10.“宁科贷”：是指通过“南京市创新创业贷款”合作银行，对科技型中小企业、新型研发机构、海外人才创业企业贷款增量补贴、风险代偿，鼓励银行加大对南京市科技型企业信贷投放力度的金融政策产品。

11.“三线一单”：是指生态保护红线、环境质量底线、资源利用上线和生态环境准入清单。

12.养老服务“时间银行”：是指政府通过政策设计，鼓励志愿者为老年人提供养老服务，按一定的规则记录储存服务时间，当年老需要时可提取时间兑换服务。

13.应急管理“181”信息化平台：主要包括“一平台八系统一终端”。“一平台”是指全域应急管理综合监管平台；“八系统”包括风险防控网格化系统、预测预警智能化系统、应急预案数字化系统、指挥调度可视化系统、处置资源共享化系统、监管执法规范化系统、考核评估数据化系统和信息交互融合化系统；“一终端”是满足应急管理全场景需求的“一站式”智能应用终端。

（栏目编辑　卢永晨）

专 记

8年深耕 "城市塌陷地"这样长成"玄武新中心"

2014年启动规划建设以来,红山新城精打细算每一寸土地,精耕细作每一个项目,曾经的"城市塌陷地",如今蝶变高品质的"玄武新中心"。沪宁城际呼啸而过,笔直开阔的红山南路畅通无阻;南师附小、北京东路小学、科利华中学的名校资源相继导入;星河WORLD、玄武之光、招商局江苏中心等高端科创载体拔地而起……

老城焕颜涌动"红色力量"

常发广场熙来攘往,两节绿皮车厢,吸引居民游客竞相打卡。这里是"红领·常发商圈"党建先锋号,红领发展、红领创客、红领书房、红领洽谈间、红领微家、红领成长、红领风采等7大板块,充分展示了红山经济社会发展的历史、现有重点产业项目和未来发展规划,为创业人才提供免费的议事协商空间及政策咨询服务。

新城气象新,红山分外"红"。8年来,红山新城坚持党建引领,让党旗飘扬在开发建设的第一线,汇聚各方力量打造玄武新中心。

历史上的红山,曾是南京的老工业基地,南汽依维柯、华飞电子等老牌企业在这里见证了城市的荣光。在"退二进三"的大潮下,企业纷纷搬离,铁路又生生割裂了红山与主城的联系,留下了成排的老厂房和大片的棚户区,成为紫金山下、玄武湖畔的一块"伤疤"。

2014年,玄武区委、区政府率先启动铁北地区的"二次创业",提出以"产城融合的典范,科技创新的引领"为目标,推动城市更新和产业转型。红山党员干部群众闻令而动,拿出"踏平坎坷成大道"的干劲和"敢叫日月换新天"的决心,高起点规划、高标准落实、高效率建设,让梦想照进现实。

8年间,"红色力量"源源不断,越聚越强。星河WORLD是红山新城第一个建成投用的科创载体,2021年,园区成立联合党支部。同年,红山街道又在这里打造"红领·星河"五星党建阵地,用星服务、星课堂、星平台、星阵地和星课厅,把党的理论、服务职能送进创新企业,形成共建共享治理体系,促进各类企业协同共进。一年多来,"红领·星河"不断扩大辐射半径,推动园区两新企业党建发展、形成组织全覆盖、广吸纳、动态开放的区域化党建格局。

争分夺秒刷新"红山速度"

走进红山新城展览馆,"一带两廊三园"的总体规划在巨幅银幕上清晰呈现——科技创新研发带、商业景观廊道、绿色休闲廊道、红山森林动物园、新城体育公园、南京市花卉公园错落布局。更加令人兴奋的是,随着一个又一个项目跑出"红山速度",这张气势不凡的蓝图已经有了雏形。

玄武之光新一代信息技术科技创新中心,是玄武区近年来的首个省重点项目。2021年动工以来,这个占地面积约11万平方米,总建筑面积约28万平方米的高端总部载体正加速推进,11栋建筑已有9栋出正负零,进度最快的5号楼进入外墙装修阶段,2023年上半年具备交付条件。相关负责人介绍,玄武之光将引进软件信息、科技金融、人工智能等现代服务型机构,打造多引擎驱动、多业态融合发展的国际化智慧园区,形成科技创新产业集群。

往北1千米,招商局江苏总部中心项目现场同样热火朝天,为配合地铁6号线建设,商业板块的地下施工开足马力。这个大型TOD项目,将为南京带来招商局独有的"海上世界"世界级生活方式。招商局江苏总部中心臻境作为红山新城最后一个住宅楼盘项目两开两捷。

既有新项目快马加鞭,也有老载体改造出新。2004年就建成的月苑菜场,因为设施老化、业态落后,越来越无法满足居民需求。2019年,红山街道自筹资金460万元,对市场进行全面提档升级,并引入专业企业管理运营。2020年3月重新归来后,133个经营摊位日供应总量超过60吨。菜场还依托自身农业产业优势帮助农民增收,让市民吃上放心菜。每日推出特惠菜、净菜服务的同时推进专配、代加工等特色服务。2022年以来,市场利用"互联网+农业",在南京首创蔬菜盲盒服务,深受好评。

产业迭代驱动“发展引擎”

2016年底，随着红山最后一家工业企业南京依维柯迁出，这里变成一座“产业空城”。产城融合，不能“城强产弱”，更不能“有产无城”。这道“填空题”，红山新城如何作答？

综合叠加区位、环境和科教优势，以科技创新为内核，驱动产业迭代和板块复兴，短短数年时间，玄武新中心累计招引11家总部企业入驻，270万平方米产业载体接连亮相，大量人才涌入。招商局江苏中心、复星医药、中国铁塔、国星宇航、中科软、京东五星……红山新城与每一家拿地企业都有约定，地块开发的同时，必须围绕高端商务商贸、软件信息服务、生物医药健康等主导产业，引入相应数量的优质创新型企业，厚植区域发展生态。

2022年初，落户于星河WORLD的江苏羽驰区块链科技研究院，成功通过新型研发机构市级备案。这个由南信大数字取证工程研究中心主任孙星明牵头、人工智能与安全研究院院长武庆明院士加盟的新研机构，将依托数字取证教育部工程研究中心这一国家级科研平台，聚焦区块链取证、行业特色取证、内容取证三个主要方向，在车辆监管、无人驾驶、安防监控、医废处理等多个领域进行成果转化。研究院的一系列创新产品已经投放市场。

星河WORLD产业园区 （红山街道 供图）

产业转型升级，服务步步跟进。2021年，红山新城深入探索政府—园区—企业、政策—服务—达产的路径，积极推进服务至一线的优商措施落地。按照“专业化、精细化、品牌化”的标准，徐庄高新区、铁北红山新城管委会和红山街道联合打造红山新城产业促进中心，精选农业银行、南京银行、广发银行等20家金融机构，及铭道知识产权服务有限公司、信汇通科创服务平台、法德东恒律师事务所等10余家服务机构入驻赋能。该中心致力于打通服务企业“最后一公里”，在政策落地、资源导入、平台搭建上聚力突破，护航企业发展全生命周期。

红山新城的惊艳蝶变，是老城玄武探索高质量转型发展的生动实践。站上新起点，奋进新征程，红山新城将持续释放资源禀赋优势，抢抓重大战略机遇，在“赶考”路上厚积薄发、跨越追赶，奋力打造典范之城的魅力增长极。（盛文虎）

聚焦重点精准发力　打造“满意玄武”政务服务品牌

玄武区转变政府职能和“放管服”改革力度，以“重落实、抓提升、补短板、求突破”为主线，深化“不见面审批（服务）”改革，落实“宁企通”惠企政策直达工作，推进“互联网+政务服务”，优化“先解决问题再说”工作机制，着力打造“满意玄武”政务服务品牌。

坚持优化服务，持续深化“放管服”改革

提升政务服务“网上办、掌上办、不见面”能力，优化“苏服办”玄武区移动端，新上线中小学学区划分查询等应用。全区1478项权力事项实现网上查询、在线办理、证照快递送达。推进政务服务标准化建设，政务服务综合管理系统覆盖区、街道、社区三个层级，实现政务服务事项、评价对象、服务渠道评价全覆盖，“好差评”联动反馈，更好回应企业群众需求。在市对区作风建设满意度评议中，区政务服务中心窗口服务满意度第三方测评位居全市前列。持续推进简政放权，精准做

区政务服务中心工作人员指导填报材料 （区行政审批局 供图）

好市权（省权）下放事项的承接工作，分类做好区级各部门行政权力事项的新增、取消、调整，完成区级行政许可事项清单编制。持续推进“减证便民”，围绕企业群众对办事便利化的现实需求，推动进一步缩减申报材料，切实减轻企业群众负担，有效节约行政服务成本。

勇于改革创新，提升为民为企服务水平

做好“宁企通”政策梳理，加大宣传力度，推动玄武区惠企事项上线，指导企业完成惠企事项申报，推进惠企政策直达工作落到实处。以企业和群众办事需求为导向，持续围绕关注度高、办理量大的高频事项开展“一件事”改革，对已形成126件“一件事一次办”场景进行优化，进一步关联事项清单，对不同事项中需要重复提交的要件材料进行整合。不断推进“一件事”标准化建设，完善“一件事”改革专栏，提供线上办理总入口。优化区政务服务中心“一件事”办理窗口功能，做到“一件事一窗办一次办”。深化“互联网+政务服务”，以“不见面审批”改革为突破口，以“宁满意”工程为切入点，大力推进具有玄武特色的“互联网+政务服务”建设。强化线上政策咨询和申报指导，开展“综合指导”。深化区、街两级政务服务大厅“综合窗口”改革，实行“前台综合受理、后台分类审批、综合窗口出件”的一站式办理和跨部门联动审批工作模式，实现受审分离。不断提高区、街道、社区三级政务服务标准化水平，改进窗口服务，完善大厅便民服务设施，完善导航引导功能，便利老年人、残障人士等群体办事。深入推进政务服务异地通办，不断完善区级政务服务中心、各分中心“跨省通办”“省内通办”线下服务专窗（区）功能，推动同一事项无差别受理、同标准办理。

优化代办服务，助力玄武营商环境再提升

推动项目审批“流程再造”，发挥“接力代办”工作机制优势，进一步完善项目分类代办管理机制，通过减流程减环节，推动代办服务机制创新，城建“立项审批”事项纸质件报送流转时间压缩为1个工作日。推动项目“精准代办”，结合重大项目“三级代办”网络体系，围绕项目审批申报全过程，积极为重大项目提供“绿色通道”和“精准代办”服务，努力协调推进项目审批进度，压缩项目审批办理周期。推动项目“联动代办”，通过横向合作、联动代办，协同推进代办区级以上重大工程项目52项。

突出问题导向，赋能“12345”热线持续优化提升

“12345”政务服务便民热线直接面向企业和群众，是反映问题建议、推动解决政务服务问题的重要渠道，是党委政府听民生、察民情、解民困、分民忧的重要平台。玄武区落实“12345”热线主要领导、分管领导、责任科长三级责任体系，以解决实际问题的成效作为标准和追求，真正做到未诉先办、接诉即办、办就办好。完善预付卡类工单责任清单，对培训机构、健身场所、文旅场所等21项具体事项责任落实至8个部门，动态调整更新，确保预付卡类工单准确派发。定期梳理市民投诉集中、高频重复、办理难度大的事项，实时召开“3+X”会办会，形成解决方案。加强业务培训，定期开展“12345”热线业务“大讲堂”，坚持走出去、请进来，学习借鉴先进区好的理念做法和优秀经验，切实提升一线业务人员能力水平。针对“屡办不成”事项，建立“有请诉求人到场”机制，全面核查原因、追溯办理过程，推动困难诉求事项妥善解决。 （朱子涵）

（栏目编辑 卢永晨）

大事记

1月

5—7日

△政协南京市玄武区第十三届委员会第一次会议举行。听取并讨论区委副书记、区长钱维代表区政府作政府工作报告，区2021年国民经济和社会发展计划目标执行情况及2022年国民经济和社会发展计划（草案）报告、区2021年财政预算执行情况和2022年财政预算（草案），及区人民法院、区人民检察院工作报告等。

6日

△上午，区第十九届人民代表大会第一次会议开幕。区人大常委会主任杨乐华主持第一次全体会议。区委副书记、区长钱维代表区人民政府向大会作工作报告。

7日

△上午，区第十九届人民代表大会第一次会议举行第二次全体会议。大会以书面形式审查了区十八届人大代表建议、批评和意见办理及督办情况的报告；通过了大会选举办法，区人大专门委员会组成人员人选的通过办法，民生实事项目测评和票决办法；大会对2021年民生实事项目完成情况进行了满意度测评，票决2022年民生实事项目。

8日

△下午，区第十九届人民代表大会第一次会议举行第四次全体会议。会议宣布了选举结果和当选名单。会议表决通过了区第十九届人民代表大会法制委员会、财政经济委员会、社会建设委员会、监察和司法委员会组成人员名单。会议宣布了2021年民生实事项目完成情况满意度测评结果和2022年民生实事项目票决结果。会议表决通过了关于区人民政府工作报告的决议、关于区2021年国民经济和社会发展计划执行情况与2022年国民经济和社会发展计划的决议、关于区2021年预算执行情况与2022年预算的决议、关于区人大常委会工作报告的决议，关于区人民法院工作报告的决议、关于区人民检察院工作报告的决议。新当选区长钱维、新当选区人大常委会主任贾慧发表任职讲话，区委书记闵一峰作重要讲话。玄武区第十九届人民代表大会第一次会议闭幕。

10日

△玄武区召开党史学习教育总结会议。

13日

△上午，江苏省暨南京市2022年就业援助月活动启动仪式举行。省人社厅副厅长张宏伟、市人社局局长刘莅、区委书记闵一峰、副区长邵睿及相关单位人员出席。

△2022年玄武区委人才工作会议暨建设最具竞争力的创新高地推进大会举行。

△江苏集萃医工交叉研究所正式签约，落户徐庄高新区。

14日

△玄武区召开应对疫情工作领导小组暨指挥部会议。区委书记、区委应对疫情工作领导小组组长闵一峰主持并讲话。

△中国国际投资促进会长三角地区联络处主任、江苏省开发区协会会长王润亮一行赴徐庄高新区参观考察，区长钱维、副区长吴开芬、徐庄高新区党工委书记唐承武陪同。

17日

△上午，玄武区委召开全区领导干部警示教育大会。

△区委书记闵一峰主持召开区委书记专题会议，听取巡察情况汇报。

18日

△上午，玄武区召开疫情防控工作部署暨专题培训会。

△下午，玄武区举行退役军人之家综合体启用一周年主题活动。

△全区科技干部作风与能力提升研修班举办。

△南京市锁金幼儿园大班的球操和旗操获江苏省快乐体操比赛金奖，并获优秀组织奖。

18—20日

△各巡察组分赴巡察单位，传达区委书记专题会议精神，反馈巡察情况。

25日

△玄武区在红山街道紫金小营社区紫金墨香苑小区采样点，开展核酸检测实战演练。

26日

△南京市代市长夏心旻到南京

市玄武公证处开展“大走访、大排查、大攻坚”活动。

△下午，区委组织召开区人大与“一府一委两院”联席会暨区政协高层协商会。

△玄武区人才工作领导小组以“紫金山·凤栖玄武英才计划”为引领，结合“党委联系服务专家”工作开展“向院士汇报活动”。

28日

△玄武区第十二届纪律检查委员会召开第二次全体会议。

△区人大常委会第1次主任会议召开。会议听取区人大常委会2022年度工作要点及议题安排汇报，通报区十九届人大常委会领导班子分工安排，讨论通过区人大常委会组成人员联系代表分工安排，讨论通过区人大常委会主任接待代表日活动计划安排。

△下午，区委书记闵一峰，区委副书记、区长钱维，区人大常委会主任贾慧，区政协主席许恺慰问一线干警职工。

29日

△区纪委监委组织第15期青年论坛。

△2022年江苏省职业院校技能大赛艺术表演比赛中，玄武中专荣摘“6金1银”。

2月

8日

△上午，玄武区召开深化作风建设优化营商环境推进会。

9日

△上午，区委书记闵一峰调度全区水环境整治提升、大气污染防治工作。

△下午，玄武区统筹发展和安全“大走访、大排查、大攻坚”行动领导小组召开第一次会议。

11日

△上午，玄武区法院、检察院召开首次法检联席会议，共同签署《南京市玄武区法检联席会议合作框架协议》。

△下午，区人大常委会主任贾慧、副主任朱明勇等调研锁金村街道家室平台建设和运行情况。

14日

△上午，区十九届人大常委会召开第2次主任会议。会议预审市十六届人大代表补选事项；听取区人大常委会组成人员初任履职培训筹备情况的汇报；听取区十九届人大常委会第一次会议筹备情况的汇报。

△下午，玄武区召开应对疫情工作领导小组暨指挥部会议。

△区第十九届人大常委会召开第一次会议。会议补选1名市十六届人大代表；听取区人大常委会办公室主任刘康所作的区人大常委会2022年度工作要点及议题安排通报。

16日

△上午，玄武区召开2021年度高质量发展总结表彰大会。

18日

△中国服务零售行业企业客户交易平台龙头企业汇通达网络股份有限公司在港交所上市。汇通达是2022年南京市第一家赴港上市企业，也是玄武区第10家上市企业。

△玄武区召开民营经济统战工作协调机制暨“2022玄武民企服务月”动员会议。

△下午，玄武区召开法学会第二次会员代表大会。

19日

△上午，玄武区举行2022年重大项目集中竣工暨开工活动。

21日

△上午，区委机构编制委员会召开2022年度第一次会议，研究全区部分机关事业单位机构编制工作。

22日

△上午，退役军人事务部宣传中心主任傅雪柳，宣传中心新媒体处负责人、首席记者吕高排，宣传中心事业发展处负责人胡琳等在省退役军人事务厅厅长谢晓军，二级巡视员夏锦忠，市退役军人事务局局长郭明雁，副局长王涛，区委书记闵一峰，副区长邵睿陪同下，到玄武区退役军人之家综合体采访调研。

23日

△下午，区十九届人大常委会召开第3次主任会议。会议预审人事任免案和市人大代表履职情况报告；听取《关于对区政府工作部门主要负责人开展履职评议的工作方案》、区十九届人大一次会议代表建议基本情况报告；听取区十九届人大常委会第二次会议筹备情况汇报。

△区委组织部召开科技专家团

"季"谈会。

24日

△上午,区第十九届人大常委会召开第二次会议。会议审议人事任免案。

25日

△区委理论学习中心组举办学习会,专题学习《习近平法治思想学习纲要》。

△玄武区召开深入打好污染防治攻坚战、河长制暨城建城管工作会议。

△区纪委监委组织第16期青年论坛。

△下午,玄武区召开全域推进未成年人保护暨家庭教育指导工作发布会。

28日

△市委第一巡察组对玄武区化解民生诉求突出问题专项巡察工作动员会召开。

△下午,区政协召开十三届一次常委会议,传达学习省政协全会精神,协商通过2022年区政协常委会工作要点、提案审查工作情况报告,协商通过成立区政协十三届提案委员会相关事宜和人事任免事宜。

3月

1日

△上午,人民中学举行"苏华名师工作室"揭牌仪式。

2日

△下午,区委统战部、区工商联举办"2022玄武民营企业服务月"暨"星河闪耀,一起向未来"企业家沙龙。

3日

△玄武区召开2022年度全区安全生产工作会议。

4日

△上午,玄武区统筹发展和安全"大走访、大排查、大攻坚"行动领导小组召开会议。

7日

△下午,区政协在红山街道星河WORLD产业园举行"社法(民宗)委界别委员工作室"暨"李泓委员工作室"授牌仪式。

9日

△上午,区委人才工作领导小组召开第一次会议。

△区人民检察院联合南京铁路运输检察院在徐庄高新区开展"护航企业发展,优化营商环境"专项活动。

10日

△南京市第十三中学红山分校学子获第33届江苏省中小学金钥匙科技竞赛多项荣誉。

11日

△上午,玄武区召开应对疫情工作领导小组暨指挥部会议。

△下午,区人大常委会主任贾慧开展第一季度巡河工作。

△区政协委员工作委举办"委员微讲坛"及履职分享会活动。

15日

△中国国际贸易促进委员会南京市分会联络部部长张颖走访徐庄高新区并进行座谈交流。

16日

△上午,区十九届人大常委会召开第四次主任会议。会议听取区科技局关于玄武区城市硅巷建设推进工作情况报告。会议讨论通过关于2022年区人大代表开展闭会期间活动的意见;会议书面听取区人大常委会各街道工作委员会2022年度工作安排的汇报;会议讨论通过代表建议重点督办件分工安排、民生实事项目督办分工安排、区人大代表专业组分组安排及《中共玄武区人大常委会党组关于建立街道议政代表会制度的实施办法》《玄武区人大常委会关于建立街道议政代表会制度的实施方案》。

△南京调查队党组书记、队长刘光平到玄武区调研指导统计调查工作。

△玄武区启动《玄武区居民小区疫情防控期间围合管理工作方案》,对169个无法封闭管理的零散小区,采取"划片打包"方式,划设35个围合片区设置75个围合卡口落实防控措施,实现了"一处不漏、一幢不漏",把全部居民小区纳入疫情防控"网络"的要求。

18日

△上午,区委常委会召开扩大会议,传达学习贯彻习近平总书记重要讲话精神,研究当前疫情防控工作。

25日

△上午,区委常委会暨区委应对疫情工作领导小组召开会议。

△下午,民盟南京市委主委、南京市城建集团总经理李雁,专职副主委叶宁赴玄武区疾病预防控制中心开展捐赠慰问工作。

30日

△上午，市委常委、政法委书记徐锦辉调研玉带河、红山桥断面工作。

31日

△区政协召开党组（扩大）会议、街道政协工作会议，传达学习全国政协十三届五次会议精神，并听取各街道关于2022年一季度街道政协工作开展情况及全年工作安排汇报。

4月

2日

△上午，区委常委会召开扩大会议，研究部署统筹抓好当前重点工作。

△下午，市人大常委会主任龙翔到科利华中学检查指导疫情防控工作。

6日

△区纪委监委组织第17期青年论坛。

△新疆伊宁市农商投资有限责任公司向玄武区捐赠一批牛奶作为爱心物资，以实际行动助力基层疫情防控工作。

9日

△下午，市人大代表、代市长夏心旻到市十六届人大五次会议玄武区代表团，与代表们共同审议市人大常委会工作报告和市级人民法院、市人民检察院工作报告。市领导刘月科、陈勇参加。

12日

△下午，区委常委会召开扩大会议，传达学习市“两会”精神，研究部署当前工作。

13日

△下午，省教育厅副厅长顾月华、省残联康复处处长季本桂、省教育厅教师工作处处长张卫星等组成的江苏省专家组调研玄武区特殊教育工作。

15日

△上午，区人大常委会召开街道议政代表会工作部署会，对全区全面推开、建立和实施街道议政代表会制度进行动员部署。

△区人大常委会2022年度民生实事项目督办工作部署会召开。

19日

△下午，省人大理论研究会副秘书长、常务理事马健率队调研梅园新村街道人大代表工作室建设情况。

20日

△下午，区十九届人大常委会第五次主任会议召开。会议预审全区第七次人口普查情况报告；预审区科技局局长史庆锋、区退役军人事务局局长马义兵、区行政审批局局长李莹和区人防办主任姚晓晖履职情况报告；会议讨论通过区人大常委会关于对区政府实施《南京市养老服务条例》情况开展执法检查的方案。会议预审有关人事任职案；预审关于提请确定区法院人民陪审员名额数的议案；会议听取区十九届人大常委会第三次会议筹备情况汇报。

21日

△下午，玄武区召开安全生产专项整治督导及落实十五条硬措施和安全生产大检查综合督导工作会议。

△区政协召开主席办公会，听取提案委关于“适应主城玄武特点的数字经济发展路径探索”专题议政会筹备工作情况及下一步工作打算汇报。

22日

△上午，区委常委会召开会议，专题研究安全生产工作，审议《玄武区关于深化提升安全生产专项整治三年行动的实施方案》，听取近期安全生产工作情况汇报，研究部署下一步工作。

△下午，玄武法院联合区法学会举办“十佳案例”“十佳调研文章”表彰活动，并就全国法院第三十四届学术讨论会论文写作进行动员部署。

24日

△玄武区召开全区迎接市统计督察部署会。

25日

△下午，2022年玄武“世界知识产权日”宣传活动举办。

27日

△上午，玄武区召开防汛抗旱工作会议。

△玄武区与市国资委战略合作推进会召开。

△区十九届人大常委会第三次会议召开。会议听取区政府常务副区长陈可科所作《关于玄武区第七次全国人口普查情况的报告》；听取和审议区科技局局长史庆锋、区退役军人

人事务局局长马义兵、区行政审批局局长李莹和区人防办主任姚晓晖履职情况报告，并开展满意度测评。会议以无记名投票的方式通过区人民法院院长赵雪雁提请的有关人事任职议案，会上举行宪法宣誓仪式。会议以举手表决的方式通过《关于提请确定区法院人民陪审员名额数的议案》。

△下午，区政协召开十三届一次主席会议。会议现场视察内秦淮河逸仙桥至汉府桥段和锁金村街道儿童“关爱之家”工作开展情况，传达学习市政协十四届五次会议精神，协商讨论发展“六朝水韵”内秦淮河游船观光工作推进情况和关于构建玄武区未成年人保护工作联动机制情况。

△区纪委监委组织第18期青年论坛。

28日

△金陵中学名师工作室落户金中集团人民中学。多位名师“组团”挂牌工作室，探索合作办学新模式。

△下午，玄武区召开统筹发展和安全“大走访、大排查、大攻坚”行动领导小组第四次会议。

29日

△上午，区人大常委会第三、第四代表监督组召开民生实事项目督办第一次会议。区人大常委会第五、第六代表监督组召开民生实事项目督办工作会议。

△下午，“芳菲五月　相约玄武”2022南京国际消费节玄武分会场活动启动。

5月

6日

△下午，省人大常委会副主任马秋林率省人大常委会执法检查组赴南京市开展《江苏省物业管理条例》执法检查，并开展“推进资源共享，解决停车难问题”省人大代表建议督办工作。现场查看东部战区总医院和熊猫大厦停车共享、停车诱导标识设置、停车共享App演示等工作。

7日

△上午，区委常委会暨区委应对疫情工作领导小组召开会议。

10日

△上午，区人大常委会召开街道议政代表会工作领导小组会议暨人大街道工委工作例会。

△玄武区2022年防灾减灾应急演练活动举行。副区长翁侃担任演练总指挥。

11日

△下午，全区党建工作会议召开。

12日

△上午，玄武区举办“建设最具竞争力的创新高地”专题研讨班。

△下午，区委组织部在先声药业承办南京·玄武海外人才便利化政策宣讲会。

13日

△上午，区委常委会传达学习习近平总书记在庆祝中国共产主义青年团成立100周年大会上的重要讲话精神。

14日

△上午，玄武区学习贯彻习近平总书记在庆祝中国共产主义青年团成立100周年大会上的重要讲话精神座谈会举行。

16日

△上午，区委组织部完成2022年度海外引才计划（第18批）申报工作，全区共申报2022年度海外引才计划（第18批）67人，申报数居主城前列。

△十二届玄武区委第二轮巡察工作动员部署会召开。

△下午，玄武中等专业学校举行2022年玄武区职业教育活动周暨玄武中专第十四届技能节开幕式。

19日

△市统计局2022年第2统计督察组进驻玄武区开展统计督察工作。

△省人大常委会许仲梓副主任率调研组在玄武外国语学校附属小学调研“双减”工作。

20日

△区委理论学习中心组举行学习扩大会，专题学习《信访工作条例》。

22日

△下午，2022年全国科技活动周、全国科技工作者日暨省、市第34届科普宣传周南京主题活动在玄武举行。在开幕式上，南京市孝陵卫初级中学被授予“南京市科普教育示范基地”。

23日

△下午，区双拥工作领导小组召开2022年第一次会议。

△南京市政协社法（民宗）委员会主任陆蓉率调研一组，就玄武区贯彻落实中央民族工作会议、全国宗教工作会议精神进行民主监督性调研。

24日

△上午，区人大常委会代表履职培训系列讲座第一讲开讲。

△下午，区十九届人大常委会第七次主任会议召开。

25日

△北京东路小学入选“南京文学校园联盟”第一批学校。

26日

△上午，玄武区警察协会举行揭牌成立仪式。

△市双拥办主任、市退役军人事务局局长郭明雁专题调研玄武区双拥工作。

△十二届玄武区委第二轮巡察完成进驻。

△区纪委监委组织第19期青年论坛。

27日

△上午，区委组织部牵头召开区第17期中青班“青年突击队”下沉抗疫一线动员会暨岗前培训。

△下午，区委全面深化改革委员会召开会议。

△市委巡察工作领导小组召开化解民生诉求突出问题专项巡察集中反馈会议。

29日

△成贤街小学篮球队在南京市少年儿童篮球比赛蝉联冠军。

30日

△下午，玄武区召开区文明委会议暨全国文明典范城市创建部署会议。

31日

△市委第一巡察组向玄武区相关部门和单位反馈巡察情况。

△下午，区政协召开党组（扩大）会议。

△玄武区举行“喜迎二十大　童心向党　强国有我”中小学庆祝“六一”表彰大会。

6月

1日

△玄武区第五届青少年科技创新区长奖颁奖典礼暨第六届区长奖启动仪式举行。

2日

△上午，区委常委会召开扩大会议，传达学习全国稳住经济大盘电视电话会议精神和省市有关部署要求，听取全区经济运行情况汇报，研究部署下一步工作。

8日

△市政协主席王立平到玄武区开展调研。

△下午，新街口街道首届议政代表会工作筹备情况汇报会召开。

9日

△上午，玄武区与南京供电公司召开战略合作推进会。

10日

△上午，红山街道议政代表会成立大会暨首届议政代表会第一次会议召开。

△下午，南京市“红石榴手拉手”大中小学铸牢中华民族共同体意识教育实践一体化建设项目暨玄武区“铸牢中华民族共同体意识宣传月”正式启动。

14日

△上午，市人大代表第三监督组专题视察“宁姐月嫂”民生实事项目实施情况。

△区政协举办全体委员履职培训。

△下午，新街口街道议政代表会成立大会暨首届议政代表会第一次会议召开。

15日

△上午，玄武区文物和文化遗产公益保护联盟成立大会举行。

△玄武区优化营商环境服务企业座谈会在徐庄高新区召开。

△下午，市作风建设第十二监督组调研指导玄武区作风建设工作。

16日

△区委组织部召开科技专家团“季”谈会。

△下午，孝陵卫街道议政代表会成立大会暨首届议政代表会第一次会议召开。

18日

△区委书记、内秦淮河北段区级河长闵一峰沿河道开展实地巡查，并调度全区防汛及水环境整治提升工作。

20日

△下午，区十九届人大常委会第八次主任会议召开。

23日

△区国资办召开区属国企领导

人培训会。

△区政协召开“政协如何在社区治理中发挥作用”专题座谈会。

△区纪委监委组织第20期青年论坛。

24日

△区委审计委员会召开会议。

△晚，2022南京玄武国际城市休闲旅游节拉开帷幕。

25日

△区委人大工作会议召开。

27日

△区政协召开十三届二次常委会议。协商讨论加强基层疾病预防控制体系建设，提升玄武应对突发公共卫生事件水平和徐庄高新区及铁北红山新城板块联动发展工作情况。

△下午，区十九届人大常委会第四次会议召开。

28日

△下午，玄武区机关举办庆祝中国共产党成立101周年暨“喜迎二十大奋进新征程”主题知识竞赛。

△东南大学与成贤街小学合作共建，成立东南大学·成贤街小学“小橙子科学院”。

29日

△省档案馆副馆长赵深、市档案馆副馆长王长喜到玄武区调研档案工作情况。

△下午，区委组织部在徐庄高新区“玄武人才港”，举办2022年玄武区“爱国·奋斗·奉献”主题活动暨“跟党一起创业”访谈会。

△玄武湖街道议政代表会成立大会暨首届议政代表会第一次会议召开。

30日

△下午，玄武区召开庆祝建党101周年座谈会。

区委统一部署，开展“村村到、户户进、人人访”集中走访活动。

7月

1日

△上午，区委常委会暨区委应对疫情工作领导小组召开会议。

4日

△区委书记闵一峰赴区城建集团开展“百团进百万企业千万员工”安全生产专题宣讲，并实地检查安全生产工作。

5日

△区政协召开党组(扩大)会、务虚会暨街道政协工作会议。

6日

△区委民族会议暨全区宗教工作会议召开。

7日

△玄武区召开创建文明典范城市常态化长效工作座谈会。

△下午，区委副书记、区长钱维调度全区防汛工作。

△区人大常委会视察玄武区第十九届人民代表大会第一次会议第057号建议件“关于打造‘环湖’文旅消费新地标的建议”办理情况。

8日

△上午，区委副书记、区长钱维调研铁北红山新城项目推进情况并开展安全生产专题宣讲。

△南京市退役军人事务局在玄武区举行退役军人和其他优抚对象优待证首发仪式。

13日

△上午，区人大常委会组织开展“‘访文脉、聚民意、助发展’四级人大代表视察玄武文旅消费产业”活动。

△共青团南京市委、南京市青年联合会联合举办“青商助力创新玄武”“青英·建功行”走进玄武系列活动，邀请青年企业家走进徐庄。

△徐庄·创智荟——技术需求挖掘与研判沙龙活动在徐庄高新区举办。

14日

△区委退役军人事务工作领导小组召开会议。

△玄武区召开2022年质量强区工作推进会。

△玄武区“建设最具影响力的消费中心”专题研讨班开班。

15日

△区委机构编制委员会召开2022年度第二次会议，研究相关单位机构编制调整事项。

△下午，玄武区钟山农业创新发展联盟人大代表工作室成立仪式举行。

16日

△南京市委常委、常务副市长杨学鹏带领市应急管理局一行，到玄武区中石油龙蟠中路加油站，检查指导安全生产工作并慰问坚守安全生产一线的工作者。

18日

△区政协“适合主城玄武特点的数字经济发展路径探索”专题

议政课题组赴委员企业开展调研。

△“柯菲平健康数字产业园”正式落地徐庄高新区。

19日

△玄武区以“推动国企物业全面托底　破解老旧小区治理难题”为主题，举办“党建引领基层治理玄武实践”观摩点评会。

△下午，团省委书记司勇调研玄武共青团青少年关爱工作。

20日

△区政协召开十三届二次主席会议。

21日

△上午，区十九届人大常委会第九次主任会议召开。会议实地视察东南大学梅庵，高层建筑成贤大厦、老旧小区东箭道15～29号。会议听取区政府关于《南京市红色文化资源保护利用条例》实施情况及提升火灾防范和灭火救援能力情况报告，研究规范依法公开信息工作。

△区委理论学习中心组开展统战民宗专题扩大学习会。

22日

△上午，玄武区召开住宅物业、高层民用建筑消防安全管理规定宣贯会暨电动自行车全链条整治动员部署会。

△新疆伊宁市人大常委会党组书记、副主任姜鹤一行10人在市人大常委会副主任张俊等陪同下到玄武区考察交流。

27日

△第五届“赢在玄武”青年大学生创新创业大赛决赛及颁奖仪式举办。

△下午，国家市场监管总局特种设备安全监察局二级调研员张鑫一行前往玄武区南京港华燃气有限公司和德基广场有限公司开展特种设备安全督查工作。

29日

△上午，市人大常委会主任龙翔视察民生实事项目主题监督月工作。

△区纪委监委组织第21期青年论坛。

1—29日

△区科技局先后7次召开玄武区2022年高企申报专家预审会。

8月

3日

△上午，玄武区第17期中青年干部培训班开班。

△玄武区教育系统八名选手在南京市中小学班主任基本功大赛中夺得四个一等奖。

4日

△区委常委会召开扩大会议，传达学习习近平总书记在省部级主要领导干部“学习习近平总书记重要讲话精神，迎接党的二十大”专题研讨班上的讲话、在7月28日中央政治局会议上的讲话和在中央统战工作会议上的讲话精神，研究全区学习宣传贯彻工作。

△玄武区组织召开2022年度放心消费工作推进会。

10日

△上午，区十九届人大常委会第十次主任会议召开。

△下午，江苏地方人大干部培训基地玄武区梅园新村街道现场教学点揭牌仪式在梅园新村街道小红梅人大代表工作室举行。

11日

△上午，区政府召开常务会议，专题部署法治政府建设工作。

12日

△中国共产党南京市玄武区第十二届委员会第五次全体会议举行。

△市委机要保密局局长易兵带相关人员赴徐庄高新区调研玄武区机要保密工作。

15日

△区十九届人大常委会召开第五次会议。

△全区基层党建工作重点任务推进会暨基层党建业务培训会召开。

△玄武区召开人才工作推进会。

17日

△区委常委会召开会议，研究部署当前重点工作。

△上午，区政协召开2022年上半年学习报告会，区委副书记、区长钱维就全区上半年经济和社会发展形势及下半年工作任务作报告。

△玄武区组织召开特种设备安全生产专业委员会全体会议。

△区政协召开专题协商议政会议。

19日

△上午，市统计局党组书记、局长张雁宁率队到玄武区调研

经济运行有关情况。

20—21日

△江苏省义务教育阶段教师培训在玄武区举行。

23日

△区政协联合区科技局邀请市科技局副局长傅浩,围绕"服务全市创新大局,大力推进重大科创平台建设"作专题授课。

24日

△上午,市人大代表玄武一组开展代表组活动,视察南京市市场监管局工作,实地视察市计量院江苏省市场监管重点实验室、市质检院国家市场监管总局重点实验室和市特检院96333电梯应急处置中心。

△2022年度南京市职工职业(行业)技能大赛暨招商技能竞赛决赛举行,玄武区代表队获优秀招商团队一等奖、最佳VCR风采展示奖2项奖项桂冠,个人奖项中获得金牌招商人三等奖。

25日

△上午,市人大常委会副主任李世贵带队专题调研市房产局建议办理工作,实地查看玄武区梅园新村街道雍园41号老旧小区改造及加装电梯情况。

△市委常委、组织部部长王华带领相关人员赴徐庄高新区誉葆科技公司、先声药业公司调研玄武区人才企业工作。

△2022江苏省专利(成果)拍卖季系列活动——技术需求对接会徐庄专场活动举办。

26日

△区委副书记、区长钱维一行到重庆市万州区甘宁镇开展对口支援调研活动。

△区政协召开重点提案督办会,就"关于推进玄武区中小学'优质午休'民生项目的建议"听取提案承办单位情况汇报,组织提、办双方深入沟通协商。

△玄武区举行2021—2022学年"向日葵助学金"发放仪式。

29日

△由省教育科学研究院牵头实施的江苏省基础教育前瞻性教学改革重大项目《江苏基础教育高质量发展体系的内涵、重点及实现路径研究》在南京举行项目启动会。玄武区成为项目实验区,南京市北京东路小学成为项目实验校。

30日

△区委书记闵一峰,副区长庄佳峰、周正,区政府党组成员翁侃到徐庄高新区创智荟、聚智园项目现场调度安全生产、大气污染防治工作。

△玄武区举办"资汇玄武共进未来　资本市场圆桌沙龙"活动。

△区政协召开党组理论学习中心组学习会暨区政协党组(扩大)会。

31日

△上午,玄武区召开老干部情况通报会。

△玄武区组织召开住户调查大样本轮换工作领导小组会议。

9月

1日

△玄武区举办中青年体育教师技能测评。

3日

△区委书记闵一峰主持召开区委书记专题会议,听取巡察情况通报。

5日

△下午,2022中国南京金秋经贸洽谈会玄武专场活动举行。

7日

△玄武区人民政府与南京广电集团联合举办2022"赢在南京·创业金陵"科技创新创业大赛暨第十届"创业江苏"科技创业大赛南京赛区决赛。

△下午,玄武区举办主题为"迎接党的二十大　培根铸魂育新人　爱的教育践初心　薪火相传担使命"的庆祝第三十八个教师节大会。

△盐城市人大常委会考察组到南京学习考察养老服务工作,实地考察玄武区悦心居家社区养老综合服务中心。

8日

△上午,"凤栖玄武·校地融合"工作推进会暨2022年玄武区科技专家团集中送岗仪式举办。

9日

△上午,区委常委、常务副区长陈可科带队查看鸡鸣寺消防队站建设情况并对辖区内雅迪电动车售卖场、格乐丽雅高

端婚庆中心等商户安全管理情况进行实地检查。

△南理工附中赵王琪同学夺得全国少年乒乓球比赛(南方赛区)单打冠军。

△下午,玄武区机关举办中秋诗歌诵读会暨“我们的节日·中秋”主题活动。

14日

△下午,玄武区“未成年人法治教育进课堂”工作推进会召开。

15日

△南京市玄武区总工会第七次代表大会召开。

△下午,区人大常委会调研视察区政府“共享停车”及垃圾分类工作,听取区城管局关于推进“共享停车”工作进展和全区垃圾分类长效治理情况汇报并进行座谈交流。

16日

△“引领数字经济,助力品牌出海”——跨境电商主题沙龙活动举办。

17日

△上午,以“喜迎二十大　科普向未来”为主题的2022年玄武区“全国科普日”活动启动。

△区委常委会召开会议,传达学习全市生态环境质量“提高增优”暨突出环境问题整治百日攻坚推进会精神,听取全区有关工作情况汇报,研究部署下一步任务。

19日

△南京徐庄高新技术产业开发区获评“全国和谐劳动关系创建示范工业园区”,系南京市唯一一家获评高新园区。

△区人大常委会第七代表监督组实地视察民生实事项目中“梦想小屋”青少年关爱项目实施情况,实地视察3处“梦想小屋”,并听取团区委和相关街道的情况汇报。

20日

△下午,区人大常委会视察“双减”工作开展情况,实地视察玄武外国语学校和成贤街小学的课后服务开展情况,并现场召开教师代表座谈会。

21日

△十二届玄武区委第三轮巡察工作动员部署会召开。

△玄武区召开建设“最具吸引力的美丽城区”暨生态环境质量“提质增优”、突出环境问题整治百日攻坚工作推进会。

22日

△上午,区十九届人大常委会第十一次主任会议召开。

△市政协副主席范群到玄武门街道台城花园社区,参加“探索化解突出信访矛盾新路径”民生专题协商议事月活动。

23日

△下午,省科协党组书记、副主席孙春雷到玄武区调研2021—2025年度全国科普示范区创建工作。

△玄武区食品安全宣传周主场活动暨食品安全社区标准化建设启动仪式举办。

26日

△下午,玄武区举行质量服务园区(街道)行活动启动仪式。

28日

△玄武区人民政府与兴业证券股份有限公司江苏分公司签订战略合作协议。

△市人大常委会副主任张俊带队视察城市更新推进情况,实地视察玄武区雍园41号小区建筑出新、环境整治、物业管理等情况。

△下午,2022年度玄武区科技专家团工作部署暨业务能力培训会召开。

29日

△区委常委会召开扩大会议,传达贯彻上级要求,部署国庆假期重点工作。

△市人大常委会副主任罗群带案下访接待群众,在玄武区人民来访接待中心召开信访事项督办会。

30日

△副省长陈星莺带领省卫健委负责人等来玄武区看望慰问高龄老人并走访老年医疗机构。

△区纪委监委组织第23期青年论坛。

10月

9日

△玄武区政协召开十三届三次常委会议。协商讨论“优化小区物业管理,推动社会治理水平整体提升情况”“高效推进全区‘一网统管’工作,提升城市数字化治理能力工作情况”。

△下午,市人大常委会人代联委主任姬桂玲等调研玄武区市人大代表候选人提名推荐

工作。

10日

△市司法局党组书记、局长李大海一行调研玄武区江苏刘洪律师事务所。

12日

△十二届玄武区委第三轮巡察工作全面展开。区委3个巡察组全部完成进驻。本轮巡察分别对区档案馆、区人社局、区城管局、区地方金融监管局、区残联、区红十字会6家单位党组织开展常规巡察。

△区国资办举办2022年度区属国有企业高质量发展综合业绩考核培训会。

13日

△上午，2022年度玄武区中小学心理健康教师心理测评专题培训暨开班典礼举行。

△下午，区人大常委会调研本区政府性债务管理情况并进行座谈交流，听取区财政局关于玄武区政府性债务管理有关情况、区国资办关于玄武区区属国有企业经营性债务管理情况和区审计局关于债务审计查证情况汇报。

14日

△上午，区人大常委会视察调研代表建议办理情况。

△玄武区第17期中青年干部培训班结业。

△玄武区获2021—2022学年度南京市普通高中教育发展性评估区级教学管理一等奖。

△区科技局组织评审专家组赴熊猫·万谷金融科技中心，开展2022年第二批南京城市硅巷备案专家评审及现场考察。

15日

△玄武区“建设最具吸引力的美丽城区”专题研讨班结业。

16日

△区委常委、区人大常委会、区政府、区政协全体领导，区法院院长、区检察院检察长，其他副区级领导，区有关部门主要负责人等，集中收看中国共产党第二十次全国代表大会开幕会的实况直播。

19日

△上午，区十九届人大常委会第十二次主任会议召开。

△区政协围绕教育“双减”工作开展民主监督，听取区教育局通报民生实事项目办理情况和教育“双减”工作落实情况。

20日

△下午，国家督查组到钟山集团下属兰园集贸市场检查疫情防控措施落实情况。

21日

△上午，市人大常委会预算工委主任、财经委副主任委员马巧生，预算工委副主任邹建平等一行5人到玄武区调研指导，并现场视察预算联网制度室建设情况。

24日

△区委常委会召开扩大会议，传达学习党的二十大和二十届一中全会精神，部署安排全区学习宣传贯彻工作。

25日

△区政协召开十三届三次主席会议，协商讨论“做好教育‘双减’工作，推动教育优质均衡发展情况”“玄武区食品安全风险防控工作情况”及听取提案办理情况的通报。

26日

△上午，南京市小营小学举行东部战区空军青少年航空体验馆暨南京市小营小学校史馆开馆仪式。

△省“双减”办领导到洪武北路小学，调研学校“双减”工作开展情况。

28日

△下午，区十九届人大常委会第六次会议召开。

△区委组织部完成2022年度科技顶尖专家监测验收工作。玄武区共7名人才全部通过。

29日

△玄武区召开传达学习贯彻党的二十大精神大会。

31日

△区纪委监委组织第24期青年论坛。

11月

3日

△区委常委会召开，传达贯彻上级要求，研究部署当前重点工作。

4日

△上午，玄武区组织召开人口变动情况抽样调查专题会。

9日

△玄武区召开区委常委会。

△市统计局第2统计督察组向玄武区反馈统计督察意见。

△玄武法院召开法治副校长工作推进会。

△下午，区人大常委会视察公安

玄武分局便民服务工作开展情况。

10日

△区政协开展“学习宣传贯彻党的二十大精神”委员读书分享会并举行委员工作室和文化兴趣组授牌仪式。

△下午,市人大监察和司法委员会以“点案旁听”模式,组织市、区两级十余位人大代表赴玄武法院,旁听评议一起物业服务合同纠纷案件。

11日

△上午,玄武区“数字人大”建设工作协调小组第一次会议召开。

△市委宣讲团成员、区委书记闵一峰到梅园新村街道,向基层党员群众宣讲党的二十大精神。

△全省特殊教育教研工作会议在玄武区特殊教育学校举行。

△南京市小营小学举办建校70周年主题活动。

12日

△南京市玄武区残联第七次代表大会召开。

△玄武区举行南师大附小建校120周年主题活动。

14日

△玄武区举行学习贯彻党的二十大精神宣讲报告会,市委宣讲团成员、区委书记闵一峰作宣讲报告。

△下午,市委常委、市纪委书记、市监委主任刘月科赴玄武区开展学习贯彻党的二十大精神专题调研。

15日

△区委宣讲团成员、区委副书记、区长钱维向全区城建系统、政府办第一党支部党员代表宣讲党的二十大精神。

16日

△区政协召开建立“专属融合”机制,助力基层治理专题研讨会暨应用型智库成立会议。

△下午,区委人才工作领导小组办公室专题会召开。会议研究2022年度市场化引才奖励兑现相关工作、研究推进国家级海外引才计划相关工作,讨论并通过2022年度“紫金山·凤栖玄武英才计划高层次创新创业人才项目”入选名单、2022年度“紫金山英才创新型企业家项目”区级推荐名单。

17日

△玄武区慈善总会第五次会员代表大会暨全区慈善工作会议召开。

18日

△下午,2023年度区民生实事项目征集工作座谈会召开。

22日

△上午,玄武区举办南京市基于未来教室学习场景下跨学科“新教学”研讨活动。

△南京市新获批AEO企业颁证仪式举行。

△玄武中等专业学校举办江苏省校园高尔夫教育发展论坛。

23日

△上午,市妇联主席吴曦、副主席徐晓洁、宣传部部长李亚婷等到玄武区人民检察院调研妇女儿童权益保护工作。

24日

△2022年南京软博会玄武专场活动——玄武区数字经济和数字化发展论坛举行。

27日

△生物育种钟山实验室在玄武揭牌,实验室理事会第一次会议召开。

28日

△下午,区十九届人大常委会第十三次主任会议召开。

△玄武区举办2022年度普法责任制履职评议现场集中评议会。

29日

△移动出行大数据创新峰会暨江苏大数据联盟移动出行专委会成立仪式举行。

30日

△第十四届中国留学人员南京国际交流与合作大会玄武区专场活动——“凤栖玄武 博创未来”2022年海内外博士人才论坛举行。

△区委组织部完成2022年度紫金山英才创新型企业家项目申报推荐工作。

12月

1日

△“江苏省住户调查新一轮记账启动仪式”在玄武区玄武门街道百子亭社区“国家调查记账户之家”举行。

△区政协召开十三届四次主席会暨专题协商议政会议,围绕“坚持创新引领,加快重大科技平台建设,助力南京创建综合性国家科学中心”主题协商

议政。

△区政协举行党的二十大精神宣讲报告会，区委宣讲团成员、区政协党组书记、主席许恺作宣讲报告。

5日

△下午，区人大举行党的二十大精神区委宣讲团宣讲报告会，区人大常委会党组书记、主任贾慧作学习贯彻党的二十大精神宣讲报告。

8日

△中国共产党南京市玄武区第十二届委员会第六次全体会议举行。

△下午，区人大常委会组织驻区市人大代表听取2022年度市、区检察工作情况汇报。

9日

△上午，学习贯彻党的二十大精神市委宣讲团互联网企业专场报告会在徐庄举行。

△玄武区孝陵卫街道双拜巷151号小区入选江苏省住建厅公布的2021年度省级宜居示范居住区项目名单。

△下午，玄武区通过线上+线下的方式，举办第五个“宪法宣传周”启动仪式。

10日

△玄武区红十字会第十次会员代表大会召开。

10—11日

△2022年玄武区青少年阳光体育节校园田径比赛举行。全区45所学校、45支代表队、745名体育健儿参加比赛。

12日

△江苏省小数报名师大讲堂走进玄武专场活动暨新课标背景下小学数学综合与实践再研讨活动举行。

13日

△玄武区在辖区内南京大屠杀遇难同胞北极阁、东郊、太平门、仙鹤门丛葬地和香铺营社区举行南京大屠杀死难者悼念活动。

△下午，玄武区机关学习贯彻党的二十大精神宣讲报告会以视频会议形式召开，区委宣讲团成员、区委副书记吕璟作学习贯彻党的二十大精神宣讲。

14日

△下午，玄武区城市数字治理中心、玄武区区域社会治理现代化指挥中心、玄武区城市运行管理中心正式挂牌成立。

20日

△下午，区十九届人大常委会召开第十四次主任会议，会议采取线上视频会议形式召开。会议听取区委组织部对提请区人大常委会审议的有关人事任免事项的说明。会议通过《南京市玄武区人民代表大会代表履职评价和激励办法（试行）》。会议听取区十九届人大常委会第七次会议各项议题准备情况及会议建议方案的汇报，决定了会议召开时间和议程草案。

28日

△下午，区十九届人大常委会召开第七次会议，通过线上会议召开。

29日

△区政协采取线上线下相结合的方式举行十三届四次常委会议，会议听取区政府关于2022年国民经济和社会发展计划执行情况及2023年国民经济和社会发展计划（草案）制定情况和区政府关于2022年财政预算执行情况及2023年财政预算（草案）的报告。会议通过关于召开区政协十三届二次会议的有关事项及优秀履职委员人选、优秀提案、提案先进承办单位、委员增补等相关事宜。

31日

△市委副书记，市政府党组书记、市长夏心旻一行赴徐庄高新区调研先声药业集团。

（栏目编辑　卢永晨）

概览

基础情况

组织机构及负责人

基础情况

【自然地理】 玄武区位于南京市区东北部，是南京市的中心城区之一，也是中共南京市委、市人大常委会、市政府、市政协机关所在地。东、北与栖霞区相接，南与秦淮区为邻，西北与鼓楼区接壤，东南与江宁区交界。域内面积75.46平方千米，户籍人口46.75万人。

地势 山峦起伏，丘陵环抱，山川形胜，气势恢宏。多种多样的地貌形成“十山八河十二湖”，与蜿蜒而过的明城墙交相辉映，构成集山、水、城、林于一体的园林风光。

地貌 低山、丘陵、岗地、平原交错分布，林木葱郁，植被良好。大部分岗地、平原用于城市建设开发。域内中山陵园风景区是重要的城市绿地和森林公园。

气候 属北亚热带湿润气候，冬寒、夏热、春温、秋暖，四季分明。年平均气温15.4～16.6℃。冬季以东北风为主，1月平均最低温度为-1.6℃；夏季以东南风为主，7月平均最高温度为30.6℃。常年平均降水117天，年平均降水量1106.5毫米，相对湿度76%，无霜期237天。6月下旬至7月上旬为梅雨季节。

自然资源 铁矿分布在红山森林动物园；煤矿分布在灵谷景区；硫黄矿分布在钟山北麓岔路口；黄铜矿分布在钟山西北蒋王庙，至今留有20世纪50年代开掘的矿井。钟山植被，陆地面积2930.7公顷，水域面积78.1公顷。有维管植物157科506属1217种，特级、珍稀、濒危植物50余种；鸟类生物14目42科140种；昆虫1200多种；蝶类9科73属120种，其中虎凤蝶缘起紫金山，是比猿人更为古老的生物，有“活化石”之称；真菌类生物246种。

【人口状况】 2022年，玄武区常住人口556558人，其中户籍人口462089人，户籍人口中男性228268人、女性233821人，性别比为97.63。流动人口94469人。

2022年，户籍人口中，18岁以下人口67194人，占总人口比重14.5%；18～34岁90970人，占19.6%；35～59岁185017人，占40%；60岁以上118906人，占25.7%。

2022年全区新出生人口2355人，其中男性1212人、女性1143人，性别比为106；死亡人数3566人，其中男性2087人、女性1479人，性别比为141；计划生育率99.83%。全区总人口中育龄妇女156886人，比上年同期增长1139人，占总人口的30.41%；已婚育龄妇女107987人，比上年同期减少1998人，占总人口的20.93%。

【名胜古迹】 六朝宫阙、明初紫禁城、太平天国天王府、孙中山临时大总统府和国民政府总统府均坐落区内。钟山风景名胜区以雄伟壮丽的钟山与碧波千顷的玄武湖为核心，山水相依，雄秀兼具，在新评出的“金陵四十八景”中钟山就占有10席。区境内拥有5座城门、总长9.37千米的明城墙，是南京市现存明城墙的主要部分，其两侧聚集甚多名山、名水、名胜。丰富厚重的历史人文资源和钟灵毓秀的山水生态风光，描就玄武精美而又独特的都市画卷。

【文化遗产】 区内有南京市唯一一处世界文化遗产——明孝陵，有一处国家级历史文化街区——梅园新村历史文化街区。有国家、省、市、区各级各类不可移动文物221处244个点，其中，全国重点文物保护单位19处35个点、省级文物保护单位19处24个点、市级文物保护单位54处56个点、区级文物保护单位56处、不可移动文物73处。全区有非物质文化遗产代表性项目32项，其中，国家级2项，省级7项，市级15项，区级8项。有非物质文化遗产代表性项目传承人82人，其中，国家级1人，省级11人，市级20人，区级50人。“非遗”展示馆、传习所、传承基地（市级保护基地）7家分别是：南京剪纸传承保护基地，金陵竹刻保护展示基地，苏作小木家具制作技艺传承保护基地，鸡鸣寺素食制作技艺传承保护基地，南京裘彩萍昆曲课堂，南京盛峰茶业有限公司和南京茉莉工坊文化发展有限公司。

【区域沿革】 6000多年前，玄武湖畔有原始村落。战国时，为金陵邑辖地。秦、汉时，南部属秣陵县，北部属江乘县，后又隶属会稽郡、鄣郡、丹阳郡。东汉建安十七年(212)改秣陵为建业县,区境南部属之,区境北部改设典农都尉。

西晋太康元年(280),复改建业为秣陵县。太康二年(281),以淮水为界,北置建业(次年改称建邺),南为秣陵县,恢复江乘县建置。建兴元年(313),愍帝司马邺即位,为避帝讳,改建邺为建康,直至陈朝末年。

隋朝统一南北后,建康、江乘、秣陵县并为江宁县,区境隶属蒋州。唐上元二年(761),改江宁为上元县,至清末,区境均属上元县。

民国元年(1912),临时政府废上元、江宁两县,建置南京府,区境属南京府。民国2年(1913),撤南京府,以旧上元、江宁两县复置江宁县。民国16年(1927),改江宁县城区为南京市,区境城内部分属南京市。

民国22年(1933)3月,建区之始。中山路以东、中山门以西、九华山以南、中山东路以北范围为南京第一区。

民国23年(1934)9月,今孝陵卫街道地区和玄武湖街道的仙鹤门行政村(原仙鹤乡)属孝陵区,中山陵园区域属国民政府直接管辖,今锁金村街道、玄武湖街道(仙鹤门除外)和红山街道地区属燕子矶区。

民国27年(1938)1月,原第一区改为第三区。民国34年(1945)9月,恢复抗日战争前第一区建置,辖区则向中山东路以南、逸仙桥以东一带扩展。

1949年6月,沿用第一区建置称谓,设第一区人民政府。1950年6月,以第一区为基础,中山东路以南地区划出,建为新一区。今红山、锁金村街道地区和玄武湖街道部分地区改属新八区,今孝陵卫街道地区和玄武湖街道部分地区改属中山陵园区。

1955年6月,第一区人民政府改称第一区人民委员会。同年8月,第一区改称玄武区,今境内分属玄武区、燕子矶区和中山陵园区管辖。1960年5月,成立玄武人民公社。1962年8月,玄武人民公社名称撤销,恢复玄武区人民委员会。

1967年3月,玄武区改称要武区,实行军管,设南京市军事管制委员会要武分会。1968年3月,成立要武区革命委员会;1973年11月,改称玄武区革命委员会。

1980年9月,玄武区革命委员会复称玄武区人民政府,至今。

【区划调整】 1951年5月,建立居民委员会。1955年9月,设立新街口、大行宫、香铺营、四牌楼、丹凤街、玄武门、太平门、太平桥8个街道办事处。1957年10月,香铺营街道办事处撤销。1960年4月,街道办事处合并、改建为新街口、丹凤街、梅园新村3个人民公社分社。5月,市级机关及周围单位成立北极阁分社,65个居民委员会合并为19个街道委员会。1961年,新街口、丹凤街、梅园新村3个分社改为3个街道办事处,19个街道委员会调整为54个居委会。1962年8月,人民公社、分社撤销,恢复新街口、香铺营、梅园新村(原大行宫)、太平门、丹凤街、四牌楼、玄武门7个街道办事处。

1967年1月,各街道实行军管。1968年3月,街道成立革命委员会。同年8月,7个街道革委会合并为长江路、梅园新村、丹凤街、太平门、要武门5个街道革委会。1978年9—10月,撤销街道革委会,恢复7个街道办事处。

1980年12月,因后宰门住宅小区人口增加,原太平门街道办事处撤销,改为后宰门和兰园2个街道办事处。1984年2月,锁金村地区划归玄武区管辖,增设锁金村街道办事处,全区街道办事处增至9个。

1987年12月,新街口与香铺营街道办事处合并为新街口街道办事处,丹凤街与四牌楼街道办事处合并为丹凤街街道办事处。

1995年4月,全市区划调整,栖霞区的孝陵卫、玄武湖2个镇及小营、藤子、红山3个行政村和原属鼓楼区管辖的玄武门路以北、中央路以东、沿城墙以西地带划归玄武区。1996年3月,设立红山街道办事处,管辖小营、藤子、红山3个行政村。同年12月,撤销孝陵卫镇、玄武湖镇建制,改设孝陵卫街道办事处和玄武湖街道办事处。

2000年,社区管理体制实行改革,原有的居民委员会和家属委员会调整组合为86个社区居民委员会。2001年,在孝陵卫街道办事处辖区内增设卫岗街道。全区共有11个街道、84个社区、12个行政村。2005年，丹凤街街道、兰园街道、卫岗街道分别与新街口街道、梅园新村街道、孝陵卫街道合并，全区调整为8个街道、75个社区、11个行政村。2007年调整为8个街道、64个社区、6个行政村，2009年调整为8个街道、63个社区、4个行政村，2011年调整为8个街道、62个社区、4个行政村。

2012年，将梅园新村街道办事处北京东路以北的公教一村社区和后宰门街道办事处龙蟠路以北以西部分(太平花园小区)划归玄武门街道办事处。将调整后的梅园新村街道办事处与后宰门街道办事处合并，成立新的梅园新村街道办事处。至2012年年底，全区有7个街道、58个社区。2013年，新增红山街道紫金小营社区。2018年新增玄武湖街道徐庄社区，玄武门街道高楼门社区并入百子亭社区。至2018年年底，全区有7个街道、59个社区。2022年孝陵卫街道铁匠营社区拆分重组，新增卫岗、钟山花园2个社区。至2022年年底，全区有7个街道、60个社区。

【社会经济发展】 2022年，面对复杂严峻的经济形势，全区坚持把稳增长放在更加突出的位置，强化区领导包保走访及持续常态化调度，经济运行呈现持续恢复、稳中向好态势。全年地区生产总值完成1231.43亿元，同比增长2.4%左右；一般公共预算收入完成85.1亿元，扣除留抵退税因素后同比增长4%；全社会固定资产投资同比增长10.2%；社会消费品零售总额完成1129.57亿元，实现正增长，上述指标增幅均可达超全市平均水平。全区坚持在外贸外资领域深挖存量、拓展增量、培育特色，着力稳住外贸外资基本盘，外向型经济承压前行。全年外贸进出口总额完成695.4亿元，同比下降13.8%；实际利用外资完成3.23亿美元，完成全年计划107.8%；服务贸易额预计完成4.6亿美元，完成全年目标。全区万元GDP能耗达到市考核要求。全年PM2.5平均浓度达28.2微克/立方米、空气优良天数比率为79.7%，均位列主城前列，市考断面水质达标率100%。

【2022年玄武区民生实事进展情况】 2022年1月7日，玄武区第十九届人民代表大会第一次会议票决通过2022年玄武区民生实事项目。克服新型冠状病毒肺炎疫情影响，经过全区上下的通力协作，10件民生实事圆满完成。

1.优化教育资源配置

新建南京市第十三中学红山新城校区，新增1800个普通高中学位，改建2所幼儿园，新增540个学前教育学位，实施2所集体幼儿园提升工程，推进形成中心城区可持续高质量发展的教育格局。

2.提高中小学生课后服务水平

落实国家《关于进一步减轻义务教育阶段学生作业负担和校外培训负担的意见》精神，根据玄武区《关于全面深入做好中小学课后服务工作的实施方案》，保证课后服务时间，实现“5+2”(即每周5个工作日开展课后服务，每天服务时间不少于2小时)，确保所有义务教育学校和有需要的学生“两个100%”全覆盖。

3.精准帮扶困难群体

对易返贫致贫人口尤其是脱贫不稳定户和边缘易致贫户实施常态化监测，继续精准施策；完善200户在册保障家庭“一户一档”台账资料，健全社会救助“一事一议”机制，确保困难群众摆脱困境、不返贫。为50户特殊困难家庭提供每户每年不少于5000元慈善物资救助帮扶。为困难群体子女开展慈善助学、福彩公益金助学活动30人次。

4.关爱特殊群体生活

儿童“关爱之家”建设实现7个街道全覆盖，为全区6.6万名儿童开展服务。为全区377名困境未成年人开展心理咨询、正向教育、法律援助等服务，实施个案跟踪服务20次。流浪乞讨人员救助服务点实现街道、社区全覆盖。为不少于500名“五类老人”和90岁以上老年人提供上门养老服务保障；为6000名80岁以上老年人提供每月不少于2个小时的上门照护服务；为1500名老年人提供智能手机培训；养老服务“时间银行”社区站点覆盖率不少于80%，2022年服务单数不少于8000单。为3万名企业退休人员免费健康体检，确保第七轮企业退休人员健康体检全覆盖。开展关爱服务，为区内20户困境青少年建设“梦想小屋”。

5.免费食品安全检测

保障全区农贸市场食品快检室及流通领域农副产品快检工作规范运行，接受市民免费送检，快检结果对外公示，妥善处置不合格食品，全年开展快检18万批次；完成食品质量监督抽检2500批次。

6.提升健康服务水平

建设玄武口腔数字化培训中心，引进进口CAD/CAM椅旁修复系统，实现数字化口腔诊断治疗。改造建设玄武区医学影像中心，增加专业显示器，利用现有区域远程读片系统，提升基层医疗机构影像诊断能力。新建2个社区家庭医生工作室，创建1个省级星级家庭医生工作室，提升家庭医生签约服务工作能力。邀请三级医院专家进社区卫生服务中心，全年专家健康服务总天数600天以上。举办100场健康惠民宣讲，让群众享受更加优质的健康服务。在公共场所新增50台自动体外除颤器（AED），开展心肺复苏术（CPR）和AED使用持证培训8500人。

7.提升公共环境水平

完成4条暗涵整治续建工程，实施涵内清淤、涵体修复、排口摸排整治，并安装智慧化监测设备。全年新增绿地10万平方米，持续推动老城增绿。完成环陵路岔路口积淹水改造工程。新建2座二类以上装配式公厕。

8.方便群众停车出行

新建南京市第十三中学锁金分校地下停车场、文枢西路停车场等8个项目，新建停车泊位4500个。完成10余家机关企事业单位停车资源共享工作，提供共享泊位100个；完成200余家物业小区基础数据接入，选取2～4家小区进行试点。

9.改善群众居住环境

提升442个老旧小区管理全覆盖质量效能，业主自治组织组建率不低于50%；建立不少于3个党建引领物业管理服务示范点；遴选不少于7个社区开展增设环境和物业管理委员会试点。开展老旧小区改造12个。

10.提升公众安全水平

为全区居民购买自然灾害保险。该保险项目分为A包：自然灾害人身意外伤害保险；B包：自然灾害家庭财产综合保险。面向辖区居民户，摇号发放人防应急救援包2700个。

【重大项目】 举办2022年全区集中竣工暨开工活动，掀起全年项目建设新热潮；全区获评全市“重大项目推进质效提升优星奖”，项目推进经验在全省发改系统会上作交流；招商局江苏总部入选省级重大项目，聚智园项目在主城区率先争取到国家政策性开发性金融工具支持。全区103个区级以上重大项目，年度计划投资155.6亿元，全年完成投资166.6亿元，完成年计划107%。其中，1个省重大项目，年度计划投资5亿元，全年完成投资6亿元，完成年计划120%；11个市重大项目，年度计划投资73亿元，全年完成投资80.3亿元，完成年计划110%。重大项目投资对固定资产投资贡献率超70%，有力支撑全区经济平稳健康发展。坚持力量向项目集中、资源向项目集聚、政策向项目集成，全力以赴抓开工、抢进度、促投产，全区重大项目建设取得新成效，全年开工建设徐庄创智荟等37个重大项目，加速推进红山国际社区等22个重大项目，竣工投产钟山风景名胜区旅游服务中心等40个重大项目，新增和改造完成产业载体突破50万平方米。全区2018—2021年开工的19个市重大产业项目，

2月19日，2022年玄武区重大项目集中竣工暨开工活动 （区发改委 供图）

截至2022年年底已竣工投产8个，竣工投产率达42%，排名主城第2。完成尧红路以北紫金墨香苑以南地块、聚新园地块、双拜巷地块共3幅地块出让，出让土地总面积8.1万平方米，可建产业载体约12.6万平方米。编制《玄武区产业项目发展规划（2022—2025年）》，前瞻布局未来项目储备工作。出台《玄武区2022年优化营商环境实施方案》，持续优化投资和项目建设营商环境。常态化落实包保联系、分级调度、专班推进、信息简报等工作制度，积极推进市区会办、现场服务、督办考核落细落实。推动玄武区与南京供电公司签订全面战略合作协议，为重大项目提供用电保障。积极做好疫情期间项目服务工作，出台《玄武区积极应对疫情助企纾困稳定经济发展二十项举措》，及时破解疫情期间建筑工人和原材料进宁、渣土外运等难题。完善问题协调机制，多措并举推动解决德基三期消防登高面设计、梅园地块军产置换、铁北片区变电站建设路径等难题。

2022年部分重大项目建设完成情况。

招商局江苏中心　项目东至北苑东路，南至规划大壮观路，西至恒嘉路，北至红藤路、华飞路。总投资150亿元，总建筑面积约73.43万平方米，拟引入研发中心及高新技术企业，集聚新基建产业链上下游企业，融合高端商业、科技、文化、金融等国际化元素，建设以产城融合为主题的综合体。截至2022年年底，D、E住宅地块部分楼宇主体封顶，商业、办公地块地下室施工。

南京玄武新一代信息技术科创中心　项目东至规划阅武路，南至红山南路，西至恒嘉路，北至规划领智路、规划寒光亭路。总投资46.8亿元，总建筑面积约40万平方米，拟构建多引擎驱动、多业态融合发展的智慧园区，建立企业投资孵化平台，打造多样化生态园区，形成科技创新产业集群。截至2022年年底，A1-A、A1-B区内装和幕墙施工，A1-C、A2、B2区地下室施工。

2022年玄武区重大项目集中竣工暨开工活动　（区发改委　供图）

铁北数码港　项目东至规划言和路，南至红山南路，西至红山路，北至规划社区中心用地。总投资60亿元，总建筑面积约39万平方米，拟引进移动互联网、移动通信、人工智能为代表的创新产业聚集平台。截至2022年年底，住宅地块达竣备条件，D、E商办地块内装施工。

红山国际社区　项目东至规划绿廊，南至沪宁城际铁路，西至铁路东机务段宿舍，北至红山南路。总投资18亿元，总建筑面积约12万平方米，拟引进以德国企业为主的30多家外企总部、分支机构和办事处，形成外企总部集聚地，打造城市经济发展的新引擎。截至2022年年底，A地块出正负零，B地块外立面施工。

复星江苏总部　项目东、南至规划科研用地，西至北苑东路，北至石景山路。总投资62亿元，总建筑面积约28万平方米，拟建设产城融合综合体，引入人工智能、总部经济、科技创新、科技金融、商务商贸等主导产业，打造集总部办公、国际型金融中心、文化商业街区、高端居住于一体的城市中央创新商务区。截至2022年年底，A区住宅主体封顶，B区住宅内装和外立面施工，C区商办主体施工。

铁北创新产业总部经济示范园(宝龙苏皖总部) 项目东至北苑东路,南至规划望山路、领智路,西至恒嘉路,北至规划大壮观路。总投资80亿元,总建筑面积约40.15万平方米,拟建设以产城融合为主题的综合体,引入人工智能、总部经济、科技创新、科技金融、商务商贸等主导产业,打造集总部办公、科技产业集群、艺术传媒展览馆、集中式商业、高端居住于一体的综合社区。截至2022年年底,A地块商办地下室施工,D地块住宅机电和内装施工,其他地块主体施工。

律政产业服务园 项目东至墨香路,南至红山南路,西至规划阅武路、规划寒光亭路,北至月苑六村住宅小区。总投资7亿元,总建筑面积约7.72万平方米,拟引进国内外品牌律政机构,借助移动互联和云数据应用等高科技手段,形成一站式法律服务中心,总建筑面积6.7万平方米。截至2022年年底,1、2、5号楼地下室施工,3号楼主体施工,4号楼二次结构施工。

徐庄二期聚智园 项目东至经三路,西至经二路,南至聚慧园。总投资19.7亿元,总建筑面积约20.68万平方米,拟建设集孵化器、加速器、中试房及配套设施于一体的产研基地。截至2022年年底,1号楼地下室施工,3、4、5、6号楼主体施工。

徐庄地铁商业(启缤精选商业中心) 项目南至紫气路,东至苏中路,西至东来路,北至苏宁大道。总投资20.74亿元,总建筑面积约12万平方米,拟建设五星级标准的高端酒店和集商业零售、商务休闲、创业空间服务等功能于一体的商业中心。截至2022年年底,地下室施工。

徐庄创智荟 项目北至玄武大道,东至徐庄路,西至邮政,南至研发六区。总投资15亿元,总建筑面积约15.1万平方米,拟建设数字化办公楼宇,服务徐庄高新区软件和信息服务主导产业。截至2022年年底,1、3号楼地下室施工,2号楼出正负零。

生物育种钟山实验室 项目东至农业农村部南京农业机械化研究所,南至紫金柳苑小区,北至中山门大街,西至柳营西路。总投资6.6亿元,总建筑面积约8.7万平方米,引入生物育种钟山实验室,聚集现代农业服务业全产业链,集聚创新资源,打造高水平的钟山种业硅谷。截至2022年年底,完善区、院合作协议及附件内容,地块控详调整材料上报规资部门。

铁北创新孵化集群(星河) 项目东至恒嘉路,南至红山南路,西至红山路,北至规划社区中心用地。总投资90亿元,总建筑面积约31.9万平方米,拟引进人工智能、无人机、云计算及大数据等创新产业,打造集科研办公、创新孵化于一体的产业集群。截至2022年年底,产业二期投用,商业A、B地块完成外立面施工。

和昌红山奥莱 项目东、西、北至红山森林动物园,南至红山南路。总投资8亿元,总建设面积约5.69万平方米,拟围绕"城市亲子乐园、区域家庭休憩地"的定位,以国际影城、冰雪乐园、精品超市三大主力店业态,打造以动物园为主题的精致购物中心。截至2022年年底,A地块具备验收条件,B地块主体封顶。

文苑大厦 项目东至中北停车场,南至幼儿园、社区中心,西至月苑小区老年公寓,北至月苑南路、玄武体育活动中心。总投资2.7亿元,总建筑面积约4万平方米,拟建设社区文化活动馆及配套设施。截至2022年年底,地下室施工。

红山动物园南扩工程 项目南至红山南路,北至红山森林动物园。总投资2.1885亿元,总建筑面积约1.9万平方米,拟建设澳洲动物馆和非洲动物馆,并扩建动物园南大门。截至2022年年底,项目竣工验收。

德基三期 项目东至置地广场,南至青石街,西至德基二期,北至保险大厦。总投资40亿元,总建筑面积约9.25万平方米,拟建设一幢高约250米,集高端商业、国际化办公空间于一体的综合体,打造南京新"城市客厅"。截至2022年年底,取得桩基施工许可,优化设计方案。

中央路224号总部经济大楼 项目东至神武路,南至大树根,西至中央路、后大树根,北至市城建集团。总投资40亿元,总建筑面积约5.47万平方米,拟通过项目开发建设,引进物联网智慧城市总部企业入驻和商业配套。截至2022年年底,商办14、15、16号楼内装施工。

百子亭天地(一期北侧工

程） 项目东至百子亭路，西至中央路，北至规划道路。总投资6.2亿元，总建筑面积约3.4万平方米，拟建设环境友好、功能多样的城市中央活动区，通过对历史文物的保护提升城市风貌，为“六朝古都”的人文情怀探索出一条可借鉴、可复制的路径。截至2022年年底，完成二次结构施工。

钟岚里商旅综合体 项目东至现状，南至中山东路，西至长白街，北至汉府街。总投资29亿元，总建筑面积约8.7万平方米，拟建设商办、文化产业、旅游服务载体和景观、场内道路等配套设施。截至2022年年底，深化设计方案，办理不动产权证。

钟山风景名胜区旅游服务中心 项目北至紫金山沟，南至阳光路，西临情侣园，东临龙蟠路。总投资8亿元，总建筑面积约7.15万平方米，拟建设旅游服务中心、旅游集散中心、公共停车场等旅游配套设施。截至2022年年底，项目实现开业运营。

南京医工交叉创新研究院 项目位于徐庄高新区研发六区3号楼，总投资2亿元，总建筑面积约1万平方米，拟建设高端医疗器械、临床检测新技术、医学新材料及智慧医疗四大研发中心，打造临床试验、医疗器械工程化、大动物实验中心等公共服务平台。截至2022年年底，完成临床前公共服务平台一期载体改造，落地产业化项目21个，申报发明专利等知识产权项目6项。（李 飞）

组织机构及负责人

【中共南京市玄武区委员会】
书 记：闵一峰
副书记：钱 维
吕 璟
常 委：朱天龙（12月以前）
罗昌锋
刘 诚
施 扬
陈可科
马千山
张 杰
任 宁
吴开芬（12月以后）
二级巡视员：顾建华（11月以后）
一级调研员：顾建华（11月以前）

【南京市玄武区人民代表大会常务委员会】
党组书记：贾 慧
主 任：杨乐华（1月以前）
贾 慧（1月以后）
党组副书记：蒋兆全（2月以前）
蒋 健（2月以后）
副主任：戴 航（1月以前）
蒋兆全（1月以前）
杨冬梅（1月以前）
李 辉（1月以前）
蒋 健（1月以后）
朱明勇（1月以后）
余莉萍（1月以后）
二级巡视员：戴 航
蒋兆全

【南京市玄武区人民政府】
党组书记：钱 维
区 长：钱 维
党组副书记：陈可科
副区长：陈可科
马千山
吴开芬（12月以前）
庄佳峰
周 正
薛汝军（1月以前）
邵 睿
杜景南
梁卫国（1月以后）
唐承武（12月以后）
二级巡视员：凌立玉（1月以前）
薛 磊（11月以后）

【中国人民政治协商会议南京市玄武区委员会】
党组书记：许 恺
主 席：许 恺
党组副书记：张 望
朱天龙（12月以前）
吴开芬（12月以后）
副主席：王敬玲（1月以前）
蒋 健（1月以前）
杨冬梅（1月以后）
薛剑春（不驻会，1月以后）
吴 恒（1月以后）
赵剑锋（不驻会）
孙国林（不驻会，1月以前）
郭志芹（不驻会，1月以后）
二级巡视员：张 望

【中共南京市玄武区纪律检查委员会】
书 记：罗昌锋
副书记：高 炜
蔡 宁
常 委：濮素晖
吴骏峰（挂职，1月以前）
郑 炜
黄 雯
严 安
一级调研员：张训宝

黄燕明

【南京市玄武区监察委员会】
主　任:罗昌锋
副主任:高　炜
　　　蔡　宁
监委委员:郑　炜
　　　　严　安
　　　　吴　盘
　　　　茅晓春(7月以后)

【南京市玄武区人民武装部】
部　长:孙　余(3月以前)
　　　王绍明(3月以后)
政　委:刘　诚

【南京市玄武区人民法院】
党组书记:赵雪雁
代院长:赵雪雁(1月以前)
院　长:赵雪雁(1月以后)
党组副书记:李静勤
副院长:李静勤
　　　高　伟
　　　吴小酣(12月以前)
　　　时　超
　　　潘　溪
审委会专职委员:王翔飞
　　　　　　　王剑锋
执行局局长:杨晓峰
四级调研员:齐　玥

【南京市玄武区人民检察院】
党组书记:余　红
代检察长:余　红(2月以前)
检察长:余　红(2月以后)
党组副书记:张　前(2月以后)
副检察长:张　前
　　　　周　颖
　　　　江舜治
　　　　万　龙(挂职,12月以前)
政治部主任:马　卉
检委会专职委员:周　颖
　　　　　　　韩立勇

【区委工作机构】
区委办公室(机要局、国家保密局、国家密码管理局、档案局、保密办、国安办)
主　任:邱　健(8月以前)
　　　徐远帆(9月以后)
副主任:王　进
　　　钱竹林
　　　金　晖
　　　张　军
四级调研员:韩　琦
机要局副局长:钱竹林
国家保密局副局长、国家密码管理局副局长:钱竹林
国安办主任:张　杰(3月以前)
　　　　　吕　璟(3月以后)
国安办专职副主任:汪祥君
档案局局长:张　军
档案局副局长:秦丽华

区委研究室(改革办)
主　任:王　进
改革办专职副主任:张　媛

区委巡察办
主　任:濮素晖
副主任:管　兵
巡察组组长:王　茜
　　　　　邹德勇(2月以前)
　　　　　黄爱华
　　　　　陈其响(2月以后)
巡察组副组长:杨秀泉
　　　　　　吴春峰
　　　　　　王同洋
　　　　　　唐杰祥

组织部(两新工委、党建办、公务员局、党史办、考核办)
部　长:任　宁
常务副部长:王颖川
副部长:赵　虎
　　　鲁　琳
　　　吴桂红(兼)
　　　孙丽萍(兼)
　　　王　琰(2月以后)
一级调研员:钱钦民
两新工委书记:鲁　琳
两新工委副书记:王　琰
党建办主任:王颖川
党建办副主任:杨金秋
公务员局局长:赵　虎
考核办副主任:凌爱墨(2月以后)

宣传部(精神文明办、网信办)
部　长:施　扬
常务副部长:刘艳军
副部长:韩春云
　　　陈玉梅
四级调研员:刘永进(7月以前)
　　　　　张志红
精神文明办主任:陈玉梅
精神文明办专职副主任:严　青
网信办主任:韩春云
网信办副主任:张志成

统战部(台办侨办、民宗局)
部　长:朱天龙(12月以前)
　　　吴开芬(12月以后)
常务副部长:钟文舟
副部长:胡圆圆(11月以前)
　　　汤　浩(兼)
二级调研员:蒋　俊(5月以前)
三级调研员:唐希忠(7月以后,9月以前)
四级调研员:唐希忠(7月以前)
保留待遇:乙维清
台办侨办主任:钟文舟
台办侨办专职副主任:刘好华
民宗局局长:胡圆圆(7月以前)

钟文舟(9月以后)
民宗局专职副局长:周　勇

政法委(防线办、法学会)
书　记:张　杰
常务副书记:汪风华
副书记:袁　源
杨学彬
骆黔生(挂职,11月以前)
樊　超(挂职,11月以后)
一级调研员:杨　杰
杨玉林(5月以前)
二级调研员:赵杉春
三级调研员:刘秀泽(12月以前)
王大志(7月以后)
四级调研员:王大志(7月以前)
保留待遇:罗志方
防线办副主任:潘建珍
法学会专职副会长:朱　劲

编　办
主　任:吴桂红
副主任:周　师
夏星草
柳　娜
一级调研员:王　莉
三级调研员:周　师(7月以后)
四级调研员:袁敏生

机关工委
书　记:高　洁
副书记:李佳瑛
冯玉忠
蒋　庆
三级调研员:何宏炉
四级调研员:黄　斌
陈振昌

老干部局(离退休干部工委)
局　长:孙丽萍
副局长:周跃洪(7月以前)
卢　君
邬红生
二级调研员:张　栩
卢　君
三级调研员:周跃洪(7月以后)
四级调研员:李　红
离退休干部工委书记:孙丽萍

党　校
校　长:吕　璟
常务副校长:曾　艳
副校长:张　震
李后方
李义波(挂职)
保留待遇:李正云

【区人大工作机构】
人大办公室
主　任:刘　康(2月以前)
朱海峰(2月以后)
副主任:杨宇峰
李和华
周燕红
二级调研员:胡圆圆(11月以后)
四级调研员:曹　刚

人大研究室
主　任:杨宇峰
副主任:黄洁云

【区人大各专门委员会及工作部门】
法制委员会
主任委员:刘必军(2月以前)
代主任委员:李国庆(2月以后)
副主任委员:李国庆(2月以后)
叶冬梅(8月以前)

财政经济委员会
主任委员:刘全庆

社会建设委员会
主任委员:顾　冰
副主任委员:沈　俏

监察和司法委员会
主任委员:张　斌
副主任委员:江　霖

教科文卫委员会
主　任:肖　红
副主任:李　宇
苏国梁(12月以后)

环资城建委员会
主　任:杨承龙
副主任:魏跃俊

民族宗教侨务台湾事务委员会
主　任:曹　萍

人事代表联络委员会
主　任:沈　阳
副主任:姚宇军(8月以前)
叶冬梅(8月以后)

预算工作委员会
主　任:刘全庆
副主任:缪　琰

【区政府工作机构】
办公室(外事办、研究室、机关事务管理局)
主　任:汪拥政
副主任:朱　伟
李　鹏
陈剑锋(2月以后)
周　杰

发改委(工信局、大数据管理局)
党组书记:吴　恒
主　任:吴　恒

副主任：路　冠
　　　徐云泽
　　　吕　巍
　　　刘　杰（挂职，8月以前）
三级调研员：路　冠（7月以后）
　　　　　孙西沛
四级调研员：钮玉华
　　　　　王　慧
工信局专职副局长：邢四清

教育局
党组书记：陈发山
局　长：陈发山
党组副书记：沈　峰
副局长：张恒柱
　　　周　波
　　　刘春风
　　　林　虹
　　　汪　磊（兼职）
党工委书记：沈　峰
党工委副书记：陈发山
二级调研员：戴继根
　　　　　吴锦友（8月以前）
三级调研员：章芳华
四级调研员：陈克俊

科技局（科协）
党组书记：史庆锋
局　长：史庆锋
副局长：沈　超（2月以前）
　　　方向武
　　　丁毓萍
　　　卢　星
　　　金雪婷（挂职，8月以前）
三级调研员：戚　军
　　　　　张玲玲（7月以后，
　　　　　12月以前）
四级调研员：蔡善兵
　　　　　张玲玲（7月以前）
保留待遇：卢　洪（12月以前）
科协党组书记：史庆锋
科协主席：史庆锋
科协专职副主席：陈　宝

民政局
党组书记：陈　静
局　长：陈　静
副局长：王　志
　　　何浪君
　　　黄文和
一级调研员：张家华（1月以前）
三级调研员：吴成林
四级调研员：谢春才
　　　　　李红明
保留待遇：马静波

司法局（依法治区办）
党组书记：陈玲伟（2月以前）
　　　　刘必军（2月以后）
局　长：陈玲伟（2月以前）
　　　刘必军（2月以后）
副局长：王　坚
　　　茅晓春（7月以前）
　　　严仪兵
一级调研员：汤　政
　　　　　郭　镰
　　　　　陈玲伟
三级调研员：张鉴富
　　　　　梁宏起
　　　　　乔明达（4月以前）
四级调研员：孔红才
　　　　　戴　健（9月以前）
依法治区办专职副主任：严仪兵

财政局
党组书记：余莉萍（2月以前）
　　　　李海沅（2月以后）
局　长：余莉萍（2月以前）
　　　李海沅（2月以后）
副局长：陈　玲
　　　李　苒
一级调研员：王冬梅
二级调研员：陈小玲
四级调研员：田冬娥（11月以前）

人社局
党组书记：郭建军
局　长：郭建军
副局长：苏　勤
　　　陆海燕
　　　吴安震
一级调研员：袁　芳
三级调研员：苏　勤
　　　　　李志平
四级调研员：李　勇

建设局
党委书记：徐远帆（9月以前）
局　长：徐远帆（9月以前）
副局长：孙　力（2月以后）
　　　江　洁
　　　高保峻
　　　王增强
一级调研员：李　安（5月以前）
二级调研员：陈玉荣
四级调研员：王平权
　　　　　谈洪璋（9月以前）
　　　　　金谊仕

房产局
党组书记：但加成
局　长：但加成
副局长：王继宁
　　　杨志群
　　　孙　林
二级调研员：王继宁
三级调研员：龚志勇
　　　　　张建春（1月以前）
四级调研员：黄学安
　　　　　唐修来
　　　　　郑岚涛

水务局
党组书记:朱明勇(1月以前)
　　　　　刘　康(2月以后)
局　长:朱明勇(1月以前)
　　　　刘　康(2月以后)
副局长:石元元
　　　　李　健
　　　　朱其义
一级调研员:于永斌
二级调研员:李明辉

城管局(综合行政执法局)
党委书记:马云翊
局　长:马云翊
副局长:赵　军
　　　　赵　宁
　　　　鱼晓江
一级高级主办:刘　密
三级高级主办:赵仁斌(4月以前)
四级高级主办:陈江山
　　　　　　　王文伟
　　　　　　　戴　祥

商务局
党组书记:魏　超
局　长:魏　超
副局长:钟　成
　　　　方小喜
　　　　王　翔
四级调研员:李晓青
　　　　　　杨慧娟
　　　　　　赵　俊

文旅局(体育局)
党组书记:叶冬梅
局　长:叶冬梅
副局长:唐思恩(2月以前)
　　　　经　莉(7月以后)
　　　　任　航
　　　　杨　明
　　　　查璐霞
　　　　张　皞
二级调研员:鲁　中
三级调研员:顾云超
四级调研员:刘　勇

投促局
党组书记:薛惠艳
局　长:薛惠艳
副局长:张　静
　　　　严　炎(2月以前)
　　　　周　慧
　　　　侯　松(7月以后)

卫健委
党委书记:王　河
主　任:王　河
副主任:周　平
　　　　田秀梅
　　　　杨　勇
　　　　郭志芹(兼)
二级调研员:徐正海
三级调研员:周晓光(8月以前)
　　　　　　张建国
四级调研员:孙拥军
　　　　　　钱　立
　　　　　　相　敏

退役军人事务局
党委书记:马义兵
局　长:马义兵
副局长:解芳君
　　　　夏剑涛
　　　　李　军
三级调研员:解芳君(7月以后)

应急管理局
党委书记:吕　俊(2月以前)
　　　　　孔祥盛(2月以后)
局　长:吕　俊(2月以前)
　　　　孔祥盛(2月以后)
副局长:封　炜
　　　　孙粉华
　　　　何　毅
　　　　姚宇军(7月以后)
一级高级主办:吕　俊
三级高级主办:樊六龙
　　　　　　　张　涌(7月以后)
　　　　　　　李坚明(7月以后,12月以前)
四级高级主办:张　坤(11月以前)
　　　　　　　张　涌(7月以前)
　　　　　　　傅廷锦
　　　　　　　杨艳婷
　　　　　　　李坚明(7月以前)
安委办专职副主任:郝丽君

审计局(审委办)
党组书记:龚庆亚
局　长:龚庆亚
副局长:张　焰
　　　　涂纯静(9月以后)
　　　　刘凌峰(兼)
三级高级主管(10月以前,三级调研员):张正国
审委办专职副主任:郑　兴

国资办
党委书记:夏桂萍(2月以前)
　　　　　徐　姝(2月以后)
主　任:夏桂萍(2月以前)
　　　　徐　姝(2月以后)
副主任:刘凌峰
　　　　陈剑锋(2月以前)
　　　　华洮松(9月以后)
　　　　王　刚(7月以后)
　　　　夷　臻(挂职,8月以前)
二级调研员:张培友(2月以前)

行政审批局(政务办)
党组书记:李　莹
局　长:李　莹
副局长:姚成军

张广兴
赵　异
四级调研员:王　炎
刘　瑾
政务办专职副主任:孙　敏

市场监管局(知识产权局)
党组书记:孙　荟
局　长:孙　荟
副局长:孔祥盛(2月以前)
朱剑飞
陈晓勇
李友俊
胡立娟(7月以后)
二级高级主办:聂　猛
蔡保国
三级高级主办:朱剑飞
苏立军
刘贤发(7月以后)
郭益民(5月以前)
傅光义(8月以前)
魏德华
孙德飞
四级高级主办:杜　梅
刘贤发(7月以前)
王　虹
张秀红
刘　宁
琚琦瑾
孙　强

统计局
党组书记:王　莉
局　长:王　莉
副局长:方松华
姜晓华(2月以后)

信访局
党组书记:金　晖
局　长:金　晖
副局长:刘　纲
成吉和
王娴竹(2月以后)
二级调研员:解　军
三级调研员:李联民
陈　东(7月以后,11月以前)
张泽洪(7月以后)
四级调研员:何家友
李江华
陈　东(7月以前)
张泽洪(7月以前)
信访督查专员:王林军(7月以后)

人防办
党组书记:姚晓晖
主　任:姚晓晖
副主任:许　可
汪　彬
一级调研员:张金贵
三级调研员:李建新(11月以前)
沈　原

地方金融监管局(金融办)
党组书记:朱海峰(2月以前)
张培友(2月以后)
局　长:王　娟
副局长:张　建
周　光
王　媛(挂职,11月以前)

南京徐庄高新区(软件园)管委会
党工委书记:唐承武
主　任:邱　健
党工委副书记:朱　妍
陈焕新(挂职,10月以前)
副主任:朱　妍
陈焕新(挂职,10月以前)
陈　放
党群办(综合办)主任:谢登梅
党群办(综合办)副主任:施　磊
招商局局长:崔雯鸿(2月以后)
招商局副局长:郭若澜
经济发展和科技创新局局长:
崔雯鸿(2月以前)
沈　超(2月以后)
经济发展和科技创新局副局长:
赵晓磊
开发建设局副局长:谭学忠
财务处副处长:戴　凌
二级调研员:李正才
吴义杰(7月以前)
陈若谷
四级调研员:王　琴
齐文川(2月以后)

铁北红山新城管委会
主　任:唐承武
副主任:吕梦旦
孙　力(2月以前)
耿　德
金　星(挂职,8月以前)
四级调研员:何永清

玄武科技金融园管委会
主　任:王礼铭
三级调研员:胥晓斌
四级调研员:胡全康

南理工科技创新园管委会
主　任:章　凯
副主任:张明亚
李　伟(挂职,8月以前)
杨力钢(挂职,8月以前)

珠江路科技街管委办
党组书记:张兴保
主　任:张兴保
党组副书记:张瑞宏
副主任:张瑞宏
徐根江
周　军

一级调研员:梁　静
三级调研员:张瑞宏
四级调研员:何建民
　　　　　吴苡静

玄武湖综管办
党组书记:薛　磊
主　任:薛　磊(11月以前)
　　　章　凯(11月以后)
副主任:余挺婷
　　　李传林
综合处处长:石　磊(2月以前)
综合处副处长:孙红梅
　　　　　　樊昱明(2月以后)
监管处处长:李传林(7月以前)
　　　　　徐　俊(7月以后)
监管处副处长:徐　俊(7月以前)
法规处处长:石　磊(2月以后)
法规处副处长:翟晓军
市政管养中心主任:余挺婷
二级调研员:宗在卿
　　　　　巢庆芳
三级调研员:陈建志
　　　　　陈吉亮
　　　　　徐　俊(7月以前)
四级调研员:樊昱明(2月以前)
保留待遇:周秋云

【区政协工作机构】
政协办公室
秘书长:邹德勇(人选,2月以后)
主　任:杜宏亮(2月以前)
　　　邹德勇(2月以后)
副主任:姜　武
　　　张　宁(2月以后)
一级调研员:王玉兰
二级调研员:付传年(3月以前)
三级调研员:胡学芳
　　　　　俞　杰
四级调研员:庞永华(9月以前)
　　　　　史利宁

【区政协各专门委员会及工作部门】
提案委员会
主　任:徐力行
副主任:王聿南

委员工作委员会
主　任:徐喜求
副主任:胡　畔

经济科技委员会
主　任:单伯平
副主任:冯　亮

人资环境(城市建设)委员会
主　任:粟　红
副主任:王旭明(2月以后)

教卫体(文化文史)委员会
主　任:黄燕明(2月以前)
　　　夏桂萍(2月以后)
副主任:经　莉(7月以前)
　　　曹　珅(人选,7月以后)

社会法制(民族宗教)委员会
主　任:梅　雪
副主任:曹效仲

【区纪委监委工作机构】
办公室
主　任:王　刚(7月以前)
　　　茅晓春(7月以后)

党风政风监督室
主　任:黄　雯

信访室
主　任:李晓宁(7月以后)

第一纪检监察室
主　任:吴　盘

第二纪检监察室
主　任:严　安

第三纪检监察室
主　任:姜　红

第四纪检监察室
主　任:陈其响(2月以前)

案件审理室
主　任:郑　炜

区监委第二监察员办公室
主　任:陈其响(2月以前)
二级调研员:王育民
　　　　　陈安林
　　　　　易　红
四级调研员:杨晓强
　　　　　郑　慎

派驻第一纪检监察组
组　长:丁江新

派驻第二纪检监察组
组　长:王成艳

派驻第三纪检监察组
组　长:蒋宇华

派驻第四纪检监察组
组　长:张丽霞

【南京市玄武区各群众团体】
总工会
党组书记:蒋兆全(2月以前)
　　　　朱明勇(2月以后)
主　席:蒋兆全(2月以前)

朱明勇(2月以后)
党组副书记:尹　征(2月以前)
杜宏亮(2月以后)
常务副主席:尹　征(2月以前)
杜宏亮(2月以后)
副主席:梁　菁
朱　红
王修小(兼职,8月以前)
刘　欢(挂职,8月以后)
朱　艳(兼职,8月以后)
一级调研员:尹　征
四级调研员:卢裕朋
胡　静

团区委
书　记:王　鹤
副书记:郑　倩
陈雪媛(7月以后)
申　晶(挂职,12月以前)
汤玉娟(兼职)
李　杰(兼职)

妇　联
党组书记:王　荣
主　席:王　荣
副主席:周艳红
费树兰
戴　晨(兼职)
从　蓉(兼职)
黄晓珊(挂职)
四级调研员:潘丽云
李　萍

工商联
党组书记:汤　浩
常务副主席:汤　浩
副主席:樊姝玉
万　军
二级调研员:张海宁(11月以前)
四级调研员:张　晖

残　联
党组书记:陶志龙
理事长:陶志龙
副理事长:卢艳岗
赵红梅
陈　堃(兼职)
丁　炼(挂职,11月以后)
四级调研员:吴　敏
汤晓滨
保留待遇:芦卫东

红十字会
会　长:马千山(7月以后)
常务副会长:郭志芹
副会长:汪小文(7月以前)
倪　明(2月以后)
徐灵兮(兼职,12月以后)
三级调研员:汪小文(7月以后)
四级调研员:颜晓民

【南京市玄武区各街道】
新街口街道
党工委书记:丁　锴
党工委副书记:张　浩
姬　智
纪工委书记:郭　锋
组织委员:吴　敏
宣传委员:尹　路
统战委员:张春平
政法委员:姬　智
人大工委主任:盛　莉
办事处主任:张　浩
办事处副主任:蒋书余(7月以前)
陈伏海
刘　丹
徐　军
孙永明(7月以后)
政协工委主任:郑宏伟
人武部长:凌志军
一级调研员:丁晓祥
二级调研员:余永亮
杨晓文
赵会欣(3月以前)
王中彦
贾　东
卢宏毅
叶海阳
三级调研员:陈伏海
四级调研员:蔡　华

玄武门街道
党工委书记:杨初兰
党工委副书记:秦　洁
董春燕
纪工委书记:李晓宁(7月以前)
陶　勇(7月以后)
组织委员:董春燕
宣传委员:郭　旭
统战委员:桂旭光
政法委员:董春燕
人大工委主任:周　萍
办事处主任:秦　洁
办事处副主任:卞雨华
刘德贤
单　斌
蔡　婷
史　婧(挂职,6月以前)
政协工委主任:施时萍
人武部长:金道林
一级调研员:刘鲁卫
二级调研员:丁　军(1月以后)
金道林
毕荣光
郭国山
沈　斌
韩　峰(10月以前)
吴　萍(9月以前)
靳祥运(11月以前)
三级调研员:钱书荣

卞雨华
陶　勇(7月以后)
四级调研员:贺晓春
薛卫国
吴　民
王汛生

梅园新村街道
党工委书记:方明城
党工委副书记:陶　祥
竹军波
纪工委书记:陶　勇(7月以前)
刘永进(7月以后)
组织委员:周红军
宣传委员:满　菲
统战委员:芮　利
政法委员:竹军波
人大工委主任:卢　惠
人大工委副主任:陆　中
办事处主任:陶　祥
办事处副主任:倪建军
陆生兰
颜廷波
陈青林
政协工委主任:杨耀灿
人武部长:刘俊斌
二级调研员:陈贵永
张忠义
何全庆
潘兴华
朱华东
魏冠正
三级调研员:陶　勇(7月以前)
方　强(6月以前)
四级调研员:蒋林德
李红卫
张　丹(1月以后)
保留待遇:李希平

锁金村街道
党工委书记:王礼铭
党工委副书记:庞　敏
卢建华
纪工委书记:张志国
组织委员:陈传虎
宣传委员:丁　超
统战委员:沈　雷
政法委员:卢建华
人大工委主任:刘革新
办事处主任:庞　敏
办事处副主任:郑宁兵
杨文伟
侯　贺
丁冬冬
徐大邦(挂职,8月以前)
人武部长:杨四新
一级调研员:方志秀
二级调研员:周　炜
杨四新
杨永平
张国祥
徐长春
王宝麟(1月以前)
三级调研员:卢建华
四级调研员:赵　辉
王海鹰
蒋永生
宋兴平
胡一飞(1月以后)

孝陵卫街道
党工委书记:章　凯
党工委副书记:李东辉
王　涛
纪工委书记:周永忠
组织委员:王　涛
宣传委员:黄东升
统战委员:沈国红
政法委员:王　涛
人大工委主任:李国庆(2月以前)
杨　华(2月以后)
人大工委副主任:郝洛元(2月以前)
办事处主任:李东辉
办事处副主任:李　军
唐思恩(2月以后)
单　善(7月以前)
杨　华(2月以前)
吴天红
徐　丹
朱长春(1月以后)
政协工委主任:潘毓洁
人武部长:周新奇
二级调研员:郭永强
沈国红
戴伟华
阙道富
侯和平
杨东海
邓志林
贺国华
三级调研员:单　善
杨　华(2月以前)
张学应(7月以后,8月以前)
四级调研员:潘建新
高宇春
张学应(7月以前)
郝洛元(2月以后)

玄武湖街道
党工委书记:徐　锴
党工委副书记:申留昌
曹晓莉
纪工委书记:苏国梁(12月以前)
组织委员:曹晓莉
宣传委员:徐卫清
统战委员:徐亚军

政法委员:曹晓莉
人大工委主任:葛　勤
办事处主任:申留昌
办事处副主任:周晓蓬
　　周晓东
　　曹琳娜
　　蒋　澎
政协工委主任:王　丽
人武部长:马世辉
一级调研员:王彦兴(8月以前)
　　叶　丽
二级调研员:斯时雷
　　谢福明
　　黎　斌
　　孟令华
　　任　钰
　　姚长青
三级调研员:陆丛林(5月以前)
四级调研员:张国华
　　杨模传(1月以后)

红山街道
党工委书记:唐承武
党工委副书记:吕梦旦
　　邹玲华
纪工委书记:宋　戈
组织委员:邹玲华
宣传委员:周鹏升
统战委员:夏济天
政法委员:邹玲华
人大工委主任:刘立青
办事处主任:吕梦旦
办事处副主任:黄　巍
　　李光华
　　袁芳超
　　张凯斌
　　韩雨芳
人武部长:蒋晓红
二级调研员:杨　健
　　朱家宾
　　李光华
　　宋　戈
　　胡兰萍
　　张　军
　　雷玉忠
　　汤永锦
　　陈红飞
三级调研员:雷修强(2月以前)
四级调研员:赵东林
　　吴文燕
　　王　猛(1月以后)
　　姚业飞

【参照公务员法管理事业单位】
档案馆
馆　长:张　军
副馆长:秦丽华
三级调研员:苏　成
四级调研员:刘心林
　　谈桂华
　　袁茵茵

社会保险管理中心
主　任:陆海燕
四级调研员:陆　玉

玄武区城管执法大队
大队长:苏　晓
政　委:许　峰

【区直属企事业单位】
文旅集团
党委书记:刘　青
党委副书记:史文广
党委委员:刘　楠
　　余同斌
董事长:刘　青
董　事:史文广
　　刘　楠
　　余同斌
总经理:史文广
副总经理:刘　楠

城建集团
党委书记:李海沅(2月以前)
　　郭　骞(2月以后)
党委委员:黄　凯
　　吕高明
　　从　蓉
纪委书记:吕高明
董事长:李海沅(2月以前)
　　郭　骞(2月以后)
董　事:黄　凯
　　吕高明
　　从　蓉
总经理:李海沅(2月以前)
　　郭　骞(2月以后)
副总经理:黄　凯
　　吕高明
　　从　蓉

环境集团
党委书记:郭　骞(2月以前)
　　严　炎(2月以后)
党委委员:张　钦
　　冯增光
　　班　萌(7月以后)
纪委书记:张　钦
董事长:郭　骞(2月以前)
　　严　炎(2月以后)
董　事:张　钦
　　冯增光
总经理:郭　骞(2月以前)
　　严　炎(2月以后)
副总经理:张　钦

高新集团
党委书记:徐　姝(2月以前)
　　邱　峰(2月以后)
党委委员:张毅凡

曹　盛(7月以后)
纪委书记:张毅凡
董事长:徐　姝(2月以前)
邱　峰(2月以后)
董　事:张毅凡
总经理:徐　姝(2月以前)
邱　峰(2月以后)
副总经理:张毅凡

钟山集团
党委书记:刘　青
党委副书记:邱　峰(2月以前)
党委委员:常　凯(7月以后)
董事长:刘　青
董　事:邱　峰(2月以前)
周永波
常　凯(7月以后)
总经理:邱　峰(2月以前)
周永波(2月以后)
副总经理:周永波(2月以前)
常　凯(7月以后)

新街口社区卫生服务中心
主　任:杨龙海(2月以前)
程昊龙(2月以后)
总支书记:倪素兰

软件与物联网产业发展中心
副主任:赵丹梅

信息中心
主　任:曹志菲

【垂直管理部门】
公安玄武分局
局　长:梁卫国
政　委:刘裕平
副局长:王光明
宋建军(7月以前)
徐群武(9月以前)
徐影秋
李　巧
任　涛(9月以后)
周　林(9月以后)
马　杰(9月以后)
党委委员:张　骑

国家税务总局南京市玄武区税务局
党委书记、局长、一级高级主办:周　皓(6月以后晋升一级高级主办)
党委委员、副局长、二级高级主办:洪　斌
党委委员、副局长、二级高级主办:戚光连
党委委员、副局长、二级高级主办:蒋源军(6月以后晋升二级高级主办)
党委委员、纪检组组长:鲍　进
党委委员、副局长:陈晓菁(4月以后)
党委委员、总经济师:彭蓓蓓(8月以后)
一级高级主办:张予田
二级高级主办:吕　艳
二级高级主办:许晓燕
二级高级主办:王礼根
二级高级主办:林　斌
三级高级主办:王　玲
三级高级主办:王小洪
三级高级主办:魏　玮(6月以后)
四级高级主办:步劲柏

南京市玄武生态环境局
党组书记、局长:王培军
党组成员、副局长:艾才银
党组成员、副局长:赵　伟
党组成员、副局长:洪　俭
党组成员、副局长:卜文生
二级高级主办:钱厚宁
三级高级主办:钱丽丽
四级高级主办:邵启勇
四级高级主办:高民凯

(栏目编辑　卢永晨)

中共南京市玄武区委员会

重要会议和重要决策

组织工作

宣传工作

统战工作

机构编制

党校工作

老干部工作

机关党建

关心下一代工作

重要会议和重要决策

【高质量发展总结表彰大会】 2月16日召开。会议表彰先进、鞭策后进，激励全区上下凝心聚力，进一步提高在高质量发展中的加速度，奋力开创新年度高质量发展新业绩。区委书记闵一峰出席会议并讲话，区委副书记、区长钱维主持，区人大常委会主任贾慧，区政协主席许恺，全体区领导出席会议，各街道、各部门主要负责人等人员参加会议。会议指出，2021年在全区上下的共同努力下，玄武区在市对区综合考核中位列全市第一等次第一名，取得了令人欣喜的成绩、经历了令人振奋的大事、收获了令人难忘的经验，巩固大好局面、奋进崭新征程，要树立勇立潮头的坚定信心，推动玄武高质量发展再上台阶、再创辉煌。会议强调，巩固大好局面、奋进崭新征程，要永葆争先进位的昂扬斗志，更高站位落实上级要求，更强信心担当发展重任，更实作风维护稳定局面，更硬举措应对竞争挑战，始终保持清醒头脑和奋斗姿态，推动各项工作行稳致远、取得实效。会议强调，巩固大好局面、奋进崭新征程，要坚持精准施策的工作方法，把工作重心聚焦到贯彻落实省、市党代会精神上来、聚焦到“创新引领、消费促进”的工作主线上来、聚焦到重大项目推进上来、聚焦到改革创新上来、聚焦到民生实事上来，以实际行动实现“六个高位奋进”。一是要实现经济发展的高位奋进，招商引资突出“优”，项目建设突出“快”，企业服务突出“精”，确保完成各项经济指标任务。二是要实现城市面貌的高位奋进，加快城市更新，创新城市管理，深化污染防治，有力落实重点城建项目。三是要实现民生保障的高位奋进，关注就业增收，关爱“一老一小”，突出优质均衡，办好年度10件民生实事。四是要实现改革创新的高位奋进，完善工作方案，争取指导支持，加大宣传力度，扎实推进“一区一特色”改革。五是要实现安全稳定的高位奋进，抓紧建成政法综治中心，深入开展“大走访、大排查、大攻坚”行动，积极推动“信访突出问题攻坚化解年”行动，确保重大会议活动圆满顺利举行。六是要实现党建工作的高位奋进，营造喜迎中共二十大的浓厚氛围，巩固拓展党史学习教育成果，深化党建实践创新，确保政治生态风清气正。会议强调，巩固大好局面、奋进崭新征程，要锤炼求真务实的能力作风，把握干事创业的正确方向，锻造履职尽责的过硬本领，营造担当作为的生动局面，奋力开创事业发展新篇章，以实际行动迎接中共二十大胜利召开。会上，区委常委、常务副区长陈可科通报了考核结果，宣读了表彰决定，为2021年度玄武区践行“争当表率、争做示范、走在前列”先进集体代表、先进个人代表举行了颁奖仪式，玄武门街道、区退役军人事务局、环湖办、区发改委、区科技局、铁管委以及获奖个人代表等进行表态发言。

【全区党建工作会议】 5月11日召开。会议学习贯彻习近平新时代中国特色社会主义思想，全面落实中央和省委、市委相关会议精神，回顾总结党建工作成绩，研究部署党建工作任务，纵深推进全面从严治党，为谱写“强富美高”新玄武现代化建设新篇章提供坚强政治保证，以实际行动迎接中共二十大胜利召开。区委书记闵一峰出席会议并讲话，区委副书记、区长钱维主持。区委常委，区人大、区政协主要领导人，有关区领导，各街道、各部门、各单位主要负责人等参加。会议指出，过去一年，全区上下深入贯彻新时代党的建设总要求，认真履行管党治党政治责任，大事要事扎实推进、换届工作圆满完成、队伍建设更加有力、思想宣传深入人心、巩固发展团结局面、营造和谐稳定氛围，党的建设各项工作取得显著成效。会议强调，要聚焦主线，以更高站位扛起重大政治责任。将迎接中共二十大召开、学习宣传贯彻中共二十大精神，作为2022年党建工作的重中之重。会议要求，要精准施策，以更实举措推进党建重点工作。一是抓基层、优队伍，展现组织工作新气象。锻造堪当重任干部队伍，推动党建引领基层治理，构建高端人才集聚磁场，全力推动组织工作提质增效。二是强引领、造氛围，唱响宣传工作好声音。强化理论武装，抓牢意识形态，加强正面宣传，深化文明创建，积极弘扬主旋律、传播正能量。三是搭桥梁、增共识，画出统战工作同心圆。凝聚人心强引领，巩固团结聚合力，服务中心谋发展，提振信心创特色，持续提升玄武统战的向心力和影响力。四是保稳定、促和谐，打好政法工作主动仗。全力维护安全稳定，强力化解信访积案，着力提升治理能力，不断增强群众的安全感和满意度。

【区委十二届五次全会】 8月12日召开。会议以习近平新时代中国特色社会主义思想为指导，认真贯彻习近平总书记在省部级主要领导干部"学习习近平总书记重要讲话精神，迎接党的二十大"专题研讨班上的重要讲话精神，按照省委工作会议和市委十五届四次全会的部署要求，回顾总结上半年工作，研究部署下半午任务，动员全区上下全面落实"疫情要防住、经济要稳住、发展要安全"的重大要求，高效统筹疫情防控和经济社会发展，统筹发展和安全，着力保持平稳健康的经济环境、国泰民安的社会环境、风清气正的政治环境，切实担起"勇挑大梁"的重大责任，以实际行动迎接中共二十大胜利召开。会上，区委书记闵一峰代表区委常委会向全会报告工作，并作总结讲话。会议指出，2022年以来区委常委会坚持以习近平新时代中国特色社会主义思想为指导，认真落实中央和省市委决策部署，知重负重、知责履责，一刻不松战疫情、筑牢坚固防线，一着不让稳增长、巩固向好态势，一以贯之创特色、增强内生动能，一心一意惠民生、提升幸福指数，一丝不苟保安全、严守稳定底线，一抓到底强党建、汇聚奋进力量，全区各项事业发展迈出坚实步伐、取得显著进步。会议强调，2022年下半年要重点抓好三个方面任务：一是要坚决落实"疫情要防住"的重大要求，围绕防输入、早发现、严管理、细防护、打基础、强组织，毫不放松抓好疫情防控工作，努力用最小的代价实现最大的防控效果。二是要坚决落实"经济要稳住"的重大要求，突出关键投资支撑、高端消费促进、对外贸易拉动、科创平台引领、数字经济赋能、优质企业筑基，巩固经济恢复基础，培育壮大发展动能，推动经济运行保持在合理区间。三是要坚决落实"发展要安全"的重大要求，坚持用心用情抓民生保障、精致精细抓环境保护、全域全员抓安全生产、落小落细抓社会稳定、从严从实抓风险排查，巩固和谐稳定良好局面。会议审议通过了决议。区委委员、候补委员出席会议。区纪委委员和有关方面负责人、部分基层党代表列席会议。

【区委十二届六次全会】 12月8日召开。会议以习近平新时代中国特色社会主义思想为指导，深入学习宣传贯彻中共二十大精神，按照省委十四届三次全会和市委十五届五次全会要求，回顾总结今年工作，研究部署明年任务，在新征程上全面推进中国式现代化玄武新实践，更好地扛起新使命、谱写新篇章，为全面建设社会主义现代化国家、全面推进中华民族伟大复兴作出玄武贡献。会议听取和讨论了闵一峰受区委常委会委托作的工作报告。会议充分肯定了区委常委会的工作。会议指出，2022年以来，区委常委会坚持以习近平新时代中国特色社会主义思想为指导，按照中央和省市委决策部署，全面落实"疫情要防住、经济要稳住、发展要安全"重大要求，高效统筹疫情防控和经济社会发展，统筹发展和安全，在讲政治中迎盛会、担使命，在抓发展中挑重担、扛重责，在攻难点中筑防线、守底线，筑牢防疫坚固屏障、巩固经济向好态势、充分激活发展动能、全面增进民生福祉、坚决守好安全底线、广泛凝聚奋进合力，营造了平稳健康的经济环境、国泰民安的社会环境、风清气正的政治环境。会议强调，2023年是全面贯彻落实中共二十大精神的开局之年。一是要增创区域竞争新优势，聚焦创新引领、提振发展能级，聚焦消费促进、释放发展活力。要培育经济发展新动能，推动产业集群成链、项目提质增效、企业扩容升级、服务直通快享。二是要绘就宜居宜业新画卷，在城市建设上倾注工匠精神，在城市管理上用足绣花功夫，在生态保护上保持攻坚劲头。三是要共享美好幸福新生活，高标准推进社会保障提优，全方位推动社会事业提质，大力度促进文明程度提升。要营造安定和谐新局面，慎之又慎护安全，严之又严保稳定，实之又实打基础。会议审议通过《中共玄武区委关于深入学习贯彻党的二十大精神在新征程上全面推进中国式现代化玄武新实践的决定》和全会决议，书面审议了《中共玄武区委常委会2022年度落实全面从严治党主体责任情况的报告》。区委委员、候补委员出席会议。区纪委委员、有关方面负责人、部分基层党代表列席会议。

【减负工作】 持续加强教育引导，建立工作机制，筑牢整治形式主义为基层减负工作的思想基础和制度保证。大力推动文件会议减量提质。坚持常态化监督反馈机制，每季度对区级文件会议数量进行统计监测，及时向超计划单位发出预警提醒。坚持发扬“短实新”会风文风，倡导“一页纸报告”、多会合一，增强政策性文件及会议的针对性和操作性，倡导开短会、讲短话，让基层干部有更多时间精力抓落实。2022年区级层面印发文件347件、召开会议170场次，较去年同比分别下降2%和4%。严格管理督检考事项。强化源头管理，下发2022年区级督查检查考核计划，严禁超计划督查检查考核。持续改进方式方法，非必要不查台账、不听汇报，确保“面向基层的督查检查考核事项，50%以上的时间用于‘四不两直’检查和随机抽查”的要求落到实处。优化完善年度综合考核方式方法，减少常规性、事务性工作考核，整合归并部分指标内容，确保区级考核指标数量不超过省、市级指标。着力整治“指尖上的形式主义”。对全区范围内面向街道、社区的政务软件进行全面摸排梳理，开展规范整治，逐一评估使用效果，清理关停非必要应用App，优化整合相关应用软件，将其功能集成至“一网统管”平台，目前保留使用的面向街道、社区的政务软件共有3个，顺利通过市级政务软件检查。从严管理各类“长制”。严格落实中央关于规范管理“某长制”工作部署，认真学习省、市有关文件精神，对区级层面各种“某长制”情况进行全面摸排和细致梳理，对“某长制”工作成效进行综合评估。对没有上级依据、形式大于内容的“某长制”进行清理，对保留的3个“某长制”实施清单化管理，实行“谁设立谁负责”的工作机制，加强规范管理。

【全面深化改革工作】 围绕贯彻落实上级改革决策部署，挖掘本区特色做法，2022年改革工作蹄疾步稳、纵深推进，加快推动重要领域和关键环节改革攻坚突破、落地见效，为全面推进中国式现代化玄武新实践提供改革动力。高标准谋划推动。全年共召开区委深改委会议3次，研究“一区一特色”改革等工作。5月出台《中共玄武区委全面深化改革委员会2022年工作要点》，细化分解32点116项重点改革任务，均按序时进度推进完成；6月明确区领导联系的重点改革任务；7月出台围绕9项重点改革任务的专项督察工作方案。“一区一特色”改革成效显著。将“探索多元创新主体合作共建机制　推动多层次科创平台建设”确定为2022年“一区一特色”改革项目。11月27日生物育种钟山实验室召开理事会第一次会议，全面启动实质性运作，省委书记、省长分别作出批示，副省长、市长共同担任理事长并为实验室揭牌，万建民院士受聘为实验室主任。江苏集萃医工交叉研究所正式挂牌，鼓楼医院临床医学研究院签约落户，先声药业精准医疗百家汇蓬勃发展。改革影响力持续扩大。全年新增国家级、省级试点20余项，全区被评为国家知识产权强县建设试点县、全国科普示范县（市、区），徐庄高新区被列为全国和谐劳动关系创建示范工业园区等。深化改革工作成效被中央级、省级等各类媒体报道百余次，围绕“红色物业”录制《改革进行时》专场2期，环资审判改革、教育“双减”工作等经验被《南京改革》简报推广6期，区委改革办获评“2021年度地方改革宣传工作先进单位”。

（但丽瑶）

组织工作

【概况】 截至2022年12月31日，全区已建立党组织1585个，其中，党委85个，党总支79个，党支部1421个，全区共有党员35750人，较上年增加739人，其中，男党员20617人，占党员总数的57.67%；女党员15133人，占总数的42.33%。2022年，玄武区发展党员167人。其中，女党员83人，占比49.70%；少数民族2人，占比1.20%；35岁以下102人，占比61.08%；具有大专及以上学历159人，占比95.21%；在非公有制企业中发展68人，占比40.72%；在社会组织中发展14人，占比8.38%；在国有企业中发展14人，占比8.38%。

【理论武装】 围绕区党代会提出的“四最”发展目标，举办系列专题研讨班4场，助力玄武特色品牌塑造。“双轨制”开设第17期中青一班、二班，精心筹备新任区管领导干部进修班、公务员初任培训班，切实提高培训针对性、科学性。有序组织十九届六中全会网上轮训，完成省、市委党校调训26人次，组织干部参加高校选学346人次。

【疫情防控】 组织4000余名疫情防控工作相关人员参加市疫情防控“宁学通”实用培训，在交通查验点、集中隔离点等成立临时党支部75个、设立党员先锋岗1500余个，发动市、区机关部门、驻区大单位等党员志愿队120余支，划拨市、区两级专项党费和省、市、区三级党内关爱资金支持一线抗疫。

【基层党组织建设】 将老旧小区作为老城区党建引领基层治理的破题关键，立足国企“国”的社会属性和“企”的专业优势，打造“百子红”党建品牌，推广老旧小区治理标准化体系，举办“党建引领基层治理玄武实践”观摩点评会，相关经验做法入选全市“党建引领基层治理”攻坚提升重点项目。制定基层党建“五聚焦五落实”深化提升行动计划，研究出台社区星级评定管理办法、社工管理办法。优化调整部分基层党组织设置，开展“两新”组织“双有”集中攻坚行动。完成基层党组织建设专项整顿和“村村到、户户进、人人访”全覆盖式走访，收集解决群众诉求1351个、防范处置风险隐患359处。推进社区党群服务中心规范化建设，逐步达标“每百户30平方米”面积要求，全覆盖排查整治“牌子乱象”。

【新就业群体党建】 在“百人万里行”基础上，系统推出玄武“红领·蜂行”十项行动，提供政策咨询、育儿托管、健康义诊等系列服务，依托重点商圈、商业街区等布点建设42个“宁小蜂驿站”、72个智能换电柜，联动滴滴公司打造全市首家网约车党建基地(南京站)，与新业态企业试行“双培双推”计划，常态化开展“认家门成家人、优服务显担当”行动，遴选优秀代表颁发“蜂行卡”大礼包，增强新就业群体融入感、荣誉感。

【基层队伍建设】 开展“双十佳”社区书记、社工评选，新遴选3名社区书记参照执行事业编薪资待遇，7名社区书记获评省“千名领先”书记。细化党员楼栋长联户工作实施方案，全区遴选3605名楼栋长并开展岗前履职培训。落实“两新”党建“三领一提”要求，举办玄武专场推进会暨“红领学院”“两新”组织党务工作者菁英班，实施“双考四评”综合考核机制，为134名“两新”党务工作者颁发红领津贴。对接高校引入研究生书记助理赴国企、社区及“两新”组织挂职。举办3期发展党员培训班。

【领导班子和领导干部考察】 分类对区管班子和区管干部进行全覆盖考察调研，切实掌握班子运行状态和干部履职表现，“一班子一档”“一类别一篇”形成分析材料。围绕13项年度重点任务开展专项考核，深入一线对400余名抽调干部的工作动态、实绩表现进行全面掌握、精准画像。发挥考核“指挥棒”作用，将考核结果与干部选拔任用、评优评先挂钩。健全完善干部现实表现正反“两面”清单，将日常接触、考察考核、来信来电来访、处理处分、违法犯罪等多个渠道掌握到的班子或干部正负面行为均记入在内，作为选人用人、评优评先的重要参考。

【年轻干部培养选拔使用】 出台年轻干部培养重点责任清单，明确五类主体职责和42条具体任务，为全区新进公务员和年轻科级干部配备“职业导师”“成长导师”，建立全区优秀年轻公务员数据库。组建中青班学员、新军转干部等群体“青年突击队”共70余人次，下沉防疫、文创一线，选派4名年轻干部参加第一书记、省委帮扶工作队等挂职锻炼，安排23名街道新录用公务员到市级机关跟班学习，做好“岗前实践第一课”。坚持成熟一个使用一个，截至2022年年底，全区85后处级干部比例超5%，安排3名优秀年轻科长至团委、国企等区管岗位试岗锻炼。

【干部激励】 树立重实干实绩鲜明导向，用好职务职级双通道，开展干部选拔任用、职级晋升68%来自疫情防控、拆迁征收、信访维稳等一线。连续三年评选“双十佳”区管干部并展播先进事迹，对17名疫情防控、安全生产等工作中表现突出的干部进行及时奖励。利用周三部长谈话日听干部心声、解思想疙瘩，谈心谈话280余人次。积极总结经验做法，11篇鼓励激励案例被省、市采用。召开组织人事业务培训会，强调各单位从严管理干部主体责任，深化个人事项报告核查，对1名干部进行诫勉，制定社团兼职有关操作口径，规范领导干部社团兼职及审批工作。结合省委巡视回头看及市选人用人专项检查，进一步规范各项工作。

【公务员队伍管理】 建立公务员紧缺专业目录，加大经济、财会等专业人才招录力度，增大研究生学历、职业资格证书等职位条件设置比重。2022年新录用公务员77人，全区35岁以下公务员占比较2020年提高4%。做好月度考勤、季度考核备案管理，形成公务员个人“年度表现”基础数据，在年度考核评优、未休假报酬核算等工作中加以运用。严格工资与津贴补贴管理，圆满完成省督导组清理规范实施情况检查迎查任务。

【育才举措】 紧扣玄武“1+2+2”现代都市型产业体系建设，实施“凤栖玄武·产才融合”工程。制定完善我区重点产业急需紧缺人才支持办法、重点企业引进高层次创新人才支持办法，在全市率先出台《市场化引进海外高层次人才奖励办法》，加大高精尖缺和海外人才引进力度、加速科研成果转化效率。支持生物育种钟山实验室、江苏集萃医工交叉研究院、先声转化医学与创新药物研究所等建设，发挥科创平台在人才培养、企业孵化、产业培育等方面的重要作用。推进人才项目申报，年度申报国家海外引才计划67人，入选6人，居主城第一，创历年新高；申报国家高层次人才特殊支持计划7人；科技部外国专家计划入选4人，入选数全市第二、主城第一；省双创计划进入省级答辩评审双创人才9人、双创团队1个、双创博士14人，均为主城第一。

【聚才机制】 不断完善“凤栖玄武·校地融合”机制，深挖高校院所“富矿”，共建产学研创新载体，探索打造校友经济集聚区。持续推进“互派驻、双挂职”，从南京理工大学、南京师范大学等遴选7名“80后”年轻干部组建新一批“玄武区科技专家团”，相关经验做法被《中国组织人事报》专题刊载。举办玄武国际人才创新创业大会、省农科院“紫金人才论坛”等活动，积极对接高校毕业生来玄武就业创业。联合南京理工大学、苏州大学、南京林业大学等高校举办线上线下专场就业招聘会16场，共建校地、校企合作联盟或实习基地41个。聚焦生物医药、软件信息等优势产业，用好国家重点实验室、高水平研究型大学、科技领军企业等重大创新平台，深入结合医工交叉、生物育种，推动工程技术的临床转化应用，促进关键核心技术攻关，联合培养一批医理工深度融合的高层次复合人才。

【留才环境】 推出具有主城特色的“凤栖玄武·人才优服”体系，打造“更有温度的人才发展生态”。探索新时期人才政治引领模式，成立区委人才工作领导小组，制定《区委联系服务专家方案》。结合“弘扬爱国奋斗精神、建功立业新时代”主题活动，开展“跟党一起创业”主题访谈、组织“喜迎二十大、建功新时代”高层次人才研修班。开发构建“人才优服云平台”3.0版本，对标“高品质人才社区”建设规划，打造“玄武国际人才港”，一期7000平方米载体已建成，包含一站式集成服务大厅、共享办公空间等，提供公安、工商、税务、人社等部门相关手续咨询代办服务，为企业提供全周期、全要素、全链条的“陪伴服务”。全面开展“紫金山英才卡”扩面优服工作，整合卫健、教育、住建、金融等部门政策资源，分层次提供多样化个性化人才服务，在医疗保健、文旅休闲、子女入学等方面开辟绿色通道，开展玄武“科技人才服务行”系列政策服务活动百余次，服务人才超千人次。

（徐婷婷）

宣传工作

【概况】 区委理论学习中心组获评全市中心组示范点，作为全市唯一区级代表参选全省示范点。获评全市基层理论宣讲先进集体。获评省级冬训示范街道、先进个人、主讲人视频，实现奖项“大满贯”，连续三年获评全省基层党员冬训工作示范区。《求是》杂志社社长夏伟东，省委常委、宣传部部长张爱军调研小红梅党建阵地，听取区学习宣传贯彻中共二十大精神工作汇报并给予肯定，相关经验被求是网专题报道。2022年在央级媒体报道700余篇次，“玄武发布”微信、微博排名全市前列。入选省网络综合治理体系建设试点区、市重大事项舆情风险评估试点区。获得主城区新时代文明实践中心建设唯一的A等次。创成文明校园国家级1所、省级4所、市级11所，率先在全市实现区级文明校园全覆盖。获评全省第四批“书香城市”建设示范区，文化产业增加值位于全省前列。

【新闻宣传】 紧扣中心工作，提升新闻宣传影响力。围绕科技创新、营商环境、疫情防控、助企纾困、消费节系列活动、学习贯彻中共二十大精神等区委、区政府中心工作，大力开展新闻宣传工作，全年发布新闻宣传报道5816篇，其中，央级媒体报道726篇，省级媒体报道2963篇，市级媒体报道1995篇，新媒体平台报道132篇。18家重点央媒报道61篇，《求是》杂志、《新华每日电讯》《人民日报》《光明日报》等重量级纸媒22次刊登报道，是2021年的2倍，创历史新高。中央广播电视总台28次报道宣传玄武区工作，8次登上《新闻联播》，特别是《新闻1+1》《焦点访谈》等栏目首次报道工作，央视《新闻联播》报道全区收听收看中共二十大及热议反响，《求是》杂志报道区扎实开展中共二十大精神进社区活动，央视《焦点访谈》深度报道区养老工作，《新华社内参》采访报道党建引领基层治理玄武实践，《人民日报》刊登《商圈抓党建　联动促发展（新时代新作为）》，《新华每日电讯》报道玄武区助企纾困典型案例，央视《热线12》报道雍园41号小区加装电梯。新闻宣传取得突破，有力提升了玄武影响力。聚焦中共二十大，提升新闻宣传精准度。以正面宣传加强舆论引导管控，为中共二十大胜利召开营造浓厚舆论氛围，制发《玄武区深化迎接党的二十大宣传报道工作方案》《党的二十大宣传报道方案》等宣传工作方案，严格按照中央、省、市统一部署，开展中共二十大宣传报道。主动对接上级部门及中央省市主流媒体，把握宣传口径、获取报道方向、争取报道机会。主动参与南京报业、南京广电“百街百号看变化”“喜迎二十大　奋进新征程”“非凡十年”等专题报道。区融媒体中心持续办好“喜迎二十大”“非凡十年”等专题专栏。指导全区各单位按要求开展“强国复兴有我”群众性主题宣传教育活动。加强媒体融合，提升新闻宣传多元化。加强与各级媒体合作协调，常态化密切沟通，与人民网合作设立“南京玄武视窗”专题页，与央视网合作设立“谱写‘强富美高’新玄武的现代化篇章”专题页，展现玄武区特色亮点工作；充分利用南京广播电视台驻区融媒体工作站融合传播优势，在南京电视台《南京新闻》《南京纵横》《牛咔视频》等多个栏目开展图文、视频等新闻报道。区融媒体中心推出“云赏樱”慢直播，央视新闻、《人民日报》等央媒同步直播，线上观看超600万人（次）；制作动漫图文《疫情防控，文物有话说》，网络传播量超40万人（次）；自主策划、独立执行五场“51·high玄武”线上直播，累计观看人次近50万。

【文化文艺工作】 文艺工作方面，强化载体建设，草拟《梅花戏剧角评估管理办法（试行）》，明确评估对象、评估标准、评估流程；新增挂牌锦创书城、锁金有戏2个梅花戏剧角，以梅花戏剧角赋能文化发展。推动精品创作，出品“南京城市印象三部曲”并通过南京市高层次文化人才项目验收，三部曲完结篇《珠江路·万万没想到》实现首演，《梅园往事》《长江路·代号1800》《红船初心》《南京1949》等玄武区委宣传部（联合）出品的作品获评市“五个一工程奖”，联合南京市演艺集团推出话剧《民生巷11号》第二部，创作紫金文化艺术节小剧场单元话剧《心房间》，原创京剧《梅园往事》获国家艺术基金后在玄武区专场演出3次。推广“我们的节日”品牌，联动上级部门、驻区商超、街道社区等单位统筹推进、联合发力，广泛发动和征集各类活动线索，全年七大传统节日收集到各部门、街道的活动线索1000余条，促进文化消费和文化育人相统一。产业发展方面，发挥区促进文化产业发展领导小组合力，定期召开全区文化产业工作推进会，制定并落实《玄武区文化产业发展工作机制（试行）》，提高各板块考核意识和业务能力，定期牵头走访重点文化企业，及时辅导企业应统尽统。紧抓新增入库数量及规模以上企业增加值统计，用好统计局统计监测报告、投促局项目信息，发力新增规上和招强引新。用好产业发展专项资金，为辖区十朝历史文化园、华泽云媒、赛特斯、艺厘米等优秀文化企业（园区）争取上级扶持资金130万元。积极参与融交会、资源共享会、运博会、文博会等，走出去展示玄武区数字赋能文旅消费场景以及文化科技融合发展最新成果，进一步扩大企业、园区知名度，促成商洽合作，获全市文化产业招商热力榜主城第一、全市前列。

【文明创建】 常态长效推进文明创建。印发《关于完善玄武区文明城市创建工作常态长效机制的实施办法》，出台“1+6”常态长效机制实施办法。区领导靠前指挥、示范带动，累计调度检查超过60次，街道、部门主要负责人每两周调度、分管负责人每周调度，社区主要负责人每周检查、每天推进。组织集中培训3次，各类观摩会、交流会30余场。依托“一网统管”平台，搭建文明城市创建应用场景，突出线上线下相结合、数据调取和实地指导相结合，整合现场调度、应急处置、综合指挥等功能，实现从聚焦“样本点位”到“去点位化”全域创建的转变。在全区范围内开展“文明有‘宁’ 携手同行”市民行为规范宣讲活动，依托区融媒体中心、新时代文明实践中心，发动百姓名嘴、党员骨干、志愿者等力量，深入街社宣讲市民行为规范。聚焦反复回潮的“老大难”问题，深化“七个周边”专项整治，督促整改落实，严防反弹回潮。优化调整创建工作专班，构建“实地指导组发现问题—专项整治组牵头整改问题—监督工作组督查回头看”模式，以刚性督考倒逼责任落实。深化拓展新时代文明实践中心建设。印发深化拓展建设实施方案，对6个方面52项重点任务进行分解，制定中心、所、站三级任务清单。召开季度调研会、半年推进会，下发工作提示单14份，组织实地观摩、座谈交流，推进“3+14+5”示范站点建设，以点带面。开展项目大赛，遴选十佳优秀项目，以奖代补。围绕理论宣讲、二十大宣传、疫情防控、文明创建、民生实事等，累计开展活动4500余场次。成立区志愿服务促进中心，引入第三方社会组织，按照所（站）考核评估机制，开展两轮评估，以评促建，以考督责。完善典型选树工作机制，2人获“江苏好人”、2例获评省级学雷锋志愿服务先进典型、1人获省级“新时代好少年”。8人获“南京好人”、5例获市级学雷锋志愿服务先进典型、10人获市级“新时代好年”。选树“玄武好人”10名、区级志愿服务典型25名、“新时代好少年”33人。开展“向典型看齐”主题道德讲堂、好人事迹分享会、志愿故事分享会等活动200余场，推动全社会崇德向善。利用各类载体广泛宣传中共二十大精神、防疫政策、文明创建、中华人民共和国成立73周年等内容，在主次干道、新街口商圈、鼓楼广场、火车站等重点点位累计投入电子屏260块，上刊广告牌346块、工地围挡387块、宣传栏877个、道旗310余组，张贴海报10万余份，发放宣传品18.1万份，营造浓厚的宣传氛围。健全学校、家庭、政府、社会“四位一体”教育网络，深化“扣好人生第一粒扣子”主题教育，开展中小学校周边200米环境综合整治，净化未成年人成长环境。持续开展文明校园创建，率先在全市实现区级以上文明校园全覆盖。

（卓怡杉）

统战工作

【概况】 2022年，玄武区委统一战线工作在区委的坚强领导下，坚持稳中求进主基调，强化政治引领，服务中心大局，不断提升统战工作科学化制度化规范化水平，不断推动全区统战工作提质增效。区委高度重视统战工作，把统战工作摆上重要位置，区委统一领导、统战部牵头协调、有关方面各负其责的大统战工作格局更加完善。认真履行区委统战工作领导小组办公室职责，充分发挥区委民族宗教工作领导小组、区委对台工作领导小组、民营经济统战工作协调机制、新的社会阶层人士统战工作联席会议机制作用，推动统战各领域工作规范运行。持续抓好《中国共产党统一战线工作条例》及省市实施方案贯彻落实。

【党外知识分子工作】 以组织建设密切联系纽带，持续推进党外知识分子工作实践创新。在市委统战部大力支持下，在“锦创书城”成功承办第四期“名家宁聚大讲坛”暨首届“知联讲堂”，吸引全市统战团体和联谊组织成员近34.2万人次参与。进一步加强党外知识分子的政治思想引领，打牢党外代表人士的共同思想政治基础。选送1名无党派人士参加江苏省第22期无党派人士培训班，选送3名无党派人士参加南京市第16期无党派人士培训班，向上级主管部门遴选推荐7名无党派人士建议人选。

【民族工作】 以铸牢中华民族共同体意识为主线做好民族工作。开展以“共植石榴树，绽放团结花”民族团结进步宣传教育活动。积极参与石榴花开金陵红·2022南京市“喜迎党的二十大”铸牢中华民族共同体意识微视频作品征集活动。承办南京市“铸牢中华民族共同体意识”教育实践进校园活动、举办南京市“红石榴手拉手”在中小学铸牢中华民族共同体意识教育实践一体化建设项目暨玄武区“铸牢中华民族共同体意识宣传月”活动，省民委主任马连美等多名领导出席。玄武湖街道徐庄社区获评江苏省第三批“红石榴家园”。

【宗教工作】 巩固民族宗教领域和谐稳定局面。防范化解民族宗教领域重大风险隐患，深化开展宗教领域专项排查整治。持续开展宗教活动场所安全工作专项整治行动，推进场所本质安全建设，深入推进“两个专项”工作，持续巩固和深化民宗领域风险隐患排查整治成果。开展宗教政策法规学习月活动，举办宗教活动场所民主管理组织人员政策法规学习培训班、民族宗教领域依法行政培训班，进一步加强基层基础建设。2022年以来，省委常委、省委统战部部长惠建林，副省长陈星莺，省委统战部副部长、省民委主任马连美，副市长胡万进等领导均多次检查指导辖区宗教活动场所安全工作。

【新的社会阶层人士统一战线工作】 延伸拓展新的社会阶层人士统战工作触角，深化统战工作实践创新。积极协调玄武艺术馆，作为全市统一战线喜迎中共二十大书画展的承办地。省市区三级新联会联合开展“冬日暖阳，送爱到家”苏新暖冬行动。联合区委宣传部举行“大V看玄武”活动。推荐区知联会、新联会6名成员参加区检察院精品案件评选。遴选并推荐了3名区新联会会员参加第11期新的社会阶层代表人士培训班。“垠坤·创意中央青创汇”成功入选南京市第三批新的社会阶层人士统战工作实践创新重点项目。

【港澳台统一战线工作】 服务驻区港澳台侨企业创新发展，协调台资矽力微项目，区青联汇众创空间挂牌市港澳青年创新创业实践基地，李国华、徐开信等多位领导走访玄武港资、台资企业。深化宁港澳台交往交流交融，与钟山宾馆集团联合打造励志社博物馆为海峡两岸交流基地，与东南大学合作开展宁台大学生实习交流活动，承办“文学之都·与宁共阅”宁台青年主题读书活动，在奇点书集举办台湾知名漫画家蔡志忠“禅趣”绘画展开幕式。

【海外统一战线工作和侨务工作】 完善侨情数据基础，统筹运用人口普查、疫情防控、一网通等数据系统开展港澳台侨基础数据摸底工作。做好为侨服务工作，打造涉侨工作品牌。承办“侨界大讲堂”，吸引5万人在线同步观看。联合市海联会，与区委组织部共同筹划市留交会玄武专场活动。凝聚侨界榜样力量，举荐3人参选省欧美同学会女性会员风采展，推荐14人加入市海联会，赛特斯信息科技股份有限公司获评“江苏省优秀侨资企业”称号，区侨界人士俞晓冬被授予江苏省“侨界最美志愿者”称号。

【党外代表人士队伍建设】 进一步强化“两支队伍”建设，开设“统战学堂”，召开区新联会会长会议、区海联会三届三次会长会议、玄武欧美同学会班子会议，组织和引导全区统战干部和统战成员学好用好《习近平谈治国理政（第四卷）》，以习近平新时代中国特色社会主义思想武装头脑、指导实践、推动工作。开展玄武区统战系统学习贯彻中共二十大精神暨各民主党派、工商联、统战团体领导班子思想政治建设研讨班，切实把统一战线成员思想和行动统一到中共二十大精神上来。 （王 梦）

机构编制

【概况】 2022年，区委编办坚持以习近平新时代中国特色社会主义思想为指导，深入学习中共二十大精神，不折不扣落实中央和省、市、区委决策部署，积极推进改革创新，加强机构编制管理，努力为全区高质量发展提供体制机制保障。《机构编制事项论证工作的实践与思考》调研文章被《中国机构编制》采用，街道权力运行情况评估创新做法获2022年度全省机构编制重点课题研究成果一等奖，机构编制管理工作2次被市委编办《机构编制工作学习》刊载，全年共有25篇宣传报道被人民网、“学习强国”学习平台、交汇点、龙虎网等媒体刊登。

【机构编制服务】 提请区委编委召开会议3次，研究相关机构编制事项，经批复设立南京市玄武区城市数字治理中心，为基层治理“一网统管”、教育“双减”、防范化解金融风险等重大部署落地提供保障。核准全区事业单位公开招聘及政策性安置使用事业编制计划，为新建科利华铁北第二中学、选聘优秀社区党组织书记纳入事业编制管理工作调剂编制，服务发展需要。

【法规制度学习】 8月29日，邀请省委编办政策法规处处长林鹊梅为区委党校中青年干部培训班学员就《中国共产党机构编制工作条例》及其实施办法专题授课，全面解读条例的重要意义、主要内容及贯彻落实。发放《中国共产党机构编制工作条例》（以下简称《条例》）宣传活页，持续强化部门机构编制法治意识。加强制定《条例》配套制度，围绕机构编制事项申请、论证，以及事业单位编制使用和科级职数预审，出台制度规定，规范主体、程序、责任，强化机构编制在管理全流程中的基础性作用。

【街道集成改革】 继续以打造试点示范街道为抓手，健全街道规范化运行的制度机制，开展街道综合执法局规范化建设，探索街道编外人员管理，深化改革成效。指导红山街道继续强化党

省委编办处长林鹊梅到区委党校讲授《中国共产党机构编制工作条例》
（区委编办 供图）

建引领基层治理，玄武区作为审批服务便民化、整合基层审批服务执法力量工作推进落实到位、成效显著的先进区，获市政府办公厅督查激励，街道编外人员管理“两结合一强化”经验做法被市委编办发文推广，人民网、新华网等12家中央、省、市级媒体集中实地报道玄武区街道集成改革工作。指导锁金村街道、孝陵卫街道申报为市级试点，指导其他街道梳理特色工作，参评全市“一区一特色、一街(镇)一典型”百个案例，持续放大改革“品牌力”。

交通银行玄武区企业开办一站式服务专区　　(区行政审批局　供图)

【吹哨报到“333”工作机制】　落实市区“十项举措”“强力工程”，以及全市基层治理体系和治理能力建设大会和“1+2”文件精神，全面推行社区(网格)吹哨，完善“社区(网格)吹哨、机关部门报到”工作机制，构建“上下联动、多方参与”基层治理格局。坚持哨源收集突出“全”、哨音产生突出“严”、吹哨响应突出“快”，以“三个突出”规范吹哨流程；结合“双结对、双促进”“三联建、三服务”等党建机制，用好街道综合执法、区级部门、共治共建“三重力量”，创新报到形式；构建清单指引、考核评价、定期通报“三项机制”，实现闭环管理。2022年，共发起吹哨超400次，41家市区机关单位到社区(网格)报到，解决了物业管理纠纷、“九小”场所隐患等治理难题500余件。玄武区被明确为全市基层治理十大重点项目中“吹哨报到”工作机制试点先行区之一，相关创新做法被“学习强国”学习平台、交汇点、龙虎网等媒体予以报道。

【街道权力运行评估】　在全市率先开展街道权力运行情况评估，探索构建“一指标一侧重、一权力一评估”的全域评价指标体系，针对街道行使的117项行政权力，区分法定权力、政府赋权及相对集中行政处罚权三类情况，分类建立评估体系，细化5个一级指标15个二级指标，采用AHP层次分析法赋予权重，通过系统填报、查阅台账、走访座谈等方式评估街道承接能力，进一步提高权力行使效能。有关做法获市委编办认可，并被纳入《玄武区优化营商环境服务企业应用场景(第二批)》。

【事业单位监督管理】　严格落实法定监管要求，完成138家事业单位2021年度报告公示和信用等级评价、3家设立登记、3家注销登记、33家登记事项变更、对2家事业单位开展现场核查、对5家被扣分的事业单位及其主管部门进行提醒，督促事业单位诚信开展业务活动。通过“事业单位在线”，继续推行“容缺受理+不见面审批+快递送达”，助力事业单位开展登记管理工作。加强事业单位印章管理，制定《事业单位登记管理相关事项备案表》《事业单位印章封存申请表》等制式表格，持续提升服务标准化水平。

【“党建引航·精编优政”党建品牌】　坚持党建与业务融合发展，打造“党建引航·精编优政”党建品牌，持续丰富品牌内涵。坚持“政治建办”，打造“五学四结合”学习机制，开展“四个同一”教育宣传，抓好意识形态“三示”教育。坚持“文化育办”，丰富冬训“三大菜单”，举办支部“三类课堂”，创建共建“三种常态”。坚持“从严治办”，规范制度建设，深化作风建设，强化队伍建设。党建工作相关做法5次被“学习强国”学习平台转载，多次被省、市媒体网站转载，“三服务二慰问一实事”党建联盟项目被省市媒体网站报道，冬训“六堂课”获评全区基层党员冬训工作创新项目。　（杜建军）

党校工作

【概况】　2022年，区委党校坚持以习近平新时代中国特色社会主义思想为指导，深入学习贯彻中共十九大及十九届历次全会精神，以办学质量评估为抓手，围绕中心、服务大局，提高政治站位、强化责任担当、积极主动作为，着力创新实干，高质量办学取得新成效。区委党校培训科被评为践行区“争当表率、争做示范、走在前列”先进集体，张霁莹被评为践行区“争当表率、争做示范、走在前列”先进个人，江飞被评为区作风建设先进个人。

【办学质量评估】　落实全市党校系统办学质量评估相关要求，对照办学质量评估指标体系10个方面的具体内容，全面梳理5年工作情况。赴市委党校汇报迎评工作情况，主动邀请市委党校校领导及相关处室负责人进行评估指导，深刻把握办学质量评估的导向性要求，不断改进工作、提升办学水平，迎评工作获评估组肯定。

【干部培训】　创新干部培训格局，“分类别、分层次”举办各类培训12个班次近600名学员，其中包括3期“四最”城区建设系列专题研讨班，8月3日至10月14日“双轨制”设置中青一班和二班，将统战工作、国家安全、市情区情、基层实务等纳入教学安排，全方位提升学员能力素质，为健全全区人才储备梯队做贡献。聚合现场教学阵地，挖掘梅园新村纪念馆、梅庵、退役军人之家综合体、长江路、D9街区、“红领·汇杰”“红领·星河”等本土资源，分管领导带队进行实地考察，配套开发“玄武红色足迹”系列现场教学课程，宣传玄武发展成果。纵深推进教学改革，继续推动领导干部到党校讲课、作报告和与学员座谈经常化、规范化、制度化，区党政主要领导作专题辅导，区委副书记与学员进行深入的座谈交流，领导干部授课占20%以上。

12月8日，区委党校（行政学校）办学质量评估意见反馈会
（区委党校　供图）

【科研调研】　联合市委党校相关教研部和区相关职能部门就党史学习教育、文旅融合发展、城区社会治理等区域发展的热点问题开展调研，形成一批有分量、有见地的科研成果，在助力全区中心工作方面发挥了积极作用。5项省市委党校课题顺利结项，5篇调研成果在《新华日报》（理论版）、《金陵瞭望》及学术期刊发表。《全周期管理视角下提升基层治理能力的思考》入选《南京都市圈发展论坛（第二届）论文集》。围绕“建设最具影响力的消费中心”相关建言献策获区委书记闵一峰批示。

【理论宣讲】　“炬火”理论宣讲团围绕习近平新时代中国特色社会主义思想、中共二十大精神等内容，赴50余家单位开展理论宣讲，宣讲团被评为区优秀志愿服务组织，获玄武区新时代文明实践项目大赛“十佳”项目。张霁莹《重温〈反对本本主义〉，大兴调查研究之风》获全市党校(行政学院)系统第三届精品课。

【队伍建设】 1名副校长晋升三级调研员,2名副校长先后抽调至隔离酒店担任点位长工作。制定《区委党校关于进一步加强年轻干部培养工作的实施方案》,选送干部参加省市委党校专题培训、学习研讨10余次,安排2名青年教师赴科技局、宣传部等部门跟班学习,2名年轻干部参与市委党校课题组开展调研。建立基层业务指导联系挂钩机制,校领导领衔组建4个调研组,深入社区、企业开展走访调研。

【办学保障】 大力加强书香校园、文化校园、廉政校园、安全校园建设,完成综合楼消险加固工程、教学楼维修改造工程、报告厅音像设备升级工程。组织实施教职工办公室优化调整工作,提高校园网络安全防护配置,提升校园信息化建设水平。完善"一事一档"、教学用品申领、图书管理借阅和校园安全巡察等各项制度,积极推行餐饮保障社会化、市场化,储备一批优质供餐企业,受到学员一致肯定,主体班次后勤服务满意度均达到96%以上。 (江 飞)

老干部工作

【概况】 2022年,区委老干部局增设组织宣传科,划入办公室职能;明确1名副局长兼任区委离退休干部工作委员会副书记,科级职数4名。局工作人员14人,区机关及各街道、系统共有专兼职老干部工作人员72人。全区离休干部81人,其中,本地离休干部71人、异地离休干部10人。始终把习近平总书记关于老干部工作的重要论述作为根本遵循,尊重老干部、爱护老干部、学习老干部,更加注重服务管理,更加注重作用发挥,更加注重能力提升,守正创新、扎实工作,坚持聚焦主题主线开展活动、聚焦党建实际深化载体、聚焦基层一线打造品牌,全力推动新时代老干部工作高质量发展,各项工作走在全市前列、成效显著,获江苏省"老干部工作先进集体"称号。

【老干部政治待遇落实】 加强思想政治建设,广泛开展世情、国情、区情教育活动,区委书记闵一峰主持召开全区老干部情况通报会2场,各单位部门召开情况通报会20余场;召开全区老干部工作会议、离退休干部党建工作推进会,举办全区离退休干部党支部书记培训班;采用宣讲解读、座谈交流、送学上门、网络课堂等方式,组织离退休干部党员深入学习贯彻中共二十大精神21场;为全区离退休干部订阅《银潮》杂志132份;举办全区"喜迎二十大 奋进新征程"书画摄影展,在区老干部活动中心展出作品60多幅;举办点亮青年人信仰之灯——《弘扬恩来精神、坚定理想信念》主题活动,被省市各大媒体报道转载;选送《雏鹰逐梦》节目参加南京市"喜迎二十大 筑梦向未来"老少同台展演获特等奖,并获推至全省展演。

【老干部服务工作】 坚持"点对点,面对面"开展人文关怀活动,区委主要领导带头,全区各单位定期上门走访老干部,及时了解情况、听取心声诉求,解决困难问题,2022年开展走访慰问离退休干部430人次,"六必访"走访慰问覆盖率达100%,在全市离休干部"六必访"信息平台登录情况通报中,获得优秀等次;遴选95名医疗技术精湛、服务优质的医生组成服务团队,为262名住玄武区的签约离休干部服务1296人次;为全区范围内279名离休干部提供每人每月8小时的上门居家养老服务,全年累计服务3192人次、15572工时,实现了离休干部居家养老服务"一人一策";为37名离休干部提供家庭适老化改造,提高他们的生活品质,让他们安享幸福晚年。

【离退休干部作用发挥】 坚持机制联建、平台联搭、活动联办、典型联宣、品牌联创,精心打造志愿服务工作联盟,将志愿服务与中心大局、社区建设深度融合。充分发挥离退休干部的专业特长和独特优势,按照"组织化管理、项目化运作、品牌化发展"的思路,着眼老干部所能所愿,提升供需对接能力,梳理整合属地银发人才资源,吸纳银发人才205名,组建"银领先锋宣讲”“法律服务”“心理健康援助”等11个多元化“功能型”团队，形成“平台搭建好、队伍建设好、活动开展好、作用发挥好”的工作格局。2022年，共开展理论宣讲213场、法律咨询115次、心理辅导87次、家庭教育860次，受益群众4万余人，得到广泛赞誉。

【机关队伍建设】 把旗帜鲜明讲政治作为首位要求，坚持用习近平新时代中国特色社会主义思想凝心铸魂，着力打造高素质、专业化老干部工作队伍。全年组织参加省市区各级学习培训50余次，赴街道社区调研、兄弟单位取经17次；开办“微光成炬”半月讲堂，从党史、国史、老干部工作等方面开展学习20余次；开展“村村到、户户进、人人访”集中走访工作，全局干部走访120余户，慰问困难群众20余户；常态化推进“双结对、双促进”活动，下社区帮助工作近百天、400余人次；全局党员无畏风险投身抗疫一线60余天，协助太平门社区开展人员排查、核酸检测、无物业小区值守；推荐5名干部参与隔离保障和转运专班，在高风险区域累计完成百余天全天候疫情防控任务。

（刘理虎　张　伟）

机关党建

【概况】 2022年，区委区级机关工委坚持以习近平新时代中国特色社会主义思想为指导，深入学习贯彻中共二十大精神和习近平总书记系列重要讲话、重要指示精神，认真贯彻落实中央和省、市、区委部署要求，发挥好牵头抓总、把关定向、示范带头作用，全力抓细抓实机关党建各项工作，不断提升机关党组织政治领导力、思想引领力、基层组织力，为全面推进中国式现代化玄武新实践提供坚强政治保障。

【全面从严治党】 制定《机关工委2022年度落实全面从严治党主体责任清单》，把落实全面从严治党主体责任作为班子的政治责任，压实机关基层党组织抓机关党建主体责任和党组织书记的第一责任，形成一级抓一级、层层抓落实的工作格局。严肃党内政治生活，重点推动机关党组织落实党员领导干部双重组织生活制度，列席部分机关部门党员领导干部民主生活会，组织开展年度机关党的建设考核、机关党组织书记述职评议考核、组织生活会和民主评议党员工作。

【理论武装】 坚持不懈用习近平新时代中国特色社会主义思想凝心铸魂，用党的创新理论指导实践、推动工作，引导和教育机关党员深刻领悟“两个确立”的决定性意义，增强“四个意识”，坚定“四个自信”，做到“两个维护”。举办为期4天的区机关党员干部骨干理论轮训（冬训）暨党务干部培训班，开展“思享5分钟”学习交流，征集学习体会30余篇。督促机关党员用好“学习强国”学习平台，全年开展常态化检查55次。发挥机关党建中心“红书沙龙馆”“组织生活馆”“党员远程教育站点”等党建阵地作用，广泛开展“党课开讲啦”“我是党课主讲人”等活动。运用政务新媒体及时传达落实中央和省市区委要求，全年编发“玄武机关党建”微信公众号文章375篇。

【机关基层党组织建设】 制定印发《2022年度机关党建工作要点》，以责任清单方式，对机关党建重点工作内容、标准、完成时限等方面开展指导督导。扎实做好党支部“堡垒指数”和党员“先锋指数”评价，推动机关各级党组织严格落实“三会一课”“组织生活会”“民主评议党员”等制度。严格执行到期换届提示制度，规范换届选举工作，选优配齐党务干部，全年新成立8个党支部，完成21个党组织换届选举和4个党组织支委增补工作，及时调整16名党组织书记、副书记，发展23名新党员。

【结对共建工作】 有效落实“三联建、三服务”“双结对、双促进”工作机制，组织机关党员干部下沉社区，开展志愿服务。全年累计组织4.5万人次机关党员干部参加疫情防控志愿服务，2450人次参与文明典范城市创建“统一行动日”活动，1469人次参与社区节假日值班值守、社区服务、应急处置等工作。组织开展“村村到、户户进、人人访”集中走访工作，1163名机关党员干部进基层广泛征集意见诉求，推动解决实际问题、化解风险隐患。推动开展市委“共学攻坚6040”行动，区机关部门单位实施52个“一社区一案例”项目，其中3个入选全市重点培育项目。

【“喜迎二十大 奋进新征程”主题知识竞赛】 6月28日下午，为庆祝中国共产党成立101周年，迎接中共二十大胜利召开，区委区级机关工委在区机关党建中心组织生活馆，举办“庆祝中国共产党成立101周年暨‘喜迎二十大 奋进新征程’主题知识竞赛”。区级机关各部门按照“双结对、双促进”党建片区组建7支代表队参赛，每队由3名选手组成。知识竞赛内容涵盖习近平新时代中国特色社会主义思想、习近平总书记系列重要讲话精神以及党章党规、党的历史、时事政治等方面，通过个人必答、团队必答和抢答3个环节决出最后名次，其中，玄武湖街道党建片区获得一等奖、玄武门街道党建片区获得二等奖、梅园新村街道党建片区获得三等奖。

【意识形态工作】 区委区级机关工委认真落实意识形态工作主体责任，将意识形态工作纳入工委工作重要议事日程，纳入党建工作责任制，做到同部署、同落实、同检查、同考核。开展维护意识形态专项督导，抽调相关人员，组成11个督查组，对47个机关部门党(工)委、党组开展为期近1个月的全覆盖督导，排查各单位在体制机制、思想动态、管理管控、敏感舆情等方面的风险隐患，综合分析研判、实时反馈问题并提出整改建议。严格执行意识形态月报制度，依托意识形态责任体系，规范信息报送形式，对区机关意识形态月报和动态报告严格把关和及时提醒。

【作风建设】 制定出台《2022年机关作风建设工作意见》《2022年玄武区机关作风建设监督工作计划》《2022年度南京市玄武区高质量发展满意度评价方案》，进一步明确全年区机关作风建设工作重点和方向。针对市、区两级2021年度“满意度评议”活动收集的142条具体意见和建议，逐条分类梳理，确定整改责任部门，制定整改责任清单，从源头上解决问题、长效推进。认真办理来信来访，全年受理作风建设网上监督平台与电话投诉17件，下达《作风建设督办通知单》10个，办结率和满意率均为100%。落实《玄武区机关作风和行业作风建设监督员管理暂行办法》，及时解聘2名不符合、不胜任作风监督岗位工作的人员，新聘2名、调整1名监督员，充实完善监督员队伍。围绕群众关心关注和“12345”热线反映的热点难点问题，聚焦落实区委、区政府中心工作、年度重点工作中的突出问题，先后2次邀请市作风建设对口监督组开展专题调研，组织区作风监督员开展4次专项监督。优化监督评议方式，充分发挥窗口“微评议”系统作用，运用“互联网+”手段开展日常评议、年终集中评议，搜集意见、提前预警。

【群团建设】 先后举办区机关迎春送福主题活动、“4·23”全民阅读《南京传》线上品读会、中国传统文化主题沙龙、中秋诗歌诵读会暨“我们的节日·中秋”活动。区教育局、区行政审批局、区民政局、区委区级机关工委4个部门(科室)获得年度市区“工人先锋号”先进集体称号，16名干部、青年获得先进个人荣誉。结合元旦、春节等传统节日，对区机关

1月20日，举办“名家翰墨送祝福、‘非遗’迎春话传承”主题活动

（区机关工委　供图）

68个家庭开展走访慰问。完成年度区机关“慈善一日捐”工作，捐款总额达45万余元。根据区总工会安排，组织开展区机关劳模、先进职工疗休养等活动。

【巡察整改工作】 5月16日至8月16日，区委第二巡察组对区委区级机关工委进行了巡察。9月7日，巡察组向区委区级机关工委反馈巡察意见。巡察反馈会后，区委区级机关工委自觉扛起巡察整改政治责任，落实各项整改任务，第一时间成立巡察整改工作领导小组，召开领导班子(扩大)会议，专题学习传达巡察反馈会议相关讲话精神，研究制定11个方面40条整改措施，并明确整改责任人、整改时限。扎实开展谈心谈话，认真组织实施民主生活会，从建立健全各项制度入手，规范工作流程，加强内部管理，对能够立即改正的做到即知即改，完成问题整改20个，建立和完善相关制度7项。 (郑文周)

关心下一代工作

【概况】 截至2022年年底，玄武区各级关工委组织245个。其中，区关工委1个，街道7个，社区60个，机关系统3个，中小学校43个，干休所7个，公检司法15个，民企110个。经常参加关心下一代工作的“五老”(老干部、老战士、老教师、老专家、老模范)志愿者、在职教师骨干1620多人。

【主题活动】 联动小营小学改编舞蹈——《逐梦蓝天》，在省、市老少同台节目展演中，分获特等奖。举办了区第二十六届主题演讲，106组老干部与少先队员、167个家庭、40所学校参与。梅园新村纪念馆教育基地现场教学，“五老”志愿者班海滨、桂松年课件在全市获奖；全区20件课件和8件微视频参评全市“德法同行”主题教育优秀讲稿、微课；10多所中小学校征集“请党放心，强国有我”新春网络寄语18522条，396名学生获奖。调研、制订了《组织动员“五老”志愿者参与关心下一代工作措施》。成立了退役军人事务局关工委，组建了玄武区“五老”国防教育讲师团，开展国防教育活动30余场次、受众5000余位学生。新挂牌“玄武区青少年爱国主义教育基地”——区退役军人之家，接待大中院校、雏鹰假日小队等青少年学生团体49批次700余人。

【法治服务】 53名政法系统关工委“五老”，结对帮教43名特殊未成年人；法院关工委10名“五老”成员担任校外法治辅导员；区检察院“五老”法治宣讲团6次送法到校园。一年来，政法系统关工委充分发挥“法治报告团”“少年法学院”“关爱联盟”等作用，开展法治教育118场、接受教育青少年74766人次，发放法治教育宣传教材20660本、少年模拟法庭8场。

【科技活动】 《家庭小农田、成长大舞台》分获省、市视频特等奖。举办玄武区首届小学生无人机比赛，并应邀在南京市中小学生科技活动基金会成立30周年大会上进行无人机、机器人表演。3787名学生参与市第14届“逐梦未来·强国有我”——南京市中小学生科技创新作品竞赛活动，获得13个一等奖、681个等级奖，成绩连续8年位于全市第一方阵。组织了40名中小学生国宝大熊猫探秘、50名退役军人子女首届“迷彩少年行”暑期夏令营活动。

【关爱帮扶工作】 区法院以“五老”为主体的“少年家事协同保护中心”，开展特殊家庭审前、审中、审后青少年心理疏导，别具特色；区检察院“向阳花未成年保护中心”服务全市青少年心理健康，成绩显著，全国人大副委员长曹建明实地调研予以充分肯定；“筑梦未来、爱心助学”关爱帮扶、网络募捐系列活动扎实有效，176名学生受助款额164800元，82个小队、3606笔共募捐善款70313.99元。结合“五好”社区创建，落实23个社区“以奖代补”资金46万元。全年被中国火炬网、省阳光少年网、市金金网等新媒体采用稿件2029篇，区关工委荣获《中国火炬》杂志宣传先进单位。

(侯和平 王效军)

(栏目编辑 刘心林)

南京市玄武区人民代表大会

综述

重要会议

人大代表履职

综　述

【代表构成】　2022年，玄武区第十九届人民代表大会现有区人大代表237名，常务委员会组成人员32名，在玄武区的市十六届人大代表有44名。区人大设置有法制委员会、财政经济委员会、监察和司法委员会、社会建设委员会，常务委员会设置有办公室、研究室、教育科学文化卫生委员会、环境资源城市建设委员会、民族宗教侨务台湾事务委员会、人事代表联络委员会、预算工作委员会（与区人民代表大会财政经济委员会合署办公），常务委员会派出工作机构有7个街道工作委员会。

【自身建设】　常委会把迎接中共二十大、学习宣传贯彻中共二十大精神，作为贯穿全年的工作主线，不断提高政治判断力、政治领悟力和政治执行力，确保在党的全面领导下有效发挥人大作用。把学习贯彻习近平法治思想、习近平总书记关于坚持和完善人民代表大会制度重要思想作为必修课和基本功，把学习贯彻习近平总书记在中央人大工作会议上的重要讲话精神作为当前的重大政治任务抓紧抓好，更加自觉地用新思想指导和统领人大工作。密切关注上位法立法和改革进程，根据地方组织法等最新要求，及时修订区人大常委会议事规则，并以此为起点，重点制（修）订讨论决定重大事项、常委会组成人员联系代表、人事任免、信息公开等10个专项制度，为常委会履职夯实制度基础。持续加强对街道人大工作的指导，常态化进行调研，定期召开例会，形成区街联动、条块协同的良好局面，积极开展学习交流和友好往来，全年共接待伊宁市人大、海沧区人大来访2次。

【对人大任命人员履职评议】　2022年，为进一步提高人大任命干部的履职能力和工作水平，促进履职评议部门负责人改进工作作风、提升工作质效、依法履职尽责，根据《关于区政府工作部门主要负责人和区法院副院长、区检察院副检察长向区人大常委会报告履职情况的实施办法》，区人大常委会组织委员听取审议了区科技局、退役军人事务局、行政审批局、人防办等单位负责人的履职情况报告，并进行满意度测评，现场公布测评结果，切实发挥人大在干部任后监督中的应有作用。

【民生实事监督工作】　2022年，按照民生实事群众提、代表定、政府办、人大评程序，扩大代表参与，强化过程管理，力求民生实事产生高质量、督办高质量。实行“代表专业组+街道代表组”模式，组建7个联合监督组，点对点全程跟踪，定期验收。对未达序时的项目集中督办，推动实现项目进度和质量并重，监督过程与结果统一。积极参与2023年民生实事征集工作，人大、政府首次同步征集民生实事意见。通过“专题调研月”活动，组织全体代表回选区、听民意，征集民生实事建议83件。在此基础上，召开项目征集工作座谈会，组织人大代表会同发改、财政等13个部门逐项论证，最终确定12项民生实事候选项目。

【调研信息宣传工作】　2022年，区人大常委会推进调研课题项目化，全年共形成调研成果32篇，其中《深化老旧小区物管体制改革　提升基层治理现代化水平》被省、市人大调研专刊采用，《加强人大监督工作创新　充分发挥人大监督职能作用》被市人大调研专刊采用，获省人大理论研究会立项2项。灵活运用传统媒体和新兴媒体，更新改版人大网站，开通“玄武人大”微信公众号，讲好人大故事、代表故事，全面展现人大工作创新举措和代表履职风采。

【信访工作】　2022年，区人大坚持以人民为中心，始终把维护最广大人民根本利益作为人大信访工作的出发点和落脚点，压实工作责任，完善工作机制，提升工作质效，共接待来访群众9人（次），督促办理信访13件，为维护群众合法权益、化解信访突出问题、促进社会和谐稳定做出积极贡献。

重要会议

【区十九届人大一次会议】　2022年1月6—8日，玄武区第十九届人民代表大会第一次会议召开。区委书记闵一峰在大会闭幕式上讲话。大会听取和审议了区委副书记、区长钱维所作的政府工作报告，区十八届人大常委会主任杨乐华所作的区人大常委会工作报告，区人民法院代院长赵雪雁所作的区人民法院工作报告，区人民检察院代检察长余红所作的区人民检察院工作报告。大会选举产生了区十九届人大常委会主任、副主任和委员，区人民政府区长、副区长，区监察委员会主任，区人民法院院长，区人民检察院检察长，表决通过了区十九届人大法制委、财经委、社会委、监察司法委组成人员名单，并举行了宪法宣誓仪式。大会表决通过了关于区人民政府工作报告的决议、关于区2021年国民经济和社会发展计划执行情况与2022年国民经济和社会发展计划的决议、关于区2021年预算执行情况与2022年预算的决议、关于区人大常委会工作报告的决议、关于区人民法院工作报告的决议、关于区人民检察院工作报告的决议。大会审查了区十八届人大代表建议、批评和意见办理及督办情况的报告。大会对2021年民生实事项目完成情况进行了满意度测评，票决产生了2022年民生实事项目。

【区人大常委会会议】 2022年，召开常委会会议7次、听取审议专项工作及计划、预决算、审计报告48个，开展专题询问1次、执法检查2次、测评票决3次、视察调研52次；作出决议决定11项，发出审议意见9份，区十九届人大一次会议确定的各项目标任务全面完成。

2月14日，玄武区第十九届人大常委会举行第一次会议。会议补选了南京市第十六届人大代表。会议以举手表决的方式，通过了《关于接受孙强辞去南京市第十六届人民代表大会代表职务请求的决定》。会议以无记名投票的方式，通过了《关于补选焦勇为南京市第十六届人民代表大会代表的议案》。会议听取了区人大常委会办公室主任刘康所作的区人大常委会2022年度工作要点及议题安排通报。

2月24日，玄武区第十九届人大常委会举行第二次会议。会议审议了人事任免案。会议以举手表决的方式，通过《关于接受刘康等辞去玄武区第十九届人民代表大会代表职务请求的决定》和《关于接受李国庆辞去玄武区第十九届人民代表大会监察和司法委员会委员职务请求的决定》。会议以无记名投票和举手表决的方式通过了区人大常委会主任会议、区人民政府区长钱维提请的有关人事任免议案。会议以举手表决的方式通过了玄武区第十九届人民代表大会常务委员会代表资格审查委员会组成人员名单以及玄武区第十九届人民代表大会常务委员会各委员会委员、各街道工作委员会委员名单。会上举行了宪法宣誓仪式。会议听取了部分市十六届人大代表履职报告。6名市人大代表向会议报告了履职情况，现场对代表履职情况进行测评。

4月27日，玄武区第十九届人大常委会举行第三次会议。会议听取了区政府常务副区长陈可科所作的《关于玄武区第七次全国人口普查情况的报告》。会议听取和审议了区科技局局长史庆锋、区退役军人事务局局长马义兵、区行政审批局局长李莹和区人防办主任姚晓晖履职情况报告，并开展了满意度测评。会议审议并表决了人事任职案。会议以无记名投票的方式通过了区人民法院院长赵雪雁提请的有关人事任职议案。会上举行了宪法宣誓仪式。会议审议并通过了区人民法院关于提请确定区法院人民陪审员名额数的议案。会议以举手表决的方式通过了《关于提请确定区法院人民陪审员名额数的议案》。

6月27日，玄武区第十九届人大常委会举行第四次会议。会议听取和审议了区政府常务副区长陈可科所作的《区政府关于2021年度玄武区企业国有资产管理情况的报告》，以及区人大财经委主任委员、常委会预算工委主任刘全庆所作的相关调研报告。会议听取和审议了区财政局局长李海沅所作的《关于玄武区2021年财政决算草案的报告》、区审计局局长龚庆亚所作的《关于玄武区2021年财政预算执行和其他财政收支的审计工作报告》，以及区人大财经委主任委员、常委会预算工委主任刘全庆所作的相关调研报告。会议以举手表决的方式通过了《关于批准玄武区2021年财政决算的决议》。会议听取和审议了区人大常委会执法检查组副组长顾冰所作的《区人大常委会执法检查组关于检查〈南京市养老服务条例〉实施情况的报告》。会议听取了区检察院检察长余红所作的《关于未成年人犯罪预防和权益保护工作的报告》。会议听取了区检察院检察长余红所作的《南京市玄武区人民检察院关于提请区人大常委会审议〈关于加强和规范检察建议工作的决议(草案)〉的情况说明》,以及区人大监察司法委相关审议意见的报告。会议以举手表决的方式通过了《南京市玄武区人大常委会关于加强和规范检察建议工作的决议》。会议听取了部分市十六届人大代表履职报告。4名市人大代表向会议书面报告了履职情况。会议现场对4名市人大代表履职情况进行了测评。

8月15日,玄武区第十九届人大常委会举行第五次会议。会议听取了区人民政府区长钱维所作的《玄武区人民政府2022年上半年工作报告》。区法院、区检察院向会议提交了2022年上半年工作情况的两个书面报告。区人大常委会组成人员、区人大及其常委会各工作机构、人大各街道工委负责人、列席会议的145名区人大代表对上述3个报告进行了分组讨论。会议听取和审议了区人大常委会副主任、执法检查组组长蒋健所作的《玄武区人大常委会执法检查组关于检查〈中华人民共和国长江保护法〉实施情况的报告》。会议听取和审议了区法院院长赵雪雁所作的《玄武区人民法院执行工作情况报告》,以及区人大监察和司法委员会主任委员张斌所作的相关调研报告。会议听取了区发改委主任吴恒所作的《关于玄武区2022年上半年国民经济和社会发展计划执行情况的报告》,以及区人大财经委主任委员、常委会预算工委主任刘全庆所作的相关调研报告。会议听取了区财政局局长李海沅所作的《关于玄武区2022年上半年财政预算执行情况的报告》,以及区人大财经委主任委员、常委会预算工委主任刘全庆所作的相关调研报告。会议审议通过了区人大常委会主任会议、区监察委员会、区法院提请的人事任免事项,举行了新任命人员的宪法宣誓仪式。会议审议通过了《南京市玄武区人民代表大会常务委员会议事规则(修订草案)》的议案。

10月28日,玄武区第十九届人大常委会举行第六次会议。会议听取和审议了区政府副区长庄佳峰所作的《区政府落实义务教育“双减”政策工作情况的报告》,以及区人大常委会教科文卫委主任肖红所作的相关调研报告。会议听取了区监察委员会主任罗昌锋所作的《区监察委员会关于开展民生领域突出问题专项监督工作情况的报告》。会议听取了区政府副区长周正所作的《区政府关于年度生态环境状况和生态环境保护目标完成情况及近年来环保法实施情况的报告》。会议听取了区财政局局长李海沅受区政府委托所作的《玄武区政府债务管理情况的报告》。会议听取和审议了区政府办公室主任汪拥政所作的《关于玄武区第十九届人民代表大会第一次会议代表建议、批评和意见办理情况的报告》和区人大常委会人事代表联络委员会主任沈阳所作的《关于玄武区第十九届人民代表大会第一次会议代表建议、批评和意见办理及督办情况的报告》,书面审议了区监委、区法院、区检察院的《关于玄武区第十九届人民代表大会第一次会议代表建议、批评和意见办理情况的报告》。会议审议通过了《南京市玄武区人民代表大会常务委员会关于召开玄武区第十九届人民代表大会第二次会议的决定》的议案。会议审议通过了《南京市玄武区人民代表大会常务委员会关于讨论决定重大事项的规定》的议案。会议审议通过了《南京市玄武区人民代表大会常务委员会关于加强国有资产管理情况监督的决定》的议案。会议审议通过了《南京市玄武区人民代表大会代表建议、批评和意见的提出和办理办法》《南京市玄武区人民代表大会代表议案的提出和处理办法》《关于南京市玄武区人大常委会组成人员联系区人大代表的实施办法》《关于玄武区人大代表闭会期间履职的若干规定》《南京市玄武区人民代表大会常务委员会人事任免办法》的议案。

12月28日,玄武区第十九届人大常委会举行第七次会议。会议审议了人事任免案。会议以举手表决的方式,通过了《关于接受吴开芬辞去南京市玄武区人民政府副区长职务请求的决定》。会议以举手表决的方式通过了区人大常委会主任会议、区人民政府、区人民法院提请的有关人事任免议案。会议听取和审议了区政府常务副区长陈可科所作的《关于2021年度财政预算执行和其他财政收支审计查出问题整改情况的报告》以及区人大财经委主任委员、常委会预算工委主任刘全庆所作的调研报告。会议听取了区财政局局长李海沅所作的《关于〈南京市玄武区2022年地方政府债务限额和省转贷新增地方政府债券安排及区级预算调整方案(草案)〉的报告》,以及区人大财经委主任委员、常委会预算工委主任刘全庆所作的审查结果报告。会议以举手表决的方式通过了《南京市玄武区人民代表大会常务委员会关于批准南京市玄武区2022年地方政府债务限额和省转贷新增地方政府债券安排及区级预算调整方案的决议》。会议听取了区财政局局长李海沅所作的关于玄武区2022年预算执行情况和2023年预算(草案)报告的说明,初步审查了预算草案。会议听取了区发改委主任吴恒所作的关于玄武区2022年国民经济和社会发展计划执行情况与2023年国民经济和社会发展计划(草案)报告的说明,初步审查了计划草案。会议听取了区发改委主任吴恒所作的关于2022年民生实事项目完成情况及2023年民生实事项目编制情况的报告。会议审议了个别代表辞职事项。会议以举手表决的方式,通过了《关于接受朱天龙辞去玄武区第十九届人民代表大会代表职务请求的决定》。会议听取和审议了区人大常委会副主任、代表资格审查委员会主任委员朱明勇作的《区十九届人大常委会代表资格审查委员会关于个别代表的代表资格审查报告》。会议以举手表决的方式通过了该报告。会议听取了区人大常委会副主任蒋健作的《关于区十九届人大二次会议筹备情况的报告》,决定提交区十九届人大二次会议预备会议通过。会议讨论通过了《玄武区人民代表大会常务委员会工作报告》(草案),决定提交区十九届人大二次会议审议。会议听取了区委组织部副部长、公务员局局长赵虎作的关于区第十九届人民代表大会第二次会议各项建议名单的汇报。会议以举手表决的方式通过了区第十九届人民代表大会第二次会议列席人员名单。

【区人大常委会主任会议】2022年,召开主任会议14次,其中,预审常委会议题7次,听取专题汇报共计8次,实地调研视察4次。内容主要包括:听取区政府关于城市硅巷建设推进工作情况、宗教事务管理工作情况、老旧小区物业管理“全覆盖”工作机制优化情况、提升火灾防范和灭火救援能力情况、推进“共享停车”工作进展情况、2022年度民生实事项目完成情况的报告。听取区法院家事审判中多元化纠纷解决机制的构建与完善工作的报告。听取区检察院刑事检察工作情况的报告。实地视察了《南京市红色文化资源保护利用条例》实施情况、推进“共享停车”工作进展情况、老旧小区和高层民用建筑消防安全管理工作、2022年民生实事项目完成情况。

人大代表履职

【人大代表工作】 2022年,新一届区人大常委会围绕新任务,加强代表学习培训,完善机制平台,支持和保障人大代表代表人民依法参加行使国家权力。有效提升代表履职能力,举办常委会组成人员专题履职培训班,制订代表培训全年工作计划,实现培训全覆盖。出台代表闭会期间活动意见,制定代表履职评价和激励办法,建立代表履职档案,升级代表履职平台和议案建议系统,为代表履职数字赋能。精心组织代表活动。密切常委会和代表的联系,常委会领导带头开展接待日活动,及时听取代表对人大及“一府一委两院”工作的意见建议。健全代表列席常委会会议制度,154位代表集中听取政府半年工作报告并进行分组讨论,全年共有69人次参与会前调研、会中审议、会后监督。组织全国、省、市、区四级人大代表视察世界文学客厅、黄册库遗址、锦创书城,通过多层级代表联动履职,助推增进创新引领、消费促进的主城优势。开展“双联系双走访”“专题调研月”活动,组织区人大代表回原选区,就民生实事项目、议案建议、常委会工作建议等方面征求群众意见建议,深入了解社情民意,进一步增强代表履职实效。高质高效完成代表建议工作,建立健全代表建议件督办领办承办传导机制,在建议办理工作基本完成的次月,会同政府部门对建议办理情况逐一把关,从办理态度、答复内容、办理结果等多方面进行“回头看”,联合印发《关于进一步做好区人大代表建议办理工作的通知》,要求相关承办单位对49件回复不具体、办理不扎实的建议进一步办理。166件建议、批评和意见全部办结并答复代表，办成率75.9%，代表满意率99.4%。

【街道人大工作】 常委会持续加强对街道人大工作的指导，常态化进行调研，定期召开例会，形成区街联动、条块协同的良好局面。在全区范围内全面推行街道议政代表会制度，指导各街道在议政内容上更关注辖区发展和民生重难点问题，实现“一街一特色”；发挥中心城区优势，注重创新工作，积极探索在行业和产业链上建设专业代表工作站，积极推动专业代表的智慧和资源转化为地区发展势能，为区域经济社会高质量发展贡献人大力量；积极落实省市人大关于规范代表履职平台建设相关要求，进一步深化家站点平台活动内涵、丰富联系群众方式、健全意见处理机制，指导街道人大创新工作，形成区街联动、条块协同的良好局面。2022年，街道人大工作亮点纷呈：新街口街道组织议政代表围绕交通改善、社区便民生活圈建设等方面提出高质量建议，玄武门街道扎实建设四级代表为民办实事实践基地，梅园新村街道创成省级人大现场教学点，锁金村街道组建人大、居民、行业、议政会“四方代表”立法联系点联络员队伍，孝陵卫街道成立钟山农业创新发展联盟人大代表工作室，支持推动多层次科创平台建设，玄武湖街道构建“百姓吹哨代表报到”机制，红山街道广泛开展为民议事活动，助推提升居民幸福感。

（都姝含）

链接

人大代表建议办理结果选编

关于打造“环湖”文旅消费新地标的建议

此建议由秦洁、秦小斌、慧吉三位代表提出，玄武门街道办事处主办，区商务局、区文旅局协办。办理答复如下：

今年以来，玄武门街道充分挖掘整合环湖文旅消费资源，激发消费活力，系统谋划，扎实推进，全力打造“环湖”文旅消费新地标。一是聚合力，组建环湖消费“新联盟”。积极探索以文旅消费联盟驱动产业发展的新模式，深入盘理玄武湖景区、凯瑟琳广场、鸡鸣寺等42家知名度高、受大家欢迎的文旅企事业单位，3月4日成立涵盖“食宿游娱购”全场景的“环湖”网红打卡联盟。5月精心策划举办“花漾环湖　欢购精彩”系列主题消费促进活动，在全区2022南京国际消费节系列活动启动仪式上发布，打出“赏”环湖美景、“逛”古风集市、“购”消费套餐、“集”打卡攻略、“推”招商载体“组合拳”，精心遴选18个环湖网红打卡点，推出环湖网红打卡手册，27家联盟商家联合推出消费折扣套餐。1—5月街道社会消费品零售同比增幅32.8%，规上服务业同比增幅8%，位于全区前列。5月26日联合省工商联举办“花漾环湖　共赴精彩”2022玄武门街道环湖载体资源招商发布会，邀请50余名来自省钢铁服务业协会、省数字经济联合会、省青年企业家联合会等行业优质客户代表参会，促进“以商招商”。1—5月项目签约总额完成16.55亿元，全区排名第二。二是多渠道，打造消费引导“新矩阵”。结合传统纸媒和新兴网媒的宣传优势，提高“环湖网红打卡地”知名度。传统媒体宣：《新华日报财经版》5月26日发布11个环湖商办载体信息；《南京日报》5月21日“直击消费新场景”专版宣传环湖网红打卡点；荔枝新闻、紫金山新闻、紫牛新闻等10多次宣传环湖文旅消费活动；江苏城市频道结合南京消费券的发放，报道了“花漾环湖　古风市集”消费促进活动。新媒体播：4月30日联合区委宣传部邀请30位网络媒体和自媒体大V打卡环湖网红打卡地，带动1000余名市民、游客踊跃参与。活动信息被玄武湖景区、南京古生物博物馆等多家粉丝量超20万的公众号同步转发，点击量突破5万次；邀请广电猫猫在“嗨吃南京”抖音平台推广环湖餐饮优惠；开通“花漾玄武门”小红书、抖音号，机关年轻干部现场直播“古风市集”活动，收获大批粉丝。社区网格群传：环湖消费系列活动均通过社区网格群广泛传播，让更多居民了解消费优惠信息，释放市民消费潜力。核酸检测现场推：在5月开展的核酸检测现场，同步放置环湖消费促进系列活动海报，市民通过转发朋友圈获得伴手礼，更大范围扩大宣传。工作内刊登：总结环湖消费促进工作经验，上报市委《南京工作动态》被采用。三是激活力，提升消费参与“新鲜感”。发动街道年轻干部、社区青年工作者、共青团志愿者近千人参与“花漾环湖”消费活动，为打造“环湖”新地标注入“青春力量”。运用“汉服”“直播”“盲盒”等热门元素，举办古风市集、打卡送盲盒等活动，开发活动新手段，提升消费新鲜感，带动了近万名市民、游客踊跃参与。5月20日街道青年干部身着汉服观看南京文学客厅首秀庭院“折子戏”。5月21日首次在抖音平台推出“主播带你逛市集”直播活动，吸引千余人在线观看，沉浸式感受古风古韵。古风版“本草纲目”登上江苏城市频道。

下一步，街道将多措并举，持续推进“环湖”文旅消费新地标建设。一是扩容做强“环湖”网红打卡联盟。定期梳理辖区优质文旅消费企业，吸收成为联盟新成员，提高现有联盟的品牌多样性和服务全面性。建立联盟沟通、合作机制，定期举办联盟座谈会，释放环湖消费促进最强合力。二是举办“环湖”文旅消费首发仪式。策划以“首”系列为脉络的环湖游赏新动线，梳理环湖各单位首展、首演、首游、首店、首惠等信息，整合后集中亮相。三是推出“环湖夜太美”夜消费品牌。借助凯瑟琳广场、玄武湖景区丰富夜间资源，系统策划夜食、夜游、夜购、夜宿、夜娱、夜读、夜跑、夜秀等系列活动，点亮“环湖”夜色。

关于对紫玄巷道路进行改造整治的建议

此建议由贯涛代表提出，区建设局承办。办理答复如下：

一、紫玄巷道路基本情况

2019年9月，区地名办正式命名此条道路为“紫玄巷”，道路位于锁金村街道，板仓街78号与钟麓花园小区之间，西北—东南向道路，长229米，宽8米的沥青路面。为缓解道路通行狭窄及正常排水需求，我局于2020年对接锁金村街道，先协调取消了一侧停车位、设置了消防警示牌及禁停标志，通过整改，初步改善了紫玄巷的通行情况。

二、为推进紫玄巷整治工程所做工作

去年，我局继续协调市建委，上报紫玄巷道路整治工程计划，表达紫玄巷建设的必要性及民众诉求意愿，经多次研究讨论，紫玄巷已纳入南京市城建计划，根据玄建字〔2022〕5号《关于玄武区紫玄巷道路整治工程可行性研究报告的批复》正式立项。项目实施范围南起板仓街，北至板仓街130号小区，长约300米，宽约6～8.8米。主要建设内容包括：道路病害处理，同步完善排水、照明、交通工程等设施，计划投资486万元。

三、紫玄巷整治工程建设的下一步计划

目前，紫玄巷道路整治工程已启动，正在进行前期手续报建工作，已征询路灯、水务集团(给水、污水)意见；正在征询雨水意见；完成设计、监理、跟审单位招标。

下一步，我局将积极推进紫玄巷道路整治项目，力争7月份完善相关手续并进场施工，年底前全部完工。

项目实期间，将严格按照规范标准施工，做到精细化管理，做好项目质量控制，圆满完成紫玄巷设工程。

关于金融机构支持区内国资企业发展的建议

此建议由肖峰代表提出，区金融局承办。办理答复如下：

作为中心城区，现代金融业在玄武发展中起到“经济压舱石”的重要作用，是我区三大千亿级产业之一。作为众多重要金融机构的驻地，玄武一直把支持驻区金融机构作为分内之事、把服务驻区金融机构作为应尽之责，努力为驻区金融机构发展创造良好环境、提供坚实保障，以集中资源、培植优势、特色竞争、错位发展的思路，推动高品质金融支撑区域高质量发展。

2021年，玄武区成立玄武金融产业协同发展联盟，除了开展日常政策宣讲、融资对接、企业培育等活动外，还围绕国资国企发展需求，举办了多场区属国资平台专场融资对接会，文旅、城建、环境、高新、钟山五大国资集团现场发布项目融资需求，区内多家银行进行现场评估、推荐服务；组织召开区属国企平台融资专题研讨会，邀请相关金融机构专业从业人员与平台深入交流企业情况，针对性提出融资意见，同时结合最新政策条件针对性分析目前银行等金融机构对国资平台融资的思路和举措。

通过推动金融供给侧和需求侧双向发力、良性互动，各金融机构为区属国资平台做大做强做优提供了强大助力。目前，区内国资平台与驻区总部银行已达成良好合作关系，相关银行从授信、存款、债券发行等方面给予多种支持，如上海银行与文旅集团、城建集团、玄武高新集团等有授信或贷款方面的合作。

接下来，区金融局将在深入推进政银企合作、鼓励金融创新、优化金融服务等方面开展如下工作：

一是深化资源共享。依托玄武金融产业协同发展联盟，强化资源嫁接、突出协作联动，在政银企主体间建立制度化、常态化的交流机制。通过区领导包保走访、日常交流互动、重点企业走访等工作，加强与区内总部型金融机构的联络沟通，区金融局将做好统筹协调，靠前服务、定期交流。

二是助力融资对接。通过规划引领，推动区发改委、国资办等部门协助金融机构与产业、项目、企业对接，疏通区内金融机构与重点企业特别是国资平台合作的渠道，按需组织举办国资平台专场融资对接会。同时，搭建小范围深度对接交流的“金融下午茶”沟通平台，进一步促进金融机构与产业、行业深度融合交流、协同发展。

三是共建交流平台。搭建以党建为引领、以业务为中心、以技术为支撑的沟通交流平台，定期举办活动，加强交流共建，推进资源共享。围绕玄武区发展特色，鼓励金融机构将业务与创新、消费等区域发展热点深度融合，为区域发展谋求更加优质的金融资源。

关于科学建设视频监控系统的建议

此建议由任涛代表提出，公安玄武分局承办。办理答复如下：

玄武区联网监控建设始于2015年，已成为玄武区社会治安防控体系的重要组成部分，也是服务玄武区高质量发展的一道可靠安全屏障。针对监控维保合同陆续到期、监控老旧等问题，具体解决方案：

一、针对一体机故障率较高的情况，玄武公安分局已组织属地派出所、警务站等单位将损坏监控进行拆除，并在全区范围内推进“紫晴山”互联网监控外延计划，广泛发动辖区单位、九小场所商户等社会力量，预计今年内将新增互联网监控460余路。

二、针对监控建设缺乏科学规划性的问题，目前全区监控建设由玄武区“视频办”统一规划，建设标准均需符合雪亮工程建设要求，同时相关建设方案征求区政法委、区信息中心、区城管局、区建设局、区教育局等相关部门意见，监控监控由玄武公安分局负责技术支撑，监控建设完成后均汇聚到区信息中心，最大程度实现视频资源的整合与共享。

三、针对存在视频监控盲点的问题，目前已在全区老旧小区主要出入口建设监控点位600余路。同时区城建集团、区公安分局正在积极推进玄武区雪亮三期监控建设工作，预计在今年9月底前可新增监控810路，将进一步提高玄武区监控覆盖率，为“二十大”安保提供有力支撑。

关于玄武区首店经济的发展建议

此建议由孙谦代表提出，区商务局承办。办理答复如下：

一、加强走访调研，研究制定玄武首店政策

走访调研辖区内重点企业德基广场、艾尚天地、南京1912街区、环亚凯瑟琳广场，实地了解企业需求，研究落实解决措施。配合市商务局研讨论证南京市首店政策，提出切实可行的意见建议，待今年南京市首店政策正式出台后，有针对性地制定符合玄武区情的首店政策，确定首店的认定标准，对招商主体、入驻品牌等按照首店级别分别给予一定的资金扶持。

二、拓宽招商渠道，加强与第三方招商机构通力合作

从政府层面，加强统筹协调，与第一太平戴维斯、仲量联行、戴德梁行、瑞安等知名机构建立战略合作关系，整合全区招商资源，优化商圈定位，力求做到全区范围内招商资源共享，统筹分配招商资源。从企业层面，加强招商人员培训，采取引进来、走出去等方式方法，提高招商人员整体业务能力，优化企业形象，提高企业知名度，增加品牌入驻协议类别，从单纯的租赁向租赁、联营等多种模式融合并存转变。

三、加强本土品牌培育，孵化一批首店品牌

大力挖掘区内企业资源，区分零售、住宿、餐饮、文体娱等类别，有针对性培育一批重点企业，支持企业在玄武新开线下首店、旗舰店、体验店、网红店等，鼓励企业走出去发展，并给予一定的政策扶持。

（栏目编辑　刘心林）

南京市玄武区人民政府

综　述

【基本情况】 玄武区位于南京市城区东北部，面积75.46平方千米。至2022年年底，辖7个街道、60个社区，户籍人口46.2万人。

2022年，完成地区生产总值1231.43亿元、同比增长2.4%，一般公共预算收入85.1亿元、扣除留抵退税后同比增长4%，全社会固定资产投资同比增长10.2%，社会消费品零售总额1129.6亿元。城镇居民人均可支配收入84779.6元。

【经济发展】 2022年，出台积极应对疫情助企纾困稳定经济发展20项举措，全年新增地方级退税减税降费超35亿元，留抵退税规模主城第一。统筹抓好区级以上重大项目103个，全年完成投资166.6亿元，新建改造产业载体面积突破50万平方米。中国头部汽车零部件制造企业亚新科集团总部正式入驻，矽力微电子中国总部、国网英大集团江苏总部成功落户，中核能源被认定为省级跨国公司功能性机构，全年签约项目投资总额突破540亿元，获全市招商工作擂台赛"重大项目推进奖"。新增规模以上服务业企业56家、限额以上贸易业企业60家，服务业增加值突破1200亿元，文化产业增加值占GDP比重位居全省前列。新增"独角兽"、培育"独角兽"和"瞪羚"企业14家，新增国家级专精特新"小巨人"企业2家、省级"专精特新"中小企业12家，汇通达、好享家入选2022中国产业数字化百强榜单。打造特色消费新场景150个，引进品牌首店87个，1912历史文化街区入选省示范步行街，创成省首批文旅产业融合发展示范区、省文旅消费示范单位，外贸和文旅两项工作获省政府督查激励表彰。

升级优化营商环境"55条"，发挥"办不成事"反映窗口功能，创新设立"应急贷""码上贷"，新增市场主体9400余户、注册资本171亿元，汇通达成功登陆港交所。全力推进多主体合作共建多层次科创平台，生物育种钟山实验室正式揭牌，江苏集萃医工交叉研究所挂牌运行，鼓楼医院临床医学研究院成功落户，新认定高新技术企业166家、科技型中小企业1077家，建成玄武"人才港"，每万人有效发明专利拥有量继续位列全省第一，国家级高层次人才计划入选数主城第一，入选全国创新百强区、2021—2025年度第二批全国科普示范县(市、区)、首批国家知识产权强县建设试点县。

【区域环境】 2022年，组织实施31个城建项目，完成地铁6号线富贵山站等5个征收项目，整治改造雍园41号等11个老旧小区，完成4幢危房消险整治，新增机动车泊位4620个，新托管无物业老旧小区56个，新增垃圾分类省级达标小区46个。环紫金山绿道、环玄武湖绿道入选全市10条"最美绿道"，南京站金陵盛景观景平台、中山门大街入选新十年新南京48张"新名片"。全年空气优良天数290天、优良率达79.5%，PM2.5平均浓度28.3微克/立方米、同比下降4.4%，均位列主城前列。清疏修缮28个片区雨污水管网，建成城镇污水处理提质增效达标区2个、幸福河湖6条，8个市考断面全年水质达标率100%。高标准做好第二轮中央生态环境保护督察迎查工作。

【社会事业】 2022年，城镇新增就业20602人、大学生就业28045人，徐庄高新区获评全国和谐劳动关系创建示范工业园区。完成家庭适老化改造320户，新增养老床位455张，智汇家认知症养老服务中心入选全国老年心理关爱示范点，锁金村街道锁四社区获评全国示范性老年友好型社区。"双减"经验做法在全省推广，入选省建设基础教育高质量发展实验区、省融合教育示范区。社区未成年人保护工作服务点实现全覆盖。荣获省级双拥模范区"九连冠"。持续强化重点领域安全生产专项整治，全区未发生安全生产亡人责任事故。在全省率先运用行政手段成功办结非法集资案件，近三年涉非企业数量年均降幅达61.2%。强化食品药品安全监管，成立区药品安全委员会。全力化解民生诉求突出问题，健全完善社会治安防控体系。入选中国幸福百强区。认真贯彻落实中共中央、国务院决策部署，在疫情防控的不同阶段，因时因势做好应对处置，切实保障群众生命健康安全。高效应对多起突发输入性疫情，扎实做好重点地区来宁返宁人员排查、居家健康服务、重点场所管理、全人群疫苗接种等工作。及时调整优化防控举措，引导群众做好自身健康第一责任人，最大程度保障正常生产生活秩序。区疾控中心PCR实验室被列入全国新冠肺炎监测网络实验室成员单位。

【生物育种钟山实验室建设】 11月27日，生物育种钟山实验室揭牌成立，实验室理事会第一次会议召开。钟山实验室以粮食安全国家战略需求为导向，集聚国内外优势科研力量解决种业"卡脖子"问题，由南京市政府联合江苏省农科院、南京农业大学、扬州大学四方共建，最终将落户南京市玄武区。全区将以建设钟山实验室为契机，整合片区现有的南京农业大学、江苏省农科院、农业农村部南京农业机械化研究所、江苏省中科院植物研究所等密集农业创新资源，进一步完善片区规划，着力打造高水平的钟山种业硅谷。

（郑德钊）

政务服务管理

【概况】 2022年以来，区行政审批局坚持以习近平新时代中国特色社会主义思想为指导，围绕区委、区政府决策部署和高质量发展要求，对标高质量、完善大服务、聚力新跨越，突出"客户体验、用户思维"，落实"不见面、一次办"等措施，优化"先解决问题再说"工作机制，"满意玄武"服务品牌进一步彰显。区政务服务中心全年共受理行政事项和便民服务事项12.04万件，办结率100%，综合满意率99.99%。"12345"政务服务便民热线办结市民各类诉求12.57万件，工单按时办结率99.99%，综合满意率96.10%。在市对区作风建设满意度评议中，区政务服务中心窗口服务满意度第三方测评连续4年名列全市第一。

【"放管服"改革】 制定出台《2022年玄武区深化"放管服"改革工作要点》，明确29项具体改革任务，通过创新体制机制，聚焦关键领域，让"放管服"改革成为优化营商环境的强有力抓手。持续推进简政放权，精准做好市权（省权）下放事项的承接工作，分类做好取消、承接等工作，进一步激发市场主体活力。持续推进"减证便民"，围绕企业群众对办事便利化的现实需求，推动进一步缩减申报材料，切实减轻企业群众负担，有效节约行政服务成本。全面实行行政许可事项清单管理，编制并公布本区行政许可事项清单169项，将依法设定的行政许可事项全部纳入清单管理。持续推进"证照分离"改革，实施涉企经营许可事项全覆盖清单管理。

【"互联网+政务服务"】 提升政务服务"网上办、掌上办、不见面"能力，全区1478项权力事项实现网上查询、在线办理、证照快递送达。优化"苏服办"玄武区移动端，推进各部门应用应接尽接、应上尽上，拓展政务服务"掌上办"范围，新上线中小学学区划分查询等应用。深化"政银合作"，打造全区银行网点企业开办"一站式"服务专区9个，帮助企业就近办理营业执照，实现"流程网上走、办理少跑腿、就近拿执照"的目标。推进惠企政策落实，全区惠企政策事项在全市惠企服务总入口"宁企通"平台实现"应上尽上"，惠企政策精准匹配、一站直达，上线惠企政策9项、事项69条，实现"区长质量奖"事项全流程办理。

【政务服务体系建设】 持续推进政务服务标准化建设，实现政务服务事项、评价对象、服务渠道评价全覆盖，"好差评"联动反馈，更好回应企业群众需求。持续推进"全科政务"改革，全区17个部门328项行政权力事项在区政务服务中心"全科政务"窗口实行"一窗办理"。优化"办不成事"反映窗口功能，牵头解决各类疑难复杂办件50余件。2022年2月，《国务院关于加快推进政务服务标准化规范化便利化的指导意见》将玄武区率先设置的"办不成事"反映窗口明确为规范政务服务场所办事服务的国家标准。

【"12345"政务热线】 围绕"着力改进提升"12345"热线工作，确保实现争先进位"要求，研究出台《关于玄武区打造营商环境最优区提升"12345"政务服务便民热线工作效能的若干措施》，进一步明确预付卡类工单责任划分、完善退单程序、建立提醒谈话制度、实行双月通报等举措，疑难工单办理水平大幅提高。持续深化“先解决问题再说”工作机制，定期梳理市民投诉集中、高频重复、办理难度大的事项，实时召开“3+X”会办会14场，积极协调相关职能部门和单位到问题现场解决群众诉求。建立“有请诉求人到场”机制，追溯办理过程，推动诉求事项妥善解决。

【投资建设项目代办】 推动项目审批“流程再造”，发挥“接力代办”工作机制优势，进一步完善项目分类代办管理机制，通过减流程减环节，推动代办服务机制创新，城建“立项审批”事项纸质件报送流转时间压缩为1个工作日。推动项目“精准代办”，结合重大项目“三级代办”网络体系，围绕项目审批申报全过程，积极为重大项目提供“绿色通道”和“精准代办”服务。推动项目“联动代办”，协同推进代办区级以上重大工程项目52项(其中，市级重大项目10项、省级重大项目1项)。

【“一件事”改革】 召开全区“一件事”改革推进专题会议，实施好“新生儿出生”“便利店开办”“药店开办”“退休”“公民离世”等一件事。在区政务服务中心及相关分中心设立“一件事”办理窗口，做到“一件事一窗办一次办”。创新网上服务模式，开发区级“一件事”联办平台，初步实现新生儿出生、电影院开办“一件事”线上一站式办理。

(朱子涵)

信访工作

【概况】 2022年，区信访局共接待群众来访632批1212人次(包括集体访29批345人次)，其中，初访159批384人次，重复访473批828人次，接收群众投诉电话20件次，编写信访信息专报21期。办理江苏阳光信访信息系统信件3250件，人民网领导留言板信件179件，区领导信箱246件。代表区政府受理信访复查22件。圆满完成全国“两会”，省、市、区“两会”及北京冬奥会、冬残奥会、中共二十大等重大活动期间信访保障工作。

【领导干部接访】 按照省《关于常态化开展党政主要领导干部接访下访“百县千案”化解工作的意见》要求，区党政领导，各街道、部门及有关单位领导积极开展“三访”工作。区党政主要领导带头到区信访局定点接待来访群众，亲自协调会办，倾听群众呼声，解决群众困难。2022年区领导共接访183批209人次，解决群众反映的问题101件。

【信访突出问题攻坚化解】 根据全市统一部署，结合全区信访工作实际，开展“信访突出问题攻坚化解年”行动。在全区各相关单位协同配合下，中央信访联席办交办的199件重复信访事项全部办结，40件转督办件全部按照要求实行了区主要领导亲自包案，报结率100%，化解稳定率100%。同时，省线上交办的16件案件，逐案落实包案区领导，并成立化解稳控工作专班。各包案区领导高度重视案件的化解，共召集属事属地单位研究会办71次。16件交办件全部按要求上报，报结率100%。

【理论学习培训】 结合《信访工作条例》宣传月活动，在全区广泛开展《信访工作条例》学习宣传活动，并在街道、社区广场的电子显示屏、宣传栏、文化长廊等宣传阵地对新修订《信访工作条例》进行宣传，着力推动《信访工作条例》落地见效。同时，多次组织开展信访工作业务培训，全面规范信访事项网上办理流程，进一步提升全区信访工作业务水平。

(成　蹊)

(栏目编辑　刘心林)

政协南京市玄武区委员会

综述

政协会议

政协履职

综　述

【组织机构】 政协南京市玄武区第十三届委员会有236名委员，列席人员22人，其中，主席1名，党组副书记2名，副主席5名，秘书长1名，常务委员28名。区政协内设办公室（下设秘书科、行政科、信息科、联络科4个科）和提案委员会、委员工作委员会、经济科技委员会、人口资源环境（城市建设）委员会、教卫体（文化文史）委员会、社会法制（民族宗教）委员会6个专门委员会。

【党建工作】 1月28日上午，区政协领导班子召开党史学习教育专题民主生活会，区政协党组书记、主席许恺主持会议并讲话。区政协党组副书记张望、朱天龙，区政协副主席杨冬梅、吴恒，区政协党组成员王敬玲、沈湧、倪一斌，区政协秘书长杜宏亮出席会议。区纪委、区委组织部、区委宣传部有关领导到会指导。

2月23日下午，区政协召开党组（扩大）会议，会议传达学习了中央办公厅《关于加强和改进新时代市县政协工作的意见》，研究通过了区政协领导班子成员工作分工事宜、《玄武区政协“四大目标”五年计划》以及《2022年玄武区政协“四大目标”工作安排》。区政协党组成员，区政协机关全体干部参加会议。会议由区政协党组书记、主席许恺主持。

5月31日下午，区政协召开党组（扩大）会议，传达学习了中共中央政治局第三十八次、三十九次集体学习会议精神和全省市县政协主席培训班主要精神；通报了1—5月社情民意信息情况；审议通过了《区政协2022年“书香政协·魅力玄武”委员读书活动实施方案》《区政协党组关于开展“委组履职党支部”和“网格履职小组”建设的实施意见》。区政协党组书记、主席许恺主持会议并讲话。区政协党组副书记、区二级巡视员张望，区政协党组成员沈湧、倪一斌、邹德勇出席会议。

8月30日，区政协党组书记、主席许恺主持召开党组理论学习中心组学习会暨区政协党组（扩大）会。区政协主席许恺主持会议并讲话。会议邀请南京市社科院社会发展所研究员任克强作“加强基层治理体系和治理能力建设”专题授课。会议传达学习了“习近平在省部级主要领导干部‘学习习近平总书记重要讲话精神，迎接中共二十大’专题研讨班上重要讲话精神”和区委十二届五次全会精神。区政协党组成员出席会议。全体机关干部以及街道政协工作负责人列席会议。

9月21日，南京市政协机关党委、玄武区政协机关党支部、梅园新村社区党委，在“小红梅·信仰生活空间”联合举办党日活动。活动以“喜迎二十大　‘梅’好向未来”为主题，共同庆祝中国人民政治协商会议成立73周年，迎接中共二十大胜利召开。市政协机关党组成员、副秘书长丁璇，党委书记、办公厅副主任徐继昌，区政协党组书记、主席许恺，党组副书记、区二级巡视员张望出席活动。

9月30日，区政协召开党组理论学习中心组学习会、党组（扩大）会，会议学习了《习近平谈治国理政（第四卷）》第三章《坚持人民至上》；区政协主席许恺主持会议并讲话。区政协党组副书记、区二级巡视员张望，党组成员、副主席杨冬梅、吴恒，党组成员倪一斌、邹德勇，办公室、专委会及各街道政协工作负责人参加会议。

11月4日，区政协党组召开理论学习中心组学习会议，传达学习中共二十大精神。区政协党组书记、主席许恺主持会议并讲话。区政协党组副书记、区二级巡视员张望领学。区政协党组成员出席会议。区政协机关全体人员和街道政协工作负责人列席会议。

【学习培训】 3月11日下午，区政协委员工作委举办了“委员微讲坛”及履职分享会活动。区政协主席许恺、副主席杨冬梅参加活动。

5月18—20日，区政协全体人员参加全省市县政协主席培训班第一阶段培训学习（参加全国政协第139期干部培训班暨加强和改进新时代市县政协工作专题研讨班）。

5月30日，区政协全体人员参加全省市县政协主席培训班第二阶段培训学习。

6月14日，区政协举办全体委员履职培训，江苏省政协副秘书长、办公厅主任金建明作“关于人民政协的几个基本问题”的专题授课。区政协主席许恺主持并作开训动员。区政协党组副书记、区二级巡视员张望，副主席杨冬梅、郭志芹，党组成员沈湧、邹德勇及全体机关干部、政协委员参加。

8月17日上午，区政协召开2022年上半年学习报告会，区委副书记、区长钱维就全区上半年经济和社会发展形势及下半年工作任务作报告。区政协主席许恺，副主席杨冬梅、吴恒、郭志芹，党组成员、办公室主任邹德勇，全体区政协委员、列席人员，区政协全体机关干部和各街道政协工作负责人参加会议。会议由许恺主持。

8月23日，区政协联合区科技局邀请南京市科技局副局长傅浩，围绕“服务全市创新大局，大力推进重大科创平台建设”作专题授课。区政协主席许恺，区政府副区长吴丌芬，区政协党组副书记、区二级巡视员张望，区政协副主席杨冬梅、赵剑锋、郭志芹，党组成员沈湧、倪一斌、邹德勇参加会议。学习会由许恺主持。

11月4日，区政协机关开展党史学习教育专题党课。区政协党组副书记、区二级巡视员张望围绕《中国共产党简史》给政协机关干部上党课。区政协党组成员，区政协机关全体党员干部参加。

12月1日，区政协举行中共二十大精神宣讲报告会，区委宣讲团成员、区政协党组书记、主席许恺作宣讲报告。区政协党组副书记、区二级巡视员张望、副主席杨冬梅、薛剑春、吴恒、赵剑锋、郭志芹，党组成员倪一斌、沈湧、邹德勇及全体机关干部参加会议。

【慰问走访】 1月19日下午，区政协委工委与玄武湖街道联合开展“弘扬协商文化、委员送福到家”新年慰问社区活动。区政协主席许恺，区政协党组副书记张望，区政协副主席杨冬梅、薛剑春、郭志芹，区政协党组成员王敬玲、沈湧以及区政协秘书长杜宏亮参加活动。

1月25日下午，区政协主席许恺到玄武门街道台城花园社区走访慰问2户困难家庭。

1月25日下午，区政协党组副书记张望到玄武湖街道樱铁村社区走访慰问2户困难家庭。

1月25日下午，区政协副主席杨冬梅到孝陵卫街道晏公庙社区走访慰问2户困难家庭。

1月25日下午，区政协副主席吴恒到新街口街道香铺营社区走访慰问2户困难家庭。

5月6日下午，区政协主席许恺走访玄武门街道台城花园社区开展“村村到、户户进、人人访”走访活动，走访5户家庭，同社区“两委”班子开展座谈。区政协党组成员、办公室主任邹德勇参加走访。

5月7日和5月10日，区政协党组副书记、区二级巡视员张望先后两次到锁金村街道紫鑫城社区开展“村村到、户户进、人人访”走访活动。走访了吴应霞等10群众家庭，同社区“两委”班子开展座谈。

5月9日下午，区政协主席许恺走访玄武门街道廖家巷社区开展“村村到、户户进、人人访”走访活动，走访5户家庭，同社区“两委”班子开展座谈。区政协党组成员、办公室主任邹德勇参加走访。

5月10日，区政协党组成员沈湧走访玄武湖街道东方城社区开展“村村到、户户进、人人访”走访活动，走访10户家庭，同社区“两委”班子开展座谈。

5月10日下午，区政协副主席杨冬梅走访孝陵卫街道康定里社区开展“村村到、户户进、人人访”走访活动，走访5户社区家庭，同社区“两委”班子开展座谈。

5月10日下午，区政协副主席吴恒走访梅园新村街道太平门社区开展“村村到、户户进、人人访”走访活动，走访5户家庭，同社区“两委”班子开展座谈。

5月10日下午，区政协党组成员倪一斌走访红山街道月苑社区和藤子社区开展“村村到、户户进、人人访”走访活动，走访10户家庭，同社区“两委”班子开展座谈。

5月11日下午，区政协副主席杨冬梅走访孝陵卫街道银城东苑社区开展“村村到、户户进、人人访”走访活动，走访5户家庭，同社区“两委”班子开展座谈。区政协办公室副主任张宁参加走访。

5月11日下午，区政协副主席吴恒走访梅园新村街道东大社区开展“村村到、户户进、人人访”走访活动，走访5户家庭，同社区“两委”班子开展座谈。

10月19日，玄武区政协二组(委工委)部分委员赴属地新街口街道北门桥社区核酸检测点，慰问战斗在疫情防控一线的人员。

12月16日，政协机关党支部慰问社区一线疫情防控人员(社区工作者和志愿者)及社区困难人员。

政协会议

【区政协十三届一次会议】 2022年1月5—7日，政协南京市玄武区第十三届委员会第一次会议在钟山宾馆举行。区四套班子全体领导、全体政协委员、区机关有关部门负责人300多人出席大会。中共玄武区委书记闵一峰在开幕式作了讲话。区政协主席许恺代表区政协常委会作工作报告。区政协副主席王敬玲作了提案工作报告。全体政协委员列席玄武区人大十九届一次会议开幕式，听取并讨论中共玄武区委副书记、区长钱维代表区政府所作的政府工作报告，区2021年国民经济和社会发展计划目标执行情况及2022年国民经济和社会发展计划(草案)报告、区2021年财政预算执行情况和2022年财政预算(草案)，以及区人民法院、区人民检察院工作报告等。会议期间，举行了界别联组讨论、献计献策大会，邀请区委、区政府领导和有关部门及街道负责人出席会议，听取区政协一年来的重点调研成果。按照《政协章程》规定，会议选举产生了区政协第十三届委员会主席、副主席、秘书长和28名常务委员。

【高层协商会】 1月26日下午，区委召开区人大与“一府一委两院”联席会暨区政协高层协商会，研究区政协2022年工作要点及相关工作安排。区政协主席许恺，副主席杨冬梅、蒋健、赵剑锋、郭志芹，区政协党组成员沈湧、倪一斌参加了会议。

【区政协常委会议】 2022年区十三届政协共召开4次常委会议。现分述如下：

1月5日，区政协十三届一次全会召开　　(区政协　供图)

十三届一次常委会议于2月8日召开，会议传达学习了省政协全会精神，协商通过了2022年区政协常委会工作要点、提案审查工作情况报告，协商通过了成立区政协十三届提案委员会相关事宜和人事任免事宜。区政协主席许恺出席会议并讲话，区政协党组副书记、区二级巡视员张望，区政协副主席杨冬梅、吴恒、薛剑春、赵剑锋、郭志芹、区政协党组成员沈湧、倪一斌及区政协常委参加会议。会议由杨冬梅主持。

十三届二次常委会议于6月27日召开，会议协商讨论加强基层疾病预防控制体系建设，提升玄武应对突发公共卫生事件水平工作情况和徐庄高新区和铁北红山新城板块联动发展工作情况，并听取了区政协办公室、专委会上半年工作情况汇报和下半年工作安排。区政协主席许恺出席会议并讲话。区委常委、区政府党组成员、副区长马千山，区政府党组成员、徐庄高新区党工委书记、红山街道党工委书记、铁管委主任唐承武应邀参加会议。区政协党组副书记、区二级巡视员张望，副主席杨冬梅、薛剑春、郭志芹及政协常委出席会议。区政协党组成员沈湧、倪一斌、邹德勇，区政协办公室、专委会及街道政协工作负责人列席会议。会议由张望主持。

十三届三次常委会议于10月9日召开，会议协商讨论“优化小区物业管理，推动社会治理水平整体提升情况”“高效推进全区‘一网统管’工作，提升城市数字化治理能力工作情况”。区政协主席许恺出席会议并讲话。区委常委、常务副区长陈可科，区政府副区长庄佳峰应邀参加会议。区政协党组副书记、区二级巡视员张望，副主席杨冬梅、吴恒、郭志芹及区政协常委出席会议。区政协党组成员沈湧、倪一斌、邹德勇，区政协办公室、各专委会、各街道政协工作负责人，区委、区政府有关部门负责人列席会议。会议由杨冬梅主持。

十三届四次常委会议于12月29日召开，会议采取线上线下相结合的方式举行，会议听取了区政府关于2022年国民经济和社会发展计划执行情况及2023年国民经济和社会发展计划（草案）制定情况和区政府关于2022年财政预算执行情况及2023年财政预算（草案）的报告。会议通过了关于召开区政协十三届二次会议的有关事项以及优秀履职委员人选、优秀提案、提案先进承办单位、委员增补等相关事宜。区政协主席许恺出席会议并讲话，区委常委、区政府常务副区长陈可科应邀参加会议。区政协副主席吴恒、赵剑锋、郭志芹及区政协常委出席会议。会议由吴恒主持。

【区政协主席会议】 2022年区十三届政协共召开4次主席会议。现分述如下：

十三届一次主席会议于4月27日召开。会议现场视察了内秦淮河逸仙桥至汉府桥段和锁金村街道儿童“关爱之家”工作开展情况，传达学习了市政协十四届五次会议精神，协商讨论了发展“六朝水韵”内秦淮河游船观光工作推进情况和关于构建玄武区未成年人保护工作联动机制情况。区政协主席许恺出席会议并讲话。区委常委、区政府副区长马千山、区政府副区长邵睿应邀参加会议。副主席杨冬梅、薛剑春、赵剑锋、郭志芹出席会议。区政协党组副书记、区二级巡视员张望，区政协党组成员沈湧、倪一斌、邹德勇列席了会议。会议由杨冬梅主持。

十三届二次主席会议于7月15日召开。会议协商讨论了聚焦“双碳”目标，推动玄武绿色发展工作情况和壮大新兴消费模式，打造“百子亭—安仁街—丹凤街—长江路”L形夜间经济集聚区工作情况。会议听取了区发改委所作的情况通报，区政协人资环委和委工委分别汇报了会前调研情况。区政协主席许恺出席会议并讲话，区委常委、区政府常务副区长陈可科应邀参加会议。副主席杨冬梅、薛剑春、吴恒、赵剑锋、郭志芹出席会议，区政协党组副书记、区二级巡视员张望，党组成员沈湧、倪一斌、邹德勇列席会议。会议由吴恒主持。

十三届三次主席会议于10月9日召开。会议协商讨论“优化小区物业管理，推动社会治理水平整体提升情况”“高效推进全区‘一网统管’工作，提升城市数字化治理能力工作情况”。会议听取了区房产局、区发改委相关情况通报，区政协人口资源环境（城市建设）委、社会法制（民族宗教）委调研情况汇报。区政协主席许恺出席会议并讲话。区委常委、常务副区长陈可科，区政府副区长庄佳峰应邀参加会议。副主席杨冬梅、吴恒、郭志芹及区政协常委出席会议。区政协党组副书记、区二级巡视员张望，区政协党组成员沈湧、倪一斌、邹德勇，区政协办公室、各专委会、各街道政协工作负责人，区委、区政府有关部门负责人列席会议。会议由杨冬梅主持。

十三届四次主席会议于12月1日召开，会议协商讨论了“坚持创新引领，加快重大科技平台建设，助力南京创建综合性国家科学中心”工作情况，研究了区政协十三届一次会议筹备工作情况。会议听取了区科技局所作的情况通报，区政协经济科技委汇报了调研情况。区政协主席许恺出席会议并讲话，区政府副区长吴开芬应邀参加会议。副主席杨冬梅、薛剑春、吴恒、赵剑峰、郭志芹出席会议，区政协党组副书记、区二级巡视员张望，党组成员沈湧、倪一斌、邹德勇列席会议。会议由杨冬梅主持。

【专题协商议政会】 8月17日上午，区政协围绕“适合主城玄武特点的数字经济发展路径探索”，召开专题协商议政会。区委副书记、区长钱维带领17家职能部门负责人到会听取意见建议，区政协主席许恺主持会议并讲话。会上，区发改委通报了全区数字经济发展工作情况，区政协提案委汇报了调研情况，部分政协委员作了交流发言。区政府常委副区长陈可科，区政协副主席杨冬梅、吴恒，区政协党组成员、办公室主任邹德勇参加会议。

12月1日，区政协召开十三届四次主席会暨专题协商议政会议，围绕“坚持创新引领，加快重大科技平台建设，助力南京创建综合性国家科学中心”主题协商议政。区政协主席许恺，党组副书记、区二级巡视员张望，副主席杨冬梅、薛剑春、吴恒、赵剑峰、郭志芹，党组成员沈湧、倪一斌、邹德勇参加会议。区政府副区长吴开芬应邀参加会议。会议由杨冬梅主持。

【街道政协工作会议】 3月31日，区政协召开街道政协工作会议。传达学习全国政协十三届五次会议精神，并听取了各街道关于2022年一季度街道政协工作开展情况以及全年工作安排的汇报，区政协党组书记、主席许恺主持会议并讲话。区政协党组副书记、区二级巡视员张望，区政协党组副书记、区委常委、统战部部长朱天龙，区政协党组成员、副主席杨冬梅，区政协党组成员沈湧、倪一斌，区政协党组成员、办公室主任邹德勇参加会议。

7月5日，区政协主席许恺主持会议并讲话。会议传达学习了《中国共产党政治协商工作条例》，听取了各街道政协上半年工作情况汇报。经科委、人资环（城建）委、各街道围绕“如何在基层治理中发挥政协作用”作主题交流发言。区政协党组副书记、区二级巡视员张望，副主席杨冬梅、赵剑锋、郭志芹，党组成员沈湧、倪一斌、邹德勇出席会议。办公室、专委会及各街道政协工作负责人列席会议。杨冬梅、郭志芹就如何建设政协协商衔接社会治理机制等提出指导性意见。

9月30日，区政协召开街道政协工作会议。研究通过了《玄武区政协关于建立“专属融合”机制，助力基层治理的实施意见（试行）》；听取了1—9月委员履职情况的通报、各街道三季度政协工作情况及四季度工作安排的汇报。区政协主席许恺主持会议并讲话。区政协党组副书记、区二级巡视员张望，党组成员、副主席杨冬梅、吴恒，党组成员倪一斌、邹德勇，办公室、专委会及各街道政协工作负责人参加会议。

政协履职

【调研视察】 2月16日，区政协主席许恺走访调研玄武门街道工作，实地走访了南京长江发展股份有限公司、南京环亚宝丽投资实业有限公司等辖区企业，并看望辖区企业部分委员，全面了解委员们的工作和企业发展情况，认真听取委员对政协工作的意见和建议。

2月17日，区政协主席许恺走访调研锁金村街道工作。许恺实地走访了南京祝喜网络科技有限公司和玄武艺术馆，并看望辖区企业部分委员，了解委员们履职情况及企业运营情况，听取委员对区内经济社会发展及政协工作的意见和建议。区政协党组副书记、区二级巡视员张望参加调研。

2月18日，区政协主席许恺走访调研梅园新村街道政协工作，实地走访了江苏鼎享新型材料科技有限公司、江苏华恩斯医疗管理有限公司、锦创数字产业园、街道“有事好商量”协商议事室，看望了辖区企业部分委员，听取了企业现状和未来发展规划，详细了解委员对政协工作的意见和建议。区政协副主席吴恒参加调研。

2月25日，区政协副主席杨冬梅实地走访了北京电子城（南京）有限公司、南京笛畅贸易有限责任公司等辖区企业，并看望辖区企业部分委员，全面了解委员们的工作和企业发展情况，认真听取委员对政协工作的意见和建议。

3月9日上午，区政协主席许恺走访了新街口街道属地委员企业和北门桥社区。区政协副主席、区发改委主任吴恒，区政协党组成员、办公室主任邹德勇，区政协经济科技委和新街口街道党工委、办事处主要负责人陪同调研。

3月2—17日，区政协提案委围绕“适合主城玄武特点的数字经济发展路径探索”专题议政会协商议题安排，赴东大智能、中电鸿信公司等企业开展了专题调研。

4月19日下午，区政协提案委围绕“六朝水韵”内秦淮河游船观光工作开展专题调研，组织部分政协委员实地考察了内秦淮河水道和沿途桥路孔洞，听取了区水务局、文化旅游局等相关部门负责人关于内秦淮河游船观光工作情况的汇报，并开展了座谈讨论。

5月18日下午，区政协社法（民宗）委组织部分区政协委员对全区民族工作、宗教工作开展民主监督性调研。区政协党组成员沈湧、区政协副主席郭志芹参加活动。

5月23日，南京市政协社法（民宗）委员会主任陆蓉率调研一组，就玄武区贯彻落实中央民族工作会议、全国宗教工作会议精神进行民主监督性调研。市民宗局副局长王键等参加调研。区委常委、统战部部长、区政协党组副书记朱天龙，区政协党组成员沈湧参加调研。

6月10日，区政协提案委组织部分委员赴溧水区，围绕“政协提案融书香　主题调研议事堂”主题，调研文旅和创新产业项目。区政协主席许恺、副主席杨冬梅参加。

6月14日，区政协经科委组织经济科技界别组常委，赴红山新城专题调研“徐庄高新区与铁北红山新城板块联动发展工作情况”。

6月15日，区政协人资环委组织20余名政协委员视察长江大保护工作情况。区政协副主席薛剑春参加活动。

7月7日，区政协提案委组织课题组成员和部分委员赴江北新区调研数字经济发展情况。委员们先后调研了江苏鲲鹏·昇腾生态创新中心、南京数字金融产业研究院展示中心、江苏银承网络科技股份有限公司，了解信创生态产业基地发展现状、江北新区数字经济产业基地规划情况和产业招商情况。区政协主席许恺，副主席杨冬梅参加活动。

7月18日，区政协“适合主城玄武特点的数字经济发展路径探索”专题议政课题组赴委员企业开展调研。课题组先后调研了南京芯力微电子有限公司、水晶石数字科技有限公司、南京东大智能化系统有限公司和投石科技有限公司四家委员企业，并进行调研座谈，区政协主席许恺、副主席杨冬梅参加活动。

8月4日，区政协经济科技委围绕“坚持创新引领，加快玄武区重大科技创新平台建设，助力南京创建综合性国家科学中心”重点课题，开展区政协专题协商议政会会前调研。调研组成员先后赴南京农业大学第三实验楼、省农科院中心实验室参观交流。

10月11日，区政协主席许恺率课题调研组和部分政协委员，赴南京林业大学林产化学与材料国际创新高地、中科院南京天文仪器有限公司开展实地调研。全国政协委员、中国科学院院士崔向群，区政协副主席、南京林业大学副校长赵剑锋，区发改委、区科技局、区政协办公室和经济科技委、属地街道政协工作负责人参加调研。

11月18日，市政协副主席范群率队到玄武区调研区政协学习贯彻中共二十大精神落实情况。市政协副秘书长、人口资源环境（城市建设）委员会主任、一级巡视员孙宁，副主任、一级巡视员王霞，副主任（正局）李真等参加调研。区政协主席许恺参加调研。

12月5日，区政协主席许恺走访调研大汉软件股份有限公司和江苏金盾检测技术股份有限公司2家委员企业，听取委员介绍企业现状和未来发展规划详细了解委员对政协工作的意见和建议。区政协党组成员、办公室主任邹德勇参加调研。

12月8日，区政协主席许恺走访调研南京达斯琪数字科技有限公司和南京纳科移动出行科技服务有限公司两家委员企业，听取委员介绍企业现状和未来发展规划详细了解委员对政协工作的意见和建议。区政协党组成员、办公室主任邹德勇参加调研。

【交流研讨】　1月21日上午，区政协召开2022年度常委会工作要点征求意见座谈会，区政协主席许恺，区政协党组副书记张望，区政协副主席杨冬梅、吴恒，区政协秘书长杜宏亮参加会议。

4月21日下午，区政协召开主席办公会，听取提案委关于“适应主城玄武特点的数字经济发展路径探索”专题议政会筹备工作情况及下一步工作打算的汇报，区政协主席许恺主持会议。区政协副主席杨冬梅，区政协党组成员、办公室主任邹德勇参加会议。

5月16日，区政协提案委召开“适合主城玄武特点的数字经济发展路径探索”专题议政会筹备工作座谈会。研究了调研团队、主要任务、时间节点，确定了邀请委员支招、现场议政等事项分工。区政协副主席杨冬梅、吴恒，区政协党组成员、办公室主任邹德勇参加会议。

6月8日，南京市政协主席王立平到玄武区开展调研。区委书记闵一峰、区政协主席许恺参加。王立平一行先后视察调研了红山新城规划展示馆、玄武区政协委员（李泓）工作室、徐庄社区政协委员联络站、先声药业集团有限公司。在座谈会上，王立平听取了玄武区政协工作情况和经济社会发展情况的汇报，并就统筹疫情防控和经济社会发展、推进政协工作在基层治理更好地发挥作用等，与区委主要领导和区政协领导班子进行深入交流。市政协秘书长彭振宁等参加调研，区政协党组副书记、二级巡视员张望，区政协副主席杨冬梅、薛剑春、吴恒、赵剑锋、郭志芹等参加座谈。

6月23日，区政协召开“政协如何在社区治理中发挥作用”专题座谈会，邀请部分街道政协工作、民政工作负责人和社区书记参加。区政协主席许恺主持会议并讲话。

7月6日，区政协提案委邀请区发改委、区科技局、区财政局、区税务局、区商务局、区文旅局、区工商联、徐庄高新区、区文旅集团负责人召开“关于我区数字经济发展路径探索研讨会”。区政协副主席杨冬梅出席会议并讲话。

7月13日下午，玄武湖街道召开了2022年上半年政情通报会。区政协党组成员沈湧出席会议。

7月19日下午，孝陵卫街道举办政情通报会暨政协委员联系服务社区座谈会，邀请部分市、区政协委员参加。区政协副主席杨冬梅、郭志芹出席会议。

9月16日，区政协召开主席办公会，围绕“建立‘专属融合’机制，助力基层治理”主题征求意见。区政协主席许恺，区政协党组副书记、区二级巡视员张望，区政协副主席杨冬梅，党组成员沈湧，党组成员、办公室主任邹德勇，部分专委会负责人、街道政协工作负责人、区政协委员、社区书记参加会议。会议由许恺主持。

4月22日，区政协开展“有事好商量”协商议事会　（区政协　供图）

10月20日，区政协召开主席办公会暨政协机关建设学习会。会议学习了全省政协系统先进集体和先进工作者表彰会交流发言材料；6名机关干部围绕政协机关建设作交流发言；听取了区政协十三届二次全会筹备工作相关情况。区政协主席许恺主持会议并讲话，区政协党组副书记、区二级巡视员张望及全体机关干部参加会议。

11月16日，区政协召开建立“专属融合”机制，助力基层治理专题研讨会暨应用型智库成立会议。市政协副主席范群，中科院院士、全国政协委员崔向群，区委书记闵一峰，37名区政协应用型智库成员，区政协领导班子成员出席会议。区政协主席许恺主持会议。

【“有事好商量”协商议事工作】 3月4日，区政协人资环委联合玄武门街道围绕“环玄武湖经济带发展”，在百子亭社区开展“有事好商量”协商议事活动，区商务局、文旅局等有关单位、驻街道辖区部分委员和企业代表参加。

4月22日上午，区政协社会法制（民族宗教）委员会同红山街道，在李泓委员工作室（星河WORLD产业园）开展了“解产业园公交不便之结，助力企业发展”的“有事好商量”协商议事活动。区政协副主席杨冬梅参加活动。

5月13日，区政协提案委到

孝陵卫街道开展“有事好商量”活动，区政协副主席郭志芹参加活动。

5月13日，区政协围绕“加强课后服务工作，提升教育公共服务能力”开展“有事好商量”协商议事活动，区政协党组副书记、区二级巡视员张望，区政协党组成员邹德勇参加活动。

5月26日上午，聚焦“改善部分片区居民居住环境的问题”议题，市、区、街三级政协联动，在梅园新村街道大行宫社区举行协商议事会。就老旧小区改造、周边环境治理展开协商，区政协副主席吴恒到会并讲话。

9月22日，市政协副主席范群一行赴玄武区玄武门街道台城花园社区，参加“探索化解突出信访矛盾新路径”民生专题协商议事月活动。市政协人资环（城建）委副主任、一级巡视员王霞，玄武区政协党组书记、主席许恺，区政协办公室、专委会及玄武门街道党工委有关负责人参加活动。

【“书香政协”建设】 4月22日下午，区政协教卫体（文化文史）委在总统府举办“书香伴履职，学习聚共识”委员学习沙龙活动。集体参观了“江苏省政协发展历程展”，江苏省政协研究室社情民意处处长许一作《聚焦热点难点，写好社情民意信息》交流分享，委员共同参与了“图书盲盒，你来拆”创意读书活动。区政协主席许恺参加活动并讲话，区政协党组副书记张望，区政协党组成员、办公室主任邹德勇参加活动。

6月13日，玄武门街道在台城花园社区“台城·商量话坊”，组织辖区政协委员开展“城墙根悦读汇”读书分享活动。区政协主席、党组书记许恺参加活动并讲话。

6月16日，红山街道组织辖区近20位政协委员在李泓委员工作室开展“我与你共读·好书推荐活动”。区政协副主席杨冬梅参加。

6月23日，区政协社法（民宗）委组织20余名委员，在红山铁北新城开展“打卡新城地标 诵读红色经典”委员组活动。区政协党组成员沈湧参加活动。

6月23日，区政协委员工作委开展“推进读书履职融合，培育政协读书文化”委员组活动，举办了《中华人民共和国民法典》知识讲座。区政协主席许恺出席活动并讲话。活动中，还举行了“委工委界别委员工作室暨韩立虎委员工作室”授牌仪式。区政协副主席杨冬梅、赵剑锋参加活动。

7月27日，区政协机关开展“读享未来”之《百年大党面对面》读书交流活动，区政协党组成员倪一斌为全体机关干部职工上《中华人民共和国简史》专题党课。区政协全体机关干部职工参加。

8月31日，区政协机关开展“读享未来”之《社会主义发展简史》读书交流活动。区政协党组成员沈湧围绕《社会主义发展简史》给政协机关干部上党课。区政协全体机关干部职工参加。

9月5日，区政协教卫体（文化文史）委在梅园中学开展以“非遗中国”为主题的“书香政协·魅力玄武”读书活动。

9月25日，区政协提案委组织1组部分委员在南京抗日航空烈士纪念馆开展爱国主义教育暨“书香政协·魅力玄武”委员读书活动。

9月28日，区政协机关开展“读享未来”之《改革开放简史》读书交流活动。区政协副主席杨冬梅围绕《改革开放简史》给政协机关干部上专题党课。会议传达学习了习近平总书记近期重要讲话精神和关于意识形态工作的重要论述；听取了政协机关党支部全面从严治党工作情况汇报；收看了《全市领导干部新冠肺炎疫情防控工作培训班》视频。区政协全体机关干部职工参加。

11月10日，区政协在锦创书城开展“学习宣传贯彻中共二十大精神”委员读书分享会并举行了委员工作室和文化兴趣组授牌仪式。区政协主席许恺出席并就学习宣传贯彻中共二十大精神进行动员。区政协党组副书记、区二级巡视员张望，副主席杨冬梅、吴恒，党组成员沈湧，区政协办公室、相关专委会及街道政协工作负责人参加活动。活动由沈湧主持。

【民主监督】 4月28日上午，区政协提案委围绕机关助企纾困政策落实的效能开展民主监督，邀请区发改委、区财政局等部门和部分企业委员进行座谈讨论，区政协副主席杨冬梅参加座谈。

5月11日下午，区政协委员工作委到锁金村街道开展民主

10月19日，区政协委员调研玄武区教育“双减”工作暨民生实事项目民主监督
（区政协　供图）

监督，调研玄武区街道集成改革推进情况。

5月18日下午，区政协社法（民宗）委组织部分区政协委员对全区民族工作、宗教工作开展民主监督性调研。区政协党组成员沈湧、区政协副主席郭志芹参加活动。

5月23日，南京市政协社法（民宗）委员会主任陆蓉率调研一组，就玄武区贯彻落实中央民族工作会议、全国宗教工作会议精神进行民主监督性调研。市民宗局副局长王键等参加调研。区委常委、统战部部长、区政协党组副书记朱天龙，区政协党组成员沈湧参加调研。

10月19日，区政协围绕教育“双减”工作开展民主监督，听取了区教育局通报了民生实事项目办理情况和教育“双减”工作落实情况。区政协党组副书记、区二级巡视员张望，区政协教卫体（文化文史）委部分政协委员参加会议。

11月9日，区政协社法（民宗）委组织部分委员，围绕“实施常态化养老服务”开展民主监督调研活动。区政协党组成员沈湧参加活动。

【提案工作】　2月28日，区政协召开提案审查委员会工作会议，研究讨论提案审查工作和成立新一届提案委员会相关事宜，区政协副主席杨冬梅出席会议。

8月26日，区政协召开重点提案督办会，就“关于推进我区中小学‘优质午休’民生项目的建议”听取提案承办单位情况汇报，组织提、办双方深入沟通协商。会前，许恺一行实地调研了南京师范大学附属小学和南京市长江路小学启迪分校，详细了解学校学生午休的现状。区政协主席许恺主持会议并讲话。区政协副主席杨冬梅参加会议。

10月19日，区政协组织部分委员对区建设局2022年度提案办理工作开展民主评议。区政协副主席杨冬梅，区政协提案委、部分街道政协负责人以及部分政协委员参加活动。

【阵地建设】　3月7日下午，区政协在红山街道星河WORLD产业园举行“社法（民宗）委界别委员工作室”暨“李泓委员工作室”授牌仪式。区政协主席许恺出席活动并讲话。活动由区政协副主席杨冬梅主持。区政协社法（民宗）委、教卫体（文化文史）委部分政协委员参加活动。

4月28日下午，区政协经科委在南京T80文化产业园举办了“四级委员联动履职，为经济科技进步建言资政凝聚共识”活动，为“南京玄武四级委员工作室”授牌。区政协副主席薛剑春参加活动。

6月23日，区政协委员工作委开展“推进读书履职融合，培育政协读书文化”委员组活动，举办了《中华人民共和国民法典》知识讲座。区政协主席许恺出席活动并讲话。活动中，还举行了“委工委界别委员工作室暨韩立虎委员工作室”授牌仪式。区政协副主席杨冬梅、赵剑锋参加活动。

11月10日，区政协在锦创书城开展“学习宣传贯彻中共二十大精神”委员读书分享会并举行了委员工作室和文化兴趣组授牌仪式。区政协主席许恺出席并就学习宣传贯彻中共二十大精神进行动员。区政协领导为李越峰、单晓燕、华子涵、熊岱平委员工作室和书画（熊岱平）、摄影（刘方）、诵读（张海琳）3个文化兴趣组进行授牌。区政协党组副书记、区二级巡视员张望，副主席杨冬梅、吴恒，党组成员沈湧，区政协办公室、相关专委会及街道政协工作负责人参加活动。活动由沈湧主持。

（朱润宇）

链接

区政协委员提案办理情况选编

关于进一步提升区级停车智慧化管理水平的建议

区政协委员　江曼姝

区城管局答复情况：

您好！收悉您关于"进一步提升区级停车智慧化管理水平"的建议后，区城管局领导高度重视，督促区停车设施管理中心尽快落实，现就您的提案，答复如下：

您反映的状况确实存在。我区停车泊位缺口较多、停车难问题一直存在。为解决这一问题，区城管局停车设施管理中心将积极采取相关措施，具体如下：

一、我局停车设施管理中心将积极配合相关部门做好停车管理改革，推动落实基础停车位供给，完善相关政策及法律法规和管理制度；做好宣传引导，呼吁广大车主利用公共交通出行，做好共享单车管理，解决"最后一公里"难题。

二、我局停车设施管理中心将牵头相关部门针对道路停车泊位智能化管理相关事宜召开相关会议研讨交流，形成建设性方案，递交上级部门评估。

三、我局停车设施管理中心将积极提升停车管理精细化水平，利用科学技术手段配合区停车资源共享平台，提高道路停车管理效率、降低运营成本；通过运用收费终端追拍系统，完善停车收费管理系统，推动停车收费工作转型升级。

四、我局停车设施管理中心将积极开展停车资源共享工作，进一步挖掘机关企事业单位停车资源，同时主动作为，落实住宅小区停车资源共享工作，全区停车资源共享工作将全部对接市级"宁停车"App，推动停车智能化水平提升。感谢您对我区城市管理工作的关心和支持！

关于加强和提升玄武软件产业发展的建议

区政协委员　金震宇

区发改委答复情况：

您提出的关于《关于加强和提升玄武软件产业发展的建议》的提案收悉，感谢您对玄武区软件产业的关心，我委会同徐庄高新区对您的建议进行了认真研究，并将纳入到全区软件产业工作举措落实当中。现对您的提案答复如下：

软件和信息服务产业是玄武区起步早、成长快、前景好的优势产业，也是我区的主导产业之一。多年来，我区依托区域内丰富的高校资源、科研资源，持续推动软件和信息服务产业向特色化、高端化、集聚化发展。

一、总体情况

全区软件企业3000余家，双软认证企业累计近300家，涉软从业人员累计超6万人。近年来，引进和培育了一批行业龙头企业，云计算和大数据领域的苏宁、途牛；通信及人工智能领域的鸿信、赛特斯；以及工业软件领域的金思维、数字地图领域的速度时空、数字政务领域的大汉网络等，基本形成了产业链条完整、产业生态良好的软件和信息服务产业发展态势。玄武区是省级双创示范基地，徐庄高新区是软件和信息服务产业主要集聚地，是江苏省软件信息服务产业示范园区，去年更是获批南京市首批(数字贸易)数字经济产业园称号。目前，汇通达成功挂牌香港联交所，大汉网络、速度时空均已完成辅导验收，并申报深交所创业板。推动中科天文、速度时空等3家企业申报国家专精特新"小巨人"企业，指导推荐誉葆科技、万邦微等30家企业申报南京市"专精特新"中小企业名录库。《2022年玄武区新兴产业发展工作要点》要求，2022年全区软件和信息服务收入完成710亿元。

二、主要工作

1.着力龙头企业培育，壮大产业规模。积极实施"独角兽""瞪羚"企业壮大工程、中小微企业培育工程，孕育高成长性企业。目前全区有汇通达、好享家2家"独角兽"企业，恒一电竞、二十四点网络等10家培育"独角兽"企业，金盾检测、开博科技等5家"瞪羚"企业，鸿信、汇通达等软件类总部企业，赛特斯、速度时空等主板上市企业，猎宝、海泰等软件专精特新企业，拥有速度遥感大数据研究院、云智控产业技术研究院等新研机构，全方位培育更加活跃、更有创造力的市场主体。

2.出台玄武发展政策，提升产业质效。先后出台了《玄武区推进重点产业链高质量发展工作方案》《玄武区关于开展"产业质效提升年"的实施意见》《玄武区重点产业链高质量发展2021年推进行动方案》《2022年玄武区新兴产业发展工作要点》《玄武区建设最具竞争力的创新高地若干意见》等一系列文件,聚焦软件和信息服务产业等重点产业链的发展方向、工作目标、重点任务,开展上门走访、政策宣讲、网上监测等服务,提高产业强链补链"一对一"服务精准度,促进软件和人工智能产业基础能力、产业链高端化水平再提高。

3.优化企业服务效能,营造产业生态。优化玄武区领导包保制度,定期开展联系走访,了解企业发展现状;疫情期间先后推出应对疫情助企纾困"17条"、新"17条"等,为企业纾困解难;通过软件行业协会推动产业链企业资源共享、业务互联、供需对接;借助玄武金融产业协同发展联盟,完善企业上市议事协调机制,推进软件企业融资上市;"玄武企业服务公众号"发布相关产业信息210余篇,确保软件和信息服务等企业第一时间掌握国家省市相关政策。全覆盖多元化对接服务,为全区企业高质量发展保驾护航。

4.加速平台项目建设,推动产业集聚。积极打造产业创新载体,推进省重大项目"玄武之光新一代信息技术科技创新中心"、市重大项目"铁北创新孵化集群(星河)"等创新平台载体的建设;推进"速度时空高精地图综合管理平台""赛特斯边缘计算数据采集与安全分析系统研发与产业化"等省市关键核心技术攻关项目建设,通过有针对性地引进发展契合我区产业功能规划定位的项目,引导带动一批优质企业创新集聚。

三、下一步打算

1.做强产业总体优势。着力推进高端工业软件、网络信息安全、云计算和大数据等关键技术攻关突破,5G+工业互联网、信息安全等领域加快技术研发和产业化。人工智能以应用层为主要发展方向,加速发展"人工智能+教育""人工智能+医疗""人工智能+金融"等领域,不断夯实我区产业优势。

2.加大市场主体培育。注重对行业龙头企业的招引,重点引进培育一批创新能力强、技术水平高、发展潜力大的软件和人工智能领军型、创新型、高成长型企业。注重对中小企业的培育与扶持,帮助企业争取省市项目资金,减低企业的运营成本,提高中小企业抗风险的能力。

3.突出核心技术攻关。着力推进金思维、金盾等企业在高端工业软件、网络信息安全等重点领域攻关,推进赛特斯、速度等企业,加强5G、大数据关键技术攻关,支持产业链上下游企业、研发机构等开展联合攻关,解决产业共性问题和"卡脖子"技术难题。

4.推进示范园区建设。以徐庄首批市级数字经济特色产业园(数字贸易类)为基础,进一步推进徐庄高新区加快完善产业生态和运行质效,促进园区电子商务、云计算与大数据、软件服务等产业特色发展,重点打造集聚程度高、示范效应强的数字经济品牌载体示范园区。

5.建设应用新场景。今年上半年,我区发布应用场景40个,持续开发和开放应用新场景,为技术超前、模式先进的产品提供更多更好的应用空间。推进苏宁易购、汇通达等企业进村入户,推动传统农村精准对接电商、直播等平台。通过应用新场景带动软件和人工智能产业新一轮发展。

区发改委将以此次工作推进会为契机,继续做好软件和人工智能产业发展工作,不断加强产业强链补链延链,持续推动全区软件和人工智能产业高质量发展。

下一步将继续积极做好软件和信息服务发展工作,不断推进区软件和信息服务水平再上新高度。感谢您对区软件和信息服务产业发展工作的关心和支持!

建议充分发挥高校院所科普作用,助力玄武人民美好生活

区政协委员　房婉萍

区科协答复情况:

您提出的关于"建议充分发挥高校院所科普作用,助力玄武人民美好生活"的提案收悉,现答复如下:

一、关于建设高校院所共建社区科普基地,定期开展线上线下科普活动的建议

一直以来,玄武区科协都高度重视辖区高校院所科普资源的社会化工作。中国科协、江苏

省科协、南京市科协及南京市科技局都分别设立了不同层级的科普教育基地。玄武区目前拥有国家级、省级和市级科普教育基地38个，其中国家级科普教育基地11家，占全省四分之一。今年又新增了南京农业大学中华农业文明博物馆、南京理工大学王泽山精神教育基地、中国科学院南京地质古生物研究所李四光先生办公旧址暨南京古生物所所史馆3家首批全国科学家精神教育基地（占全省四分之一）。这些科普基地资源占据了全市的三分之一，是玄武区开展科普宣教工作的重要依托和力量。您提出的建设高校院所共建社区科普教育基地的提议非常具有实际意义，我们将发挥科协桥梁纽带作用，努力梳理社区与院所共建需求，不断推动科普基地向社区延伸，满足社区居民不断增长的科普需求。并将以社区老龄人和青少年为主体的社区科普大学教学工作与社区科普基地相结合，形成良好的互动促进。结合您的提议，我们计划深入征求您的意见，组织相关社区与您所在的南京农业大学茶叶科学研究所进行结对共建首批玄武区社区科普基地试点，探索出一种新模式，进而示范带动全区社区科普基地的发展壮大。

二、关于实施高校社区合作行动，有效推进高校科技资源科普化

高校一直是科技、科普资源最为密集的地方，玄武区内驻区高校各自得天独厚的学科和人才优势是我们开拓科普工作视野和提升科普能力素质的重要基础。2016年5月，习近平总书记在“科技三会”上的重要讲话指出“科技创新、科学普及是实现创新发展的两翼，要把科学普及放在与科技创新同等重要的位置”。这两年，中国科协、省、市、区科协也在大力推动科技资源科普化的相关工作，在国家科学技术奖获奖名单中也出现了科普作品的身影，科普成果转化参照科技成果转化的重视程度也日益增强。针对社区旺盛的科普需求，架起高校社区合作的桥梁，能实现高校科技资源更精准地服务群众科普需求，打通社区科普工作“最后一公里”的瓶颈，解决科研供需的出口与群众需求之间的困难，意义非常重大。我们将调研制定高校院所与社区合作互动协调机制，组织高校院所与社区经常性开展结对共建或走访互动等工作，加深彼此需求的掌握和熟悉，推动这项工作尽快落地落实。

三、鼓励科研院所的科技工作者结合科研任务加强科普工作

为贯彻落实国务院《全民科学素质行动纲要（2021—2035年）》“制定科普专业技术职称评定办法，开展评定工作”的要求，进一步调动江苏省科技工作者开展科普工作的积极性、主动性、创造性，推动科普人才队伍建设和科普事业高质量发展。目前，江苏省科协正在积极推进科学传播专业职称评定工作。我们相信，随着这项工作的推进，将会进一步务实地鼓励和推进高校和科研院所的科技工作者加强相关科普工作。同时，省、市科协也正在酝酿科技志愿者嘉许制度，让科技志愿与更多的社会资源对接，科技志愿者服务时长、频次的累积或将与科技工作者本身职务或职级的评定、晋升或享受更多社会资源的关怀保障紧密相连，从而鼓励更多科技工作者投身科技志愿活动，结合自身科研任务加强地方科普宣工作。

感谢您对玄武区“科普”工作的关心和支持！

关于改善居家养老机构市场环境的建议

区政协委员　冯丞俊

区科技局答复情况：

您提出的关于“改善居家养老机构市场环境的建议”的提案收悉，现答复如下：

近年来，在省、市、区各级党委、政府的坚强领导下，我们结合区域资源禀赋和辖区老年人特点，持续推进居家社区机构相协调、医养康养相结合的养老服务体系建设，突出社区居家养老主体地位和支撑作用，不断强化基础建设、提升服务能力、增强服务保障，推进玄武养老服务高质发展。您的提案建议忠恳、精准，为我们下步推进居家养老服务建设，促进养老服务市场健康有序发展提供了参考和思路，衷心感谢您对玄武养老工作的关心和关注。

一是积极推进居家和社区养老基础建设。十三五以来，全区建成社区居家养老服务中心61个，基本形成社区居家养老

服务中心全覆盖，实现“15分钟居家养老服务圈”。其中，街道级养老综合服务中心5个、三级以上居家养老服务中心50个，配备日间照料床位近1300余张；建成中心厨房6个、社区银发助餐点73个，能够为社区老年人提供生活照料、医疗保健、康复护理、紧急救援、精神慰藉等服务。

二是深入推进医养融合深度发展。近年来，我区已逐步建立起卫健和民政部门密切协同、医疗和养老行业深度融合、社区卫生服务机构与养老服务组织高效对接的合作机制。全部养老机构的内设医务室取得医保资质。实现居家服务组织与医疗机构签约互助，并将内设医疗机构全部纳入医联体范围，累计完成37109名居家老人签约家庭医生，享受家庭病床、巡诊等上门医疗服务，缓解家庭医养、康养专业照护难题。去年，建成1所智慧养老院，探索开展网上在线诊疗，实现与中大医院互联网在线会诊。协助市医保局城中分局建立重度失能保险制度运行体系，目前玄武已有1742名老人享受了重度失能险照护服务。

三是持续加强养老人才队伍建设。加强专业化与志愿者相结合的养老服务队伍建设，鼓励职业社会工作者加入志愿服务，加强对社工中养老专业人才的吸纳与培养。加大政策扶持力度，吸引专业医护人员进入养老机构，提升养老服务机构专业医护能力。鼓励职业教育优先发展养老人才培养，优化养老服务人才队伍年龄、学历和专业结构，推动建设专业化、职业化人才队伍。

下一步，我们将持续推进养老服务市场化建设。目前全市养老消费市场还不成熟，老人及家庭消费观念落后，加之收入偏低，习惯于依赖政府扶持，自购或付费养老意愿不强。我们将积极引导促进养老市场建设，鼓励服务组织适应市场规律，通过专业优质的养老服务输出，吸引老人及家庭提升服务购买意愿，增加养老支出，提高组织服务积极性和自我造血能力。引导老人和家庭转变观念，加速推进养老服务市场化发展，让养老服务“老人买得起、企业能盈利、服务可持续”，推进养老服务市场良性循环。

关于玄武区红山社区卫生服务中心改扩建的建议

区政协委员　陈新、叶冬梅、唐亚丁、吴文蕾、丁炼、郭继臣、相敏

区卫健委答复情况：

您们提出的关于“玄武区红山社区卫生服务中心改扩建的建议”的提案收悉，现答复如下：

红山卫生服务中心，位于营苑南路102号，在铁北红山新城的东部中间位置，与省中西医结合医院互为犄角。现有建筑面积2700平方米，设有健康管理中心、全科诊室、针灸推拿室、康复室、妇女保健室、儿童保健室、计划免疫室、检验科等科室。还拥有设施齐全的口腔治疗中心、规范化的计免门诊、人性化的妇科手术室、富有特色的中医馆，配备先进的DR数字摄片机、彩色B超等设备。在岗职工72人，卫技人员48人，其中，本科及以上28人、副高职称8人、中级职称15人。在曹后社区已建成家庭医生工作室，恒嘉路社区中心的妇幼诊疗中心已规划建设。

复地、招商等新建社区中心，也均考虑了社区卫生服务网点布局，计划建成以红山卫生服务中心为核心，各社区家庭医生工作室、社区卫生服务站为末梢的综合卫生服务网，打造出具有红山新城特色的“15分钟医疗卫生服务圈”。但从整体区域发展前景来看，建设标准化社区医院是大势所趋，但因需要6000平方米以上业务用房，在红山地区暂未寻找到合适的地址。目前，我中心将做好以下工作：

一、打造一支合格的医疗卫生人才队伍。合理使用空余编制和编外员额，引进本科以上各类卫生人才，尤其是急需专业人才，充实服务队伍。

二、持续开展人才队伍培养。通过规范化培训、选送、进修、专科联盟培养等形式，培养“全+专”的综合性基层卫生人才。

三、社区医院建设。在业务用房到位后，中心将根据社区医院建设标准，规划好、设置好医院科室、功能、项目，为红山街道居民提供更完善、更高效、更高品质的医疗卫生服务。

（栏目编辑　刘心林）

中共南京市玄武区纪委 玄武区监委

综述
重要会议
正风肃纪

综　　述

【疫情防控监督】 聚焦4轮突发输入性疫情迅速反应、跟进监督，围绕场所码、核酸检测、疫苗接种、群众就医等重点环节，因时因势确定疫情防控调整转段的监督重点。开展“场所码”推广及使用情况专项督查；联合区民政局对全区居家监测工作开展专项督查；组织区、街两级“九小”场所督查组开展联动检查，累计出动1000余人次，覆盖各类点位5903个，发现并督促整改问题1351个，编制印发工作简报47期。

【纪委监委队伍建设】 淬炼对党忠诚的政治品格。坚持党对纪检监察工作的全方位全过程领导，推动双重领导体制具体化程序化制度化。推进党史学习教育常态化长效化，组织全区纪检监察系统全面深入学习贯彻中共二十大精神，不断增强党组织的凝聚力和向心力。打造素质过硬的专业队伍。选派10余名业务骨干到上级纪委监委和巡察机构，参与查办重大案件、推进巡察任务。坚持和深化年轻干部培养“三个一”机制，每月举办一期《青年论坛》、每周一篇千字文、每月完成一篇有参考价值的工作建议，着力提升思维层次和表达能力。全面开展业务学习和岗位练兵，安排20多名年轻干部到办案一线跟班锻炼，推动干部在艰苦岗位和斗争一线学真本领、练真功夫，相关做法被中国纪检监察报宣传报道。完善自我监督的内控机制。牢记“打铁必须自身硬”，把一体推进“三不腐”的理念贯穿自身建设。健全纪检监察权力监督制约机制，紧盯“重点环节”，加强对监督办案“重点人”“重点事”“重点权力”的全过程全周期管理，认真执行打听、干预监督审查工作登记备案制度。严格执行江苏纪检监察干部“八严禁”，加强对纪检监察干部社会交往的约束，严防“灯下黑”。

6—7月，区纪委对峨嵋农贸市场文明城市创建开展监督检查（区纪委　供图）

【文明城市创建】 2022年，开展文明典范城市创建督查162次，覆盖420个点位，整改问题2041个。聚焦工作责任落实，优化完善农贸市场场内场外专班、统筹指导、巡回督导“三项机制”，狠抓农贸市场及周边创建工作。

重要会议

【第十二届纪律检查委员会第二次全体会议】 1月28日召开。区委书记闵一峰出席会议并讲话，区委常委、纪委书记、监委主任罗昌锋作工作报告。区四套班子领导、区法院、检察院负责人，各街道、区机关各部门、各单位党政主要负责人，全区纪检监察干部和特约监察员代表参加会议。

【十二届区委第二轮巡察工作动员部署会】 5月16日召开。会议深入学习习近平总书记关于巡视工作重要论述和省市区委关于巡视巡察工作最新要求，正式启动十二届区委第二轮巡察工作。区委常委、纪委书记、监委主任、巡察工作领导小组组长罗昌锋出席会议并讲话。区委常委、组织部部长、巡察工作领导小组副组长任宁传达中央和省市区委关于巡视巡察工作最新精神，宣布本轮各巡察组组长、副组长授权任职及巡察任务分工。区委巡察工作领导小组成员，区委巡察办，区委巡察组、区委意识形态工作责任制落实情况专项检查组全体成员，相关职能部门分管负责人以及被巡察党组织班子成员参加会议。

【十二届区委第三轮巡察工作动员部署会】 9月21日召开。会议深入学习贯彻习总书记关于巡视工作重要论述和省市区委关于巡视巡察工作最新要求，正式启动十二届区委第三轮巡察工作。区委常委、纪委书记、监委主任、巡察工作领导小组组长罗昌锋出席会议并讲话。区委常委、组织部部长、巡察工作领导小组副组长任宁传达中央和省市区委关于巡视巡察工作最新精神，宣布本轮各巡察组组长、副组长授权任职及巡察任务分工。区委巡察工作领导小组成员，区委巡察办，区委巡察组、区委意识形态工作责任制落实情况专项检查组全体成员，相关职能部门分管负责人以及被巡察党组织班子成员参加会议。

正风肃纪

【"两个维护"工作】 强化政治引领。区纪委常委会把跟进学习习近平总书记最新重要讲话和重要指示批示精神列为第一议题，组织理论中心组学习12次。将以实际行动迎接中共二十大胜利召开作为关键主题，第一时间传达学习中共二十大精神，以专题宣讲、座谈交流等形式，推动全体纪检监察干部原原本本学、逐字逐句学。深化政治监督。心系"国之大者"，严明政治纪律、纠正政治偏差，确保执行不偏向、不变通、不走样。聚焦中央生态环保督察反馈问题整改和文明典范城市创建、安全生产等上级部署，强化监督检查，确保落地落实。严查工作中搞变通、打折扣等乱作为不作为问题，以及作风拖拉、落实不力等慢作为问题，共查处28人，立案10件，全区通报2人。聚焦统筹发展和安全"大走访、大排查、大攻坚"行动，牵头化解原动物卫生监督所改革遗留问题、顾家营拆迁补偿等信访积案。加强对各部门、各单位的常态化政治监督，及时督促其严明政治纪律和政治规矩，努力营造风清气正良好政治生态。推进国有融资平台领域综合治理，督促有关部门和单位摸清债务底数、化解存量债务、控制新增债务，推进平台公司逐步减压、优化整合、分类转型。对上级纪委监委指定管辖的涉及相关案件问题线索，从讲政治高度深挖细查、攻坚突破，为上级纪委监委查清市水务集团原党委书记、董事长单国平搞政治攀附、人身依附，受贿、为亲友非法牟利等问题做出贡献。

【政治巡察】 深入贯彻中央巡视工作方针，紧扣中心大局谋划推进巡察工作。积极主动配合市委巡察组对玄武区化解民生诉求突出问题专项巡察，及时跟踪督促推进市委专项巡察反馈问题整改，目前反馈的四方面27个问题，均已达到整改时序进度。深化问题线索会商机制，增强巡察工作与纪检监察工作的合力。加强巡察机构与审计、财政、信访等部门协作机制，积极探索巡审联动，实现同向发力、综合发力，充分发挥巡察综合监督平台效应。区委书记专题会、常委会常态化研究区委巡察工作，编制《区委巡察工作规划（2022—2026年）》。统筹推进区委巡察工作，全年组织开展3轮巡察，覆盖18个机关部门，发现问题199个，督促立行立改问题18个，移交问题线索46件，立查立处5件。按照上级关于加强对"一把手"监督的要求，结合玄武区实际，梳理形成对"一把手"巡察监督重点清单。协助区委制定相关措施，促进巡察监督、整改、治理有机衔接。建立分管区领导参加巡察反馈会机制，完善巡察整改约谈机制，推动被巡察党组织认真落实巡察整改主体责任。强化对巡察整改的日常监督，严密规范巡察整改工作流程。完成十一届区委巡察反馈问题整改落实情况的督促检查，上届区委巡察反馈问题的整改落实率达98.9%。

【监督工作】 协助区委制定全面从严治党主体责任和监督责任年度清单，全覆盖列席各部门（单位）民主生活会，持续推动"两个责任"一贯到底。认真落实中央和省、市、区委关于加强对“一把手”和领导班子监督的部署要求，细化47项监督重点，对发现的苗头性、倾向性问题及时约谈提醒，主动约谈各级党委（党组）“一把手”、领导班子成员及重点岗位人员418人次，回复党风廉政意见103批2848人次，提出暂缓或否定性意见12人次。加强对“关键少数”的信访举报办理，并及时跟踪办理情况。创新监督方式。进一步推动纪检监察监督与人大监督、行政监督、政协民主监督、审计监督、财政监督等各类监督的贯通协同，加强纪律监督、监察监督、派驻监督、巡察监督的统筹衔接，并将监督触角不断向基层延伸。强化“室组”联动监督和“室组地”联合办案机制。区监委首次向区人大常委会报告专项工作，自觉接受人大监督。提高监督质量。认真落实市纪委监委相关工作指引，将纪法情理贯通融合，推动党性教育、政策感召、纪法威慑统筹运用。综合运用“四种形态”批评教育帮助和处理668人次。落实“三个区分开来”要求，为20名党员干部容错纠错或澄清正名。

【惩治腐败】 以零容忍态度惩治腐败，以系统施治理念整治“四风”，坚定维护党的先进纯洁。充分发挥区反腐败协调小组的作用，贯通融合各成员单位的资源力量，不断提升案件办理的质量和效果。全年共立案查处违纪违法案件205件，给予党纪政务处分99人，采取留置措施14人，移送审查起诉11人，追缴涉案款物和挽回直接经济损失约7100万元，办理留置案件居全市第一。共开展走读式谈话979人次，保障4个中纪委专案组、1个省纪委专案组，未发生任何安全问题。以案为鉴、以案促改。针对查办案件、日常监督和巡察发现的突出问题，及时制发纪检监察建议书，推动案发单位和相关职能部门全面整改、完善制度、加强内控，推动形成从“亡羊补牢”到“未雨绸缪”的整改落实机制。共制发纪检监察建议书15件，督促相关单位修订完善制度26项，着力构建长效监管体系。坚持正面宣传与警示教育、廉政谈话与日常提醒相结合，为全区政法队伍作廉政教育报告，增强政法干部拒腐防变能力；开设“玄武清风”微信公众号，实施“助企纾困·纪委监委在行动”，持续深化“廉洁校园行”和“倡廉护企行动”两个监督品牌；协助区委召开全区领导干部警示教育大会，拍摄《玩忽职守　严惩不贷》警示教育片。

【民生保障监督】 把握作风建设的地区性、行业性、阶段性特点，强化民生保障领域监督，不断提升群众的获得感、幸福感和满意度。紧盯“四风”新表现新动向，重点纠治形式主义、官僚主义突出问题，加强与党政督查部门、“12345”热线的协同联动，着力纠治机关作风顽瘴痼疾；加强重要节点作风监督，紧盯值班值守、公款吃喝等加大明察暗访力度，常态化开展工会经费、财政资金等专项检查；开展基层执法人员作风专项治理，严肃查处违规收受礼金礼品、接受管理对象宴请等问题。共查处违反中央八项规定精神问题47人，通报曝光典型案例8起9人。坚决有力治“蝇贪”。针对群众身边的“微腐败”和不正之风，开展直管公房专项整治，共立案16人，收回公房21处；推进公职人员违规挂证取酬专项监督，开展特殊群体帮扶保障、停车收费等专项监督，严肃查处侵害群众利益的行为。全年共查处群众身边的腐败和作风问题15件，其中，给予党纪政务处分11人，取得良好社会效果。建成区纪检监察大数据查询研判中心，全面提升纪检监察工作信息化应用水平。充分发挥市“阳光惠民”监管系统、“181”应用平台、区民生资金监管“安全岛”等信息化监管平台的作用，促进监督与监管有机融合。（唐小雨）

（栏目编辑　刘心林）

民主党派·人民团体

民主党派

人民团体

民主党派

【概况】 截至2022年12月,玄武区民主党派成员共计1667人,其中,民革总支9个支部,224人;民盟基层委员会13个支部,283人;民建基层委员会1个总支,9个支部,230人;民进基层委员会3个总支,23个支部,516人;农工党基层委员会8个支部,202人;致公党总支5个支部,101人;九三学社基层委员会2个支社、1个小组,93人;台盟玄武支部,18人。

【中国特色社会主义参政党建设】 深入贯彻落实《中国共产党政治协商工作条例》。支持各民主党派基层组织开展"矢志不渝跟党走、携手奋进新时代"政治交接主题教育。以"扎根玄武、深耕基层"为目标,强化民主党派基层组织与街道、部门结对共建、对口联系工作。开展思想政治建设研讨班,不断巩固新时代民主党派广大成员团结奋斗的共同思想政治基础。

【民主党派建设】 抓好《中共中央关于加强中国特色社会主义参政党建设的意见》等3个文件、5个纪要精神贯彻落实。支持民主党派基层组织加强自身建设,有序推进组织发展。规范民主党派之家建设运行,更好发挥作用。继续认真贯彻落实《民主党派代表人士队伍建设规划(2018—2027)南京实施办法》,协助做好代表人士发现、培养等工作。

【民主党派作用发挥】 支持各民主党派基层组织围绕全区经济社会发展重大课题,扎实开展区情考察和专题调研,提高议政建言质量和效果。召开民主党派基层组织负责人座谈会,推荐党派成员担任检察院听证员,支持民主党派围绕落实市第十五次党代会等重大决策部署积极建言献策。组织动员民主党派成员参与疫情防控工作,积极开展社会服务等公益活动,不断深化民主党派基层组织与街道结对共建工作。 (王 梦)

人民团体

·玄武区总工会·

【概况】 2022年,区总工会在区委的坚强领导下,紧扣"强富美高"新玄武建设的现代化篇章,努力践行新发展理念,强化突出主责主业,坚持党建、产改、工建一体化推进,引导全区广大职工积极投身高质量发展,常态化做好疫情防控和文明典范城市创建工作,各项工作取得新成效。

【节日送温暖活动】 春节前夕,玄武区总工会积极应对新冠肺炎疫情常态化防控要求,结合"四史"学习教育、"我为群众办实事"实践活动,继续深入开展以"工会常伴·贴心送暖"为主题的全区工会送温暖活动,把中国共产党和政府的关怀、工会组织的温暖及时送到广大职工群众的心坎上。本次"两节"送温暖活动中,区总工会累计筹集资金30万元,用于走访慰问3名建档困难职工、51名基层工会困难职工和171名市级以上劳动模范。全区各级工会同步动员、部署、推进,深入走访困难职工家庭和受疫情影响的中小微企业以及面临困难的民营企业,积极组织慰问下岗失业、患重病、工伤病亡等情况造成生活困难的职工家庭,广泛开展"1+1+N"系列关爱行动("1+1+N"即为困难职工家庭送1份慰问金、1份温情年货礼包和N个"贴心送"系列送温暖活动,"N"即根据困难职工家庭实际需要,开展送健康、送岗位、送教育、送法律、送娱乐、送心理辅导等帮扶服务)。

【"温暖玄武年"活动】 春节期间,玄武区总工会全体干部职工放弃休假全部下基层,到结对社区值班,区总工会机关干部下沉社区,让长时间在一线工作的结对社区社工回家过年。从除夕到大年初六,区总工会每天安排2名干部到梅园新村街道东南大学社区值班,并深入社区便利店、棋牌室等人员密集场所指导疫情防控工作,走访关爱空巢老人和独居老人。虽然天气寒冷,但挡不住工会干部职工积极为空巢、独居老人排忧解难和提供心灵关爱的积极热情,为社区独居老人贴对联、送福字、送大礼包,陪独居老人欢度春节。走访慰问活动为他们带去新春佳节的祝福和问候,以实际行动体现了基层党组织和政府对辖区老人的亲切关怀,使老人们感受到了工会和社区的关心和温暖。

【区总工会第六届委员会第七次全体(扩大)会议】 4月15日,玄武区总工会第六届委员会第七次全体(扩大)会议召开。会议总结2021年工作,部署2022年任务,聚焦主责主业,围绕创新引领,团结动员广大职工以主人翁姿态建功新时代,以优异的成绩喜迎中共二十大召开。区人大常委会副主任、党组副书记,区总工会主席朱明勇作工会工作报告,区总工会副主席梁菁主持会议。会议指出,2021年在区委的坚强领导下,在市总工会的关心指导下,区总工会紧扣"强富美高"新玄武建设的现代化篇章,践行新发展理念,突出主责主业,坚持党建、产改、工建一体化推进,团结、带领全区广大职工建功"十四五"、奋进新时代,投身高质量发展,常态化做好疫情防控和文明典范城市创建工作,各项工作取得新成效。思想理论武装持续强化,服务职工取得新成效,基层基础建设持续优化,职工建功立业热情持续高涨。会议强调,2022年工会工作的主要任务,一是政治引领、学思悟行,凝聚建功奋进新征程的主力军力量;二是围绕中心、服务大局,唱响建功奋进新征程的时代强音;三是以人为本、心系职工,健全建功奋进新征程的服务机制。会上宣读了区委决定、市总党组复函,审议组织人事事项,替补工会委员会委员、经费审查委员会委员,选举了朱明勇为主席、杜宏亮为常务副主席、朱红为副主席等。会后区总工会召开经审委会议,选举杜宏亮为经审委主任委员。

【区委领导调研区总工会工作】 4月25日上午,区委书记闵一峰调研区总工会工作,在五一前夕向全区各级劳动模范、广大职工群众致以节日的祝贺,并主持召开座谈会,听取有关工作情况汇报。区委副书记吕璟、徐庄高新技术开发区管委会主任、区委办主任邱健参加。闵一峰在听取区人大常委会副主任、区总工会主席朱明勇作的全面工作汇报后,充分肯定了区总工会近年来工作取得的成绩,指出区总工会推动发展有方,积极引导广大职工投身"强富美高"新玄武建设的火热实践;助力抗疫有为,慰问抗疫一线人员、落实助企纾困政策;服务职工有力,维护职工合法权益,做好常态化、持续性困难帮扶工作,为广大职工带来实实在在的幸福感和获得感;凝聚力量有效,发挥党建作用、凝聚职工力量,深入推进非公企业党建带工建工作,让党旗在非公企业飘扬。闵一峰指出,2022年是中共二十大召开的喜庆之年,是贯彻落实省、市、区党代会精神的关键之年,工运事业是党的事业的重要组成部分,做好工会工作责任重大、意义重大,要以迎接中共二十大召开、学习宣传贯彻中共二十大精神为主线,全面落实中共中央和省、市、区委决策部署,坚定政治方向、凝聚奋进力量,奋力谱写新时代工会工作新篇章。要坚定不移听党话、跟党走。深入学习贯彻习近平总书记关于工人阶级和工会工作的重要论述精神,聚焦增强政治性、先进性、群众性,深化"中国梦·劳动美·幸福路"主题教育,把党的路线方针政策和决策部署落实到工会各项工作中去,把党的意志和主张落实到广大职工中去。要精准履职出实招、求实效。充分发挥桥梁纽带作用,发扬玄武总工会密切联系职工的优良作风,抓住职工群众关心的热点难点问题,提供常态化、精准化服务,多渠道走基层、察民情,了解职工心声、反映社情民意,真心实意为职工办好事、解难事。要筑牢组织强基础、增动能。贯彻中共中央关于群团改革的总体要求,落实新时代玄武产业工人队伍建设改革的工作部署,以推进区总工会换届工作为契机,从建会、建制、建家、建队伍等方面出发,夯实基层工会工作基础、探索主城工会工作路径,全面提升工会组织的覆盖面和凝聚力。闵一峰强调,工会工作要在融入大局中彰显工会担当。要弘扬实干精神、激励担当作为,要弘扬"工匠精神"、练就过硬本领。要在服务职工中厚植工会情怀。要当好职工诉求的"代言人",要当好职工生活的"贴心人"。要在开拓进取中展现工会作为。要创新工作思路,要打造工作亮点。闵一峰强调,区总工会要加强自身建设,强化组织,开创工会工作发展新局面。要提升履职能力。顺应工会工作新趋势、聚焦职工群众新需求,在自身建设上下功夫,以提升工会组织服务大局、服务基层、服务职工的能力为目标,不断加强工会干部思想淬炼、政治历练、专业训练、实践锻炼，建设一支政治素质高、业务能力强、懂职工、爱职工的工会干部队伍。要加强协作配合。完善工会组织与职能部门、驻区企业的协作配合机制，加强与人社、民政、市场监管等部门的常态对接，做到既全面推动企业健康发展、又全力维护职工合法权益，促进职工阵地焕发新生机、展现新活力，推进工会组织从"有形覆盖"向"有效覆盖"转变。要做好宣传引导。坚持用先进文化培育职工，用正确舆论引导职工，聚焦"五一"国际劳动节等重要节点，精心策划一系列内涵丰富、参与度高的主题活动，充分利用传统媒体和新媒体平台，讲好劳动故事、工匠故事，在全社会营造劳动光荣的社会风尚和精益求精的敬业风气。区委副书记吕璟在调研中对区总工会工作提出了要引导广大职工听党话、跟党走；围绕区委中心任务开展工作；进一步密切联系群众等要求。区总工会科以上干部参加座谈。

【区委领导一行走访调研新街口街道民营企业苏源高科技有限公司】 4月28日上午，玄武区委书记闵一峰、常务副区长陈可科和总工会主席朱明勇一行来到新街口街道民营企业苏源高科技有限公司走访调研。闵书记一行参观了苏源高科的文化墙和党建工建工作室，听取了苏源高科技有限公司工作人员的对企业文化、企业党建工作和企业工会工作报告。苏源高科技有限公司重视党建和工建工作，公司于2020年荣获全国模范职工之家、工会主席朱艳于2022年荣获市级劳动模范荣誉。闵一峰对苏源高科工会工作给予了高度评价，认为公司工会切实提高了组织的凝聚力和职工的归属感、幸福感，希望职工之家建设工作再上新台阶。区总工会常务副主席杜宏亮、副主席朱红陪同调研。

【第六届女职工委员会第六次全体会议】 4月27日，区总工会召开了第六届女职工委员会第六次全体会议。区总工会副主席、女职工委员会主任梁菁作工作报告，总结了2021年全区女职工工作，部署2022年女职工重点工作任务。2022年全区女职工重点工作：一是强化思想引领，以创新业绩展现巾帼风貌；二是继续推进爱心母婴室建设和康乃馨服务计划；三是开展实事项目，帮助女职工解除后顾之忧；四是健全维权机制，维护女职工合法权益和特殊利益；五是加强自身建设，不断筑牢女职工工作基层基础。本次会议替补了(按姓氏笔画为序)王琴、杨月珍、张春燕、陆建萍、周玉芳、黄滢6人为区总第六届女职工委员会委员。区总工会第六届女职工委员会委员出席了会议，部分中间层次工会女工干部列席会议。

【中式传统插花活动】 4月27日，区总工会女职工委员会举办了以"健康女性·美化生活"为主题的活动，组织区总工会女职工委员会委员、女工干部等20余人开展了一场别开生面的手作活动——中式传统插花。活动现场花香四溢、气氛轻松，已有3000多年悠久历史、独具东方审美意境的中式插花，吸引着大家，花艺老师一边向大家介绍着中式插花的起源、发展及主要特点，一边通过实物来介绍中式插花的常用花材，通过现场演示插花的过程，让大家感受到中式传统插花追求线条、色彩淡雅、富有意境的特点。此次活动，让女职工们在感受美、欣赏美、创造美的过程中度过了一段愉快的时光，不仅增进了交流、陶冶了情操，还收获了中式插花的优雅技艺。

【省市区三级工会为企业班组颁发全国工人先锋号奖牌】 5月23日下午，江苏省总工会副主席张海涛、南京市总工会副主席陈慧男、玄武区人大常委会副主任总工会主席朱明勇等三级工会组织领导，参观了江苏先声药业有限公司并进行了座谈。参观过程中，江苏先声药业有限公司党委书记殷晓进介绍了江苏先声药业有限公司此次获得"全国工人先锋号"称号的公司采购部，该部门自成立以来，始终坚持"公平、公开、公正"的采购原则，积极探索与改进，有计划地进行各业务领域高素质的专业采购，规范完善管理体系。江苏省总工会副主席张海涛希望江苏先声药业有限公司采购部充分发扬"全国工人先锋号"班组的先进性，在各项工作中争当排头兵，继续弘扬劳模精神、劳动精神、工匠精神，促进企业的科技创新，促进产业工人队伍建设改革。把产业改革、工会建设、党的建设联动起来一体化建设。最终希望是让企业获利、让职工获利，并造福于社会，无愧于时代。

【市总工会领导调研玄武区园区企业女职工工作】 5月23日，南京市总工会女职工委员会到玄武区调研女职工工作情况，市总工会党组成员、副主席、女职工委员会主任陈慧男，市纪委监委派驻市总工会机关纪检监察组组长、市总工会党组成员缪德阳率调研组一行赴徐庄高新区，走访南京贝湾信息科技有限公司（以下简称“贝湾公司”）。玄武区人大常委会副主任、区总工会党组书记、主席朱明勇，区总工会党组副书记、常务副主席杜宏亮等相关负责人陪同。调研组一行实地参观了贝湾公司办公场所、职工服务阵地的硬件设施建设情况，随后开展了关于女职工工作情况座谈。贝湾公司工会主席高欢汇报了企业基本情况、工会工作情况及女职工组织建设、运行和作用发挥情况；徐庄高新区总工会副主席、女职工委员会主任王琴汇报园区女职工工作情况；区总工会党组成员、副主席梁菁汇报玄武区女职工工作情况。调研组人员就优化生育政策和疫情常态化背景下女职工权益保护、新形势下女职工需求及企业亟待解决的问题、软件信息行业产业工人队伍建设改革中推动女职工建功成长等方面与现场职工代表座谈。陈慧男主席为贝湾公司编程业务部荣获“江苏省五一巾帼标兵岗”班组颁发获奖证书，对玄武区各级工会女职工组织在深化女职工组织建设、维护女职工合法权益、引领女职工建功立业、拓展女职工服务项目等方面工作给予充分肯定，希望全区各级工会女职工组织继续加强建设，倾情做好服务，聚力创新建功，充分发挥女职工“半边天”作用。

【企业集体协商工作】 5月20日，玄武区总工会分管领导、孝陵街道工会协理员以及区总工会集体协商指导员等从事集体协商工作的相关人员到南京汇通达网络股份有限公司，就推进公司2022年的集体协商工作进行调研和指导。区总工会集体协商指导员就公司开展集体协商的程序、议题、规范性要求、协商细节等内容作了全面解读；着重就开展“能级工资”协商、“产业工人改革工作”协商等内容进行专题辅导。汇通达公司集体协商的双方首席代表表示，公司将本着一贯坚持的“共创伟大事业，共创商业模式，共创未来价值”的经营理念，按照市、区协调劳动关系三方委员会和市集体协商推进会提出的要求，积极推进公司2022年的集体协商工作，提高协商绩效，争创2022年度集体协商质效评估三星级企业；争创劳动关系和谐企业，实现公司和职工的共创和共享。

【“和谐发展·法治护航”劳动法律服务月活动】 5月16日上午，玄武区总工会联合区司法局、区法院等多家单位在孝陵卫街道南理工科创园广场举行了“民法典宣传月”活动启动仪式。在活动现场，区总工会法援服务中心的2位律师为群众解答相关法律问题，接待群众咨询20余人次；现场发放了《服务农民工公益法律服务手册》《一办法七条例》《女职工特殊权益保护专项集体协商工作》《职工互助保障服务手册》《中华人民共和国法律援助法》等宣传资料100多份。

【“玄武区总工会法律服务中心”揭牌仪式】 5月27日上午，玄武区总工会举行了“玄武区总工会法律服务中心”揭牌仪式，区总工会法律服务中心正式启用。南京市总工会一级调研员刘国庆和玄武区人大常委会副主任、区总工会党组书记、主席朱明勇共同为区总法律服务中心揭牌；南京市总工会法律工作部部长帅小平向来自江苏融悦律师事务所等3家律所的维权律师颁发了“劳动人事争议特邀调解员”聘书；受聘律师代表胡晓勇作了表态发言；中国新四军研究会《铁军》杂志社执行总编辑徐良文，现场向区总法律服务中心赠送他本人根据农民工典型法律援助实例撰写的法律援助与农民工维权实录的力作——《法律的阳光》80本。

【集体协商暨和谐劳动关系创建工作推进会】 6月23日，玄武区劳动关系三方委员会召开2022年集体协商暨和谐劳动关系创建工作推进会，会议传达学习了“南京市集体协商暨新业态劳动者权益保障工作推进会”精神，总结了2021年玄武区集体协商、和谐劳动关系创建工作，并对下一步创建工作进行了部署。会上对玄武区2020年度获省、市和谐劳动关系示范企业，2021年度市级集体协商质效评估三星级企业进行了表彰、授牌，部分荣获“省和谐示范企业”、市级集体协商评估“三星”企业作了交流发言。会上，区总工会常务副主席杜宏亮代表区协调劳动关系三方委员会，就集体协商、和谐创建等工作提出新的目标和要求。一是要更深入地学习贯彻习近平总书记关于和谐劳动关系的重要指示精神，进一步提高政治站位和责任担当。二是要健全劳动关系协调机制，切实增强集体协商之实效。三是要加强协商工作的保障力度，形成玄武集体协商、和谐创建工作的整体合力。四是区、街协调劳动关系三方委员会要高度重视集体协商、和谐创建的台账工作，规范工作流程，及时收集、整理、汇总和分析原始数据，用好相关报表，健全工作台账。会议由区工商联副主席樊姝玉主持，区发改委(工信局)副局长邢四清，区人社局副局长吴安震等区协调劳动关系三方委员会的领导出席会议，区、街协调劳动关系三方委员会办公室成员，各系统工会、直属工会主席，部分非公企业工会主席，集体协商专、兼职指导员等60余人参加会议。

【区委领导走访慰问困难劳模和困难职工】 7月2日上午，区委副书记吕璟带队走访慰问了玄武区困难劳模和困难职工，为他们送去清凉，也送上区委、区总工会对困难劳模和困难职工的关怀。走访中，吕璟详细了解每一位困难职工的经济情况、生活状况和就业情况，鼓励他们自立自强，并叮嘱他们保重身体，有困难找工会，工会将竭尽全力帮助他们。吕璟指出，总工会要一如既往地做好劳模和困难职工的服务工作，继续深入基层、关心职工，时刻把职工的冷暖放在心上，多渠道、多形式为职工提供服务，切实做好事、办实事和解难事，让职工感受到党和政府及工会组织的温暖，把职工对美好生活的向往落到实处，让他们感受到来自党和政府的温暖。区总工会、梅园新村街道、锁金村街道、区住建局领导分别陪同走访。

【送清凉、送安全、送法律夏季安康“三送”活动】 7月18日，玄武区总工会启动送清凉、送安全、送法律夏季安康“三送”活动，助力全区安全生产专项整治行动，做好疫情防控常态化下职工安全生产和夏季防暑降温工作，切实维护职工劳动安全与健康权益。一是进建筑工地了解暑期工作安排和防暑降温措施，在宏腾建设集团有限公司德基广场项目部，玄武区总干部给一线职工送去了工会的慰问。二是进企业检查安全工作，认真细致地查看企业安全落实情况。三是为广大职工送去法律咨询，为广大职工解难题、办实事。此次活动中，玄武区总工会还为高温下坚持工作的外卖小哥们送去了清凉和关怀，号召大家从自我做起，尊重每一位劳动者，爱护环境卫生。

【省市总走访慰问玄武区爱心驿站】 8月7日省总工会劳经部与市、区总工会权益保障部相关人员冒着酷暑来到玄武区梅园新村“爱心驿站”，走访慰问正在“爱心驿站”休息避暑的外卖送餐员们，给他们送上了清凉礼包和防暑药品。外卖小哥表示“工会的爱心驿站给我们提供了一个可随时休息的地方，大家工作起来更安心了。”南京市玄武区梅园新村“爱心驿站”位于梅园新村街道为民服务大厅旁，由梅园新村街道总工会主导，2021年11月建成并投入使用，面积12平方米。配有冰箱、微波炉、饮水机、冷暖设备、桌椅、储物柜、应急药箱、工具箱、无线路由器、手机充电设备、洗手间等基础设施。2022年夏天长时间持续不断的高温，“爱心驿站”成为出租车网约车司机、快递外卖配送员、环卫保洁员、交通城管协管员、建筑市政员等户外劳动者避暑的好去处。

【第十八届职工技术大比武竞赛】 8月10日，南京市玄武区第十八届职工技术大比武红十字应急救护技能竞赛在南师附小铁北新城分校正式举行。区红十字会积极借助玄武区第十八届职工技术大比武的契机，举行红十字应急救护技能竞赛，旨在深入贯彻《中国红十字会总会关于推进红十字应急救护工作的指导意见》和事业发展第十四个五年规划，积极弘扬劳模工匠精神，进一步推动普及应急救护培训工作，让更多的群众掌握应急救护知识，提高自救互救技能，增强防灾避险意识，助力健康玄武建设，推动红十字工作高质量发展。区委常委、副区长马千山宣布比赛开始，区政协副主席、红十字会常务副会长郭志芹代表承办方致辞，省、市红十字会应急救护部门领导，区总工会、人社局、团委、妇联四家主办单位以及教育、卫健等部门领导出席活动，来自全区各街道、系统及社会报名的近60名选手参加了比赛角逐。经过激烈的角逐，来自新街口社区卫生服务中心的周静等3名选手荣获一等奖，仙鹤门社区卫生服务中心的戴诗翌等6名选手荣获二等奖，江苏讯捷医疗科技有限公司的翟骋等9名选手荣获三等奖，获奖选手按年龄和性别还荣获由区总工会、人社局、团委、妇联授予的“玄武工匠”“玄武区青年岗位之星”“玄武区巾帼岗位明星”等称号。

【市总工会领导慰问玄武区抗疫一线医务人员】 8月10日下午，市总工会副主席郁忠来到玄武区妇幼保健所为防疫抗疫一线医务人员送上防暑降温物品，玄武区总工会常务副主席杜宏亮等一行陪同慰问。玄武区妇幼保健所除了参与防疫抗疫外，还要完成本职工作。慰问中，市、区总工会领导和妇幼保健所医生进行座谈。南京市劳动模范、玄武区妇幼保健所所长袁文红表示虽然酷暑当前，常态核酸检测工作繁忙，但在领导的关怀和鼓励下，让医护人员感到心慰的同时，也给医护人员带来了无限动力，更激励着医护人员把关爱传递给每一位患者，用真情为患者提供更加温馨、便捷、优质的医疗服务。

【市总工会城南片经审工作推进会】 9月14日上午，市总工会城南片经审工作推进会在玄武区召开，市总工会党组书记、常务副主席、市总工会经审会主任焦勇到会讲话，玄武区人大常委会副主任、区总工会党组书记、主席朱明勇出席会议，市总工会审计处、玄武区、建邺区、秦淮区、雨花台区、江宁区、溧水区、高淳区总工会经审会主任和经审办主任参加会议。会上，市总审计处处长宋长星传达省总设区市级工会经审工作会议、市总十七届四次全委会及南京市内审工作会议精神；并就市总拟出台的《南京市总工会机关及直属单位建设项目审计实施细则》《南京市区总工会和其他直属工会经费审查工作规范化建设考核办法和考核标准》作相关说明。7个区总工会经审会主任交流了2022年上半年经审工作和下半年工作打算。宋长星通报了市总经费审查会2022年上半年工作及下半年打算。焦勇作了讲话。焦勇在充分肯定各区总工会经费审查工作取得成绩的同时，还指出，要继续进一步履职尽责，提高经审水平；要加强工会经费审查对工会工作的指导；要加强经费审查干部的自身建设，切实以经费审查工作的实际成效助推工会工作的高质量发展。

【玄武区工会第七次代表大会】 9月15日，南京市玄武区工会第七次代表大会胜利召开。玄武区委书记闵一峰出席会议并讲话，市总工会党组书记、副主席焦勇到会讲话，区领导钱维、贾慧、许恺、吕璟、罗昌锋、施扬、陈可科、张杰、杨冬梅出席开幕式。区人大常委会副主任、区

9月15日，南京市玄武区工会第七次代表大会召开　（区总工会　供图）

总工会主席朱明勇主持大会并作工作报告。闵一峰向大会的召开表示热烈祝贺,他指出,近年来,全区各级工会组织坚持以习近平新时代中国特色社会主义思想为指导,动员广大职工在各个行业、各条战线上挥洒汗水、倾注智慧,政治建设坚决有力、建功立业扎实有效、维权服务务实有为、自身建设创新有方,为全区实现高水平全面小康、不断推进现代化建设作出了重要贡献。闵一峰强调,全区各级工会组织要突出政治性、先进性、群众性,团结带领广大职工在服务大局中求作为、在推动发展中显地位、在促进和谐中展风采,为玄武发展再立新功、再创佳绩。要始终坚定不移跟党走,把牢工会工作正确方向。毫不动摇地坚持党对工会工作的全面领导,深刻领悟“两个确立”的决定性意义,树牢“四个意识”、坚定“四个自信”、坚决做到“两个维护”,把中共中央和省、市委决策部署落实到工会工作的各领域、全过程。要始终坚决有力担使命,团结广大职工建功立业。紧紧围绕迎接、宣传、贯彻中共二十大工作主线,大力弘扬劳模精神、劳动精神、工匠精神,引导广大职工充分发挥工人阶级主力军作用,满腔热情投身“强富美高”新玄武现代化建设。要始终坚守初心优服务,促进劳动关系和谐稳定。千方百计为职工办好事、解难事,依法维护职工劳动就业、收入分配、社会保障、安全健康等权益,把党和政府的温暖送到职工的心坎上。要始终坚持不懈提质增效,持续推进工会自身建设。认真落实产业工人队伍建设改革的总体部署,完善“党建带工建、工建促党建”的工作机制,创新工作方式、夯实基层基础,使工作更加顺应时代潮流、体现玄武特色、符合职工期盼,以实际行动迎接中共二十大胜利召开。焦勇代表市总工会向大会的召开表示热烈的祝贺。焦勇表示玄武区工会第六次代表大会以来,全区广大职工解放思想、锐意进取,在玄武的各项事业中,彰显了工人阶级的时代风采,做出了工人队伍的积极贡献;全区各级工会扎实开展维权服务,统筹推进改革创新,为全市工会工作做出重要贡献,提供了宝贵经验。焦勇对玄武工会工作和广大职工提出四点希望:要牢牢把握正确政治方向,引导广大职工群众坚定不移听党话、跟党走;要聚焦聚力中心工作履职,在推动“强富美高”新玄武现代化建设中显担当、有作为;要坚持以职工为中心的工作导向,切实增强广大职工群众获得感、幸福感;要不断加强工会组织的自身建设,切实推动工会工作上台阶、上水平。会上,朱明勇代表玄武区总工会第六届委员会向大会作了题为“奋进新征程建功新时代团结动员全区职工为推进‘强富美高’新玄武现代化建设而努力奋斗”的工作报告。大会选举了区总工会第七届工会委员会委员、经费审查委员会委员和女职工委员会委员。随即区总工会分别召开了第七届委员会第一次会议、第七届经审委员会第一次会议和第七届女职工委员会第一次会议上,分别选举朱明勇为主席;杜宏亮为常务副主席;梁菁、朱红、刘欢(兼职)、朱艳(挂职)等为副主席;选举朱明勇、杜宏亮、朱红、朱妍、朱艳、刘欢、沈峰、陈振昌、周平、姬智、梁菁等为常委。选举杜宏亮为经审委主任委员、姚芳为副主任委员。选举梁菁为女职委的主任委员、周艳红为副主任委员。区委副书记吕璟出席大会闭幕式并讲话,一是坚定不移地引导广大职工听党话、跟党走;二是紧紧围绕区委中心工作,谋划全区工会工作;三是进一步密切联系群众,工会组织和工会干部要真正走到职工群众中去;四是进一步锤炼严实的工作作风。继续深入推动工会改革,落实群团组织“三性”要求,进一步去“四化”。

【区工会组织劳模体检】 为了进一步体现对劳模的亲切关怀,11月10—11日,玄武区总工会组织辖区内90余名劳模在市级机关医院参加健康体检。此次劳模体检工作,玄武区总工会高度重视、积极有序筹备,尽力为劳模提供优质服务,经与体检中心多次沟通对接,为劳模们量身定制了基础检查项目和个性化自选专病筛查套餐项目,包含肝肾功能、血糖、血脂、血常规、甲胎蛋白癌胚抗原、心电图、肺部CT、心脑血管疾病等20多项体检项目,通过体检让劳模们更加准确地了解自己的身体状况,有针对性防病治病。

【区总工会被评为年度经费审查工作特等奖单位】 经南京市总

工会第十七届经费审查委员会第六次全体会议审议通过，玄武区总工会被评为2021年度经费审查工作规范化建设特等奖单位。玄武区总工会高度重视工会系统经费审查工作，认真贯彻落实《中国工会审计条例》，严格审查审计，依法履行经审监督职责。规范经审组织和制度建设，认真组织开展经审工作业务培训，聘请特邀审计员，切实加大审计审查力度，扩大审计覆盖面，进一步加强基层工会经费收支管理，严格规范基层工会经费管理使用，经审工作规范化建设整体水平稳步提升。玄武区总工会将进一步推进工会财务及资产管理部门健全制度、强化管理、规范运作，推动工会系统党风廉政建设，跟踪基层工会整改落实情况。同时，还将持续加大对各基层工会经费审计工作力度，坚持每年开展工会经费审计工作，推动基层工会经费管理规范化，确保工会经费取之于职工、用之于职工。

【玄武区协调劳动关系三方到街道（园区）巡检统计报表工作】 12月1—2日，玄武区协调劳动关系三方相关职能部门负责人及集体协商专职指导员，到梅园新村街道、徐庄软件园，与街道（园区）总工会负责人、劳保所所长等，围绕集体协商工作中具体的统计报表、基础工作等方面进行实地巡检、调研和交换意见。此次巡检工作前，区总工会下发了“关于对我区集体协商统计报表工作巡检的工作方案”，街道（园区）对巡检工作十分重视，认真准备，积极配合，对近期街道（园区）开展集体协商工作情况从总工会、劳保所两个方面进行汇报，区协调劳动关系三方委员会通过此次巡检工作，进一步摸清底数，加强指导，对扩大集体协商建制面，增强集体协商实效性，起到较好的促进作用；通过巡检，对少数签订的集体合同及专项合同不够规范等问题逐一指出并现场点评，提出了整改意见。

【中共二十大精神宣讲会】 12月15日，玄武区人大常委会副主任、区总工会主席朱明勇在全区工会系统以视频会议的形式专题宣讲了中共二十大精神。玄武区总工会全体干部、全区各街道、系统、直属工会负责人聆听了宣讲。朱明勇紧扣中共二十大精神，从深刻理解和把握中共二十大的主题和主要成果、深刻理解和把握过去5年的工作和新时代10年的伟大变革、深刻理解和把握马克思主义中国化时代化、深刻理解和把握中国式现代化、深刻理解和把握全面建设社会主义现代化国家的目标任务、深刻理解和把握坚持党的全面领导和全面从严治党的要求、深刻理解和把握应对风险挑战的形势等方面进行了阐释和宣讲。他强调，学习宣传贯彻中共二十大精神，是当前和今后一个时期的首要政治任务，也是长期的战略任务。朱明勇要求，全区各级工会要主动对标对表中共二十大精神和作出的重大部署，认真谋划当前和今后一个时期全区工会工作的具体任务和有效举措。要深刻领悟中共二十大对工人阶级和工会工作提出的新要求，把党的意志主张转化为全区职工群众的自觉行动，在新征程上更好发挥工人阶级主力军作用。（蔡晓青）

·中国共产主义青年团南京市玄武区委员会·

【概况】 2022年，团区委坚持以习近平新时代中国特色社会主义思想为指导，全面学习贯彻落实中共二十大精神，在思想引领中发挥青春领航作用，在赋能青年中展现青春干劲，在服务大局中奉献青春热血，为新时代广大青年在玄武区成长成才、奋进有为不断注入强大动能。截至2022年年底，全区直属团组织37个（含7个街道团工委、1个园区团工委、8个系统团工委、16个中学团委、4个企业团组织、1个综合行业团工委），团员14200人；少先队大队组织40家（其中，小学26家、特殊教育学校1家、九年一贯制1家、初中12家），少先队员31418人。10月，玄武团区委、区少工委深入学习宣传贯彻中共二十大精神，广泛组织各大队、中队开展“学习二十大，争做好队员”主题教育活动3千余场次，引导少先队员听党话、跟党走。

【区委领导调研团区委工作】 3月7日上午，区委书记闵一峰调研团区委工作，听取玄武共青团工作情况汇报。闵一峰充分肯定了团区委近年来工作取得的

4月29日，"玄武青年探百店"第三季启动仪式　　（团区委　供图）

成绩，指出团区委紧紧围绕全区中心大局，忠诚履职、务实进取，助推区域发展、办好暖心实事、打造特色亮点，做了大量卓有成效的工作。闵一峰强调，要全面融入发展大局，要全力维护合法权益，要全情做好服务保障，要全域创树特色品牌，努力推动各项工作争先进位。

【先进评选表彰】 4月初，玄武团区委、区青联、区委组织部联合开展第七届"玄武好青年"暨"玄武十大青年先锋"评选活动。共授予101人第七届"玄武好青年"荣誉称号，10人第七届"玄武十大青年先锋"荣誉称号。4月底5月初，玄武团区委、区少工委评选表彰"红领巾奖章"个人二星章2824人，"红领巾奖章"集体二星章84个。评选表彰玄武区优秀少先队员197人，优秀少先队中队辅导员86人，优秀少先队大队辅导员3人，玄武区优秀大队集体7个，玄武区优秀中队集体47个。9月至10月，开展2022年度玄武区"最美职校生""最美中学生"寻访活动，共寻访"最美中学生"30人，"最美职校生"2人。

【"炫彩青年　五味人生""玄武青年探百店"第三季】 为助企纾困促进青年消费，玄武团区委利用"五一"假期，开展"玄武青年探百店"第三季系列活动。4月29日下午，启动仪式在珍珠河畔的东方珍珠VOCO酒店举行。活动网罗玄武154家店铺上架"玄武探百店"专属抖音套餐，6名百万网红探店官助力推介，500名探店达人通过短视频形式带货种草，8场抖音带货直播连续放送，帮助商家拓宽销售渠道，推动青年消费。

【省、市、区"两红两优"评选】 3月至5月，玄武团区委组织全区各级团(工)委、团(总)支部、团员及团干部申报2021年度省、市、区"两红两优"，共荣获江苏省红旗团(工)委1个，江苏省红旗团(总)支部2个，江苏省优秀团干部1人，江苏省优秀团员1人，江苏省优秀团支部书记1人；南京市红旗团(工)委6个，南京市红旗团(总)支部6个，南京市优秀团干部6人，南京市优秀团员15人，南京市优秀团支部书记7人；玄武区红旗团(工)委5个，玄武区红旗团(总)支部37个，玄武区优秀团干部50人，玄武区优秀团员101人。

【学习贯彻习近平总书记在庆祝中国共产主义青年团成立100周年大会上的重要讲话精神座谈会】 5月14日上午，玄武区学习贯彻习近平总书记在庆祝中国共产主义青年团成立100周年大会上的重要讲话精神座谈会举行，区委书记闵一峰出席并讲话，区领导朱天龙，戴航，吴恒出席会议，副区长邵睿主持会议。座谈会上，闵一峰为受表彰的第七届"玄武十大青年先锋"获奖代表颁奖。团区委负责人传达学习习近平总书记在庆祝中国共产主义青年团成立100周年大会上的重要讲话精神，青年代表张云辉、孙超、吴迪、靳鑫、陈石坚、吴亿达发言。

【团省委领导参加玄武区学习贯彻习近平总书记在庆祝中国共产主义青年团成立100周年大会上的重要讲话精神联青服务站座谈会】 5月21日上午，团省委书记司勇来到玄武区梅园新村街道小红梅新青年之家联青服务站，与团干部、青年代表一同座谈交流，学习宣传贯彻习近平总书记在庆祝中国共产主义青年团成立100周年大会上的重要讲话精神。司勇从"深刻理解共青团的初心使命是什么""准确把握新时代的共青团应该怎么办”“带领新时代江苏团员青年怎么干”三方面，带领团员青年深入学习了习近平总书记在庆祝中国共产主义青年团成立100周年大会上的重要讲话精神。团干部和青年代表王鹤、曹俊、张云辉、史国强、靳鑫、朱源、吴卓分别围绕学习贯彻习近平总书记在庆祝中国共产主义青年团成立100周年大会上的重要讲话精神，结合各自工作实际，进行交流发言。

5月14日，区委召开庆祝建团百年座谈会　（团区委　供图）

【“让全国看见你”青年创新创业项目路演暨“创青春”江苏青年创新创业大赛选拔活动】 5月，举办玄武区2022年“让全国看见你”青年创新创业项目路演暨“创青春”江苏青年创新创业大赛选拔活动（玄武站）。本次活动以“青春喜迎二十大　创新创业赢未来”为主题，聚焦科技创新、数字经济2个专项领域，择优推选多个青年创业项目和大学生创业项目，以“线下+线上”形式分两场进行路演。推荐项目共获得省一等奖1个、二等奖2个。

【“‘青年学习社’开讲啦！”学习云接力活动】 6月7日，响应团省委在全省开展“‘青年学习社’开讲啦！”学习云接力活动号召，玄武团区委于小红梅·青年学习社，开启全省接力第一棒，玄武各界青年代表约40人共同走进“初心之路”，在“520”学生运动纪念广场、梅园新村纪念馆、小红梅青年学习社寻访红色印记，重返历史现场，开展沉浸式学习。各级团组织共开展学习实践活动137场，覆盖人数4310人次。

【“助企纾困　青联先行”青春思享会活动】 为助力解决疫情防控常态化背景下企业难点、堵点问题，7月8日，玄武团区委在锦创书城举办“助企纾困　青联先行”青春思享会活动。玄武青联委员代表、青商会玄武分会代表、部分中小企业代表共20余人参加活动。特别邀请中国银行南京玄武支行、区法院、区税务局相关领域骨干答疑解惑，就小微企业授信政策、最新组合式税费支持政策、疫情背景下企业经营风险防控进行宣讲，助力疫情防控常态化条件下中小企业发展。为企业提供了金融、法律、税务方面的知识普及，真正实现了急企业之急、纾企业之困。

【“嗨翻玄武　畅享一夏”“玄武青年探百店”第四季】 7月，为助力文旅行业复苏发展，玄武团区委举办“嗨翻玄武　畅享一夏”“玄武青年探百店”第四季活动，通过探店VLOG形式，探索玄武区的首店新店、老字号店铺、青年创业店铺、热心公益店铺、非物质文化遗产传承店铺、地方特色店铺、时尚潮流店铺背后的故事。通过传播商家故事，树立品牌形象，线上销售抖音专属套餐共计1.01万份，销售额79万元。

【“青商助力　创新玄武——青英·建功行走进玄武”活动】 7月13日，“青商助力　创新玄武——青英·建功行走进玄武”活动顺利举行。30余名市青商企业家分别考察玄武铁北红山新城、金旅德必钟山镜项目，探访创新载体，考察营商环境，共同与玄武缔结“创新之约”。

【团省委领导调研玄武共青团青少年关爱工作】 7月19日下午，团省委书记司勇来到玄武，深入区、街爱心暑托班、梦想小屋实地考察，调研区共青团青少年关爱工作。省希望办主任柏茂林，团市委书记荣飞、副书记许烨，区委副书记吕璟陪同调研。司勇一行听取了团区委关于全区共青团困境青少年关爱工作的情况汇报并对玄武梦想小屋建设、爱心暑托班、走访关爱等工作成效给予充分肯定。8月3日上午，团省委副书记熊俊来到玄武调研区共青团青少年关爱工作。省希望办主任柏茂林，团市委副书记许烨，区委副书记吕璟陪同调研。熊俊一行实地查看"梦想小屋"建设和爱心暑托班开办情况，对相关工作给予充分肯定。

【江苏省委领导调研玄武共青团青少年关爱工作】 8月10日下午，江苏省委副书记邓修明一行调研区共青团青少年关爱工作。省委常委、市委书记韩立明，省委办公厅副主任仲红岩、团省委书记司勇，市委副书记沈文祖、团市委书记荣飞，区委书记闵一峰、区委副书记吕璟陪同调研。邓修明一行实地调研团区委2022年爱心暑托班开办情况，走进新接口街道一户"梦想小屋"关爱对象家中，实地察看"梦想小屋"建设情况，对玄武共青团工作给予充分肯定。

【*2022*年爱心暑托班结业仪式】 8月12日下午，玄武区爱心暑托班结业仪式于红领·硅巷顺利举行。区科技局局长史庆锋、区总工会常务副主席杜宏亮、珠管办主任张兴保、区政府办副主任陈剑锋、区机关工委副书记李佳瑛、团区委书记王鹤出席结业仪式。区政府办副主任陈剑锋，区机关工委副书记李佳瑛为参与本次爱心暑托班的青年志愿者颁发志愿服务证书，区总工会常务副主席杜宏亮，珠管办主任张兴保为暑托班的学员发放结业证书，区科技局局长史庆锋为优秀学员颁奖，团区委书记王鹤对爱心暑托班工作作出总结。

【共青团南京市玄武区第十八届委员会第二次全体（扩大）会议】 8月31日下午，共青团南京市玄武区第十八届委员会第二次全体(扩大)会议召开，区委副书记吕璟出席会议并讲话。各直属团组织单位分管领导，团区委委员、候补委员，各直属团组织负责人参加会议。全会高举习近平新时代中国特色社会主义思想伟大旗帜，认真贯彻习近平总书记在省部级主要领导干部"学习习近平总书记重要讲话精神，迎接党的二十大"专题研讨班上的重要讲话精神，按照区委十二届五次全会和团市委十八届六次全会部署要求，回顾总结上半年工作情况，研究部署下半年重点工作任务。

【团中央少年部领导调研玄武区少先队工作】 9月15日，团中央少年部副部长夏新颜一行分别来到梅园新村纪念馆、南京市逸仙小学调研玄武区少先队工作；充分肯定了玄武区和逸仙小学的少先队工作，并指出逸仙小学要带头作出示范，形成经验，推动少先队工作在新时代不断实现新突破、开创新局面、迈上新台阶。

【社区少工委建设】 12月，为进一步强化少先队基层组织建设，提升少先队社会化工作水平，区少工委按照团中央及上级少工委部署要求，在新街口街道成贤街社区、梅园新村街道梅园新村社区、明故宫社区、北安门社区，红山街道红山社区、曹后社区先行先试，成立首批6个社区少工委，打通服务青少年"最后一公里"。

【玄武区青年工作联席会议第三次全体会议】 12月8日下午，玄武区召开青年工作联席会议第三次全体会议，区委副书记吕璟出席会议并讲话，区政府副区长邵睿主持会议，区青年工作联席会议各成员单位，各街道、徐庄高新区有关负责人参加会议。会议传达江苏省青年工作联席会议第四次全体会议精神，南京市青年工作联席会议第三次全体会议精神，听取了玄武共青团2022年度惠青实事项目落实情况。审议通过了《关于组织全区青少年认真学习宣传贯彻党的二十大精神方案》。

【"学习二十大·玄武青年说"短视频创作比赛】 12月，联合区委宣传部(网信办)开展《学习二十大·玄武青年说》短视频创作比赛，鼓励青少年结合玄武各行各业特点和个人实际，通过创作故事短片、纪录短片、创意剪辑、随手拍等原创短视频，学报告、话感悟、说变化，做好中共二十大精神“青年化”理论阐述，共收到短视频作品327个，在全区青少年中掀起了学习宣传贯彻中共二十大精神热潮。

【阵地建设】 为进一步加强全区少先队阵地建设，在上级团委的关心支持下，团区委、区少工委与逸仙小学联合推动梅园41号“红领巾信仰学习空间”少先队阵地建设。建成后，将推动其与小红梅青年学习社一体化发展，实现党、团、队阵地有效衔接，打造全市少先队思想引领新标杆。2022年，“梦想小屋”项目列入玄武区民生实事项目，旨在帮助以“事实无人抚养儿童”为主体的困境青少年，改造原有住房，改善居住和学习环境，完善关爱帮扶体系，全年共计建成22间梦想小屋。

【“三年二班”青年联谊交友系列活动】 针对青年婚恋问题，为单身青年搭建相识相知的交流沟通平台，丰富青年业余生活，玄武团区委开展“三年二班”联谊交友系列活动，打造班级式群落，先后开展“红梅情报局”“青春不‘鱿鱼’·脱单不犹豫”“文明创建 青春添彩”“梦华录之七夕特别版”“我和我的故乡”“星河滚烫 人生理想”主题交友共计6场，覆盖青年196人次。

【社区青春行动】 2022年，团区委按照中共中央和省、市、区委部署要求，着眼城区高效能治理，深入推进社区青春行动，在大石桥社区，北安门社区，曹后社区，红山社区共设立4个试点社区，为基层引流赋能，募集资金支持共4万元，开展活动80余场，参与人数超4000人次。

【志愿服务活动】 2022年，各级团干部主动对接属地单位、主动招募和组织属地青年志愿者，累计开展志愿服务11343人次，服务总时长9.1万小时，有力保障疫情防控工作高效有序运行。积极适应文明典范城市创建常态化要求，动员青年志愿者组织化、机制化参与环境整治、文明交通、文创宣传等志愿服务，累计发动志愿者上岗6790人次。充分发挥青年志愿者助力社会治理的积极作用，广泛发动驻区高校、青工单位等建立文明交通青年志愿者队伍，每天早晚高峰时段开展文明交通劝导活动，为区重要交通路口提供保障3000余人次。结合联青聚力工程，玄武团区委常态化开展统一行动日活动，每月围绕走访困境青少年、助力文明城市创建、助力基层社会治理等内容，组织动员区、街道、社区三级团干部和广大青年志愿者，深入基层开展志愿服务活动168场，累计发动各类青年志愿者5000余人次，走访困境青少年1200余人。

（李　鑫）

·玄武区妇女联合会·

【概况】 2022年，在区委、区政府的正确领导下，区妇联深入学习贯彻中共二十大精神，团结引领全区妇女群众参与到疫情防控及生产生活各项工作中，为加快建设“四最”城区，贡献巾帼力量。

【助学帮困】 实施“城市困难女童助学”“法润花蕾计划”等项目，为结对帮扶45名困难家庭学生送去钱物4.3万余元。为300名困难母亲购买“康乐保险”和体检卡。“9·9”公益日筹集善款和腾讯捐配资金约3万元，用于25名困境儿童的助学助困和困难家庭的儿童走访。

【玄武区律师行业妇女联合会成立】 1月14日下午，玄武区律师行业妇女联合会成立暨第一次妇女代表大会顺利召开。区司法局党组书记、局长陈玲伟，区司法局党组成员、副局长茅晓春，市律协妇联副主席、区妇联兼职副主席、江苏昌禾律师事务所主任戴晨、区妇联相关人员及全区女律师代表等参加了会议。会议由司法局副局长茅晓春主持，选举产生了23名玄武区律师行业第一届妇女联合会执行委员会委员及主席、副主席。区妇联向区律师行业妇联主席授牌和旗帜。

【“漫步长江路、寻访文化空间”儿童友好文化主题活动】 1月16日下午，开展“漫步长江路、寻访文化空间”儿童友好文化主题活动，辖区30名中小学生参与活动。此次活动目的是带领大家走近民国文化，发现儿童友好元素，绘制儿童友好地图。活动中以东箭道为轴，分为A、B两组，开启文化寻访之旅。A组寻访“1912街区、南京图书馆、中

1月16日，玄武区妇联、大行宫社区新时代文明实践站联合南京互助社区发展中心开展“漫步长江路、寻访文化空间”儿童友好文化主题活动

（区妇联　供图）

央饭店、总统府”，B组寻访“梅园新村、江苏省美术馆、六朝博物馆”。在老师们的带领下，孩子们记录沿途的闪光点和文化元素，并根据自己的走访路线将长江路街区按照区域、文化空间的方式，分工进行绘制。活动最后，每个小朋友都完成一幅“长江路儿童友好手绘文化地图”并获得荣誉证书，为活动画上完美的句号。

【南京市首家物业管理服务行业妇女联合会揭牌成立】 2月21日上午，南京市玄武区物业管理服务行业妇女联合会第一次代表大会圆满召开。区房产局局长、区物业行业协会党委书记但加成、区妇联主席王荣、区房产局副局长孙林及相关科室人员、各物业企业女性代表共同出席了本次会议。会议选举产生了玄武区物业管理服务行业妇联第一届执行委员会委员，同时选举出妇联主席、副主席，区妇联主席王荣对新成立的玄武区物业管理服务行业妇女联合会予以授牌。

【女性社会组织座谈会】 2月25日下午，区妇联召开玄武区女性社会组织座谈会。区内10余家女性社会组织代表参加会议。会前，各社会组织代表参观了博爱空间，博爱空间以区内心智障碍儿童为服务对象，赋予他们手工DIY和烘焙技能，并将出售产品的收益反哺中心运营和唐宝家庭的生活保障。会上，区社会组织工作中心党支部书记哈曼带领大家共同学习中共十九届六中全会精神；各女性社会组织代表就自身组织的工作和需求进行交流；区民政局相关人员对于当前社会组织管理提出了合理要求。区妇联分管领导就意识形态工作和安全生产进行了部署和提示。区妇联主席传达省、市执委会精神，并且希望各组织通过省、市妇联工作方向、社会需求的方向，找准自身发展方向，并要借力妇联平台进行资源的互通、共享与内部循环，团结协作、资源整合、优势互补，发挥群团组织力量。

【区妇联常委学习会】 5月25日下午，玄武区妇联召开常委学习会。会上，大家共同学习了习近平总书记关于家风、家训、家教的重要论述，以及全国人大常委会副委员长、全国妇联主席沈跃跃在全国妇联主席专题会的讲话精神。学习结束后，常委们就如何“落实骨干参与机制，调动妇联常执委共谋议事，为全区发展贡献力量”，建言献策。会议一致通过《2022年常委轮值计划》《关于进一步加强执行委员会委员履职工作的意见》《关于街道、社区妇联开展“走基层　访民情　办实事”活动方案》。

【玄武区巾帼宣讲团】 6月29日，“巾帼心向党　喜迎二十大　芳华绽金陵”玄武区巾帼宣讲团成立仪式在锦创书城举办。市妇联宣传部及区委宣传部分管领导出席会场。启动仪式上，区委宣传部副部长、文明办主任陈玉梅向玄武区巾帼宣讲团授旗。与会领导为玄武区巾帼宣讲团成员颁发了聘书并赠送了《若云书房》书籍，市妇联宣传部副部长秦若云作为《若云书房》的作者，与大家分享了撰写若云书房的心路历程。会上还启动了玄武区学习强国进家庭活动，南京市“最美家庭”代表唐顗现场宣读学习强国进家庭倡议书，与会嘉宾现场还宣读了“巾帼大宣讲　强国进我家”的倡议口号，呼吁大家加入“学习强国”学习平台，一起学习。南京市委党校戴芳教授，作了《基层宣讲怎样把‘大道理’说透讲活》为主题的授课。玄武区巾帼宣讲团还将走进各基层妇女中间，广泛开展宣讲活动，关注更多女性，贡献巾帼力量。

【“七彩梦”公益夏令营】 7月6日，玄武区妇联第17届“七彩梦”公益夏令营在红山动物园正式开营，20余名中小学生参与活动。活动中，区妇联赠送了《毛泽东诗词鉴赏》等书籍，爱心企业家为孩子们送去助学款。

【省、市、区妇联三级支部共建共学主题党日活动】 7月7日，省、市、区三级妇联党支部共同走访全国三八红旗手王萍工作室，深入了解三八红旗手工作室的品牌效能和辐射效应，积极探讨三八红旗手赋能提升项目。省妇联副主席席玉峰、市妇联副主席徐晓洁及省市区三级妇联部分党员参加了活动。与会人员参观了玄武法院家风宣传长廊、家事案件调解中心及王萍工作室，听取了三八红旗手王萍工作室工作介绍，玄武法院领导介绍了王萍工作室的建设情况及法院对年轻女干部的培养选树工作，爱德基金会汇报了“三八红旗手赋能提升计划”的项目执行情况，与会人员就该项目的执行及后续推进进行了交流讨论，初步实现了共学共建、共同提升的目标。王萍工作室注重对于未成年人的法治教育，成立了首家社区少年法学院，首家小学少年法学院，常态化开展法律伴我成长，幸福家庭讲堂，百名法官进百校等活动。《中华人民共和国家庭教育促进法》正式颁布实施后，于2022年年初成立全省首家家庭教育指导工作站，发出全市首份家庭教育令，倡导并推动在玄武区全域开展家庭教育指导工作。

【女企业家座谈会】 7月25日，玄武区妇联联合商务局召开玄武区外向型女企业家座谈会，10余女企业家代表参加了座谈会。座谈会上，区妇联主席王荣向女企业家们介绍了妇联工作职能及服务内容，希望能进一步加强联系，更好为驻区企业及女企业家们服务。座谈会中，区妇联特别邀请河海大学讲师、心理学专家，为女企业家送上一堂心理疏导讲座，努力缓解女企业家在疫情下因工作、家庭、生活而产生的心理压力和影响。女企业家进行了广泛而充分的座谈交流，纷纷表示感谢商务局在助企抒困中给予的政策帮扶和业务指导，也为找到妇联“娘家”而欣慰，希望今后能进一步加强合作交流，共同为玄武经济发展奋斗。活动中，区妇联和商务局还联合向参会女企业家赠送了《梁家河》等书籍。

【基层妇联干部维权服务能力提升专题培训】 8月11日下午，玄武区妇联举办基层妇联干部维权服务能力提升培训。区、街道、社区三级妇联干部共50人参加。此次培训邀请了市妇联权益部的王法讲授《当前妇联组织维权工作简述》，内容紧扣当前妇女权益工作重点难点问题，以真实的案例、幽默的语言，通过视频动画、现场互动等方式，从十个方面深入浅出地阐释了妇联组织维权定位及基本职能，分析了反家庭暴力、未成年人保护、婚姻家庭纠纷预防化解、平安家庭建设、个案援助等妇联权益维护的要点，课程精练实用。

【走访慰问】 为传递党和政府的关心，“娘家人”的关爱2022

7月25日，玄武区妇联联合商务局召开玄武区外向型女企业家座谈会

（区妇联　供图）

年，玄武区妇联系统开展了走出机关、走进社区、走近妇女群众的大走访慰问活动。1月18日，玄武区的区、街道两级妇联慰问贫困家庭及困境儿童，为他们送上慰问金及亲切的问候。走访中，区、街妇联干部详细了解慰问对象的具体情况，鼓励他们要增强信心，乐观面对生活，并向其宣传家庭教育、儿童保护、疫情防护等知识。2月19日上午，在区委副书记吕璟的带领下，到红山街道走访慰问困难家庭。区妇联、红山街道、女企业家、女性社会组织相关人员参加走访。吕璟一行实地走访了月苑社区、墨香山庄社区2户困难家庭。9月24日上午，区委副书记吕璟到梅园新村、孝陵卫街道走访慰问困境女童。区妇联、相关街道、社区的人员参加走访。吕璟一行实地走访了富贵山社区、晏公庙社区、理工大社区三户困境女童家庭，询问了孩子们的学习生活情况，鼓励她们增强信心，勤奋学习，同时叮嘱妇联、街道、社区继续做好关心关爱工作，让孩子们的成长不掉队。8月23日，区妇联重点走访4户高龄独居老人。其中有2户是90多岁高龄的抗美援朝老兵，在走访另外2位高龄独居老人时，老人反映窗外绿植影响晾晒的问题，区妇联第一时间对接相关部门，帮助协调解决。10月11日下午，玄武区妇联和南京市妇联机关第三党支部共同走访了锁金村街道的4户困难家庭。2022年，在"村村到、户户进、人人访"工作中，走访100户居民。在"大走访、大排查、大攻坚"行动中，全区妇联干部参与走访11人次，排查重点家庭2505户，涉及妇女儿童2707人。下一步，区妇联将持续关注、掌握困难家庭现状，有针对性地做好跟踪服务。

（邓小琳）

·工商业联合会·

【概况】 2022年，区工商联有会员企业1972家。所属商会52家，覆盖全区主导产业及新兴产业。其中，街道商会7家，园区商会1家，行业商会8家，社区商会36家。2022年，区工商联坚决贯彻落实区委、区政府既定部署，始终坚持"两个健康"发展方向，以创建全国县级"五好"工商联"七连冠"为主线，深化"四好"商会全国省市"三级联创"，推进"一商会、一特色、一品牌"，推进商会党组织、社区商会、"商会+"统战工作"三个全覆盖"。2家商会创建国家级"四好"商会，在4家商会荣获江苏省"四好"商会基础上，3家商会创建省级"四好"商会，其余商会均荣获南京市"四好"商会。

【举办企业家沙龙】 3月2日，区工商联全面贯彻落实习近平总书记关于加强新时代民营经济统战工作的重要指示精神，进一步发挥全区民营经济统战工作协调机制作用，在星河WORLD产城融合会客厅，举办"2022玄武民营企业服务月"暨"星河闪耀，一起向未来"企业家沙龙。区委常委、统战部部长朱天龙出席活动并讲话，区委统战部、区工商联、区税务局、红山街道办事处主要负责人和区工商联所属商会、驻宁商协会、驻区金融机构、园区企业家代表参加活动。活动围绕"创新引领、消费促进"主题，考察了铁北新城、星河WORLD展馆，红山街道办事处和星河集团分别介绍铁北新城规划及星河WORLD项目。区税务局现场"送政策、送服务"，宣讲市区税收惠企政策。企业家沙龙通过部门板块联动，星河园区、商会企业、金融机构参与，构建了交流平台、激发市场活力、实现优势互补，全力打造最优营商环境，助推民营经济高质量发展。

【党支部换届工作】 7月1日，区工商联党支部召开全体党员会议，选举产生了新一届党支部班子成员，完成了党支部换届工作。会议宣读了区委区级机关工委关于同意区工商联党支部换届的批复，向全体党员报告了三年来党支部工作情况，通过了选举办法，党支部委员候选人名单，监票人、计票人、唱票人名单。全体党员严格按照选举程序，选举产生了新一届党支部委员会委员。全体党员会议后，党支部委员会召开第一次会议，汤浩当选为新一届区工商联党支部书记。

（张　晖）

（栏目编辑　刘心林）

法治

社会治安和综合管理
公安
检察
法院
司法行政

社会治安和综合管理

【概况】 2022年，区委政法委坚持以习近平新时代中国特色社会主义思想为指导，坚持党对政法工作的绝对领导这一根本原则，充分发挥区委政法委员会全体会议作用，严格落实政法领域意识形态责任制，紧紧围绕"疫情要防住、经济要稳住、发展要安全"的总要求，全力抓好保安全、护稳定、促发展、惠民生各项措施，以实际行动确保全区社会大局持续平稳。

【群众安全感建设】 2022年，全区政法工作扎实开展统筹发展和安全"大走访、大排查、大攻坚"行动，牵头建立联合指挥部，集中办公、常态调度，推动专项排查整治行动专班协调联动，有效防范和化解了一批涉金融投资、涉教育"双减"风险隐患。深入推进特殊困难群体救助帮扶和妇女儿童权益保障问题专项排查整治，严格落实严重精神障碍患者管理服务措施，扎实开展整治养老诈骗专项行动，破获全市养老诈骗第一案。接受市委化解民生诉求突出问题专项巡察，扎实推进巡察反馈意见整改，健全完善玄武区依法处理信访问题协调机制，圆满完成中共二十大、北京冬奥会、北京冬残奥会和全国、省、市"两会"安全稳定保障工作。

【基层社会治理】 2022年，深化政法为民理念，整合政法、司法、信访等工作职能，建成区政法综治中心，通过一体化运作、高效率协同，切实提升政法工作质效。完成区法学会换届选举，成立街道政法系统关心下一代工作委员会，不断加强未成年人司法保护工作，组织召开"未成年人法治教育进课堂"工作推进会。推进新网格化服务管理中心建设，组织实施"精网微格"工程，完成"数据大会战"工作，开展基层社会治理短板弱项整改、"一社区一案例"、社会治理网格化集中宣传等工作，支持引导物业企业、驻区单位、社会组织、居民志愿者参与基层治理，共享高质量发展成果。坚持人民至上，出台玄武区关于建设完善国家司法救助的实施细则，将司法救助与法律援助、诉讼救济相配套，与心理治疗、社工帮助等其他社会救助相衔接，对救助对象法律援助62次，心理治疗19次，社工帮扶13次，取得积极成效。

【政法队伍建设】 2022年区委政法委狠抓从严治警。深化巩固政法队伍教育整顿成果，出台区级实施意见，坚决执行新时代政法干警"十个严禁"等要求，开展区委书记讲党课、区纪委书记作廉政报告活动，开展纪律作风督查巡查、防止干预司法"三个规定"执行情况专项检查，完成市对区政治督察整改"后半篇"文章，着力营造政法系统风清气正政治生态。提升能力素质。出台全区"十四五"政法人才发展规划及实施方案，在全区政法系统开展"跟班先进找差距"活动、"深耕网格责任田，忠诚护航二十大"活动、政法队伍满意度提升行动，建立月度"二十佳网格员""十佳政法网格员"评选表彰机制，推动广大政法综治力量在实践实干实战中锤炼过硬本领、实现争先进位。弘扬英模精神。深入挖掘、精心选树杨玉林等先进典型，利用玄武政法微信矩阵广泛开展"非凡十年·走近英模"系列宣传活动，举办线上政法英模事迹报告会，在全区范围内形成学习英模、崇尚英模、争当英模的良好氛围。

（杜　旭）

公　　安

【概况】 2022年，玄武分局在省厅、市局党委和区委、区政府的坚强领导下，将中共二十大安保维稳作为贯穿全年工作的主轴，牢固树立"全年都是敏感年"意识，按照"市县主战、派出所主防"要求，突出敏感敏锐、抓早抓小、守土尽责，聚全警之力坚决打赢攻坚战，坚决实现"五个严防、三个确保"的工作目标，有力维护了全市社会大局持续平安稳定。

【治安维稳】 强化政治担当，时刻绷紧思想之弦，按照细致、精致、极致标准抓好安保维稳工作。坚决打赢安保硬仗。立足"省会城市、首善之区"的高标定位，通过2022年的超前主动仗和最后阶段的冲刺攻坚仗、决战决胜仗，强化各类风险隐患处置和人员群体稳控稳控，中共二十大安保实现“大事不出、小事也不出”目标。坚决守好平安阵地。扛起安保维稳主战场的责任担当，全年省、市“两会”、国家公祭、元旦跨年等78批（次）126场（次）大型活动以及59批（次）警卫安保任务万无一失，确保绝对安全、绝对放心。坚决维护大局稳定。保障政治核心区、繁华商贸区、重点敏感区等绝对安全，高效应对常态疫情防控下中山陵、玄武湖、梅花谷、樱花大道等景区节日客流，保障春节、“五一”“十一”等节点平稳有序。

【扫黑除恶】 坚持严打方针不动摇，连续掀起“春雷”“宁剑”“冬季攻坚”等专项打击攻势，组织优势警力开展破案攻坚。绩效考核争先进位，全年分局累计采取强制措施1500人，同比上升15.4%；公诉794人，在受到疫情冲击的情况下仍与去年持平；八类案件和暴力犯罪破案率均为100%；整体绩效考核位居同类单元前列。快侦快破大要案件，严打涉疫案件，成功捣毁一个借疫情防控为名专门针对70岁以上患病老年人的养老诈骗团伙，串并案件上百起，诈骗金额超百万元，南京市委政法委书记徐锦辉批示肯定。紧盯扫黑除恶，捣毁黑恶犯罪团伙4个，破获各类涉黑涉恶案件46起。强化快速反应，对一起电话报警紧盯不放，捣毁一个刚到南京不到24小时的强迫卖淫团伙。聚焦民生案件打击。紧盯群众反映的突出问题，依法严打食药环、黄赌毒、盗抢骗等犯罪，打击传统侵财犯罪公诉超额完成全年任务。共破获电信网络诈骗案件284起，抓获犯罪嫌疑人1168人；完成电诈预警劝阻23万条，追赃挽损189.75万元。

【警务改革】 纵深推进现代警务战略和“十大攻坚提升行动”，在基础建设、警务实战等重点改革项目实现破题攻坚，提升整体警务效能。星级创建夯实基层基础。在全区60个社区、126个责任区开展“星级责任区”创建活动，落实刚性考核，严格兑现奖惩，进一步构建更加务实高效的公安基础工作体系，实现“基础牢、出事少、治安好、党和人民满意”目标。尤其是通过朴素的为民情怀、扎实的基础工作，历时7个月、辗转多地，为流浪漂泊近30年的张俊杰成功落户，南京市委书记韩立明批示肯定。点面结合筑牢防控体系。积极投入社会治安防控体系全国示范城市创建，因地制宜设置100个“玄安警点”，实现“落实三见（见民警、见警车、见警灯）、深化三合（点线面相结合、机关支援赋能基层相结合、动静巡防相结合）、提升三率（群众见警率、治安管事率、平安满意率）”的工作目标。搭建新街口商圈治安防控指挥部、组建巡防中队，辐射政治核心区和景区、文旅聚集区等重点部位。建立四类142个“平安守望点”，发动3.5万名社会力量、专业力量充实壮大“玄武平安HUI”。常态长效整治治安乱点。针对1912街区、D9街区、凯瑟琳广场等部位的治安复杂情况，会同区委政法委、街道、文旅等部门启动强化商贸聚集区夜间安全防范“宁夜行动”。通过分局集中派驻、督促商家自聘等形式，增加安保力量，落实内部自治、群防群治、综合治理。疫情防控展现公安担当。率先

6月1日，凯瑟琳广场举行强化商贸聚集区夜间安全防范“宁夜行动”启动仪式
（公安玄武分局 供图）

组建疫情防控应急处置现场指挥部，实现了现场指挥、流调中心、地区协防组、社会社区组的“四合一”合署办公，实现了玄武区在主城区中最少病例，以最小代价保住了全区经济社会平稳发展。

【队伍建设】 以服务保障中共二十大安保维稳为主线，着力打造符合现代警务标准的“四铁”过硬警队，为玄武公安工作高质量发展提供有力队伍支撑。抓实党建引领铸警魂。深入推进“喜迎二十大、忠诚保平安”主题实践活动，临战前举办领导干部政治轮训班，组织15个机关支部与基层所、站支部结对共建，推动机关实战化和夯实基层基础“双线并进”，让党旗在一线高高飘扬。抓优正向激励添动能。创新开展“季度之星”表彰评比，累计评选表彰民警40人、辅警100人，举行授奖仪式，有效提振士气、鼓舞警心。全年编发好人好事8期、《通报表扬》15期、表扬180余人次。抓严队伍管理正警风。统筹抓好民警、辅警两支队伍，深化队伍风险隐患排查机制，确保问题发现在早，处置在小。开展辅警队伍教育整顿工作，创新推行辅警管理“六个一”工作举措，全面优化辅警队伍质态。抓好爱警暖警聚合力。滚动排查47个特殊困难家庭，实施“一户一策”精准暖警。在战时冲刺阶段，启动“暖心暖胃”工程、优化“五小工程”建设，精心组织“战时集体生日会”，用心举办“玄小萌战时爱心托管班”，切实消除民警后顾之忧，提振士气、凝聚警心。 （张逸凡）

【交通管理】 2022年，交警一大队坚持以习近平新时代中国特色社会主义思想为指导，认真贯彻市交管局、市公安局总体部署，聚焦中共二十大交通安保工作主线，一仗接着一仗打，一关接着一关闯，凝心聚力抓好现代警务改革、事故减量控大、疫情防控、文明城市创建等各项重点工作，为全面建设社会主义现代化典范城市创造安全文明畅通的道路交通环境。大队先后荣获“思想政治工作先进单位”“作风建设先进单位”“集体二等功”“中巡组安保维稳集体嘉奖”、人民满意窗口、“强富美高”新玄武现代化建设先进集体等荣誉称号；2022年大队获评市文明城市创建示范单位、市优秀训练角示范单位，成功举办了2022年上半年全省交通安全秩序现场会和“室引领队”现场观摩会，以实际举措从路面管控、源头监管、事故预防等多领域化解道路交通安全风险隐患，圆满完成中共二十大安保任务。2022年，大队警员共为群众做好事办实事800余件，收到锦旗、感谢信65面（封），交还群众遗失物品330余件次。2022年，大队先后涌现出“全国优秀人民警察”马萧、“江苏省优秀人民警察”张景中、“强富美高”新玄武现代化建设先进个人李江源、“南京市优秀人民警察”孙巍三级楷模、警辅中杨杰也被评为“南京市见义勇为先进个人”。大队路政部门及路面执勤警力加强对辖区道路交通指示设施展开拉网大排查，对不合理、不规范、不标准、有缺位缺陷等方面的交通管理设施进行更换更改，补充补齐，并把“以人为本”的现代交通理念贯穿其中。大队重新优化整改安全隐患设施726处，重新安装道路标志标牌200余套，安装隔离护栏425套，重新施划道路标线等2万余平方米，道路交通指示设施更加清晰明了，市民出

8月23日，南京市公安局交通管理局政委王锦尧（左二）到一大队为执勤中见义勇为、跳水施救轻生女子的辅警杨杰（左三）举行送奖到岗仪式

（交警一大队 供图）

行更为顺畅。大队采取各中队分片包干方式,强化主次干道机动车停放的管理,用足用好清拖、贴单曝光等处罚措施,2022年,大队共张贴违停通知书72839张,大队通过调研共在辖区条支路街巷施划停车泊位420个。大队认真落实支队要求,紧盯辖区内"两客一危一货"等重点运输企业,深入排查梳理安全主体责任落实不到位、事故多发的运输企业,逾期未检验、未报废、违法未处理的重点车辆以及重点驾驶人,并制定源头隐患清单,逐一跟踪督促整改,做到滚动式排查、销号式整改。2022年,大队共深入20家"两客一危"车辆、2家校车、5家渣土车等重点运输企业累计检查217次,查验车辆2300余辆,召开企业安全负责人例会33次,下发整改通知书45份,推送安全提示短信4.1万余条,教育1651名重点驾驶人。在中共二十大安保期间,内管企业未发生一起重大事故,得到上级部门的一致肯定。2022年,大队交通秩序管理工作在市交管局、市公安局党委的坚强领导下,按照"十大攻坚提升行动"和"1235"现代交管警务体系部署要求,紧密围绕事故预防、精细治理、改革创新、民生实事等多个方面综合施策,打造了"一校一策"多方共治交通治理体系、电动自行车非现场手段闭环监管模式、飙车炸街查处"闻、守、击、查、宣"技战法等一系列"南京名片",积极开展"宁安夏季攻势""百日行动"等多个专项整治工作,助力南京交管工作高质量发展,全力营造安全、畅通、文明、有序的道路交通环境。

将太平北路长江路沿线打造成全市文明典范城市示范片区的首张名片,通过民警任"路巡长"捆绑警辅,铁骑"点线面"巡管应急处突的方式,实现警力动态调配、靶向发力;通过建设智能警务岗亭,深化应用人脸识别,着力打造安全行车的"南京规矩";通过"三长"共治联勤联动、敲门行动扫楼扫街,在实有警力无增长情况下实现棋盘式布警、网格化管控,秩序观感成指数级提升,太平北路长江路路口也成为此次上半年全省城市道路交通秩序精细化管理推进会的唯一现场观摩点。为策应2022年升级定型"1235"现代交管警务体系的工作要点,大队不断谋划指挥室改革,坚持"专业、实战、民意、效率、精准"五大导向,围绕"警情、堵情"流程化运转、快速化处置为主线,在人员配置、警情流转、可视化调度、闭环考核上下功夫,纵向上减少指挥层级,横向上强化岗位联动,让"小切口"发挥"大作用",真正构建起融合作战的综合指挥新生态,擦亮"室引领队"在交警队伍的首块招牌。自试点以来,大队移动派警量达40%,现场到达时长压缩至平均7~8分钟,充分发挥指挥室"运筹于帷幄之中,决胜于千里之外"的中枢效能。大队科学部署警力,深入秩序乱点开展渣土车、改装车、酒后驾驶等各类重点违法整治。2022年度,交警一大队累计查处各类违法行为150625起。其中,非机动车各类违法行为62829起,查处行人各类违法行为639起;查处渣土车违法1838起、酒驾463起(其中醉驾209起);查处机动车不礼让斑马线的3371起,查处机动车违鸣、开车打电话等重点违法25844起,机动车、摩托车假牌、套牌、不按准驾车型等147起,查扣不规范车辆、"三车"3056辆,共查处违停72839起、清拖车辆5685起。学校实施"双减"政策后,校园周边道路在接送学时段交通拥堵加剧,为切实抓好《南京公安10条惠民举措》落地落实,减轻辖区校门口道路通行秩序压力,加强校园门前区域的交通秩序管理,一大队找准为民办实事的切入点和突破口,主动联合校方调研交通组织,对接学校、城管等部门,一校一策专题分析,现场就民意"110"和"12345"反映的上学、放学期间车辆排队缓行问题交换意见,调研现场对周边道路接学车辆临时停放的区域相关事项进行了重新梳理,依托"护学岗"、关工委等机制,配合周边高峰勤务和铁骑巡逻警力,"一点一策"完善校园周边停车管理措施,切实为群众解决急难愁盼问题。 (黄晶晶)

检　察

【概况】 2022年,区检察院在区委和市检察院的坚强领导下,在区人大及其常委会的有力监督下,在区政府的大力支持和区政协的民主监督下，始终将政治建设摆在首位。严格执行《中国共产党政法工作条例》，向区委专题汇报中共中央关于加强新时代检察机关法律监督工作意见的执行情况，推动全市率先出台实施细则；向区委、区委政法委、上级院党组请示报告29次。制定《涉检舆情应对处置办法》，签署网络行为规范承诺书，切实维护意识形态安全。完成市政法系统第一轮政治督察，建立健全21项制度机制。坚持以习近平新时代中国特色社会主义思想为指导，全面贯彻习近平法治思想，深入学习贯彻中共十九大、十九届历次全会和中共二十大精神，以服务保障中共二十大胜利召开为主线，认真落实《中共中央关于加强新时代检察机关法律监督工作的意见》要求，全面履行"四大检察"职能，以检察工作高质量发展服务经济社会高质量发展，为"强富美高"新玄武现代化建设提供坚强有力的司法保障。一年来，区检察院获评全国检察宣传先进单位，连续两年被评为全省"五好"基层检察院，连续三届入选省文明单位，获评省公共机构节能低碳示范单位，连续七年被评为南京市先进基层检察院。

【护航二十大】 抓稳扛牢维护主城中心区安全稳定的政治责任，依法办理邪教类等犯罪19件21人，48名干警下沉社区走访慰问群众480户，收集群众意见110余条。领导包案办理疑难复杂信访案26件，法检"两长"联合化解耄耋老人30年心头积案。同心战疫志愿先行，组织2000余人次进行志愿服务，干警孙军抗疫先进典型事迹获第四届平安南京"三微"比赛二等奖。

【平安玄武建设】 重拳打击暴力犯罪、金融诈骗类等犯罪37件69人，同步追赃挽损2700余万元。常态化开展扫黑除恶斗争，办理涉恶犯罪12人。全面落实认罪认罚从宽制度和"少捕慎诉慎押"刑事司法政策，对174名犯罪嫌疑人作不起诉处理。严惩危害食品药品安全类犯罪21件24人，提起公益诉讼4件，守好百姓"菜篮子""药箱子"。针对"树线矛盾"、问题窨井盖、小区监控缺失等问题制发检察建议39份，推动相关部门强化管理。对一起国家AAAAA级风景区内盗伐林木刑事案件同步启动公益诉讼立案审查，追偿环境修复治理费用120万元，以检察之力护佑"绿色之美"。

5月13日，第四届全省青少年法治宣传教育周活动　　（区检察院　供图）

【安商惠企法治环境】 深入推进企业合规改革试点，牵头组建第三方监督评估机制管理委员会，3家涉案企业经合规整改重获客户信任。依法从快审查涉民企民事申诉案件，对进入破产程序的企业建议法院删除失信信息29条，助力企业信用修复。针对办案中发现的企业经营法律风险，送达防控提示函25份，引导健康经营。

【市域社会治理现代化】 开展公益诉讼小专项行动，助力解决隐患问题12项。全体检察干警"进网入格"，入选政法网格员典型案例8个。成立青年干警普法宣讲团，打造"一唐课"品牌，深入学校、企业、社区等进行法治宣传教育157场次，受众30余万人次，获评市"七五"普法先进单位。

【维护特殊群体合法权益】 牵头签署家庭教育指导实施意

见，率先在全市创建两项制度“网格+”落实模式，28名检察官在23所中小学担任法治副校长。持续推进“打击整治养老诈骗”专项行动，快捕快诉57人，开展养老反诈宣传12场次。办理支持起诉44件，向101名因案致贫困难群众发放司法救助金。

【刑事监督】 自觉接受人大监督，向人大及常委会汇报工作4次。主动接受政协民主监督，组织开展教育界别政协委员专场联络，邀请特约检察员和民主党派成员指导精品案例评选、典型案例发布等。常态化开展检察听证、检察开放日活动62场，依法保障律师执业权利，全面落实互联网阅卷。

全市率先挂牌启用侦查监督与协作配合办公室，联合51家单位成立玄武区文物和文化遗产公益保护联盟，商请统战部协同建立听证员库，聘请市场监管等部门4名行政专业人员担任特邀检察官助理，借助“外脑”破解专业难题38件。

建立业务数据分析研判会商机制，监督立案撤案、纠正漏捕漏诉等43项评价指标位于全市前列。监督抓获1名逃匿多年的罪犯。开展民事虚假诉讼监督3件，2人被追究刑事责任，主动介入争议较大的“官民”纠纷案34件，多元实质性化解行政争议11件，实现案结事了、政通人和。开发“治安领域行政违法行为监督大数据模型”，在全省检察会议上展示交流。依托大数据分析撰写专项调研报告被最高检多位领导重视，推动全国检察机关出台落实意见。首次以“线下+线上”模式协助承办全省检察学年会，建成数字高清远程讯问询问多功能室3间，“镜头下”办案被《人民日报》报道。

【队伍建设】 建立“检务督察+案管评查”联动机制，开展日常纪律检查和节假日纪律提醒47次，签订保密、廉政承诺书，严格执行干警家属“禁业清单”等规定，从严管好身边人身边事。承担市级以上课题5个，参与编写《刑事重罪办案指引》教材，发表理论文章19篇，“钟山法学社”入选南京市社科联创新案例，青年干警培养机制获评南京市政法系统首批创新示范制度。1人获市劳动模范荣誉称号，4名干警获评全市业务竞赛标兵、能手等称号，2个办案团队入选全市优秀办案团队，24人次获市级以上表彰。 （宋 丹）

法 院

【概况】 2022年，区法院坚持以习近平新时代中国特色社会主义思想为指导，积极践行习近平法治思想，深入贯彻落实中共十九大、十九届历次全会和中共二十大精神，在区委坚强领导和上级法院正确指导下，在区人大及其常委会依法监督下，在区政府、区政协和社会各界大力支持下，履职尽责、真抓实干，持续深化高质量司法实践，为谱写“强富美高”新玄武现代化建设新篇章做出应有贡献。全院审结各类案件28176件，集体和个人共获得荣誉125项，涌现出全国青少年普法教育先进工作者、全国法院环境资源审判工作先进个人等一批先进典型。

【群众权益维护】 2022年，区法院立足审判职能，全力守护人民群众安宁。贯彻总体国家安全观，着力构建平安稳定社会环境，办理各类刑事案件816件，判处罪犯1211人。宣传贯彻实施《中华人民共和国反有组织犯罪法》，持续发力“打财断血”“黑财清底”，针对娱乐场所犯罪多发现象发出司法建议，推动常态化扫黑除恶斗争走深走实。审结外国人犯罪案件2件，判处3人，切实维护国家主权、安全利益。审结抢劫、强奸等暴力犯罪案件15件，同比下降42.3%，推动社会治安持续好转。审结食品药品领域犯罪案件21件，切实维护人民群众生命健康权。审结电信网络诈骗犯罪案件56件、集资诈骗等涉众型犯罪案件20件，追赃挽损超1400万元。深入开展打击整治养老诈骗专项行动，守住“养老钱包”，快立、快审、快执11件涉养老诈骗案件，挽回损失26.5万元，“拍卖古董”诈骗老年人案件被评为全省法院打击整治养老诈骗专项行动典型案例，拍摄的反诈短视频《破·局》荣获全国法院“金法槌奖”微视频一等奖、平安南京“三微”比赛一等奖。

11月9日，集资诈骗案公开宣判　　（区法院　供图）

【"网格化+"基层社会治理模式】 2022年，区法院主动融入网格前端治理，110名政法网格员深入群众开展法律宣传、纠纷调处等活动，9篇案例入选全市政法网格员月度十佳案例。精准开展统筹发展和安全"大走访、大排查、大攻坚"行动，走进32家企业和417户群众家中听民声、纾民困、解民忧，组织2500余人次参与疫情防控，"司法服务安全生产"被列入玄武区"平安护民十项举措"。发扬新时代"枫桥经验"，推动矛盾纠纷源头化解、就地化解，与街道、社区、公安等建立"和合e解纷"机制，实现家事纠纷早识别、早化解。健全与工商联、行业协会的诉调对接机制，搭建"玄商e调"一体化平台，被评为全省商会商事调解联系协作机制示范单位。构建"执行e+网格"联动机制，将"执行e追踪"模块嵌入玄武区"一网通"平台，依托网格员人熟、地熟、事熟优势，拓宽查人找物渠道。注重以小案件诠释大道理，"多方联动，让22年无法使用的小区车库恢复使用"的事例被最高法院公众号转发。

【政法改革】 2022年，区法院坚持加强系统集成的改革方法，不断提升全方位司法改革的首位度。全面落实司法责任制，规范合议庭运行机制，院庭长带头办结15265件案件，占比53.9%。强化"全链式"审判监督管理，开展办案竞赛，发布90期信息通报，做到精细化数据管理、全过程跟踪问效，一审服判息诉率、发改率等多项核心指标位于全市法院前列。深化繁简分流改革，速裁团队审结案件12984件，分流全院近七成民商事案件。探索诉前鉴定工作机制，入选全省法院司法改革典型案例。稳妥有序开展在线诉讼，深度运用全省首家金融一体化平台，通过一键规模化立案、一键批量式受理、一键要素式生成，高效审理金融类简易案件，单日立案峰值达1089件、开庭峰值达190件，被《江苏法院简报》《南京工作动态》等刊载。

【队伍建设】 2022年，区法院坚持把政治建设摆在首位，把司法能力建设作为重点，把全面从严治党贯穿始终，着力锻造高素质法院队伍。开展全员政治轮训，坚决执行"三会一课"等制度，深入推进"两个确立"主题教育，全面学习宣传贯彻中共二十大精神。持续巩固政法队伍教育整顿成果，对长效机制落实情况进行"回头看"，提升从严管党治院规范化水平。制定"十四五"人才发展计划，将调研工作纳入绩效考核，被确定为省法院调研工作基层联系点，实现全国法院学术讨论会论文获奖、最高法院指导性案例"零"的突破。深入排查整治队伍风险点，严肃开展防止干预司法"三个规定"执行情况专项检查，做深做实日常监督，部署开展"优作风　提效能"专项行动，以审务督察为抓手，着力纠治司法行为不规范、司法礼仪不得体等问题，常态化开展警示教育，筑牢拒腐防变思想防线，获评江苏省文明单位。

（高　飞　王　婵）

司法行政

【概况】 2022年，全区共开展法治宣传活动近70场，参与群众15000余人，发放宣传资料近100000份。开展"万所联万会"

活动，组织19家律师事务所21名律师与辖区商会完成对接。办理各类法律援助案件664件、其中，民事代理428件，刑事诉讼236件。法律帮助案件750件，“12348”法律咨询热线接听数9268人次。办理各类公证2916件。组织矛盾纠纷排查1074次，受理调处各类矛盾纠纷10850件，调解成功10850件，调解成功率100%。代表区政府受理行政复议案件95件，经复议后决定撤销、变更行政行为或确认行政行为违法的有11件，通过行政调解、和解实现27件争议案件实质性化解。

【法治玄武】 贯彻落实法治建设“一规划两纲要”，组织召开区委全面依法治区委员会全体会议，制定《玄武区法治政府建设实施方案（2021—2025年）》和年度工作计划，加快推进法治玄武、法治政府、法治社会一体建设。加强和完善领导干部学法常态化机制，把习近平法治思想纳入领导干部学习培训内容。组织部门党政主要负责人向区委常委会述法，推动法治建设第一责任人切实履行职责。

【法治政府】 深入开展落实基层综合执法规范化建设专项行动，对全区政府购买服务协议开展专项清理；组织区赋权部门和行权街道对街道综合行政执法赋权事项实施专项评估，确保行政权力事项放得下、接得住、用得好。协调落实人、财、物等各项配套保障，充分发挥行政复议化解行政争议的主渠道作用，代表区政府受理行政复议案件95件，经复议后决定撤销、变更行政行为或确认行政行为违法的有11件，通过行政调解、和解实现争议实质性化解终止结案的27件，有效实现了行政系统内部的自我纠错。

【执法监督检查】 充分发挥职能作用，全面推进政府行政规范化、民主化、法治化，办理合法性审核件43件，其中，行政规范性文件类2件、决策类15件、政府合同类17件、其他涉法事务类9件，提出意见64条，意见采纳率100%。围绕行政执法“三项制度”落实情况、涉企轻微违法行为不予行政处罚和一般违法行为从轻减轻行政处罚清单的实施情况加大监督检查力度，探索包容审慎监管理念，依法合理把握涉企行政执法尺度，为促进企业健康发展松绑减负，助力稳定经济增长。

【人民调解】 严密筛查侵害妇女儿童权益问题线索，对2021年以来经办的涉婚姻家庭和妇女儿童类的467件法律援助案件、1195件人民调解案件逐一复核。充分发挥人民调解员、法律明白人、社区法律顾问三支队伍作用，扎实开展“大走访、大排查、大攻坚”行动。深度参与学区调整优化、商品房质量纠纷、教培机构倒闭等引发的群访案件矛盾调处，2022年度共受理调解各类矛盾纠纷10850件，调解成功10850件，有效维护了辖区和谐稳定。

【特殊人群管控】 2022年度共接收社区矫正对象78人、解矫86人、在册143人；完成调查评估170件。接收安置帮教对象124人，在册670人，以“五个不发生”为目标，开展“五大专项行动”，落实“五有”要求，组织开展隐患排查4次，实施分类教育16场134人次，整治安全隐患2个，实现了“零脱管、零漏管、零重犯”。探索社区矫正委员会成员单位融合参与机制，充分运用各成员单位职能优势、党员干部的专业特长助力社区矫正工作，促进矫正对象顺利融入社会。积极推进安置帮教阳光帮扶基地建设，建成集就业安置、教育帮扶、技能培训等功能于一体的阳光帮扶基地。

【公证机构工作】 着眼玄武公证处的长远发展，积极稳妥地推进与钟山公证处战略合作，通过招才引智强化公证服务能力建设。严格落实证明事项告知承诺制，减轻群众办证负担，充分运用江苏远程视频办证系统，实现办证全过程“零跑腿”。积极参与退伍军人岗位分配、入学摇号等社会公共事务管理。2022年办理公证2916件。

【法律援助机制】 2022年度共办理各类法律援助案件664件，其中，民事代理428件，刑事诉讼236件，法律帮助案件750件，“12348”法律咨询热线接听数

5月30日，孝陵卫街道龙湖广场举办以“贯彻信访工作新《条例》、坚持人民信访为人民”为主题的广场宣传活动（区司法局 供图）

9268人次。增加驻区检察院法援律师值班时段，充实驻区劳动仲裁中心律师服务团队力量。在区妇联、区民政局、区残联、江苏刘洪律师事务所新增4个法律援助工作站，形成民生领域“链式法律援助”工作机制，进一步优化援助站点布局，畅通援助渠道，困难群体获取法律援助服务更加便捷、精准。

【法治宣传】 扎实推进“八五”普法，组织年度玄武区普法责任制履职评议现场集中评议会，落实“谁执法谁普法”普法责任制，积极开展第二届民法典月、宪法宣传周等一系列主题法治宣传活动近70场，参与群众15000余人，发放各类宣传资料100000余份。通过社区法润民生微信群、微信公众号开展线上法治宣传，推进优化尊法学法守法用法的社会氛围。坚持“法律明白人”队伍“建、管、用”一体推进，全年新培育355名社区“法律明白人”。

【律师行业党委书记项目】 细化出台《玄武区司法局同心抗疫助企纾困八项措施》，整合律师、公证等法律服务资源，为企业克服疫情影响、应对经营风险提供法律帮助。深入推进“万所联万会”活动，组织19家律师事务所21名律师与辖区商会完成对接。开展“民营企业服务月”“个体工商户法律服务月”专项行动，对20家民营企业进行走访。制定《司法行政服务保障民营企业发展法治体检表》，进一步前移法律保护关口，为民营经济发展提供坚实的法治保障。

【队伍建设】 扎实开展党员冬训，党组书记讲授冬训“第一课”，坚持每季度进行党课教育、每周三下午组织全局党员集中学习、每月开展党日活动，系统学习近平新时代中国特色社会主义思想和中共十九大、十九届历次全会、二十大精神。严格落实《政法工作条例》，切实将《政法工作条例》贯彻到政治、思想、组织等各方面，落实到决策、执行、监督等各环节。深入学习研究区委第二巡察组和全市政法系统政治督察组对区司法局的巡察反馈意见和整改建议，针对指出的问题，明确整改措施，细化责任任务、明确时间节点。班子成员带头组织全局干部下网进格，利用微信小程序腾讯问卷开展为期一周的问卷调查活动，积极向社区群众征集意见建议，用心用情解决群众“急难愁盼”，全面提升司法行政工作的社会知晓率和满意度。（冯 飞）

（栏目编辑 张 弛）

军　事

人民武装

人民防空

退役军人事务

人民武装

【概况】 2022年是中国共产党第二十次全国代表大会召开的政治之年，是中国人民解放军踏上实现建军百年奋斗目标新征程的开局之年。区人武部党委深入学习贯彻习近平强军思想，贯彻新时代军事战略方针，落实警备区党委和区委的决策部署，着力举旗铸魂，聚力练兵备战，推动国防和军队现代化建设提质增效和高质量发展，进一步夯实单位全面建设基础，较好地完成上级赋予的各项任务。

【思想政治工作】 坚持理论先行、教育为重，把学习习近平新时代中国特色社会主义思想摆在首要位置，及时传达学习中共中央、中央军委和省、市有关文件和会议精神，认真组织参加省军区、警备区部署的每次党委中心组集中学习、理论学习小夜校、警示教育、辅导党课等活动。为每名干部、文职、职工配发《习近平论强军兴军》和《习近平在正定》等习主席成长经历系列采访实录，通过学党史、读历程、悟原理，深刻认识“两个确立”的决定意义，确保思想和行动与中共中央和中央军委保持高度一致，切实把学习理解有效转变为贯彻落实的实际行动。

【国防教育】 聚焦迎接中共二十大、学习贯彻中共二十大这条主线，深入开展主题教育，根据省、军、区党委统一部署扎实开展“三心两争”专题教育，严密组织“四严四整”教育整训活动，既抓教育、又重实践，取得了实实在在的成效。提振精神状态抓思想安心，用国防动员事业开新图强的宏伟蓝图激发全体人员建功立业的豪心壮志，解决新调入干部住房和家属安置的后顾之忧，切实形成正向的价值追求和身份归属；强化责任担当抓工作尽心，从人武部人员队伍实际出发明确任务分工和带教关系，善用荣誉激励斗志，使所有人知责、担责、履责，都成为业务行家里手，都有进步的获得感；强调慎独慎微抓法纪入心，紧扣政治之年、紧扣工作环节、紧扣风气导向，以严肃政治纪律、提升政治能力为先，持续深入肃清郭徐房张流毒，及时传达学习新规禁令、定期组织典型案例教育，确保纪律意识入脑入心。2022年，组织制作《没有网络安全就没有国家安全》动漫警示教育片，参加军委政治工作部、政法委组织的网络安全警示教育短视频征集活动，作为唯一的人武部获得全军三等奖，经军委政治工作部主要领导批准，将与其他17个获奖作品一道下发全军。以“第一”的精神催生争创一流、争当先进的激情，树牢“第一区第一站位”的导向，激发全体干部职工争先创优的劲头、奋楫前行的勇气、精益求精的精神，争出精品、争创品牌，切实把国防动员的“责任田”种成“示范田”。2022年，人武部干部拍摄的组照《缅怀·幸福·责任》、南理工科创园组织创作的工笔画《军民同心抗疫》入选省军区“赞颂新时代，喜迎二十大”书画摄影展；根据省军区、警备区要求，在区委领导指挥下，积极承办“颂党恩、赞时代、迎盛会”全省文艺汇演，在疫情防控、交通管理、安全保卫、场地保障等方面全力以赴协调保障，同时创作选送的节目《映山红组曲》获得全省一等奖。

【战备秩序】 紧紧围绕可能担负的作战保障任务，以信息备战为先导，以系统完备、配套齐全、快速反应为目标，时刻做好担负急难险重任务的准备。落实作战值班规定，规范突发情况处置程序，组织指挥通信装备操作训练，确保值班系统随时保持技术完好、值班分队能够迅疾拉动；指导街道修订完善1个紧急出动方案、5个重要目标防卫方案和16个非战争军事行动应急预案；会同区财政局等部门和各街道扎实推进社区民兵连部建设，区财政和街道共同承担了118万元的建设经费，全区社区民兵连部建设任务已基本完成。

【民兵队伍】 始终瞄准备战打仗主责主业，强化应急应战意识。突出应急应战、坚持按纲施训，严格按照上级军事机关下达的训练计划组织军事训练，不断提升专武干部和民兵队伍“战时应战、急时应急、平时服务”能力。2022年，分多个批次全部完成民兵应急连、公路运输排、通用工程抢修抢建排等军事训练任务，尤其是在民兵应急连轮训备勤组训中，采取“比武式”训练模式、“捆绑式”评比办法，取得了较好的训练质效，得到警备区主要首长的批示表扬。常态化组织本部人员军事理论、技能和体能训练，每周一都安排军事理论课，每周三都组织体能训练，部领导带头参训、跟训、督训，强化备战打仗意识，有效提高军事训练的质效。

【演练任务】 按照实战化、规范化要求，重点落实国防动员系统年度各项演练任务的参演和保障工作。参与警备区组织的演练任务，人武部周密筹划部署，领导靠前指挥，军地密切协同，确保了区内各相关部门组成的军地联合指挥部圆满完成演练任务。坚持战备演练标准，每次节日战备、重大活动期间均组织民兵应急分队值班备勤、拉动演练，年初以来组织民兵应急分队拉动演练，在警备区拉动考核中成绩均名列前茅。历次演练活动中，都对照军委国防动员部明确的262条安全工作考评标准，通盘考虑可能涉及到的“人、车、枪、弹、密”等各方面安全要素，时刻加强防范，确保部队安全稳定和高度集中统一。

【国防动员机制】 按照中央和省、市国防动员委员会建设规范，在区委、区政府主要领导亲自推动下，及时调整充实区国防动员委员会“一综八办”的组织构架和人员编成，明确职责分工，使国防动员议事协调机制更加完善，确保上级党委和军事机关一声令下，区国防动员委员会各专业办公室能够做到迅速就位，及时形成有序有效、上下畅通的国防动员行动指挥链路。

【兵员征集】 会同区有关部门紧紧围绕全年两批新兵征集任务持续发力：多措并举进行征兵宣传。先后到南京理工大学、南京林业大学等7所挂钩高校进行政策答疑和动员工作，指导各街道发动适龄青年踊跃报名，采取逐校逐街逐楼逐人耐心细致地争取工作，兵役登记率达到100%。全力以赴提高大学生比例。采取逐校逐街逐楼逐人耐心细致地争取工作，全区新兵中大学生比例创99%的新高，尤其是春季征兵期间大学生比例达100%，大学毕业生比例为71.1%，圆满完成江苏省征兵办公室年度硬性任务。从严狠抓廉洁征兵工作。严格对照“六个不准”标准要求，聘请47位廉洁征兵监督员，组织发放廉洁征兵问题排查表和廉洁征兵责任书，公开举报电话和信箱，确保了征兵工作安全稳定无事故、作风纪律无问题。

9月13日，组织民兵开展实弹射击 （区人武部 供图）

【安全建设】 把安全工作作为党委会的重要内容，坚持把军人、军车形象作为关乎人武部安全建设的基础工程。开展学法守法用法活动，树牢法治理念，培塑法治文化，肃清陈规陋习，推进法治化正规化建设。组织开展“学条令、学法规、正秩序”和条令条例学习活动，定期组织安全教育，开展安全训练。年初，组织全体人员填写签订保密安全责任书；2月份组织开展了专项保密清理检查活动，重点查找涉密文件资料、涉密计算机和移动存储载体等8个方面问题，坚决防范发生失、泄密问题。每季度组织1次安全和保密工作检查、分析和讲评。加强文件档案全流程管理，做好永久档案整理移交准备。突出抓好重要时段、敏感时期安全管理，组织重大活动安全风险评估，强化各类防范措施末端落实。加强重点部位、关键人员管控，定期开展安全隐患排查整治。加强和改进信息安全保密，持续推进保密办公秩序整治和手机使用管控。常态抓好综合巡查，突出特殊敏感时期督导，确保单位安全稳定。

（张 赟）

人民防空

【概况】 2022年以来，区人防办深入学习贯彻习近平总书记关于人民防空工作系列重要指示精神，恪守“人民防空为人民”初心，聚焦“战时防空、平时服务、应急支援”使命任务，大力实施高质量发展战略，积极融入“强富美高”新玄武建设之中。

【防空警报管理】 2022年在红山街道北苑社区社区、玄武湖街道东方城社区和徐庄新增警报器，布局更加合理，设备更加先进，功能更加完善。维护巡查管理方式更加与时俱进，利用二维码扫描形式留下巡查记录，加强对警报器的维管。对全区警报器进行两次普查，确保警报音响覆盖率、鸣响率均达到100%，圆满完成“9·18”“12·13”等警报鸣放任务。

【人防专业队整组】 对区人防专业队重新进行整组，全区现编有11支人防专业队，共1100人，制定了人防专业队训练计划，分别担负消防、医疗救护、防化防疫、运输、信息防护、心理防护、引偏诱爆和伪装设障等任务。新增指挥工程抢险抢修专业队，编组更加准确、规范、科学。

【实战化应急能力】 组织区人防机关干部训练和区人防专业队骨干40余人集训，结合玄武区人防工作实际和需求，进行了队列、体能等共同科目训练，并邀请专家教授对俄乌战争背景下的全国安全形势进行了分析授课，集训坚持将“练为战、训为用”的思想贯穿始终。

【应急救援包发放】 2022年发放人防应急救援包3000个，采用社区先登记后发放政策，各街道登记数量均超拟发放数量，采取摇号方式发放人防应急救援包。邀请区人大代表、区纪委、区公证处、街道社区群众代表参加，组织各街道现场依次摇号，全程摄像，市人防网站全程现场直播，确保公开公平公正，摇号结果在区政府门户网站上向全社会进行公示。进一步增强市民防空防灾意识，提高应急包发放率，提高战时和突发事件下应急救援和自救互救能力，切实维护人民群众生命财产安全。

9月16日，洪武北路小学师生防空防灾应急疏散演练　（区人防办　供图）

【应急预案】 在集训期间，召开街道部长、干事预案交流会，部署2022年预案工作要求和工作重点，预案编订工作有序推进。

【工程安全管理】 按照市人防办要求，认真开展人防工程年检备案工作。根据《关于做好2022年度人防工程维护管理相关工作的通知》要求，2022年，联合市人防办及相关部门抽查全区人防工程实体20次，对发现的问题隐患，要求相关责任单位及时整改到位。进一步完善区、街、社区人防工程安全及维管服务体系，在街道、社区的配合下，完成与全区人防设施单位签订人防工程维管责任书、安全生产目标责任书和人防工程维护管理备案申请表。全区平时用于自行车库和仓储的单位人防工程存在管理混乱现象，存有安全隐患。积极与消防等相关部门联系沟通，将消防安全检查纳入人防工程抽检工作中，联合开展专项检查整治行动。一旦发现人防工程内存在消防器材丢失、失效，堆放易燃、易爆、有毒物品等情况，立即要求管理单位开展整改，并报送相关部门备案。

【人防工程利用】 坚持“人民防空为人民”的服务宗旨，充分利用人防资产资源，根据市人防办年初工作计划，2022年投入近20万元对北极西村人防工程内部防护设备和排水系统进行维护保养，7

月10日至8月31日开放作为夏季市民避暑纳凉场所。周密部署，充分准备，明确纳凉期间值班值守、后勤保障、宣传服务等职责任务，保障活动顺利开展。制作人防知识宣传展板，配备桌椅板凳和书报架，摆放报纸杂志以及人防应急知识等宣传手册，开通无线网络，在为市民提供纳凉的同时，也宣传和普及人防知识，不断扩大人防社会影响力。开放期间，接待前来纳凉的市民总计约2000人次，纳凉活动取得圆满成功，得到市民的一致好评。

【人防老旧工程维护】 积极向市人防办争取老旧人防工程维护管理经费，对区老旧人防工程进行维护，提高人防工程战备质量。2022年，在市人防办大力支持下，对若干老旧人防工程进行维护保养。开展人防工程标识标牌工作。2022年，人防工程的标识标牌安装工作也已经基本施完工，12月通过竣工验收。

【应急疏散演练】 5月10日与区应急局、教育局、消防救援大队等部门在海英小学联合组织防空防灾应急疏散演练，组织全校24个班级900余名师生参加演练。为每个班级配备了应急救援包，并组织现场教学讲解，市人防办相关处室领导观摩演练。玄武外校、大影壁社区、北苑社区等单位也组织应急疏散演练。

9月16日，与区教育局、应急局、新街口街道联合在洪武北路小学开展"9·18"防空袭应急疏散演练，组织穿越烟障、火场和楼顶速降救援等模拟演练，组织全校18个班级600余名师生参加演练，新华网、南京电视台、龙虎网、交汇点新闻对此进行报道。

9月28—30日，在同仁小学开展为期3天的国防人防训练营活动，同期组织了防空袭应急疏散演练和"喜迎二十大　少年展风采"国防人防汇报展演。人民网、江苏新闻广播、南京电视台、《现代快报》、交汇点新闻、牛咔视频、紫牛新闻、龙虎网等分别进行报道。

联合锁金村、红山、孝陵卫、玄武门、玄武湖等街道在"5·12"全国防灾减灾日、"9·18"防空警报试鸣日期间，组织多场防空防灾应急疏散演练、广场咨询服务和知识培训。

10月在洪武小学组织小学人防教师教学实践交流；完成2022年度中小学人防知识读本征订工作，为全区中、小学分别征订5139本、5164本人防知识读本。

【人防宣传教育】 在各类门户网站、媒体共发布玄武人防信息31条（其中，人民网采用信息1条、省人防采用信息1条，市人防信息网采用10条、区政府门户网站采用6条，其他网站、媒体13条）。在梅园新村街道明故宫社区防空防灾科普教育馆组织玄武人防第六届人防亲子夏令营。创建申报洪武北路小学人防知识进校园示范点。 （孟　进）

退役军人事务

【概况】 2022年，区退役军人事务局以打造"退役军人高质量发展示范区"为目标，以"让退役军人获得感成色更足"为主线，真抓实干、攻坚克难，努力推动全区退役军人工作取得新的更大成效。玄武区连续九次荣获省级"双拥模范区"称号；区退役军人事务局荣获"全省退役军人权益维护工作先进集体"称号；区退役军人服务中心被评为全省100个优秀退役军人服务中心；区退役军人服务中心主任获评全国退役军人服务中心（站）"百名优秀主任（站长）"称号。在双拥工作中贡献突出，受到江苏省军区政治工作局的表扬；率先开展优待证申领发放工作，南京市优待证首发仪式在玄武区举行；在第三届"戎创金陵"退役军人创业创新大赛中获优秀组织奖；在2022年度南京市退役军人事务系统岗位练兵比武中获团体二等奖。

【双拥共建】 2022年，大力开展精准拥军服务，为现役军人和退役军人提供法律援助，为现役军人子女解决入学转学问题，同时开通就医服务绿色通道；强化玄武区双拥品牌建设，依托退役军人之家综合体、梅园新村纪念馆等红色教育资源，开展党史军史宣教实践活动10场次；发挥街道、社区退役军人服务站作用，扩大双拥宣传覆盖面，增强全民国防意识和双拥情怀。

【三级服务管理体系】 2022年，持续夯实服务基础，规范化建设与特色引领同推进共落实，打造具有玄武特色的街道、社区精品服务站，区、街道和部分社区退役军人服务站均已通过全国示范型退役军人服务中心（站）审核；提升服务品质，健全退役军

7月8日，南京市退役军人事务局在玄武区举行退役军人和其他优抚对象优待证首发仪式（区退役军人事务局　供图）

人法律服务体系，开辟退役军人法律援助“绿色通道”，打造一站式退役军人法律援助服务平台，提供法律咨询服务46人次；完善服务机制，扎实推进常态化联系退役军人工作，实现辖区内退役军人联系服务全覆盖。

【优待证办理】　2022年，率先开展优待证申领发放工作。建立健全工作机制。成立区优待证申领工作领导小组，召开专题会议进行任务部署。抽调骨干力量充实办理专班，增强办理窗口硬件及软件建设力量。优化规范办理流程。通过开设咨询热线、“一信通”短信平台及“玄武区退役军人之家”微信公众号，扩大办理知晓度；进一步优化办理流程、开发证件照服务管理系统等措施，缩短退役军人办理等待时间。开展暖心重点服务。针对部分高龄且行动不便的退役军人，开展“一对一”上门服务；推行管理单位代办和集中办理模式，为军休老干部等退役军人提供方便。

【退役军人安置】　区退役军人事务局与区委组织部、区人社局、区国资办等部门建立沟通协调机制，积极筹措优质岗位，完成年度计划分配的军转干部、符合政府安排工作条件的退役士兵、若干名逐月领取退役金人员的接收安置任务，安置率100%。

【退役军人就业创业】　2022年，为参加全市“戎创金陵”退役军人创业创新大赛的退役军人企业进行赛前专题辅导，玄武区推荐企业获得一等奖1个、二等奖2个，区退役军人事务局荣获大赛“优秀组织奖”；召开退役军人和军属专场线下招聘会3场，推介线上招聘会，不间断提供精准岗位推荐服务；召开补充征集自主就业退役军人补贴性教育培训承训机构评审会，2家培训机构入选；举办“永远跟党走　建功新时代”“戎创玄武”自主择业军转干部就业创业高峰论坛，交流分享就业创业成功经验；开展退役军人学历提升、技能储备培训和职业规划指导，全员适应性培训率100%，有就业意愿人员的就业率100%。

【崇军拥军】　2022年，持续提升退役军人之家综合体影响力，组织开展系列主题开放日活动，举办退役军人之家综合体启用一周年主题活动，开展弘扬五四精神主题月活动，举办暑期夏令营活动，开通“玄武区退役军人之家”微信视频号，成立退役军人事务局关工委，将主题馆打造成为玄武区青少年爱国主义教育基地。综合体落成以来，共接待退役军人事务部信息中心等全国各类团体500多批（次）12000余人次参加调研；加强对政策法规和退役军人先进典型的宣传力度，开展政策法律法规宣传活动，开展“送法送政策进军营”“科技拥军亲子科普游”“文化进军营”“军地联谊”以及走访慰问部队和军属等系列活动；积极宣传“南京好市民”秦寿海、“2021—2022年度全市基层理论宣讲先进个人”军休干部班海滨等退役军人先进典型的感人事迹，组织开展“光荣在党50年”纪念章颁发活动，引领尊崇退役军人的新风尚；发挥退役军人志愿服务积极作用，组织退役军人开展参与文明城市创建、关爱帮扶、疫情防控等志愿服务，全区若干支退役军人志愿服务队已经开展志愿服务活动301场次。

【优抚褒扬】　2022年，按规定及时足额为现役军人和退役士兵发放慰问金、为自主择业军转干部发放住房补贴、为无军籍职工发放改革性补贴；协调社会力量参与关心关爱帮扶退役军人工作，建立常态化对各类优抚对象重大节日走访慰问机制，加大慰问力度。（蒋　妍）

（栏目编辑　张　弛）

产业经济

综述

徐庄高新区

珠江路城市硅巷

软件和信息服务

工业

综　　述

【经济运行指标】 面对复杂严峻的经济形势，全区坚持把稳增长放在更加突出的位置，强化区领导包保走访及持续常态化调度，经济运行呈现持续恢复、稳中向好态势。全年地区生产总值完成1231.43亿元，同比增长2.4%左右；一般公共预算收入完成85.1亿元，扣除留抵退税因素后同比增长4%；全社会固定资产投资同比增长10.2%；社会消费品零售总额完成1129.57亿元，实现正增长，上述指标增幅均可达超全市平均水平。全区坚持在外贸外资领域深挖存量、拓展增量、培育特色，着力稳住外贸外资基本盘，外向型经济承压前行。全年外贸进出口总额完成695.4亿元，同比下降13.8%；实际利用外资完成3.23亿美元，完成全年计划107.8%；服务贸易额预计完成4.6亿美元，完成全年目标。全区万元GDP能耗达到市考核要求。全年PM2.5平均浓度达28.2微克/立方米、空气优良天数比率为79.7%，均位列主城前列，市考断面水质达标率100%。

【招商局江苏中心】 项目东至北苑东路，南至规划大壮观路，西至恒嘉路，北至红藤路、华飞路。总投资150亿元，总建筑面积约73.43万平方米，拟引入研发中心及高新技术企业，集聚新基建产业链上下游企业，融合高端商业、科技、文化、金融等国际化元素，建设以产城融合为主题的综合体。截至2022年年底，D、E住宅地块部分楼宇主体封顶，商业、办公地块地下室施工。

【南京玄武新一代信息技术科创中心】 项目东至规划阅武路，南至红山南路，西至恒嘉路，北至规划领智路、规划寒光亭路。总投资46.8亿元，总建筑面积约40万平方米，拟构建多引擎驱动、多业态融合发展的智慧园区，建立企业投资孵化平台，打造多样化生态园区，形成科技创新产业集群。截至2022年年底，A1-A、A1-B区内装和幕墙施工，A1-C、A2、B2区地下室施工。

【复星江苏总部】 项目东、南至规划科研用地，西至北苑东路，北至石景山路。总投资62亿元，总建筑面积约28万平方米，拟建设产城融合综合体，引入人工智能、总部经济、科技创新、科技金融、商务商贸等主导产业，打造集总部办公、国际型金融中心、文化商业街区、高端居住于一体的城市中央创新商务区。截至2022年年底，A区住宅主体封顶，B区住宅内装和外立面施工，C区商办主体施工。

【铁北创新产业总部经济示范园(宝龙苏皖总部)】 项目东至北苑东路，南至规划望山路、领智路，西至恒嘉路，北至规划大壮观路。总投资80亿元，总建筑面积约40.15万平方米，拟建设以产城融合为主题的综合体，引入人工智能、总部经济、科技创新、科技金融、商务商贸等主导产业，打造集总部办公、科技产业集群、艺术传媒展览馆、集中式商业、高端居住于一体的综合社区。截至2022年年底，A地块商办地下室施工，D地块住宅机电和内装施工，其他地块主体施工。

【生物育种钟山实验室】 项目东至农业农村部南京农业机械化研究所，南至紫金柳苑小区，北至中山门大街，西至柳营西路。总投资6.6亿元，总建筑面积约8.7万平方米，引入生物育种钟山实验室，聚集现代农业服务业全产业链，集聚创新资源，打造高水平的钟山种业硅谷。截至2022年年底，完善区、院合作协议及附件内容，地块控详调整材料上报规资部门。

【南京医工交叉创新研究院】 项目位于徐庄高新区研发六区3号楼，总投资2亿元，总建筑面积约1万平方米，拟建设高端医疗器械、临床检测新技术、医学新材料及智慧医疗四大研发中心，打造临床试验、医疗器械工程化、大动物实验中心等公共服务平台。截至2022年年底，完成临床前公共服务平台一期载体改造，落地产业化项目21个，申报发明专利等知识产权项目6项。

徐庄高新区

【概况】 2022年，徐庄高新区全面贯彻落实“疫情要防住、经济要稳住、发展要安全”的重大要求，在抓服务稳运行上下功夫，在抓项目提效能上求突破，在抓创新聚动能上做文章，保持稳中加固、稳中向好的发展态势。全年实现地区生产总值198亿元，全口径税收16.7亿元，一般公共预算收入7.7亿元，同比增幅8%，社会消费品零售总额461.6亿元，固定资产投资17.5亿元，同比增幅62%；1—10月服务外包执行额完成11.7599亿美元，服务外包离岸额完成2.9791亿美元；软件信息和服务业实现产值900亿元，医药健康产业产值390亿元，集成电路产业产值12亿元。先后获评全国和谐劳动关系创建示范工业园区、省级新型工业化产业示范基地、省级知识产权示范园区和南京市先进服务业集聚区。

1月13日，江苏集萃医工交叉研究所入孵项目正式签约，落户徐庄高新区
（徐庄高新区 供图）

【科技创新】 2022年，徐庄高新区以打造最具竞争力创新高地为目标，创新主体培育成效明显，完成科技型中小企业认定356家，高新技术企业新增71家。速度时空入选国家级专精特新“小巨人”企业，肯立等9家企业成功入选省级“专精特新”企业。赛特斯入选“独角兽”企业，江行联加、肯立科技入选培育“独角兽”企业，誉葆科技等6家企业入选“瞪羚”企业。江苏集萃医工交叉研究所、人工智能视觉实验室、省中西医结合医院消化道肿瘤临床创新中心等平台落地运营，全年签约产学研合作项目36个，成交额达1.2亿元，同比增长26%。智绘空天研究院、复元先进新材料研究院等5家新研列统省级新研，13家新研机构累计实现总体营收34.41亿元，引进孵化企业287家，申请专利620件，市场化融资累计到账10.38亿元。创新资源要素加速集聚，全年新增1家省工程技术研究中心、3家市工程技术研究中心，上市科技企业培育库3家；入选国家海外引才计划4人，入选国家高端外国专家项目2人，入选省双创博士10人。企业创新能力持续提升，全年完成专利授权总量458件，其中发明专利授权207件；有效发明专利拥有量1038件，其中高维持年限发明专利160件；万人发明专利拥有量259件；完成技术合同交易额36亿元，同比增长16%；高新技术产业投资完成1.2亿元，增幅6%。

【招商引资】 2022年，签约落地荣麒科技、声立方科技等优质项目48个，储备苏州青澜、南硕集团、爱尚眼、赛瑞克等在谈项目44个，签约项目投资总额113.32亿元，其中，亿元以上项目10个，实际使用内资20亿元，新增市场主体559家，完成载体招商面积3.86万平方米。佰德（中国）人力资源集团总部等重点项目顺利入驻；鼓楼医院临床医学研究院完成共建协议签订。成立凤凰高投毅达数字经济产业基金，规模11.5亿元。引进落地招银资本一期等9支基金，总规模超过50亿元，实缴规模超过15亿元。成功举办【遇见】元宇宙人才主题沙龙、金陵海关AEO授牌活动、金洽会玄武专场、软博会玄武专场、“青英·建功行”走进玄武等系列活动10场。徐庄高新区荣获2022年第五批省级商务发展专项奖励资金100万元。

【重大项目】 2022年，徐庄高新区全面加速二期工程开发建设，11个市、区重大项目推进有力，聚智园已经5栋楼出正负零，最高已至4层；徐庄启缤精选商业中心已完成全部桩基施工，正在地下结构施工；创智荟东部区域出正负零，完成地下工程80%；东南青年汇项目2栋主体结构施工至4层楼面；聚新园项目顺利摘牌；聚智园创业创新基地项目获国家政策性开发性金融工具支持，到位资金1.964亿元。矽力微“高端电池管理系列芯片研发与产业化”、赛特斯“面向5G工业互联网的云边协同平台研发及产业化”、先声药业“治疗脑卒中I类新药的临床及产业化研究”等一批重点产业项目顺利推进。

8月25日，2022江苏省专利（成果）拍卖季系列活动——技术需求对接会徐庄专场活动在徐庄高新区举办
（徐庄高新区　供图）

【江苏集萃医工交叉研究所】 为进一步挖掘高校、医院和产业的创新潜力，助力地方新医药与生命健康产业转型升级，2022年1月，东南大学南医大两校人才团队与玄武国资、江苏省产业技术研究院共同成立江苏集萃医工交叉技术研究所有限公司（以下简称医工院）。一年来，医工院以创新器械临床前公共服务平台建设、医疗器械成果落地转化为主要任务，将高端医疗器械创新设计、AI诊疗新技术、医用机器人三大研发中心建设与项目协同推进。医工院将立足于技术创新和产业创新，努力建设集学术研究、技术服务和企业运营于一体的综合平台。

【佰德（中国）人力资源集团】 佰德（中国）人力资源集团作为专业人力资源整体解决方案领军级供应商，坚持做专业化、专家化、技术化的人力资源主线业务，业务横跨智慧党建共建、招聘猎头、国内外高端人才寻访、人力资源共享中心、国际/国内认证培训、职业经理人认证培训、企业文化、管理咨询、数字化档案云、新医疗、智慧养老等多重服务领域。如今已成长为拥有“专业、共享、融合”商业模式，

4月25日，2022年玄武“世界知识产权日”宣传活动在徐庄高新区举办
（徐庄高新区　供图）

以移动互联网为引擎，以专业人力资源服务、科技平台和人力资源产业园管理运营三大业务为主体的综合性、全产业链的人力资源高质量发展集团。集团总部位于南京市玄武区，自成立以来，以“立足江苏、服务全国、辐射世界”为发展战略目标，已在国内外设立了57家分(子)公司和122个业务经办点，并通过自主研发的人力资源共享中心平台实现了全国城市的人力资源业务联动。集团囊括了江苏省人力资源服务行业骨干企业等多项荣誉称号，并拥有多个行业认可的权威资质。（王杰锋）

珠江路城市硅巷

【概况】 2022年，南京市珠江路科技一条街管理委员会办公室(以下简称珠管办)在区委、区政府的坚强领导下，坚持稳中求进的总基调，按照“打基础、增后劲、利长远”的工作要求，聚焦“四最”城区建设，努力把握珠江路转型发展的阶段性特征，坚定不移贯彻新发展理念，通过“打造亮点”“推出精品”“拓展空间”“加快转型”，聚焦疫情防控、聚力助企纾困，稳步推动各项工作健康发展。

【重点项目】 完成未来城A座项目改造。采取有效措施，“强推进、抓质量、保安全”推进未来城A座内装工程建设，多次召开关于老旧楼宇消防消险、施工安全、加固方案论证等会议，并现场进行指导，克服瓶颈难点，确保内装工程如期完工。同时，为解决珠江路停车难题，还积极协调市、区人防办、特种设备安全监察等部门，配合未来城建设方强力推进未来城负二层停车场改造。着力推进招商运营。受疫情影响，载体入驻率大幅下降，招商难度不断增大。为提升运营绩效，招引江苏方晟科技、北京方舟教育等一批科技型企业入驻未来城A座；招引徽商银行、瑞幸咖啡等企业，加速未来城B座业态调整。招引元泰数据、华洪浩信息等一批科技公司入住同仁7号园区。与中水电一局、达美乐Pizza等一批优质项目进行了多轮深度洽商，并达成入驻意向，即将签约。同时，还积极推动南京建策科技落户长发科技大厦，协助锦创数字产业园引进南京积图网络、联萌传媒等一批优质企业，帮助南京青扬智能、南京淳宁电力等一批数字科技企业入驻东南大学国家大学科技园。与玄武中专签订校企合作协议，利用园区资源，开展现代“学徒制”试点工作。拓展发展空间。积极参与中科院“一院四所”迁建项目论证。组织专门力量就中科院“一院四所”的地理区位、土地性质、评估价值等方面进行综合研究分析，并给出建议方案，做好项目储备，为区委、区政府承接相关资产决策提供可靠依据。做好存量载体再开发、再利用，协同属地街道共同推进及及广场、中山大厦、新工科技园转型。提升园区(企业)品质。针对珠江路上的园区规模小、缺乏特色、入驻企业档次低、抵御风险能力弱的现状，积极协助各园区“打造特色、培育亮点”。2022年，锦创数字产业园获评

9月8日，中国楼宇经济北京论坛，珠江路获评“最具投资价值商务区”
（珠管办　供图）

江苏省重点文旅产业项目、南京市精品硅巷、市级文化产业园、军旅融合服务基地，在融通地产全国经营载体评选中获评优秀园区。东大科技园获批工信部中小企业发展促进中心、中小企业志愿服务工作站，在2021年度江苏省科技企业孵化器绩效评价中也获评优秀奖（A类）。入驻同仁西街7号园区的企运网当选省先进制造业集群联盟副理事长单位。在2022年9月举办的中国楼宇经济北京论坛上，珠江路科技街被评为中国最具投资价值商务区。

【优化营商环境】 聚力助企纾困，优化营商环境。常态化开展"服务企业面对面"活动。班子成员按照"旬上门、月沟通、季会商"原则，对珠江路沿街楼宇进行挂楼（企）全覆盖上门走访调研，面对面了解复工复产、倾听企业诉求、协调解决用工难等问题。组织省市"助企纾困"政策解读等主题活动，协同区金融办共同谋划，组织银企对接会，助力企业解决融资难、融资贵等难题。打通上下游产业链服务企业发展需求。紧盯走访中发现的园区企业面临的"难点""痛点"，瞄准产业链细分领域和上下游相关环节开展资源整合，统筹协调、信息共享，不断推进企业上下游产销对接，努力实现产业链畅通循环。

【打造数字经济集聚区】 为进一步挖掘珠江路发展潜能，谋定未来产业发展方向。围绕市委、市政府关于建设数字经济名城的战略规划，结合珠江路软件和信息服务、数字文化、数字贸易、平台经济等数字核心产业集聚的优势，着力打造珠江路数字经济核心产业集聚区。加强调研摸底，谋定产业方向。对辖区楼宇及入驻企业再次开展拉网式摸排、整理，健全户籍式楼宇台账资料。同时，按照楼宇企业现状、产业方向、行业范围分类建立台账，重点走访调研300余家数字产业相关企业，形成"一楼一档，一类一簿、一企一表"的楼宇数据库，为下一步促进产业集聚，打造数字经济产业集群夯实基础。促进数字经济和实体经济深度融合。以直播经济和流量经济为抓手，加快形成功能引导、场景驱动、优势互补的数字经济区域发展格局，举办以创新为主题、以新经济为元素的创客节活动，携手锦创数字产业园先后推出30余个直播带货间，促成以南京新迈特、华海3C、百脑汇、赛格数码等为代表的一批传统3C卖场逐步"走出去"，老卖场里的新业态正在多点开花，为建设践行新发展理念的数字产业园区打造新动力和新引擎。 （尹有田）

11月12日，珠江路创客节系列活动"防范经营风险　护航企业创新"
（区珠管办　供图）

软件和信息服务

【概况】 2022年，全区软件业务收入达480亿元，新医药与生命健康产业实现主营业务收入260亿元，集成电路产业实现主营收入20亿元。

【新兴产业总体情况】 根据《南京市推进优势产业链发展2022年工作要点》，结合玄武区发展情况，出台《2022年玄武区新兴产业发展工作要点》，扎实推进玄武区软件和信息服务、集成电路、新医药与生命健康等优势产业，为实现关键领域突破与产业整体推进，为全区产业规模持续增长和高质量发展注入强劲新动能。汇通达成功挂牌香港联交所，大汉软件股份有限公司、速度时空信息科技股份有限公司均已完成辅导验收，并申报深交所创业板。江苏肯立科技股份有限公司获评省工程研究中心。好享家舒适智能家居股份有限公司、赛特斯信息科技股份有限公司2家获评"独角兽"企业；南京江行联加智能科技有限公司、江苏肯立科技股份有限公司获评培育"独角兽"企业；南京誉葆科技股份有限公司、南京睿辰欣创网络科技股份有限公司等10家企业获评"瞪羚"企业。锦创数字产业园入选南京市第二批数字经济产业园（数字直播）。

【资金项目申报】 持续加强对辖区内新兴产业企业尤其是涉软软件企业的服务，帮助和指导相关企业，主动争取国家省市各类专项资金，不断激发新兴产业企业发展活力。帮助南京公路发展（集团）有限公司、南京市文化投资控股集团有限责任公司等4家公司，申请2022年标杆应用场景引领项目资金共计1480万元。汇通数科智能科技有限公司获评"大中型企业剥离成立独立软件企业"奖励资金100万元，江苏金思维软件有限公司获评"高端工业软件产业化项目"补助资金200万元。帮助南京微盟电子有限公司、南京矽力微电子技术有限公司等4家企业，申请集成电路设计企业首轮流片项目补助资金共计664.5万元。2022年，区工信条口已累计帮助辖区内企业获得资金6150.1万元。

【"智改数转"】 出台《玄武区推进制造业智能化改造和数字化转型工作方案（2022—2024年）》，针对规模以上工业企业开展智慧化改造和数字化转型（以下简称"智改数转"）工作。依托服务商开展"智改数转"诊断企业8家，完成"智改数转"项目9个，"智改数转"规模以上工业企业8个。推荐企业申报优秀服务商，中电鸿信信息科技有限公司、江苏金思维软件有限公司等5家企业入选南京市第一批"智改数转"服务商，推荐江苏省生产力促进中心入选实训基地；积极组织企业开展星级"上云"项目，全区2022年申报星级"上云"共企业39家，其中，三星企业28家，四星企业11家。

【应用场景建设】 全年积极梳理上报应用新场景85个，超全年既定目标。继续推进建设"基于5G的智慧交通数字化运营管控应用场景建设""南京医药数字化业务管控场景"等一系列产业链典型应用场景，对形成显著示范效应的应用场景，通过公众号、视频、现场活动等形式加大典型宣传。全区成功推荐南京市文化投资控股集团有限责任公司"城市文化数字云平台项目'文都云'场景"、南京智慧停车有限责任公司"南京市智慧停车管理场景"等4家获批市专项补助资金。

【第十八届中国（南京）国际软件产品和信息服务交易博览会】 高标准举办2022年南京软博会玄武专场活动——玄武区数字经济和数字化发展论坛，会上介绍宣传徐庄高新区优越的地理位置、广阔的发展空间以及吸引总部企业、集聚创新企业、引进高端人才、激励园区企业发展的重要政策；视频发布2022年度玄武区优质应用场景13个，场景涉及产业发展、民生服务、城市治理、疫情防控等领域，生动展现了玄武经济、社会、文化、城市治理等领域新图景，为玄武区新兴产业发展注入鲜活动力。2022年，玄武区金思维软件、大汉网络、汇通达、金盾检测等软件龙头企业在市软博会现场参展宣传，徐庄高新区代表玄武区重点园区在南京市博览中心布展。

（黄蓓蓓）

工　业

【概况】 2022年1—12月，全区累计完成工业产值58.39亿元，同比增长15.9%，较1—11月下降1.2个百分点；12月当月完成产值9.95亿元，同比增长10.5%，较11月下降1.5个百分点。1—12月工业产销率为

98.0%，较1—11月增长0.9个百分点。南京港华燃气有限公司在全区工业产值增幅中依然起着重要的支撑作用，产值增幅始终在高位增长，1—12月累计完成产值33.23亿元，同比增长18.3%。

【中小企业“专精特新”发展】 广泛宣传推广“专精特新”发展理念，引导中小企业走“专精特新”发展道路。建立以规模以上工业企业、高新技术企业、“独角兽”“瞪羚”企业、产业链龙头企业等重点企业为基础的区级“专精特新”中小企业培育库，深入实施梯度培育、创新驱动发展、产业链强链补链等工程，推动优质中小企业做强做大。2022年，中科院南京天文仪器有限公司等2家企业被认定为国家级专精特新“小巨人”企业、南京誉葆科技股份有限公司等12家企业被认定为省级“专精特新”中小企业。

【中小企业公共服务示范平台建设】 中小企业公共服务示范平台主要为企业提供“创业服务、技术服务、信息服务、培训服务、金融服务”。2022年，玄武区公共服务示范平台建设取得了良好成效，中电鸿信信息科技有限公司被认定为国家中小企业公共服务示范平台，江苏东大科技园发展有限公司等3家企业被认定为省级中小企业公共服务示范平台，有效推动了中小企业的健康发展。

【企业疫情防控】 调整优化区企业防控组工作机制，设立“五组一班”（秘书组、工业和信息化组、科研机构组、商贸流通和境外组、区属国资组、建筑工地专班）工作机制，健全企业疫情防控体系，压细压实工作职能，动态梳理企业疫情防控工作，确保指挥体系高效运转。加强重点疫区货车管控，对重点疫区抵达玄武的货车倡导随卸随走，实现全程引导、服务和监管。2022年，累计帮助710余台重点疫区抵达的货车进行全程闭环管理。全力做好企业生产服务保障，密切关注疫情对重点企业生产经营、供应链等方面影响，成立稳定重点产业链供应链工作专班，公布疫情防控企业咨询服务电话，配齐配强值班力量，落实24小时专人值班和领导干部在岗带班制度，及时了解和第一时间协调解决企业因受疫情影响存在的供应链、物流运输等实际问题，做到企业诉求当日回应、当日办理。对区级层面难以解决的，由区企业防控组向市企业防控组专题报告请求协调帮助，做到每日与企业、市企业防控组信息互通，共同研究解决。

（曹　娇）

（栏目编辑　张　弛）

商贸·投资促进

商贸

投资促进

商　贸

【概况】 2022年，全区商务工作全力落实“疫情要防住、经济要稳住、发展要安全”的重大要求，统筹疫情防控和经济社会发展，牢牢守住安全生产底线，千方百计激发消费活力，稳住外资外贸基本盘，保持商务经济稳定运行，推动商务高质量发展。主要经济指标完成如下：社会消费零售总额完成1129.6亿元，同比增长1.3%，其中，限额以上社会消费零售完成907.1亿元，同比增长2%。外贸进出口总额完成695.4亿元，同比减少13.8%，全市排名第四，主城区排名第二。服务贸易进出口额超5.03亿美元，超额完成人代会指标4.57亿元，同比增长10.1%。实际使用外资完成3.23亿美元，完成目标的107.8%，同比减少17.9%。服务外包执行额完成27.08亿美元，完成目标的94.4%，同比减少2.8%，其中，离岸执行额完成9.03亿美元，完成目标的81.8%，同比减少14.2%。

【招商与外资】 开放型经济势头良好。2022年度新设立外资企业14家。9月5日下午，2022中国南京金秋经贸洽谈会玄武专场活动在紫金山庄举行。本次活动主题为“创新玄武·聚势未来”，共梳理项目65个，总投资额达517.63亿元，集中签约项目32个，投资总额达316.7亿元，签约项目和投资额均比去年有所增长。助企惠企力度不减。在疫情封关情况下，为南京海底世界有限公司、西门子（中国）有限公司江苏分公司办理海外专家入境邀请函6人次；为功能性机构企业中核（南京）能源发展有限公司拨付2022年省级商务发展专项资金60万元；为特斯联生态科技有限公司、江苏省地质工程有限公司、江苏苏美达成套设备工程有限公司3家企业划拨2022年省级商务发展专项资金（第四批）319.18万元。持续优化外资营商环境。积极宣传《鼓励外商投资企业利润再投资三年行动计划（2022—2024年）》《关于2021—2025年度外资研发中心进口税收政策的通知》等惠企政策，鼓励外资增资和利润再投资；发挥玄武区外商投资企业投诉机制，保护外商投资合法权益，稳定外商投资预期和信心，形成上下联动、协同共育、逐级提升的良性发展局面。

【货物贸易】 营造最优营商环境。区领导包保联系企业制度持续发力，定期深入企业一线听取意见，解决矛盾困难。着眼国内外形势和企业所需所盼，组织“助企纾困、提质增效”“护航中小微、助力稳增长”“聚焦跨境新挑战、共享发展新机遇”“引领数字经济、助力品牌出海”等稳外贸系列主题沙龙活动，承办南京海关“新获批AEO企业颁证”仪式，苏美达船舶有限公司、苏美达仪器设备有限公司、江苏恒隆物流有限公司3家企业新获批AEO企业。推动外贸稳定和创新发展获省政府激励表彰。苏美达技贸、苏美达船舶和瀚润纸业被确定为省内外贸一体化试点单位。苏美达技术贸易有限公司、南京跨境电商行业协会为市进出口公平贸易工作站。区商务局及副局长钟诚分别被省人力资源和社会保障厅、省商务厅表彰为第四届中国国际进口博览会江苏交易团组织工作先进集体、先进个人。

【推进城市国际化】 不断优化营商环境，深挖国际化资源，开拓交流渠道，统筹推进城市国际化工作。推荐紫金山庄、德基广场上报首批“极美南京”国际交流点；参与主办“芳菲五月·相约玄武”2022南京国际消费节玄武分会场活动、2022南京玄武国际城市休闲旅游节开幕式等活动；按照要求完成市对区国际化考核工作，筛选出区内9家标杆企业，并联系和确定50家供应链满意度测评企业参与测评工作，按时完成有关信息上报；组织全区4名国际友好使者参加城市国际化推进办公室组织的第三届城市国际化紫金友好使者选聘仪式。全力打造合作平台，扩大“朋友圈”，不断提升玄武综合实力、创新活力、人文魅力和国际影响力。

【服务外包和服务贸易】 每年一度的省级服务外包示范区综合评价工作，玄武区在全省47家评比中依然名列前茅，获得排名第七的好成绩。组织区内服务贸易和服务外包企业参加2022全球服务贸易大会暨首届国际数字贸易峰会，联合属地街道、高新区、驻区金融企业等单位及时开展企业走访等活动，举办政企、企企、银企等对接会10余场次，有效促进了各项资源的联通和整合。区内南京苏宁易付宝网络科技有限公司、苏美达国际技术贸易有限公司和苏美达船舶有限公司3家企业入围省级重点服贸企业名单，占南京入选企业的1/4。

【电子商务】 2022年，全区电子商务运行发展平稳，抢抓“互联网+”发展新机遇，推动电子商务产业特色化、规模化发展。2022年年底，全区集聚电子商务企业1900多家、电子商务产业服务机构上百家，电子商务交易额4750亿元、电子商务服务业营业额百亿元，年增幅均保持两位数增长。在电商活动方面，区商务局联动互联网企业开展云逛街、线上购、网上学等新业态活动，2022年举办电商活动上百场，有效激发企业发展活力。企业创新能力不断提升。全区集聚电子商务企业1900多家，包含亿元以上8家，5家企业荣获省级以上数字商务企业，形成了以骨干型企业为领军、中小企业为支撑的电子商务企业集群的发展态势。模式更新能力不断提升。汇通达首创独特的“平台+乡镇店”商业模式，苏盐生活家率先创立的“O2O+会员制+直销”新零售商业模式，好享购从直营模式探索创新的S2B2C2从供应链平台到企业再到最终消费者的商业模式，有效激发企业发展活力，赢得市场青睐。示范基地选新能力不断提升。作为国家级电子商务示范基地，徐庄软件园集聚电子商务企业227家，获得2022年第五批省级商务发展专项资金100余万元，用于支持电商示范项目，为商贸产业发展提供强劲动力。推荐金舜源、好享购物、钟山电子商务参加省、市数字商务企业评选。组织企业积极参加市商务局组织的2022中国江苏电子商务大会暨产业互联网博览会。

【消费中心城市中心区工作】 2022年紧紧围绕建设“最具影响力的消费中心”目标，建设加大消费市场培育、消费场景营造、消费环境提升等工作，不断挖掘消费新的增长点，持续推进“国际消费中心城市中心区”工作，先后以“芳菲五月　相约玄武”“缤纷夏日　畅享玄武”“悦动金秋　畅享玄武”为主题，以政府引导、企业联动、线上线下方式，联动各板块开展春、夏、秋季主题消费促进活动，共举办精品消费活动近百场，带动各类特色消费活动近300多场，现场直播、视频推广、矩阵式宣传等方式持续营造消费热点，有效激发全区消费活力。全年引进一线品牌20个、各类首店87家、打造各类消费新场景159个，其中，LOEWE香氛全球首店、CARITA亚洲首店亮相德基广场。锦上雅集获得“2022黑珍珠餐厅”称号，余川、紫金山院等区内4家餐厅被评为“2022金梧桐中国餐厅指南·一星餐厅”。德基广场、好享家等11家企业获得市级销售竞赛季奖项，推荐苏宁易购、德基广场等4家企业参加省级“苏新消费·销售竞赛季”活动。

【农贸市场管理】 指导红山小营、卫岗农贸市场做好市场提档升级改造，主要进行场内出新、厕所改造等，经过改造，市面貌焕然一新，环境有了很大提升；指导区内兰园、香铺营农贸市场、进香河农贸市场、后宰门、峨嵋路5家农贸市场做好平价菜摊试点工作；抓好农贸市场、超市、学院、医院、宾馆等相关行业追溯系运行管理工作，督促各农贸市场做好追溯系统数据录入工作，确保追溯体系运行正常。

【农贸市场防疫保供】 指导区内农贸市场做好春节等节日保供预案，加强产销对接，加强货源、流通环节沟通衔接。发挥公益性功能，保持正常经营，确保市场供应充足；根据市局要求，统筹考虑商业网点覆盖区域、服务人员、规模面积等情况，按照“供得上、保得住”，加强对接孝陵卫、进香河、月苑、锁金村4家农贸市场，作为春节期间区内生活必需品应急供应网点；根据省市要求，按照一年试点、三年覆盖工作思路，选择后宰门、兰园、香铺营、进香河、峨嵋路5家农贸市场进行试点平价菜摊工作，每日推出2个以上供应普通蔬菜的平价菜摊，日供应“一元”或“平价”蔬菜品种2～5个（平价菜指销售价格低于当日市场指导价20%以上的蔬菜），分别供应一元菜、平价菜两种；配合市场局督促市场做好疫情防控工作。3月份疫情以来，按区里统一部署要求，全科人员分成3个小组，不定期对农贸市场进行巡查，检查市场疫情防控落实情况。

【域外能繁母猪保供工作】 2022年，玄武区域外能繁母猪存栏指标为0.18万头。10月，区商务局与泗洪县农业农村局签署《能繁母猪供应合作协议》。协议明确：泗洪于2022年10月30日前划拨2022年年末能繁母猪存栏0.18万头指标给玄武区，并经宿迁市农业农村局盖章确认，区商务局按能繁母猪500元/头标准向乙方一次性拨付生猪生态补偿金90万元整。宿迁市农业农村局在《生猪供应合作协议》上盖章确认，并出具泗洪域外供应基地外供玄武区能繁母猪存栏数量证明，完成2022年域外能繁母猪存栏指标任务。

【"一刻钟便民生活圈"试点建设】 为全面落实南京"一刻钟便民生活圈"国家级试点城市建设的工作，满足人民日益增长的美好生活的需要。按照"试点先行、以点带面、逐步推开"的原则和"一圈一策"和项目可量化、清单化要求，制定樱驼花园社区、北苑社区"一刻钟便民生活服务圈"实施改造方案。不定期统计填报2022年度"一刻钟便民生活圈"社区建设进展情况及网点设施情况。完成樱驼花园社区、北苑社区"一刻钟便民生活服务圈"试点工作。

【商圈环境改造】 协助市商务局完成南京市新街口商圈发展领导小组工作规则拟制、商圈信用发展指数编制、楼宇及文博场所摸排等工作。指导南京1912街区加强内部管理、加强整体环境改造、做好省商务厅步行街改造提升试点工作评估各项准备工作，街区顺利通过省商务厅评估组考核验收，并入选省商务厅公布的首批15条"江苏省示范步行街"名单，推荐街区加入"江苏省步行街联盟"，组织企业深入学习《江苏省示范步行街管理办法（征求意见稿）》；走访调研百子亭天地、金陵STYLE、1928·曼度年华、环亚凯瑟琳广场等街区，推荐并指导1928·曼度年华、环亚凯瑟琳广场积极申报第二批步行街改造提升试点。

【夜间经济及首店经济工作】 指导各街道、园区、企业培育多元化夜间消费模式，每月至少组织1场夜间主题消费促进活动，指导夜间经济集聚区、夜间经济示范区加强自身建设、促进良性发展、推动消费升级，营造良好夜间经济环境。加快"夜间消费"宣传推广，逐步引领市民夜间消费习惯。推荐1913国民小剧场、艾尚天地等4个单位入围全市首批10家特色消费场景。配合市商务局开展首店政策研究，并深入企业一线宣讲2022版首店政策，引导德基广场、环亚凯瑟琳广场、南京1912、D9街区、1928·曼度年华、金陵STYLE等企业加大品牌首店、旗舰店、网红店、特色专营店引进力度，引进一线品牌30个，潮流首店80家，其中，全球首店1家，亚洲首店2家，中国首店10家，开展首发首秀、首展、首演等"首店+"活动30余场。申领下拨2021年销售竞赛季夜间经济示范区、首店发展奖等奖补资金，颁发荣誉奖杯。指导辖区企业申报2022年首店奖励资金和2023年首店、夜经济、特色消费场景服务业专项资金项目入库。

【老字号工作】 制订培育计划，牵头推动老字号保护、传承与创新工作，统计老字号企业非物质文化遗产项目情况，指导南京工艺美术有限责任公司完成"老字号数字博物馆"资料采集工作，积极参加省、市相关活动；支持老字号集聚区发展以及创新转型、连锁经营、品牌提升、技术改造等项目。

【再生资源回收管理工作】 做好再生资源回收行业管理工作，督促企业填报经营年报，开展两网融合调研，修订《玄武区再生资源回收指引手册》，指导街道和企业开展相关工作。做好商贸流通领域重点企业垃圾分类评价工作，对华海商场、金润发、南京商厦的垃圾分类工作进行检查；指导金鹰做好绿色商场创建现场评审相关工作，并督导企业及时整改存在问题。11月，玄武金鹰成为区内第一家绿色商场。

【安全生产工作】 以习总书记关于安全生产系列重要指示为指导，坚决贯彻落实省、市、区相关决策部署，坚持"安全第一，预防为主"，重点进行商业场所和加油站安全生产专项整治，实现商贸服务企业安全生产"零死亡""零事故"，全区商贸领域安全生产形势持续稳定向好。会同有关部门，全年组织商务领域安全生产大检查、大排查、大整治共计183次，检查商贸服务企业246家次，排查发现安全隐患共计99项，所有安全隐患问题均已闭环整改到位。

【疫情防控与文明创建工作】 坚决贯彻落实省、市、区决策部署，统筹推进疫情防控及文明创建工作，圆满完成各项重大任务。做好辖区内14家大型商业综合体（超市）、182家进口企业（冷链食品除外）和238家非星级酒店、18家农贸市场的疫情防控；负责4个国查点位、4个省查点位的文明创建工作，促进城市文明发展，提高市民生活质量。

【“12345”工单办理情况】 全年累计办理“12345”政府热线工单1983件，限时办结率100%，首次结果满意率超过全区平均水平。严格依法办事，加强与政府各部门的协同，服务群众做到真心、用心、贴心。全年单用途预付卡为群众挽回账面损失共计200多万元。及时向市场、公安等部门提供线索，全力保护消费者合法利益，受到群众数次表扬。《南京日报》两次报道区商务局服务群众先进事迹。开展生活美容专项清查整顿，召开预付卡工作会议2次，引进“宁满意”发卡企业资金管理系统，推进发卡企业规范发卡、用卡，保障消费者资金安全。

【区动物卫生监督所注销】 6月27日召开区委专题会议后，区纪委书记、区监委主任罗昌锋和副区长吴开芬多次与区动物卫生监督所人员交流沟通，经过谈心、家访、核查、落实等环节，彻底化解了区动监所人员的体检、补发奖励性绩效和应休未休假补贴共性问题及家庭生活困难、薪资纠错等个性问题。8月31日，区纪委书记、区监委主任罗

8月11日，召开全区专业市场文明创建工作部署会　　（区商务局　供图）

昌锋会同副区长吴开芬主持召开“关于原动监所改革人员分流岗位安排”会商会，区委巡察办主任濮素晖、区商务局局长魏超和改革分流的夏荣新、陆月广、刘顺忠3人到会，再次就人员分流工作进行沟通及确认，3人当场表态同意区里的人员分流方案，并于11月正式转移3人的人事关系。11月21日至12月14日，区商务局请江苏中恒嘉华会计事务所有限公司对区动监所资产进行了清算。　（东景瑶）

投资促进

【概况】 2022年，区招商引资工作紧扣南京市“招商创新服务年”总体要求，深入贯彻落实各级关于招商引资工作相关决策部署，在经济发展面临超预期困难和压力的情况下，铆足干劲、承压前行，实现新的突破。获上半年南京市招商擂台赛“重大项目推进奖”；“2022年度南京市职工职业（行业）技能大赛暨招商技能竞赛”优秀招商团队一等奖；亚新科集团总部等4个项目入选南京市“招大引强”赛马榜，招大引强、高质量考核排名均位居板块前列。

【机制建设】 根据南京市《关于加强招商项目全周期规范管理的暂行规定》，制定《玄武区招商项目全周期规范管理实施细则（暂行）》，规范招商项目信息处理、项目论证、集体决策、签约管理等全流程工作，明确国有平台公司投资监管红线，防范招商引资风险；优化项目调度会办、要素保障、审批服务等各项保障，推动项目加快落地见效。建立引进重点项目快速反应工作机制，及时将重大项目信息以快报形式呈报区委、区政府主要领导决策，加快重点项目洽谈、落户及重点企业培育进程。

【核心指标】 全区完成实际利用内资额123.1亿元，签约投资总额577.1亿元，均超额完成年

度目标任务;签约亿元以上重大项目2022年度开工运营率53.1%[当年开工运营项目数和累计项目数(往年未开工运营项目数与当年新签约项目数之和)的比值],2019年以来亿元以上签约项目涉及企业当年税收总额6.19亿元;招商局江苏中心、汇通达产业互联网、亚新科集团总部等一批项目入选南京市“招大引强”赛马榜。经过全区上下协同拼搏,招商引资工作综合成绩同板块位居前列。

【项目招引】 强化市级资源导入,安排专人接听市局投资热线、参加市局央企招引专班,亚新科集团总部项目顺利签约。紧盯央企总部引入,制定出台《玄武区央企区域总部机构招引工作方案》,国网英大集团江苏总部、南京久华食品产业发展中心、融通安保服务有限公司江苏分公司落户玄武。强化政企招商联动,重点加强与招商蛇口、复星、汇通达等区内龙头企业合作,充分借助企业资源挖掘招商项目潜能,汇通达新能源科技项目和矽力微电子中国总部等落户玄武。

【宣传推广】 紧扣南京市“投资南京,成就未来”主题,叫响“与玄武,共未来”宣传口号,聚焦全区优质招商和消费载体,设计制作全新《in玄武》招商宣传画册、《玄武还有》载体专刊,并与辖区企业联名设计制作系列周边产品。运用VR技术升级完善玄武区全景产业投资地图,为投资者提供了解玄武产业发展和投资商机的“全天候”平台。搭建全新玄武投资信息库,从“看!玄武”“探!载体”“点!政策”三个维度出发,立体展示玄武投资环境,便于企业实时了解玄武全方位投资信息。招商宣传片《玄武is coming》在市投促局“投资南京”品牌传播IN计划评比活动中荣获视频类二等奖。为应对疫情防控影响,通过“主会场+分会场”联动模式开展线上直播活动,玄武区总部载体春季招商线上分享会等活动吸引近10万人次在线观看。全区全年完成招商引资和企业服务活动65场。

8月18日,在招商局江苏中心开展交流活动　　（区投促局　供图）

【招商培训】 进一步升级打造“玄武博思汇”招商培训品牌,结合疫情防控实际,借助市投促局和商务部培训中心资源,采取线上线下相结合的方式开展培训活动,全年共开展线下培训3场,线上培训23场,在内容设置上由原先的“三个一”(一个主题、一名博主、一套程序)完善为“五个一”,增加一次团建、一轮竞赛等模块,组织招商队伍开展“我爱玄武”草坪团建活动和玄武区招商技能竞赛,提升团队能力素质。

【党建工作】 深化党支部建设,制定2022年度党支部工作计划,确保全年严格落实“三会一课”、主题党日等基本制度,提高组织生活会质量。7月,党支部举行换届选举党员大会,选举出新一届支部委员会,进一步增强支部力量。结合“三联建、三服务”相关要求,引导支部党员工作中增强创新创优意识,注重典型培育和亮点打造,努力推出特色党建品牌。联合市投促局党支部、廖家巷社区党委与辖区企业开展“聚力攻坚　招大引强”主题党日等系列联建活动,打造“链心桥”党建品牌。落实“双结对、双促进”要求,深入开展“村村到、户户进、人人访”集中走访、“一社区一案例”等工作,协助社区解决实际问题。疫情防控期间,全体党员干部积极参与核酸检测、小区站岗执勤、隔离点一线防控等防疫工作。

（高正山）

（栏目编辑　卢永晨）

财政·税务

财政
税务

财　　政

【概况】 2022年，面对疫情散发、国际局势动荡以及经济下行压力加大等超预期不利因素影响，区财政局紧紧围绕全年工作目标，全力促进财政平稳运行，区级一般公共预算收入完成85.1亿元，区级一般公共预算支出47.8亿元。

【财政收入】 2022年，在留抵退税完成26.35亿元的基础上，全区完成一般公共预算收入85.1亿元，扣除留抵退税因素后增长4.0%。主体税种的完成情况是：增值税完成15.1亿元，扣除留抵退税因素后增幅2.0%；企业所得税完成36.2亿元，增幅5.4%；个人所得税完成11.5亿元，增幅16.3%。

【收入组织主责】 2022年，区财政局全力锻长板、补短板，一事一策，精准发力。会同职能部门、街道及园区共同研究解决全区收入增长路径，全面提升企业在地贡献；对区内落地重大项目、重点企业开展税收前置评估，着力招引投资规模大、产业层次高、带动能力强的项目，切实提升收入组织精准度。定期召开收入组织推进会，重点分析收入总体情况、重点产业和重点税源生产经营情况，对于影响增收的困难，共同研究提出解决问题的措施办法。

【助力经济复苏】 2022年，全区财政工作积极应对复杂多变的经济形势，密切对接相关部门全力落实新的组合式税费支持政策，通过政策宣讲、一对一服务上门等多种形势，形成全方位、多层次、立体化的税费支持政策落实体系，助力稳住宏观经济大盘。全年全区累计减税降费、退税缓税缓费共计35亿元以上，为市场主体纾困发展和经济稳定增长发挥了重要作用。依托区领导包保联系企业机制，走访服务企业，协调解决企业面临的各类问题，配合各职能部门为全区上百家企业争取各项奖补扶持资金超亿元，助力企业发展，有力支持全区产业提升。

5月26日，到毕马威南京创智中心开展交流活动　　（区财政局　供图）

【预算管理】 2022年，全区财政认真落实过“紧日子”十项举措，严控预算调整和追加事项，落实支出必有预算、调整必有依据要求。持续保障好民生支出，将疫情防控经费保障作为财政工作中的重中之重，推动建立重大民生政策统筹协调机制，坚持在发展中保障和改善民生。挖潜增效盘活存量，加快上级转移支付资金的拨付、分解和执行，提升上级资金的使用效率，强化存量资源统筹。做好预算执行动态监控，落实预算管理和国库集中支付管理有关规定，加快推进财政资金动态监控全覆盖，保障预算单位的正常支出需要，不断规范预算单位支付行为，提升财政资金的使用效率和安全性。

【优化预算绩效管理体系】 2022年，为全力构建“全方位、全过程、全覆盖”预算绩效管理体系，区财政局将区级三本预算收支全面纳入绩效管理，并首次开展专项债券使用绩效跟踪工作，在预算执行过程中，对重点项目开展绩效运行监控，监控项目绩效目标完成程度和资金支付进度的匹配性，提高财政资金使用质效。

【国有资产管理】 2022年，认真贯彻落实行政事业性国有资产管理要求，逐步完善玄武区行政事业性国有资产管理制度体系。精心谋划，加强组织，圆满完成玄武区行政事业性国有资产年报编制，严格落实政府向人大常委会报告国有资产管理情况报告制度，对照审议意见制定整改落实方案，构建协调高效的资产管理运行机制。规范国有资产管理，有效破解公共基础设施资产确权入账难题。加大纾困扶持政策宣传力度，积极推动国有房屋租金减免政策落实落细。

【防范债务风险】 2022年，加强政府债券管理，完善支出进度定期通报机制，强化债券资金执行跟踪；进一步加大化债力度，持续推进政府性债务降总量、降债务率的“双降”工作。规范融资平台公司融资行为，出台区级关于融资平台公司公益性项目投融资有关规定，加强融资平台公司经营性债务管理。

【队伍管理】 2022年，全力打好意识形态工作主动战，举办“财政青年汇 建功新时代”主题演讲比赛、第三届党史知识竞赛、“悦读·悦分享”读书分享会等活动，发挥党员领学促学作用模范作用；组织全体财政干部集中收看习近平总书记在中国共产党第二十次全国代表大会上的报告，深入学习中共二十大精神。深化“三联建、三服务”机制，联合省市财政行政政法处开展党建共建交流活动、联合市局社保处赴辖区社区进行基层情况调研、联合市局会计处赴毕马威智能创新空间、长江路小学启迪分校进行参观交流。强化党建引领，积极组织引导党员干部参与疫情防控、社区治理、文明典范城市创建、基层大走访等文明实践活动，赋能基层。

（虞 果）

6月1日，区财政局结对社区群众座谈会 （区财政局 供图）

税 务

【概况】 2022年，国家税务总局南京市玄武区税务局（以下简称玄武区税务局）在南京市税务局党委和玄武区委、区政府的正确领导下，坚持以习近平新时代中国特色社会主义思想为指导，深入贯彻中共二十大精神，牢牢把握市税务局党委“稳中求进进中提质”的工作总基调，认真落实全面从严治党要求，积极做好组织税费收入工作，落实新的组合式税费支持政策，深化税收征管改革，优化税收营商环境，持续打造“以党的政治建设为统领，法治、智慧、和谐、廉洁、平安”的“1+5”型税务机关，为提升南京税务首位度接续奋斗。2022年，玄武区税务局全面落实新时代党的建设总要求，全面落实“第一议题”“第一主题”“第一任务”“第一要事”，全年开展党委理论学习中心组学习16次，开展第一议题学习39次。深入排查廉政风险，进一步完善党委议事规则。发挥支部纪检委员作用，健全基层监督网络。积极参与地方工作，主动走访党委政府、街道园区进行汇报交流。强化增值税发票风险管理，核查异常凭证3903份。做好国际税收管理服务，更新完善走出去企业信息23户次。完成辖区29621户企业年度企业所得税汇缴工作。综合所得汇算申报率超90%。强化内部监督，防范执法和廉政风险。坚持贯彻落实中共中央、国务院决策部署，建立新的组合式税费支持政策落实工作机制，发布提示单38次，编制工作周报38期，报送工作动态37期。进一步优化操作流程，分类分批安排月度退付资金规模。持续开展“便民办税春风行动”，着力打造“高质效、优体验、有温度”的规范服务玄武样本，科学规划办税缴费场所设置，打造“智能咨询服务联动”核心区，实施“入厅引导分流”模式，提供主动式问需服务，落实“双值班长制度”和领导值班制度，推出针对重点人群的“绿卡PASS”和“粉卡陪伴”服务，规范“举手迎、笑相问、快速办、提醒递、诚邀评、目相送”服务全环节。多渠道推送税收政策、涉税提醒20.8万条。设计推出“小玄知卡”系列温馨提示小卡片，累计发放15期6000余份。自3月起开展“春雨润苗”系列活动，召开座谈会和专题培训会18场，解决问题186个。为新进人员匹配发展和技能导师，明确新进人员培养发展方向。深化青年志愿服务活动，健全完善离退休干部困难帮扶机制，开展问安慰问等志愿服务530次。党员积极带头下沉社区，组织防疫、文明城市等各类志愿协勤1061人次，时长超3000个小时。

【税收收入分析】 2022年，玄武区局全年累计组织各项收入225.29亿元，同比减少7.95亿元，下降3.41%。其中，税收收入94.82亿元，同比减少60.15亿元，下降38.81%；社保费收入83.26亿元，同比增加8.88亿元，增长11.94%；其他非税收入47.21亿元，同比增加43.31亿元（其中国有土地使用权出让收入41.12亿元）。剔除留抵退税影响，玄武区局全年组织入库税收收入162.34亿元，同比减少3.92亿元，下降2.36%。全年累计入库区级公共财政预算收入99.76亿元，同比减少4.17亿元，下降4.01%；其中，玄武区局管户入库69.43亿元，同比减少5.31亿元，下降7.11%。剔除留抵退税影响，全年累计入库区级公财收入107.66亿元，同比增长2.77亿元，增长2.64%；其中，玄武区局管户入库75.41亿元，同比减少0.12亿元，下降0.16%。2022年玄武区局累计新增减税降费及退税缓税缓费88.61亿元。其中，增值税留抵退税67.52亿元，新增减税降费16.59亿元，办理缓税缓费4.50亿元。

4月29日，区税务局干部走进锦创数字产业园，为企业上门服务

（区税务局　供图）

【税收政策落实】 2022年，强化税收政策落实，提升税收征管质效。规范增值税发票增版、增量管理，遵循案头化原则、标准化原则，杜绝临调微调操作，优化纳税人增值税发票领用管理。稳步推进留抵退税。做好走出去企业管理服务工作，完善走出去企业信息更新23户次，国际税收团队走访南京矽力微电子技术有限公司，做好“一带一路”企业税收政策咨询工作，发放走出去企业风险提示单60份。加快出口退税效能，生产企业退（免）税审核共计118户次，审核通过应退税额5158.85万元，免抵税额3870.82万元。进一步落实深化税收征管改革的意见，对研发机构采购国产设备退税开展人机结合案头审核工作，完成5户研发机构退税审核，审核通过退税额1488.29万元。全力推进“六税两费”[房产税、资源税、耕地占用税、城市维护建设税、城镇土地使用税、印花税（不含证券交易印花税）、教育费附加、地方教育附加]优惠政策落实工作。根据进一步实施小微企业“六税两费”减免政策的相关要求，采取多项举措保障优惠政策落实到地。2022年全区增值税小规模纳税人、个体工商户、小型微利企业享受“六税两费”优惠8196.21万元，其中，申报减税6887.63万元，退税1195.25万元，抵税113.33万元。继续贯彻落实抗击疫情房产税和城镇土

地使用税"两税"优惠政策。2022年针对疫情影响，政府继续延续房产税和城镇土地使用税"两税"减免政策，适用范围扩大到住宿餐饮、文体娱乐、交通运输、旅游、零售、仓储行业纳税人和增值税小规模纳税人。

【税源税户基础管理】 2022年，全区税务工作强化与玄武区市场监督管理部门的信息互联互通，简化优化流程，提高税户管理水平。截至2022年年底，玄武区税务局管辖税户56247户，其中，单位纳税人税务登记33283户、个体经营纳税人税务登记22964户。新办单位纳税人税务登记中正常户2721户，非正常85户，注销159户，清算2户；新办个体经营纳税人税务登记中正常户968户，非正常9户，注销65户。

【纳税服务】 2022年，坚持"以纳税人缴费人为中心"的工作理念，坚持围绕税收中心工作、服务地方经济改革发展大局。规范办税厅建设，提升税费服务质效。2022年2月起开展税费服务优化提升试点工作，同月拟定《玄武区税务局服务举措提升工作方案》，落实"问需式"引导、"双值班长制度"和领导值班制度，创新推出"绿卡PASS""粉卡陪伴"服务和"小玄知卡"热点提示单。8月起开展为期三周的办税厅规范化提升试点工作，持续打造"高质效、优体验、有温度"的规范服务玄武样本，通过管理规范培训有效提升办税厅环境、形象、流程。全年玄武区税务局窗口平均等待时长由2.5分钟压缩至2.1分钟、位列全市第2；平均办理时长压缩至3.9分钟、位列全市第4；服务评价满意率达到100%。认真分解落实2022年度"便民办税春风行动"任务措施。全年走访企业60户次、召开座谈会4场、组织专题培训会8场、开展志愿者服务6次，收集解决纳税人实际问题186件。在2022年5月的中小企业服务月活动中组建"税商企零距离"政策培训工作组，联合开展小玄茶"惠"系列公益讲堂活动。运用线上线下等丰富载体，确保政策精准直达玄武区域范围内的园区、小微企业等群体，有效推动税费服务工作高质量发展。

【税收宣传】 2022年，全区税务深耕区域特点，深挖税收支持案例，打造"大街小巷里的退税减税"系列宣传产品三期，在央视频连播；税收扶持餐饮企业恢复市井烟火气的视频和文字在新华社客户端专题报道，阅读量破两百万次。点面结合开展减税降费、优化营商环境、助企纾困等重点工作的税收宣传和信息报送工作，完善信息宣传考核办法，加强信息宣传团队建设，主动与企业进行对接了解相关信息进行宣传，同时结合纳税人感兴趣的专题政策归纳，通过传统媒体和微博、微信等新媒体平台做好减税降费政策和效应的广泛宣传。2022年2月进社区宣讲税惠闹元宵；2022年3月、4月连续联合社区进行税收优惠与税收政策宣传；2022年5月举办小玄茶"惠"，为中小企业带来针对性的税费政策优惠礼包、2022年6月拍摄个人所得税汇算清缴视频讲解个人所得税专项附加扣除政策；2022年8月税费政策走进东南大学科技园、参与拍摄税收博物馆系列视频等系列活动，2022年玄武区税务局围绕税企合作、便民利民做好各项税收宣传服务工作，在中央、省、市级媒体刊登超百次，其中，中央级媒体35篇次。

【服务区域发展】 2022年，进一步优化税收营商环境，积极培育和涵养税源，促进企业健康和可持续发展，积极落实玄武区委、区政府工作部署，促进减税降费政策落实落地，助力建设强富美高新玄武。加强横向互动和纵向联动，分级对接重点税源。2022年10月，组织开展作风建设"啄木鸟"专项行动，邀请玄武区人大常委会和区作风监督六组上门监督指导，积极参与地方工作，主动走访党委政府、街道园区进行汇报交流。2022年3—12月，推进玄武区政务数据共享，与区财政局、区发改委、区金融局、区人社局、区信息中心等多部门积极探索数据共享机制，明确部门职责，提升数据增值应用，打造典型应用场景。为地方政府部门提供的涉税数据规模达十万条次级别，从外部门取得数据中进行分析筛选，查补税款近200万元。多角度多层次撰写前瞻性税收经济分析19篇，为区域招商引资、涵养优质税源、挖潜增收提供有力支撑。

6月23日，区税务局开展“新迎二十大 奋进新征程”主题党日活动

（区税务局 供图）

【依法行政建设】 2022年，按季召开全面依法行政领导小组会议，审议2022年度依法行政工作要点、重大税收执法事项集体审议办法、税收债权申报管理工作方案、2022年度法治政府建设工作报告。全面贯彻新修订的《中华人民共和国行政处罚法》，规范处罚流程，严格落实各类税务行政处罚裁量规定。关注各类高频次行政处罚事项以及特殊内容，积极推进简易处罚事项网上办，进一步提升处罚事项的执法质量。持续完善法治制度建设，推进行政执法公示、执法全过程记录、重大执法决定法制审核“三项制度”(行政执法公示制度、执法全过程记录制度、重大执法决定法制审核制度)有效落实。通过执法公示平台、办税服务厅政务公开专区等多途径，开展事前、事中和事后的执法公示。及时调整权责清单，更新对外发布玄武区税务局权责清单七类63项129子项，第一税务所权责清单六类35项86子项。加强执法音像记录资料和税务约谈室管理，全年累计开展执法过程音像记录173户次。进一步加强法制审核工作，全年累计开展合同法制审核42次。

【干部队伍管理】 2022年，从严管理，完善制度强化干部监督。完善干部日常管理体系，2022年1月4日修订玄武区税务局休假考勤制度，对考勤纪律、休假管理政策、人员去向牌使用规定进行明确的要求，并严格执行玄武区税务局考勤、休假管理办法，做好干部日常请休假的审核审批及销假工作。2022年2月21日开展在职干部投资任职情况自查；从2022年二季度起每季度通过玄武区税务局征管系统数据，进行在职及退休人员筛查。对处级干部做好政策宣传、数据填报辅导、相关事项的提醒，确保处级干部个人有关事项数据及时准确上报。落实导师制，结合新进人员个人特征、素质特征与玄武区税务局岗位特征，确定工作态度良好、业务精湛、职业素质高的人员作为发展导师和技能导师，由导师为其进行职业规划设计及职业技能指导，明确新进人员的培养和发展方向。落实全省学习兴税平台直播晨会活动。利用办税厅开厅前的半小时组织办税服务厅人员直播晨会，晨会重点聚焦政策学习和操作培训。6—7月组织2022年度“岗位大练兵、业务大比武”工作。鼓励干部积极参加国家税务总局指定类别和省税务局选定类别的集中培训及选拔工作，宣传引导干部认识到日常学习的重要性。

（李帅威）

（栏目编辑 张 弛）

经济管理与监督

综　述

【经济运行情况】 2022年是中共二十大召开之年，也是实施"十四五"规划的奋斗之年。一年来，面对复杂严峻的国内外形势和多重超预期因素冲击，全区上下在区委的坚强领导下，在区人大、区政协的监督支持下，全面落实"疫情要防住、经济要稳住、发展要安全"重大要求，围绕建设"四最城区"目标，坚持稳中求进的工作总基调，以最大努力争取最好结果，经济社会大局保持稳定，人居环境持续改善，民生保障有力有效。区十九届人大一次会议通过的181条国民经济和社会发展计划目标完成175条，完成率为96.7%。

主要经济指标。面对复杂严峻的经济形势，全区坚持把稳增长放在更加突出的位置，强化区领导包保走访及持续常态化调度，经济运行呈现持续恢复、稳中向好态势。全年地区生产总值完成1231.43亿元，同比增长2.4%左右；一般公共预算收入完成85.1亿元，扣除留抵退税因素后同比增长4%；全社会固定资产投资同比增长10.2%；社会消费品零售总额完成1129.57亿元，实现正增长，上述指标增幅均可达超全市平均水平。全区坚持在外贸外资领域深挖存量、拓展增量、培育特色，着力稳住外贸外资基本盘，外向型经济承压前行。全年外贸进出口总额完成695.4亿元，同比下降13.8%；实际利用外资完成3.23亿美元，完成全年计划107.8%；服务贸易额预计完成4.6亿美元，完成全年目标。全区万元GDP能耗达到市考核要求。全年PM2.5平均浓度达28.2微克/立方米、空气优良天数比率为79.7%，均位居主城前列，市考断面水质达标率100%。

重大项目推进。省级重大项目1个，南京招商局江苏总部，预计全年完成投资6亿元，完成年计划120%；市级重大项目11个，预计全年完成投资80.3亿元，完成年计划110%；区级重大项目103个，预计全年完成投资164亿元，完成年计划105.4%，新开工项目开工率达97.4%，计划竣工项目竣工率达100%。举办全区重大项目集中竣工暨开工仪式，全年实现招商局江苏中心、徐庄创智荟等37个项目开工建设，玄武之光、红山国际社区等22个项目加速推进，和昌红山奥莱、钟山风景名胜区旅游服务中心等40个项目竣工投产，新增和改造产业载体突破50万平方米，双拜巷、徐庄聚新园等3幅地块完成挂牌出让；市级重大项目徐庄二期聚智园争取到国家政策性开发性金融工具支持。获评全市"重大项目推进质效提升优星"。深化区四套班子领导包保联系重大项目机制，重大项目办持续实体化办公，灵活采用实地现场调研、部门联合服务、问题跟踪督办的方式，切实提升重大项目服务质效。与市供电公司签署战略合作协议，为重大项目电力需求提供有力保障。先后协调解决"玄武之光"渣土运输、德基三期项目消防登高面、铁北片区变电站建设路径等推动难题。围绕项目中远期储备布局，研究出台《玄武区重点产业项目规划汇编(2022—2025)》。

科技创新。落实南京引领性国家创新型城市建设要求，扎实推进"一区一特色"改革，实施创新平台建设"筑链"工程、创新空间布局"优化"工程、创新生态环境"提升"工程，围绕空间布局、平台建设、人才引培等六个方面，研究出台《玄武区建设最具竞争力的创新高地若干意见》，为科技创新提供全过程政策支持。积极探索多元创新主体合作共建机制，推进打造多层次科创平台，生物育种钟山实验室启动实体化运作、江苏集萃医工交叉研究所正式挂牌、鼓楼医院临床医学研究院顺利落地，全区入选全国创新百强区。围绕"1+2+2"现代化都市型产业体系，持续强链补链，出台《新兴产业发展工作要点》，支持集成电路、生物医药产业有序发展。以徐庄软件园获批首批市级数字经济特色产业园为契机，积极推动辖区企业数字化转型，中电鸿信、省生产力促进中心等6家企业入选全市首批"智改数转"服务商。大力支持"专精特新"企业发展，建立"专精特新"培育库，速度时空、中科天文等2家企业入选国家级专精特新"小巨人"企业，芯力微电子、誉葆科技等12家企业入选省级"专精特新"中小企业。好享家、赛特斯

2022年南京市五城区主要经济指标比对表

表1　　　　单位:亿元

五城区	地区生产总值		一般公共预算收入		社会消费品零售总额		全社会固定资产投资		全体居民人均可支配收入(元)	
	总量	可比价同比±%	总量	同比±%	总量	同比±%	总量	同比±%	总量	同比±%
玄武区	1231.43	2.4	85.1	4	1129.57	1.3	—	10.2	84779.6	4.1
秦淮区	1401.47	5.2	109.1	9.1	989.82	-1.5	—	18.5	77729.9	4.2
建邺区	1250.59	2.5	159.7	5.2	458.46	1.6	—	2.4	74816.1	4.3
鼓楼区	1953.94	1.5	174.2	4.7	1149.23	1.7	—	0.2	84173.9	4.3
雨花台区	1040.22	1.6	81.6	1.7	716.55	-2	—	11.9	74558.4	4

成功申报“独角兽”企业,汇通达登陆港交所,赛特斯提交证监会注册,培育市级总部企业4家。出台《2022年玄武区高新技术企业引培工作实施细则》,着力提升高企培育质效,并坚持线性前置理念,加快科小企业培育,扩充高企内生培育后备军,全年新增高企168家、认定科小企业1082家。加大低效载体利用力度,新增备案硅巷5家,合计19.14万平方米,3家备案硅巷获市首批精品硅巷建设立项,累计建成市级备案硅巷23家,南林大创客汇、介孔空间分别获国家级、省级众创空间备案。深入实施“紫金山·凤栖玄武”人才计划,全年新增国家海外引才计划6人,排名主城第一、创历年新高;申报市创新型企业家8人、高峰计划3人,新增市、区高层次创新创业人才35名。打造科普特色品牌,举办“第五届青少年科技创新区长奖”评选等科普活动300余场,全区创成全国科普示范区。

招商引资。在全面落实国家、省、市各项惠企政策措施的基础上,研究出台《积极应对疫情助企纾困稳定经济发展二十项举措》《扎实稳住经济的一揽子政策措施具体工作落实清单》等系列政策措施,着力帮助企业抵御疫情冲击。从打造精简便利的市场环境、优质便捷的政务环境等方面入手,研究出台《优化营商环境实施方案》。深化“一件事”改革,创新实施“无感审批”“一站式微服务手册”、企业电子送达等举措,积极探索“免申即享”、政务服务地图等创新模式,全面提升企业服务便利度。全年新增市场主体9400余户,其中,新增企业3200余户;办理留抵退税26.2亿元,减免公有房租4154.6万元,减免医保、失业保险等社保费用约1.8亿元,110余家企业通过“应急贷”“码上贷”获得授信20余亿元。打造“与玄武·共未来”招商品牌,研究出台《招商项目全周期规范管理实施细则》,制作《in玄武》《玄武还有》等宣传专刊,升级玄武全景产业投资地图。强化主题招商、产业招商、以商招商,组织“总部载体春季招商线上分享会”“外贸企业对接交流会”等招商活动55场。亚新科集团总部、国网英大集团江苏总部等一批优质企业落户玄武。全年完成实际利用内资117亿元,完成年计划的121.7%,完成签约项目投资总额546亿元。深入推进国际消费中心城市中心区建设,举办以“芳菲五月·相约玄武”“缤纷夏日·畅享玄武”等为主题的精品消费活动300余场,有效激发区域消费活力。培育消费新模式新业态,引进一线品牌20个、各类首店87家、打造特色消费新场景150个。助推文旅融合消费,以文旅信息、旅游专线、文创产品等内容为重点,上线“风尚玄武”全域旅游智慧服务云平台,举办第六届国际城市休闲旅游节活动,创成省首批文旅产业融合发展示范区、省文旅消费示范单位。(何　珊)

国有资产管理

【概况】　2022年,区国资办在区委、区政府的坚强领导和市国

4月27日，区国资办举办“玄武区与市国资委战略合作推进会”，会上区国资办与南京银行南京分行签约《区属国企综合金融服务项目》（区国资办 供图）

资委的具体指导下，深入学习贯彻习近平新时代中国特色社会主义思想和中共二十大精神，主动赴兄弟区国资监管机构开展对标找差，深入五大集团及重点子企业现场调研，以“强功能、优机制、激活力”为主线，在创新市区战略合作谋发展、对接市属国企考核优化评价机制、全力压降经营性债务防风险、持续提升公共服务供给能力等方面精准发力，不断做强做大做优玄武国资国企，高质量收官国企改革三年行动。

【国资国企改革】 举办“玄武区与市国资委战略合作推进会”，在全市各区中首创区政府与市国资委及市属集团的战略合作，签署《玄武区与市国资委战略合作备忘录》等多份战略协议，推动市、区两级在共同争取央企及其子企业落户、市区监管企业人才战略合作、建立项目投资合作机制、深化党建联建共建机制等五方面深化合作，借助市国资委及市属国企站位高、专业强、渠道多、视野宽的优势，系统性带动区属国资国企在畅通循环、城市能级、经济规模、创新带动力、要素集聚力和集中力量办大事能力等方面实现突破。

【考核模式】 依托市区战略合作，借鉴市考模式、对标市考要求，编制《2022年度区属国有企业高质量发展综合考核实施办法》《2022年度区属国有企业高质量发展绩效评价考核实施方案》《2022年度区属国有企业党的建设成效评价考核实施方案》《2022年度区属国有企业治企兴企满意度评价实施方案》，修订《玄武区区属国有企业负责人综合业绩考核及薪酬管理办法》，在全市各区中率先接轨市考，构建“1个实施办法+3个实施方案”的区属国有企业高质量发展综合考核指标体系，首次将区属集团考核接入全区高质量发展考核。

【债务管控】 聚焦风险防范，分类制定五年期融资平台管控方案，确立“融资平台公司年度债务增幅控制在10%以内、三年内融资平台公司数量压降50%”的目标任务。从融资公司数量和融资额度“双压降”入手，以有息债务为重点，以融资成本为主要关注点，全面梳理区属国有企业债务情况；坚持源头和过程“双监管”，严格市场化投资决策，建立提款事前磋商机制，有序控制债务增长；实行规模和负债率“双管控”，科学设定经营性债务压降目标和资产负债率上线，引导企业以资金平衡测算为充分条件编制年度融资计划，2022年年末融资平台公司经营性债务增幅远低于全市控制目标。

【优化监管制度】 2022年，改革行动与建章立制相结合，开展全区公有出租房产清查，结合清查发现问题修订《玄武区区属单位房屋出租管理办法》，优化公房招租模式；抓住市场化用人“关键点”，结合执行情况修订《玄武区区属国有企业劳动用工管理办法》《关于规范区属国有企业中层管理人员选拔聘用及管理工作的实施意见》，按照“定编定岗、人员精干、择优录用”的原则，加强企业内部“跨岗位、跨部门、跨专业”轮岗锻炼，坚持选聘公开化、队伍年轻化、退出市场化。

【服务社会民生】 区国资办联合区财政局出台《关于落实江苏省政府2022年1号文减免国有房屋租金工作的通知》，全年累计为910家服务业小微企业与个体工商户共计减免4155.26万元。全年累计向社会提供367个就业岗位，组织区属企业筹集若干个高质量就业岗位安置退役士兵。对接孝陵卫街道支援结对社区疫情防控工作累计300余人次，组建国资系统防疫突击队日均下沉20人次支援临时封控和核酸采样。开展“村村到、户户进、人人访”，全体干部集中走访120户社区居民，发挥党建“三联建”机制效能，为结对的南京农业大学社区加装扶手围栏，解决群众急难愁盼问题。

（潘振浩）

·钟山集团·

【概况】 2022年，在区委、区政府的正确领导下，钟山集团坚持全年既定经营发展目标不动摇，聚焦资金管理、项目建设、资产运营、产业投资和民生保障等主责主业，全力稳经营、挖潜能、提质量、增效益，努力实现全年工作目标。

【资金筹措】 积极配合评级机构，在公开市场评级标准趋严的大环境下保持了AA+的高信誉评级，为集团资金筹措、扩宽融资渠道提供了保障；合理运用、规划各类融资产品，防范债务逾期风险，发行非金融企业短期债务融资工具、中期票据、公募公司债等产品5笔，其中，公募公司债票面利率创全国范围内AA+同类别主体两年期公司债利率历史新低；积极对接金融机构，取得国家开发银行低成本长期限项目贷款，切实保障集团项目建设。

【工程建设】 根据项目的特点，通过标准化、规范化、程序化的作业程序，切实保证工程质量，把在手项目打造成为精品工程、样板工程，以项目品质树立品牌形象；强化项目成本控制，定期梳理项目建设动态成本，推行变更签证的成文管控，建立支付台账，及时组织结算审计，通过提升工程管理水平提高项目经济效益。2022年，集团各项代建和自建项目均达超序时进度，铁北高中新建工程项目已经进入施工收尾阶段，力争年底完成竣工验收。该项目还通过了江苏省首例BIM设计图审，获得了南京市优质结构工程、南京市智慧工地、南京市建设工程标准化文明示范工地及差别化施工工地等荣誉；仙鹤门社区服务中心项目已进入正式施工阶段，地下室已完成局部封顶；曹后村28号校舍改造、综治中心和市场监管局办公楼改造均已全部完成竣工验收并交付相关单位使用。

【企业经营】 传统业务转型成效进一步凸显，集团自管集贸市场积极探索新路径，转变单一靠收取租金的经营思路，以兰园为试点，通过“自营+摆摊”的经营方式，引导市场内经营户参与到平价菜销售，菜品价格实惠，有效拉升了市场的人气，形成了市场、商户、消费者的多方共赢，6月，宁鲜商业公司获“南京市菜篮子工程2021年度抗击新冠疫情保供稳价先进单位”。黄埔汽车集团洞悉消费者需求，在燃油车和新能源汽车上提供更加多样化、个性化的选择：新引进的奇瑞捷途新店完成场地改造，8月正式投入运营；IDStore新能源城市车展陆续在水平方店和马群花园城店投入运营，发展势头强劲，销量上升较快。

【民生领域助力】 积极落实上级关于扶持民营经济减免国有房屋租金的相关政策，展现国企担当。2022年，合计为受疫情影响经营困难的26家小微企业和个体工商户减免租金共计864.84万元；借助区委组织部搭建的桥梁，打造并正式启用“宁小蜂”驿站服务品牌，充分利用市场现有场地资源为新就业群体提供急医药箱、口罩等设施设备，营造出关心关爱新就业群体的浓厚氛围；玄外地下智慧停车场自运营后，有效缓解了学生接送时间段交通拥堵的情况，同时为周边老旧小区的居民，解决了停车难的问题。对照疫情防控和文明城市创建工作最新要求及标准，持续做好集贸市场人员管控、环境消杀、秩序维护和食品安全溯源，进一步压实市场管理责任，提升工作实效，防止疫情在集贸市场一线传播，打造文明创建的标杆形象，保障玄武区居民的“米袋子”“菜篮子”。

【风险防范】 持之以恒地狠抓安全生产和疫情防控，纳入年度工作重点，不断完善安全责任体系，层层分解落实，确保责任全覆盖。针对危化品、建筑施工、特种设备、火灾防控、“九小”场所等重点环节定期进行隐患排查和整改。加强集贸市场的疫情防控力度，利用智慧化、信息化手段，增设智能通行系统，做到“人防+机防”相结合，确保测温验码不漏一人；运用多媒体技术，将菜品检疫情况、商户信息实时发布，让市民及时掌握当天市场疫情防控及食品安全状况，筑牢平安健康的市场防线。

【产业投资】 对外投资方面，加强对宏观及行业的研究分析，深挖疫情之后产业复苏的机遇，进一步规范基金管理，积极储备优质资源，创新合作模式，有效提高基金投资收益，同时加强对投后项目的跟踪，增厚投资回报，严控投资风险。传统业务方面，加大增量业务的开拓力度，黄埔汽车集团要抢抓新能源汽车发展的风口，提高汽车贸易的业务体量，实现营业收入较快增长；宁鲜公司要积极开拓自营业务，转变商业模式，提高商业载体的利用效率，有效应对传统农贸市场摊位出租率下滑的困境。

【安全生产】 安全就是效益，强化“预防重于治理”观念，继续深入开展隐患排查治理和安全检查专项行动，重点突出抓好消防安全、危化品处置为主的专项整治。进一步建立严密的安全生产管理网络，做到层层有人抓，事事有人管，形成齐抓共管，上下配合的管理体系，推动安全生产工作再上新台阶。

（姚　瑶）

6月15日，熊猫万谷金融科技中心连廊举办“6·15防范处置非法集资宣传日活动”

（区金融局　供图）

金融管理

【概况】 2022年，区地方金融监督管理局坚持监管与服务两手抓的工作理念，大力推进现代金融产业发展，全力推动金融服务实体经济，努力提升地方金融监管水平，为打造国际化、全景式、高品质的“城市金融客厅”和建设“强富美高”新玄武贡献新力量。全区金融业面对新冠疫情逆势上扬，金融业增加值达265.2亿元，占全区GDP的21.5%，金融业实现地方口径税收48.3亿元，增幅8.6%。截至2022年年底，区内有金融机构308家（含网点），其中总部金融机构54家，涵盖了银行、证券、保险、信托等传统金融机构和数字金融、第三方支付等新型金融机构，金融业态布局较为完整。

【金融监管】 营造“群防共治”治理格局。鼓励举报非法集资活动线索，积极调动企业、楼宇物业及社区居民等群众力量，按照“资源沉底到边、问题见底到边、风险化解彻底到边”要求，守好金融风险底线，涉非企业数量与2018年防范化解重大金融风险攻坚战相比，下降95%以上。2022年，率先办理2起非法集资行政处罚案件，其中，高档白酒非法集资案获评为全省典型案例，实现了江苏省行政手段成功处置非法集资案件“零的突破”，被国家处置非法集资部际联席会议办公室编入全国非法集资行政执法案例选编，在全国地方金融系统推广。完善金融风险防控体系。健全区、街道、社区三级监督，强化部门协同与区域配合，针对风险高发的“养老”“私募”“资产管理”“交易场所”等行业市场主体，联合多部门开展专项排查行动与“双随机、一公开”抽查，会同网信办、市场监管局等部门开展线上联合监测研判，累计排查各类市场主体1100余家，监测各类广告、讯息16000条，金融环境得到进一步净化。强化地方金融监管举措。对辖区“7+4”类监管企业，实施分类监管，促进行业规范发展。在现场检查与非现场监控基础上，常态化开展监测预警、分业排查、宣传教育等风险防范工作，优化监管质效；坚持管行业必须管安全原则，对监管对象行业安全、场所安全加强督导，规范企业合规经营。

【金融服务】 积极落实金融支持常态化疫情防控和促进经济社会发展各项政策举措，设立“应急贷”贷款、开发“码上贷”平台、提供“线上融”服务等措施，全力助企纾困，9家企业获得850万元贷款支持，50余家企业获得1.1亿元意向授信。优化服务促进发展。探索设立“玄武金服”活动品牌，开展“金融产业大讲坛”“金融下午茶”“科创沙龙”等特色活动30余场，为银企搭建对接交流平台。构建普惠金融服务网格，部署开展“普惠金融进楼宇”活动，联合金融机构共同为小微企业、社区居民提供更具针对性、精准化、便利化的金融服务。助力金融创新，围绕知识产权ABS，充分开展可行性调研，严格筛选优质底层资产，探索建立风险补偿机制，推进知识产权证券化工作落实。

【上市服务】 常态化开展企业走访交流工作，联合银行、证券等金融机构累计走访企业100余家（次），联合保荐机构、证券交易所等，以融资、辅导为服务内容，为60余家企业定制“一对一”金融支持方案，帮助宜热纵联、睿辰欣创、常荣声学、中科天文等企业优化融资结构，推动达斯琪、飞宝科技等企业对接股权投资机构，区内16家未上市企业获创业投资金额近2亿元。2022年2月18日，中国服务零售行业企业客户交易平台龙头企业汇通达网络股份有限公司在港交所上市，是2022年南京市第一家赴港上市企业。

【产业发展】 2022年，以提升金融密度、强劲支撑体系、加强金融招商为工作抓手，走城市有机更新与金融产业联动发展的玄武道路，进一步壮大金融总量，优化金融结构，创新金融业态，强化风险控制，增强金融集聚辐射能力。上海浦东发展银行南京分行新办公大楼于熊猫万谷科技金融中心正式启用，为玄武区现代金融产业集聚发展带来新的活力，为金融助力玄武区企业成长增加强大助力；玄武区产业发展引导基金下设子基金南京创熠清源硅巷股权投资合伙企业（有限合伙）完成募集，该基金将重点投资于产业升级相关的新一代信息技术领域，包括但不限于应用专用软件、5G、IOT、大数据、AI等产业相关领域项目，基金总规模11.35亿元。

（孙志勇）

市场监督管理

【概况】 2022年，区市场监管局以习近平新时代中国特色社会主义思想为指导，全面落实区委、区政府决策部署，坚持围绕市场、服务大局，稳企强链、服务发展，依法监管、服务民生，充分发挥市场监管职能，服务“四最”城区建设发展大局，玄武区获批国家知识产权强县建设试点县。

【疫情防控工作】 依托“江苏冷链”追溯系统，督促经营户及时赋码，扫码出入库，闭环管控进口冷链食品来源、流向等情况。开展冷链食品排查，检查冷链食品经营主体2000余家次。督促进口冷链从业人员、外卖从业人员、零售药店从业人员等七类重点人群按照规定频次做好核酸检测。紧盯“四类药品”管控，督促全区零售药店做好防控工作，发挥“哨点”监测作用。对16家新冠病毒疫苗接种点开展常态化检查，重点加强新冠病毒疫苗储存运输和预防接种环节质量监管。

【市场主体发展】 2022年新增登记市场主体9429户。全面推

5月11日，区市场监管局执法人员检查农贸市场食品安全

（区市场监督管理局　供图）

广简易注销，2022年通过简易注销方式注销市场主体1346户，同比提高61.20%。办理股权出质49笔，出质股权总额1.35亿元，为企业融资5.59亿元。深入探索“无感审批”，出台《玄武区企业变更登记与税务确认无感审批实施方案》。加强政银合作，新设11个企业开办“一站式”服务专区，实现企业登记、公章刻制、申领发票、银行开户、社保开户、公积金开户等企业开办全流程代办服务。

【助企纾困】　对重点产业链企业开展问卷调查问需于企，汇编惠企政策帮扶企业申报各类项目、享受政策扶持。创新推出8期“质量问诊”专题活动，针对企业提出食品、检验检测、商业秘密、计量等方面的疑难诉求，邀请领域内专家为企业“把脉会诊”。建成25家商业秘密保护示范点，培育和维护企业核心竞争力、创新力。开展转供电收费专项检查，立案1起，责令退还企业多收电费52万元。帮助企业开展信用提升，修复经营异常名录企业1200余家，开具信用证明100余份。

【质量强区建设】　制定《玄武区知识产权与质量标准支撑产业高质量发展行动计划》，新增“江苏精品”培育对象2家、省质量信用AA级企业2家。修订出台《玄武区区长质量奖管理办法》以及《玄武区区长质量奖评定标准细则》，有序开展2022年度区长质量奖申报工作。积极协调引导产业链“链主”企业参与“标准领跑者”项目，主导制定1项国际标准、制定修订9项国家标准。其中，南京理工大学主导制定的1项标准获江苏省首届标准创新贡献奖；南京林业大学等3家单位主导制定（修订）的9项国家标准获市级产业技术标准奖励；南京农业大学等3家单位获2022年质量强省奖补专项资金。推进区内5家企业的省级标准化项目试点，其中全民健身中心以高分优秀通过终期验收评估。

【知识产权工作】　制定区“十四五”知识产权发展规划，2022年有效发明专利拥有量达19993件，每万人有效发明专利拥有量位居全省第一。建成徐庄知识产权运营服务平台，收录1.3万条专利转让信息、9万余条商标信息，联合南京邮电大学成功上线首批试点开放许可的优质专利。组织定单式培训辅导，2022年区内新增国家知识产权优势示范企业1家，获省、市各级知识产权项目5个。

【食品药品安全保障】　健全食品生产经营监管机制，深入开展食品安全“守底线、查隐患、保安全”专项行动，针对特殊食品、冷食制品、生食制品等高风险品种，运用“食安江苏”智慧监管系统对经营企业日常监督检查全覆盖。开展食品抽检和食品安全风险监测提升行动，完成2602批次抽检任务，发现不合格批次93批次，不合格处置率100%；完成农贸市场场内及场外生鲜店食用农产品快检16.8万批次，妥善处置阳性产品280批次。起草《玄武区全面加强药品监管能力建设实施意见》，推动成立玄武区药品安全委员会。开展零售药店专项检查、无菌和植入性医疗器械专项检查、隐形眼镜专项检查等一系列专项整治行动，共检查单位228家次，立案14起。完成药品质量监督抽验100批次，对检出的1批次不合格药品立案查处；医疗器械质量监督抽验7批次，药品快检70批次，未检出不合格药品。

【特种设备安全监察】 深化提升特种设备安全生产专项整治三年行动，开展特种设备安全隐患拉网式大排查，检查特种设备使用单位800余家次，安全隐患整改率为100%。充分推动特种设备“物联网+监管”模式管理，督促使用单位注册云平台，使用单位开户率超90%。

【消费环境】 举办“公平自在‘武’限精彩”3·15国际消费者权益日纪念活动，制作发布玄武区2021年度消费领域十大案例。聚焦“食品消费放心”“旅游消费安全”“金融消费满意”三大主题，启动“放心消费in玄武”系列消费体验活动，成立玄武区“银发丹心”社区老年消费教育基地。发展超1100家“线下实体店无理由退货”和特色服务承诺，建成超100家的放心消费示范单位培育库，组织申报省级放心消费示范单位19家、市级放心消费示范单位61家。妥善开展消费维权工作，目前共接处各类投诉举报4.7万件，累计为消费者挽回经济损失1400余万元。

10月2日，区市场监管局执法人员检查零售药店疫情防控工作

（区市场监管局　供图）

【市场秩序维护】 聚焦食品、安全生产、医美等市场监管风险和压力大的重点民生领域，查处案件198起。关注“一老一小”群体，开展广告领域“护苗助老”专项整治，严厉打击养老诈骗、青少年教育培训等广告违法行为。针对电商领域消费者、经营者和媒体反映的问题集中商品进行监督检查和定向监测，线上检查网站（网店）1200余家，实地核查网站（网店）经营主体100余个。以电动自行车、燃气器具等与群众生活密切相关且危及人体健康、人身财产安全的产品为重点对象，集中开展产品质量安全监督检查，严厉查处无照经营、销售不合格产品及销售无强制3C认证产品等违法经营行为，查处17起违法改装电动自行车案件、34起质量违法行为。

（孙毅力）

价格管理

【概况】 落实国家、省、市降费减负政策。开展了水电气暖涉企收费违规收费专项整治工作，推动电力接入工程政企共担管理机制落地落实。开展2021年度收费年报和统计分析工作，形成了统计分析报告。规范收费行为。调整并公布行政事业性收费项目目录和政府定价经营服务性收费目录清单；围绕疫情防控期间教育、物业、停车等领域社会关注的收费热点，坚决杜绝擅自增设收费项目、扩大收费范围、提高收费标准等行为。

【收费价格管理】 加强商品房价格管理。落实稳地价稳房价稳预期的长效管理调控机制，持续规范商品房销售价格行为。

对20.8万平方米1362套商品住宅、1784个车位进行价格备案。加强教育收费管理。落实国家、省、市“双减”政策，规范培训机构义务教育阶段培训收费和义务教育阶段学校的课后服务收费行为。加强停车收费管理。落实共享停车收费政策，积极推进共享停车，新增共享停车泊位659个。（钱　峰）

【价格认定】 区发改委价格认证中心2022年全年共办理刑事案件财物价格认定184件，其中，不予受理8件，中止3件，涉案金额1839020元，办理区监察委插班案件涉案财物价格认定1件，涉案金额89567元，全年无一起案件复核。

【价格监测】 认定监测科2022年扎实做好全区30个监测点八大类505项商品和服务价格及部分政府采购电子产品价格常规监测工作，全年累计采集、审核报送市发改委监测中心监测数据213600条，其中，政府采购电子产品价格采集每月上报12582条，全年上报数据150984条，上报率、准确率均为100%。做好保供稳市和民生保障工作。在新冠疫情期间攻克难关、履职担当，全力做好特殊时期价格监测工作，时刻紧盯市场动态情况，及时开展“日监测、日报告、日发布”工作，为保供稳价工作提供有力支撑。同时分析预测与调查研究工作，为省、市监测中心提供大量有价值信息，做好应急准备。规范价格异动应急响应程序，关注异常天气、突发事件对市场供应的影响，发现价格大幅波动、商品紧缺等情况，适时启用《玄武区价格异动应急预案》。做好市场预期引导。适时发布重要民生商品价格监测预警信息，积极引导居民消费，密切跟踪舆情变化，积极回应群众关切。（张　震）

10月8日，区审计局在全市基于金审三期大数据审计交流会上分享交流
（区审计局　供图）

审　计

【概况】 2022年，玄武区审计局全年共开展审计项目16项，完成区委区政府交办事项35件，审计文书等获区领导批示5件次，人均为政府增收节支1029万元，促进相关单位健全制度1项。获评国家软件著作权2项，省文明单位、新修订审计法线上知识竞答活动优秀组织奖等省级荣誉2项，市文明单位、优秀审计项目、优秀大数据审计案例等市级荣誉6项，区作风建设先进单位、践行“争当表率、争做示范、走在前列”先进集体等区级荣誉3项，获得2021年度南京市大数据审计技能竞赛三等奖、区高质量发展先进个人等个人荣誉表彰8人次，1篇审计论文入选中国审计学会研讨会论文集。

【审计整改】 实施“党委重视、政府主导、人大监督、纪委督查、审计跟踪、部门负责”六联动机制，连续五年将整改工作纳入政府督办事项和区高质量发展考核体系，区政府召开专题会研究部署整改任务，并向区人大常委会报告整改情况，被审计单位及时上报整改报告，获区领导批示5件次。审计整改督查考核力度进一步加大，整改到位率达100%，相关工作推进情况位列全市第一并获表扬，有效促进了治理效能高水平。

【审计“一盘棋”】 与省厅秘书处、市局秘书处党支部签署省、市、区三级审计机关争创“三型”党支部共建协议，强化上下交流、推动联学联建，实现审计党建和业务双融合双提升。加强对内部审计的指导和监督，制定内审工作要点、区部门和单位内管领导干部经济责任审计办法，指导主管部门开展内审208项，通过加强日常检查、强化年度考核，推进国家审计、内部审计、社会审计“三轮驱动”。

【内部审计监督】 按照中央和上级审计机关有关规定，严格执行制度、认真审核把关、严肃组织激励要求下，以品德、能力和业绩为导向，依法依规对所有符合条件的人员进行审计专业技术任职资格首次评定和职级套转。

【审计信息化建设】 强化金审三期分析运用，编写审计方法模型110个，国有资产和政府采购专项审计方法体系软件获评国家软件著作权2项，大数据审计相关经验做法在审计署审计干部教育学院审计局长“面对面”经验交流会、全市基于金审三期大数据审计交流会上予以推广。

（韦玲霞）

统　　计

【概况】 2022年，在区委、区政府的坚强领导下，区统计局坚持以习近平新时代中国特色社会主义思想为指引，深入学习贯彻中共二十大精神，聚焦中心任务，对标补短，履职担当，以机关党建的“强”，引领统计质效的“高”，服务经济发展的“优”，为推动“强富美高”新玄武建设提供坚强统计保障。推进党的建设。充分发挥党组理论学习中心组领学促学作用，开展“党的二十大”系列专题学习，抓紧抓牢党风廉政建设和意识形态工作，有序推进干部队伍建设。深化统计服务。落实“市区联动、条块联合、政企联结”的全链条协作机制，紧抓统计“供给侧”品质提升，加强与各板块及相关职能部门联动，扎实开展预测预警、动态监测和分析研判工作，为经济高质量发展提供高质效统计服务。推进统计法治建设。深入学习贯彻《中华人民共和国统计法》有关部署要求和法律精神，全方位压实防惩统计造假主体责任，严格开展统计执法检查和数据质量核查，严守源头数据质量关口，不断提升依法治统能力水平。

【统计监测评价】 盯好运行“风向标”。加大与行业主管部门及各板块对接频次和力度，紧扣时间节点、紧盯重点单位、紧抓关键指标，提升预测预警、动态监测的效率和质量。建立重点监测企业库，及时掌握重点企业运营状况，确保经济运行“温度计”的精准度。当好发展“参谋部”。坚持问题导向，撰写各类经济运行进度分析、专题分析百余篇，持续优化统计内部资料，充分发挥《统计快报》《统计分析》《统计季报》等统计产品参谋作用，扎实做好“数库”服务。做好民生“服务员”。强化业务指导，拓展宣传维度，高质量完成大样本轮换各阶段任务，“江苏省住户调查新一轮记账启动仪式”在玄武举行，推动玄武区住户调查工作水平再上新台阶。紧紧围绕社会事业发展新形势、新热点，开展“居民出游”“网购调查”“一老一小”等专项调查，为上级决策提供信息支持。

【依法治统】 以学增识，增强防惩统计造假的主动性。推动全区深入学习贯彻习近平总书记关于统计工作重要讲话指示批示和中央重要文件精神，常态化开展统计违法案件警示教育。在各类专业培训班上开展“会前讲法”，促进全区各板块、各部门及统计调查对象加深对统计造假、弄虚作假危害性和依法统计重要性的认识。以责夯基，层层压实防惩统计造假责任。落实统计数据质量管理制度、执法检查制度、信用承诺制度等有机联系、互为补充的统计数据质量全流程管理机制，每季度严格落实领导干部违规干预统计工作记录制度，强化责任层层落实、压力逐级传导的防惩统计造假、弄虚作假工作机制，全力营造风清气正的统计生态。以查明纪，执法检查与数据核查协同推进。紧抓2022年南京市统计督察的契机，深入全面开展督察反馈问题整改，扎实开展“双随机、

5月19日，市统计局第2统计督察组督查玄武区对接沟通会

（区统计局　供图）

一公开”统计执法检查工作，常态化开展“四上”企业数据质量核查，对统计违法行为“零容忍”，严守数据质量核查关口，以真实准确的统计数据服务高质量发展。

【市统计局2022年第2统计督察组进驻玄武区开展统计督察】　5月19日下午，市统计局2022年第2统计督察组进驻玄武区开展统计督察工作，并与玄武区进行对接沟通。统计督察组组长、市统计局二级巡视员陈千茂出席对接沟通会并讲话，区委副书记、区长钱维参加，区委常委、常务副区长陈可科主持会议。陈千茂传达了习近平总书记关于统计工作重要讲话指示批示精神，以及中共中央、国务院和省委、省政府及市委、市政府关于防范和惩治统计造假、弄虚作假的决策部署，通报统计督察事宜，提出工作要求。针对本次统计督察，钱维表示，玄武区将全力支持配合市统计局第2统计督察组做好各项工作，切实提高政治站位，强化工作保障，坚决支持和配合督察组的各项工作安排，自觉接受督察组的全面检视。正视反馈问题，落实整改要求，坚持立行立改、真改实改，从严抓好整改落实，进一步提升玄武区统计工作水平，有力促进玄武区高质量发展再上新台阶。

【江苏省住户调查新一轮记账工作】　12月1日，由国家统计局江苏调查总队主办，国家统计局南京调查队、玄武区人民政府联合承办的“江苏省住户调查新一轮记账启动仪式”在玄武门街道百子亭社区“国家调查记账户之家”举行。国家统计局江苏调查总队党组成员、副总队长丁志平，国家统计局南京调查队党组书记、队长刘光平，国家统计局南京调查队党组成员、副队长刘延胜，区委常委、常务副区长陈可科，区统计局局长王莉，玄武门街道办事处主任秦洁与辅调员代表、新老记账户代表共同见证新一轮住户调查记账工作正式启动。省、市、区、街道四级联动，共同为百子亭社区“国家调查记账户之家”揭牌。（崔啸天）

（栏目编辑　张　弛）

城建城管·环境保护

城市建设
城市管理
环境保护

城市建设

·环境综合整治·

【概况】 2022年，玄武区建设局紧扣高质量发展目标任务，贯彻精细化城市更新理念，梳理出27个具有可行性的项目，推进环境综合整治、停车设施管理等，做好市政设施养护，加强行业安全监管，开展多项专项检查，持续提高玄武区城建行业监管水平，改善区域人居环境水平。

【城市设施建设】 征求各部门、街道、园区意见，编制《玄武区2023年城建计划》。近期在《2023年南京市城建项目储备计划》的基础上，开始编制《玄武区2024年城建计划表》(初稿)，力求实施一批兜底性、基础性、普惠性民生城建项目。牵头推进12个城建项目，完成百子亭北路、上乘庵2条道路综合整治，中山门大街1条道路杆线下地工程，盛和家园、玉带河等5个"口袋公园"、城市客厅项目，进一步提升城市品质。通过统筹社会资源，全区完成新增绿地10万平方米。香林寺沟片区环境综合整治已完成景观绿化建设和立面出新，香林广场建成开放。

【民生实事】 扎实开展"12345"政务服务便民热线工作。2022年，共受理并办结工单1135件，办结率100%，平均结果满意率为96.5%，相关民生热点难点问题的办理效能、解决率和群众满意率持续提升，每月综合考核成绩在全区部门组(10件以上)中排名前列。2022年，共办理建议提案46件。其中，人大建议25件：主办13件，协办12件。政协提案21件：主办9件；协办12件。均在规定时限内办复，办复率均达100%，建议、提案答复满意率100%，达到预期办理效果。

【城市停车管理】 2022年民生实事暨停车场建设项目共计8个停车场新增泊位4500个，为确保全区停车设施建设管理工作更加规范、科学，根据市、区停车设施工作部署，城建局积极开展项目前期研究，同时加大停车资源挖掘，通过绿地、人防、学校操场地下空间资源、老旧小区、棚户区改造等可建停车场的地块或空间进行挖掘，按照《玄武区居民停车设施三年规划》《玄武区停车矛盾突出单元停车设施建设管理综合方案》，对停车资源进行梳理，为2022年停车设施建设提供了有力的基础支撑。截至2022年12月底，全区已完成百家汇停车场、顾家营保障房停车场、文枢西路停车场、龙湖停车场、余粮路工地临时停车场、D9街区停车场、十三中锁金分校地下停车场、朗诗(玄武大道)停车场8个项目，共计新增4620个泊位。

【市政管理养护】 开展辖区内主次干道、支路街巷及市政道路附属设施养护维修，对北苑西路、同仁西街、锁金南路、顾家营路等道路集中维修，维修沥青单层67506平方米，双层7763平方米，翻挖130平方米，人行道13675平方米，路牙2925米、路沿2843米，路名牌40块，无障碍设施(盲道)605处。日常养护中组织养护单位对太平北路桥、文德里桥、承乐桥等63座桥梁巡查9585次，维修桥面沥青铺装31处，人行道20处，维修护栏15处，维修伸缩缝20处，清理伸缩缝1440米。

·建设工程管理·

【概况】 2022年全区在监督建筑工地33个，其中，房建项目22项，市政工程5项，装修工程7项，监督竣工验收72个单位工程。发出监督抽查记录共计104余次，检查问题320余条，下发工程质量监督整改通知书26余份，行政处罚1起，处罚金额3.165万元。

【行业安全监管】 城建局重点围绕全区33个区管工地、11个危大项目，落实划片包干、清单管理、动态销号。2022年累计开展专项行动12次、日常巡查580余次，下发抽查记录单75份、隐患整改通知书122份、停工通知书22份，整改各类隐患问题440余条，约谈10起，申请"红黄牌"4份，行政处罚9起，处罚金额14.6万元。

起重机械安全检查：根据年度工作计划安排，5月中旬，邀请机械专家对塔吊较多的项目（玄武之光、东方城108号、仙鹤门中学、中央路224号）等9个项目10台塔吊，2台人货梯开展“四不两直”检查；为吸取“8·20”安全事件教训，8—9月对区属工地进行建筑工地安全隐患大排查大整治工作，对全区起重机械进行了拉网式排查，重点抽查了其中机械的五大限位、钢丝绳防脱装置，急停（断电）装置、标准节螺栓、安拆人员特种作业证、三级安全教育及技术交底等台账方面内容，从检查情况来看，全区在建项目起重机械运行安全总体可控，针对检查出问题，督促各项目做好整改，同时第一时间形成通报，告知全区项目举一反三，加强隐患排查治理。

深基坑工程和防汛工作排查：根据市、区安全督导工作要求和市建委工作计划，拟定并下发关于加强基坑工程和防汛工作的通知，要求各项目结合项目实际情况，深入排查施工过程和汛期、高温安全隐患。9月，针对恶劣天气应急响应，第一时间向全区工地传达市建委《关于做好建筑工地台风安全应对工作的通知》精神，发送提醒短信300余条，督促各项目部做好防汛防台准备。现场要针对基坑支护结构，施工现场排水设施，管网进行全面检查，做好基坑（沟槽），塔吊基础等部分的排水和防水，确保措施有效，组建现场防汛应急抢险队伍，落实应急物资，器材和责任人。严格落实24小时值班制度，遇紧急情况，及时上报。在防汛防台应急响应期间，共派出检查人员40人次，检查工地18个，重点针对有基坑、超危工程等区属建筑工地进行防汛检查，尤其现场积水和排水情况，提醒现场及时排水，关注基坑监测，防汛防台期间，全区工地未发生异常情况。

工地扬尘污染防控检查：全区在建建筑施工项目共计60个，其中，区管项目33个，市管项目27个。2022年累计开展日常巡查500余次，下发停工通知书31份，行政处罚33起，处罚金额64万元。

【燃气缆线管理】 做好全区餐饮场所“瓶改管”、液化石油气用户“安心管”免费升级行动工作服务对接。2022年“瓶改管”奖补资金申请收到34份。截至12月31日，累计完成置换1053户，2022年度完成置换824户。

【管线下地改造及安全管理】牵头成立空中线缆工作专班，确立专班、街道、班组三级联络体系，街道点单、专班统筹，高效分工协作，现场对接整改，做到发现一处、整治一处、平账一处，2022年，共整治缆线问题点位1808处。

【招投标管理】 2022年受理新增工程建设项目（公开招标）共18个，严格按规定完成相关备案核查工作，共完成各类备案核查157件（其中，项目注册18件，招标公告备案31件，招标文件备案31件，澄清答疑备案20件，初步发包备案31件，招标代理备案26件）；完成评标评委抽取审核40件，并按照法定职责落实完成开评标现场监管33场。共计完成发包标段32个。其中，施工标11个，成交金额48420.11万元；工程总承包9个，成交金额208459.97万元；服务类标段（设计、监理）12个，成交金额4230.19万元；全年合计中标金额208459.97万元。完成施工许可发放45件，其中涉及施工许可告知承诺的有8件。完成电梯施工许可手续36件。

【施工许可办理】 根据中共中央、国务院深化“放管服”改革要求，进一步改善和优化项目审批手续办理。截至2022年12月，完成25个项目的立项批复，涉及金额约4.65亿元；5个项目决算批复，涉及金额约3060万元。完成建设工程项目附属绿化工程设计方案审查9件，完成临时绿地占用审批11件，完成居住区绿化审批8件。

【消防设计审查】 2022年，共办理消防审批项目127个，其中，消防设计审查项目6个，消防验收项目4个，消防验收备案项目117个，完成消防设计审查和消防验收项目共10个，备案件117个，完成率达100%。

【建筑业统计】 对江苏省建筑业统计信息系统中归玄武区管理的企业进行资质情况核查，全区现有企业334家，2022年新注册企业39家，2022年新转入5家。2022年暂无注销企业。

【"双清"工作】 持续开展学党史办实事《保障农民工工资支付条例》宣传贯彻活动，送法规进企业、入工地、见民工，强化各级"学法、知法、守法"意识，有效提升企业依法支付工资的自觉性、农民工依法理性维权的主动性，促进劳动关系和谐稳定。聚焦企业工资支付制度落实不到位，欠薪案件排查不彻底，在建工程项目监管有盲区等症结顽疾，坚持问题导向，集中攻坚，有效保障农民工合法权益。畅通投诉渠道，及时受理化解欠薪矛盾，欠薪投诉举报电话通过"12345"便民服务热线平台向社会公布，元旦、春节等重要节点，成立运行治理欠薪问题工作专班，实施集中办公，整合力量集中处理化解农民工欠薪投诉案件。工作中，严格执行《南京市建设领域因拖欠农民工工资引发群体性事件责任追究暂行办法》，实行责任追究制度，按照"查处一批、曝光一批、清出一批、震慑一批"的原则，对发生拖欠民工工资的企业，不定期在网上和媒体上公示，不仅采取通报的方式，还与企业的投标、资质管理、评优评先、信用评定等挂钩，只要违反清欠政策的就按规定给予相应的处罚。2022年，共受理欠薪投诉案件56件，涉及农民工960人，涉及民工工资1620余万元，均已得到妥善处置，无一起群体性讨薪事件发生，玄武区在市对区2021年度保障农民工工资支付专项考核中取得A等级。上半年，对在元旦、春节两节期间无视合同规范、恶意讨薪，破坏建筑市场正常秩序，影响社会和谐稳定的5名务工人员（"包工头"）列入全省限制建筑市场准入人员名单。

·绿化园林·

【概况】 2022年，玄武区建设局按照上级部署，做好绿化园林设施建设和养护，做好绿化园林审批、安全管理，以园林设施精细化维护管理为中心，筑牢安全生产防线，与文明典范城市创建有机结合，开展园林设施养护管理环境综合整治，大力提高绿化园林监管水平。

【园林工程建设】 为提升九华山公园、北极阁公园环境景观，准备实施九华山公园、北极阁公园景观提升工程，完成公园基础设施改造，绿化景观提档升级，配电房维修及增加公园相关附属配套设施等内容，改善公园整体形象。对大行宫广场进行委托管养，由玄武环境集团有限公司负责进行广场日常管理管养工作，城建局负责日常监督与协调工作，确保广场各项工作正常有序进行，保质保量完成上级安排的各类考核检查工作。

【园林审批管理】 进一步强化市政道路挖掘、占用审批前期工作，2022年对辖区81个挖掘项目、63个占用项目进行初审把关，持续加强市政道路抢修性挖掘现场管理工作，对99次管线单位抢修性挖掘进行现场确认。及时发现各类违章挖掘、占用等行为共计32起，现场下发停止违法通知书25份，责令整改通知书7份，要求违章挖掘、占用单位立即停止违法行为，限期办理补办相关挖掘、占用手续。

配合市绿化园林绿化处共同勘察审批现场，完成园林初审58件，其中，涉及移植、砍伐、大修剪51件，绿地占用7件；勘察审批现场，完成临时占用城市绿地审批13件；勘察审批现场，完成居住区绿化审批9件。

【园林养护】 对辖区内中山东路、北京东路、珠江路等修剪花灌木60.6万平方米，乔木6100株；玄武大道、和平公园、鼓楼中心广场等草坪修剪84万平方米；区内主次干道及街巷行道树修剪、剥芽，共4.3万株；重点加强夏季高温天气绿化抗旱浇水，玄武大道、北京东路、明城墙绿地等道路、广场游园抗旱浇水16022吨；循环清理垃圾6530吨。对广场绿地、道路绿化进行病虫害防治，化学防治共计使用药水量2285公斤；物理防治行道树投放天牛天敌—蒲螨1360剂、花绒寄甲3000剂、投放瓢虫卵卡1000个；对北极西村、成贤街共计181株行道树，开展蚜虫虫害生物防治及物理防治。对墨香南路行道树裸土树池卵石嵌入式覆盖及格栅覆盖，共计约

66个，自筹资金对中央路东侧74个原陈旧、破损树池格栅进行更换；锁金东路绿化景观提升改造，乔灌木整形修剪，栽植麦冬960平方米，红叶石楠及海桐160平方米；铺设八字砖129平方米修复破损路面铺装；增设绿化护栏85米并安装石材路障5根，提升绿化景观效果。北京东路、玄武大道、鼓楼广场、九华山南坡、明城墙绿地等进行整地、复播黑麦草籽约46500平方米，恢复绿色生机，保障城市绿化景观效果。

【园林安全监管】 对辖区内大型挖占项目、道路桥梁、地下人行通道、行道树进行隐患排查、公园广场安全防范、机械设备操作等开展安全专项检查。全年共计处置险树236株，其中，砍伐208株，大修剪28株；另对行道树枯断枝修剪1567处。组织养护单位开展东杨坊地下过街通道安全生产演练。演练共出动人员20人，应急移动护栏、干粉灭火器等应急设备若干，进行了防汛、消防专项演练，整个演练过程组织严谨有序，各方配合默契，达到了临战热身、实战练兵的预期演练目的。加强市政道路抢修性挖掘现场管理，对管线单位抢修性挖掘进行现场确认。及时发现各类违章挖掘、占用等行为共计32起，现场下发停止违法通知书25份，责令整改通知书7份，要求违章挖掘、占用单位立即停止违法行为，限期办理补办相关挖掘、占用手续。

·规划土地管理·

【概况】 2022年，玄武区建设局坚持规划引领、有序开发总原则，积极开展多项规划编制工作，为经济社会发展提供指引；强力推动经营性土地挂牌出让、城镇低效用地再开发等工作，为“强富美高”新玄武建设提供助力。

【国土空间规划编制】 关于区国土空间总体规划（2021—2035年）编制工作。目前已完成区级部门意见征询，并召开专家咨询会，形成了区国土空间总体规划初步成果。市级国土空间总规的相关衔接和互动，如“三区三线”方案的上下协同反馈；开发边界、生态红线相关内容的校核调整和落实优化；相关底图底数举证材料的梳理；配合市级总规绿化造林空间的落实等。并依据玄武区级最新规划、政策及各相关部门十四五、专项规划等，对具体规划的目标定位、各专项规划方案、近期建设规划内容等进行了完善与补充。

【闲置、低效用地调查入库】 完成玄武区“十四五”时期城乡低效用地调查数据库建库入库以及玄武区低效用地再开发“十四五”专项规划工作。本次玄武区城乡低效用地调查入库最终确定25个调查区，78个调查单元，地块共78宗，实际占地总面积145.3860公顷，占玄武区建设用地面积的3.03%，现状建筑面积103.1435万平方米。在确保落实上级下达的城乡低效用地再开发任务基础上，顺利完成玄武区低效用地再开发“十四五”专项规划的编制。完成玄武区2022年度城镇低效用地再开发实施计划编制，并上报市规划资源局，纳入《南京市2022年度低效用地再开发实施计划》。

【土地出让挂牌】 2022年协助孝陵卫街道完成双拜巷地块（面积4.73公顷）出让工作。

（陈立君）

城市管理

·城市综合整治·

【概况】 2022年以来，在区委、区政府的正确领导和市城管局的具体指导下，全局以全面建设人民满意的典范城市目标，以城市精细化管理目标任务为牵引，以服务民生、科学管理、优化营商环境为工作重点，不断强化城市管理工作，努力提升城市品位，打造干净有序、美丽宜居的城市环境，积极助力玄武“四最”城区建设。严格履行党建主体责任，紧抓舆论引导。全年推送微信66期、156条、发布微博280余条；媒体报道474篇，中央媒体42篇；发布短视频、直播视频、海报、H5等31条。共处理舆情48条。

6月2日，区城市管理综合行政执法大队梅园新村中队开展辖区生活垃圾分类回收专项执法检查（区城管局　供图）

【疫情防控】 对88座公厕、14座中转站、垃圾收集容器、垃圾收集车等环卫设施和车辆一日3次防疫消杀。出动作业人员21万人次、消杀果皮箱约15.5万个次、电动保洁车和收集车6.4万辆次。组织人员在核酸采样点助力核酸检测、协助做好重点涉疫地区抵宁货运交通卡口管控及组织党员干部下沉结对社区防疫值守。

【文明创建】 成立局文明典范城市创建工作专班，组织“六个专项”“七个周边”专题活动，常态做好督查问题菜单整改回复，回复区级督查专报20期，整改问题340余条，编发文明典范城市创建工作简报43期。

【垃圾分类】 采取“四个一批”措施除差小区数达到54个、“差级”小区比例降至10%以下。完善全区垃圾分类收运体系，建立有害垃圾、可回收物收运专线各8条，餐厨垃圾收运专线15条，厨余垃圾收运专线14条。实现达标小区垃圾分类亭房建设全覆盖。

【环卫精细化保洁】 持续推广慢车道、人行道、背街小巷水洗作业，核心片区水扫率达到80%以上，主干道机械化清扫率达到100%。在国控点周边14条道路基础上，将全区7条精品道路列入尘量考核范围，道路尘量检测合格率达到90%以上、道路整洁优良率达到90%以上。

【市容管理】 完成10条道路街巷整治工作，清理“三乱”招贴小广告8500余处，规范倚门出摊5300余起，取缔占道经营4800余起，更新补签“门前三包”责任书3650份。完成乱张贴治理7条示范街巷和7个示范小区的创建工作。全年完成市场化拍卖项目15处，广告牌127块，总金额407.6万元。

【民生实事】 投资194.66万元在仙鹤新天地停车场、伊刘庄新建2座二类公厕，已完成蹲坑安装、外墙装饰和室内封板，12月完工并投入使用。全年受理“12345”政务热线诉求902件，综合满意率87.8%，与去年同期相比提升了3.2个百分点；共受理“12319”城管热线诉求2755件，比去年同期的2518件增加9.4%，满意率达到97.61%。完成60家公共停车场，共计10370个泊位的备案工作，全区155家备案公共停车场数据和200余家物管小区基础地理信息已全部接入区二级管理平台，推进住宅小区停车资源共享试点工作。

【行政执法】 完成违建治理25118平方米，拆除新增违建2552平方米。出动执法人员2150人次，车辆400台次，查扣违规渣土车50台次，查扣“黑车”11台次，清理污染3起、清理污染面积90平方米。办理案件2123件，罚款总额1396971元。

（刘　洁）

·房产管理·

【概况】 区住房保障和房产局，办公地点设在玄武区营苑北路69号，是区政府工作部门，设有综合科、住房保障科、物业管理科、房产管理科、租赁管理科、征收管理科。主要负责玄武区住房保障、房产管理、征收拆迁、物业管理、老旧住宅小区整治、既有住宅增设电梯、房屋租赁等工作。2022年承担统筹危房治理、老旧小区整治、棚户区改造、保障房项目等重点任务。稳步推进仙鹤门保障房项目前期工作，累计交付顾家营保障房673套。推进人才安居工作，发放租赁补贴13492人次，共1380.08万元，购房补贴411.18万元。引导多主体投资、多渠道供给，筹集2674套保障性租赁住房。

【物业管理】 积极筹划年度党建工作计划，研究制定5个方面14项课题。以“推动国企物业全面托底 破解老旧小区治理难题”为主题，成功举办“党建引领基层治理玄武实践”观摩点评会，竖起党建引领基层治理的“一面旗”。联合玄武区物业行业党委、行业妇联共建迎“七一”主题活动，成功举办“奋进新时代 巾帼心向党”等活动。建立街道物业管理服务行业党总支7个、物业企业党组织25个，选派党建指导员111人。2个党组织和4名党员被市物业行业党委表彰为“优秀共产党员”和“先进基层党组织”，获评党建引领物业管理服务工作省级示范点2个和市级示范点7个。制定行业党委及街道物业党总支书记项目30个，设立社区物业管理类民生实事项目92个，全面提升居民小区和谐程度和硬件水平。创新区物业行业困难职工关爱扶助实践，制定《“家和”玄武物业行业职工护助基金管理办法》并帮扶4名物业困难职工。

【老旧小区整治】 稳妥推进全年11个老旧小区改造工作。改造建筑面积约43.278万平方米，涉及居民5656户。雍园41号等小区改造工程先后多次获省、市、区领导调研肯定。制定《2022年百子物业老旧小区服务工作提升方案》，2022年完成57个老旧小区物业管理移交工作。先后通报“红黑榜”12期，政务热线物业管理类诉求同比减少937件、下降9.51%，托管小区物业服务缴费率从30%上升至60%。

【房产及租赁管理】 成立玄武区开展自建房等既有建筑安全隐患再排查再整治工作专班，牵头组织各街道和行业部门对全区13009幢自建房开展全覆盖精准排查，初判隐患房屋148幢。抓好房屋租赁备案“跨区办”试点工作，办理4118套房屋租赁登记备案，办理件数4975件，租赁面积33.89万平方米。2022年，全区既有建筑增设电梯累计施工634个单元，投入使用624部，占南京市增设电梯数量近50%，相关经验被省住建厅刊载。

【征收拆迁】 2022年共完成征收项目5个，其中，新启动项目1个，结转项目4个。年初以来，区住房保障和房产局围绕地铁项目建设计划及交地要求，推进项目扫尾清零。地铁9号线曹后村车辆段项目最后一户5月底签订协议，征收工作全部完成并移交土地。地铁6号线富贵山站、增补项目征收范围内剩余的16户居民及1家工企，9月底通过危房消险工作完成“人房分离”，并顺利拆除房

5月26日，市房产局会同区房产局赴玄武区梅园新村街道实地指导街区统管试点工作 （区房产局 供图）

10月11日，玉带河景观　　　　（玄武环境集团　供图）

屋。新启动的新庄南林大地块项目，采取协议搬迁方式，3个月内完成征收任务并交地。

（张淑怡）

·水务管理·

【概况】　2022年，区水务局按照区委、区政府总体工作部署和安排，以河湖长制工作为抓手，以省市总河长令为指引，咬定“建成区基本建成幸福河湖”目标，坚持“水资源、水生态、水环境、水安全”四水统筹，追根溯源、系统治理、靶向治疗，构建水环境治理新体系，“四化一体”高标准打造幸福河湖“玄武样本”，成功入选江苏省幸福河湖典型案例。

【水环境整治提升工程】　牢牢把握幸福河湖建设的基本原则，以问题目标为导向，注重源头治理、系统治理，强化暗涵整治、管网清疏修缮等深层次治理，持续优化提升水环境质量。完成玉带河水环境综合整治提升工程，整治排口6个，清淤1.7万立方米，新建人行步道710米，修复生态2100平方米。完成进香河、友谊河西沟等暗涵整治工程2个，整治排口8个，清淤3270方，安装监控5个，箱涵修复挡墙303米。完成雨污水管网清疏修缮工程片区28个，新建雨污水管网45164.1米，修复雨污水管网28016.2米。

【水资源管理】　实行最严格水资源管理制度，全力推进国家级县域节水型社会达标区创建，严格规范取水许可、取水监督和水土保持工作，严格行政审批程序，优化营商环境，落实“放管服”改革，加强排水许可批后过程监管，切实抓好“小散乱”违规排水行为专项整治。全年共办理排水许可155件，查处违法排水案件14起，完成水土保持方案审批7个，完成4个城镇污水提质增效达标区的创建。

【河长制工作】　对照幸福河湖创建评估标准，深入发掘河道内在文化底蕴，打造玉带河、内秦淮河北段、清溪河等城市特色幸福河湖。创新河长制工作机制，建立跨区河道共商共治机制，会同鼓楼、栖霞等兄弟城区召开跨界河湖联席会议，加强沟通协调，联合溯源处置，协调解决水资源保护、水域岸线管理、水环境治理等方面存在的难点和问题。全年各级河湖长巡查3322人次，共发现解决河湖“四乱”问题620个，清理铲除违规垦殖种菜约20000平方米，开出联合共治责任清单6个，发现并处理跨区域非法种菜、非法倾倒垃圾、违规排水等破坏河流生态问题8个，跨区域河流超标水质重归优良。

【防汛排涝】　全面排查重点区域内涝隐患、管网现状，制定区级《内涝治理五年行动计划》，在主汛前完成环陵路下穿玄武大道段积淹水改造项目，发现并整改防汛隐患379处，梳理落实地下空间防汛措施210处，完成清疏绞拉主管277千米、支管110千米，清理窨井12644座，清理雨水井15873座，清理出水口449个，安装市政道路雨水检查井防坠网6223座。组织主要防汛成员单位集中办公，成立专项督查检查组，对全区防汛、防台风落实情况和值班值守情况开展督查检查，编写防汛工作简报、专报23期，出动各类巡查抢险人员21000余人次、巡查抢险车辆1800余台次、电源泵车160台次。

【水质保障机制】 以目标、问题、效果为导向，统筹上下游、左右岸、干支流协同治理，守好区域责任断面，全力保障市考断面水质高质量、高标准达优良。从监测计划、掌握天气、检测水质等环节着手，精准制定水质达标保障方案，精准协调调度引补水，精细排查整改污水来源。深化“环卫+河道+绿化”一体化综合管养，采用无人机巡查、机械打捞船等科技化养护方式，优化作业流程、增加作业频次，提升养护管理质效和水平，切实保障河湖断面水质达标达优。8个市考断面全年水质达标率100%。 （马林琼）

4月26日，区防汛专业抢险队伍开展泵车强排、人工助排、管网疏通等科目的综合应急演练 （区水务局 供图）

·玄武湖周边地区综合管理·

【概况】 2022年，南京市玄武湖周边地区综合管理办公室在区委、区政府的正确领导下，以习近平新时代中国特色社会主义思想为指导，以党建引领贯穿工作全局，有力应对上海疫情重大冲击，坚决守牢南京站“外防输入”第一道防线，持续以“绣花功夫”推进南京站地区、环湖沿线环境提升，一体化实施南京站南北广场市政绿化环卫综合养护，专业化推进南京站北广场设施、消防养护和第三方考核，高标准开展南京站地下停车场公厕改建、网约车站点建设、“宁小蜂”驿站建设等为民办实事项目，不断丰富“最美火车站”景观、历史和文化内涵。获得市城市治理考核排名全市第一、2022年南京市扛起“争当表率、争做示范、走在前列”三大光荣使命先进集体等荣誉。

【党建工作】 学习贯彻中共二十大精神，组织南京站地区集中收看党的二十大，召开传达中共二十大精神会议，区管干部交流学习心得体会。制定落实全面从严治党主体责任清单，严格落实“三重一大”制度，严格党内组织生活常态化，召开理论中心组学习会12次，党组成员上党课2次，开展主题党日活动10次，召开支委会10次，召开党员大会6次。完成党支部委员增选及分工调整，配强党务力量，高质量开展组织生活和系列活动。巩固拓展党史学习教育成果，深化“我为群众办实事”实践活动，加强结对共建力度，推进“一社区一案例”项目和集中走访工作落细落实。彰显使命担当，累计选派4名干部参与全区疫情防控工作，组织240余人次参加南京站疫情防控志愿工作。推动党建和业务工作紧密结合、深度融合，在市委组织部、区委组织部的指导帮助下，高质量建设南京站南广场“宁小蜂”驿站，打造“蜂小康”“蜂小湾”“蜂小角”三项特色服务项目，推动南京站网约车党建阵地落地见效。建强南京站南北广场“宁+驿站”特色品牌，聚力多家属地单位党组织，逐步构建起“宁+驿站”党建“红色矩阵”，初步形成“4+3+4+0”工作法。

【系列特色主题活动】 延续“文明之美”，组织开展景观微更新设计大赛，其间组织多场现场踏勘并进行答疑，吸引南京理工大学、南京林业大学、南京艺术学院等社会高校积极参与，收到设计方案28套。通过新媒体平台发起投票，获社会大众总投票数26万余次。经专家评审，《文都之光》和《南京站南广场非机动车道路景观设计方案》获得大艺术家奖，《异梦之际》《浮世一隅》等5部作品获得创作家奖，《千年一瞬》《南京站站前广场城市景观设计》等5部作品获得设计师奖。

【窗口地区环境品质提升】 完成金陵盛景观景平台景观微改造，利用多年生植物进行搭配，营造四季有花环境。南京站南北广场增设多处花境，在树干上手绘各种动物图案和主题布置，与红山动物园遥相呼应。实施明城墙神武路沿线步道绿化景观微更新，修剪补植苗木和花镜小品。国庆和中共二十大期间，在南广场布置"红梅绕红船"主题红色精神小品，通过10米长的巨幅国旗，悠荡的红船，近2万株鲜花，56个民族特色纹案的"锦鲤"，与数百朵太阳花、向日葵在二层金陵盛景观景平台盛开呼应，烘托出庆祝国庆、喜迎二十大的热烈氛围，吸引众多旅客流连打卡。

【交通枢纽疫情防控】 严格落实国版防控方案和系列优化措施，坚决贯彻执行市、区防指要求，以"外防输入"为重点，紧密协同市交通组、铁路防疫专班，严固铁路南京站防疫阵地。增设核酸检测采样点、移动方仓实验室，加强进出旅客体温监测和"两码一报告"查验，重点时期严格遵循"逢人必查，五查一问"。配合市交通管控组在南京站南北广场出站口设置安装了30台扫码通行闸机，在南北广场共摆设600余米硬隔离护栏，设置500余块水牌。扎实做好来(返)宁旅客"落地检"，共设置29个核酸检测台面。完成防疫点现场视频监控全覆盖。积极做好春运、上海疫情、国庆、中共二十大等重要时期以及日常大客流、高峰期的防疫秩序管理，增加防疫力量至100余人次，优化现场引导服务，提高通行出站效率，多措并举全力保障旅客安全有序出行，牢牢守住了南京站"外防输入"第一道防线，多次得到国家、省、市领导肯定。

10月1日，玄武湖综管办组成联勤联动武装巡查队，开展南京火车站地区联合执法、安全保障工作
（环湖办　供图）

【长效治理考核工作】 围绕城市治理考核争第一目标，多次召开考核形势分析会，将"井盖缺损、盲道占用、垃圾容器周边脏乱、垃圾容器收运不及时"等七项重点内容纳入规范化管理，针对即查即扣分问题，建立垃圾桶零报告制度，完善考核奖惩机制，落实行之有效的具体措施。市城市治理考核总成绩列窗口地区组全市第一名。强化人员业务培训，提高案件回复质量与速率，年度共接收"12345"投诉举报案件共3186件，其中，退单2195件，处理991件，全区处理投诉工单办结数量在100～1000件部门8家考核排名中，位于并列第1名。

【联合执法工作】 落实《关于健全完善火车站地区联合执法机制的实施意见》等工作机制，常态协调组织公安、交警、交通等部门开展联合整治，对违章违法人员、车辆集中区域进行重点打击和定岗值守。联合客运、铁路、地铁、属地公安及交通、交警、城管、武警、特警等职能执法单位，组成联勤联动武装巡查队，开展站前地区联合执法、安全保障工作。一年来，联合执法各成员单位共查处违规运营车辆58辆次，查处黄牛拉客人员80余人次，教育劝诫300余人次，拘留4人，安置无家可归人员150人次。

【管理养护工作】 严格按照考核标准对养护单位进行考核，落实市道路桥梁考核、市园林绿化考核工作。通过招标，引进北广场消防、强弱电和电梯日常维护单位，引入第三方考核单位，对移交后的北广场实施专业化养护作业及考核，检查并发送工作联系单、安全隐患整改通知单、考核通知单。完成对南京站南广场站房平台安全结构检测工作，并出具检测报告。全年，共清理垃圾约1500吨，修剪绿篱10.6万平米，更换苗木3万余株，种植草坪约6500平米，设施维修370多项。协同市城建集团完成南京站南广场地下出租车道公厕改建项目建设，成为全市首批采取市非营利性工程建设项目集中建设模式的民生工程项目。完成南京站南广场护栏改造项目建设，针对性解决形式简易、分类杂乱、功能不合理等问题。开展南京站南广场景观微更新设计大赛，面向社会、高校征集灵感创意和设计方案。推进南京站北广场区域消险改造提升工程、南广场区域龙蟠路沿线绿化景观提升改造工程、南广场新增配电房建设工程、湖边公厕提升改造工程等建设项目的可行性研究编制和申报工作。

（孙 锐）

环境保护

【概况】 2022年，玄武生态环境局在市局的坚强领导下，深入学习贯彻中共二十大精神，坚持稳中求进总基调，完整、准确、全面贯彻新发展理念，服务和融入新发展格局，在坚持方向不变、力度不减的同时，更好统筹疫情防控、经济社会发展、民生保障和生态环境保护，更加突出精准治污、科学治污、依法治污，以实现减污降碳协同增效为总抓手，统筹污染治理、生态保护，深入打好污染防治攻坚战，持续推进生态环境治理体系和治理能力现代化。2022年，全区生态环境质量进一步改善。PM2.5平均浓度28.3微克/立方米；空气优良天数290天，优良率79.5%；全区8个市考断面全部达标；全区声环境质量监测达标率为100%，区域环境噪声均值51.8分贝，道路交通噪声均值68.3分贝，相比去年基本保持平稳。全区未发生等级以上突出环境事件。

【大气污染防控】 加快论证碳达峰路径。会同区发改委下发《玄武区碳达峰碳中和行动方案》，严格重大项目审查工作，限制“两高”项目在全区发展，推进工业、建筑、公共机构等重点领域节能工作。源头减污降碳深入推进。严把环评审批准入关口，联合各职能部门、街道（园区）开展“散乱污”企业项目排查整治，2项市级、14项区级突出生态环境问题已全部完成整改。持续深入推进治气攻坚。严格落实“点位达标负责人”制度，坚持领导高位强力推进。完成4家源头替代、4家企业搬迁、4家VOC治理示范、21家单位“码上换”，完成玄武湖隧道口喷雾系统工程项目、徐庄东南青年汇（NO.2021G110地块）、徐庄高新聚智园2个项目的高杆喷淋设施建设。开展VOC走航监测和污染源解析，常态运维大气污染防治工程设施，空气优良天数比率位列全市前列。深化餐饮油烟污染防治。深入推进“两大两集中”餐饮油烟整治，完成提质升级，新（换）装高效油烟净化设施餐饮服务单位181家。新增油烟在线安装71台（43）家，“码上洗”商户注册数681家，通过审核数645家。开展尾气排放超标整治。加大对柴油货车、非道路移动机械监督抽查力度，完成柴油车路检1951台次检测564台、入户检查1884台次检测153台、非道机械检查1874台次检测230台。发放新环保号牌577块。完成市下达国三及以下排放标准柴油货车淘汰任务，运用机动车遥感（黑烟）监测抓拍超标253辆，发放强制检验通知书253份。加强面源污染防控。多轮次开展扬尘管控交叉互查，按月发布工地“红黑榜”。完成工地扬尘治理项目22个，工地文明施工达标率98%以上。

【水环境监管】 严格落实“断面长”制度，加强对32条整治河道、区域补偿断面的水质监测预警，并将监测数据及时通报水务部门，为全区河道管理整治工作提供技术支撑。加强雨水、泵站排口排查和规范管理。结合排污许可证发放、技术复核，强化对医疗机构、学校实验室和相关企业污水排放的监管。强化河湖巡查、断面水质波动溯源排查、水质监测预警等工作，建立健全“巡查—整改—调度”工作机制，全区8个市考断面达标率100%。

【固废处置和辐射安全】 统筹推进危废固废三年整治任务。重点对危险废物产生、贮存、运输等全过程、全周期监管，确保不发生环境安全问题。组织158余家企事业单位线上、线下学习交流，完成区人大贯彻落实新《中华人民共和国固体废物污染环境防治法》执法检查。加强对危险废物产生、贮存、运输等全过程、全周期监管，安全转移危险废物4550余吨。开展危废安全专项整治检查。对土壤研究所、林业大学、林化所等8家涉危实验室开展专项检查，对22家10吨以上产废企业检查中发现的部分危废储存场所设置不规范等问题及时指导整改到位，并将数据录入“181”平台，做好闭环管理。应急能力建设不断加强。积极参加南京市环境应急监测技能竞赛及玄武区突发生态环境事件应急演练，通过演练锻炼队伍，积累经验，完成大气、水、辐射等各项应急监测任务。

【执法处罚】 严格标准加大执法力度。开展了大气污染防治“首季争先”“春雷行动”“提质增优”百日攻坚目标任务等执法行动，进一步统筹执法力量、细化目标任务、坚持查练结合、开展联防联控、完善执法平台，坚持开展普法工作，做到“两法衔接”常态化。2022年，开展环境执法1950余家次，整改违规企业、项目150家次，行政处罚立案67起，罚没款112万元，1起生态损害赔偿案件被评为全市十大典型案件。

【生态环保】 认真落实市、区出台应对疫情影响解决企业惠企纾困措施，扎实做好服务企业面对面活动。编写《玄武局服务企业面对面工作方案》，向全区企事业单位发放《致玄武区企业主一封信》《服务企业活动征求意见表》218份，针对玄武区特点，制定“六个一”工作计划(展示一个亮点、培育一批示范、增加一点分数、提升一项能力、完成一件大事、突破一道难题)，定科、定人、定时进行推进落实。向全区108家企事业单位发放《南京市生态环境法律定制服务表》《危险废物管理相关规定》，帮助企业从源头预防违法行为，并搭建政企环保法律“服务之桥”。全面做好生态环境保护督察问题整改。对2016年中央生态环境保护督察交办的36件，2017年省生态环境保护督察交办的69件，2018年中央生态环境保护督察“回头看”交办的52件，共157件交办件全部整改销号，并督促相关部门、街道进行自查，杜绝问题回潮反弹。对2022年第二轮中央生态环境保护督察交办的37件信访件全部办结，并逐步开展销号办结。全力做好环境信访调处。首次将信访投诉量下降指标纳入年度深入打好污染防治攻坚战责任状，建立健全日统计、周分析、月通报制度，2022年，信访投诉按期办结率和答复率达100%、满意率达90%以上，环境信访总量下降40.5%。完成人大、政协提案件3件(主办1件、协办2件)，全年未发生重大群体性环境信访事件。 (毛春明)

(栏目编辑 张 弛)

应急管理

安全生产
灾害防治
应急救援
消防管理

安全生产

【概况】 2022年，玄武区应急管理局深入学习宣传贯彻中共二十大精神以及习近平总书记关于安全生产重要论述和指示批示精神，坚决贯彻落实“疫情要防住、经济要稳住、发展要安全”的重大要求，牢固树立“人民至上、生命至上”理念，狠抓安全生产“十五条硬措施”贯彻执行，深化提升安全生产三年专项整治行动，扎实推进安全生产大检查、重点行业领域百日攻坚、危化品使用专项治理、精准执法以及防灾减灾救灾等重点工作，强化安全生产宣传教育，持续提升全区本质安全水平。全区安全生产形势总体平稳，未发生安全生产亡人事故。以深化提升安全生产三年专项整治为抓手，按照《全区安全生产专项整治三年行动方案》和2个专题、6个专项实施方案，紧盯重点领域，把握重要时段，积极开展全区安全生产大检查行动、重点领域安全生产百日攻坚行动以及重点行业领域安全生产排查整治“治本攻坚”大会战。针对主城区特点，重点抓好建设施工、特种设备、高层住宅、“九小”场所等重点领域的专项整治，推动全区安全生产大检查59项重点工作任务完成。2022年，17个区级牵头整治部门共出动检查人员15067人次，检查企业19688家，发现隐患5108处，已整改5103处，正在推进整改5处，整改率99%，行政处罚196家，罚没金额170.68万元。

【安全生产专题会议】 严格落实党委政府安全生产领导责任，区委常委会、区政府常委会定期专题研究全区安全生产工作，区安委办定期召开全区安全生产工作例会、安委会(扩大)会议对安全生产工作进行再安排、再部署、再强调。

2月9日，玄武区召开区委常委会专题研究全区安全生产工作。会上，区安委办主任、区应急管理局局长吕俊传达习近平总书记安全生产重要论述和李克强总理重要批示精神，并提出玄武区贯彻落实意见。持续深化安全生产专项整治三年行动。全面促进本质安全生产水平。进一步强化监管执法力度。不断提升网格化治理工作实效。切实提升应急管理能力。同时，由于1月雨雪天气增多，又值春节返程高峰，要全力加强安全防范，强化督导督查，毫不放松抓紧抓实风险防控、重点整治、应急值守、备战备勤等工作落实，坚决防范遏制“认不清、想不到、管不到”的事故灾难发生。

3月3日，玄武区召开2022年全区安全生产工作会议，深入贯彻习近平总书记关于安全生产的重要论述，认真落实全国及省、市安全生产有关会议精神，全面总结去年安全生产工作，部署2022年各项重点任务，动员全区上下树立安全发展理念，统筹全区经济安全稳定发展，为中共二十大胜利召开创造安全稳定的良好环境。会议由区委副书记、区长钱维主持。会上，区委常委、常务副区长陈可科总结了2021年度安全生产及专项整治工作，对2022年度安全生产重点工作进行了部署。区委书记闵一峰就贯彻落实上级会议精神，做好2022年安全生产工作提出了明确要求。钱维从对当前安全生产工作的特殊重要性的认识，抓好安全生产专项整治及督导反馈问题整改，确保实现安全生产监管责任全面落地等三个方面，就如何做好全区安全生产工作提出了具体要求。玄武门街道、徐庄高新区、区建设局、玄武消防救援大队围绕本行业、本辖区安全生产工作作交流发言。区委、区政府主要领导，区安委会成员单位主要负责人、区应急管理局全体班子成员及相关区属产业集团负责人参加了会议。

3月10日上午，玄武区常务副区长陈可科主持召开全区安全生产工作例会，专题研究当前全区安全生产工作。区政府党组成员翁侃，各相关部门分管负责人、各街道(高新区)分管负责人参加了会议。会上，区应急管理局部署了近期安全生产工作，区消防救援大队汇报了全区火灾防控情况及全区消防安全宣贯会准备部署情况。翁侃从关注高层建筑、电动车管理，关注人员密集场所，关注危化品、燃气管理，关注建筑工地、施工安全，关注省市督导反馈意见五个关注，要求全区加强安全生产工作。陈可科通报了近期南京市及省内几起安全生产事故，并就深入吸取事故教训，抓好当前安全生产工作进行再强调。要求充分认清安全生产形势，努力提高政治站位。强化安全生产责任落实，突出抓好重点领域安全防范。始终保持责任意识，全力推进各项工作落实。

3月28日上午，玄武区召开区安委会全体(扩大)会议，区委副书记、区长钱维主持会议并讲话，各分管副区长及安委会成员单位主要负责人参加。会上，区安委办主任、应急管理局局长孔祥盛汇报了全区安全生产工作情况。区委常委常务副区长陈可科强调，近期要坚持疫情防控和安全生产“两手抓”，并从明确安全生产工作重点要点、不折不扣抓好专项整治、提高应急处置能力、提高“181平台”应用能力四个方面提出了下一步建议。钱维要求，一要强化风险意识，切实树牢安全发展理念。二要强化问题导向，聚焦重点领域排查整治。三要强化压力传导，确保各方责任落细落实。

4月2日，玄武区委常委会召开会议，学习贯彻习近平总书记在中共中央政治局常务委员会会议上的重要讲话精神，传达贯彻习近平总书记重要指示、李克强总理批示和刘鹤副总理要求的“十五条硬措施”，传达贯彻全省安全生产电视电话会议精神和全市安委会全体(扩大)会议精神，研究部署全区安全生产有关工作。会上，区安委办主任、区应急管理局局长孔祥盛汇报全区安全生产工作情况。会议指出，要提高站位，深刻认识安全生产重要意义。会议要求，要突出重点，落细落实安全生产各项任务。会议强调，要压实责任，广泛凝聚安全生产工作合力。

4月12日下午，玄武区委常委会研究《区委常委会成员、区政府领导班子成员2022年安全生产重点工作清单》(以下简称《工作清单》)，区委书记闵一峰主持会议并讲话，区应急管理局局长孔祥盛汇报工作清单编制情况。《工作清单》明确了玄武区委常委会成员、区政府领导班子成员关于安全生产工作的相关职责。会议强调，要提高政治站位，深化思想认识。要紧盯重点领域，深入排查整治。要压实各方责任，凝聚工作合力。

4月21日上午，玄武区召开区安委会全体(扩大)会议，区委副书记、区长钱维主持会议并讲话，各分管副区长及安委会成员单位主要负责人参加。会议审议通过了《玄武区关于深化提升安全生产专项整治三年行动的实施意见》，并提交区委常委会研究。钱维结合近期市安全生产事故通报情况，分析了全区当前安全生产形势，就统筹做好经济发展、疫情防控和安全生产工作提出具体要求：一要提高政治站位，时刻绷紧思想之弦。二要落实督导要求，高标准落实迎查工作。三要紧盯重点领域，抓紧织牢防范网络。四要压实各方责任，持续加大监管力度。

4月21日下午，玄武区召开2022年全区安全生产大检查动员部署会议，按照全国及省、市安全生产大检查要求，部署全区安全生产大检查工作安排。区委常委、常务副区长陈可科对全区安全生产大检查工作提出具体要求：充分认识开展安全生产大检查的必要性和紧迫性。聚焦重点领域，全力抓好大检查专项行动。狠抓责任落实，坚决防范遏制各类安全事故。

4月21日下午，玄武区召开安全生产专项整治督导及落实“十五条硬措施”和安全生产大检查综合督导工作会议，认真落实中共中央、国务院和省、市相关会议精神，对安全生产督导工作进行部署。区政府党组成员翁侃主持会议。会议就专项整治督导及落实“十五条”硬措施和安全生产大排查工作强调：要把握方法要点。要直奔主题重点。要聚焦责任落实。要紧盯问题整改。要坚持统筹兼顾。

4月22日上午，区委常委会召开会议，专题研究安全生产工作，审议《玄武区关于深化提升安全生产专项整治三年行动的实施方案》，听取近期安全生产工作情况汇报，研究部署下一步工作。区委书记闵一峰主持会议并讲话。会议强调，要开展安全生产检查，抓紧抓细抓实国务院部署的安全生产十五条举措，完善组织领导、充实工作力量，推动任务清单化、职责具体化，不断提升安全生产工作水平。要排查整治风险隐患，以消防安全为重点，开展多轮次、拉网式排查整治，统筹抓好危化品、建筑施工、城镇燃气、特种设备等重点行业领域安全监管，提前做好防汛准备，确保各类隐患发现在早、处置在小。要压紧压实工作责任，牢固树立"一盘棋"思想，严格落实安全生产党政领导责任、部门监管责任、企业主体责任，全面自查自纠，做到防患未然，推动安全生产责任环环紧扣、层层落实，坚决不留死角盲区。

5月31日上午，玄武区组织收听收看2022年全国"安全生产月"活动启动视频会议及省续会。区政府党组成员翁侃，区应急管理局和消防救援大队主要领导，区安委会成员单位分管领导参加会议。会议深入学习贯彻习近平总书记关于安全生产系列重要指示精神，围绕"遵守安全生产法　当好第一责任人"主题，动员部署2022年"安全生产月"活动。随后，玄武区召开续会，玄武区安委办主任、区应急管理局局长孔祥盛对近期安全生产工作提出要求。

9月8日上午，区委常委、区常务副区长陈可科主持召开安全生产"百日攻坚"暨中秋、国庆节日安全防范工作会议，专题研究当前全区安全生产工作，对中秋、国庆节日期间安全防范工作进行了部署。各部门、各街道（高新区）分管负责人参加了会议。会上，区安委办汇报了近期安全生产工作，区消防救援大队汇报了全区火灾防控情况；区建设局、区房产局分别汇报了燃气安全防范及自建房安全整治工作情况；徐庄高新区、锁金村街道汇报辖区内安全生产"百日攻坚"行动进展情况。最后，陈可科对中秋、国庆节前安全防范工作进行部署，通报了全国及省、市几起安全生产事故情况，并就深入吸取事故教训，抓好当前安全生产工作提出意见。

【安全生产检查】　市、区两级领导定期督导调度安全生产工作，严守安全底线，推动辖区安全形势持续稳定。

1月29日上午，区委副书记、区长钱维带队调度全区安全生产工作，常务副区长陈可科、区政府党组成员翁侃，区政府办公室、区应急局、区消防救援大队、区发改委、区文旅局、区房产局、区卫健委、区商务局、梅园新村街道、新街口街道等相关单位主要负责人参加此次检查。在清溪大厦，钱维详细听取物业公司负责人关于小区用电安全方面的情况汇报，并对清溪大厦电力设施间进行了检查。在六朝博物馆，钱维了解博物馆春节期间客流管控情况及疫情防控措施，现场检查了消防设施设备使用情况及监控室值班值守情况。在爱尚天地，钱维检查了蓝蛙、新元素等餐饮场所燃气安全，对餐饮场所排烟系统、喷淋系统及消防设施进行检查。

4月2日下午，玄武区常务副区长陈可科带队调度全区安全生产工作，区政府党组成员翁侃，区政府办、区应急局、区消防救援大队、区市场监管局、区卫健委、区建设局、区城管局及相关街道负责人参加此次检查。在蒋王庙街116号，陈可科详细听取了玄武湖街道和板仓派出所负责人关于此处群租房相关情况汇报，并现场检查了用电安全及消防安全。在华润燃气天然气站，陈可科询问工作人员日常管理制度落实情况，现场检查了加气站特种设备使用、检验情况。在曙光隔离酒店，陈可科详细了解疫情防控工作的开展情况。随后，陈可科一行来到铁北红山国际社区B地块项目，听取相关负责人关于工地日常管理和防疫工作开展情况的汇报。

5月1日上午，市安委办主任、市应急管理局局长冯甦带队赴玄武区督导检查中南玄武湖菱洲生态乐园"五一"节日期间安全防范工作，玄武区常务副区长陈可科、区应急管理局局长孔祥盛以及相关负责人陪同检查。检查组现场检查了"激流穿梭"等游乐设施检验检测、运行管理、隐患排查治理等情况，并要求场所经营单位提高安全责任意识，做好节日期间大型游乐设施的安全运行工作，强化设备每日试运行检查及隐患排查，严格游乐设施现场安全使用规范化管理，完善应急预案和应急处置。

7月16日上午，南京市委常委、常务副市长杨学鹏带领市应急管理局一行，深入玄武区中石油龙蟠中路加油站，检查指导安全生产工作并慰问坚守安全生产一线的工作者，要求各级各部门要切实做好高温天气下安全生产工作，做好一线岗位人员防暑降温、劳动保护等工作，严格落实安全生产各项制度，防范遏制各类生产安全事故发生，确保夏季高温期间安全生产形势稳定。

9月30日上午，区委副书记、区长钱维带队前往新世界中心、玄武湖菱洲生态乐园和华润燃气红山路加气站等重点场所，走访慰问一线工作者并实地检查国庆节前安全生产工作。区委常委、常务副区长陈可科，区政府办、区应急管理局、区卫健委、区市场监管局、区消防救援大队、玄武湖综管办、玄武湖管理处及街道相关负责人参与了检查。钱维要求，企业负责人要以高度负责的态度，牢固树立“安全发展”理念，严格履行安全生产第一责任人责任。对于此次检查中发现的问题及薄弱环节，要高度重视，立行立改，保证所有问题隐患的整改不折不扣落到实处、取得实效，确保节日期间全区安全生产形势持续稳定向好，为人民群众营造平安祥和的节日氛围。

【危险化学品监督管理】 玄武区危险化学品监督管理工作围绕“四个专项治理”有序开展，分别是危险化学品使用安全专项治理行动、危险化学品安全专项整治三年行动、危险化学品安全风险集中治理行动和涉及危化品使用实验室安全专项治理行动。

危险化学品使用安全专项治理行动开展以来，玄武区严格按照《江苏省危险化学品使用安全专项治理行动工作方案》《南京市危险化学品使用安全专项治理行动工作方案》的要求，始终坚持“人民至上、生命至上”理念，紧紧围绕“从根本上消除事故隐患，从根本上解决问题”目标，加强组织领导，强化制度措施，狠抓贯彻落实，扎实开展危险化学品使用安全专项治理行

3月28日，区应急管理局依托“腾讯会议”云平台，举行危化品经营企业安全管理线上培训 （区应急管理局 供图）

动，出色地完成了各项工作任务。

危险化学品安全专项整治三年行动中，玄武区依托“腾讯会议”云平台开展危化品经营企业安全管理线上培训，全区各街道（园区）危化品监管执法人员、114家危化品企业参加培训。2022年共出动执法人员260余人次，发现隐患227处，均已整改完毕，共立案9起，处罚金额17万余元。“181”平台企业面数据作为市对区安全生产高质量考核的一项重要指标，截至2022年年底，全区进入平台企业共317家（其中，危化品经营企业108家），风险源巡查数76912条、风险源标识数865条、特殊作业上报214条、已制定年度安全培训计划企业175家、危化品信息登记企业278家、发现隐患2214条，已完成整改2186条，整改率98.7%。

为有效防范化解危险化学品重大安全风险，集中一年时间在全区范围内开展危化品安全风险集中治理。1月，玄武区印发了《玄武区危险化学品安全风险集中治理实施方案》，明确了安全发展理念不牢、安全生产责任不落实两方面突出问题和交通运输、废弃处置两个重大安全风险环节；2月，玄武区印发了《关于进一步部署落实全区危险化学品安全风险集中治理工作的通知》。2022年，全区检查涉及危废的企业31家次，发现2家企业存在一般安全隐患，已逐一整改销号；检查危化品运输企业21家次、检查车辆300辆、教育驾驶员60人，开具整改通知书3份，验收合格通知书3份。

在全市率先开展涉危实验室专项治理行动。4月，玄武区共摸排涉及使用危险化学品实验室企事业单位44家，实验室数量910个，包含医药公司、医疗机构、科研院所、省属高校、中学等行业领域；5月，各涉危实验室集中利用1个月时间对照项目检查表推动开展隐患自查自纠工作；6月，邀请专家开展

涉危实验室安全生产管理工作专题培训，并严格要求各涉危实验室做好内部培训工作。同月，区安委办结合《区安委会关于深入开展全区安全生产大检查工作的通知》，出台了《关于实施玄武区涉及危化品使用实验室安全专项治理行动联合检查方案》，在7月至8月，联合区应急管理局、区市场监管局、区生态环境局、玄武公安分局、玄武消防救援大队、区教育局、区科技局、区卫健委、各街道（高新区），聘请危化实验室专家，一同对14家涉危实验室进行抽查。共成立了8个检查组，出动110人次，共发现问题隐患182个，下发整改文书14份，截至2022年12月已全部整改完毕。

【危化领域专项执法检查】 玄武区围绕全国“两会”、中共二十大以及节假日等重要时间节点，针对辖区内加油站、危化品经营企业以及涉危实验室等开展多轮次、全覆盖专项执法检查，强化危化品安全风险管控。

3月4日，为切实抓好全国“两会”期间安全生产和应急管理工作，全面排查辖区内加油站安全风险和事故隐患，有效防范和遏制各类事故发生，根据省、市、区相关文件要求及年度执法计划安排，玄武区应急管理局组成检查组，对辖区内加油站开展安全生产检查。检查组采取查阅台账、现场查看、“181”平台登记等方式，重点检查了2家加油站的消防设施设备是否完好有效；应急演练、隐患排查、安全教育培训是否定期开展；值班值守制度是否严格落实。检查组要求，要克服麻痹侥幸心理，严守安全红线，确保全国“两会”期间辖区内危险化学品行业安全稳定。

6月1日，玄武区应急管理局组成专项检查组对南京卡尼尔科技有限责任公司、南京坤园化工原料有限公司、南京晟仕利电子科技有限公司3家危化品经营公司、对龙蟠中路、龙蟠路、城东、岔路口4家加油站进行端午节前安全生产检查，同时对4家加油站进行隐患整改复查。在对危化品经营公司的检查过程中，检查组主要查看了企业安全制度落实情况；安全教育培训、安全隐患排查是否定期开展；实际经营地址与危化品经营证登记地址是否一致；是否存在超范围经营等情况。检查组要求企业继续落实安全生产主体责任，严守安全红线。在对加油站的检查过程中，检查组重点对加油站的油罐区、卸油区、消防设施设备维护使用情况、相关管理台账逐一查看，并针对前期隐患整改情况进行了详细的复查。检查组要求各加油站加强节日期间值班值守，强化隐患排查治理，增强节日期间应急防范意识和应急处置能力。

8月25日，根据国家、省、市关于抽查危化品进口贸易企业填报全国化学品登记综合服务系统的部署要求，玄武区应急管理局组成专项抽查组，对辖区内10家危化品进口贸易企业进行随机抽查。经检查，所有被抽查的企业均认真填报相关信息，但仍存在一定问题，例如，南京金嘉禾商贸有限公司的应急值班电话非固定电话、中国国投贸易南京有限公司的应急值班电话不能24小时接听等。针对检查出的问题，检查组现场督导企业进行了立整立改，并着重强调，依据《危险化学品登记管理办法》，危化品进口贸易企业的应急值班电话必须为国内固定服务电话，由专职人员24小时接听，并能够向用户提供危险化学品事故应急咨询服务。

针对近期建筑工地生产安全事故频发的严峻形势，玄武区应急管理局积极筛查辖区内危化领域在建工地状况，并开展专项安全检查。8月29日，玄武区应急管理局组成专项安全生产检查组，由局长孔祥盛带队，对中石化南京分公司卫岗加油站改造工地进行现场督查，该公司分管负责人、工程施工和监理方领导与相关技术人员陪同检查。孔祥盛强调，虽然工地整体状况良好，但仍然要在确保安全的前提下，充分考虑季节气温变化、特殊作业条件、用电安全环境、施工不可控因素等可能产生的安全隐患问题，做到万无一失。中石化及施工方均积极表态，将始终把安全放在首位，确保工程圆满完成。

9月30日，玄武区应急管理局组成专项检查组对龙蟠中路、龙蟠路、宁栖路、卫岗4家加油站进行国庆节前安全生产检查。在对加油站的检查过程中，检查组重点对加油站的油罐区、卸油区、消防设施设备维护使用、相关管理台账等情况进行逐一查看。检查组要求，各加油站继续落实安全生产主体责任，严守安全红线，加强节日期间值班值守，强化隐患排查治理，增强节日期间应急防范意识和应急处置能力，坚决防范遏制各类安全事故，确保节日期间安全稳定，以实际行动迎接中共二十大胜利召开。

11月10日，区应急管理局联合玄武消防救援大队组成检查组，对辖区内11所加油站进行了消防安全专项治理联合检查。检查以查阅台账和现场检查相结合的方式进行，共发现问题隐患14条，要求立即整改6条，限期整改8条。问题隐患主要为个别配电房未上锁、微型消防站工具配备不齐全、消防水带卷法不规范、加油岛摆放促销商品、雷电防护装置定期检测报告11月11日到期但未见新的检测报告等。检查组提出，安全生产没有休眠期，站点负责人要全面强化安全生产常态化管理，不断夯实全员安全责任意识，经常梳理安全管理中的薄弱环节，切实把企业安全生产主体责任落实到位。

11月16日，区应急管理局联合玄武消防救援大队组成检查组，对辖区内5家拥有独立办公区域危化品经营企业进行消防安全专项治理联合检查。检查以查阅台账和现场检查相结合的方式进行，共发现问题隐患27条，要求立即整改1条，限期整改26条。问题隐患主要为个别配电房铺设地毯且无专人管理、少数消控室和配电房杂物多且无任何标识和安全警示标志、个别消防通道锁闭且无应急灯、个别后厨无电子燃气泄漏报警器、个别手插式燃气泄漏报警器未通电等。检查组提出，企业务必要吸取金盛火灾的教训，不能抱有任何侥幸心理，要不断排查整改消防安全隐患。企业负责人纷纷表态，将绷紧安全生产这根弦，把检查出的隐患问题切切实实整改好，努力营造人人讲安全、人人懂安全的良好氛围。

【安全生产督导巡查】 玄武区强化安全生产督导巡查，一方面，抓好市对区安全督导检查和隐患整改；另一方面，成立3个区级专项督导组，对全区相关部门、街道（高新区）、区属集团开展安全生产专项督导检查。

5月10日上午，市安全生产第五督导组进驻玄武区开展督导工作，并召开见面沟通会及工作汇报会。见面沟通会上，区委书记闵一峰，区委副书记、区长钱维与督导组成员就督导组进驻相关事项进行交流沟通。随后，召开工作汇报会，市安全生产第五督导组组长朱志宏主持会议。会上，钱维汇报了全区安全生产工作情况。市安全生产第五督导组对玄武区取得的成绩给予了充分肯定，并提出工作要求，希望玄武区要切实提高政治站位，充分认清督导工作的重要意义，落实督导要求，以问题隐患整改闭环为抓手，强化精准督导，同时加强纪律作风建设，确保督导工作扎实推进、取得实效。

9月14日，为确保国务院安委会综合检查和考核巡查第一组反馈的问题整改工作扎实开展、闭环见效，区安委办督查科会同玄武消防救援大队对南京市紫金南苑商业中心存在的消防安全主体责任落实不到位，楼宇内疏散通道堆放杂物、影响人员疏散等问题进行现场检查。通过检查，紫金南苑商业中心已明确各级、各岗位消防安全责任人及其职责，制定本单位消防安全制度、消防安全操作规程、灭火和应急疏散预案，并定期组织演练，保证各项制度的落实；楼宇内疏散通道堆放杂物已清理，保持疏散通道畅通。

9月19日上午，南京市安全生产第五督导组通过听取工作汇报、查看台账资料、现场实地督查等方式，对玄武区专项整治三年行动、安全生产大检查大整治和百日攻坚行动等工作进行督导巡查。区应急局局长孔祥盛、区安委办专职副主任郝丽君及区安委会成员单位相关负责人参加。在督导汇报会上，区应急管理局汇报了玄武区对安全生产大检查工作开展情况、“百日攻坚”行动和三年专项整治等安全生产工作的贯彻落实情况。随后，督导组成员现场查看了台账资料，并就玄武区安全生产工作进行深入的交流与指导。下午，督导组以“四不两直”的方式，深入徐庄高新区及孝陵卫街道辖区内的企业单位进行安全生产督导检查，并提出工作建议，相关企业单位负责人表示，将根据督导组提出的建议，进一步做好安全生产工作，强化风险管控，落实安全生产主体责任。

9月27—28日，市安委办对玄武区开展安全生产专项督查检查，并调研当前燃气泄漏安全保护装置在推广、安装和使用过程中存在的问题。玄武区安委办、区文旅局、区商务局以及街道相关人员陪同检查。检查组重点对辖区内的宾馆、餐饮企业及“九小”场所的燃气设备设施安装使用情况进行检查。在检查过程中，检查组发现所有餐饮行业都已安装燃气报警器，部分“九小”场所未安装报警器自动切断装置。检查组充分肯定了玄武区的安全生工作，并强调，压紧压实安全生产主体责任和行业监管责任，督促指导企业正确履行好安全生产主体责任，牢固树立安全发展理念，提高安全防范意识。要全面深入排查消除各类安全隐患，建立健全安全应急长效管理机制。大执法检查力度，严厉打击违法违规行为，采取有力措施清除各类风险隐患。

10月17日下午，市、区两级安全生产督导组开展联动督导工作，对玄武区长江路小学和长江路幼儿园进行现场检查。市安全生产第五督导组副组长、市应急管理局一级调研员王笑天带队，区应急局局长孔祥盛、区安委办专职副主任郝丽君及区安全生产督导组相关负责人参加。督查组一行现场听取了学校关于开展校园安全防范的工作汇报，查阅相关台账资料，并重点检查食堂操作间、配电房、监控室等重点部位和场所，实地查看学校消防设施配备、食堂燃气安全、监控室值班值守等情况。督导组对学校安全管理工作表示肯定，同时强调安全生产无小事，要时刻绷紧安全生产这根弦，坚决落实安全生产主体责任，不打折扣落实各项安全防范措施，对发现的问题隐患要立即整改闭环。同时，各相关部门要严格落实行业监管责任，确保安全生产各项工作抓紧抓实，为营造安全、稳定、和谐的社会环境奠定良好的基础。

【安全隐患整改】 对督导检查出的问题隐患，玄武区坚持问题导向，强化安全隐患整改“回头看”，确保隐患按期整改销号。

4月27日上午，玄武区委副书记吕璟带队，区安委办、区市场监管局、公安玄武分局相关负责人一行现场调研安乐堂地区重大安全隐患整改情况，并在孝陵卫街道召开专题会议。吕璟认真听取孝陵卫街道关于安乐堂地区安全生产隐患形成的历史原因及整改推进情况汇报，并就有关事项与区安委办、区市场监管局和公安玄武分局负责人交换意见，会上提出下一步隐患整治建议。

6月9日，为贯彻落实省、市纪委安全生产专项巡查相关文件精神，由区纪委监委牵头，区应急管理局、区商务局、区消防大队、街道组成联合检查组对龙蟠中路、龙蟠路、岔路口3家加油站及南京玉河印刷厂1家工贸企业开展隐患整改“回头看”。检查过程中，检查组重点对加油站的油罐区、卸油区、消防设施配备情况、相关管理台账，对工贸企业的防火分区划分、水泵设备维护使用情况等存在的问题隐患进行了详细的复查。检查组要求企业继续落实安全生产主体责任，强化安全隐患排查整改，提高行业安全生产管理水平，严守安全红线。

6月21日下午，市应急管理局监察专员胡文续带队对玄武区新兴行业领域安全工作进行调度，玄武区安委办专职副主任郝丽君，区安委办督查科、新街口街道安监办等相关人员参加。检查组对南京市九九归零文化发展有限公司、南京艾特酒店管理有限公司进行安全生产检查，现场检查了2家企业消防设施配备是否齐全、消防通道是否畅通，询问企业应急预案制定及安全教育培训开展情况。对于现场发现的问题，检查组要求经营企业立即整改，及时消除安全隐患。

6月23日下午，市应急管理局监察专员胡文续带队对玄武区高校实验室安全生产隐患进行调度，玄武区应急管理局副局长何毅、孝陵卫街道四级调研员王发铁、南京体育学院等相关负责人参加。检查组检查了南京体育学院教学实验楼危险化学品临时存放点和实验用危险化学品仓库，对其分类存放、通风系统、气体报警系统、消防设施、应急预案等进行了专项检查，对其存在的不足提出指导性意见。检查组要求，校方要高度重视，立查立纠，切实加强实验室安全工作，保证实验室使用安全。

7月11—12日，由区纪委监委牵头，区应急管理局、玄武消防救援大队组成联合检查组采用“四不两直”方式对南京市全民健身中心、江苏保险大厦、龙域网咖、中央路小学新建项目、味洲百子亭农贸市场等13家单位开展隐患整改"回头看"。此次检查的单位包括了在建工地、农贸市场、居民小区以及工贸企业等多个领域，检查过程中，检查组重点检查了市督导组反馈问题整改完成情况。检查组要求企业时刻绷紧安全生产这根弦，切实落实安全生产主体责任，加强日常检查巡查，进行风险研判，对发现的问题举一反三，避免再出现类似问题隐患，确保企业运行安全稳定。

7月21日下午，市应急管理局组织召开安全生产网格化（社会面）工作推进会，玄武区应急管理局相关负责人，各街道分管领导、安监办主任共20余人通过会议系统参会。随后，玄武区组织召开网格化（社会面）工作续会，部署推动三季度全区网格化（社会面）工作，玄武区应急管理局副局长孙粉华主持会议并作讲话。

【安全生产月活动】 为深入贯彻落实习总书记"从根本上消除隐患，有效遏制重特大事故发生"指示精神，进一步加大安全生产宣传教育工作力度，动员全社会力量参与安全教育活动，普及安全知识，提高全民安全素质，在全社会营造"关注安全、关爱生命"的浓厚氛围。6月16日上午，玄武区在红山街道星河国际广场举行2022年"安全生产月"广场咨询活动。活动由玄武区安委会主办，区应急管理局、红山街道等单位承办，南京市应急管理局二级巡视员蔡艺，玄武区政府党组成员翁侃以及政府相关行业部门、企业员工及地方群众等共250余人参加了活动。活动现场，社区群众通过自编自演的文艺演出，以寓教于乐的方式开展安全知识普及和竞答。工作人员为居民群众发放公共安全、消防安全、交通安全、劳动卫生安全、特种设备安全、生活安全、防震减灾等各类安全生产知识宣传材料，对新《中华人民共和国安全生产法》相关内容进行解读，对新增的安责险投保内容进行宣传，并进行现场咨询答疑。玄武消防救援大队对消防器材装备进行展示，现场对消防器材如何使用进行讲解，并开展火灾防控知识宣传。本次活动共设置咨询台17个，布置宣传展板25块，发放各类宣传资料5000余份，接受群众咨询300人次，通过活动，进一步提升了群众参与安全生产的积极性和主动性，取得良好的宣传效果。

【百团进百万企业千万员工】 为深入学习贯彻习近平总书记关于安全生产重要论述精神，广泛宣传安全生产法律法规，压紧压实企业安全生产主体责任，持续筑牢安全生产防线。6月30日下午，区委常委、常务副区长陈可科到徐庄高新区开展"百团进百万企业千万员工"安全生产专题宣讲活动。活动由区政府党组成员翁侃主持，区应急局主要负责人、分管负责人，徐庄高新区分管负责人、部门负责人、安全生产科全体人员，辖区企业代表等60余人参加活动。宣讲中，陈可科围绕"习近平总书记关于安全生产重要论述；新《中华人民共和国安全生产法》重要修改内容；企业如何落实主体责任"三方面内容作了深入阐述。结合近期事故案例深刻剖析了部分企业落实主体责任不到位的表现形式和造成的严重后果，强调了企业每名员工都是"安全第一责任人"的要求。

6月30日，玄武区应急管理局组织召开"百团进百万企业千万员工"安全生产专题宣讲活动，玄武区应急管理局党委书记、局长孔祥盛充分结合当前玄武区安全生产形势，有针对性地

6月16日，红山街道星河国际广场举行2022年"安全生产月"广场咨询活动

（区应急管理局 供图）

开展了生动深刻的宣讲，全区重点行业领域监管部门相关负责人、各街道(园区)安监办主要负责人等近40人积极参加了活动。活动采取了先观看专题片进行思想发动、再开展宣讲交流的形式。首先，大家一同观看了2022年安全生产月宣教专题片《遵守安全生产法　当好第一责任人》。该片通过盘点分析全国近年来多起生产安全事故典型案例，深入剖析事故原因，公布责任追究结果，令人震撼、使人警醒，进一步加深了安全生产领域落实“三管三必须”的现实重要意义。在随后的宣讲中，孔祥盛从“思想引领、法律依据、责任落实”三个维度，点明了安全生产领域的“前因后果”。

为深入贯彻学习习近平总书记关于安全生产重要论述精神，全面强化落实企业安全生产主体责任，层层拧紧安全责任螺丝，全力保障经济社会运行平稳有序。7月4日下午，区委书记闵一峰到区城建集团开展“百团进百万企业千万员工”安全生产专题宣讲活动并实地检查安全生产工作。宣讲前，闵一峰来到上乘庵路管线项目、文枢西路铁路下穿基坑项目施工现场，实地察看工作推进情况。在随后召开的宣讲会上，闵一峰围绕习近平总书记关于安全生产重要论述、新《中华人民共和国安全生产法》重要内容、企业如何落实主体责任等三方面内容作了深入阐述。闵一峰指出，企业要坚持不懈用习近平总书记重要讲话和指示批示精神武装头脑，牢固树立安全发展理念，牢牢守住安全“红线”；要把落实企业主体责任作为第一道工序，以安全责任的零缺位织密“安全网”；要认真学法用法守法，严格履行法定责任，推动全区安全生产形势持续向好。

【安全生产培训教育】 3月11日上午，玄武区召开区委理论学习中心组(扩大)学习会，围绕安全生产工作开展专题学习。市安委办主任、应急管理局党委书记、局长冯甦受邀进行安全生产工作专题辅导，区委书记闵一峰主持会议并讲话。学习会上，冯甦对玄武区安全生产工作表示了充分的肯定，提出玄武区委、区政府对城市安全工作高度重视、扎实有力，作为中心城区、市委市政府所在地，去年全年未发生亡人有影响事故，为全市平安稳定做出了重要贡献。冯甦强调，2022年是中共二十大召开之年，是全面贯彻落实省、市党代会部署的开局之年，也是“三年大灶”专项整治深化提升之年，当前安全生产工作要突出“人、整、创、准、感、考、严”七个字。

3月17日上午，玄武区检察院党组书记、检察长余红带队走访玄武区应急管理局，召开安全生产领域座谈会，沟通协调公共安全方面公益诉讼工作。玄武区应急管理局党委书记、局长孔祥盛主持会议并发表讲话，玄武区应急管理局党委委员参会。孔祥盛强调，要落实安全发展理念，加大对危害安全生产犯罪惩防力度；要建立联席会议制度，建立日常沟通、信息共享、案件线索移送工作机制；要加强对法律法规精神的学习，进一步提高行政执法能力。

3月28日下午，玄武区应急管理局依托“腾讯会议”云平台，举行危化品经营企业安全管理线上培训，全区各街道(高新区)危化品监管执法人员、114家危化品经营企业参加了培训，培训由玄武区应急管理局副局长何毅主讲。本次培训主要从全区危化品总体形势分析、危化品企业主体责任落实、危化品企业监管执法重点、新《中华人民共和国安全生产法》解析等四方面，系统、全面地阐述了危化品经营企业安全管理工作相关知识。参会人员纷纷表示此次培训“干货”满满、足不出户让他们对危化品安全管理工作有了新的认识和新的理解。同时，也意识到危化品安全管理工作专业性强、覆盖面广、重要度高，需要持之以恒地加强学习。

3月29日下午，玄武区检察院联合区应急管理局共同举办“八号检察建议”集中送达暨驻区企业安全生产法治宣讲现场会。会上，玄武区应急管理局三级高级主办樊六龙解读了新《中华人民共和国安全生产法》修订的重点内容以及行刑衔接制度，并强调要进一步加强监督检查，加大考核通报力度，督促企业切实履行主体责任，及时消除日常执法中发现的各类安全事故隐患。区检察院副检察长江舜治围绕“八号检察建议”出台的背景、意义和主要内容进行了深入解读，并向现场15家单位集中送达检察建议。会后，人大代表、街道代表和企业代表就落实安全生产责任开展了座谈交流，参会单位就进一步密切“两法衔接”、强化法治保障、加强信息共享等方面达成共识，形成工作合力，共同推动“八号检察建议”落实，织密安全生产“防护网”。

根据省应急管理厅关于安全生产培训“走过场”专项整治设区市交叉互查工作相关部署，8月18日上午，由徐州市应急管理局组成的检查组对玄武区南京昌盛安全评价咨询服务有限公司进行安全生产培训“走过场”专项检查，南京市应急管理局、玄武区应急管理局相关人员陪同参加。检查组通过现场查看台账资料、开展座谈交流会、听取企业负责人汇报发言等方式，严格按照安全生产培训和考试14项违法违规行为的具体要求对企业自查自改落实情况进行检查，对检查中发现的相关问题进行反馈并提出整改意见。此次交叉互查工作既是贯彻落实安全生产培训“走过场”专项整治工作的重要举措，也是深入交流探讨、取长补短、互鉴互学的机会。检查组要求，要高度重视安全生产培训工作，坚决杜绝“走过场”的形式主义，同时，要做到安全培训全员普及，加强培训过程的有效管控，确保培训质量，切实提升从业人员安全素质和技能。

【精准执法】 5月27日，玄武区应急管理局组织开展2022年一季度执法质量考评工作暨执法终端培训会议。各街道(高新区)首先对第一季度按照一般程序作出的已结案行政处罚案卷进行交叉打分，并对评查情况进行了交流。区应急管理局三级高级主办樊六龙对2022年上半年以来各街道行政执法情况进行讲评。随后，局相关人对街道执法人员进行执法终端培训，对执法终端在执法过程中遇到的困难和问题进行细致解答。

6月21日下午，由市应急管理局副支队长袁杨彬领队，对玄武区应急管理局安全生产大检查和精准执法工作进行督查检查。会上，樊六龙汇报玄武区应急管理局安全生产大检查和安全生产精准执法工作开展情况。随后，孔祥盛和督查组就玄武区安全生产大检查和精准执法工作进行深入交流。袁扬彬对玄武区安全生产大检查和精准执法所做的工作给予充分肯定，对精准执法工作作出指导，并对应急管理局安全生产大检查工作提出“会干会宣传、扎实做好安委会领头羊”的要求。

7月1日起，南京市应急管理正式启用江苏省执法系统。为做好省厅执法系统使用工作，进一步规范安全生产行政执法程序，7月6日，玄武区应急管理局邀请中石科技工程师刘小芬进行了一次省执法系统的培训授课。刘小芬主要对行政执法系统和执法记录仪的使用进行详细讲解，对大家提出的问题逐一解答。玄武区应急管理局全体执法人员参加培训。

7月11日下午，为认真贯彻落实省、市关于精准执法工作相关要求，进一步做好安全生产行政执法工作，玄武区应急管理局召开安全生产行政执法会，会议由玄武区应急管理局局长孔祥盛主持，局领导及各街道分管领导、安监办主任参加了此次会议。会上，玄武区应急管理局三级高级主办樊六龙对上半年各街道的安全生产执法情况进行了总结，提出了“三精三提”的要求；其后，玄武门街道和新街口街道作发言，分享了执法中的方法经验和体会；随后各街道分管领导对下半年安全执法工作进行表态，对存在的困难进行交流和探讨，各位局领导也对执法工作提出了相应的建议和提醒。最后，孔祥盛对上半年各街道安全生产执法工作给予肯定，并从提高领导重视、加强队伍建设、扩展执法对象、增加学习交流和明确目标任务5个角度对各街道的安全生产执法工作提出要求，对各街道提出的困难给予答复。

8月4日上午，玄武区应急管理局组织召开“大干50天”专项精准执法大会战部署动员会。区应急管理局局长、各分管副局长、安委办副主任及业务科室科长，各街道、高新区分管领导、安监办主任参加此次会议。会议总结通报2022年1—7月全区安全生产行政执法工作总体情况，对下一阶段执法重点工作进行部署安排，动员全局和各街道“大干50天”，加大精准执法力度，提高精准执法效能，并结合安全生产百日攻坚行动和专项整治三年行动坚决完成重点企业“全覆盖”和重点整治事项“清零”任务。

为深入贯彻落实各级安全生产工作部署，防范化解重大安全风险隐患，坚决遏制重特大生产安全事故，按照"大干50天"专项精准执法工作部署，8月16日，玄武区应急管理局执法人员对全区工业企业南京玉河印刷厂和金陵照相制版厂开展了专项检查。此次检查对照精准执法工作要求和标准，运用省行政执法平台系统，重点检查了企业主体责任落实情况以及安全风险管控制度落实情况。检查内容具体包括安全生产责任制是否建立、安全生产教育培训是否开展、安全防护用品是否按要求发放和使用、安全风险辨识管控制度是否建立并落实、重大安全风险是否设置警示牌等。检查中发现企业存在警示标志磨损未更换、风险管控内容未列入教育计划等问题，已要求企业限期整改，并提示企业要提高主体责任意识，加强现场安全管理，确保安全生产无事故。

9月1—2日，玄武区应急管理局执法人员按照"大干50天"专项精准执法工作部署，对南京江北自动化技术有限公司、南京费斯捷电子科技有限公司、南京迪威普光电技术股份有限公司、南京埃森环境技术股份有限公司4家企业开展了专项执法检查。此次检查对照精准执法要求，运用省平台系统，重点检查了企业主体责任落实情况以及安全风险管控制度落实情况。检查中发现，通过前期的培训和宣传，企业普遍提高了主体责任意识，加强了安全生产台账的管理。

根据省应急管理厅"百日攻坚"、市应急管理局"大干50天"工作部署要求，为进一步提高全局行政执法人员能力水平，9月14日下午，玄武区应急管理局组织开展精准执法专题培训活动，局长孔祥盛主持会议并讲话，全局执法人员参加活动。活动中，业务科室人员集中讲解了省安全生产行政执法信息系统使用流程、典型案例的标准要求和时限数量、金陵联检信息系统的操作规范与注意事项等。随后，孔祥盛明确了三点要求：有效掌握行政执法信息系统，及时把所学内容运用到行政执法工作中；扎实推进安全生产执法工作，不断强化行政执法力度、提高行政执法质量；切实利用相关执法系统，进一步加强事故隐患排查，高质量完成上级要求的工作任务，为中共二十大胜利召开提供安全保证。

为认真贯彻落实省精准执法工作相关要求，进一步做好安全生产行政执法工作，9月15日下午，玄武区召开2022年第三季度街道（园区）安全生产行政执法工作会议。区应急管理局局长孔祥盛出席会议，会议由副局长何毅主持，基础科相关人员及各街道（园区）分管领导、安监办主任参加了此次会议。会上，各街道（园区）汇报了三季度以来的行政执法工作开展情况和下步工作打算，并就行政执法中存在的疑难问题进行了热烈交流。何毅对2022年玄武区街道（园区）开展安全生产行政执法工作进行了分析讲评，着重强调了存在的主要问题，并针对问题提出了下步行政执法工作的要求和改进措施。孔祥盛提出四点要求：深刻认识精准执法的重大意义；重视解决执法工作中存在的问题；全面提升精准执法质量和效能；统筹推进综合行政执法改革任务。

11月24—25日，为进一步强化全区"九小"场所安全监管，玄武区应急管理局联合相关部门，使用金陵安全联检系统和"181"信息化平台，对区内部分小型经营性住宿场所、疫情相关场所开展安全联合检查。联合检查组由区应急管理局牵头，玄武消防救援大队、玄武公安分局、区房产局、市场监管局和相关街道配合实施。各单位参照相关法律法规，在各自领域内各司其职，从房屋建筑安全、消防安全、特种设备安全和用火用电安全等方面进行全面排查。检查对象为全区小型经营性住宿场所和疫情防控相关场所，重点为地铁站、火车站、汽车站周边的小旅馆、小旅社、小宾馆、小住宿店等经营性质的住宿场所及集中隔离酒店（宾馆）、物资储备场所等，共抽取其中的7家单位进行联合检查。

灾害防治

【概况】 玄武区应急管理局高度重视防灾减灾工作，深入学习贯彻习近平总书记关于防灾减灾救灾重要论述精神，严格落实中共中央、国务院和省委、省政府关于防灾减灾工作的决策部署以及市委、市政府对于全市防灾减灾工作的明确要求，始终坚持“人民至上、生命至上”，牢固树立“防范胜于救灾”理念，加强防灾减灾宣传教育培训，使防灾减灾意识深入人心，营造防灾减灾良好氛围。同时，注重极端天气抢险救灾工作，聚焦重点部位、关键环节开展隐患排查整治，确保隐患排查到位，整改到点，最大限度避免灾害损失，千方百计保障人民生命财产安全。

【防汛防台】 汛期区域降雨频率增高，针对易引发地质灾害隐患风险情况，4月24日，区应急管理局局长孔祥盛带领相关人员，联合南京市规划和自然资源局玄武分局对辖区内地质灾害隐患点进行安全检查。检查人员重点对玄武湖街道汇景佳园小区7、8栋西侧12米、聚宝山公园南坡27米和红山韵致居小区东侧边坡3处未完成整治的地质灾害隐患点进行了实地检查。孔祥盛要求，要压紧“属地”责任，主动作为，加快推进灾害隐患整治项目进展。在隐患整治完成前，认真做好“一案一策”，构建群测群防体系，明确各级责任分工；同时针对汛期来临，雨水较多的实际，加强日常巡查检查，动态排查地质灾害风险隐患，一旦发生险情，第一时间进行有效应对和高效处置，确保人民生命财产安全。

【全国第一次自然灾害综合风险普查】 习近平总书记在中央财经委员会第三次会议上，提出要实施灾害风险调查和重点隐患排查工程，掌握风险隐患底数，将其作为自然灾害防治九项工程之首。为认真做好贯彻落实，进一步摸清全区自然灾害风险底数，建立安全风险预防体系，更好保障人民群众生命财产安全，按照省、市统一部署，统筹开展普查调查工作。2022年，按照“边普查、边应用、边见效”的原则，组织开展全区自然灾害综合风险信息化平台建设，后期将实现全区相关行业部门普查数据共享，充分发挥普查成果效益，降低灾害风险隐患。同时，积极参加国普办普查宣传作品征集活动，区应急管理局报送的文章《风险起底，拧紧中心城区“安全阀”》，被国普办评为文章类作品二等奖，为全市唯一入选获奖作品。

【自然灾害民生保险】 2022年按每人1元、每户2元的缴费标准，玄武区共为辖区内户籍居民缴纳保费75.7万元。及时督促中国人民财产保险公司南京分公司对符合理赔条件的居民进行“应赔尽赔快赔”等相关理赔事宜。经统计，2022年，共落实赔付案件全区共落实赔付案件232起，赔付金额累计达85.6万元，赔付率达113.08%。充分保障了全区居民在遭遇自然灾害时，得到及时救助补偿。

【全国防灾减灾示范社区建设】 为进一步增强社区居民防灾减灾意识，提高社区防灾减灾能力，玄武区减灾委办公室根据市局统一部署和年度工作安排，扎实推进“全国综合减灾示范社区”和“市级防灾减灾演练社区”创建工作。经社区申请、街道审核并推荐上报，区应急管理局对照《全国综合减灾示范社区创建标准》和《南京市市级防灾减灾演练社区标准》，遴选确定孝陵卫街道银城东苑社区为2022年度全国综合减灾示范社区创建单位，玄武门街道台城花园社区和红山街道红山社区为2022年度市级演练社区创建单位。

5月5日下午，区应急管理局局长孔祥盛带领分管领导和相关科室工作人员到孝陵卫街道对银城东苑社区进行工作调研。在听取街道分管领导沈国红的汇报后，孔祥盛对银城东苑社区开展全国综合减灾示范社区创建工作提出四点建议：要针对创建标准进一步完善组织架构，细化工作分工，按照时间节点完成创建任务；围绕银城东苑社区自身特点和优质资源，借鉴已创建成功社区好的经验做法，创新工作思路，突出亮点；借助创建工作促进社区综合减灾工作进一步提升，细化工作内容，工作台账力求丰富扎实；区应急管理局加强对创建工作的协调和业务指导，在人力、物力等方面支持银城东苑社区创建工作。

6月1日，区应急管理局封炜副局长带领业务科室人员，现场检查指导孝陵卫街道银城东苑社区创建“全国综合减灾示范社区”工作。检查中，区应急管理局对照《全国综合减灾示范社区创建标准》，重点对社区的创建台账分类是否准确、内容是否完备，以及微型消防站、医疗救

5月10日，海英小学举行2022年防灾减灾应急演练活动

（区应急管理局　供图）

护站等硬件设施是否配置到位等进行详细检查，对创建工作中的短板弱项提出指导性意见。副局长封炜强调，街道、社区要高度重视创建工作，在学习借鉴其他已创成社区经验的基础上，结合自身特点和优质资源，对照创建标准，进一步强化工作责任，创新工作思路，突出特色亮点，补齐短板弱项，按照时间节点要求高质量完成创建迎查准备相关工作。

6月23日下午，市应急管理局救灾和物资保障处处长费生力带队，震害防御处、市气象局、市消防救援大队相关专家组成检查组，对银城东苑社区全国防灾减灾示范社区创建工作进行市检查验收，区应急管理局局长孔祥盛、副局长封炜，孝陵卫街道党工委副书记王涛、安全生产分管领导沈国红等参加检查验收。检查组专家检查了小区楼栋、宣传栏和消防设施设备，同时听取社区书记龙悦创建工作汇报。检查组专家对社区的创建工作表示了肯定，对创建全国综合减灾示范社区工作提出整改意见，并希望银城东苑社区将在现有基础上再把创建工作做细做好做实，争取创建成功。

【5·12全国防灾减灾日】 2022年5月12日是全国第14个全国防灾减灾日，主题为“减轻灾害风险，守护美好家园”。5月10日下午，玄武区在南京市海英小学举行2022年防灾减灾应急演练活动。活动由玄武区人民政府、南京市应急管理局、南京市教育局、南京市人民防空办公室主办，区应急管理局、区教育局、区科协、区人民防空办公室、区卫生健康委员会、区红十字会、区消防救援大队、梅园新村街道和南京市海英小学共同承办。此次演练活动模拟里氏6.0级地震的真实情景，整个应急演练分为强震避险、紧急疏散、集中避险、灾害救助、救灾物资发放5项内容，区减灾委相关人员单位和学校师生共1000余人参加演练活动。为落实疫情防控要求，此次防灾减灾应急演练活动，首次尝试采取线上线下结合的方式，利用应急系统移动视频传输设备，同步进行网络直播。据统计，玄武区32个减灾委成员单位共3000余人，玄武区近100所中小学、幼儿园共2.7万名师生参加在线观看。通过此次活动，向师生普及地震灾害发生时自救互救的基本技能，有效增强了师生防灾减灾意识和应急处置能力，营造出公众积极参与防灾减灾的社会氛围，取得良好社会效果。

5月13日，在第14个全国防灾减灾宣传周期间，省地震局、市应急管理局联合对玄武区防震减灾宣传教育工作进行调研指导。调研组重点对玄武区洪武北路小学开展防震减灾宣传工作进行现场调研。在听取学校在防震方面宣传教育开展情况汇报后，调研组一行参观了学校地震知识展厅，体验了地震模拟小屋和VR全景影像地震逃生等场景项目。调研中，省地震局、市应急管理局领导对玄武区长期重视防震减灾宣传教育工作，给予充分肯定，并希望玄武区能够代表全省，承担好中国地震局交付的地震应急避险演练示范视频拍摄任务。区应急管理局副局长封炜表示，将以此次省地震局、市应急管理局调研指导为契机，在省、市业务处室指导下，主动对接，全力配合，认真落实好全国《地震科普，携手同行》应急避险演练视频拍摄，争取为全国小学生提供地震应急避险工作的“玄武模式”。

【“7·28”唐山大地震纪念日】 2022年7月28日是唐山大地震46周年纪念日，为进一步提高居民防震减灾意识，玄武区采取“四一法”，组合线上和线下宣传方式，开展纪念“7·28”唐山大地震46周年宣传活动。组织一次科普知识竞答。采用微信公众号、下发通知等形式，提前发布活动参与方式及二维码，积极动员全区广大群众，积极参与“防震减灾，你我同行”科普知识竞答活动，推动防震减灾知识普及。参与一次主题线上研学。联合区教育部门和街道，组织中小学生和老龄人员，观看“线上研学，一期一会”地震科普主题线上直播节目，普及地震知识覆盖面。开展一场广场宣传活动。组织多个部门、街道开展送科普进社区活动，利用社区广场等小型场所，因地制宜设立宣传咨询台、布设展板、张挂横幅，发放宣传图册，积极开展防震减灾知识的宣传普及。进行一次模拟报灾演练。居安思危，思则有备，有备无患。活动期间玄武区应急管理局运用省12322地震应急信息化平台，组织全区地震灾害信息员，完成1次地震模拟报灾演练，有效检验了全区地震灾害信息员的报灾能力水平。

【地震科普员演讲比赛】 为贯彻落实习近平总书记关于防灾减灾救灾工作的一系列重要论述，加强防灾减灾常态化宣传教育，不断提升全区地震科普宣传员防震减灾知识宣讲技能，9月22日，区应急管理局在少年宫成功举办2022年度玄武区地震科普宣传员演讲比赛，来自全区各街道及教育系统的10名地震科普宣传员参加了比赛。演讲中，选手们举止大方，精神饱满，通过师生问答、场景模拟、案例剖析等方式，从防震减灾法律法规、地震灾害成因、临震紧急避险注意事项以及防震减灾物资家庭储备等不同角度进行演讲。通过演讲，既充分展示了区防震宣传员的风采，也为相互学习借鉴提供了平台。来自樱花小学和月苑第一小学的2名学生，首次以地震科普宣传员身份宣讲了地震科普知识。在“全国科普日”活动期间举办地震科普宣传员演讲比赛，是玄武区常态化开展防灾减灾宣传的一项实际举措，旨在通过多种形式的宣教手段，不断提升广大群众的防灾减灾意识。下一步，玄武区将充分发挥地震科普宣讲员作用，因地制宜，广泛开展科普宣传活动，为全区防震减灾知识普及做出更大贡献。

【防震减灾科普】 11月11日，玄武区应急管理局组织区减灾委成员单位，前往溧水大金山防震减灾科普教育基地，开展防震减灾科普体验活动，相关成员单位30余名从事防灾减灾工作人员参加活动。在大金山科普教育基地，专业的活动讲解员和教练员，组织大家统一参观位于基地内部的党史国史教育馆、雷锋精神文化馆，观看防震减灾宣传教育纪录影片，学习地震等自然灾害发生后的紧急就地避险、人员疏散等技能。参与人员纷纷表示，此次沉浸式科普教育体验活动“干货”满满，进一步普及了防震减灾安全知识。通过此次科普体验活动举办，有效增强了全区防灾减灾工作人员预防自然灾害的意识，提高了应对灾害的能力水平，取得良好的宣传和教育效果。

应急救援

【概况】 2022年，玄武区应急管理局以深化应急管理体制改革、提升应急救援能力为目标，重点推进应急预案体系建设，加强应急救援队伍、救援协调、救援保障能力建设，深入开展形式多样的应急演练活动，全力提升全区应急管理水平。

【应急预案】 玄武区应急管理局全面推进全区应急预案修订备案管理工作，完善应急预案体系建设。严格贯彻落实国家和省、市关于应急管理的工作部署以及市应急管理局相关指示和具体要求，切实履行应急救援协调与预案管理的职责使命。以各级各专项预案为重点，全面推进全区应急预案管理工作，全区总体应急预案和24项专项应急预案均已完成修订发布工作，各街道也已完成基层应急预案体系建设。在企业应急预案建设方面，全面加强对企业应急预案和应急处置卡建设的检查督导，督促重点企业场所进行预案备案，共完成63家各类企业的应急预案备案。不断充实完善应急预案体系。2022年下发通知，要求《玄武区防汛防台应急预案》相关责任单位完成本部门防汛预案的编写工作，应急管理局已完成《玄武区应急管理局防汛防台应急预案》编撰工作，收集整理了其他防汛预案重点单位的部门预案并上报市应急管理局，确保各级各类应急预案的系统性、科学性、针对性和可操作性。

【应急演练】 为真正实现平时多流汗，战时少流血的目标，玄武区应急管理局常态化多领域牵头开展各类应急演练活动，以各级各专项预案为重点，以企业社区演练为抓手，充分利用现有资源条件，确定演练方式及规模，认真抓好重点行业（领域）、重点企业的应急预案演练工作，切实提高突发事件应急处置能力。充分利用“5·12”全国防灾减灾日等时间节点，紧紧围绕社区、学校、企业、组织进行避险、疏散、救援、互助、自救演练，全区基本形成了政府领导、部门指导、企业负责、社会力量广泛参与的应急演练工作格局。积极协调统战、环保、消防、卫健委、人防、教育、城管、街道、驻区企业等单位，在1912街区、新街口商贸圈、各中小学、各宗教寺庙场所等人员密集部位开展应急演练，并实地指导检查了国展中心、玄武环境集团、洪武北路小学等企业单位的综合演练活动。2022年，共举行防震、防汛、消防等各类计划内应急演练230余场次，直接参加人员7000余人次。

【小型场所单位应急处置公益培训】 为深入贯彻落实南京市2022年十大民生实事项目和2022年平安护民十项举措的要求，扎实推进小型场所单位应急处置公益培训工作，9月20日下午，玄武区应急管理局联合孝陵卫街道开展了一场小场所单位应急处置公益培训活动。来自南京市人防应急救援队的安全培训讲师分别进行理论培训、疏散逃生演练和现场实操三个部分的内容授课。在理论培训中，安全培训讲师就安全生产法律法规、企业主体责任及作业安全、安全事故处罚条例等内容进行了讲解，并结合小场所安全生产事故案例，通过列举大量实例和展示现场照片，分析当前安全形势、企业普遍存在的安全问题，深入剖析安全事故原因。在疏散逃生演练和现场实操环节，培训讲师全面细致地讲解了日常消防安全管理、疏散逃生基本常识、火灾应急处置、灭火器等消防器材的正确使用方法，并组织参训人员现场进行了烟道逃生演练和灭火器材使用练习。来自孝陵卫街道的100名小场所代表参加现场培训。此次活动还通过南京市应急管理局应急指挥无线传输设备进行网络直播，玄武区2000余家小场所负责人通过网络直播进行学习观摩。采用“直播”的宣传模式，将安全生产和应急疏散知识以大家喜闻乐见的方式呈现，让安全理念更加深入人心。通过此次公益培训和直播观摩，有效提高了小场所从业人员的安全意识、面对突发事件的现场处置能力和自救能力，为全区防范各类事故的发生奠定坚实基础。

【应急救护培训】 应急救护是健康玄武建设的重要内容，是增强全民防灾减灾整体水平的一项重要举措。为提高应急管理系统人员的自救互救意识，普及应急救护技能，7月7日，玄武区应急管理局举办了一期应急救护员培训班，全局30余名工作人员参加培训。培训采取理论授课、情景式教学、现场操作演示、一对一指导等形式，对应急救护培训班学员进行了心肺复苏术、海姆立克急救法、AED使用方法、常见急救知识等应急救护技能方面的授课，并进行了培训考核，确保每位学员规范掌握急救技能。通过培训，参训学员进一步认识到应急救护的重大意义，让更多的人去学习掌握应急救援知识和技能，并在面对突如其来的突发事件、意外伤害时，能利用科学有效的急救技能，开展适当、有效的救护，达到“减轻伤害、挽救生命”的目的。

【应急救援】 玄武区应急管理局有序推进应急救援队伍建设，稳步提高应急救援能力和水平。立足全区实际，扎实推进企业应急救援队伍建设。按照《生产安全事故应急条例》有关规定，明确牵头部门和责任部门，灵活采取指定兼职的应急救援人员、与邻近的应急救援队伍签订应急救援协议，联合建立应急救援队伍等方式落实相关工作，履职到位，切实做好有关行业领域小型微型企业等规模较小的生产经营单位应急救援人员（队伍）工作。坚持统筹规划，突出重点，加强协调联动，社会广泛参与，形成规模适度、管理规范的应急救援队伍。截至2022年12月，玄武区已有宏腾应急救援队、玄环公司应急救援队、玄武园林应急救援队、中铁建工应急救援队等应急救援队伍，遇有情况，可即刻指挥调动各类抢险救援机械设备超过50台，出动人员350人以上。积极与社会应急救援力量建立协作关系。目前暂无在玄武区注册的专业社会应急救援力量，针对这一薄弱环节，应急指挥科主动联系南京蓝天应急救援队和人防应急救援队，了解队伍人员现状、装备管理、救援出发点等情况，邀请队伍专业人员对玄武区演练和应急培训工作进行专业指导，并常态化联系沟通，保证遇有情况，能够得到社会应急救援力量的有效支援协作。（梁　媛）

消防管理

【概况】　2022年，区消防救援大队围绕“固本拓新年”总目标，坚持“稳字当头、稳中求进”总基调，突出“喜迎二十大、全力保安全”的主题主线，全力提升社会消防安全综合治理水平，有力维护了社会面火灾形势持续稳定。被省消防救援总队评为全省“基层建设先进大队”，2名队员荣立三等功，1名队员被表彰为全省消防安全专项整治先进个人，1名队员被评为“南京好市民”，1名队员家庭被评为南京市“最美家庭”，1名队员评为玄武区“十大青年先锋”，1名队员评为“玄武好青年”，18名队员受到市消防救援支队嘉奖。2022年，由于火灾录入系统变更、疫情逐渐缓解企业复工复产等因素，火灾起数同比2021年大幅度上升，全区共发生火灾344起，总上升率为24.19%。但自9月起，每月火灾起数同比2021年均呈下降趋势。2022年9—12月，全区共发生火灾65起，同比2021年的90起，下降27.78%。

【完善消防安全责任体系】　大队充分发挥好党委政府的“参谋”“助手”作用，强化顶层设计，发挥考核指挥棒作用，积极构建齐抓共管、群防群治工作格局，全力提升社会消防安全综合治理水平。起草《玄武区火灾防控和消防能力提升方案》，经区政府常务会研究下发，明确消防大队、公安派出所、街道的监督检查职责，细化落实年度消防工作任务清单内容；定期研判并通报全区火灾形势，及时将重点工作推进情况向区委、区政府主要领导、分管领导报告，制定针对性改进措施，强化跟踪问效；玄武区人大常委会首次将消防工作列入主任会议议题，经过4个月深入调查走访，综合研判，形成最终调研报告，为着力推动区政府破解消防安全工作的痛点、难点问题，依法推动区消防工作高质量发展奠定基础；玄武区委、区政府率先将消防安全单列为高质量发展考核指标，与区各项工作同部署、同检查、同总结、同评比。

7月30日，紫金山野道摔伤游客救援　（区消防大队　供图）

【火灾隐患排查整治】 大队持续聚焦大型商贸经营场所、小型经营性场所、高层建筑、电动自行车等重点领域及突出风险，分类施策、精准治理；结合辖区特点，推动整改市政府挂牌重大火灾隐患2家，服务指导融通集团部队移交项目99家，整治住宅小区楼道堵塞、飞线充电等566个、5364栋楼，排查自建房连片区19个、510栋房屋；开展小旅馆专项检查238家；积极牵头电动自行车“全链条”整治，约谈社会单位81次，清理电动自行车违规停放、充电3234处，抄告行业主管部门2次。同时，联合建设、文旅、教育、民政、卫健等部门，加强施工工地、文博单位、学校、养老院、医院等重点场所检查，对储能电站、密室逃脱、医养结合、室内冰雪活动等新能源新业态开展风险隐患的评估，明确部门监管责任。2022年，共检查单位1708家次，督促整改火灾隐患2720处，责令“三停”18家，临时查封7处，累计督促整改“三合一”场所346家，责令“三停”18家，临时查封7处，罚款146.51万元。巡查“九小”场所53166家次，督促整改火灾隐患90877处。

【基层基础建设】 序时推进消防救援站建设，鸡鸣寺站完成验收，市政府执勤点投入执勤。2022年召开全区二级重点单位会议2次，开展派出所业务理论培训3轮，推动7个街道消委办全部实体化运行。新增建设市政消火栓30个，电动车智能充电桩170套，推动“九小”场所和居民住宅安装独立式烟感报警器600个、喷淋100套，年度目标任务清单按时完成。

【消防宣传教育培训】 建设消防主题影院1家，与区教育局形成常态化联动机制，定期开展“开学第一课”、消防进军训等消防主题活动，与南京市第九中学、第十三中学、北京东路小学等10余所中小学建立挂钩联系制度，辖区消防监督员被聘任为学校消防安全副校长；组织网格员、志愿者开展消防安全“敲门行动”，强化对独居老人、留守儿童等弱势群体的宣传；利用重点单位、网格化微信群，社会单位LED显示屏等，不定期推送防火安全提示，积极营造“人人关注消防、人人支持消防、人人参与消防”的良好氛围。2022年，共张贴各类宣传海报27000余份，开展消防宣传500余场，培训人员达18万人次。

【救援能力建设】 紧密结合形势任务需求，认真开展人员密集场所、高层建筑、重点单位“六熟悉”、完成高层建筑和大型商业综合体实战效能测试工作，所属队站开展实战化演练200余次，完成数字化预案223份，联合相关行业部门开展各类灾害事故的处置演练6次，不断增强面对灾害事故的应急救援能力和联调联动能力。全年共接出警740起，其中，火警350起、抢险救援217起、社会救助120起、其他出动53起，共出动队伍970队次，出动车辆1985辆次，出动人员11112人次。

（薛玲玲）

（栏目编辑　张　弛）

教育

综述
学前教育
初等教育
中等教育
高等教育
社区教育

综　　述

【教育教学奖项】　2022年，全区教育系统在区委、区政府的正确领导下，教育教学质量、整体发展水平和综合竞争力继续保持省、市领先地位。获2021—2022学年度南京市普通高中教育发展性评估区级教学管理一等奖；玄武中等专业学校在2021年度南京市职业学校质量管理评估中获得特等奖；在教育部专题调研江苏《深化新时代教育评价改革总体方案》实施情况中，获江苏省前瞻性教改重大项目“建设基础教育高质量发展实验区”、江苏省特殊教育发展项目“融合教育示范区”、玄武区社区进修学院牵头的“江苏3D+”区域终身学习发展共同体被评为国家级示范“优秀共同体”。“双减”工作持续领先，玄武区被指定在全省“双减工作”推进会上作专题发言；相关经验做法被《人民教育》、市政府内刊《综合信息》刊发，被中央电视台《焦点访谈》《新闻直播间》报道；《通过智慧管理平台强化作业管理》入选教育部学校落实“双减”典型案例。区教育局获评江苏省2021年度学生资助绩效考核优秀等次（全市2个区）、获“南京市劳动教育实验区建设单位”“南京市教育事业统计先进单位”；1所学校获评“十四五省科学教育综合示范学校”，1所学校获评“江苏省融合教育示范学校”，1所学校获评“江苏省儿童青少年近视防控示范学校”，1所学校获评“江苏省中小学思政育人特色学校”，1所学校被确定为“江苏省首批优秀中等职业学校建设单位”；获评“南京市首批体育美育浸润课程基地（牵头校）”5所，“南京市劳动教育特色学校”6所。推荐“苏教名家”培养工程培养对象1人，新增南京市优秀教育工作者8人、第十届南京市学科教学带头人33人、第三届南京市德育优秀青年教师13人，新增正高级教师6人；1名教师被授予“全国优秀少先队辅导员”；获2022年江苏省教科研工作先进集体3个、先进个人7人；新增江苏省基础教育职业教育对外合作交流重点建设项目7项。1所学校创新实践案例入选《2021中国基础教育年度报告》，《中小学教育质量评价的区域新探索》被确立为江苏省教育评价改革试点项目，2所学校获评“中国长三角地区教育评价改革优秀案例”；立项江苏省教育科学“十四五”规划课题52项、江苏省中小学教学研究第十四期课题9项、第六批江苏省教育科学规划精品课题4项、南京市教育科学“十四五”规划课题72项、南京市中小学教学研究第十四期课题14项、南京市“双减”重点实验项目3项。获江苏省基础教育类教学成果奖6个，其中特等奖2个（南京共10个）、一等奖3个；立项第二批南京市基础教育优秀教学成果培育项目7项，其中3项为重点项目。参加江苏省20届运动会，玄武学子获53金33银14铜，奖牌数居全市之首；在全国中学生篮球联赛、江苏省中学生篮球锦标赛、江苏省22届中学生田径运动会获得团体第一名1个，第二名4个，第三名2个。8人获评“第十届江苏省少年科学院小院士”，1人获评“第十届江苏省少年科学院十佳小院士”；14人获评“南京市星光导师”“南京市星光学子”，获奖数在省市领先。

8月29日，玄武区挂牌江苏省前瞻项目实验区　　（区教育局　供图）

【党建工作】　落实《关于学习宣传贯彻中共二十大精神实施方案》，召开全区教育系统学习贯彻中共二十大精神宣讲和动员会；全年共开展理论中心组学习

12次，党史宣讲52场次，《习近平谈治国理政（第四卷）》学习59场（次），中共二十大精神集中学习110场（次）。实地督查8家基层党组织，梳理92家基层党支部工作情况，推动“标准+示范”建设；开展民办教育中共二十大精神专题宣讲11场，实施“组织引领、师德引航、育人引路、活动引力”四项工程，落实“红色领雁”与各支部“1+X”协作交流机制，深化“两新”组织专业化建设和发展。打造“一校一品”党建文化矩阵。5家党组织获评南京市中小学校党建文化品牌示范点，14家党组织在全市教育系统中获奖。坚持“党建引领+内涵发展+科研助力”路径，打造师生全员参与、全域覆盖育新人的玄武“四大课堂”书记项目，指导各基层党组织立项书记项目54项，召开4场书记项目专题研讨会。以市“十三五”规划党建课题交流研讨为契机，23项课题被立项为“十四五”市级党建课题，占比达到市级立项课题40%，位居全市第一。8月，组织中小学书记校长进行专题学习；暑期按要求和中小学校发展需要进行干部调整；10月，专题调研十三中、科利华中学等学校；12月，开展党组织领导的校长负责制专项研讨推进会。2022年，调整38所学校71名校级领导，5所中小学党组织配备专职副书记；6家党支部升格为党总支。

【教育品质提升】 9月，十三中红山新城校区与科利华中学铁北第二分校自起始年级招生；投入2.5亿元建设北小红山分校南校区；投入近1亿元实施宇花小学改建、南京理工大学实验小学扩建工程，计划2024年全面投入使用；中央路小学异地新建、十三中红山新城校区、玄武中专仙鹤门校区2023年全部投入使用；玄外附小红山新城校区自2022年不再招生，优化全区教育结构。出台《关于进一步明确义务教育学校教师和校长流动的指导意见》，完善集团校内部共享交流机制。持续推进基础教育与高等教育深入合作。立项南京市“双减”工作重点实验项目《区域推进幼小科学衔接工作创新的实践研究》，组织开展区域培训和专题研究活动42场。义务教育学校减负提质行动成效显著，“双减”第一阶段目标基本达成，全区“双减”社会满意度、支持度、认可度较高的良好氛围基本形成，为达成3年内成效显著的目标奠定坚实基础。2022年中高考成绩突出，区教育局获2021—2022学年度南京市普通高中教育发展性评估区级教学管理一等奖。特殊教育融合发展，出台区域《“十四五”特殊教育发展提升行动计划》，区教育局、长江路小学获“省融合教育示范区”“省融合教育示范校”建设项目，玄武融合教育样本在《中国教育报》《江苏教育报》头版头条报道。玄武中专在2021年度南京市职业学校质量管理评估中获特等奖（全市前三），被确定为全省首批优秀中等职业学校建设单位（全省30所），在全国、全省职业院校技能大赛中获“13金、4银、1铜”，省赛金奖数蝉联全市第一，被表彰为省职业院校技能大赛突出贡献奖。社区教育创成“国字号”品牌，玄武开放大学牵头的“江苏3D+”区域终身学习发展共同体被评为国家级示范“优秀共同体”，玄武区社区进修学院获全国“区域终身学习发展共同体项目”优秀学校。7所学校获江苏省第二批基础教育职业教育对外合作交流重点建设项目；新增7所学校与国外学校签订友好协议，建立国境外友好合作关系达100%。部署青少年体育“5621”计划，按照“市、区、校三级联动”模式，完善玄武区“3+2”青少年校园阳光体育竞赛机制，全年共组织花样跳绳、篮球、乒乓球、足球、田径5项区级赛事，学校参与率超过80%，花样跳绳和田径比赛参与率达100%，全区中小学生体质健康监测平均优秀率、优良率位居全市前列。全区各中小学学生艺术社团近400个，学生参与率达100%，九中合唱团和民族乐团2个社团入选首批江苏省高水平中学生艺术团。

【“双减”工作】 创新实施作业改革，突出“五全”：全景化系统设计，研制出台《玄武区义务教育阶段作业管理改革整体解决方案（试行）》和《玄武区关于加强中小学生作业管理的指导意见》。全学段科研引领，立项41个省、市级作业研究课题，全学段、全领域分阶多点研究作业设计。全学科项目驱动，组织18场省、市级作业改革研究活动、59场区级作业主题研训、2轮“玄武区单元作业设计大赛”，遴选617个优质作业设计案例。全流程数智监控，开发应用“玄武区作业管理数智平台”，多环节严控作业总量。全区每一所学校均建立作业公示制度，全面落实作业总量和时长要求，学生对“书面作业时长”满意率达96.31%，达超95%的学校有43所，较“双减”前增加24所。全方位考核评估，将作业管理考评纳入《玄武区中小学校现代化办学水平评估》指标体系，强化过程评估及结果运用。玄武区《通过智慧管理平台强化作业管理》入选教育部落实“双减”典型案例，2所学校案例入选省教育厅第二批“双减”工作典型案例；15所学校案例入选市“双减”简报典型案例；区教育局在省教育厅义务教育学生作业改革专题交流研讨会和全省“双减”工作一周年座谈研讨会上交流玄武经验；承办“落实双减目标，推进教育改革”江苏省义务教育教师专题培训，所有义务教育学校面向全省展示特色举措及成效。实行“三段式”课后服务工作方式。课后服务实现所有义务教育学校和有需求学生“5+2”全覆盖，开设各类社团1218个，教师100%参与课后服务，中小学生课后服务参与率达95%。落实课后服务经费保障。会同财政、人社等部门制定落实政策执行措施，累计拨付近2500万元用于各校开展课后服务工作。向全区学校免费开放微课4200节、优质习题1.3万份、教师课件5.2万份，其他授课素材1.6万份，满足学生更多元化个性化学习的需求。全区学科类校外培训机构压减率达93.33%。教育局机关增设校外教育培训监管科，建立由16个部门和7个街道组成的校外培训机构联合治理联席会议机制，建立由14个部门和7个街道组成的校外培训机构涉稳风险处置工作专班，基层家长学校覆盖率100%，组建由特聘专家、德育骨干、关工委“五老”、优秀家长、社区志愿者等组成的百人讲师团，开展学校管理者培训、线下线上专题活动等活动，引导家长掌握科学教育理念和方法。评选出首批区优秀基层家长学校9所、合格基层家长学校9所。

【师德师风建设】 出台《区委教育工委、区教育局党组意识形态工作责任制实施方案》，分析教育系统意识形态工作动向、风险点，做好“防范”与“化解”。系统内各基层党组织就2022年上半年意识形态工作向区委教育工委进行书面专题汇报，实事求是汇报意识形态工作情况和存在的问。制定《区教育系统意识形态领域风险点全面自查清单》，出台《关于进一步加强玄武区学校网络信息安全管理工作的通知》，落实网络安全责任制，强化网络安全建设。落实区委全面从严治党主体责任年度重点工作，完善“三重一大”事项决策机制，落实基层党组织书记工作“七必问”机制，开展领导班子和领导干部的日常和年度考核工作；在区纪委指导下，开展“廉洁校园行”相关主题活动，召开党风廉政建设、警示教育专题会4次，参会300余人次，共约谈学校党政主要领导50余人次。出台新版《玄武教育工作者师德承诺书》，修订《玄武教育工作者与学生交往八项行为准则》等制度，将《新时代教师职业行为十项准则》等系列法规文件和案例警示教育常态化纳入教师研修学习。完善《玄武区中小学校现代化办学水平评估操作方案》师德建设工作评价内容。开展“四有好教师”和“爱的故事”宣传教育、表彰引领，增强教师的职业获得感与幸福感。2022年受表彰市级师德先进群体1个，市级师德先进个人6名，市级师德先进工作者1名，第十二届斯霞式人民教师20名。

【校园安全】 全区教育系统抓实抓细校园疫情防控工作，确保师生员工生命健康安全。修订完善《区教育系统新型冠状病毒感染肺炎疫情防控工作方案》，强化教育系统疫情防控组织架构。全员培训提升防控能力，分批次组织局机关干部、责任督学、校长、分管校长、校医及保健老师开展多层级的“疫情防控全流程管理”培训、“场景式应急处置流程”培训，组织全区教职员工学习技术指导文件，全面了解熟悉、精准掌握各类问题处置操作要点流程，实现校园疫情防控“关口前移”“守牢防线”。制定《玄武区中小学（幼儿园）疫情防控工作督查方案》。将领导干部和行政执法人员法治教育纳入学习计划，主要领导带头上法治教育课，局领导班子集体学法。全年主动公开政务信息48件，内容涉及随迁子女入学、招生招考等热点问题，答复依申请公开4件。行政诉讼案件1件，区教育局一审、二审均胜诉。民事诉讼案件5件，据理力争，诉前自行调解一次性解决，依法维护了教育系统的合法权益。强化“12345”工单办理、和谐信访处置答复等工作的规范性和有效性，建立畅通对外密切协调沟通机制，全年共办理各类信访199件、“12345”工单6293件。办理21件人大建议和24件政协提案，获2022年度代表建议办理工作先进单位和2022年区政协提案承办先进单位。开展校园安全整治、中小学智慧安防建设、学校实验室危化品使用安全治理等专项行动。组织规范做好中小学、幼儿园开展消防安全、食品卫生安全、实习实训安全、燃气安全、校内建筑施工安全等日常安全工作，督促指导学校做好校园安全闭环管理。落实师生安全教育，在安全教育日、“5·12”防灾减灾日、寒暑假、开学等重要时段，开展形式多样的专题教育和应急演练，举办2022年防灾减灾应急演练、“安全生产月”等系列活动。全面完成新教师、骨干教师、区聘编外教师招聘等工作，全区新增教职工280人，满足学校发展对教师的基本需求。（潘菊芬）

5月21日，玄武区举行庆祝”六一“儿童节表彰大会　（区教育局　供图）

学前教育

【概况】 2022年，在玄武区教育局党组统一部署下，全区的学前教育把握国家、省、市教育工作最新政策要求，聚焦五育融合育人方式改革，紧扣内涵发展，统筹推进小学、特殊教育取得新突破；围绕发展新格局，统筹推进学校各项工作取得新成效；聚力关键环节，全面提升课后服务，做好校园疫情防控工作，扎实推进学前教育规范发展，圆满完成各项教育教学管理工作及年度目标任务。

截至2022年年底，全区幼儿园总数为55所。幼儿园占地面积236056.44平方米、园舍建筑面积168582.12平方米；幼儿园教职工总数2185人（其中专任教师1118人），其中，高级教师10人，一级教师292人，硕士研究生21人，本科生948人；在园班数450个、在园幼儿12136人，其中，2022年入园人数3458人、离园人数4402人。

【学前教育普惠】 贯彻落实《幼儿园保育教育质量评估指南》为“核心”，引领区域学前教育从“幼有所育”向“幼有优育”新阶段迈进。2022年全区新增4所市级优质园、2所省级优质园。采用“1+N”多园共建方式，构建区域幼儿园内涵发展项目建设五大共同体，探索玄武游戏精神、幼小衔接评价改革的园本化实施路径，创建“江苏省游戏化课程实验区”，全区幼小“双向奔赴”，着力解决有损幼儿身心健康的幼儿园“小学化”问题，缓解家长教育焦虑。

【教学成果】 申报南京市基础教育第二批培育项目，通过项目培育，促进学生全面发展，提升学校优秀教学成果学术水平和实践价值。由教育局牵头，教师发展中心具体组织实施，遴选7所学校（幼儿园），全过程重点指导，不完善申报材料。最终全区7所学校（幼儿园）申报成功，数量位居全市第一。

【儿童近视防控】 区教育局与区卫健委协作，联合印发《玄武区儿童青少年近视防控及视力康复工作方案》，成立玄武区儿童青少年近视防控中心，安排专业医务人员进入学校，免费开展视力检查、评估、复查和宣教等，免费建立视觉发育档案，及时反馈跟踪形成防控闭环，共同做好区中小学生幼儿园近视筛查、康复等工作，保障儿童青少年视力健康。2所学校（幼儿园）获评“南京市儿童青少年近视防控示范学校（幼儿园）”。

【依法招生】 制定《玄武区2022年幼儿园招生工作实施办法》，召开全区幼儿园招生工作布置会，落实招生工作要求。审核各园招生工作方案，加强对各园招生工作的过程性管理和指导。接待办理家长关于入园政策的咨询和投诉，为本区户籍有入园困难的适龄幼儿统筹安排入园。

【锁金幼儿园在体操比赛中获佳绩】 1月18日在江苏省体操协会上，南京市锁金幼儿园大班的2个早操：球操和旗操均获得金奖，幼儿园获优秀组织奖。

初等教育

【概况】 2022年年初，按照区教育局党组统一部署，把握国家、省、市教育工作最新政策要求，聚焦五育融合育人方式改革，紧扣内涵发展，统筹推进小学、特殊教育取得新突破；围绕发展新格局，统筹推进学校各项工作取得新成效；聚力关键环节，全面提升课后服务。

截至2022年年底，全区小学总数为26所（含1所民办玄武外国语学校附属小学）。占地面积353718.79平方米，校舍建筑面积279590.56平方米；教职工总数1995人（其中专任教师1951人），其中，正高级教师7人、高级教师职称106人、一级教师职称1094人；硕士研究生174人，本科1754人，在校班级数752个，毕业学生数3877人，招生数5524，在校学生数29398人。

【课程改革】 以课程基地建设和学校文化项目为重要抓手，深化课程与教学改革，变革教与学的方式，推进素质教育的实施。会同玄武区教师发展中心，对海英小学、立贤小学、逸仙小学的特色文化建设情况进行专题调研。2022年海英小学获批省特色文化建设项目；逸仙小学获批市特色文化建设项目。申报南京市基础教育第二批培育项目，通过项目培育，提高教师教育教学水平和学校办学质量。由教育局牵头，玄武区教师发展中心具体组织实施，完善申报材料。玄武特殊教育学校、南京师范大学附属小学的项目为重点项目。在南京市中小学班主任基本功竞赛中，南京市北京东路小学阳光分校的阚云老师，南京市立贤小学的孙晓璐老师分别获得小学组一等奖、南京市长江路小学的连盟老师获得小学组二等奖；南京市逸仙小学被南京市教育局评为第二批思政育人特色学校。玄武区少年宫和中国北极阁气象博物馆获批为第四批南京市中小学生研学实践教育基地称号。南京理工大学实验小学的“童眼探卫星——我们的‘田园一号’”获得2022年南京市中小学生优秀研学实践教育课程一等奖；南京师范大学附属小学的“劳动+课程之天赐‘神虫’”和南京农业大学实验小学的“紫金山下的种植园”获得二等奖；南京市北京东路小学阳光分校的“DIM安全课程之交通安全”获三等奖。

【融合教育】 聚焦科学评估、课程、师资、教研等关键领域，融合教育从全面普及逐渐迈入改革“深水区”。开展省、市、区特殊教育（融合教育）微课、案例、论文评比及课题申报工作，参与江苏省首届“特殊教育优质融合发展典型案例”“特殊教育（融合教育）立德树人成功育人案例”评选，13篇案例获奖。本年度长江路小学成功申报江苏省融合教育示范校项目，洪武北路小学、月苑第一小学、孝陵卫初级中学、同仁小学被评为“2022年江苏省融合教育示范校培育对象”。玄武区在全市率先成功申报江苏省融合教育示范区项目，融合教育发展的区域样本在《中国教育报》《江苏教育报》头版头条报导。

【疫情防控】 结合校园师生活动场景，聚焦重点“人、物、环境共防”的8个关键环节，落实校园防控“全流程闭环管理”。在认真排查、严密监测、精准管控的基础上，强化与区卫健委、疾控中心的无缝联动机制，对校园内发生的突发异常情况，第一时间及时发现、研判并处置，做到“一校一案”，科学精准。正确把握政策，及时调整中小学幼儿园防控措施，分阶段、按要求组织校长、分管校长、校医及保健老师分层培训，将疫情防控工作抓对、抓实、抓细、抓好，常态化开展校园疫情防控督查，组织返校复学验收评估，全面落实全区中小幼新冠病毒疫苗接种，开展常态化核酸检测及志愿者培训工作。

【艺术课程改革】 高效率配置“课程校本”：元素互生、个性定制。鼓励各校根据学生需求、教师专业特长、学校发展方向等确定学校艺术特色元素，初步建立“艺术课程校本化”的概念。整合“区域联盟”：特质交融、创新重构。在各校艺术特色明确的基础上，进行有区域特色的艺术联盟构建。改变曾有的以距离为主相对机械的联盟建构方式，由市级及以上艺术中心学校作为盟主，帮助各校围绕各自艺术特色进行联盟整合。供给“两横三纵”：内联外合、共享共赢。即形成区域艺术联盟、各艺术联盟校之间的“两横”管理体系；从跨区域联通、跨学科融通、跨学段贯通构建“三纵”联盟网络。通过创新课程改革，打破区域隔阂、学科壁垒，学段局限，完善扩大教育供给。尤其在“双减”背景下，保障优质资源供给的内生、持续发展。

【课后服务质量】 融合课后服务区内资源。加强与文旅、科技等多部门协同合作，统筹协调辖区内40个素质教育实践基地，及60个文博、体育、科技场馆空间，探索共建“课后服务15分钟教育圈”，区域课后服务经验被央视专题报道、省教育厅推广、市政府《综合信息》刊发。调整课时补助标准。调研课后服务课时补助标准执行情况，科学论证标准调整的必要性、可行性；会同财政、人社等部门优化安排，联合发文出台《玄武区中小学课后服务补助发放暂行办法》，将课时量计算标准进行调整。保障广大教师的切身利益，调动其在课后服务工作中的积极性，提升课后服务质量。

【依法办学】 强化区域顶层设计，制定区域《“十四五”特殊教育发展提升行动计划》，推进“省融合教育示范区”项目建设及省市融合教育示范校创建，形成“普校融合为主—特校孵化骨干—医教携手共育—科研创生智慧”的服务管理格局。出台《玄武区关于全面加强和改进新时代学校体育工作的实施方案》《玄武区关于全面加强和改进新时代学校美育工作的实施方案》，总体谋划玄武学校体育、美育发展路径和创新模式。制定《玄武区2022年学校体育工作要点》《玄武区2022年学校美育工作要点》，落实落细实施方案。出台《2022年玄武区小学招生工作实施办法》，加强政策宣传，严格过程监管，完成全区小学招生工作。2022年，全区5所公办小学、1所民办小学提供229个电脑派位招生计划，共招收适龄儿童5533人，其中随迁子女491人。

【“*2022*南京文旅进校园”在南京理工大学实验小学举办】 1月21日，“2022南京文旅进校园”系列活动——南京民族乐团走进南京理工大学实验小学公益演出在南京理工大学实验小学音乐厅登台亮相。南京市、玄武区文旅局将以此为起点走进学校，为学校提供丰富的课后服务艺术课程。活动由南京市文化和旅游局主办，由南京市演艺集团、玄武区文化和旅游局、牛咔视频、南京理工大学实验小学共同承办。南京市文旅局处长刘伟、市演艺集团总经理李晓龙、市演艺集团主任王立羽、玄武区文旅局副局长张皞、南京理工大学实验小学校长李子贵、书记吕绍能、副校长蔡琳和南京市

2022江苏省幼小衔接实验区授牌仪式 （区教育局 供图）

文化和旅游局的专家们和孩子们共同观看演出。

【东部区域幼小衔接共同体签约仪式】 3月15日上午，幼小衔接东部区域共同体共建签约仪式在南京理工大学实验小学举行。出席签约仪式的领导有南京长江路小学附属银城幼儿园园长巫蓉、南京市逸仙实验幼儿园园长陈晓娟、南京理工大学幼儿园园长王似玉、南京理工大学实验小学校长李子贵及各单位教学分管领导和教师代表。签约仪式由南京理工大学实验小学副校长蔡琳主持。签订《东部片区幼小衔接共建协议书》，表示将共同携手、亲密协作，促进幼小衔接工作合作共赢。

【区见义勇为表彰会在玄武外国语学校附属小学召开】 2月28日下午，玄武区见义勇为专项表彰会在玄武外国语学校附属小学召开。玄武区“见义勇为”基金会理事长李永革、玄武区公安分局政治处副主任钱晶、玄武区玄武门派出所教导员王大鹏、玄武外国语学校附属小学党支部书记张福升出席会议，为见义勇为先进个人颁奖。李永革在致辞中高度赞扬先进个人见义勇为的精神，表彰其为平安社会贡献的力量，号召大家向英雄人物学习，投入见义勇为的事业。

【省人大常委会领导到玄武外国语学校附属小学调研】 5月19日，江苏省人大常委会副主任许仲梓率调研组在南京玄武外国语学校附属小学调研“双减”工作，江苏省教育厅副厅长顾月华、南京市教育局局长孙百军、南京市教育局副局长戴兴海、玄武区区委书记闵一峰、教育局局长陈发山陪同调研。

【北京东路小学入选“南京文学校园联盟”第一批学校】 5月25日，“鸡笼山下文学课”暨文学校园联盟启动会议在南京世界文学客厅举行。会议由南京市教育局、南京市文学之都促进会和亲近母语研究院联合主办。南京市文学之都促进会理事长、秘书长，南京市教育局相关领导，“文学课”项目联盟入选学校校长、分管领导代表，以及亲近母语研究院相关人员等共50余人参加会议。主办方宣读“南京文学校园联盟”第一批学校名单并授牌。南京市北京东路小学入选。

【成贤街小学篮球队在南京市少年儿童篮球比赛夺冠】 5月29日，由南京市体育局和南京市教育局主办的南京市少年儿童篮球比赛落下帷幕，成贤街小学篮球队蝉联冠军。

【东部战区空军青少年航空体验馆暨南京市小营小学校史馆开馆】 10月26日上午，南京市小营小学举行东部战区空军青少年航空体验馆暨南京市小营小学校史馆开馆仪式。东部战区空军政治工作部主任刘泉副和玄武区教育局局长陈发山一同为“东部战区空军青少年航空体验馆”和“南京市小营小学校史馆”揭牌。嘉宾们参观了南京市小营小学校史馆和东部战区空军青少年航空体验馆。

【小营小学举办建校70周年主题活动】 11月11日，是中国人民解放军第73个空军建军节，前身是华东军区空军干部子弟小学的小营小学也迎来建校70周年主题庆祝活动。作为一所和部队血脉相连的小学，在这重要的日子里双节同庆，庆祝活动线上线下同步进行，十万校友及家长通过线上观看直播。

【江苏省特殊教育教研工作会议在南京市玄武区特殊教育学校举行】 11月11日，江苏省特殊教育教研工作会议在南京召开，会议采用线上线下相结合的方式举办，线下主会场设在南京市玄武区特殊教育学校，全省各地的与会代表以线上方式参加会议。会议由江苏省中小学教学研究室和江苏省特殊教育指导中心主办，由南京市教育局、南京市教学研究室、南京市玄武区教育局和南京市玄武区特殊教育学校承办。参加会议的有江苏省特殊教育指导中心副主任殷雅竹、江苏省教育厅基教处四级调研员陈金鑫、江苏省中小学教学研究室主任董洪亮、江苏省中小学教学研究室特教教研员毛曙阳、江苏省特殊教育指导中心研究员陈金友、南京市教育局初教处处长王磊、南京市教学研究室主任严必友、南京市教学研究室特教教研员宋修玲、南京市玄武区教育局副局长林虹、南京市玄武区教师发展中心副校长张红、南京市玄武区教师发展中心特教教研员黄双雷、南京市玄武区特殊教育学校校长朱丽玲等领导和专家，会议由毛曙阳主持。陈金鑫作讲话。

【南京师范大学附属小学举行建校周年活动】 11月12日上午，玄武区举行南京师范大学附属小学建校120周年主题活动。江苏省教育厅基教处处长顾春明，市委教育工委书记张生，市委副秘书长、市信访局局长滕涛，市教育局副局长戴兴海，南京大学海教体党委书记冯维波，东南大学副校长孙立涛，南京师范大学副校长张连红，江苏第二师范学院副校长徐国华，南京晓庄学院党委书记张策华，南京外国语学校校长邹正，金陵中学校长孙夕礼，南京师范大学附属中学副校长孙小红，区委书记闵一峰，区委副书记、区长钱维，区领导施扬、余莉萍、杨冬梅出席，长期关心支持南师大附小的社会各界代表、高校代表、海内外校友和在校师生代表参加。闵一峰代表玄武区向南师附小建校120周年表示热烈祝贺。南京师范大学附属小学校长周卫东以《坚守“爱的教育”创建未来学校》为主题致答谢词。

中等教育

【概况】 2022年，全区以习近平新时代中国特色社会主义思想为指导，坚持稳中求进工作总基调，深入贯彻新发展理念，坚定信心，克难奋进，向高质量建设“强富美高”新玄武迈出坚实步伐。10月16日中共二十大在北京召开，区教育系统学习领会报告精神，全面贯彻党的教育方针，落实立德树人根本任务。在疫情常态防控形势下，推进“十四五”规划落实，确定玄武中学教育、职业教育及德育工作总基调，推进“双减”工作落地落实。

截至2022年年底，玄武区有12所初级中学，九年一贯制学校1所，4所普通高中(独立高中3所、完全中学1所)，特殊教育学校1所。初级中学占地面积261085.57平方米，校舍建筑面积215866.27平方米；九年一贯制学校占地面积15840平方米，校舍建筑面积16278平方米；完全中学占地面积27105平方米，校舍建筑面积34993.9平方米；高级中学占地面积117319.22平方米，校舍建筑面积90034.8平方米；特殊教育占地面积4289平方米，校舍建筑面积5377平方米。初级中学教职工总数1130人，专任教师1079人；九年一贯制学校教职工总数82人，专任教师79人；完全中学教职工总数169人，专任教师156人；高级中学教职工总数594人，专任教师576人；特殊教育学校教职工总数26人，专任教师25人。其中，初中专任教师中博士研究生学历1人，硕士研究生学历238人、本科学历912人；有正高级教师2人、高级教师职称263人、一级教师526

人;高中专任教师中博士研究生1人,硕士研究生学历256人、本科学历439人,有正高级教师职称7人、高级教师职称265人、一级教师260人。初级中学班级数341个、高中班级数160个。特殊教育学校班级数9个。初级中学毕业学生数4077人、招生数4776人、在校生数13626人;高中毕业学生数2302人、招生数2584人、在校生数7286人;特殊教育学校毕业生数25人、招生数15人、在校生数86人。

【德育工作】 2022年,南京市第十三中学在第四批江苏省中小学生品格提升工程结项论证中被评为省优秀项目学校。南京市第十三中学、南京市玄武高级中学梅园校区被南京市教育局评为第二批思政育人特色学校。全区各中小学校均被评为区级文明校园。优秀资深的12名班主任老师获2021年南京市优秀班主任荣誉称号。全区各校通过区级文明校园,15所区级文明校园积极争创市级文明校园荣誉。成立区级督查专班,常态化实施“四不两直”督查,以校长为样本点“点位长”的四级责任人机制,对各点位严格按照创建2022年3月新版本标准和精细化管理的指标进行校内检查,以市、区创建领导小组的工作要求,对标找差,严抠细磨,逐条过关。参加2022年南京市中小学班主任高级研修班,对6名区级优秀班主任进行开班培训。完成2021年第四批品格提升工程项目结项调研工作。做好第四批南京市中小学生研学实践教育基地申报认定工作。号召全区班主任学习《中华人民共和国未成年人保护法》,区教育局与区公检法司等部门对接,制定出全区44所中小学校新学年的法治教育菜单,形成“四条路径、八个一”活动方案,由公检法司等部门根据菜单和方案,组织专业力量,编写未成年人法治教育大纲,通过全区131名法治副校长深入课堂予以讲授。采取“线上+线下”“菜单+定制”相结合的形式,开展以在校学生为核心、涵盖家长老师、辐射广大群众的分层式普法,将青少年法治教育在校园和社会课堂双向延伸。组织江苏好少年代表参加江苏省暨南京市青少年代表凭吊革命先烈活动。深化青少年毒品预防教育工作。与区禁毒办联合做好“毒品预防教育示范学校”相关工作,参加市禁毒师资培训班,组织全区相关学段中小学生参加全国禁毒知识竞赛。

【心理健康教育】 2022年,玄武区招聘专职心理教师8人(4所初中、4所小学,其中骨干心理专职教师1名),共有25名专职心理教师。3月,开展中级心理辅导师专项培训,共12次系列培训,面向全区96名中小学和幼儿园参培教师;联合南京师范大学、南京邮电大学、陶老师工作站专业力量共举办3项心理教师专项培训;开展玄武分站心理辅导志愿者业务系列培训。4月19日至5月17日,对全区中小学分片进行7场进校园服务和督导;陶老师工作站玄武分站热线咨询与面询服务657人次,每周开展面向重点人群心理辅导60人次;成立区域危机干预小组,服务全区中小学及家庭。组织生命教育和挫折教育系列活动,成立玄武区中小学心理健康教育指导中心危机干预工作领导小组,同步建立学校危机事件调查研究机制。成立危机事件调查研究小组,开展复盘研究工作。多方面多维度多层次守好学生的心理安全防线。

【常规管理】 规范中小学办学行为,开展督查检查,严禁义务教育学校考试入学、超纲超前教学及考试排名,切实从源头上减轻中小学生过重课业负担;落实“双减”“五项管理”,推动学校做好课后服务工作。做好初、高中毕业生资格审核及上报、验印工作,共计6697人,其中,初中毕业生4369人,高中毕业生2328人。遵照市教育局初中招生工作指导意见,做好2022年初中适龄入学人口情况摸底。4月1—8日,对全区在籍在读小学应届毕业生进行户籍审核。5月26日召开全区小学校长、分管领导、主任义务教育中招生工作布置会。5月27日,公办小学发布入学公告,民办小学发布招生简章,明确招生入学登记相关事项。5月28—29日,跨区就读的本区户籍小学毕业生在区教师发展中心报名登记。6月4—5日,全区26所公办小学按施教范围对全区户籍新生进行报名登记。6月8

日，结合各学校报名生源情况，公布《2022年玄武区初中电脑派位工作实施办法》；6月11—12日，组织本区户籍小学应届毕业生填报电脑派位志愿。6月25日，区内公办、民办初中同步进行电脑派位，持续推动公民同招工作实施，做好咨询、来访接待工作，2022年玄武区“小升初”共招生4447人，整体招生工作平稳有序。加大“家长学校”建设力度，开展线下专题活动114次，线上专题活动174次，引导家长掌握科学的教育理念和方法，评选出首批区优秀基层“家长学校”9所，验收合格基层“家长学校”9所。

【教学工作】 2022年，开展“新三学”课堂教学研究与实践活动，深化课堂教学研究；深入构建“三段一体”教育质量管理体系，确保中高考质量。做好分批次开学各项评估、验收、检查工作。要求学校根据疫情防控做好线上线下教学随机切换的准备。召开初、高中教学工作会议，推动毕业班教学工作。关注高三年级学生思想动态和学习、生活状态，指导学校做好辅导工作。2022年，玄武区连续获得南京市高中发展性评估区域教学管理奖一等奖。南京市第九中学、南京市第十三中学获得全部8个重要奖项，南京人民中学、玄武高级中学7个重要奖项。在10月13—14日举行的南京市普通高中教学工作上，玄武区教育局局长陈发山作《育人为本：高中教育质量建设的玄武实践》的发言，受到与会领导和学校的高度评价。

【职业教育】 全面贯彻落实全国职业教育大会精神，深入学习《中华人民共和国职业教育法》，推进职业教育与普通教育成为具有同等重要地位的教育类型，促进就业创业的重要途径。深化产教融合、校企合作，深入推进育人方式、办学模式、管理体制、保障机制改革，创建成江苏省现代化示范性职业学校、江苏省职业学校智慧校园、休闲服务专业学院、3～4个市职业教育校企合作、产教深度融合的实训平台。推动职普融通，增强职业教育适应性，培养更多高素质技术技能人才、能工巧匠、大国工匠。在2022年江苏省职业院校技能大赛中，玄武中等专业学校师生参加比赛，取得“12金4银1铜”的成绩，金牌数位居南京市第一。推进仙鹤门新校区建设，为职业教育“十四五”创新跨越发展奠定物质基础。做好玄武区2022年职业教育活动周启动仪式暨玄武中专校第14届技能节开幕式工作，推动职业教育创新创优发展，促进产教融合。制定职业教育招生计划，完成2022年职业教育招生工作。玄武中等专业学校获得2021年度南京市职业学校质量管理评估“特等奖”。

【劳动教育】 玄武区被评定为南京市劳动教育实验区建设单位；南京理工大学实验小学、南京师范大学附属小学、南京师范大学附属小学仙鹤门分校、南京市紫金山小学、南京市红山初级中学、南京市第九中学六所学校被评为南京市劳动教育特色学校建设单位。组建劳动教育工作队伍，确定各学校分管领导、分管中层、教研组长、专兼职教师具体人员，形成工作机制。注重劳动教育安全。在各校开展劳动教育的过程中，注重活动的丰富性和体验感，活动的安全性。对可能有伤害性的劳动器具均进行特殊处理，保障学生在劳动中能放心参与，全心收获。

【体育教育】 实施主题化校园阳光体育锻炼活动，丰富多彩的校园体育活动为学生身心健康发展保驾护航。创建“南京市体育浸润课程基地”，完善玄武区“3+2”青少年校园阳光体育竞赛机制，铺设“校内竞赛—校际联赛—区域选拔性竞赛”的学校体育竞赛阶梯，全年共组织花样跳绳、校园篮球、乒乓球、足球、田径比赛共5项区级赛事，承办篮球、田径、高尔夫3项市级体育赛事。实现校园体育活动全员化、常态化、品牌化发展，推进学生体育素养的培养。玄武学子为南京市在20届省运会上取得金牌数全省第一，并获人才输送奖第一名、突出贡献一等奖、学校体育工作一等奖做出突出贡献，南京市体育局、教育局联合发文表彰49所突出贡献学校中有11所是玄武的学校，表彰的132名先进个人中有26人是玄武中小学的教师。全年组织82支队伍参加市级各项阳光体育联赛，获得道德风尚奖28次，团体一等奖35次、团体二等奖28次，其中，团体总分第一(冠军)8个，团体总分第二5个。

【创建创新】 2022年，以实质性的举措加强集团内中小学校际联合、人民中学与金陵中学联合及中小学与高校的联合办学；推动学校创新创优，内涵发展，省、市创建项目成绩斐然。加强省示范课程基地建设，优化校园文化、构建课程体系、开设个性化课程、开展特色活动；推进4所高中校市课程基地建设。初中教育阶段，着重做好吸引优质生源工作，提升教学质量，扩大学校办学影响力。推荐玄武外国语学校申报“南京市教育现代化初中”项目建设培育学校，推荐第十三中学锁金分校参加“南京市教育现代化初中”建设学校评选。参加南京市中学精品校本课程评比，取得优异成绩，获奖总数在全市名列前茅。参加江苏省、南京市基础教育精品课评比，中学2人获省一等奖，多人获市级一、二、三等奖。组织高中学校参评南京市普通高中实验室资源建设项目，玄武高级中学获项目建设资格。12月，经过区教育局推荐，南京市第十三中学被推荐为江苏省高品质示范高中创建立项候选学校。与区教科所一同组织2022年省、市基础教育前瞻性项目和南京市初中内涵建设项目推荐评审工作。南京市第九中学“科学与工程实践课程基地”，玄武高级中学“排忧解难”：普通高中体育与心理融合课程基地，南京市第十三中学锁金分校“智跑未来”无线电运动课程基地，南京市红山中学初中历史“情感浸润”课程基地建设，南京市第九初级中学“语文丰厚生命，活力滋养精神”被确定为南京市中学课程基地项目。

【第九初级中学仿生机器人社团获苏台赛一等奖】 3月23日，在第七届苏台青少年科技创新创意活动仿生机器人比赛中，南京市第九初级中学二队获得一等奖，一队和三队获得二等奖。还将参加接下来的南京市赛和江苏省赛，2位老师和队员们仍在研究改进，努力练习，并且给其他更多的队员们参赛机会，争取在接下来的比赛中再创佳绩。

【十三中红山分校学生获多项科技竞赛荣誉】 3月10日，第33届江苏省中小学金钥匙科技竞赛中，南京市第十三中红山分校组织初赛选拔，红山科技少年代表学校发挥优异，初二2班何昊龙、初三3班杨诚岳获得省特等奖，初三3班马圣訸、初三4班陆映钱获得省二等奖，教师吴芸芸被评为优秀青少年科技教育辅导员，学校连续第5年在金钥匙科技竞赛中获得佳绩。在“智慧南京—我的科技梦”——第十三届社区科技‘四个一’作品活动中，初二10班杨睿灵获得科技发明小制作一等奖，初二2班胡羽佳、初二6班戈馨湴瑶、初二9班周珺頔、初二14班吴婷婷、初二14班王子涵、初二15班邵子阳获科技小发明入选奖。

【人民中学举行“苏华名师工作室”揭牌仪式】 3月1日上午，“苏华名师工作室”揭牌仪式在金陵中学集团人民中学举行。金陵中学集团人民中学执行校长吴国锋、校务委员王昕、名师工作室负责人苏华及工作室成员出席揭牌仪式。揭牌仪式由校德育处主任王鹏主持。吴国锋致欢迎词。吴国锋、苏华给名师工作室成员颁发证书，并在与会人员的共同见证下，揭牌并合影留念。

【南京市人大领导到科利华中学指导疫情防控工作】 4月2日下午，南京市人大常委会主任龙翔一行到科利华中学检查指导疫情防控工作。龙翔听取了校长高建君就初三返校复学、防疫措施、物资储备、环境消杀、教育教学等方面的汇报，实地查看了学生进校测温通道、校园常态核酸检测点、教室、临时隔离区等疫情防控重点场所，并走进办公室与初三教师亲切交谈。南京市委常委、宣传部部长陈勇，市教育局局长孙百军，区委书记闵一峰，区教育局局长陈发山等参与视察。

【金陵中学名师工作室落户金陵中学集团人民中学】 南京市人民中学纳入金陵中学集团，两校在教学研究、育人模式、活动课程等方面实行一体化管理。4月28日，两校合作再添新举措，金陵中学名师工作室落户金陵中学集团人民中学，多位名师“组团”挂牌工作室，探索合作办学新模式。挂牌仪式由金陵中学集团人民中学副书记马莉主持，执行校长吴国锋介绍专家团队：数学特级教师张松年、语文特级教师朱德勇、物理特级教师徐锐、化学特级教师陈廷俊及苏华老师共同组成“最强天团”，为学生成长答疑解惑，为教师成长把脉护航。

【孝陵卫初级中学创建“南京市科普教育示范基地”】 5月22日下午，在南京市规划展览馆举行的2022年全国科技活动周、全国科技工作者日暨省、市第34届科普宣传周开幕式上，南京市孝陵卫初级中学被授予“南京市科普教育示范基地”，副校长王成作为学校代表上台领取示范基地铜牌。

【玄武区学生在全国中小学信息技术创新与实践大赛中获优异成绩】 8月11日，在全国中小学信息技术创新与实践大赛（简称NOC大赛）中，玄武区有40名学生取得优异成绩。南京市第九中学曹思越、南京市科利华中学张广宁、荆瑞、吉泊丁、徐梓轩、刘雅文、王旌名，南京市立贤小学严浩然获一等奖，南京市第十三中学陈科羽、潘天睿、孙颢瑄、陈飞宇、杨缘苹、王妙言、朱宸、陈泓霖、陈柯均、曹辰硕，南京市第九中学贾琬婷、徐晔源、钟心毅、樊泽萱、郭子畅、彭锦诺，南京市第九初级中学荆君艺，南京理工大学附属中学曹新瑞，南京市中央路小学徐印圻、黄月霖、任琬嫜、周心怡，南京师范大学附属小学仙鹤门分校薛淳瑞、牛锦瑜，南京市月苑第一小学罗季晨，南京市北京东路小学侯景瑞、盛泓茹获三等奖。编程赛道中，南京师范大学附属小学方泓霖、南京玄武外国语附属小学钱震、南京北京东路小学吴一然获二等奖，南京北京东路小学杨承澍、南京市小营小学顾天乐获三等奖。

【玄武区中学生参加省第二十二届中学生田径运动会获佳绩】 8月11—13日，江苏省第二十二届中学生田径运动会（苏南）常州市第五中学拉开帷幕。比赛由江苏省学生体育协会主办，江苏省学生体育协会中小学工作委员会、常州市第五中学承办，共有52支参赛队伍，402名运动员参加比赛。玄武区由第十三中学、科利华中学、玄武外国语学校3所学校组成代表队参加此次比赛，在100米、200米、400米、跳远、跳高等17个项目间展开角逐，展现更高、更快、更强、更团结的体育精神，并取得优异成绩。其中，南京市第十三中学获高中男子团体总分第二名、高中女子团体总分第二名和“精神文明运动队”荣誉称号，科利华中学获初中组女子团体总分第四名和“精神文明运动队”荣誉称号，初中女子组团体总分第六名的优异成绩以及“精神文明运动队”荣誉称号。玄武代表队的其他运动员们也表现非常优异，第十三中学王雨欣获高中女子100米和200米冠军，吕承蕊获高中女子跳高冠军，卞书晗获高中男子1500米冠军，陈至晟、卞书晗、唐政、李俊杰获高中男子4×400米接力冠军）；科利华中学沈清颜获初中女子组铅球第一名。

【南京市普通高中教学工作培训会召开】 10月14日，南京市召开以“全面发展提质量　立德树人谱新章”为主题的南京市普通高中教学工作培训会，会上公布2021—2022学年度普通高中教育发展性评估结果。玄武区获2021—2022学年度南京市普通高中教育发展性评估区级教学管理一等奖。从2014年南京市开展普通高中教育发展性评估以来，玄武区已连续9年获得区级教学管理一等奖，是南京市唯一获得大满贯的区。2014年南京市区划调整前，玄武区高考成绩已连续11年位居南京市原六城区第一。

【南京市理工大学附中与新加坡公教中学举行文化社团线上交流】 11月9日上午，南京市理工大学附中与新加坡公教中学举办“心连新”共享多样文化社团线上交流活动。两校师生于云端相聚，通过讲座、课堂、讨论等形式，就水资源的利用和保护展开远程探讨。（潘菊芬）

高等教育

·东南大学·

【概况】 2022年,学校有35个院系、87个本科专业,有37个博士学位一级学科授权点,49个硕士学位一级学科授权点。有全日制在校生36628人,其中,本科生16521人,研究生20107人;在校留学生2115人,学历留学生1562人。学校共有3个国家重点实验室,1个国家工程研究中心,3个国家地方联合工程研究中心,2个国家工程技术研究中心,1个教育部国际合作联合实验室,1个国家专业实验室,11个教育部重点实验室,6个教育部工程研究中心。33个博士后科研流动站,3个国家级文科平台、2个江苏省重点高端智库。专任教师3211人,有"两院"院士16人,欧洲科学院院士3人,国务院学位委员会第八届学科评议组成员13人。

2022年获批"海洋信息工程""智慧交通""密码科学与技术"3个新专业。新增国家级一流本科专业建设点18个(并列全省第一)。入选教育部计算机领域本科教育教学改革试点高校、全国英才计划高校学科培养基地。化学、力学、数学3个拔尖学生培养基地入选省级基础学科拔尖学生培养计划2.0基地(并列全省第一)。6509人次获122个类别的学科竞赛奖,其中国际与国家级特等/一等奖1541人次。入选首批"国家级创新创业教育实践基地"。入选首批国家高等教育智慧教育平台试点高校,133门MOOC课程首批上线国家智慧教育平台。牵头获首批国家级虚拟教研室建设点10个,并列全国第三、全省第一。入选江苏省教学名师2人,宝钢优秀教师特等奖提名1人、优秀教师奖3人。入选并启动建设全国首批国家卓越工程师学院。首批进入国家工程硕博士培养改革试点。获江苏省优博学位论文18篇、优硕学位论文26篇,创历史新高,首次排名全省第一。获批千万级以上项目21项。共获批国家自然科学基金项目398项,首次获批国家自然基金委科学中心项目,新增杰青项目7项、重大重点项目17项。承担国重研发计划项目12项、课题56项,立项总经费4.2亿元。获批江苏省科技厅各类科技计划项目143项,居全省高校第一。国家社科基金中华外译专项5项,立项数位列全国第七。牵头获教育部高等学校科学研究优秀成果奖(科学技术)一等奖10项、青年奖1项,获奖数位列全国高校第三。牵头获江苏省科学技术奖一等奖7项,一等奖数量位列全省第一。获第十七届中国青年科技奖1项。牵头获国家一级学会/行业协会科学技术奖一等奖和人才奖共20项。获腾讯"科学探索奖"1项。获第23届中国专利奖6项,其中牵头获中国专利优秀奖4项。获2022年瑞士日内瓦国际发明奖21项,其中金奖4项。获批江苏省科技成果转化专项资金项目11项,获批数居全省高校第一。完成江苏高校优势学科三期验收,10个学科获得优秀,优秀率达83.3%,全省第一。工程学学科继续保持在ESI全球前万分之一行列,新增化学学科进入ESI前千分之一,ESI全球前千分之一学科数达到4个。与剑桥大学、香港城市大学、新加坡国立大学、伯明翰大学和巴黎高科等签署或续签合作协议;与联合国教科文组织签署合作伙伴协议。低碳电力国际合作联合实验室"和"能源转换及存储国际合作联合实验室"获批江苏省高校国际合作联合实验室;"零碳能源科学与工程学科创新引智基地"获批"111计划"。

【黄如任学校校长】 1月7日,东南大学召开教师干部大会。中共中央组织部在东南大学宣布了中共中央、国务院的任命决定,黄如任东南大学校长(副部长级)、党委副书记。中共中央组织部副部长李小新到会宣布中央决定并讲话,教育部党组成员、副部长田学军,中共江苏省委常委、组织部部长赵世勇出席会议并讲话,东南大学党委书记左惟主持会议。

【学校举行120周年校庆】 6月6日上午,东南大学隆重举行建校120周年庆祝大会。校长黄如作《承百廿荣光,启未来新路》的校庆报告。校庆期间,东南大学举办了建校120周年纪念邮票首发式、纪念吴健雄先生诞辰110周年学术研讨会、庆祝东南大学建校120周年专场演出、马拉松火炬接力等一系列活动，出版了《东南大学史》（全3卷）。广大海内外校友"云聚"六朝松下，以多种方式共庆母校百廿华诞。社会捐赠参与人次过万，共签署捐赠协议216份，协议总额超过8.44亿元，其中杰出校友匿名捐赠3亿元，支持学校交叉学科发展战略。

【中国共产党东南大学第十五次代表大会召开】 5月16—17日，中国共产党东南大学第十五次代表大会在四牌楼校区大礼堂召开。这是在中国开启全面建设社会主义现代化国家新征程，东南大学迎来建校120周年、全面加快推进中国特色世界一流大学建设的关键时期召开的一次重要会议。大会提出，到2025年接近世界一流大学水平、到2035年进入国内一流大学前列和世界一流大学行列、到2050年前后迈入世界一流大学前列的新"三步走"发展战略。

【开展教育思想大讨论】 10月7日，东南大学在四牌楼校区大礼堂召开动员会，正式启动以"立德树人的东大使命和生为首位的东大行动"为主题的新一轮教育思想大讨论。这是学校在2018年教育思想大讨论成果经验及改革实践的基础上，立足新阶段、对标新要求、凝聚新共识，为领军人才培养体系改革奠定更为坚实基础的重大举措。教育思想大讨论启动后，全校各部门各院系以习近平新时代中国特色社会主义思想为指导，学习贯彻习近平总书记重要讲话和重要回信精神，积极探索面向未来领军人才培养的实招新招。重点讨论分方向与愿景、问题与短板、供给与路径3个专题，通过大会报告、研讨会、座谈会、校友交流、师生互动活动等形式有序深入展开。

【学习贯彻中共二十大精神】 10月16—22日，中国共产党第二十次全国代表大会在北京召开。中共二十大代表、东南大学党委书记左惟赴京参会。10月22日，中国共产党第二十届中央委员会候补委员名单发布，中国科学院院士、东南大学校长黄如当选。中共二十大胜利闭幕后，全校迅速掀起深入学习贯彻中共二十大精神热潮，上线学习专题网站，成立校内宣讲团开展校内全覆盖宣讲，组织开展专题学习研讨、交流座谈、主题党团日活动等1200余场；开展"激情燃烧的岁月"音乐党课、梅庵"团二大"线上展厅、"信仰公开课"等各类中共二十大精神学习教育活动600余场；将中共二十大精神有机融入教育教学；《光明日报》整版刊发学校学习宣传贯彻中共二十大精神的重要举措和专家理论文章。

【学校与无锡市人民政府共建无锡校区】 11月15日上午，东南大学与无锡市人民政府签署共建无锡校区合作协议。东南大学无锡校区一期占地面积32.13万平方米，投资30.5亿元。东南大学和无锡市将按远期万人办学规模安排校区办学配套设施建设，优化学科体系，加强师资队伍建设，稳步扩大办学规模，重点建设集成电路学院、数字设计与智能制造学院、海洋信息与工程学院等，推进东南大学未来技术学院引入无锡校区，建成涵盖本、硕、博的人才培养体系。

（赵　光）

·南京理工大学·

【概况】 2022年学校设有20个专业学院，以及钱学森学院、中法工程师学院、国际教育学院、创新创业教育学院、继续教育学院，并与合作方联合创办南京理工大学紫金学院和南京理工大学泰州科技学院2个独立学院。现有教职工3500余人，专任教师2200余人，其中具有高级职称1500余人。高层次人才400余人，包括"两院"院士25人，外国院士4人，国家级领军人才56人，国家级青年人才90人，"国家级教学名师奖"获得者4人，首届全国教材建设奖先进个人1人，"全国创新争先奖"获得者5人，"国家百千万人才工程"人选14人，国家级、省部级有突出贡献中青年专家26人，享受国务院政府特殊津贴207人。拥有首批全国高校黄大年式教师团队2个、国家级教学团队5个、教育部创新团队5个、工信部研究型教学创新团队3个、国防科技创新团队11

9月17日，中国电子科技集团、南京市人民政府和南京理工大学三方共建的微电子学院（集成电路学院）揭牌成立仪式　（南京理工大学　供图）

个、江苏省创新团队34个。学校先后入选“江苏省高层次人才创新创业基地”“国家创新人才培养示范基地”和首批江苏省课程思政示范高校。有国家级重点实验室1个，国家级工程技术研究中心1个，国家地方联合工程实验室1个，国家级技术研究推广中心1个，国家级技术转移示范机构1个，国家级质检中心1个，省部级重点实验室28个，省部级工程（技术）研究中心26个，省部级哲学社会科学研究基地13个，建有国家大学科技园，并以此为依托承担了一大批国家重大科研任务，取得了一批标志性科研成果，学校是国家知识产权示范高校。获得省部级及以上科技奖励213项，其中，国家级科技奖励17项（国家最高科学技术奖1项，国际科学技术合作奖1项，国家技术发明奖一等奖1项，国家科学技术进步奖一等奖3项，国家自然科学奖二等奖2项，国家技术发明奖二等奖6项，国家科学技术进步奖二等奖3项）。学校与英国牛津大学、比利时鲁汶大学、新加坡国立大学等150多所国（境）外知名高校和科研机构建立合作关系。现有国家级高等学校学科创新引智基地8个，入选世界知识产权组织技术与创新支持中心，建有江苏国际知识产权学院。

【学校与中国电子科技集团、南京市人民政府共建微电子学院】　9月17日，由中国电子科技集团、南京市人民政府和南京理工大学三方共建的微电子学院（集成电路学院）揭牌成立仪式在学校举行。学校党委书记张骏，校长付梦印院士，中国工程院院士、中国电子科技集团首席科学家、微电子学院（集成电路学院）院长陆军，中国电子科技集团总监徐少俊，秦淮区人民政府副区长金超共同为微电子学院揭牌。同日，南理工·秦淮数字经济创新湾揭牌仪式举行。学校在国家大学科技园基础上扩展建设南理工·秦淮数字经济创新湾，以“聚力数字经济新赛道　共建数字产业新高地”为主题，合力推动“校地融合、共建共享、共促发展”。

【第一届机械系统动力学国际会议】　8月24—27日，由南京理工大学主办的机械系统动力学

8月24日至27日，南京理工大学主办机械系统动力学国际活动周活动
（南京理工大学　供图）

国际活动周活动通过线下线上同步举行。来自全球20多个国家的29位院士，13位国际学会主席，15位国际刊物主编等2000余名科学家、工程专家和学者以及有关部门的领导，围绕"提升机械系统动力学水平，促进现代科学技术及工业进步"主题，就机械系统动力学相关重大战略技术与前沿科学问题展开交流与研讨。此次活动必将成为机械系统动力学发展史上的一个重要里程碑。学校始终面向世界科技前沿和国家重大战略需求，推动多学科交叉，强化学术交流，在基础前沿领域前瞻部署，取得重大开创性的原始创新成果，抢占国际科技竞争制高点，为加快实现高水平科技自立自强，打赢关键核心技术攻坚战贡献南理工智慧和力量。

【"南理工星"正式命名发布】 经国际天文学联合会（IAU）小天体命名委员会批准，国际编号为530739号的小行星被正式命名为"南理工星"，该编号具有特殊意义，53代表学校1953年建校，739谐音"齐山久"，象征着南京理工大学由"哈军工"启程近70年的辉煌历程以及南理工人对学校的感情如巍巍山峰永久屹立。"南理工星"成功命名，体现了国际社会对南京理工大学科学研究、人才培养、社会服务等方面办学成就的肯定。

【智能焊接与高效增材技术中心运行】 5月，长三角智能制造与装备创新港首个入驻重大创新平台——智能焊接与高效增材技术中心完成设备安装调试，正式挂牌运行。中心由学校材料科学与工程学院王克鸿教授领衔，以智能增材与先进焊接技术团队为核心，致力于多维异质异构高性能构件整体制造技术研究。平台自主研发的国际首台四立柱四机器人智能复合增材装备已投用，具备10米级多金属一体化高超性能构件整体成形能力，技术水平国际领先。智能焊接与高效增材技术中心的正式运行，标志着创新港建设开启新篇章。

【获批国家自然科学基金委创新研究群体项目】 9月，国家自然科学基金委员会公布了2022年自然科学基金集中接收申请项目评审结果。学校获批各类项目共计182项，较去年同期增长21%，其中，创新研究群体项目1项，优秀青年科学基金项目5项，重点项目2项，面上项目79项，青年科学基金项目94项，专项项目1项。学校首次获批创新研究群体项目，基础研究团队建设取得重大进展；优秀青年科学基金项目、面上项目、青年科学基金项目立项数以及立项总数持续攀升。

【与门捷列夫化工大学联合创建国际创新实验班】 "南京理工大学—门捷列夫化工大学"国际创新实验班旨在强强合作中培养具有国际视野的高分子材料领域拔尖创新领军型人才，是学校在国际人才培养上迈出的重要一步，为"培养杰出人才，打造国之重器"添劲蓄能，为实现社会主义现代化强国贡献人才力量。学校为实验班专门制定培养方案，采用"1+4"双校园模式，整班成建制派出，设立专属教室，全程配备优秀学业导师，全力培养具有国际视野、把握科技前沿、能够突破"卡脖子"关键技术的拔尖创新国际化人才。

【新增22个一流本科专业建设点】 6月，南京理工大学22个专业入选一流本科专业建设"双万计划"，其中，国家级一流本科专业建设点13个，江苏省一流本科专业建设点9个。学校共有38个专业入选国家级一流本科专业建设点、11个专业入选省级一流本科专业建设点，一流专业建设点覆盖学校所有学科门类。 （王舒悦）

·南京农业大学·

【概况】 2022年，学校设有20个学院（部）；68个本科专业、30个硕士授权一级学科、20种专业学位授予权、17个博士授权一级学科和15个博士后流动站；全日制本科生1.7万余人，研究生1.1万余人，继续教育学生2.1万余人。全年录取本科生4653人、硕士生3197人、博士生728人。毕业生年终就业率达91%。现有教职员工2900余人，其中，中国工程院院士3人，国家特聘专家、国家杰出青年科学基金获得者等47人次，国家级教学名师3人，全国优秀教师、

6月28日，全国人大常委会副委员长、九三学社中央主席武维华（右二）到南京农业大学调研指导
（南京农业大学　供图）

模范教师、教育系统先进工作者5人，入选国家其他各类人才工程和人才计划140余人次，国家基金委创新研究群体2个，国家和省级教学团队6个。10个学科领域进入ESI学科排名全球前1%，其中农业科学和植物与动物科学进入前1‰。8个学科进入江苏高校优势学科建设工程。学校稳居软科世界大学学术排名400强，在QS世界大学“农业与林业”学科排名中居第29位，位列U.S.News“全球最佳农业科学大学”第7名。

紧跟国家社会需求建强专业，新增3个本科专业、1个专业学位硕士点。新增国家级一流本科专业建设点12个，实现二级学院全覆盖。加强实践教学基地和研究生工作站建设，入选全国首批科技小院10个、其中1个获江苏唯一入选的“最美科技小院”。省优秀博士、硕士论文数位居全省高校前列，获评江苏省十佳研究生导师和十佳研究生导师团队。连续7年获江苏省来华留学生教育先进集体。建有作物遗传与种质创新利用全国重点实验室等113个国家及部省级科研平台。获批国家自科基金191项，国家重点研发项目10项。获批国家社科基金15项，位列全国农林高校首位。承担农业关键核心技术攻关项目2项、国家科技创新2030农业生物育种重大项目1项。发表学校首篇CELL论文。11月10日，《人民日报》刊发学校中国资源环境与发展研究院曲福田教授文章《夯实中国式现代化的农业农村基础》。连续第3次获评中央单位定点帮扶工作成效考核“好”等级，入选联合国粮农组织“全球最佳减贫案例”。推进兴化市、浦口区2个全国农业科技现代化先行县共建工作。12篇咨询报告获部省级及以上领导批示，其中2篇获中央领导批示。与世界粮食计划署和国际马铃薯中心亚太中心签署谅解备忘录。全年举办发展中国家农业信息技术、东盟国家农产品加工技术等培训班17期，参与实施“中非高校20+20”合作计划，在肯尼亚建立首个中非农业发展与减贫示范村，孔子学院“中文+农业”项目获中国驻肯尼亚大使馆“创新实践奖”。连续3年承办农业农村部“农业外派人员能力提升培训班”。评选颁发第九届“世界农业奖”。

【领导调研指导】 8月24日，中共中央政治局委员、国务院副总理胡春华到学校调研，听取学校整体情况汇报，参观作物遗传与种质创新国家重点实验室，详细了解学校在农业科技创新方面取得的成果。6月28日，全国人大常委会副委员长、九三学社中央主席武维华到南京农业大学调研指导，听取学校发展历史、人才培养、科研创新、社会服务等亮点工作和特色成果汇报。

【学校120周年校庆系列活动】 11月20日，学校举行南京农业大学建校120周年创新发展大会，第十二届全国人大常委会副委员长张宝文，农业农村部副部长、中国农学会会长张桃林校友，教育部党组成员、副部长田学军分别发表视频讲话，江苏省人民政府副省长马欣，江苏省人大常委会副主任曲福田校友，江苏省政协党组成员、南京大学原党委书记胡金波校友，东南大学党委书记左惟校友，民盟中央副主席、欧美同学会副会长、自然资源部原副部长、江苏省原副省长曹卫星校友，中国农业科学院原院长翟虎渠校友等领导、30余位“两院”院士出席校庆系列活动。11月18—20日，学校还举办了“一流大学建设与农业强国”院士座谈会、中国高等农林教育校（院）长联席会第二十次会议暨中外农业教育论坛、“农业绿色发展、粮食安全及人类健康”中外农业科学家论坛、办学成就展、师生书画展、校史2022版首发式、庆祝晚会等学术和庆祝活动。

11月20日，学校举行南京农业大学建校120周年创新发展大会
（南京农业大学　供图）

【单年*CNS*论文实现全突破】 2月16日，学校粟硕教授团队联合中山大学医学院等国内外单位在国际顶级期刊CELL在线发表研究论文《Virome characterization of game animals in China reveals a spectrum of emerging pathogens》。4月8日，学校贾海燕教授与美国俄克拉荷马大学合作在国际顶级期刊SCIENCE发表研究论文《TaCol-B5 modifies spike architecture and enhances grain yield in wheat》。9月21日，学校王源超教授团队和清华大学柴继杰教授团队合作在国际顶级期刊NATURE上发表研究论文《Plant receptor-like protein activation by a microbial glycoside hydrolase》。12月15日，国际顶级期刊NATURE在线发表学校陶小荣教授团队研究成果《NLR surveillance of pathogen interference with hormone receptors induces immunity》。

【获第二批全国高校黄大年式教师团队】 1月，教育部公布第二批全国高校黄大年式教师团队，学校校长陈发棣教授领衔的“菊花遗传与种质创新教师团队”入选。团队组建于1999年，聚焦中国传统名花菊花遗传育种与种质创新关键问题，开展科技攻关及成果示范推广，团队成员入选国家和部省级人才计划20余人次。

【9项成果获江苏省教育教学成果奖】 教育教学成果“南农八门课：农业特色通识核心课程体系建设与实践”获江苏省教育教学成果奖特等奖，教育教学成果“‘一核两翼三融合’复合型园艺人才培养模式的研究与实际”获江苏省教育教学成果奖一等奖，7项教育教学成果获江苏省教育教学成果奖二等奖，获奖数量创近年新高。

【2项成果获教育部高等学校科学研究优秀成果奖】 马正强教授团队研究成果“小麦抗赤霉病的遗传基础解析与种质创新”，丁艳锋教授团队研究成果“水稻缓混肥创制及一次施用关键技术研发与应用”分别获教育部高等学校科学研究优秀成果奖一等奖。

【4项成果获农业农村部全国农牧渔业丰收奖】 丁艳锋教授团队研究成果“优质食味水稻保优丰产高效关键技术集成与推广”，朱艳教授团队研究成果“稻麦生长指标光谱监测与精确施肥技术的集成推广”分别获农业农村部全国农牧渔业丰收奖农业技术推广成果奖一等奖，李刚华教师、黄明教授分别获农业农村部全国农牧渔业丰收奖农业技术推广贡献奖。

【2项成果获江苏省科学技术奖】 陈发棣教授团队研究成果“菊花高效育种技术创新与抗逆优质新品种选育及应用”，高彦

征教授团队研究成果“基于多元化场景的有毒有机物污染土壤风险控制与修复技术”分别获江苏省科学技术奖一等奖。

【学生团队在创新创业大赛获佳绩】 3月26—28日，第十七届“挑战杯”全国大学生课外学术科技作品竞赛终审决赛在四川大学举办，学校获一、二、三等奖各1项的历史最好成绩。10月24日，学校在国际定向进化大赛（iDEC）中获得银奖。10月26—28日，学校在2022年国际基因工程机器大赛（iGEM）中斩获金牌，这是学校九年来第六次夺得金奖。11月10—13日，第八届中国国际“互联网+”大学生创新创业大赛总决赛落下帷幕，学校斩获1金5银2铜的历史最好成绩。（朿浩渊）

·南京林业大学·

【概况】 2022年，有22个学院（部），79个本科专业（招生69个），8个博士后流动站、8个博士学位授权一级学科、26个硕士学位授权一级学科。1个国家一流学科（林业工程），2个一级学科国家重点学科（林业工程、生态学），4个二级学科国家重点学科（林木遗传育种、林产化学加工工程、木材科学与技术、森林保护学），1个江苏省一级学科国家重点学科培育点，5个江苏高校优势学科，9个国家林业和草原局重点学科（含培育），6个一级学科江苏省重点学科（含培育）。在全国第四轮学科评估中，林业工程、林学获“A+”、风景园林学获“A-”。有国家级一流本科专业建设点21个，国家级特色专业建设点6个，国家级课程思政示范课程1门，国家级一流本科课程16门。有国家级实验教学示范中心2个，国家级人才培养模式创新实验区1个，国家级虚拟仿真中心2个，国家级大学生校外实践基地1个等。教职工2535人，其中，专任教师1869人，博士导师251人，硕士导师683人，具有高级职称1111人。中国工程院院士2人、双聘及特聘国内外院士9人。江苏省“333工程”第一层次首席科学家4人，省部级教学名师7人，省部级有突出贡献的中青年专家14人，江苏省科技创新团队及“青蓝工程”等省级创新团队17个。在校生37295（住宿31305）人，其中，普通本科生25900人，研究生7915人，成人本科生3480人。2022年度招生11418人，其中，普通本科生7098人，研究生2685人，成人教育学生1635人。毕业8502人，其中，普通本科生5992人，研究生1603人，成人教育学生907人。在校留学生（注册）310人，本年度招生73人，毕业34人。

承办第二届生态文明引领下的乡村振兴国际研讨会、中国设计理论与乡村振兴学术研讨会、中国林业青年科学家论坛、江苏省社科研究协作论坛、生态环境治理现代化学术论坛、面向“双碳”战略的森林高质量发展论坛、林产工业绿色低碳高质量发展论坛、江苏省研究生“田园之诗”乡村振兴创新设计大赛、第五届“憧憬·美丽中国”艺术设计大赛、林业有害生物成灾机制与绿色防控暑期学校、国家林业碳汇管理研修班。共同主办现代木结构抗震实验现场观摩会，协办首届南方水土保持研究会水土保持专业大学生创新创业大赛。曹福亮领衔的林木资源高效培育教师团队获“全国高校黄大年式教师团队”，“面向卓越农林人才培养的三衔接三协同三贯通实验教学体系构建与实践”获江苏省教学成果特等奖，南京大胜关公园总体规划国际招标获二等奖（一等奖空缺）。许林云获中国农工民主党先进个人，曹林获江苏省“十大青年科技之星”。陈劼等同学获全国大学生生命科学竞赛（创新创业类）全国总决赛特等奖，在中国国际“互联网+”大学生创新创业大赛全国总决赛中获5金3银。

【入选国家“双一流”建设高校】 2月14日，经专家委员会认定，教育部等三部委研究并报国务院批准，第二轮“双一流”建设高校及建设学科名单公布，南京林业大学林业工程学科再次入选“双一流”建设学科。首轮“双一流”建设成效评价中，教育部专家组充分肯定学校建设成效，认为完成了首轮建设阶段性任务，在服务国家林业产业提质增效、林产工业转型升级和区域经济社会发展等方面成绩突出；在人才培养、师资队伍建设、科学研究、社会服务、文化传承创新、国际合作交流、资源条件建设和体制机制改革等方面均有新举措，建设成效显著(位于第一档)。学科已成为支撑中国林业产业高质量发展的主力军。

【7项成果获2022年江苏省高等教育教学成果奖】 3月，江苏省教育厅公布2022年江苏省教学成果奖评选结果，南京林业大学获特等奖1项、一等奖4项、二等奖2项，特等奖成果为《面向卓越农林人才培养的"三衔接三协同三贯通"实验教学体系构建与实践》。学校长期高度重视本科教育教学改革，以项目为牵引鼓励广大教师积极开展教育教学改革，注重教育教学改革成果的总结、示范和推广，促进人才培养能力的提升和人才培养质量的提高。

【曹福亮院士团队入选"全国高校黄大年式教师团队"】 2月，曹福亮院士领衔的"林木资源高效培育教师团队"入选教育部第二批"全国高校黄大年式教师团队"。团队紧密依托学校传统优势——"林学"A+学科建设并发展形成，传承绿色家风，培育绿色学子，打造绿色产业，贡献绿色智慧，始终躬耕在教学、科研和社会服务一线，在培养卓越人才、聚焦国家重大战略和服务地方经济社会发展等方面取得丰硕成果，是学校教师团队的先进典范。

【虚拟教研室入选教育部首批建设试点】 2月，教育部公布首批虚拟教研室建设试点名单，曹福亮院士领衔的"智慧林业人才培养模式改革虚拟教研室"和周宏平教授领衔的"智能林业装备人才培养模式研究虚拟教研室"入选。"智慧林业人才培养模式改革虚拟教研室"致力于建设跨学科、跨区域的符合新时代立德树人要求的"新农科"虚拟教研室，利用互联网信息技术组成教学研究团队及"教学学术共同体"，解决智慧林业人才培养中的共性、前瞻性问题，实现智慧林业教学全国一盘棋。"智能林业装备人才培养模式研究虚拟教研室"瞄准"中国制造高质量发展"国家战略，以林业装备工程胜任能力为抓手，建成理念先进、功能完备、具有行业特色及重要影响力的智能林业装备虚拟教研室，培养符合智能化时代需求、具有工程素养和创新精神的高素质特色工程人才。

【周建斌教授当选为俄罗斯自然科学院外籍院士】 4月，周建斌教授当选为俄罗斯自然科学院外籍院士。周建斌，教授、博士生导师，享受国务院特殊津贴专家。长期从事生物质热解(能源)与炭材料的教学、研究与产业化工作，获国家科技进步奖一等奖、二等奖，获中共中央、国务院、中央军委颁发"庆祝中华人民共和国成立70周年"纪念章。所在团队经过20年的科技攻关，已在安徽、湖南、河北、江西、云南、江苏、河南、吉林、浙江等地建成100余项生物质气化多联产工程，研发的农林生物质气化多联产技术得到国家领导人的批示和国家十多个部委采纳并发文推广。

【学校申报项目入选"全国双创周"】 9月15日，由国务院设立，国家发改委牵头，联合科技部、人力资源和社会保障部、财政部、工业和信息化部、教育部等24个部委和地方政府主办的2022年全国"大众创业万众创新"活动周正式启动，南京林业大学申报的"护林科技——中国松树癌症监测防治技术领跑者"项目入选主会场展示。项目专注于松材线虫病监测与防治相关产品的研发、生产与销售。团队针对松树癌症的病原，首创松材线虫自动化分子检测技术，克服了传统形态学弊端，填补了中国森林病原DNA分子检测技术的空白；针对病原线虫，开发了注干剂和灭线啉等产品；针对媒介天牛，研发了昆虫驱避剂和智能诱捕器。团队先后获批13件专利，产品已成功在3个国家级检测鉴定中心和17个省、市56个检测中心广泛应用。

【《生态文明绿皮书》发布】 5月29日，国内首部《生态文明绿皮书：中国特色生态文明建设报告(2022)》发布会暨生态文明建设学术研讨会在南京林业大学举行。十三届全国人大农业与农村委员会副主任委员李春生，国家林业和草原局科技司司长郝育军等出席活动。该书由南京林业大学中国特色生态文明智库和中国特色生态文明建设与林业发展研究院编写，由社会科学文献出版社出版。本书基于生态文明建设国家发展战略，分为总报告、评价篇、碳达峰碳中和篇和政策布局四个篇章，从多个角度对中国特色生态文明建设展开研究，为国家和地方推进生态文明建设提供理论指导和政策参考。

【《英汉日木材与木结构词典》出版】 3月，《英汉日木材与木结构词典》出版。该书由南京林业大学牵头撰写，日本京都大学、中国建筑西南设计研究院有限公司、日本木材出口协会等近20家单位参与，历时6年完成，是中国林业出版社推出的精品图书。材料学院阙泽利教授、梅长彤教授为共同第一著作者。词典借鉴了日文版《木材·木质材料用语集》《木材科学略语辞典》，中文版《日汉建设常用辞典》，中国木材与木结构领域的国家标准和行业标准，收录木材与木结构领域专业词汇3500余条，涵盖木材、木质复合材料、木结构、木材保护、木材干燥和建筑结构等相关领域高频率使用的专业词汇，对约2500个词汇进行中文释义。

【学校团队获南京大胜关公园总体规划国际招标最高奖】 11月8日，由南京市规划和自然资源局与南京市雨花台区人民政府共同组织的"南京大胜关公园（暂定名）总体规划国际招标"评标活动落下帷幕。王浩教授领衔的"南京林业大学+南京林业大学工程规划设计院有限公司联合体"团队完成的作品脱颖而出，获竞赛最高奖。大胜关公园（暂定名）位于南京河西板块和雨花滨江板块的交会点，系南京江南主城滨江岸线的重要组成部分，占地面积约120公顷。本次规划吸引了美国SWA、荷兰MLA+、澳大利亚HASSELL、法国AGENCETER+深圳市雷奥规划设计咨询股份有限公司联合体、南京大学+深圳市城市规划设计研究有限公司联合体等6家国内外知名公司参加。南京林业大学团队的方案提出了"江河慧、自然心"的主题和3个建设目标：长江江苏段智慧公园示范点、南京绿色人文项链上的活力之心、河西南和板桥片区的自然之心。通过生态智慧引导下的场地生境重构、生活智慧启迪下的游憩活力激发、造园智慧指引下的空间格局塑造和数字智慧支持下的智能体系建设4个策略，较好回应了场地中的现实问题。（方　莹）

·南京体育学院·

【概况】 2022年，学校教育教学设有体育教育与人文学院、运动训练学院（足球学院）、运动健康学院、武术与艺术学院、体育产业与休闲学院、马克思主义学院、研究生部、运动员教育教学管理部、继续教育学院、附属学校10个单位，15个本科专业，涉及教育学、文学、管理学、医学、艺术学5个学科门类，在校生6000余人；竞技训练设有乒羽学院、网球学院（中国网球学院）、体操学院、击剑学院（中国击剑学院）、游泳学院5个单位，11支省优秀运动队，有专业运动员414人。

学校推进学科专业建设和教育教学改革，获批博士学位授予立项建设单位；体育学被批准为江苏高校优势学科建设工程立项学科；拥有体育学一级学科硕士学位授予点和教育硕士、体育硕士专业学位授予点；获批国家级一流本科专业5个，江苏高校一流本科专业12个，拥有国家级特色专业建设点3个，教育部"十二五"专业综合改革试点项目2个，江苏省高校特色专业建设点4个，江苏省高校品牌专业建设点3个，江苏省"十二五"高等学校重点专业（类）2个，江苏高校品牌专业建设工程一期项目2个（其中，A类1个、C类1个），江苏省产教融合型品牌专业建设点1个；获国家级高等教育教学成果奖2项，省级高等教育教学成果特等奖1项、一等奖3项、二等奖5项，国家体育总局教育教学成果奖二等奖3项、三等奖3项；获首批省级一流本科课程14门，江苏高校"助力乡村振兴，千门优课下乡"大型公益教育行动课程5门，省级优秀、精品课程12门，省优秀研究生课程5门，省优秀课程群1个，省优秀多媒体课件16项，"十二五"普通高等教育国家级本科规划教材1部，省精品教材、优秀教材、重点教材19部，江苏高校省级优秀基层教学组织1个；拥有江苏省高等学校基础课实验教学示范中心建设点1个，省级实验教学与实践教育中心2个，实习实训基地110多家。学校作为江苏竞技体育的主力军、大本营，服务体育事业发展，走出国家体育总局原局长袁伟民等一大批体育行业领军人物；共有16人25人次22项次获奥运会冠军，106人327人次209项次获世界冠军；参加第1届至第14届全国运动会，为江苏省夺得220.5枚金牌。

【奥运冠军许安琪出席中国共产党第二十次全国代表大会】 6月23日，江苏省党代表会议选举产生出席中共二十大代表71名，学校教练员、2012年伦敦奥运会冠军、"江苏省体育发展突出贡献个人"许安琪当选。10月16日，中国共产党第二十次全国代表大会在北京召开。10月23日晚，许安琪在完成各项任务后乘坐高铁抵达南京南站，校党委书记朱传耿，副校长肖爱华等人在车站迎接。

【江苏体育成就图片展】 9月29日，江苏体育发展成就图片展在学校图书馆首展。校党委书记朱传耿出席开幕仪式并讲话。展览由江苏省体育局主办，江苏省体育信息中心（江苏省体育文化中心）、南京体育学院党委宣传部、信息化中心、图书馆共同承办。展览内容共分为新生岁月、壮大岁月、强盛岁月、逐梦奋进四个版块，通过展陈12000多字内容、200多幅图片、部分珍贵奖牌奖杯等藏品，回眸中华人民共和国成立以来江苏体育的发展历程与辉煌成就。

【学习宣传中共二十大】 12月2日，学校成立学习宣传中共二十大精神师生巡讲团。巡讲团由中共二十大代表、思想政治理论课教师、思想政治教育工作者、教练员、大学生和运动员等方面的典型代表组成。为确保巡讲活动落实落细、走深走实，推动中共二十大精神入脑入心、见行见效，学校成立了以校党政主要负责人为组长、分管校领导为副组长、相关部门负责人为成员的学习宣传中共二十大精神师生巡讲活动领导小组，加强对学校师生巡讲活动的组织领导、统筹部署和督办落实。同时，学校将充分利用校园各类宣传文化阵地、积极协调联络主流媒体等对巡讲活动做好宣传报道，并及时做好总结反馈，积极向上级报送典型案例和优秀成果，营造浓厚氛围。

【中国击剑学院在南京体育学院揭牌成立】 1月11日，由中国击剑协会、江苏省体育局、南京体育学院三方共建共管的中国击剑学院正式成立并揭牌。中国击剑协会主席王海滨，江苏省体育局党组书记、局长陈少军，党组成员、副局长王伟中，南京体育学院党委书记朱传耿、校长杨国庆出席中国击剑学院成立大会暨揭牌仪式。南京体育学院副校长肖爱华主持大会暨仪式。7月26日，中国击剑学院在南京体育学院正式挂牌，国家体育总局自行车击剑运动管理中心副主任、中国击剑协会执行秘书长王峻燕，中国击剑协会事业发展部部长王雷，南京体育学院党委副书记、校长杨国庆，南京体育学院副校长、中国击剑学院执行院长金松等参加挂牌仪式，南京体育学院副校长、中国击剑协会秘书长肖爱华主持仪式。王峻燕和杨国庆为中国击剑学院揭牌。中国击剑学院院牌由著

7月26日，中国击剑学院正式挂牌　　（南京体育学院　供图）

6月21日，在匈牙利布达佩斯举行的世界游泳锦标赛上，学校运动员王赐月（左一）与队友展示花样游泳集体技术冠军金牌　（南京体育学院　供图）

名书法家、中国书法院院长管峻题写。

【张雨霏参加北京冬奥会火炬接力】　2月2日，学校学子、奥运冠军张雨霏在首钢园参加北京2022年冬奥会火炬接力。张雨霏在接受记者采访时表示：能够当冬奥火炬手很荣幸，曾担任全运会火炬手，这次参加北京冬季奥运会的火炬接力，是对运动生涯的一种鼓励，希望中国的运动健儿在家门口可以比出好的成绩，发挥应有的水平。

【学校教师马宁、施翔执法卡塔尔世界杯】　5月19日，国际足联正式公布了2022年卡塔尔世界杯裁判组名单。中国入选裁判员共3名，其中，马宁是南京体育学院运动训练学院教师，施翔是南京体育学院2010届硕士毕业生。11月5日下午，马宁和施翔执法2022年卡塔尔世界杯出征仪式在南京举行。江苏省体育局副局长、江苏省足球运动协会常务副主席刘彤，校党委书记朱传耿等出席活动。本次执裁是中国足球裁判时隔20年后再次登上世界杯的舞台，这是中国足球界的骄傲，也是江苏足球和南京体院的骄傲。

【2名运动员夺得亚锦赛金牌】　6月15日，第9届亚洲体操锦标赛暨2022年（亚洲区）世界体操锦标赛资格赛在卡塔尔多哈拉开大幕。在备受瞩目的男子团体比赛中，学校体操学院体操队队员侍聪、尹德行代表中国男队和队友林超攀、兰星宇、杨家兴经过激烈角逐，以总分255.299获得男子团体冠军。侍聪凭借个人的优秀发挥获得男子全能个人金牌。

【学校诞生第106位世界冠军】　6月21日，在匈牙利布达佩斯举行的世界游泳锦标赛上，学校运动员王赐月与队友以94.7202分，夺得花样游泳集体冠军。王赐月为中国队首夺世锦赛集体项目金牌，成为南京体育学院第106位世界冠军。6月24日晚，学校新晋世界冠军王赐月与队友以96.7分夺得花样游泳集体自由自选冠军，为中国军团再添一金。

【2名运动员和队友在2022年利物浦世锦赛中获得团体冠军】　11月3日，第51届世界体操锦标赛在英国利物浦结束男子团体决赛的争夺，学校运动员孙炜、尤浩与队友张博恒、邹敬园、杨家兴组成的中国男队发挥出色，以总分257.858的成绩夺冠，拿到2024年巴黎奥运会该项目参赛资格。

【学校在江苏省教学成果奖评选工作中获特等奖】　3月18日，江苏省教育厅正式发布《省教育厅关于公布2021年江苏省教学成果奖获奖项目的通知》，南京体育学院校长杨国庆主持申报的《新时代新体育教育改革“南体方案”的探索与实践》获特等奖，这是全省唯一获得特等奖的体育类教学成果项目，也是学校首次获得省级教学成果特等奖，是学校办学史上的重大突破。

【2022软科中国大学排名新突破】　4月19日，高等教育评价专业机构软科正式发布“2022软科中国大学排名”。2022年软科中国体育类大学上榜排名共有14所高校，南京体育学院位列第六位，相较于2021年软

科中国大学排名(体育学)位列第八位有了较大提升,也是学校在历次软科中国大学排名(体育学)中取得的最好成绩。

【新增2个国家级和1个省级一流本科专业建设点】 6月7日,教育部办公厅下发《教育部办公厅关于公布2021年度国家级和省级一流本科专业建设点名单的通知》,公布2021年度国家级和省级一流本科专业建设点名单。学校武术与民族传统体育、体育经济与管理2个专业被认定为国家级一流本科专业建设点,社会体育指导与管理1个专业被认定为省级一流本科专业建设点。教育部自2019年启动为期3年的一流本科专业建设"双万计划"以来,学校共获批国家级一流本科专业建设点5个、省级一流本科专业建设点12个,实现本科专业所属高教二级学院的全覆盖。

【获批1个江苏高校省级优秀基层教学组织】 9月8日,江苏省教育厅公布2022年度江苏高校省级优秀基层教学组织名单,南京体育学院武术与民族传统体育专业建设团队入选优秀基层教学组织。学校高度重视基层教学组织建设工作,把建设基层教学组织作为学校落实本科教学基础地位、全面提高教师教学育人水平的重要抓手,开展各项教学研讨、学习交流活动,引导教师潜心教书育人,深化教育教学改革,提高本科教学质量。学校将完善运行管理制度,监督实施方案,提供条件支持,建立激励机制,确保按时保质完成。

【《体育学研究》影响力提升】 10月9日,由中国学术期刊(光盘版)电子杂志社有限公司与中国科学文献计量评价研究中心编制出版的《中国学术期刊影响因子年报(2022版)》发布,《体育学研究》多项引证指标与2021相比均有较大幅度提升。其中,"复合类影响因子"为6,比去年提高76.21%,在40种体育类来源期刊中学科排名上升到第2位;"影响力指数CI值"为612.418,比去年提高18.07%,排名由去年的第7位提升到了第6位。《体育学研究》影响因子的提升,是对期刊学术水平、影响力、办刊质量等综合实力的肯定。

【获批成立江苏省运动处方研发创新中心及研发创新团队】 10月18日,江苏省体育局与卫生健康委员会联合下文,批准学校成立"江苏省运动处方研发创新中心"及"江苏省运动处方研发创新团队"。"江苏省运动处方研发创新中心"和"江苏省运动处方研发创新团队"的获批,为学校充分发挥学科和人才优势、服务健康江苏和体育强省建设、推动与运动处方相关的科学研究和科技攻关等工作提供有力保障。

【竞技体育研究院入选国家体育总局首批体育高端智库】 12月2日,南京体育学院竞技体育研究院成功入选国家体育总局首批体育高端智库(2023—2025年),成为全国9家获批单位之一。体育高端智库是国家体育总局批准的国家体育高端智库。申报单位需满足研究特色鲜明、保障条件健全、团队结构合理、运行机制科学和科研成果显著的条件,以3年为建设周期,国家体育总局对体育高端智库给予适度资金资助,并实施管理和建设。 (张金年)

·玄武开放大学·

【概况】 玄武开放大学是南京开放大学系统内办学种类最全、规模最大的分校之一。2022年,学校形成了以"国家开放大学开放本科、专科教育"为主体,以"南京开放大学继续教育学院成人专科教育、南京市城建中等专业学校成人中专教育"为二翼的多元发展新局面,扩大成人教育的办学规模,满足市民学历提升需求;围绕"喜迎—献礼—学习党的二十大"三大主题,在全区范围内开展了丰富多彩的主题教育活动,引导社区居民坚定信仰,永远跟党走,建功新时代,不断传承红色基因,赓续红色血脉。

学校聚力功能定位转变,推进转型发展,获得丰硕教育成果:全国"区域终身学习发展共同体示范点优秀学校",全国"第二批城市社区学习中心(CLC)能力建设项目实验点",中国成人教育协会第一届家庭教育专业委员会常务理事单位，江苏省社会教育百强单位，南京开放大学“先进办学单位”“社区教育先进单位”“教学管理先进单位”等称号。“‘博学玄武’市民学习汇”成功创建了南京市教育局“终身学习品牌”；“‘85后’父母学堂”创建江苏省教育厅社会教育特色品牌；“‘白领’学习基地”被评为江苏省社区教育优质项目化基地；玄武老年开放大学获全国“首届老年教育教学成果展”优秀组织单位。

【成人教育】 成人教育创新发展，2022年，学校成人教育以远程教育网络为依托，形成覆盖城市的开放教育体系，为各类社会成员提供多层次、多样化的教育服务。开放教育招生本科专业有学前教育专业，专科有学前教育、电子商务、小学教育、电计算机信息管理、建筑技术、行政管理、会计、工商企业管理8个专业，招生人数共计185人，截至2022年秋，学校开放教育在籍人数963人。在完善、稳定开放教育发展规模的基础上，扩大成人专科教育的规模，录取新生487人。与南京农业大学继续教育学院接洽合作开办成人本科，拟于2023年起，增设为该学院的校外教学点。

【“专接本”教学】 学校把“专接本”工作纳入学校发展的统一规划和品牌建设中，优化五年高职与专接本课程安排和招生衔接。从招生宣传、日常教学管理到课程报考、毕业办理、学位取证都更加用心、精心和尽心，提出“高质量、树品牌”的目标。2022级接本招生达到38人，在读本科总人数209人。12月，学校“专接本”20、21、22级会计学、金融学、市场营销专业本科7个班在7月和10月全国高等教育自学考试中，课程总体合格率达到96.61%。截至12月，学校“专接本”20级“专接本”毕业率达到91.75%；学士学位取证率51.54%。

【校企合作】 2022年，学校与江苏动铁集团联合办学（铁路客运服务方向），采取“校企合一”的高技能人才订单式培养模式，实现就读即就业的“无缝接轨”。2022年铁路客运服务方向的毕业生76人，就业率达100%。

【社区教育】 2022年玄武开放大学以中共二十大精神为统领，践行新思想，秉承生态视野下的博学、博雅、博爱等“三博”人文理念，构建满足居民多元发展需要的人文环境，推进以人为本的全场景学习生态建设。以博学玄武之“喜迎、献礼、学习中共二十大，我心永向党”群众性主题教育为主线，以关爱一老一小人群为重点，以“传统文化进社区的实践与理论研究”为着力点，以实践项目为抓手，统筹指导全区7个街道社区教育中心、59个社区居民学校开展工作，务实笃行，砥砺奋进，不断推进了玄武社区教育高质量发展。

【特色活动】 开展针对0～6岁儿童家长的家庭教育培训。《“85后”父母学堂》通过线上线下相结合的培训模式，培训家长、教师2000人次以上，“父母学堂走进幼儿园　教师家长共筑同心圆”“‘85后’父母学堂伴人生幸福起航”这些行动口号已经深入人心，得到社会各界的广泛好评。2022年，编写《家庭教育》第二季读本，开发30余节家庭教育精品课例，拍摄成微视频，作为线上学习资源，放在“博学玄武学习在线”网站的专题栏目里，探索了线上线下相结合的培训模式。充分挖掘区域历史文化资源，满足社区居民多样化和个性化的学习需求，学校联合南京开放大学共同开发了20集《钟山脚下的匠人》“非遗”微课传授金陵竹刻、纸扎染、泥塑、漆版画、烙铁画、昆曲、剪纸、拓印、陶笛、雨花茶10项“非遗”技艺，在“南京学习在线”及“博学玄武学习在线”上免费提供给社区居民在线学习，引导居民了解“非遗”，爱上“非遗”，传承区域文化特色。弘扬优秀传统文化，厚植家国情怀，鼓励和引导社区居民、社会各界共同参与社区教育课程开发，学校联合区教师发展中心组织开展“三微课堂之节日里的传统文化”微视频大赛，开展“微视频—微评议—微改变”主题教育活动，在全区各街道社区教育中心、各社区居民学校的配合和广泛宣传下，大赛受到居民的广泛参与和热烈反响，遴选50个微视频，经专家评选，产生一等奖3名，二等奖5名，三等奖15名，优秀组织奖3名，弘扬了传统文化。5月起，进一步落实《关于举办2022年全省社区教育系列大赛的通知》精神，在全区范围内组织开展了“博学玄武之喜迎二十大·我心永向党”社区教育系列主题活动，包含摄影、书画、剪纸3项比赛，以赛促教，以赛促学，7个街道社区教育中心宣传动员，59个社区居民学校积极实践，社区居民广泛参与，初选出132件作品，其中，48件作品获奖，14件作品在省级比赛中取得优异成绩。9月，联合区文旅局举办以“献礼二十大 礼赞新时代”为主题的“舞动人生 精彩玄武”舞蹈大赛，各街道社区教育中心、各街道文化站、玄武老年开放大学选送30个舞蹈参加大赛，广大社区居民旨在用民族舞、现代舞、群舞、独舞等表现形式，用一心一意跟党走的最真挚情感，向中共二十大献礼。围绕“传统文化进社区、进校园”主题，开展金陵竹刻、纸扎染、剪纸、茶道养生、泥塑等课程培训，请“非遗”传承人何胜、费兰宁、李万华、陈盛峰、何斌等进社区、进校园给居民和小学生授课。全年共计开展金陵竹刻培训20次，纸扎染培训8次，剪纸培训2次，茶道养生培训12次，泥塑培训20次，累计参与培训1200多人次。所有非遗课程均走进全区7个街道，涵盖20多个社区，弘扬了中华民族优秀传统文化，增强社区居民和小学生的文化自信。发挥示范引领作用，推进“江苏3D+”区域终身学习发展共同体、“长三角终身学习云视课堂协同发展共同体”的建设。5月，玄武区社区进修学院办公室主任沈青代表“江苏3D+”项目组在中成协区域终身学习发展共同体总项目组召开的项目组长会议上作经验介绍；6月，沈青在“长三角终身学习云视课堂协同发展区域共同体”工作研讨会上作交流发言；7月，玄武区社区进修学院院长业冰代表“江苏3D+”共同体项目组在全国会议上作经验推广。

【智慧助老服务】 2022年，学校贯彻落实南京市社会教育服务指导中心关于持续组织“百场万人老年人学用智能手机专项行动”的要求，第一时间将任务进行分解布置，“区社区进修学院——七个街道社区教育中心——59个社区居民学校”三级联动，协同“江苏3D+”区域终身学习发展共同体，通过师资共享、课程共享，围绕老年人出行、就医、消费、文娱、办事等高频事项和服务场景，开展450余场2万人次的老年人学用智能手机培训，让老年人乐享数字生活。挂牌2个老年开放大学学习中心（新街口街道、梅园新村街道），4个老年开放大学学习点（新街口街道北门桥社区、玄武门街道台城社区、梅园新村街道富贵山社区、红山街道北苑社区），方便老人就近入学，扩大老年大学的办学规模，构建老年教育支持服务体系，举办各类“接地气、多样化、有特色、受欢迎”的老年教育长训班99个，老年学员达2314人，增强老年居民的幸福感。10月7日，江苏卫视《零距离》专题报道了玄武老年教育的成果——《实事办实——老年大学进社区，家门口就能上“北大”》。12月，学校承办“献礼党的二十大——桑榆未晚·霞彩满天第三届南京老年教育成果展暨2023年老年春晚选拔赛”，在南京开放大学的指导下，学校组织350余名老年居民参加线上学习成果展演。一批展现时代巨变，贴近群众生活，展现南京市民良好精神风貌的原创作品在大赛中精彩亮相，此次大赛共有五大类（声乐、器乐、舞蹈、戏曲、综艺）16个节目，作品内容健康向上，以多种形式礼赞新时代。评审评选出本次大赛一等奖5名、二等奖9名、三等奖2名。玄武老年开放大学选送的群舞《烟雨桑泊》、朗诵《跟着走》获市一等奖的好成绩并入选2023年南京电视台老年春晚。

【对外宣传】 2022年，玄武开放大学加强与主流媒体对接，开展多层次、全方位的对外宣传，更大范围、更强力度传播玄武开放大学好声音：“学习强国”学习平台报道9次，全国“终身学习一体化发展”报道7次，“紫牛新闻”（扬子晚报新闻平台）和少年志（扬子晚报少年志融媒体平台）各报道5次，人民网报道1次，江苏卫视《零距离》专题报道1次。此外，江苏教育频道、南京新闻频道、牛咔视频、紫金山新闻、玄武教育发布等其他媒体多次报道玄武开放大学的办学成果，提高学校的影响力和美誉度。

（马超俊）

社区教育

【概况】 玄武区秉承生态观下的博学、博雅、博爱“三博”人文理念，构建满足居民多元发展需要的人文环境，坚持以博励学、以雅弘德、以爱促和，打造以人为本的学习生活氛围。把深入学习宣传贯彻中共二十大精神作为首要政治任务。按照《中共中央关于认真学习宣传贯彻党的二十大精神的决定》的部署要求，采取群众喜闻乐见的形式，开展中共二十大精神宣讲，组织社区管理骨干、百姓学习之星、终身学习品牌项目单位代表交流自身学习贯彻中共二十大精神的体会，通过活动周助力形成全社会学习宣传贯彻中共二十大精神的浓厚氛围。

【教育质量】 以科研为引领，完善学习生态，推进新时代社区教育（区域）高质量发展。进入“十四五”以来，玄武区以“新时代社区教育（区域）高质量发展的路径研究”课题为先导，创新生态式社区教育的实践研究，构建全场景学习的生态环境，为人的学习和发展服务，推进新时代社区教育（区域）高质量发展。玄武开放大学被中国联合国教科文全委会、中国成人教育协会确定为全国第二批城市社区学习中心能力建设项目实验点。开发多维度的学习平台，提升社区教育内涵发展。为全面提升社区教育内涵发展，进一步深化玄武区社区教育项目实践，根据《关于2021年玄武区社区教育实践项目建设的通知》要求，开展重点实践项目12项、一般实践项目59项的实验工作，其中《85后父母学堂》形式创新、内容丰富、生动活泼，受到居民的热捧，11月，该项目获江苏省教育厅社区教育特色品牌。16篇社区教育优秀微课作品获市奖。

【教育宣传】 坚持文化自信，弘扬正能量，以积极性、准确性和时效性为基础，宣传展示玄武社区教育的风采。2022年全年发送信息稿件500余篇，扩大玄武区在省、市乃至全国的知名度，展示玄武社区教育的风采。多篇活动报道被“学习强国”学习平台录用报道，获得市相关部门表彰优秀通讯员3名，“十佳”新闻1篇，“优秀”新闻1篇的佳绩。

【特色活动】 根据教育部办公厅有关通知精神和防控常态化的要求，玄武区高度重视，在区社区教育委员会统一领导下，各街道社区教育中心、各社区居民学校及有关单位紧密结合自身实际，计划先行、制定方案，于11月12—18日开展主题为“学习贯彻党的二十大，博学玄武谱新篇”的全民终身学习活动周活动。一周时间内，7个街道社区教育中心、60所社区居民学校每天都安排教育培训活动，为社区居民送上各类文化大餐，共组织88场团队学习活动，社区覆盖率达100%，参与市民约1.3万人次，其中有9项活动被市教育局推荐作为特色活动向全市居民开放，掀起全民终身学习活动的热潮。5月，玄武区获2021年度南京市全民终身学习活动周最佳组织奖。

（缪　勇）

（栏目编辑　时蔓菲）

科学技术

科技管理
科学普及
科学人才
科研院所

科技管理

【概况】 深入落实引领性国家创新型城市发展战略，聚焦产业发展，坚持不懈激发双创主体活力，不断优化创新生态体系，着力推动玄武硅巷建设、科创森林培育和双创载体提升，取得南京市城市硅巷绩效评价排名第一的优异成绩，有力助推最具竞争力的创新高地建设不断深化拓展。

【硅巷建设量质齐升】 "一中心三片区"的硅巷建设运营格局再上台阶。熊猫·万谷金融科技中心等5个新建项目19.17万平方米硅巷载体获南京市城市硅巷备案，累计建成备案硅巷载体23个，面积达64.47万平方米，集聚企业1072家，其中符合主导产业的科技型企业881家，主导产业集聚度高达82.2%，培育高企172家、占全区42%，科技型中小企业358家、占全区33%，签约亿元以上项目9个，设立硅巷基金23个、32.4亿元，入驻企业拥有知识产权16990项，备案硅巷在南京市城市硅巷绩效评价中获第1名；骥谷科技产业园、东南大学玄武科技园、锦创数字产业园3家备案硅巷获南京市精品硅巷立项建设。

【科创森林初具规模】 出台《2022年玄武区高新技术企业引培工作实施细则》，支撑高新技术企业梯队培育。43家企业获江苏省民营科技企业认定，1077家企业获科技型中小企业入库认定，164家企业通过江苏省高企认定，累计培育高新技术企业413家。发挥政策供给优势和科技金融扶持，支持企业快速成长、做大做强，28家初创科技企业获经济发展贡献奖励14.23万元，协助219家区内科技型企业申请科技银行政策性贷款"宁科贷"9.98亿元。

【双创载体提质增效】 南京林业大学创客汇众创空间获国家级众创空间备案，介孔空间获省级众创空间备案，南师大玄武科技园认定为市级科技企业孵化器，星河领创天下众创空间、纳科国际创新空间、羽驰区块链众创空间、医工交叉众创空间、弘典中药众创空间5家众创空间获市级众创空间备案。东南大学国家科技园等5家省级以上大学科技园、孵化器获省科技企业孵化器绩效评价奖励，领创智能众创空间等4家获市众创空间绩效奖励，组织召开全区科技企业孵化器、众创空间运营能力提升培训会2场。

（胡　华）

·成果转化·

【概况】 指导2家企业完成市科技成果转化专项结题验收，推荐1家企业获省成果转化专项资金项目，2家企业获省工程技术研究中心资质，5家企业获市工程技术研究中心资质。

【新型研发机构建设】 新增新型研发机构累计总投入资金14.22亿元，新增新型研发机构主体和孵化引进企业营收11.85亿，新增研发投入额16299.56万元；孵化企业引进企业累计328家，在岗科研人员和管理人员605人，专利申请数累计668项，其中发明专利294项。

【科技成果转化】 中国科学院南京土壤研究所申报的土壤碳中和与气候变化应对试验设施建设获得省级资金支持2000万元。江苏前景信息科技有限公司所申报的基于XR+5G的新一代互联网智能交互技术研究与示范应用获得市级资金500万元。南京东大智能化系统有限公司"基于区域分布光纤传感的基础设施智慧系统的研发及产业化"项目、江苏先声药业有限公司"Ⅰ类新药复方依达拉奉注射液的Ⅲ期临床研究及产业化"项目顺利完成验收。全年玄武区在江苏省技术合同登记服务平台登记的技术合同9191件，成交总金额达86.38亿元。

【科技研发平台建设】 江苏先声医学诊断有限公司、南京智慧交通信息股份有限公司等5家工程技术研究中心被市科技局认定为市级工程技术研究中心，南京市市政设计研究院有限责任公司、南京苏宁电子信息技术有限公司的工程技术研究中心2家企业被省科技厅认定为省级工程技术研究中心。江苏前景信息科技有限公司入选省研发型企业培育名单，南京智慧交通信息股份有限公司进入市科技服务骨干机构培育库。先声药业“转化医学与创新药物国家重点实验室”绩效奖补并获60万元奖励。（廖明超）

科学普及

【概况】 2022年玄武区科协在区委、区政府的正确领下，深入贯彻习近平总书记关于“科技创新、科学普及是实现创新发展的两翼，把科学普及放在与科技创新同等重要的位置”的重要思想，落实国家、省、市全民科学素质工作的部署和要求，紧扣2022年全国科技活动周、全国科普日和省、市科普周等重大主题活动，结合实施“社区科普益民”和基层科普行动计划，加强自身建设，推进科协系统改革举措落实。被中国科协评为2021—2025全国科普示范区。2022年度区科协获全省“4+1”工作质效评估优秀单位。

【服务科技工作】 走访和调研南京农业机械化研究所、中国科学院南京地理与湖泊研究所、中国科学院南京土壤研究所和江苏省农业科学院，与科学家代表座谈，畅谈科研工作和科研工作者关心的话题，征集科研工作者意见建议120多项，为科技工作者办实事50件。在全国科技工作者日组织和开展相关系列活动，弘扬科学家精神，表彰优秀科技工作者，宣传科技工作者先进事迹。

【服务创新发展】 组织南京创通微新通信有限公司、赛特斯信息科技股份有限公司、南京拓灵智能科技有限公司3家企业5个项目申报“讲、比”活动；组织南京理想农业、赛特斯、南京拓灵智能科技有限公司3家企业进行金桥工程资助考评和验收。走访辖区内企业、高校，宣传知识产权扶持政策，深入了解企业和高校的知识产权情况及存在的困难，听取企业和高校的建议，切实为企业和高校做好服务。围绕服务区主导产业发展，组织2期“科协大讲堂”进机关专题讲座。

【公共科普服务】 围绕全国科技活动周，省、市科普宣传周，全国科普日等大型科普主题开展活动达320余场次。上半年承办2022年全国科技活动周暨省市科普宣传周的主场活动，被省科协表彰为2022年全国科技活动周暨江苏省第34届科普宣传周优秀组织单位。全年围绕世界地球日、世界水日、世界环境日、“5·12”防灾减灾日、全国科技工作者日等各类主题科普开展广场义务咨询、志愿服务、科普讲座、发放科普宣传资料等活动120多场次。区全民科学素质领导小组成员单位、街道、园区依托各类线上平台开展常态化科普活动260余场次，直接受众达20余万人次。组织34家科普教育基地面向社会和中小学生免费开放和定期组织开展南京科普游等科普活动和科技志愿服务316场次，参观受众达30万人次。2022年，玄武区作为南京市1队代表参加江苏省全民科学素质大赛获得二等奖暨全省第四名的好成绩。

【“一老一少”科普活动】 深入开展青少年科技创新区长奖活动，制定出台《玄武区青少年科技创新区长奖实施办法》，并作为规范性文件下发全区执行。组织玄武区第五届青少年科技创新区长奖颁奖典礼暨第六届区长奖启动仪式，通过区长奖申报、遴选、答辩和颁奖等系列活动，产生获奖学生33人，优秀科技辅导员34人，优秀组织单位6家，促进和活跃青少年科技创新活动。围绕老年人科普需求，多方位提升老年人科学素质。依托社区科普大学开展老年人智能手机操作培训讲座50多场次，区、街两级科协“四长”开展健康科普报告进社区75场次、为老年人举办健康养生讲座110多场次。区科协与区卫健委联合打造“科普益民，健康惠老”老年云科普系列短视频联播，已连续开播8期。区卫健委结合开展“家医工作室”活动送科普进家庭5600多户，受到社区老年人普遍欢迎。配合省科协开展院士专家送科普进社区活动12期。2022年承办南京市第二届老年人手机操作大

9月7日，南京市创业大赛决赛 （区科技局 供图）

赛，获一等奖。6月，玄武区作为南京市的唯一代表，参加江苏省首届老年手机操作大赛，取得全省二等奖（第三名）的好成绩。

【建立"15分钟科普圈"】 依托科普场馆资源优势，发挥玄武区科普教育基地联盟作用，促进学校与科技场馆开展馆校合作，建立课后服务"15分钟科普圈"。组建120人的科普教育基地专家讲师团，开发科普资源包28个，为青少年课后科技创新活动和科普教育提供点单式服务、菜单式管理。组织专家常态化开展科普报告进校园等活动46场次。利用玄武特色的"海""陆""空"3条科普研学线路，组织学生定期到各科普教育基地开展研学实践112场次，科普研学实践活动进一步促进课后服务"15分钟科普圈"工作落地落实。

【应急科普】 注重发挥社区科普阵地作用，突出新冠病毒防疫知识宣传，利用社区科普画廊、科普图书角、科普e站、科普中国App和"玄武科普"微信公众号等媒介，宣传应急科普知识，提高群众科学应对突发事件和灾害的能力和素质。针对疫情下大众心理压力大、易焦虑等情况，组织开展18场次线上心理健康讲座和辅导，与南京师范大学心理健康学院联合开通了心理健康热线服务群众需求。在"5·12"全国防震减灾日之际，与区应急管理局共同举办2022年防灾减灾应急演练活动，区全民科学素质工作领导小组成员单位和玄武区减灾委成员单位共3000余人和全区近100所中小学和幼儿园共2.7万名师生参加在线观看和部分协同演练活动，提高学校防灾减灾应急响应和处置能力，增强师生避险减灾意识。结合季节性科普热点，组织学协会专家和网络传媒共同举办访谈讲座，全年机关单位、街道、社区、学校开展防灾减灾科普讲座和现场宣教演练活动达80多场次，提升全区公民安全和防灾意识。 （何 斌）

科技人才

【概况】 深入贯彻创新驱动发展战略，融入全市引领性国家创新型城市建设，聚力建设最具竞争力的创新高地，全面推进各项科技人才工作。

【国家项目】 申报国家重点人才工程A类10人，B类8人。泛函研究院等4人入选国家高端外国专家引进计划。

【省级项目】 组织申报省"双创计划"，先声药业等3家单位申报省双创团队，2人申报省外专百人计划。13人入选江苏省科技副总。

【市级项目】 组织开展紫金山英才高层次创新创业人才项目，96人参加申报，35人入选区级高层次人才，择优推荐18人申报市级高层次人才。向区级高层次创新创业人才企业分别兑现50万元区级扶持资金，合计

1750万元。8人推荐申报创新型企业家。推进南京市外国专家项目，先声诊断1人入选专家项目。（赵洪颜）

科研院所

·中国科学院南京地质古生物研究所·

【概况】 截至2022年年底，中国科学院南京地质古生物研究所（以下简称南京古生物所）在职职工180人。有中国科学院院士3人、正高级专业技术人员51人、副高级专业技术人员51人。有国家杰出青年科学基金获得者6人，优秀青年科学基金获得者4人（新增1项），国家人才计划入选者5人（新增1项）。设“古生物学与地层学”“地球生物学”“资源与环境（地质工程）”和“矿物学、岩石学、矿床学”四个专业二级学科硕士研究生培养点，“古生物学与地层学”“地球生物学”和“矿物学、岩石学、矿床学”三个博士研究生培养点，设有博士后流动站，共有在学研究生98人（其中，硕士生50人、博士生48人）、在站博士后9人、特别研究助理14人。

【科研项目】 2022年，南京古生物所共有在研项目185项（包括新增项目58项）。其中，承担国家人才计划3项（新增1项）、国家重点研发计划项目2项（新增2项）、国家重点研发计划课题1项（新增1项）、国家科技基础条件平台1项、其他单位国家重点实验室开放课题1项（新增1项），参加其他单位负责的国家重大科技专项专题1项、国家重点研发计划2项、国家科技基础资源调查专项2项、教育部长江学者项目1项、国家实验室课题1项（新增1项）；主持国家自然科学基金重点项目5项（新增1项）、重大项目课题4项（新增2项）、重大研究计划课题1项、创新研究群体科学基金项目1项、杰出青年科学基金项目2项、优秀青年科学基金项目2项（新增1项）、青年科学基金项目28项（新增11项）、面上项目44项（新增10项）、外国青年学者研究基金项目2项，参加外单位基础科学中心课题2项（新增1项）、重大项目1项、重点项目1项、面上项目1项；承担中国科学院战略性先导科技专项子课题25项、院人才支撑体系专项项目5项（新增1项）、院基础前沿科学研究计划“从0到1”原始创新项目1项、院青年创新促进会项目12项（新增3项）、院青年创新促进会优秀会员项目2项（新增2项）、院网信专项项目2项（新增2项），院其他项目5项（新增2项）；主持江苏省自然科学基金项目7项（新增1项）；承担地方政府委托项目1项，参加其他省份自然科学基金项目1项；承担大中型企业委托项目14项（新增9项）。

【科研成果与知识产权】 2022年，南京古生物所共发表学术论文约410篇，其中，含“自然指数”论文23篇，出版著作4部，授权发明专利2项，计算机软件著作权登记2项。“埃迪卡拉纪石板滩生物群”入选2022年度江苏省科学技术奖，“中生代昆虫关键生态行为的演化”“晚古生代冰室气候下的全球变暖及海洋缺氧”等主持或参与的5项成果入选2022年度中国古生物学十大进展。组织出版《中国扬子区奥陶纪末至志留纪初含页岩气地层》（英文版）等图书，为全球和中国区域地层划分和对比

研究发现5.18亿前的寒武纪澄江动物群产出的云南虫
（中国科学院南京地质古生物研究所 供图）

科学技术

提供重要标准，为国家页岩气勘探开发提供重要参考依据；出版《地层“金钉子”》专著，为科普大众、服务广大地学工作者提供了一部“集大成”的通俗读物和工具书。南京古生物博物馆年内接待参观近20万人（次），入选2021—2025年第一批全国科普教育基地，李四光先生办公旧址暨研究所所史馆入选第一批全国科学家精神教育基地、中国科学院弘扬科学家精神示范基地和江苏省科学家精神教育基地，科学传播工作获全国优秀科普作品、全国科普日优秀活动等众多荣誉。（陈孝政）

·中国科学院国家天文台南京天文光学技术研究所·

【概况】　中国科学院国家天文台南京天文光学技术研究所（以下简称南京天光所）是中国天文与光学高新技术的重要科研和发展基地、国家大中型天文望远镜及仪器设备的研制基地，天文技术与方法高级人才的培养基地，拥有中国科学院天文光学技术重点实验室和江苏省外国专家工作室，是江苏省先进光学制造技术高技能人才培养基地。

2022年建立以“四室一中心”为主体的科研组织架构，包括望远镜新技术研究室、天文光谱与高分辨成像技术研究室、天文与空间镜面技术研究室、太阳与空间仪器研究室、望远镜工程中心，增强了研究所核心竞争力和科技创新活力。至年底，南京天光所在职职工222人，其中，专业技术人员150人、技术工人55人。有“两院”院士3人（1人兼发展中国家科学院院士），海外引进高层次人才4人；研究员及正高级工程技术人员21人、副研究员及高级工程技术人员60人。

设有“天文学”“光学工程”2个一级学科和“天体物理”“天文技术与方法”“精密仪器及机械”3个二级学科博士、硕士研究生培养点，1个“电子信息”全日制专业硕士学位的培养点，并设有“天文学”“光学工程”2个专业一级学科博士后流动站。现有博士生导师19人，硕士生导师38人，在学研究生90人（其中，硕士生63人、博士生27人），在站博士后8人。

3月1日，研究员袁祥岩领衔的南极巡天望远镜研制团队获第十七届中国青年女科学家奖团队奖（中国科学院国家天文台南京天文光学技术研究所　供图）

【科研项目】　2022年，承担国家自然科学基金重大科研仪器3项、重点项目1项、面上项目26项（新增5项）、青年科学基金项目9项（新增3项）、天文联合培育2项、天文联合重点3项、院战略性先导科技专项课题1项，新增江苏省自然科学基金青年项目1项，新增参与国家自然科学基金重大科研仪器项目1项，新增科技部重点专项4项（项目1项，课题3项）；新增委托研制项目54项。

推进中国大型光学红外望远镜建设，“十四五”重大科研任务“大型天文光学红外望远镜前沿技术研究”获科技部“大科学装置前沿研究”重点专项立项。国家重大科技基础设施LAMOST望远镜运行稳定，主动光学关键执行器件自主研制获重大突破并已开展实际观测应用，光谱巡天累计获得2000万条光谱，科研成果丰硕。国际合作重大科研仪器项目“西班牙GTC高分辨率超稳定光谱仪”正式启动。1.6米多通道测光巡天望远镜完成现场装调并顺利出光，在国际上首次实现较大通光口径大视场、多通道高精度测光巡天。国家重大科研仪器项目“基于差分延迟干涉的微角秒天体测量装置研制”长基线望远镜光干涉阵进展顺利，提升天体成像观测能力；国家重大科研仪器项目“围绕暗弱恒星的太阳系外行星高对比度成像探测仪器研制”完成仪器整机研制与测试；国家重大科研仪器项目“30米望远镜拼接式非球面主镜的子镜面形检测设备”在批量离轴非球面检测技术方面取得重要进展。作为主任设计师单位研制了先进天基太阳天文台(简称ASO—S)“夸父一号”的有效载荷全日面矢量磁像仪(简称FMG)。FMG是中国第一台空间太阳磁场测量设备，与国际同类载荷相比具有更高的磁场测量灵敏度和时间分辨率。中国空间站巡天空间望远镜系外行星成像星冕仪、无缝光谱仪组件初样研制进展顺利。各项国家和江苏省自然科学基金项目研究进展顺利，系列地基光学望远镜、光谱仪、天文与空间镜面、金增强膜、光学调制传递函数测量仪等研制均取得良好进展。与中国气象科学研究院共同为“科技冬奥”研发的专门检测赛道质量的冰雪粒径测量仪和冰雪硬度测量仪获得成功应用。参与“巅峰使命2022——珠峰极高海拔地区综合科学考察研究”，由中国气象科学研究院牵头联合南京天光所和山东师范大学研发的自动气象站成功在珠峰海拔7028米架设。中国第38次南极科学考察期间，中国天文学家在南极中山站安装了1套南京天光所与中国极地研究中心联合研制的小型望远镜阵列，已成功投入越冬观测运行。

【科研成果与知识产权】 申请国家发明专利15件，实用新型专利3件；2件PCT国际专利进入国家(美国)阶段；授权发明专利31件(包括1件美国发明专利)，实用新型专利3件，外观设计专利1件；发表论文38篇，其中：SCI收录8篇，EI收录21篇，中文核心7篇。

【学术交流与合作】 基于中国科学院国际合作重点项目“西班牙GTC高分辨率超稳定光谱仪”平台，依托院国际人才交流计划引进欧洲南方天文台资深专家到所访问工作，申请获批2022年江苏省外专百人计划(江苏省A类人才计划)和科技部国家高端外国专家引进计划资助。申请获批1项2022年海外科教合作中心(中智天文联合研究中心)部署项目，推进研究所太阳系外行星高对比度成像观测研究的开展。作为主要共同承办单位之一，成功举办中国天文学会成立百年纪念大会。为弘扬科学家精神，与中国科学院南京天文仪器有限公司联合在南京举办“胡宁生星”命名仪式。

【科研条件建设】 麒麟新园区建设进展顺利，科研实验楼各项专业工程已全部完成，拟竣工验收，“十三五”科教基础设施平台主体结构已封顶，进入内部装修设计与招投标准备阶段。扎实推进财政部各项改善科研条件专项项目的实施和验收，5米预应力环抛机投入使用。

【科教融合】 作为中国科学院大学南京学院天文与空间科学技术学院主要依托单位，加强与省部属重点高校的合作，协助南京学院推进与南京邮电大学本、硕、博贯通人才联合培养项目，推进与河海大学“卓越研究生”的联合培养；与东南大学联合申报了江苏省研究生工作站；成功举办第九届“走近国科大——天文技术与方法”大学生暑期夏令营活动，硕士生报考人数较历年有大幅增长。1名博士研究生入选国家建设高水平大学公派研究生项目资助，赴日本国立天文台留学。 (郑　健)

·中国科学院南京地理与湖泊研究所·

【概况】 中国科学院南京地理与湖泊研究所(以下简称研究所)的前身系1940年8月在重庆北碚成立的中国地理研究所，1958年更名为中国科学院南京地理研究所，1987年改为现名。中国科学院院士黄秉维、任美锷、周立三曾先后担任所长。

研究所是1981年国务院学位委员会批准的自然地理学硕士学位授予权单位之一，现设有地理学、环境科学与工程2个一级学科博士研究生培养点，自然地理学、人文地理学、地图学与地理信息系统、环境科学4个二级学科博士研究生培养点，自然

8月4日，中国科学院南京地理与湖泊研究所青藏科考团队于小柴旦湖进行野外科考 （中国科学院南京地理与湖泊研究所 供图）

地理学、人文地理学、地图学与地理信息系统和环境科学4个二级学科硕士研究生培养点以及资源与环境类别工程硕士（环境工程、城市与区域规划2个研究方向）全日制专业学位培养点，并设有地理学一级学科博士后科研流动站，有在学研究生237人，其中，硕士104人，博士133人（含留学生4人）。截至2022年年底，研究所在职职工268人，其中，科研人员206人，管理人员30人，科技支撑人员23人。研究员及正高级工程师62人，副研究员及高级工程师88人。国家杰出青年科学基金获得者7人、国家优秀青年基金获得者7人。

研究所是全国唯一以湖泊—流域系统为研究对象的综合研究机构，主导着中国湖泊科学的发展方向，并在国际上具有重要影响。研究所面向学科前沿和国家需求，长期聚焦湖泊—流域关键过程与多要素相互作用机制、湖泊—流域系统演变及对人类活动的响应与综合管理两大基础科学问题；围绕湖泊生态系统演化、湖泊环境治理、流域地理与可持续发展三大学科领域，着力发展湖泊沉积与环境演变、湖泊生物与生态、物理湖泊与水文、湖泊环境与工程、湖泊—流域过程与调控、流域资源与生态环境、区域人文经济地理、遥感与地理信息科学8个研究方向，满足国家在湖泊—流域环境治理与生态修复、区域可持续发展规划与评估2个应用研究领域的重大需求，奠定研究所在国家科技创新体系中引领湖泊—流域科学创新发展的地位。研究所设有湖泊与环境国家重点实验室、中国科学院流域地理学重点实验室、中国科学院湖泊环境治理与生态修复工程实验室、所级公共技术中心、湖泊—流域科学数据中心以及7个湖泊野外观测站［含太湖湖泊生态系统研究站（国家站）、鄱阳湖湖泊湿地综合研究站（国家站）、抚仙湖高原深水湖泊研究站（国家站）、呼伦湖生态系统定位观测研究站、天目湖流域生态观测研究站、东非大湖与城市生态研究站、千岛湖生态系统研究站］等科研支撑平台。有50万元以上的大型仪器设备129台/套。

2022年，研究所深入学习贯彻中共二十大精神，围绕习近平总书记对中科院提出的“四个率先”和“两加快一努力”目标要求，聚焦主责主业，落实“基础研究十条”，研究所各项事业创新发展。统筹推进“十四五”科技创新规划编制和国重重组。精心组织编制“十四五”科技创新规划并通过中科院党组批准，围绕规划的主攻方向、新兴前沿和未来技术方向，进一步凝练产出目标，自主部署若干揭榜挂帅类项目和青年人才类项目。根据科技部及中科院有关国重重组工作部署，研讨优化组建方案，最终形成由研究所为依托单位，联合多家共建单位共同组建“湖泊与流域水安全”全国重点实验室。实验室定位为围绕保障国家水安全与支撑长江流域高质量发展的湖泊、流域环境治理与生态修复，揭示江湖关系、湖库关系以及湖泊、流域生态系统的响应机制，突破湖泊、流域水安全保障的关键技术，支撑全国五大湖区重点湖泊的生态环境治理改善与长江流域生态恢复。

【科研项目】 2022年，研究所共有在研科研项目520项（包括新增项目221项）。其中，主持国家自然科学基金委创新研究群体项目1项、新增重大项目集成项目1项、重大项目课题1项(新增1项)、重点项目6项(新增2项)、联合重点项目5项(新增2项)、国家杰出青年基金项目2项(新增1项)、国家优秀青年科学基金项目3项(新增1项)、面上项目92项(新增19项);主持国家重点研发计划项目8项(新增2项)、课题11项(新增6项);主持科技基础资源调查专项1项、课题2项;主持第二次青藏科考专题1项;主持中国科学院美丽中国先导专项1项,专题1项,课题及子课题15项。主持院重点部署项目2项,STS区域重点项目1项、院对外合作重点项目3项。获省部级以上奖励3项,其中"中国湖泊综合调查关键技术与数据集成应用"获江苏省科学技术奖一等奖,"气候变化与营养盐富集对蓝藻水华的协同放大机制及应对"获江苏省科学技术奖二等奖,"湖泊鱼类资源利用与水生态协同修复关键技术研发及应用"拟获中科院科技促进发展奖。

【科研成果】 2022年,研究所获省部级以上奖励3项,其中"中国湖泊综合调查关键技术与数据集成应用"获江苏省科学技术奖一等奖,"气候变化与营养盐富集对蓝藻水华的协同放大机制及应对"获江苏省科学技术奖二等奖,"湖泊鱼类资源利用与水生态协同修复关键技术研发及应用"获中科院科技促进发展奖。全年研究所以第一单位发表论文477篇,其中,SCI论文收录350篇,一区和二区高质量论文231篇。出版专著11部。申请专利32件,其中发明专利26件;授权专利26件,其中发明专利16件。申请软件著作权登记37件。发布标准4项。

【科研成果转化】 2022年,研究所积极服务国家需求,支撑区域经济社会发展,全力打造高水平科技智库。编制《中国湖泊生态环境研究报告》和《长江经济带高质量发展评估研究报告》,积极支撑湖泊流域生态环境保护、治理修复以及高质量发展。聚焦湖泊流域治理、长江保护修复、长三角一体化发展等,13份咨询报告得到省部级以上部门采用。

【交流合作】 研究所是江苏省海洋湖沼学会、江苏省地理学会、江苏省遥感与地理信息系统学会、中国地理学会长江分会、中国地理学会湖泊与湿地分会、中国海洋湖沼学会湖泊分会、中国第四纪科学研究会生态环境演化分会、中国环境科学学会沉积物环境专业委员会挂靠单位。主办《湖泊科学》学术期刊。图书馆馆藏图书期刊约10万册,各种地形图约3万幅,航卫片5万余张;馆藏地方志4200余种44000多册,其中,善本897种,孤本20余种。研究所设有资产管理公司"南京中科地湖科技有限责任公司",2022年完成中科健康产业集团股份有限公司国有股权无偿划转资产管理公司的工商变更手续。 (孙 昊)

·中国科学院南京土壤研究所·

【概况】 中国科学院南京土壤研究所(以下简称南京土壤所)成立于1953年,前身是1930年创立的中央地质调查所土壤研究室,是中国现代土壤科学研究的发源地。南京土壤所是全国唯一专门从事土壤科学综合研究的机构,拥有国际上分支学科最齐全的完整土壤学科体系,是土壤科学领域的国家级研究中心和高级人才培养基地。

南京土壤所的定位与目标是,面向国家粮食安全、生态环境安全、碳达峰碳中和重大战略需求和国际土壤科技前沿,针对中国耕地资源紧缺、土壤质量总体偏低、土壤污染防控形势严峻和农业资源利用率不高等重大现实问题,在耕地产能扩增、土壤生态环境质量提升主攻方向上承担国家重大科研任务,开展基础原创研究和关键核心技术攻关,为中国粮食安全保障和生态环境保护提供重要科技支撑。完善适应国家科技体制改革要求的科研组织体系与管理模式,集聚和培育一批高层次科技人才,完善全链条土壤科技创新平台,引领中国土壤科学的发展。

南京土壤所科研部门拥有土壤与农业可持续发展全国重点实验室、土壤养分管理与污染修复国家工程研究中心、中科院土壤环境与污染修复重点实验室、农业部耕地保育综合性重点实验室等重要研究平台;设有土壤资源与信息、土壤地力与保育、土壤环境与修复、植物营养与肥料、土壤生物与生态5个研究部；拥有中科院生态系统研究网络土壤分中心，河南封丘、江西鹰潭、江苏常熟3个农田生态系统国家野外科学观测研究站以及中科院三峡工程生态环境湖北秭归实验站。南京土壤研究所管理系统现设有办公室（党委办公室）、科技处、人事处、财务资产处、研究生部、园区建设与后勤保障办公室、监督与审计室等职能处室。支撑系统包括期刊出版与文献情报中心和土壤与环境分析测试中心。

南京土壤研究所是中国土壤学会、江苏省土壤学会和全国土壤质量标准化技术委员会的挂靠单位；主办Pedosphere、《土壤学报》《土壤》3份学术期刊，其中Pedosphere是中国唯一的土壤科学英文学术期刊且被收录为SCI源刊。

【人才队伍建设】 2022年度研究所人才队伍建设取得新成效。新增国家杰出青年、WR计划科技创新领军人才各1人，新增国家优秀青年、WR计划青年拔尖人才各1人，新增青促会优秀会员1人，入选农业农村部神农计划青年英才1人、江苏省杰出青年2人。在人才引进方面，抓住国重重组机遇锁定20余位具有较强发展潜质的海内外优秀青年人才，推进引进工作。做强做大后备人才"蓄水池"，新聘特别研究助理18人，在站博士后人数创历史新高。集中招聘实验管理支撑人才近20人，进一步强化支撑体系队伍建设。

【科研项目】 2022年，南京土壤所坚持把承担国家重大任务作为心系"国家事"、肩扛"国家责"的具体体现，聚焦"十四五"规划主攻方向和新兴前沿方向，争取国家科技任务50多项，参与"三普"总体实施方案的制定并承担全国外业调查项目和"三普"生物调查专项；新增黑土地土壤有机质累积过程与提升技术、黑土地土壤—生物系统功能调控与水土资源承载力共性技术、江南坡耕地红壤退化阻控与产能提升综合技术模式与应用、稻田碳汇提升和甲烷减排技术研发与集成示范4项国家重点研发计划项目，13项重点研发计划项目课题；新增国家自然科学基金项目36项，包括杰出青年1项、优秀青年1项、重点项目2项。争取承担多项国家部委、地方政府科技支撑项目。新争取的各类重大科技任务总经费近6亿元创历史新高，进一步彰显研究所作为土壤科技领域国家战略力量主力军和"领头羊"地位。

【科研成果】 2022年，南京土壤所瞄准国家重大战略需求，在保障粮食安全、推动绿色发展、实施"双碳"战略等领域产出一批有重要影响的科技成果。参与"黑土粮仓"科技会战并取得重要阶段性成果，系统研究黑土退化指标体系，发展黑土关键指标分析方法，揭示百年尺度黑土有机质活性库演变规律与驱动机制，阐明黑土地"变硬""变瘦"作用机制，研发黑土退化阻控快速恢复技术，入选喜迎中共二十大亮点成果并被央视《新闻联播》报道。加强基础前沿原始创新，创建植物体内微/纳塑料吸收转运的定量示踪方法；提出土壤改良与品种培育相向而行的新理念，挖掘适应酸性土壤的植物和微生物种质资源及其耐铝机制，阐明作物对铝毒及其共存胁迫因子的协同适应机制，研发基于有机物料配施的降酸控铝技术。启动"土壤碳中和与气候应对试验设施"重大平台建设项目，提出稻田生态系统简便、易行、高效的固碳减排丰产增效技术模式，为中国稻田"双碳目标"实现提供重要科技支撑。全年发表科研论文560余篇，其中SCI论文400篇，多项重要研究成果发表在国际顶级期刊上，并引起国内外同行广泛关注；获授权专利59项；《低山丘陵区水土流失与农业面源污染协同控制的关键技术及实践》获得江苏省科技进步奖二等奖。根据ESI最新公布的排名，南京土壤所在农业科学、环境生态学、植物/动物科学、工程学4个学科中均进入1%。

【科研成果转化】 坚持推进大型仪器设备共享共用，分析测试中心连续五年在全国科研仪器开放共享考核中获得优秀，2022年在全国345家参评单位中荣列第3；顺利通过院地学资环领域所级中心2017—2021年度的五年周期评估，并在全院所有24个参评单位评估结果中排名第一。对标世界一流科技期刊，不断优化办刊举措，实现提质增效，其中Pedosphere入选“中国最具国际影响力学术期刊”，《土壤学报》荣获华东地区优秀期刊奖、影响因子居农业基础科学类期刊首位。图书馆切实保障科研人员对文献的主体需求，有效发挥文献情报信息对科研工作的支撑作用。积极拓展野外科研支撑平台，与吉安市人民政府签署《建设井冈山农高区战略合作框架协议》，共同组建红壤研究院公共研发平台。

【国际交流合作】 推动线上线下国际交流与合作，派出代表团赴英国出席第22届世界土壤学联合会大会，多人在新一届国际组织机构中担任重要职务。开展公众科学日、科学节、全国青少年科学营——土壤专题营和世界土壤日等系列活动，积极推动科普和宣传工作。构建有效服务国家重大需求，有利实现合作共赢促进科技成果转移转化的新机制，与国内相关地方政府、龙头央企以及高校院所推动落实一批战略合作和协同创新的新项目，提升了在相关行业和研究领域的引领力和影响力。

（秦江涛）

·江苏省中国科学院植物研究所·

南京中山植物园秋季航拍　（江苏省中国科学院植物研究所　供图）

【概况】 江苏省中国科学院植物研究所暨南京中山植物园是江苏省与中国科学院“双管共建”的公益科研机构，作为中国亚热带植物研究中心之一，担负着植物资源保护与利用、植物科技创新与服务、植物科学传播与教育的核心任务。现设有植物多样性、药用植物、观赏植物、植物生态与环境等研究中心7个，拥有国家林业和草原局“暖季型草坪草种质创新与利用工程技术研究中心”“江苏省植物资源研究与利用重点实验室”等一批科技平台，以及华东地区最大、馆藏80余万份标本的植物标本馆。植物园收集保存植物资源10000余种（含品种），建成专类植物园（区）20余个，是国家、江苏省和南京市科普教育基地及青少年科技教育基地。

研究所是江苏省植物学会、中国环境学会—植物环境与多样性专业委员会、中国植物学会—水生植物资源与环境专业委员会挂靠单位，主办《植物资源与环境学报》学术刊物。截至2022年年底，在编职工297人，其中高级职称108人，是省级重点学科“生物学”一级学科硕士研究生培养点和博士后科研工作站以及生物与医药专业硕士学位点。

【科技创新】 2022年，在承担重大科技项目上实现突破，新获批国家重点研发课题、国家自然科学基金项目以及省级重点研发、“双碳”“揭榜挂帅”等，年度新增科研项目132项，到帐科研经费同比增加8.73%。发表学术论文314篇（其中SCI收录论文207篇），出版著作6部；获授权国家专利56项，选育植物新品种21个；获省部级奖2项。

【科研成果】 在药用与芳香植物次级代谢响应环境变化的规律和机制研究、水生植物高值资源化利用关键技术研发、利用基因组学辅助地方特色粮食作物育种研究、苏植系列结缕草新品种在中国南方地区规模化繁殖利用、天然产物功能成分抑菌机制研究等特色领域研究取得突破。“特色林果黑莓蓝莓产业链关键技术创新与集成应用”获2022年度教育部科学技术奖二等奖。“特色花卉新品种及集成技术推广应用”获2019—2021年度全国农牧渔业丰收奖二等奖。

【物种保育】 野外引种共1304号，其中新增新分类群约500种；国内外交换62号，共计43种；新增二级以上国家重点保护植物41号，开展部分国家重点保护植物扩繁工作。新采集标本3407号，鉴定标本2648号，数字化标本10936份，收集DNA样1949号。优化特色植物专类园展示效果，打造科研成果推广窗口。全年开展主题园艺、科普展览、讲座等90余场次，年科普受众约180万人次。举办“生物多样性日”、院士共植银缕梅等特色活动，珍稀濒危植物保护和植物资源开发利用工作得到社会各界广泛关注。构建科研科普协同发展的“大科普”工作格局，启动系列科普作品编撰工作，推动基于融媒体的系列科普视频创作，获“全国科普教育基地”称号。

【学术交流与合作】 承办“首届植物科学前沿学术大会”，应邀参加《湿地公约》第十四届缔约方大会、第十四届全国生物多样性科学与保护研讨会、首届江苏省荷花高层论坛等重要会议并作主旨报告。举办江苏省植物学会第十次会员代表大会暨2022年学术年会。开展线上外事活动，深化对外交流合作。经中央人民政府驻澳门特别行政区联络办公室协调，向澳门特区政府赠送荷花新品种，在第二十二届澳门荷花节上展出，彰显苏澳两地深厚的合作情谊。开展科技服务，推进产学研合作。为提升服务乡村振兴战略的水平，新设立乡村振兴研究中心，推进科技成果转化与技术转移。落实东西部协作和定点帮扶工作，在陕西商洛建成1000亩薄壳山核桃示范基地。选派新一批省科技镇长团成员、驻村第一书记，推广一批特色科技成果应用，为助力生态文明建设和乡村振兴做出新贡献。 （耿茂林）

·中国林业科学研究院林产化学工业研究所·

【概况】 中国林业科学研究院林产化学工业研究所（以下简称林化所），是全国专业从事木质和非木质林产品化学加工与利用，集基础研究、应用研究、产品开发及工程设计于一体的国家级综合性研究开发机构。1960年建所，是国家林业和草原局直属副司局级科研事业单位。主要研究领域包括生物质能源、生物质化学品、生物质新材料、生物质活性成分利用、木材制浆造纸为主的林纸一体化、松脂化学利用与深加工、活性炭化学与工程、植物单宁及森林资源化学利用、林产化学工程设备研究设计等学科方向。设有林产化学加工工程博士点，林产化学加工工程、轻工技术与工程（制浆造纸、生物质材料、包装工程等）等学科硕士点和林业工程博士后流动站。

截至2022年年底，在职职工205人，其中，科学技术研究人员197人，研究员32人，副研究员和高级工程师等副高级职称67人，中国工程院院士2人，国际木材科学院院士4人。国家杰出青年科学基金获得者2人，国家优秀青年基金获得者4人，国家级突出贡献专家3人，部省级突出贡献专家4人，享受国家级特殊津贴22人；国家“万人计划”青年拔尖人才2人，拥有国家重点领域创新团队“林木资源化学深加工创新团队”以及国家林草科技创新团队“清洁制浆科技团队”，拥有博士生导师19人，硕士生导师41人。现设有2个博士3个硕士学位培养点和1个博士后流动站，与法国普罗旺斯大学联合培养微生物学硕士学位研究生。拥有全国劳动模范，国家级、省部级的各类专家、学者，科技队伍专业齐全，结构合理。

所内设有林木生物质低碳高效利用国家工程研究中心（国家发改委）、国家林产化学工程技术研究中心（科技部）、林业生物质高效转化利用示范国际科技合作基地、国家产业技术创新类引才引智基地，拥有国家林业和草原局林产化学工程重点实验室、国家林业和草原局林产化工中试基地、国家林业和草原局林化产品质量检验检测中心（南京）、国家林业和草原局科技扶贫中心、全国林产化工科技情报中心站、江苏省生物质能源与材料重点实验室、江苏省生物质能源与材料工程技术研究中心、中国林科院制浆造纸研究开发中心等国家、部省级科技创新平台。建成20多条工程化验证装备集中试线，成果推广到全国30多个省、市地区500多家企业。同时附设有全国林化产品标准化技术委员会、国家林业局林化产品质量检验检测中心（南京）、全国活性炭专业委员会及行业协会、全国树木提取物利用分会等学术和技术机构。主办的学术期刊有《林产化学与工业》《生物质化学工程》。

【科研创新】 2022年，在研国家重点研发计划项目、国家基金重大项目、国家级推广项目等各类科研项目105项，新增国家级、省部级等各类课题60项，其中，国家重点研发计划项目1项，课题3项；中国工程院咨询研究项目1项；国家自然科学基金项目14项（含优秀青年项目1项）；获得中国技术市场协会金桥奖突出贡献奖1项、中国商业联合会科学技术奖一等奖1项、浙江省科技进步奖三等奖1项。发表论文149篇，其中SCI收录94篇（一区SCI论文50篇，影响因子10以上的SCI论文26篇，Nature子刊“Nature Communications”论文1篇）；授权专利91件，其中，国家发明专利84件、国际专利6件、实用新型专利1件；获软件著作权2件。入选中国科协青年人才托举工程1人、人社部海外赤子为国服务行动计划1人。

在纤维素超分子自组装领域取得重要进展。创制高强度（压缩强度达3.2兆帕）、高韧性（断裂能达0.76 MJ m^{-3}）、高离子电导率和优异耐低温性能（在25℃和-20℃下水凝胶的离子电导率分别达到89.9和25.8 mS cm^{-1}）的纤维素基超分子水凝胶，从分子水平揭示了纤维素分子通过Al-O-C配位键与膨润土纳米片层表面的非稳态“Al”单元形成六配位稳定结构；借助密度泛函理论（DFT）揭示了纤维素超分子自组装结构演变规律；通过研究纤维素分子与纳米膨润土形成插层结构从而产生纳米限域效应，解析了水凝胶导电性能大幅提升的重要途径。该纤维素水凝胶作为生物传感器可实现对人体运动和生理信号的稳定监测，在柔性可穿戴领域具有极大的应用潜力。成果发表在研究成果发表在Nature子刊Nature Communications（SCI，影响因子17.694）和ACS Nano（SCI，影响因子18.027）。

在木本油脂选择性催化加氢脱氧制备二代烃类生物柴油和高附加值化学品取得新进展。基于对油脂加氢脱氧反应机理的探究，创制了系列具有高效和高稳定性油脂加氢脱氧催化剂如Pd@Alx-mSiO_2纳米核壳催化剂和NiRe双金属催化剂，实现木本油脂在温和反应条件下（反应温度低于280℃）经选择性加氢脱氧转化为高产率的柴油链状烷烃和脂肪醇的目标，并基于催化剂的表征和理论计算结果首次从分子水平探究了催化剂结构—性能之间的构效关系，揭示了金属位点、Lewis和Br nsted酸位点在催化油脂加氢脱氧过程中的协同催化效应，为在温和反应条件下催化木本油脂脱氧转化为烃类生物柴油和脂肪醇提供了理论基础。研究成果在Applied Catalysis B期刊发表论文2篇（SCI，影响因子24.319）。

【科研成果与转化】 2022年，林化所与华侨大学、宜宾学院、保山市隆阳区人民政府、江苏美思德化学股份有限公司等单位签订战略合作协议；与广西南宁市林友化工科技有限公司、南通海珥玛科技股份有限公司等公司签订产学研合作协议；与贵州黔东南州、灌南县人民政府、利川市人民政府等地方政府开展深度合作。实现优势互补，资源共享，强力推进科技成果转化和推广工作。搭建企业创新技术平台，与凯里小生源科技公司签订技术合同，成立“马蓝提取物清洁加工利用研发中心”；与江苏瑞洋安泰新材料科技有限公司签署协议，共建“水性树脂与功能材料创新中心”；与南通海珥玛科技股份有限公司共建“植物油基聚氨酯材料创新研究中心”，与江苏省环保集团环境工程技术有限公司签署协议，共同筹建“江苏省有机废弃物低碳高值化利用技术创新中心”。做到及时响应市场需求，扎实推进企业创新能力提升，实现科技成果研发、企业应用熟化、市场需求反馈的良性对接。开发“低导热高阻燃木质素基保温材料产业化核心技术”。突破木质素高效绿色定向液化及高活性树脂制备关键技术，实现生物质替代石化原料20%~50%；签订技术转让协议5份，为企业年增加收入近1.5亿元。开发“木质活性炭功能化定向调控关键技术”，近两年新增产值21.88亿元，减排CO_2超过210万吨，减少磷酸消耗16000吨，提升全国活性炭产业的国际竞争力，支撑了数万亿元相关产业的高质量发展。研究成果获得2022年中国技术市场协会金桥奖突出贡献项目奖。

【学术交流与合作】 2022年，邀请美国田纳西大学、中科院宁波材料所等国内外单位的60余名专家通过线上、线下的方式为科研人员做学术报告。主办和协办“2022生物质低碳绿色转化利用国际学术会议”、林草科技创新战略研讨会、“双碳”背景下林产化工学科“十四五”发展战略研讨会、国际生物基产业论坛暨产业展览会等国内外学术会议。加强学术交流，促进中国林产化工及生物质低碳高效利用领域的科技创新及产业发展。其中，“生物质低碳绿色转化利用国际学术会议”，围绕生物质能源低碳转化、生物基功能材料先进创制、生物质化学品绿色高值转化、生物质活性物高效提取转化利用相关领域的研究进展与发展趋势开展了13个主题报告，邀请来自中国、美国、加拿大、新西兰、英国等国高校、科研院所生物质能领域的专家学者参加，线上转播观看人数4000余人。牵头主办国际学术期刊Journal of Bioresources and Bio-Products，入选“中国科技期刊国际影响力提升计划”，（王 瑀）

·生态环境部南京环境科学研究所·

【概况】 生态环境部南京环境科学研究所（以下简称南京所）成立于1978年，是生态环境部直属公益性科研机构。以生态保护与农村环境为主要研究方向，致力于前瞻性、战略性、基础性及应用性环境课题的研究。科研范围涵盖生态保护与修复、生物多样性保护与生物安全、自然保护地管理、生态文明建设与规划、土壤污染防治、农村环境与有机食品发展、化学品生态效应与污染防治、固体废物污染防治、流域生态保护与污染防治、环境管理与工程技术等10个研究领域32个研究方向。依托相关研究成果，该所还在生态环境保护规划、有机产品认证咨询、农用化学品环境安全评估、污染场地修复及环境工程等方面开展了广泛的技术咨询工作。已建成国家环境保护农药环境评价与污染控制、国家环境保护生物安全、国家环境保护土壤环境管理与污染控制3个部级重点实验室，呼伦湖和武夷山2个部级科学观测研究站，装备了国内一流的仪器设备千余台（套）。截至2022年年底，有在职职工655人，其中，中国工程院院士1人、高级职称168人，博士174人；享受国务院政府特殊津贴11人、新世纪百千万人才1人、国家环境保护专业技术领军及青年拔尖人才13人、江苏省“333人才工程”40人；兼职博士和硕士生导师26人，在所研究生140余人。

7月11日至12日，生态环境部副部长赵英民（左二）调研南京所生物多样性项目示范点
（生态环境部南京环境科学研究所 供图）

【科研项目】 2022年，获得国家重点研发计划课题1项，国家科技重大专项子课题1项，国家

自然科学基金5项，江苏省自然科学基金1项，江苏省“碳达峰碳中和”科技创新专项1项，获批生态环境部事业费项目36项。

【科研成果】 2022年，以第一单位发表论文200余篇，总量较2021年翻一番，中科院期刊分区一区论文40篇，其中，影响因子10以上论文22篇，为2021年的4.4倍。出版专著18部，为2021年的2.6倍。获授权专利155项，为2021年2.35倍，其中，国际发明专利66项，国家发明专利78项。在《中国环境报》刊文41篇，为2021年的1.5倍。获得各类科技奖项15项，为2021年的1.58倍。其中获环境保护科学技术奖一等奖2项、二等奖3项，其他省部级奖项10项。

【人才团队】 2022年，选派47名优秀青年骨干赴生态环境部等部委和地方生态环境部门挂职（借调）锻炼。26人获得高级专业技术职务任职资格，其中，正高级职称6人，副高级职称20人，较2021年增长36.8%。入选“江苏省333高层次人才培养工程”第二层次1人、第三层次9人；入选中国环境科学学会青年科学家奖优秀奖1人；入选江苏省双创博士4人、卓越博士后4人。

【科技服务】 加强与政府、行业、企业的紧密合作，发挥技术优势，与地方政府、大型企业等签署战略合作协议、框架协议等9项。开展国家生态文明建设示范区规划、生态保护修复、生物多样性调查与保护、污染场地调查与修复、流域水质达标方案与水污染综合治理、有机产品认证、环境损害司法鉴定和危险废物处理处置等技术咨询服务668项。 （李建南）

8月25日，国务院副总理胡春华（右前二）调研江苏省农业科学院
（江苏省农业科学院 供图）

·江苏省农业科学院·

【概况】 2022年，江苏省农业科学院本部在编职工1335人，具有高级职称770人，博士670人；国家“百千万人才工程”专家4人、国家级青年人才4人、省级以上突出贡献专家72人；享受国务院特殊津贴56人。有省部级以上创新平台88个，其中，国家工程中心1个、省部级重点实验室15个。

【科研项目】 2022年，江苏省农业科学院新增合同经费5.9亿元，到账科研经费5.2亿元；获国家农业重大科技项目立项支持，资助金额1.38亿元；国家重点研发计划课题立项5项；国家自然科学基金立项60项，其中，面上项目21项；省重点研发计划立项5项。

【科研模式】 2022年，江苏省农业科学院组建小麦赤霉病、优质食味粳稻2个研究中心；整合猪支原体、鸡传染病和反刍动物重大疫病团队成立“动物支原体”大团队；在信息所启动“全所一个团队”试点；完成首批6个创新联合体建设评估，新建35个创新联合体。

【科研成果】 2022年，江苏省农业科学院“JAAS管理创新飞轮模型”获第八届中国管理科学学会管理科学奖；主持获省科学技术奖7项，其中“水稻重大病害稻曲病成灾机制及其绿色防控技术创新与应用”获一等奖；主持获省哲学社会科学奖2项，

11月27日，南京市、江苏省农业科学院、南京农业大学、扬州大学签署共建生物育种钟山实验室协议（江苏省农业科学院　供图）

其中，"苏北粮食主产区乡村发展面临的突出问题、振兴路径与对策建议"获一等奖；21项成果获全国农牧渔业丰收奖，其中，"南粳系列优良食味粳稻品种选育与推广"获一等奖；发表影响因子10以上SCI论文31篇；"环境与生态学"首次进入ESI全球前1%；英文期刊Food Production, Processing and Nutrition被ESCI收录。

【平台建设】　2022年，江苏省农业科学院联合南京市、南京农业大学、扬州大学共建的生物育种钟山实验室正式挂牌运行；联合泰州医药高新区及相关企业共同注册成立事业法人，申报国家兽用生物制品技术创新中心；"省部共建食源性生物危害防控国家重点实验室"进入申报阶段；"江苏省农业种质资源综合基因库"即将开工建设；"国家农业与科技融合发展战略研究中心"完成落户，成立长三角乡村振兴智库；新增5个农业农村部重点实验室。

【人才引培】　2022年，江苏省农业科学院公开招聘录用82人，引进高层次人才13人；3人获国家级人才称号；新增国家农业产业技术体系副首席专家2名；35人入选省"333高层次人才培养工程"；13名青年博士入选省"双创"博士；14人申报入选首批省"卓越博士后计划"。

【科技服务】　2022年，江苏省农业科学院成果转化到账收益2.49亿元；共83个品种、74项技术入选国家、省级主导品种主推技术，其中"扬麦33"作为唯一小麦品种入选2022年13项中国农业农村重大新产品；新建亚夫工作站15个，实施亚夫专项44项，亚夫科技服务体系成功入选全国文化科技卫生"三下乡"活动示范项目；与桂柳牧业集团等新建产业研究院17家；全院获国家级专业技术人员继续教育基地认定；检测中心获"农业农村部绿色食品（产品及产地环境）定点检测机构"资质；长三角农业科技服务云平台上线运行；院部基地和六合基地入选国家科普教育基地。

【合作交流】　2022年，江苏省农业科学院获批建设运行"中国—太平洋岛国农业合作示范中心"；与瓦赫宁根大学等高校分别共建"垂直植物工厂""精准畜牧养殖""国际动物疱疹病毒研究"等国际合作平台；举办"苏港农业科技合作交流会"，以线上+线下形式召开国际科技合作交流会等会议15场；选派16人次赴海外知名高校访学；与南京信息工程大学、南京林业大学等开展全面战略合作。

（周至辅）

（栏目编辑　时蔓菲）

文化·旅游业

文化

旅游业

文　化

【概况】 2022年，区文化和旅游局以习近平新时代中国特色社会主义思想为指导，坚决贯彻落实中央和省委、市委、区委部署要求，坚持稳字当头、稳中求进工作总基调，紧紧围绕建设“强富美高”新玄武总目标，主动扛起“争当表率、争做示范、走在前列”光荣使命，科学抓好全系统、全行业疫情防控工作，推动文旅体事业繁荣发展，推进文旅行业“四区同创”，做到疫情防控与重点工作“两手抓、两不误、两推进”，玄武区成功申报省政府文旅产业督查激励支持对象、成功入选首批省级文化和旅游消费示范单位和省级文化和旅游产业融合发展示范区。

【文物保护】 6月15日，为进一步整合玄武文物和文化遗产公益保护力量，联合区检察院牵头成立了文物公益保护联盟。联盟成员大会由15家文博场馆、20家司法、行政机关、5家企业、2所高校、1家行业协会、6名专家学者、2名文保志愿者共51家单位或个人组成，大会常务理事会由中国第二历史档案馆、南京图书馆、南京博物院、中山陵园管理局、玄武区人民法院、玄武区人民检察院、玄武区文化和旅游局、南京考古研究院、南京市玄武湖公园管理处共9家单位组成。

【两家博物馆聚落成立】 挖掘整合区域文博场所资源，新增南京林业大学校史馆和励志社博物馆2家备案博物馆。打造长江路博物馆聚落和钟山博物馆聚落，“5·18”国际博物馆日南京主会场开幕式上正式发布，占南京首批3家博物馆聚落的2家，玄武区也成为全市备案博物馆数量最多的区域。

【《逐梦蓝天》获评省第十五届“五星工程奖”】 按照“五星工程奖”的评选通知，邀请专家、编导组建攻坚团队，研究确定作品主题和参评节目类型，在全区范围内开展原创舞蹈类作品遴选，确定小营小学的舞蹈《逐梦蓝天》代表玄武区参赛。经精心编排和严苛打磨，最终玄武区选送作品舞蹈《逐梦蓝天》获评江苏省第十五届“五星工程奖”。举办2022玄武首届“舞动人生·精彩玄武”舞蹈大赛。推荐区文化馆原创作品男声四重唱《你好，中国》参加南京市首届公共文化“星辰奖”比赛。遴选作品参加南京市第十三届少儿团队大赛，选送11件舞台类作品，全部进入决赛并获得3个金奖、6个银奖、2个铜奖，选送60件美术书法类作品15件进入决赛，并获得2个金奖、11个银奖和1个铜奖的优异成绩。

9月28日，玄武区选送舞蹈《逐梦蓝天》获江苏省第十五届“五星工程奖”
（区文旅局　供图）

【安全监管】 召开行业条口安全生产工作会议，进行安全法规宣讲和风险防范提醒，压实企业主体责任。引进安全生产第三方专业机构融入行业安全生产检查，按照“重大安全风险、较大安全风险、一般安全风险和低安全风险”四个级别，对应绘制“红、橙、黄、蓝”区域文旅体场所4色风险空间直观分布图，并出具场所安全检查情况报告。全年共检查区域文旅体重点场所50家，列出隐患与不足清单，督促企业主体按进度完成整改，形成工作闭环。开发并启用文旅市场手机“巡查终端”，提高监管效率，完善数据汇总，凸显跟踪留痕。

【文物建筑智慧消防平台】 开展文物建筑智慧消防平台建设调研，制定玄武民居类文物建筑智慧消防建设方案，报请省文物局专家会审通过。一期项目主要在民居类文物建筑中安装智能烟感、燃气报警等设备，安装相关设备463件，改造1处老旧电气线路。推进完成桃源新村55号修缮并通过验收，协调推进实现六朝砖井移回原址，完成和平公园钟楼修缮并通过验收，完善谭延闿旧居、兰园7号、14号、15号项目方案，推荐8个项目参评第五批南京市非物质文化遗产代表性项目。（董长春）

·档　　案·

【概况】 2022年，在区委区政府的坚强领导下，坚持以习近平新时代中国特色社会主义思想为指导，认真学习贯彻中共二十大精神，按照全国档案局长馆长会议部署要求，紧紧围绕推动“四个好”“两个服务”目标要求落实，以完成全省市县级国家综合档案馆业务建设评价为抓手，全面推进年度各项工作任务，为“强富美高”新玄武现代化建设积极贡献档案智慧和力量。

【党建工作】 紧密结合本职工作，深入学习贯彻习近平总书记关于新时代档案工作重要批示精神，持续巩固和深化党史学习教育成果。与市档案馆联合举办“南京红色历史档案展”，继续用档案讲好中国共产党百年故事。筹划和开展“喜迎二十大·档案颂辉煌”主题宣传活动，为中共二十大召开营造浓厚热烈的氛围。严肃落实意识形态工作责任制，深入开展意识形态领域风险排查，加强区档案馆展厅规范化管理。采取集中学习、交流研讨、观看直播等形式，认真学习贯彻中共二十大精神。以区委巡察为契机，进一步推动全面从严治党主体责任落实，持续改进作风，厚实组织基础，并组织党员干部积极参与疫情防控和文明典范城市创建，在一线发挥先锋表率作用。

【依法治档】 按照国家档案局和省、市档案主管部门有关要求，全面推行机关档案分类方案、文件材料归档范围和档案保管期限表三合一制度。依据《江苏省机关团体企业事业单位档案工作检查评价办法》，转变观念、先行先试，建立全区档案工作检查评价体系。升级改造数字档案室综合管理平台，制作操作流程视频开展网上教学，着力提升机关档案工作基础业务和信息化水平。指导区机关、各街道和各系统做好年度归档工作，逐一审核归档文件目录。收集整理2021年度疫情防控档案4339件，补充整理2020年度疫情防控档案632件，推进党史学习教育归档工作。加强重点行业、领域及重大活动档案工作行政监管，促进依法治档规范化、制度化。

【档案资源】 制定新一轮档案接收进馆工作计划，明确档案接收范围、时间安排及质量要求，计划3年内分批分期完成全区46家单位档案接收进馆工作。按照《南京市电子档案移交和接收暂行办法》要求，先行开展音像类电子档案接收和移交。截至2022年12月，接收文书档案12816件、独生子女档案1771件、照片档案743张、档案资料390册；接收区社保中心2009—2011年社保档案261卷；开展8家拟进馆单位档案数据检查，数据总容量近30TB，并做好进馆数据挂接和备份工作。征集红色玄武展陈图片和区人社局摄影展图片48张。做好馆藏档案清点检查和案卷质量检查，确认存放位置，对破损案卷均作详细记录，及时开展抢救修复工作。

【开发利用】 依据《中华人民共和国档案法》对档案开放工作的新要求，开展馆藏1990—1996年形成的满25年的保管期限为永久、长期档案的划控开放工作，共涉及2851卷，拟开放档案536卷。结合“6·9”国际档案日，组织科利华铁北中学和南师附小铁北新城分校部分学生，开展以“走进红色档案，传承红色基因”为主题的档案馆开放日活动。紧盯新冠疫情防控形势，及时通过“玄武发布”和“玄武档案”发布公告，认真做好消毒、清洁、通风和扫（验）码等防控工作，合理安排查档窗口人员值守，通过电话查档、线上查档、信函查档等方式，确保第一时间为群众提供优质便捷的查档服务。全年共接待查档群众1884人次，出具证明1809份。

【档案馆业务评价】 依据《江苏省档案馆关于开展市县级国家综合档案馆业务建设评价工作的通知》精神，按照《南京市档案馆关于认真做好各区档案馆业务建设评价各项准备工作的通知》要求，从2020年年底起开始迎评准备工作。2022年，着重对照评价体系和标准，围绕档案资源体系、利用体系、安全体系和馆务建设等，按照责任分工，持续巩固和深化各项迎评准备工作，不断查漏补缺、完善优化，汇编迎评材料，确保全面准确反映区档案馆业务建设现状。9月1—2日，市档案馆业务建设评价专家组一行5人，采取听取汇报、查阅资料、实地察看等形式，开展现场评价，填写《现场考核表》，综合形成评价意见。年终，被江苏省档案馆评为"规范档案馆"。

【作风建设】 自2022年10月11日开始，围绕班子建设、业务建设、组织建设、党风廉政建设等方面，迎接区委巡察，提供各类支撑材料，安排人员参加谈话，如实客观反映情况，并以此为契机，对区档案馆5年来全面建设情况进行一次深度检视，自查不足、加强改进、提升质效。开展经常性纪律规矩教育，引导党员干部筑牢道德"高线"，严守纪律"底线"。在区志编纂、信息化设备升级改造等政府采购项目中，充分发挥支部纪检委员职能作用，监督前移、防微杜渐，切实正风肃纪。积极回应群众诉求，针对部门要素评议中反馈的"提供更多培训机会给档案员"，细致掌握培训需求，精心制定培训计划，并根据防疫形势灵活手段开展培训，确保反馈意见整改到位。

【安全底线】 严格落实档案收集、保管、利用、统计、鉴定、保密等制度，压实安全责任。定期检查档案库房安防情况，严格按标准控制库房温湿度；对视频监控、烟感报警，及用电设备、线路等进行检测维护。结合业务建设迎评准备，邀请专门机构评估检测区档案馆楼体防雷情况，形成评估报告。每月检查消防设施、设备运行情况，及时更新更换消防器材，组织消防培训演练，增强应急处置能力。针对馆区周边施工，易引发停水、断网等问题，与物业公司一道协调施工方加强现场安全管理。逢重大节日、重要时期组织安全检查或风险排查，严格落实节假日值班带班制度，确保档案馆全时段安全运转。 （刘成仓）

·地方志·

【概况】 2022年，在区委、区政府和上级地方志办公室的指导下，全区地方志工作坚持以习近平新时代中国特色社会主义思想为指导，认真学习贯彻中共二十大精神，深入贯彻落实《地方志工作条例》和《江苏省地方志工作条例》，以务实、规范、创新、高效的精神，认真履行工作职能，完成《玄武年鉴(2022)》出版发行，区志续修工作有序推进，至年底完成初稿编撰任务，为"强富美高"新玄武现代化建设贡献方志智慧和力量。

【《玄武年鉴(2022)》出版发行】 12月，《玄武年鉴(2022)》完成出版发行工作，《玄武年鉴(2022)》出版600册，设26个类目，编有90个分目、1030个条目，39个附表，配有图片132幅，全书68.6万字。《玄武年鉴(2022)》编纂在内容架构上不断创新。围绕中心工作。在"专记"栏目进一步反映区委、区政府中心工作、亮点特色和民生关注的相关内容，并以开门办年鉴的思路坚持把"街道社区工作""驻街园区"和"玄武驻地文旅场馆"纳入年鉴框架，突出年鉴内容丰富性和综合性信息资料文献功能作用。严审严校。坚持"三审五校"制度，在方志出版社逐年强化审稿质量要求的情况下，把稿件质量关口前移，自行加强稿件审查力度，防疏防漏将差错率降至最低，督促工作既好又快进行。力求实效。确定"十四五"期间《玄武年鉴》设计青山绿水的国画创作理念，彰显玄武丰厚的历史文化底蕴和山水城林的特色；克服疫情反复对工作带来的影响，及时解决工作中的难题。年初早谋划、早启动，采取发函、电话、网上通信等多种方式，加大稿件征收和组稿力度；制定工作方案，限定组稿、编纂、印刷等工作的时间节点，分别于3月、6月和11月完成组稿、送审稿及终审定稿工作，确保年鉴年内完成出版发行。

【区志续修工作】 区地方志办公室结合经济社会发展和玄武方志工作实际，探索聘请专家参与志书编辑部分环节工作，为提高志书质量奠定基础。方案有细化。在前期开展制定编志工作方案、召开全区续修区志动员大会、发布《区志编纂实施方案》等工作基础上，针对新年度工作任务，进一步明确细化量化区志续修时间进度表，确定2022年年底撰写区志续修初稿完成。工作有规范。在区志续修中，牢固树立质量意识、精品意识，坚持时间服从质量的原则，把精品意识贯穿到整个编纂出版过程当中。严把政治关、史实关、体例关、文字关、出版关，确保所编志书政治观点正确、体例结构合理、内容全面系统、资料翔实可靠，使志书达到政治性、思想性、科学性、时代性和著述性的完整统一。推进有秩序。1月，完成召开《玄武区志（2000—2020）》顶层设计暨大纲全国专家线上研讨会，确定区志续修大纲；3—5月，聘请专家团队进一步及时梳理资料长编内容，各编辑按区志篇目将资料分解到节以下层次，完成编纂凡例细则；9—10月，分别召开区机关部门区志编纂工作推进会和省内专家线上会议，年底完成区志初稿编纂。

【地情研究】 2022年，区方志办统筹志鉴编纂齐头并进，深化方志成果开发利用，努力用方志语言讲好玄武故事。结合每月史志类文章报送，扎实积累地情资料，深入挖掘具有玄武山水城林特色的经典元素和标志符号，在研究撰写的《五二〇学生运动广场》《梅庵》红色地情文章被省志办《江苏地方志》杂志采用的基础上，研究撰写的《梅花山上梅花节》《徐悲鸿的南京故居》《北门桥，阿晓得啊？》《百年前东南大学的三间茅屋，如何成就中国青年运动》等文史地情文章分别被“方志江苏”和“方志南京”省、市微信公众号刊载，用方志地情资源和方志研究成果记载传承玄武深厚的历史文化底蕴，促进玄武方志文化传播。

（卢永晨）

旅游业

【概况】 督促公共文化场馆、A级旅游景区、星级酒店、棋牌室、体育场馆等文旅体场所严格贯彻落实防疫要求，筑牢文旅领域安全防线，坚决守护好人民群众生命安全和身体健康。疫情防控期间，在做好行业巡查检查和督促整改的同时，局机关和直属单位共组织55名干部职工下沉社区支援基层防疫工作，在疫情大考中彰显党员本色、文旅担当。设立“纾困专员”，为辖区内文旅体企业提供纾困政策的分类指导，深入旅游企业集中辅导办理暂退旅行社旅游服务质量保证金，组织辖区内旅游企业申报旅行社企业创新发展奖补金。协调暂退质保金、减免旅行责任险、申请文旅体产业专项扶持资金等共计2259.6万元。

【入选省政府文旅产业督查激励支持对象】 发挥玄武境内独特的山水城林风貌和丰厚的历史人文禀赋，对接沟通省市行业主管部门，汇报玄武文旅产业资源优势与发展现状及潜力，开展申报工作，高标准通过综合评审，玄武区作为南京唯一推荐对象上报省文旅厅。经过省文旅厅专家评审、厅党组会研究、报省政府办公厅同意并面向社会公示，玄武区作为南京市唯一入选单位，以全省综合评分第一的成绩被省文旅厅推荐为2021年度省政府文旅产业督察激励支持对象。

【入选首批“江苏省文化和旅游消费示范单位”】 在2021年创成“省级文化和旅游消费试点单位”的基础上，坚持“创优精神不松懈、创成决心不动摇”，推进创建创优工作落实，对照八大类58条创建细则，实现短板提升，整体提质。出台《玄武区探索文旅产业高质量融合发展实施方案》等有关文件，推进创建工作落实。8月3日，省文旅厅组织的“水韵江苏·这里夜最美”璀璨夏夜主题活动现场，玄武区被授予“江苏省文化和旅游消费示范单位”荣誉。活动现场宣传推介辖区红山森林动物园、六朝博物馆、1912街区等的六朝风雅·夜、东西会创意市集等促消费活动和便民措施。

【入选首批“江苏省文化和旅游产业融合发展示范区”】 对照《江苏省文化和旅游产业融合发展示范区建设指南（试行）》中资源集聚，要素健全；业态丰富，深度融合；运营有序，管理规范；创新示范，效益显著的4条建设标准，细化29条二级评价指标，推进各项指标工作落实，组织“省级文旅产业融合发展示范区”申报，编制申报台账，接受实地考察验收。11月24日，省文旅厅发布《关于公布首批江苏省文化和旅游产业融合发展示范区名单的通知》，玄武区成功创建为首批江苏省文化和旅游产业融合发展示范区。对接江苏城市频道，制作首批江苏省文化和旅游产业融合发展示范区电视展播专题宣传片，进行玄武文旅产业宣传推介。

【第六届南京玄武国际城市休闲旅游节】 休闲旅游节以“玄武很精彩·暑期等您来”的主题，以“1+9+100”的形式组织开展。“1”是指策划举办一场开幕式活动；“9”是指联动策划设立环玄武湖网红打卡、大师精酿鲜啤品鉴、户外露营放飞心情、精品剧目展示汇演、公园草坪音乐派对、数字文旅创意空间、趣味美食体验工坊、梦幻奇妙艺术展览、活力盛夏悦动生活9个板块主题活动；“100”是指策划涵盖“观光玄武、文博玄武、研学玄武、书香玄武、美食玄武、非遗玄武、休闲玄武、演艺玄武8种类型100场精品文旅消费活动。6月24日的开幕式上，现场发布玄武暑期微度假十大主题精品旅游线路，组织7个文旅项目集中签约，表彰2021年度玄武文旅联盟先进单位与优秀个人，启动上线“玄武全域旅游智慧服务云平台”，开幕式活动及相关系列活动被多家官方媒体和自媒体宣传报道。

【文旅体惠民工程】 举办第二十六届玄武之春、第二十一届社区艺术节、第十九届长江路文化艺术节等文化活动，打造区级群众文化活动品牌；在1913国民小剧场举办戏曲、相声、杂技、木偶戏、文艺晚会等不同类型的10场省市专业院团精品文化惠民演出，丰富了广大群众的精神文化生活；开展走进社区的“文化进万家”系列惠民活动20余场；开展2022春秋两季文化艺术公益培训，累计培训近1.4万人次。全年全区开展各级各类群众文化活动共计2000余场。组织召开玄武区第十四届运动会，设置篮球、足球、羽毛球、乒乓球、4×100米接力、拔河、跳绳、环湖跑、广播体操9个比赛项目，吸引辖区驻区单位200多支队伍3000多人参赛，单项比赛组织严密，受到各方好评。全年，区、街道、社区三级因地制宜共开展群众性体育竞赛活动206场次。优化城市社区“10分钟体育健身圈”，新建、更新全民健身路径40处，协调筹建完成3处室外灯光球场、1个百姓健身房，在同仁社区医院建成玄武区第一家运动促进健康站。区文化和旅游局（体育局）被省体育局评为“江苏省2018—2021年度群众体育先进单位”。

（董长春）

·1912街区·

【概况】 南京1912街区积极弘扬社会主义核心价值观，倡导文明旅游、节约环保和绿色消费，坚持正确导向，突出文化主题，经济和社会效益显著。街区历经18年的倾力打造与精心运营，在各业态充分扬其所长又优势互补的乘积效应下，为街区塑造了更高品味的服务特性和各业态共通的文化特征，使街区成为一条文化风情浓郁、定位特色鲜明、时尚消费集聚、管理运营有效、品牌价值凸显的“旅游休闲名街”；成为填补南京城市商业形态空白、浓缩南京城市人文魅力、代言南京城市时尚品位的“城市客厅”；成为历史风情与现代风貌、民国文化与商业文明、特色旅游与休闲消费和谐相融的“城市名片”。

2022年，因疫情间歇性爆发，街区有效消费人群及消费能力大幅下滑，在街区业态调整及消费大环境比较萧条的情况下，消费者对于餐饮、娱乐的需求变化比较大，小而精的餐饮、娱乐业态逐渐成为大众消费的主体，营销渠道也变得更加精确，各类自媒体将宣传的渠道更加碎片化，经营成本越来越高，导致街区在企划活动过程中，要更加考虑到活动的精确性及人气，以往传统的宣传渠道也需要更加的多样化。街区更加关注经营营收渠道的多样性：如多经点位的挖掘与延申、街区场地租赁形式的多样化、东西会花车租赁、各类营销活动的对接等。针对街区“全国夜间经济示范街”及“省级示范步行街”的创建定位，2022年，南京1912街区进一步优化街区的整体业态，丰富街区业态品类，提供给不同消费者全时态的消费链，街区先后引进一批优质商户，涉及餐饮、休闲、娱乐、健身等业态。针对2022年疫情以来消费者追捧的“露营+咖啡”“户外+消费+弹唱”的新消费模式，街区也于2022年内引进了“漾应的火塘”“自然地物露营咖啡”。南京1912街区通过一系列扎实举措，努力把南京1912街区建设成为文旅商深度融合、业态产品丰富多样、基础设施配套完善、消费环境和管理运营机制优、品牌和市场影响力大、文旅消费辐射带动力强、可持续发展的高质量历史文化旅游街区。

【获“南京市消防安全标准化管理创建先进单位”称号】 安全工作是南京1912街区运营管理工作的重中之重。为提高街区商户及员工的消防安全防范意识，正确掌握消防和食品安全知识，提高街区商户相关人员在发生火灾和食品安全时的救援能力，6月28日下午，街区组织所有商户店长和安全员进行安全知识培训，参培人数达152人，覆盖街区100%商户。11月11日下午，街区又组织商户代表及全体工作人员2600余人，在街区广场举办年度消防演练。年内，街区实现全年安全生产零事故的责任目标，获“南京市消防安全标准化管理创建先进单位”称号。

【省级首批试点培育街区评估验收通过】 2022年，是南京1912街区高质量发展的一年，街区通过文化赋能，引领街区高质量发展：街区充分发挥项目的地域优势、建筑特点和发展传承，牢牢扭住高品位城市休闲和时尚先锋两大关键内核，坚持文化自信，创新文旅融合方式，将文旅融合进一步推向纵深，彰显南京独特城市魅力的潮流窗口和展现中华民族文化自信的精神地标。通过数字赋能，助力街区可持续发展：数字产业化催生街区经济增长新动能。伴随新一代信息技术蓬勃发展，以5G、大数据、人工智能为代表的数字产业逐渐成为街区产业结构中的重要组成部分。街区已和多家高科技企业开展产学研合作项目，深化新技术应用，推动文旅产品与服务向线上延伸拓展，在完善智慧引导系统、智能消费系统、智慧招商系统、智慧管理系统、智慧服务系统等方面不断深入推进，街区入驻商户已不同程度实现数字化、网络化、智能化的新消费模式。通过产业赋能，促进街区文旅商融合发展：街区结合现有实际情况，对现有业态进行优化组合，丰富街区业态，避免同质化、低端化，针对当下年轻消费者热捧的网红业态进行适当政策扶持和引进，与重大节假日契合，增设部分网红打卡点。使街区逐步形成形成品牌丰富、品质高端、品味独特、有文化气息的的高质量消费集聚区。6月2日，省评估验收组对南京1912街区进行“省级首批试点培育街区评估验收”。专家组通过听取自评情况汇报、评估组查阅佐证材料、实地调研查看、评估组闭门会议、评估组反馈评估情况等环节，对街区近年来的改造提升工作予以充分肯定。

【获“江苏省示范步行街”称号】 11月21—22日，江苏省商务厅在镇江市召开商贸流通工作条线会暨步行街联盟大会首次会议，总结交流前期步行街改造提升工作，为首批“江苏省示范步行街”授牌，研讨下一步发展思路。南京1912街区作为首批“江苏省示范步行街”之一应邀参会，并予以授牌。南京1912街区将继续以创建“省级示范步行街”为切入点，充分发挥街区的地域优势、建筑特点和发展传承，扭住高品位城市休闲和时尚先锋两大打造关键内核，差异策划、精细运营，将南京1912街区提升为与南京全球影响力创新名城所匹配的城市级会客厅、彰显南京独特城市魅力的潮流窗口和展现中华民族文化自信的精神地标。满足人民群众对优良舒适的公共环境的生活追求、对民国建筑在现代城市中艺术表达的文化追求。

【文化促销活动】 2022年南京1912街区举办各类重大文化/促销活动计15场(次)，开展：“绿马出行”防疫抗疫少儿绘画展及美陈、第二季“showmedance”万舞公演秀、第七届电子竞技大赛王者荣耀海选赛、“2·22有你有我有爱”领证活动、“5·15全国助残日“志愿活动、非遗主题市集活动、“6·26”国际禁毒日活动、“hope infinity”世界杯主题月活动、拓印非遗文化展、彩虹市集活动、咖啡露营市集活动等，因疫情原因，在制定活动方案的目的性上发生了变化，氛围营造的活动类型并不适用于街区现状，考虑到疫情后整体消费人流未能得到保障，南京整体商圈扩张迅速，新的商业体陆续开业，周边商业街区的商户也呈现多业态发展的趋势，特色商业、首店经济将消费人群分流转移，因此街区发起通过媒体发声的事件营销活动，来提升品牌效应，在众多特色商业体中夺回竞争优势，同时在年初及年末通过潮流类竞赛活动，提升街区人流量，并联合商户进行了营销转化，全年15场重大的文化、促销活动共发放各类消费券累计50万元，通过活动吸引有效客流达120万人次。（龚逸峰）

·中山陵园风景区·

【概况】 2022年，景区围绕“疫情要防住、经济要稳住、发展要安全”总体要求，全力以赴防疫情、稳经济、保安全、促发展，推动各项事业发展取得新成效。完成《钟山风景名胜区总体规划》修订报审，建立景区生态红线和生态空间管控区域联席会议制度，制定《生态空间管控监督管理实施意见》《生态保护和自然资源管理办法》等管理办法，强化林地等生态资源用途管制和审批监管。编制《钟山风景区生态环境突出问题整治工作实施方案》，落实紫金山河湖水质全面检测和市政污水管网全面排查等工作举措。完成紫霞湖至月牙湖段、军民友谊水库等水系综合治理，推进霹雳沟水系生态修复工程，全域规划并完成引水上山一期、二期工程，健全紫金山防灭火基础设施。推进全域绿化美化，打造灵谷寺西路等景观道，营造梅花谷二月兰、新果园槭树等特色景观，提升石象路“最美600米”等网红景点。推进全国文明典范城市创建及AAAAA级景区提升，更新各类标识标牌480多块，整治苜蓿园、下马坊等地铁口标志环境，出新中山陵、音乐台等停车场环境设施；维修暗香阁、定林山庄等旅游配套，整合升级钟山风景区游客中心，设置各类便民服务设施，旅游环境品质全面提升。推动紫岚里商业街迭代升级，创新打造“望山街”休闲消费街区，建设“汇爱坊·梧桐语”小型城市客厅；推出中国国家地理、紫金山探险公园、皮诺猫露营地、器咖啡、茶园空间、职工医院健康产业等消费新场景；苗圃老邮局片区、钟山体育运动公园成为南京最具人气的休闲露营基地，景区旅游生活更加舒适。

【文化遗产】 完成《中山陵保护规划》编制并上报，编制中山陵祭堂、明孝陵碑殿、钟山建筑遗址保护修缮方案；启动下马坊、无梁殿、藏经楼保护修缮工程；实施明孝陵博物馆56件陶质琉璃构件修复，推出“火铳”等4款数字藏品，创新阐释文化遗产价值。编撰《明孝陵新志》《紫金山动植物资源》等文化书籍；举办《中山陵——不朽的经典》等文化展览30余项。《钟山廉韵——明代监察官廉洁故事展》获得《人民日报》《中国纪检监察报》、中纪委网站、新华社等国家级媒体报道，取得良好社会反响。推动钟山博物馆聚落高质量发展，建立研学旅游联席会议制度，围绕非遗、科普、生态等元素，开展“紫金山营地自然学堂”“天文独立营”等30多个主题、近百场次研学活动。“钟山博物馆聚落”获市“博物馆之城”集群聚落授牌，“孝陵营造之斗拱”研学课程获南京市等级博物馆教育优秀课例奖，“世遗传承·守护历史小小讲解员”项目获江苏省博物馆教育示范项目二等奖。

【产业发展】 完成孙中山纪念馆展陈改造，12月26日正式试运行；完成紫金山天文台项目前期工作，方案通过市规委办审议，并完成公示；完成灵谷寺西路道路维修、沪宁连接线2号桥加固维修等项目。上线客流无感特征识别系统，建设车流识别系统，加入省文旅厅“水韵江苏”数字旅游卡和“一卡通”社保卡，景区入选2022年度省级智慧旅游景区名录。落实“过紧日子”要求，盘活优化低效闲置资源，日常支出同比压减21%；推出新业态组合式旅游产品，紫金山旅游护照销售超1.1万张。举办第八届南京森林音乐会、“江苏·建筑文化讲堂”、国际梅花节、灵谷桂花节等节庆活动；景区融媒体开展新闻发布10次，发布各类视频、推文800余篇，“秋到紫金山”等主题宣传阅读量超2亿次，3月3日的央视《新闻联播》栏目播出梅花山美景画面。

【旅游管理服务】 建立历史遗留及风险隐患问题排查化解机制，整改问题23项，妥善处置信访事项22件次；制定《安全生产事故隐患排查治理办法》等10个安全生产制度，组织安全检查11次，消除安全隐患80余项，实现安全生产“零责任事故”目标。开展“野导”“拉子”及车辆违规营运、野泳、野外动火等不文明行为整治，查处违规营运车辆200余辆次，驱赶“野导”“拉子”700余人次，清理违规摊贩3800余人次，劝离野泳、钓鱼人员580余人次。开展文明创建专项检查16次，整改问题200余项；完成明孝陵景区标识系统提档升级，完成12座公厕、钟山风景区游客中心等设施改造。完成国企改革三年行动任务，注销关闭62家低效无效企业，完善国企法人治理结构，出台《国有企业工资决定机制改革实施办法》，修订《中山陵园管理局合同管理办法》《中山陵园管理局经济责任审计办法》等20余项内控制度，提升内控管理规范化水平。景区荣获2019—2021年度“江苏省文明单位”称号、首批“城市治理标准化精品示范单元”“城市治理标准化工作先进集体”。

【孙中山纪念馆项目竣工】 12月31日，孙中山纪念馆新馆正式对社会公众开放，馆内展陈面积由550平方米增至2700平方米，展线达480米。馆内基本陈列“世纪伟人——孙中山生平史迹展”，包括“少年萌愿　立志救国”“推翻帝制　创建民国”等六个部分，以孙中山先生为实现中华民族伟大复兴进行的不懈探索，中国共产党与他的合作、对他革命事业的继承和超越为主线，以《中国共产党简史》《中国共产党历史》(第一卷)为重要史实表述依据。展览共展出文物藏品164件(套)，其中40多件为首次展出，展出图片305幅，使用场景、雕塑等表现形式32项，较为全面、客观地反映孙中山先生爱国、革命、奋斗的一生。

【第二十七届中国南京国际梅花节主会场活动】 第二十七届中国南京国际梅花节主会场活动于2月14日至3月14日在明孝陵景区梅花山举行，梅花节以“极美南京　花开盛世”为主题，开展了梅花山现场直播、“梅赞金陵”戏曲快闪、名家写梅作品展、“金陵春韵”百岁梅盆景展等一系列精彩活动，为网友、市民、游客奉上春梅盛宴，展现“极美南京”的人文荟萃之美、生态宜居之美、文明和谐之美。

(程　岩)

·玄武湖景区·

【概况】 2022年，玄武湖景区以创建AAAAA级景区和文明典范景区为目标，立足疫情防控，不断完善旅游配套，提升景区品质，彰显景区文化，推动景区高质量发展。2022年景区接待游客950.83万人次，实现自营收入7312.5万元，恢复至2021年同期的64.76%。景区成功入选2022年度国家水利风景区高质量发展典型案例名单、2022全国旅游厕所建设与管理优秀案例名单、2022年度江苏省智慧旅游景区名录、长三角纾困解难创新发展优秀案例、全省旅游行业“抗疫复苏　产业振兴”优秀集体案例、2022年度全市内保系统先进集体，“我爱玄武湖”志愿服务队获2021年南京市优秀职工志愿服务组织，玄武湖环湖绿道获评南京市“最美绿道”。

【北京2022年冬奥会开幕式暖场互动表演】 2月4日，北京2022年冬奥会开幕式在国家体育馆正式上演，在开幕式仪式前的表演环节中，插播了全国十座城市与主会场现场同步的互动内容。玄武湖作为南京的城市名片，亮相冬奥会开幕式暖场环节。来自社区、学校的广场舞队、学生舞团、轮滑少年们，欢聚在“玄武门”，载歌载舞。古老而又年轻的城市，踏着冬奥的节拍，与北京冬奥开幕现场同庆同贺同乐，向世界展示玄武湖山水城林的魅力。南京“国际和平城市”“世界文学之都”的美好意向穿过玄武门，传递全世界。市委主要领导一行在玄武门观看了现场表演。

【两座历史文化展馆开放】 1月1日，明后湖黄册库遗址展馆正式开馆。该展馆位于玄武湖梁洲，总建筑面积约770平方米。展馆分后湖黄册库和黄册历史文化两个展厅，通过图文、视频、实物、实景展示相结合，立体展现出明朝国家档案馆——明后湖黄册库这一中国档案史上的奇迹。明后湖黄册库遗址展馆开放后成为展示明代黄册库文化、明代南京文化乃至明代历史文化的重要窗口。8月19日，在玄武湖开园94周年之际，玄武湖湖史馆正式建成开放，向游客展示玄武湖的历史演变和文化底蕴。该展馆位于梁洲玄武文化广场。玄武湖湖史馆主要分为历史和文化两个展厅。第一个展厅以历史为主，从玄武湖的形成说起，全面展示玄武湖从史前时期至今约6500多年的发展演变。第二个展厅以文化为主，包括中国第一部诗文总集《昭明文选》诞生地、公园诞生记、公园成长记、民生福祉、历史风云、趣闻轶事、名称演变、后湖飞鹭、生态优先、沧桑巨变等，通过十几个板块，全方位展示生动立体的玄武湖。

【文旅融合】 巩固传统活动品牌，打造冬季观鸟游湖、百花闹春游园会、荷花节、秋花秋实展等品牌活动；以文促旅、以旅兴文，举办首届玄武湖端午诗会、玄武湖读书汇、《金陵晚报·双拥周刊》十周年版面展、“喜迎二十大·诗话玄武湖”诗词征集等活动；丰富景区特色研学活动，新推出“探秘明朝皇家档案馆”沉浸式知识之旅等研学活动，开展“玄武湖生态探秘之旅”等亲子研学活动103场。拓展文创市场，新增文创冰淇淋、黄册笔记本等文创产品种类。打造水上运动品牌，依托玄武湖水上运动基地推出端午节赛龙舟、全民龙舟体验、皮划艇、赛艇等特色水上运动项目，取得良好的社会效益和经济效益。

【生态项目建设】 2022年完成北湖东部水域疏浚及生态修复工程底泥疏浚约8.5万立方米，建成沉水植物生态修复区约5万平方米；实施北湖和平门湿地水域水质提升及沿岸区域景观提升，完成种植黑藻、微齿眼子菜、苦草等沉水植物约12000平方米，完成生态岸线改造、木亭出新等约5500平方米；实施梁洲西南角水域及岸线景观提升，完成黑枣、眼子菜、苦草等沉水植物种植约12800平方米，对沿岸岸线进行梳理调整，种植菖蒲、梭鱼草等水生植物及开花地被约1500平方米，增加水上生态浮床600平方米，为鸟类及两栖动物提供栖息场所。生态治理和修复对保护利用好风景名胜资源，完善城市生态系统成效显著，景区生态景观环境进一步提升，实现城景融合发展。

【景区宣传】 2022年，玄武湖景区向国家、省、市新闻媒体提供优质素材，宣传报道覆盖报纸、网站、微博、客户端等多个平台，全年引领新闻媒体报道近933篇次，其中，国家级媒体报道98篇次，“学习强国”学习平台报道151篇次，景区美景登上国家地理杂志；全年发布微信文章1289篇，微信传播力在省热门旅游景点中名列前茅，连续9个月排名第一，获“江苏文化和旅游自媒体联盟2022年度最具影响力奖”，微信公众号粉丝突破224万人，全年增长量达35.1万人；宣传热点亮点频现，其中“玄武湖双色睡莲”“王莲绽放瞬间”“千瓣同心莲”“江苏跳跃式降温把花整懵了”“南京玄武湖又双叒现野猪游泳”等话题多次登上微博热搜，总阅读量达2亿次。 （戴　萌）

·红山森林动物园·

【概况】 南京市红山森林动物园总面积约67.3公顷，园内绿化覆盖率约85%，饲养展出各种珍稀野生动物260余种3000余头（只），是集物种保护、保护教育、科学研究、收容救护、文化休闲五大职能于一体的专类园，是省、市两级野生动物收容救护中心。红山动物园在动物展示、保护研究、科普教育处于行业领先地位。

2022年，红山森林动物园结合传统节日、保育主题，通过线上线下相结合形式，策划组织“生肖文化节”“爱鸟周”“国际长臂猿日”“国际生物多样性日”“国际猩猩关爱周”“动物园奇妙夜”“自然艺术”“动物生日会”“场馆设计师”等15大项500余场次活动，这些活动扩大了公众认知度与参与度，提升红山森林动物园公益品牌形象，传递保护教育的理念。

【虎年生肖文化节】 南京市红山森林动物园为营造园区传统节庆氛围，举办内容丰富、形式多样的“虎啸山林　护自然和谐”虎年生肖文化节。文化节以“金虎纳福”游园会、“金虎纳福”互动体验、“守虎山林”网络生态讲堂、万“你”挑一　虎里找“你”四大内容为主题，共开展了13项子活动。通过多种轻松互动活动，以及相关虎的文化、虎的野外生存与保护的科普设施展示，不仅让游客感受到了虎年春节的传统节日寓意，更让游客了解到虎的野外境况，从而进一步提高公众对野生动物的保护意识。正月初一到初六期间，约有5万人次参与到活动中来，获得公众的一致好评。

【“世界野生动植物日”宣传活动】 2022年3月3日是第九个

“世界野生动植物日”。国家林业和草原局驻上海森林资源监督专员办事处、江苏省林业局、金陵海关、南京市红山森林动物园联合开展了以“关注旗舰物种保护·推进美丽中国建设”为主题的宣传活动，向市民游客宣传野生动植物保护相关法律法规，倡导抵制非法野生动植物交易，呼吁全社会保护野生动植物。现场展示了海关截获的野生动植物标本、江苏省珍稀野生动植物科普展、以及“虎”主题手偶剧、还有讲解、有奖问答、发放宣传海报、手册等丰富活动。

3月3日，世界野生动植物日　　（红山森林动物园　供图）

【“本土生物多样性保护”系列活动】 2022年5月22日是第29个“国际生物多样性日”，红山森林动物园与抖音自然合作举办“本土生物多样性保护”系列活动，包含：本土物种探秘寻，本土鸟类导赏，本土植物样方自然笔记等七大项、20余场次内容丰富形式多样的活动，吸引近5万人次的参与。活动中通过任务卡的设计，引导公众发现本土生物的美丽，了解长江中下游3种典型生态系统：在农田生态系统里，认识田间瓜果小苗；湿地生态系统里，见一见中国特有“活化石”扬子鳄“鳄鱼的眼泪”；山林生态系统里，感受豪猪大家族生机勃勃。活动获“全国科技活动周”暨江苏省第34届科普宣传周活动先进集体。

【江苏首个生物多样性司法保护馆开放】 位于南京市红山森林动物园大壮观阁的全省首个生物多样性司法保护馆，于2022年6月2日正式开放。保护馆是江苏省高级人民法院与南京市中级人民法院的共建项目，由南京市中级人民法院、玄武区人民法院、南京市红山森林动物园共同建设。展馆位于红山动物园大壮观阁内，共两层：一楼为司法保护区，分区域介绍了江苏法院审结的10个生物多样性司法保护典型案例，相关法律知识以及生物多样性保护知识；二楼是互动实践区，展示了江苏法院司法护航生物多样性保护的具体工作和成效，为参观人群提供沉浸式体验。

【冈瓦纳展区和高黎贡展区开展】 经过前期的筹备和物种引进，南京市红山森林动物园冈瓦纳展区、高黎贡展区于2022年国庆全新开展。冈瓦纳展区占地14000平方米，为了模仿动物的原生栖息地的面貌，红山动物园精心设计了“树冠层之旅”，展区最高处位置有12米，灵长动物在丛林间穿梭，与自然融为一体。采用了动物“混养”的手法，游客也能看见红吼猴和白面僧猴，红脸蜘蛛猴和松鼠猴、鞭笞巨嘴鸟“合住”。为了给游客营造走进自然的氛围，设计时还采用了“多角度环绕式”手法，通过绿植、景观等软屏障，既给动物打造出更接近自然的环境，也丰富了游客的参观视线。高黎贡展区展示了中国西南山地，因印度洋板块与亚欧板块的挤压形成的独特地理生态环境，这个神奇的区域是中国生物多样性极其丰富的区域之一。展区展示了人气动物小熊猫、白眉长臂猿、孔雀等。

【第十四届缔约方大会分论坛】 2022年11月5—13日，《湿地公约》第十四届缔约方大会（COP14）在中国武汉和瑞士日内瓦同步召开。大会以“珍爱湿地，人与自然和谐共生”为主题，探讨现代城市中人与自然和谐相处之道，促进各方深度参与全球环境治理，推动构建人类命运共同体。南京市红山森林动物园在过去几年中持续关注城市本土生态环境的保护，此次作为长江中下游流域城市湿地保护的代表，参加大会两个分论坛的议程。在“共建生命长江，传承大河文明”——长江大保护论坛上，与华泰证券、复旦大学一起参加了一个长江项目的分享；在“CEPA湿地教育与保护论坛”上，结合动物园湿地生物多样性保护教育、水体生态修复等方面的案例，以“在动物园为野生动物打造湿地家园”为主题进行分享。

【“国际猩猩关爱周”主题活动】 2022年11月13—19日，主题为“保护猩猩 做不穿披风的超级英雄”的“国际猩猩关爱周”活动在南京市红山森林动物园内顺利召开。活动由中国动物园协会教育委员会主任单位南京市红山森林动物园发起，设计提供活动资源包，组织全国30家动物园参加。现场举办的猩猩艺术作品联展上，展出来自Cheyenne Mountain Zoo、长春动物园、南京红山森林动物园等多家动物园的“猩猩画家”的多幅画作，这些画作吸引不少游客驻足观看，互相讨论，试着读懂猩猩的心。现场为游客带来了关于红猩猩及黑猩猩、大猩猩的科普讲座，向观众普及以上三大类人猿的科普信息及面临的威胁，号召更多的人关注猩猩保护相关工作。活动期间共有500余组家庭参加了线下的游园打卡活动，约2万人观看了线上的直播活动，受到游客的广泛好评。

（公　正）

11月13—19日，“国际猩猩关爱周”主题活动　（红山森林动物园　供图）

·南京中国近代史遗址博物馆（总统府）

【概况】 2022年，南京中国近代史遗址博物馆（总统府）共开放286天，接待游客87.2万人次，其中免票接待19.5万人次，连续七年被南京市评为“平安景区”创建示范单位，继续被认定为南京市“放心消费”创建示范区域。

【开放接待有序推进】 认真贯彻“疫情要防住、经济要稳住、发展要安全”的重大要求，从严从紧抓好疫情防控。制定落实《疫情防控工作方案》等规定，组织50余名党员干部助力梅园新村街道大行宫社区抗击疫情。积极应对罕见高温等极端恶劣天气影响，顺利完成暑期游客接待。适时调整景区游览线路，及时更新标识牌、导览图等。升级自助语音讲解设备。引进“红十字救护站”，提高应急救治能力。完成旅游配套用房公开招租，按照江苏省财政厅文件要求，减免承租商户租金。

【修缮文物古建保护】 如期完成国民政府主计处、防空洞修缮。2021年度文物建筑保养维护工程一次性通过南京市文物局专家验收，扎实做好2022年度部分文物建筑保养维护及“清两江总督与总督署文物史料展”展厅抢修。方胜亭、六角亭、观戏台、国民政府图书馆等建筑修缮设计方案获得国家文物局批复。对馆区建筑统一命名规范编号并报南京市文物局审定。

【景区环境优化】 完成花房周边绿化景观改造；整治“清两江总督与总督署文物史料展”、国民政府印铸局、医务室等院落绿化环境。加固西花园六角亭西假山、桐音馆北假山、夕佳楼南独峰假山，解决倾斜松动、局部断裂等问题。制定白蚁防治三年规划，安装白蚁监控装置，细致排查白蚁隐患。太平湖、博爱湖等治理效果明显，湖水保持清澈、水生态环境持续改善。努力建设园林式博物馆，多次邀请专家来馆指导园林绿化养护，开展树木病虫害防治和修剪。

【数字化建设推进】 稳步推进数字博物馆建设，制定《利用数字化技术让文物“活起来”实施方案》。开发微信小程序预约售票系统，实现线上自主售票，全年94.2%的门票由线上销售。有序推进官方网站改版升级和博物馆档案数字化建设；及时升级网络防火墙，抵御黑客攻击；在大门楼、行政院北楼安装5G基站。高度关注网络舆情，在新浪微博创建话题#总统府美景#，阅读量达228万次；南京总统府微信公众号吸引粉丝45.6万人，平均每条信息阅读量约8000人次；景区微信公众号、官方微博均位列江苏省景区微信公众号、微博账号传播力20强。

【文物征集展示】 征集民国时期《建国方略》《建国大纲》《新民报》、市政建设史料等文物，购入黄炎培书法立轴，复制“南京红色历史档案展”史料，接收广东孙中山故居纪念馆捐赠的《中山文献》。将馆内晚清至民国残碑、石柱础和刻字明城墙砖集中摆放至东苑展示。按照江苏省政协领导要求，依托古建遗址，深挖文化底蕴，高标准规划博物馆展览陈列，优化整体布局，调整展览区域，满足博物馆长远发展和日常开放需要。

孙中山临时大总统办公室 （南京中国近代史遗址博物馆 供图）

【安全管理】 切实履行安全管理主体职责，层层传导压力，不断筑牢安全防线。印发《关于加强景区电动自行车管理的通知》，升级改造电动车棚充电桩，消除电动车充电引发的安全隐患。全面排查景区内空调及制冷设备使用情况，餐厅厨房安装消防设备，监控室增设人脸识别打卡系统。与专业公司签订消防系统维护保养协议；更换到期、故障灭火器600只，更新灭火器箱、消防带箱41具，消防水袋21卷。6月，组织全员赴逸仙桥消防救援站参观学习；11月，分别邀请玄武区消防救援大队消防员、梅园新村街道派出所民警来馆，现场演练消防器材使用和讲解防恐器械操作，全流程演示突发情况处置，提高全员防恐应急能力。玄武区消防救援大队抽样检查景区消防设施状况、考核微型消防站队员安全知识掌握情况，反馈良好。与南京一九一二投资集团有限公司签订安全管理补充协议，提升消防安全和应急处置水平。加强施工监管，签订《安全责任书》，保障工程质量和施工安全。

【博物馆备案】 为更好激发社会效能，促进高质量发展，在江苏省政协办公厅指导下，依据《博物馆条例》，完成南京中国近代史遗址博物馆备案。根据江苏省文物局印发的《博物馆备案确认书》，南京中国近代史遗址博物馆系国有博物馆，建筑面积20815平方米、展厅面积9000平方米，建设有“清两江总督与总督署文物史料展”“洪秀全与天朝宫殿历史文物陈列”“孙中山与南京临时政府文物史料展”“总统府文物史料陈列”等基本展览陈列。

【红十字救护站建设】 为进一步提升景区医务室应急救护功能，增强处置突发意外事故能力，切实保障游客安全，根据南京市红十字会、南京市文化和旅游局印发的《在全市国家等级旅游景区开展红十字救护站建设和红十字救护员培训的工作方案》，在景区建成“红十字救护站”。救护站位于景区入口东朝房，配备的医疗器材、药品等应急物资满足紧急救护与简单医疗要求，景区开放时间有专业医护人员在岗值守，随时出动开展救护。（任维波）

·南京博物院·

【概况】 2022年是中共二十大召开之年，是实施“十四五”规划的关键一年。在省委、省政府和省文化和旅游厅的正确领导下，南京博物院以中共二十大精神为指引，以习近平总书记就文化、文物和旅游工作作出一系列重要论述和重要指示批示为根本遵循，紧紧围绕“中国特色世界一流”博物馆建设目标，提高公众服务水平、科学研究能力、内控管理效率，实现各项事业新发展新突破。全年实现安全开放285天，接待国内外公众161万人次，举办展览13个，举办公众活动和演出671场，成功获颁3项发明专利、2项实用新型专利、1项外观设计专利；深入实施“江苏地域文明探源工程”，持续推进各项任务落地落实；“家·国——中国传统人文精神展示展演”入选2022年度“弘扬中华优秀传统文化、培育社会主义核心价值观”主题展览重点推介项目。南京博物院与扬州中国大运河博物馆联合制作的“扬州中国大运河博物馆常设展览”荣获“第十九届（2021年度）全国博物馆十大陈列展览精品奖”。

【陈列展览】 全年举办展览13个，通过官方网站、官方微信以及网络直播的方式积极宣传当期展览。多部门参与策展，举办“苏天赐百年诞辰纪念展”，有力弘扬先生艺术求真精神及亲属化私为公、服务大众的精神；举办“吴钩雪明——江苏省打击防范文物犯罪成果展”，有力彰显江苏保护国家珍贵文物、保障文化遗产安全的决心与力量。在中国博物馆协会和中国文物报社联合开展的“新时代博物馆百大陈列展览精品展示推介”系列活动中，南京博物院共有5个项目入选，包括4个精品奖项目（其中1个与扬州中国大运河博物馆联合申报）和国际及港澳台合作奖项目1个，入选总数位居全国第一。

【社会教育】 全年举办各类公众教育活动591场次。全新升级导览系统，观众自主参观更便捷；“南博云课堂”足不出户尽赏文物之美，研学品牌再添新成员兼顾更多受众群体；与江苏省终身教育学分银行合作，推出全新的“博物馆+社区”共同体项目，服务全民终身学习需求；深化馆校合作，开展小学版、初中版、高中版不同系列“双师云学堂”录制。新招募志愿者106人，在册志愿者达450人。年内，志愿者独立开展社教活动150余场，为观众义务讲解460场次，全年累积服务时长约3万小时。2022年，社服部被授予“江苏省巾帼文明岗”称号。社会服务部员工获得“江苏省文博系统首届十佳社会教育工作者暨十佳讲解员”“江苏省文博系统首届优秀社会教育工作者暨优秀讲解员”荣誉称号；《人文美育课程》获2022年“江苏省博物馆教育示范项目”。由中央宣传部志愿服务促进中心和国家文物局博物馆与社会文物司组织开展的“喜迎二十大强国复兴有我”主题志愿服务活动中，南京博物院荣获“喜迎二十大 强国复兴有我——青少年中华文物我来讲”优秀博物馆志愿服务推介项目。

【非遗保护展示】 南京博物院非遗馆入选江苏省文化和旅游厅评选的首批十家“江苏省非遗旅游体验基地（2020—2022年度）”；开放的6月期间引入了南京戏剧脸谱、南京绳结、扬州毛笔、南京仿古牙雕、南京绒花、常州梨膏糖、南通面塑、南京皮影雕刻、南京龙凤金箔、徐州香包等活态展示，期间轮换大丰刻瓷及宜兴紫砂2个项目，引进南京云锦和扬州刺绣2个国家级项目入驻大师工坊；8月起逐渐恢复老茶馆演出，邀请江苏省演艺集团下属剧团、南京市越剧团、南京金陵风白局曲艺团等赴南博演出。“江苏非遗”微信公众号累积关注用户数达14755人，增幅25.72%，共推送52期，其中原创稿件共88篇，占比43.39%，有力推动江苏省非物质文化遗产宣传工作。

【文化创意】 围绕院藏文物资源，开发"奇妙的博物馆"与"汉风"主题系列产品，青花纹饰系列和南博文物书签系列分别获第二届江苏旅游文创商品大赛银奖、铜奖；选取代表性文物编著出版《一本博物馆·南京博物院》，再现历史文化盛景，将文物背后蕴含的故事娓娓道来；探索授权开发新方向，开发数字产品投放到专业平台进行销售，取得良好的社会效益；拓宽IP授权渠道，首次尝试与社区商业体融合共同策划"携风揽月·宁好南博"主题的中秋文创巡展活动；积极参加行业展会，提升行业影响力，获第三届江苏（南京）版权贸易博览会"最佳人气奖"和第九届中国博物馆及相关产品与技术博览会"最佳展示奖"。

【文化交流】 全年引进其他文博机构的展览3个，外借文物参与其他文博机构举办的展览14个，合作举办展览5个，包括出境展览1个。受全球新冠疫情的影响，博物馆的交流以"对话"为主，"众里寻她——中国古代女性文物展"于11月在中国香港文化博物馆展出，展览作为香港特别行政区成立25周年的重点展览项目，是南京博物院自2018年与香港特别行政区政府康乐及文化事务署签订《文化交流与合作意向书》以来的又一重要成果。

【云上文化】 疫情催生的线上服务平台已逐渐成为博物馆提供文化产品的重要阵地，数字化创新让博物馆文化服务更加多元，更加丰富，更加亲民。南京博物院创新文化产品供给方式，抓住重要节日和重要节点积极组织筹划并推出线上公共文化服务产品，通过多媒体、跨平台、立体化传播增强影响力。龚良院长公益直播讲座"如何将众多文物策划成一个展览——从南京博物院晋国展说起"，观看量达149.1万人次；官方网页新增"虚拟展厅""相关资讯"，教育栏目新增"云端课堂"，年度浏览量达122.17万；抓好微信公众号的运营，以微视频、云上观展、线上演出等方式全景展现展览展演，全年共推送内容262条，粉丝数达到157.59万人，推文阅读人次总计156.89万人次。2022年5月18日，作为国际博物馆日江苏主会场系列活动，南博推出"博物馆的力量：奔赴美好生活"云展览，让观众"足不出户，身临其境，游遍全馆"。

【考古发掘与研究】 遵循探索地域文明、保护文化遗产、服务社会公众的宗旨，积极有效、高质量地完成了一系列重要遗址和墓葬的考古发掘工作。牵头落实《江苏地域文明探源工程实施方案》，申报开展淮河下游、太湖北部、太湖西部、古中江宜兴段和盐业考古5项调查勘探课题；承担主动性考古发掘3项，发掘面积2200平方米；配合基本建设发掘5项，发掘面积约20600平方米，清理墓葬200余座；完成12项重大工程的野外调查、报告编写和专家验收工作，调查总里程约1500千米，勘探总面积54平方千米，共发现24处遗址，其中新发现遗址21处；出版考古报告2本，考古成果集1本，发表简报11篇，研究文章4篇；主办第三届"江苏青年考古论坛"等多场行业论坛，扩大行业影响力。

【文物典藏】 全年安全涉用文物8865件（套），其中，为院内外38个展览安全涉用文物3321件（套）。接收包括盱眙大云山江都王陵文物在内的各类文物560件（套）、整理入藏文物1106件（套）、修复文物135件（套）。拾遗补缺丰富院藏，全年征集反映地域文明、非物质文化遗产技艺以及弥补馆藏缺项的文物90件。落实国家文保专项资金支持项目《南京博物院馆藏文物预防性保护（文物装具配备）方案》，提升藏品安全保存环境；有序推进江苏省文物商店移交文物入藏工作；启动基础信息复核工作，推动搭建客观、真实、准确的藏品数据体系；推进"藏品管理与藏品资源共享平台提升"项目，完善藏品征集、管理、利用全生命流程业务信息管理体系建设。

【文物保护】 承担省部级以上科研课题9项，省文旅厅、文物局课题3项；3项发明专利、2项实用新型专利获得授权；成功申报科技部"十四五"重点研发计划项目"文化科技与现代服务业"重点专项课题"馆藏中华古籍与近现代纸质文献规模化脱酸装备试制及实证"；金属文物保护江苏省文化和旅游重点实验室正式授牌成立；受江西省博物馆等单位委托编制文物保护修复方案4个；修复院藏文物和委托单位文物共计333件（套）。坚持传统与现代技术并用、预防性与本体保护研究并重的原则，文物系统性保护得以强化。开展《江苏省红色标语类革命文物专项调查》资源摸底，完成不可移动类红色标语170余处和可移动类红色标语460余件的调查工作；推进《江苏省省级考古遗址公园评定标准研究》项目，编写《江苏省省级考古遗址公园创建、运行管理及申报评定指南（试行）》。

【图书信息建设】 完善制度建设，制定《南京博物院重要时期网络安全工作应急方案》等制度，被江苏省文旅厅评为2022年网络安全周活动突出单位。与中国盲文手语研究与应用中心合作研发制作无障碍视频，举办"博物馆对特需观众的无差别服务"研讨会，提高博爱馆无差别服务水平。推出"博物馆的力量：奔赴美好生活"全媒体虚拟展示的云展览，创新数字展示形式。接受刘叙杰先生藏书、《金陵全书》和《江苏历代方志全书》捐赠，主持出版《中国博物馆建筑的文化表达》于第九届"博物馆及相关产品与技术博览会"上首发。

【学术研究】 全年干部职工发表论文135篇，参加学术会议93场次，出版书籍期刊9种，承担科研项目44项，获得专利6项。成功主办"第四届古代玉器青年学术论坛"；组织学术沙龙，邀请安徽大学教授吴卫红、《东南文化》编辑部主任毛颖和瓷器研究员程晓中为南博全体干部职工讲课；与南京艺术学院人文学院合作建立研究生联合培养基地，充分调动馆藏资源优势和文保教育机构的人才资源优势培养综合型人才。（衣雨涵）

·梅园新村纪念馆·

【概况】 2022年，梅园新村纪念馆坚持以习近平新时代中国特色社会主义思想为指导，贯彻落实习近平总书记关于红色资源的重要指示，传播红色文化。除3月16日至4月18日按疫情防控要求闭馆之外，梅园馆开放290天，共接待观众97624人次，接待团队220批次，提供讲解1029场，志愿者讲解243场，接待国家级、省市级机关单位重要讲解26场。推出"梅园红"品牌社教活动124场，讲解及服务收入237069元。八路军办事处纪念馆累计接待观众逾万人次。获省、市级各类集体荣誉12项，完成课题3项，其中，国家级1项，省级1项，共发表文章23篇。微信公众号共推送126篇，粉丝量总计34897人，阅读量442831次。微博发布总数为269篇，粉丝量累计3460人，阅读量658486次。媒体报道共计94篇，其中省级传统媒体共15篇。

4月28日，"心向党 正青春——中国共青团南京史料展"在梅园新村纪念馆开展 （梅园新村纪念馆 供图）

【中国共产主义青年团南京史料展】 为迎接中共二十大胜利召开，庆祝中国共产主义青年团成立100周年，4月28日，梅园新村纪念馆联合共青团南京市委员会、中共南京市委党史工作办公室、南京市档案馆举办"心向党 正青春——中国共产主义青年团南京史料展"，展览以"喜迎二十大 永远跟党走 奋进新征程"为主题，通过200余张珍贵历史图片，100余件文物史料、档案文献，展现100年来南京地区团员青年跟党奋进、砥砺前行，为实现中华民族伟大复兴的中国梦而奋斗的光辉历程。展览中展出的不少珍贵照片、实物档案都是首次公开对外展出。展览还得到民间收藏家的支持。面向社会举办"您的青春模样"照片征集活动，收到来自社会各界投稿照片60余张，并制作成短视频，在展览中展出，展示不同历史时期人们的青春风采。

入选2022年度“弘扬中华优秀传统文化、培育社会主义核心价值观”主题展览重点推介项目。江苏省《新华日报》《现代快报》、南京电视台、江苏公共新闻频道等媒体进行报道，《南京日报》对展览进行持续报道，扩大展览的影响力。“五四”青年节当天，江苏电视台荔直播平台对展览进行深度解读推送，参与互动的观众突破110万人次。展览配套专题讲座面向高校开设，吸引广大师生参与并获得好评。

【六馆馆藏梅花主题精品书画展】 2022年1月27日，梅园新村纪念馆联合孙中山纪念馆等文博场馆举办“梅开盛世——六馆馆藏梅花主题精品书画展”，展览通过以展代藏的方式，汇聚了梅园新村纪念馆、孙中山纪念馆、明孝陵博物馆、南京市博物馆、太平天国历史博物馆、南京市民俗博物馆60余幅梅花主题精品书画，从多个层面阐述梅花的文化内涵，赞咏梅花优良的品格，缅怀老一辈无产阶级革命家的丰功伟绩和崇高风范，积聚新时代奋斗的磅礴力量。

【身边的年味儿展】 2022年3月4日，由南京市博物总馆主办、中共代表团梅园新村纪念馆、南京周恩来精神研究会承办的“金虎迎春　福气满园——晒出我身边的年味儿”展在梅园新村纪念馆的周恩来图书馆一楼临展厅正式开展。展览通过微信、微博等渠道征集作品，从百余幅(件)投稿作品中，精心筛选了一批春节氛围浓厚的书画、剪纸、摄影、手工作品进行展出。通过“我身边的年味儿”“博物馆里过大年”“拓印画、猜灯谜体验区”三大版块，向广大观众展现了过年期间其乐融融的幸福感，表达了中华民族源远流长的文化之美，为人们营造喜庆祥和的节日氛围，使春节的精神记忆变得斑斓多彩，让年的视觉与感受变得富有内涵。

【中共代表团办事处旧址维养】 2022年4月，梅园新村纪念馆启动实施中国共产党代表团办事处旧址保养维护项目，对建筑外墙、屋面、地面、吊顶、室内外楼梯等进行保养维护，最大限度地保存革命旧址的真实性和风貌完整性。项目按照修旧如故、恢复原貌的理念，坚持原结构、原材料、原工艺的最小干预的工作原则。项目对墙体围墙进行保养维护，主要铲除了以往维修外墙面的粉刷层，恢复清水墙面，对于裂缝和破损进行修补。屋面维护则主要解决漏水、局部部位檐口受潮霉变、屋面阴角天沟排水不畅等问题。白蚁是南方地区建筑损害的重要原因，在施工中对吊顶及室外木楼梯重点进行防潮、防腐、防蛀处理。7月，中国共产党代表团办事处旧址保养维护项目顺利竣工，8月，通过省文物局组织的专家验收，并按照意见进行整改。12月，工程通过市建委验收，顺利结束。

【“梅园红”党建品牌】 梅园馆党支部深化开展文旅党建工作，打响“梅园红”党建品牌。深入开展红色文物、文化的价值研学、史料挖掘、精神教育，更加生动地讲好红色故事，赓续红色血脉，传承红色基因，提升党性教育、爱国主义教育的感染力、激励性与辐射面。梅园新村纪念馆党支部在“文旅先锋+梅园红”党建品牌创建中硕果累累，获得省、市级社科示范基地命名2项；特色品牌爱国主义教育、党性教育社教项目获省市优秀奖4项。

【“梅园红”品牌社教】 为加强青少年爱国主义教育，增强民族自信心与自豪感，梅园馆推出多场“小小红领巾讲解员”“红色阅读四史教育课堂”“神秘的电码”等“梅园红”品牌社教活动，体现了博物馆作为学生“第二课堂”的作用，充分发挥了爱国主义教育示范基地的社会功能。2022年，梅园馆与南京市逸仙小学加强交流，更加紧密合作，充分发挥了紧紧相邻的地区优势。纪念馆为逸仙学子举行多场定制社教活动，让更多学生走进纪念馆，爱上党史教育。第一批“小小红领巾讲解员”也在2022年接待了中央少年部领导等数场重要接待，儿童化的讲解内容得到一致好评。

【“梅园红”志愿者品牌】 2022年，梅园馆“梅园红”志愿者登记在册177人，其中，未成年45人，社会志愿者2人，主要承担讲解、引导、咨询等志愿工作，活动范围为纪念馆内，为来馆参观的观众进行讲解服务，年讲解场次达268场。 (林建英)

·六朝博物馆·

【概况】 六朝博物馆位于玄武区长江路302号，在原六朝建康城遗址上修建而成，于2014年8月11日正式对公众开放。2022年，六朝博物馆全年开放天数289天，接待观众17.33万人次，其中，免费参观人数9.64万人次，未成年人2.33万人次。全年举办线下临时展览8场，线上展览1场；举办线下社会教育活动279场，线上社会教育活动40场，其中线下活动参加人数3526人次。

2022年，综合业务部获江苏省"工人先锋号"荣誉称号；"公元前202年——汉风美学沉浸式艺术展"获第八届"紫金奖"博物馆文化创意设计赛铜奖；"三国将军炼成记"系列课程获2022年江苏省博物馆教育示范项目、第八届"紫金奖"博物馆文化创意设计大赛铜奖；"美在六朝"系列馆校合作课程获2022年南京市中小学生优秀研学实践教育课程二等奖；"六朝风物·为何不可出国出境"课程获2022年南京市等级博物馆教育精品课例；"六朝青"博物馆课堂进社区(校园)志愿服务项目获江苏省博物馆志愿服务十佳案例；大手拉小手"小青莲"志愿服务项目获2022年江苏省青年志愿服务项目大赛文明实践类项目二等奖。

【西营村考古纪实展】 4月28日至8月25日，"烟雨楼台——西营村考古纪实展"在六朝博物馆举办，首次向社会全面展出南京城西南西营村遗址考古发掘出土的文物200余件(套)，反映南京古今叠压型城市特色，体现地域时代风貌与变迁。自2019年8月开始，南京市考古研究院在城西南西营村地块发现南朝佛寺建筑基址、南唐窑址和窑业作坊遗存、宋代灰坑以及大量明代琉璃窑遗物。其中，南朝佛寺建筑基址是目前南京乃至南方地区发现的年代最早、保存最好、布局最为完整的南朝佛寺遗址。展览期间，馆方推出专家导览线上直播与云展览，满足观众深度看展的需求。展览着力于艺术性、数字化、体系化的考古成果展示，将学术性与科普性并重，将发掘保护与利用展示相结合，让考古成果惠及百姓。

【塑写千年艺术展】 9月28日，"塑写千年艺术展"在六朝博物馆开展。展览融雕塑、书法、绘画等艺术形式，以郜劲、赵彦国、陈建华3位艺术家的艺术创作，呈现六朝艺术风韵。展览中，雕塑以"鹿"为主题，造型高古典雅、矫健灵动。书画以《文心雕龙》《兰亭集序》等六朝文学经典为文本，笔力遒劲、潇洒奔放。"塑"与"写"的联展不仅是展览主题与形式的一次创新，也打开了观展新维度，让观众看到了艺术解读历史的多元性。

【展览进社区进校园】 为传承弘扬六朝文明、丰富基层群众文化生活，六朝博物馆积极推进与社区、学校的共建活动，通过展览、活动搭建博物馆与市民交流互动的平台。2022年，六朝博物馆综合业务部继续策划推出多项展览送进社区、校园。6月10—11日，"六朝文物绘"作品图片展走进西善桥街道"西善民歌节暨第三届岱山新市集"；10月1日，"触摸六朝——南京田家炳高级中学六朝文化主题展"在南京田家炳高级中学开展；12月9日起，"历史掠影之六朝繁盛往昔"展相继在孝陵卫街道下辖11个社区巡展。

【考古六朝·双城记】 暑期，六朝博物馆联合镇江博物馆推出"考古六朝·双城记：从南京到镇江"研学活动，共开展四次为期两天的研学课程，开启青少年与博物馆的夏日之约，释放"博物馆的力量"。研学课程围绕极具地域特色的"六朝文明"和"古都文化"，以东吴城址变迁为核心，通过对铁瓮城、丁奉墓等遗址的考察学习，为参与者勾勒出东吴早期城池建立的图景，同时在活动中融入考古与文保的职业体验，激发青少年传承历史文化、保护文化遗产的自主意识。

【《六朝的微笑》在央视频播出】 为迎接第46个国际博物馆日，5月15—18日中央广播电视总台新闻新媒体中心特别策划推出《博物馆9分钟》第二季之水韵江苏系列视频。其中，关于六朝博物馆的短片《六朝的微笑》于5月18日在央视频、央视新闻客户端播出。短片通过解读瓦当、陶牛车、陶俑等六朝文物及城墙遗址展现六朝文明的魅力，彰显六朝人的内在情感和风骨神韵。

【“小青莲”志愿服务项目】 2022年，六朝博物馆大手拉小手“小青莲”志愿服务项目已开展两季。项目面向全市10~17周岁青少年，由“六朝青”志愿服务社志愿者进行面试、培训、考核。截至2022年年底，已有145名“小青莲”志愿者走进六朝博物馆展厅，与“六朝青”志愿者大手拉小手，共同守护国宝文物，传承家乡千年文脉，弘扬志愿服务精神，累计服务时长近1500小时。2022年，项目获江苏省青年志愿服务项目大赛文明实践类项目二等奖，“小青莲”郭尔乐获江苏省第四届红色故事宣讲大赛金牌讲解员称号。（朱晓雪）

·江宁织造博物馆·

【概况】 江宁织造博物馆是在江宁织造旧址上建造的一座现代博物馆。由著名建筑学家、两院院士吴良镛担当设计，整体从南望北叠叠高起，是现代建筑的语言和传统园林建筑结合的经典之作。吴良镛以“核桃模式”和“盆景模式”为设计理念，融合清代宫廷建筑世家“样式雷”的“江宁行宫”和曹雪芹的《红楼梦》大观园等意象，将北高南低的建筑群用园林手法加以覆盖，构筑“三个世界”即“历史世界”“艺术世界”“建筑世界”，营造了“三山半落青天外，二水中分白鹭洲”的意境。江宁织造博物馆于2013年5月1日正式对外开放，围绕江宁织造的红楼、戏曲、建筑、丝路四大文化主题。现有四组基本陈列，分别是“江宁织造”“云锦天衣”“红楼梦曲”“中国旗袍”。讲述江宁织造与世界非物质文化遗产——南京云锦织造技艺以及中国四大名著之一《红楼梦》的故事。

2022年度江宁织造博物馆展览、以及研学项目紧密围绕建筑、丝路、戏曲、红楼四大主题文化不断推进。完成“和·美”——《伊朗现代艺术品展》《世界非物质文化遗产南京云锦艺术展》双展、“在博物馆长大”——社会主义价值观培育践行主题展，已开发1个品牌项目：“诗礼红楼——《红楼梦》主题文化课程”，5个系列项目：“我们的节日”“跟着名著学语文”“奇妙的云锦”“盲盒大揭秘”“世界文学之都南京戏曲文化课程”。

【世界非物质文化遗产南京云锦艺术展】 “和·美”——世界非物质文化遗产南京云锦艺术展于2022年1月31日正式开展。此次展览由南京市博物总馆、江宁织造博物馆、南京市民间文艺家协会承办的。展览以金色这一云锦主题色作为设计元素，富有变化地展开锦上添花、妙手织就、名满天下三个篇章，共展出近百件丰富多样的云锦相关展品，呈现世界非物质文化遗产南京云锦织造技艺的精妙绝伦。世界非物质文化遗产南京云锦艺术展入选2022年度“弘扬中华优秀传统文化、培育社会主义核心价值观”主题展览推介项目名单。为贯彻落实习近平总书记关于文物博物馆工作的重要论达和指示批示精神，充分发挥博物馆在弘扬中华优秀传统文化、培育社会主义校心价值观中的阵地作用，自2015年起，国家文物局连续八年在全国范国内组织开展“弘扬中华优秀传统文化、培育社会主义核心价值观”主题展览项目征集推介工作，并连续4年纳入中央精神文明建设指导委员会年度重点工作，行业引领示范作用与社会影响力提升。

【社会主义价值观培育践行主题展】 2022年5月15日“在博物馆长大”——社会主义价值观培

5月15日，“在博物馆长大”——社会主义核心价值观培育践行主题展览开展
（江宁织造博物馆　供图）

文化·旅游业

育践行主题展览正式拉开帷幕。展览汇集南京65家备案注册的各级各类博物馆，从历史印记、“取之不竭的宝藏”“一路同行的伴侣”“不断超越的引领”等方面，多层次、多角度地讲述了博物馆是一所大学校。“盲盒大揭秘”社教活动在博物馆长大——社会主义核心价值观培育践行主题展览的文化感染中应运而生，是博物馆力量的集中展现。结合时下新兴的“盲盒”文化，“在博物馆长大”展览首次推出博物馆盲盒墙。“5·18”国际博物馆日当天，推出“盲盒大揭秘”课程，分别以“文都南京”“宁好鸭”“大揭秘之小福尔摩斯”“金陵的‘金’”“戏曲文化”“南京云锦”为主题，以快闪课程的形式和互动提问方法，带领观众探索盲盒背后隐藏的博物馆奥秘。现已开展近17场，受众497人。参与课程的学员不仅能够在现场体验精巧的工艺，还能收获精美的纪念品。课程受到了江苏公共新闻频道《新闻空间》的报道，社会反响极佳。

【研学项目】 2022年，江宁织造博物馆持续优化“织造有戏——世界文学之都南京戏曲文化”系列研学项目。课程根据“梅绽金陵 礼赞百年——世界文学之都南京戏曲文化特展”和织造馆的“曹府戏苑”建筑，编撰了主题课程手册，结合馆校双主体与分级教学模式，运用自主探究教学法，以文学、技艺、色彩、节日、行走为五大篇章，开办补绣、行头、团扇等沉浸式制作体验课程，引导学员对脸谱、色彩、云肩等载体进行巧妙创作。突出感官教育、沉浸体验和自我创新引领。促进学员对团队合作和懂得分享理念的理解与认知。并与全日制义务教育体系高度融合。该课程现已开办58场，受众15784人，课程包含线上线下课程、座谈会、见面会、论坛、讲座等多种形式，《南京晨报》《扬子晚报》《现代快报》《江南时报》、南京电视台、人民网、新华网、龙虎网等17家媒体报道了相关活动。2022年《世界文学之都南京戏曲文化课程·色彩》获南京市等级博物馆教育精品课例。

【社教活动项目】 2022年，高考全国甲卷的语文作文“沁芳”掀起社会对名著《红楼梦》的关注。“跟着名著学语文”是江宁织造博物馆在此大环境下精心打造的研学课程。主要受众覆盖义务教育第三、第四学段及高中教育阶段。依据不同学段要求、核心素养、课程目标，延伸出“寻找地铁里的《红楼梦》”和“高考中的‘沁芳’”两个模块，对不同年龄和学段的学员进行针对性教学，使学生具有科学文化素养和终身学习能力，推进学生全面而有个性的发展。特别是“寻找地铁里的《红楼梦》”课程是江宁织造博物馆首次将文化教育融入日常生活。课程深度触摸世界文学之都南京的千年文脉，以轻松愉快的文化行走，走近传世名著《红楼梦》，探访红楼世界，轻松应对考试，提升文学素养。在研学课程中设计开发了“探秘大观园”“寻找‘太虚幻境’”“红楼夜宴”“曹雪芹的‘石头城’”“元妃省亲”“红楼儿女”六大主题，运用生活中的点滴积累和沉浸式的解读体验，使大家透过文字表象，进一步地理解《红楼梦》的人物故事、写作手法以及作者想要表达的思想境界，是专门为学习《红楼梦》精心打造的全新学习方式。根据中小学语文教育培养需求，以及不断地深入实践，提炼出“提升文学素养”“亲子共读共赏”“探访人文南京”“轻松应对考试”四大亮点。在2022年暑假，特别为中小学校、红领巾寻访小队（雏鹰假日小队）等精心定制了课程服务菜单，针对不同团队的多样需求，提供定制服务。央视频、江苏电视台教育频道、荔枝网等媒体对课程进行报道。“跟着名著学语文”系列课程，更是紧密贴合新课标，从美学、文学、哲学不同角度、不同学科生动解读《红楼梦》，得到广大观众的喜爱与支持。

【志愿者服务】 2022年，江宁织造博物馆为践行“奉献、友爱、互助、进步”的志愿服务精神，通过规范的服务指导、讲解演示，筑牢综合技能等多方面积极打造“金云锦”志愿项目团队。将志愿文化厚植于心、躬身于行。1月，志愿者张秀岚成功入选2021年度南京市学雷锋志愿服务先进典型名单。 （付加琪）

（栏目编辑 时蔓菲）

卫生·体育

卫生
体育

卫 生

【概况】 2022年,全区有各级各类医疗卫生机构230个,床位4209张,卫生在岗人员9868人。其中,卫技人员7719人,执业(助理)医师2950人,注册护士3411人。至2022年年底,全区每千人拥有医生数达5.49人,每万常住人口全科医生数达8.35人。玄武区卫健委和兰园社区卫生服务中心荣获江苏省文明单位,1人被评为江苏省“十大医德标兵”,1人被评为江苏省“百名医德之星”,1人被评为平安南京建设先进个人,1人被评为南京市机关作风建设先进个人,1人被评为南京市巾帼岗位明星,1人被评为江苏省职工志愿服务优秀个人,1人获得“南京好市民”荣誉称号,1人获得“南京好人”荣誉称号等。

·疫情防控·

【优化调整防疫指挥体系】 区委、区政府牵头全区疫情防控工作,防控应急指挥架构完整,24小时值班值守,形成“横向到边、纵向到底、平急转换”的扁平化疫情防控指挥体系。截至2022年12月底,已召开区防指部会议315次,每天编印《疫情防控工作简报》累计1073期,研判当前疫情防控形势,通报防控措施落实情况,对重点工作进行调度部署,高效应对“3·10”“10·25”“11·19”和市中西医结合医院、南京邮政中心局、南京林业大学等120余起突发疫情,“熊猫万谷”及时划定和解封高风险地区20个、临时封控区26个。

【落实防控措施】 严格落实基层医疗机构预检分诊、发热诊室“首诊责任制”,持续开展高风险岗位从业人员和学校、养老、医疗等重点机构监测,及时统计上报监测结果,充分发挥监测预警作用。按照“一长七组一感控监督员”“三区两通道”等规范分别开设入境、国内疫情风险地区及密接人员集中隔离点,加强进口高风险物品及环境消毒处置,全程做到闭环管理。指导南京站、小红山客运站、医疗机构等重点场所加强通风消毒、测温验码、佩戴口罩,以及从业人员健康监测、重点环节疫情防控等措施。严格落实大型会议活动“一案一报”审批制度,协助制定防控方案、应急预案和通道设置、环境消杀等工作,压实主办方主体责任。2022年,累计处置569例输入和本土阳性感染者,划定并及时解封高风险地区20个、临时封控区26个。充分发挥核酸筛查作用,组织开展81轮3928.9万人次规模性核酸检测,落实130.9万人次重点人群“应检尽检”,日结日清“苏康码”赋码转码10余万人次,处置往来函件2.1万余份。根据省、市部署,多措并举持续推进新冠疫苗接种工作,截至2022年年底,累计完成疫苗接种142.5万剂次,全人群接种率超过130%,60～79岁老年人全程接种超过95%,80岁以上老年人首剂接种率超过92%,市考核各项指标位居主城前列。

【应急能力建设】 强化区级PCR实验室检测能力建设,陆续增设46台等先进仪器设备,为主城区唯一一家国家疾控中心“新型冠状病毒肺炎监测网络实验室”成员单位,日均检测能力达2万人次。根据需要于10月底整合资源,组建应急处置现场指挥部,实现指挥中心、流调溯源组、地区协防组、社会和社区组“四合一”合署办公,为高校处置相关疫情打下坚实基础,实现了涉疫人员场所流调处置工作12小时全部到位。完善区级消杀队伍建设,在依托第三方消杀机构的基础上,组建以区疾控中心、区属环境集团为核心的14支消杀队伍,24小时轮班待命。优化重点人群排查管控机制,强化各部门多方联动,坚持排查“事不过夜”,确保所有人员“找得出、底数清、情况明”。动态梯次储备集中隔离点,严格落实集中隔离人员分类管理。采取实物储备、信息储备和资金储备“三结合”方式,常规储备保障全区5～6轮规模性核酸检测采样管300万人份,满足全区2个月用量的口罩、防护服等预防控制和医疗救治物资,实行分批储存、集中使用、科学调度。2022年,累计处理突发应急事件212件,排查涉疫场所332处、管理密接2.3万人、次密接3893人,区级PCR实验室完成核酸检测

12.1万份，检出阳性标本1250份，正确率100%，完成各类涉疫场景预防性消毒及终末消毒2409.8万平方米，核查“宁博疫”下发数据275.4万条，居家管理11.2万人，陆续设置23个集中隔离酒店，接收入境航班163班次、安置入境人员12118人，集中隔离国内中高风险地区人员26777人。　（赵亚明）

【爱国卫生】 加强区爱卫会组织建设，进一步建立健全区各级爱国卫生组织，建成率达100%。组织召开2022年度爱国卫生工作布置会，对2022年爱卫工作任务进行分解，先后成立了区病媒生物应急处置指导队和现场处置预备队。开展第34个爱国卫生月系列活动，共发放《文明健康绿色环保生活方式手册》1000余本，张贴海报2000余张，发放宣传折页5000余张，悬挂宣传横幅200余条，宣传小喇叭200余个。坚持联防联控疫情防控工作，全面推进防制全覆盖，完善病媒生物防制机制，开展春秋季灭鼠、夏季灭蚊蝇、冬季灭越冬蚊专项活动。深化健康教育，全面推进“健康细胞”工程建设，2022年，创建了7家市级健康机关、1家市级家健康街道、18家市级健康社区、2家市级健康促进医院、3家市级健康驿站、2家市级健康餐厅（酒店）和100户市级健康家庭、200名市级健康市民的建设任务，12月，市级命名文件通过。在健康南京建设试考核中获得全市总分第一名。　（邹元莺）

·社区卫生·

【基本公共卫生服务】 制定《2022年玄武区基本公共卫生服务项目实施方案》，聘请市社区卫生协会对全区各社区卫生服务中心开展基本公共卫生服务项目第三方考核评估。为儿童、孕产妇、老年人、慢性病患者、严重精神障碍患者和肺结核患者、计划生育特殊家庭、残疾人等重点人群建立居民健康档案，完成居民电子健康档案建立492290份，健康档案建档率91.54%；发放健康教育印刷资料156种，618502份；儿童建证率和接种率100%，各类计划免疫疫苗接种率达95%以上；儿童健康管理20401人，健康管理率97.41%。新生儿访视2269人，访视率96.64%；为2197名孕产妇建立保健手册，早孕建册率93.57%；为2291名产妇提供产后访视，访视率97.57%；为49718名65岁以上老年人开展免费健康体检，老年人健康管理率63.01%；为55244名老年人和7952名0～3岁儿童开展中医体质辨识及调养服务，中医药健康管理服务率达70.02%和81.50%；建立健全传染病各项管理制度，报告传染病35例，未发现有“迟报”“漏报”现象，报告及时率100%；全区发现传染病相关事件或线索36次，协助开展的食源性疾病、饮用水卫生安全、学校卫生、公共场所、非法行医和非法采供血、计划生育实地巡查1302次。

【妇幼保健】 2022年，全区婴幼儿活产数2348人，产妇产前筛查2297人，产后访视2291人，系统管理2287人，早孕建册率93.57%，孕产妇系统管理率97.40%，产后访视率97.57%，出生缺陷发生率10.90‰，严重多发致残出生缺陷发生率0；孕产妇死亡率0；2022年，完成婚前医学检查1055对，婚前医学检查率65.04%；完成孕前优生检查1028对，任务完成率102.8%；0～6岁儿童健康管理率97.41%，0～6岁儿童眼保健和视力检查20397人，0～6岁儿童眼保健和视力检查覆盖率97.39%；新生儿访视2269人，新生儿访视率96.64%；5岁以下儿童死亡2人，5岁以下儿童死亡率0.85‰，婴儿死亡2人，婴儿死亡率0.85‰。新生儿疾病筛查2321人，新生儿疾病筛查率98.85%。2022年，共完成宫颈癌筛查12275例，检出宫颈低级别病变51例；宫颈癌前病变42例，其中，高级别病变41例，宫颈原位腺癌1例；宫颈癌7例，其中，微小浸润癌2例（其中1例合并子宫内膜癌），浸润癌4例、其他恶性肿瘤1例。宫颈疾病随访率100%，治疗率97.96%。

2022年，完成乳腺癌筛查12328例，任务完成率102.73%，检出乳腺不典型增生1例，乳腺癌15例，其中，导管原位癌4例，浸润性导管癌10例，浸润性小叶癌1例。乳腺疾病随访率100%，治疗率100%。2022年，共为2508名建册孕妇部分减免费用进行艾滋病、梅毒、乙肝筛

10月18日，在北门桥社区举行糖尿病与中医药讲座　（区卫健委　供图）

查，筛查率100%。共筛查出梅毒阳性1例，乙肝表面抗原阳性64例，均转诊上级医院进行诊治。对梅毒感染产妇分娩儿童进行随访，共随访28人次，结案5例，排除5例。对乙肝感染产妇分娩儿童随访65人次，排除65例。2022年，全区梅毒感染产妇7例，分娩活产7例，孕产妇及新生儿均得到规范化治疗。2022年，接产医院分娩产妇367人，孕产期接受艾滋病、梅毒、乙肝检测367人，检测率100%，其中，孕早期检测363人，孕早期检测率98.91%。检测出乙肝表面抗原阳性7人，分娩新生儿7例，均注射乙肝免疫球蛋白且完成首剂乙肝疫苗接种。

【家庭医生签约服务】　根据《玄武区社区家庭医生工作室建设指导意见》，进一步强化社区家庭医生工作室内涵建设，完善“签约、看病、体检、宣教”一站式体验。兰园社区卫生服务中心兰园社区家庭医生工作室、红山社区卫生服务中心北苑社区家庭医生工作室被评为省星级家庭医生工作室，玄武区兰园社区卫生服务中心获评2022年度家庭医生服务模式创新单位。全区常住人口签约17.34万人，签约率达32%，续约15.91万人，续约率达91%。重点人群家庭医生签约12.87万人，签约率达76%。

【特色科室建设】　后宰门社区卫生服务中心中医科被评为南京市基层医疗机构特色科室，玄武区市级特色科室达到21个。孝陵卫社区卫生服务中心通过国家优质服务基层行推荐标准，全区10家社区卫生服务中心均达到基本标准，其中3家达推荐标准。

【母婴设施建设】　根据南京市《市政府办公厅印发关于加强母婴设施建设实施意见的通知》精神，大力推进母婴设施建设。按照国家标准，制定统一的母婴室标识，要求各建设单位进行规范张贴，并设立醒目的导向标志；统一印发一系列的关于母乳喂养的健康教育宣传海报、宣传画、宣传资料等。2022年，完成新（扩）建母婴室1家，1家母婴室获市级优质运营母婴室。

（张　纯）

·医政管理·

【医联体建设】　稳步推进医联体和专科联盟建设，积极协调东部战区总医院、中国医学科学院皮肤病医院、东南大学附属中大医院等10余家大医院，坚持邀请心血管、内分泌、消化等专业领域的专家，每周进社区卫生服务中心门诊、查房、教学。2022年，共邀请69名专家，累计下基层2330天，为居民提供高质量的诊疗服务和健康咨询13960人次。

【专科联盟建设】　持续打造“没有围墙的医院”，稳步推进呼吸、内分泌、心血管、消化、康复、疼痛6个专科联盟建设，携手中国医学科学院皮肤病医院、东南大学附属中大医院、江苏省肿瘤医院、南京市口腔医院等名院优势学科，拓展皮肤病、肺小结节、口腔疾病等专病专治服务，重点扶持兰园、后宰门、孝陵卫等社区卫生服务中心，加强皮肤病会诊、肿瘤筛查、口腔质控、中医康复等能力水平，使辖区居民在社区就能享受到知名专家的优质服务。

【南京玄武医疗发展联盟创建】 以三级医院为龙头，以基层医疗卫生机构为基础，创建南京玄武医疗发展联盟，按照“先核心、再扩展”分批建设思路，首批涵盖驻区6家军队、部、省、市属三级医院，玄武口腔医院、妇幼保健所、10家社区卫生服务中心。联盟商定培育基层特色专科、搭建人才培养平台等十大目标任务，加深合作，扩大交流，共谋发展。目前已与中国医学科学院皮肤病研究所开展皮肤管理、东部战区总医院开展慢性肾脏病管理等10余个合作项目，创建包括“江苏省第一超”武心萍首家基层名医工作室在内的14个名医工作室，发展“一单位一特色”，强固基础，提升基层健康服务能力。

【医疗质量建设】 持续开展“医疗质量与安全管理提升年”活动，及时调整健全“1+2+10”区级医疗质量管理组织，努力提升医疗质量管理水平，确保区属医疗机构医疗安全。2022年，共开展业务培训49场，受训2万余人次；开展督查11轮，累计检查医疗机构1658个次。年底，邀请南京市基层卫协，派出门急诊管理、病案、院感等10个专业组，对10个社区卫生服务中心和部分社会办医疗机构等15个医疗机构进行医疗质量评价。还抽调区级医疗质量专家组，分4个片区，对158家社会办医疗机构，进行全面医疗质量检查。医疗质量管理案例“践行国家标准，筑牢院感防线”入围第二届国家医疗相关标准执行竞技赛全国决赛。

【互联网+健康服务】 组织区属医疗单位12家、民营二级医院1家，深耕“互联网+健康服务”，面向居民提出“你在线点单，我上门服务”的便民承诺，根据居民需求不断优化服务套餐，累计推出近300个服务包，优质高效完成786单上门服务，为出院患者或行动不便、高龄体弱、失能失智、生命终末期患者提供便捷、专业的医疗护理服务，深受广大居民欢迎。

【中医药工作】 加强西学中高层次人才队伍建设。兰园社区卫生服务中心沈柳柳的“益黄膏”治疗中度痤疮机制及临床研究课题，获2022年度“南京市中医药科技专项”一般性课题立项，资助研究经费4万元。发挥中医药名人场馆在保护和弘扬中医药文化中的作用。持续做好中医文化惠民工程，加强中医药文化推广工作，2022年，开展中医惠民百场健康宣讲活动104场，扩大中医药文化的影响力。

【药事管理】 落实国家和省、市药品集中采购要求，全区公立医疗机构药品网采率100%，医用耗材网采率稳步提升，基本药物配备使用品种及金额双占比均达到省定55%标准，抗菌药物采购品种与金额占比均低于10%。严格规范麻醉、精神及抗菌药品购用管理，组织麻精、基药、抗菌药物培训考核2场，培训458人次。

【青少年近视防控工作】 印发《玄武区儿童青少年近视防控及视力康复工作方案》，联合区教育局，成立玄武区儿童青少年近视防控中心（视防中心），

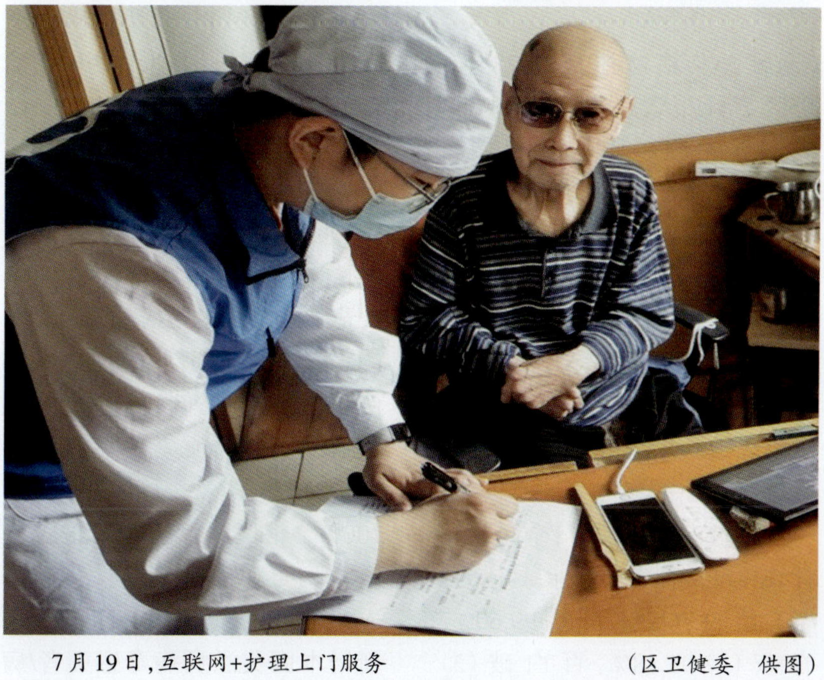

7月19日，互联网+护理上门服务 （区卫健委 供图）

组织专业医务人员走进中小学校园，免费开展视力检查评估、纠治康复和健康宣教工作，逐人建立视力健康档案，定期提供视力健康指导和咨询服务。自2022年9月建成至12月份，累计为28所中、小学校体检学生25869人次。

【无偿献血工作】 深化无偿献血奖励机制，利用"5·8红十字日""6·14世界献血者日"等各种时机，通过宣传栏、标语、传单、互联网和手机等自媒体等多种渠道，多种形式积极开展宣传，逐步浓厚人人参与、个个自愿献血的良好氛围。2022年，组织790余人次参加应急献血，成功献血616人，共16.5万毫升，圆满完成年度应急献血任务。荣获2021年度南京市无偿献血先进集体。 （孙志国）

·疾病预防与控制·

【急性传染病防控】 2022年，全区累计报告法定传染病888例，死亡0例。其中，无甲类传染病报告，报告乙类传染病12种、611例、乙类传染病发病率113.61/10万；丙类传染病5种、277例、丙类传染病发病率51.5/10万。处置中小学及托幼机构聚集性疫情16起。肠道门诊就诊总人数为71人次。

【计划免疫】 2022年，全区儿童计划免疫接种率均达标，具体为：卡介苗99.76%、乙肝(3)99.60%、脊灰(4)95.18%、百白破(3)99.85%、白破86.62%、含麻类疫苗(2)98.19%、流脑A(2)99.78%、乙脑(2)97.34%、甲肝(2)98.09%、流脑A+C(2)89.41%。2022年，建证建卡2718人，共接种一类疫苗48595针次。共报告疑似接种副反应57例，其中新冠疫苗接种副反应11例。

【结核病防治】 全区规范处置学校结核疫情28起（聚集性疫情1起），涉及10所学校（南京市玄武高级中学、南京林业大学、南京体育学院、东南大学、南京市第九中学、南京农业大学、南京农业大学、立贤小学、南京理工大学、孝陵卫初级中学）31个病例（学生27人、教职工4人）。共排查出密切接触者1169例，开展PPD筛查844例、EC筛查221例、IGRA筛查74例、胸片筛查997例，所有疫情均得到规范有效处置。

【艾滋病防制】 累计完成南京市第三看守所羁押人员HIV筛查2067人次，HIV抗体初筛阳性7例，检测覆盖率100%。VCT门诊共免费咨询检测920人次，HIV抗体初筛阳性2例，梅毒阳性6例。完成美沙酮门诊吸毒人员133人次的HIV抗体检测，HIV抗体初筛阳性（既往感染）6例，梅毒阳性2例，丙肝抗体阳性102例。干预覆盖率95.8%，检测1639人次，检测比例为100%。辖区医疗机构新报告艾滋病病毒感染者24例，艾滋病人11例，晚发现率18.9%。当年新增本区艾滋病病毒感染者/病人58例，已完成随访。医疗机构重点科室PITC检测172002人，HIV确证阳性60人。全区I期和II期梅毒报告发病率比去年同期上升8.8%。

【严重精神障碍患者管理】 全区登记在册严重精神障碍患者2084人，登记报告率3.88‰，其中签署《知情同意书》接受医学管理2067人，检出患者管理率99.18%，规范管理率100%，落实以奖代补1058人。

【慢性病防制】 全区高血压康管理44100人、任务完成率100.0%，规范管理32803人，规范管理率74.38%、血压控制满意28882人、血压控制率65.49%；糖尿病健康管理14400人、任务完成率100.0%，规范管理10557人、规范管理率73.31%，血糖控制满意9000人、血糖控制率62.50%。全区死亡网络报告3434例，死亡率7.37‰。不明死因比例1.12‰。 （邵益飞）

·卫生应急·

【重大活动疫情防控及医疗卫生应急保障】 2022年，保障市、区"两会"、党代会、"金洽会"、高考、中考、公务员考试、事业单位招聘考试、自学考试等重要会议、重大活动210余次。

【自救互救培训】 积极开展卫生应急救护培训，配合区红十字会给南京市第九高级中学、南京市第十三高级中学、南京外国语学校、玄武高级中学的新生和玄武中专、南京理工大学、南京农业大学的新生、苏宁总部的员工等开展救护培训8000余人。

【应急救护技能大赛】 区卫健系统参加玄武区2022年职工技术大比武红十字应急救护技能大赛，囊括了一、二等奖，兰园社区卫生服务中心护士张洁参加南京市应急救护技能大赛获得综合比赛第四名。

【培训和演练】 为南京火车站等采样点提供采样技术标准化培训，16场1038人次；组织疫情防控应急处置演练4次，高考中考、重要会议活动应急培训和演练5次，配合区应急局、生态环境局、水务局、人防办等单位应急演练4次。 （邵益飞）

·卫生监督·

【卫生监管与处罚】 共立案查处违法案件37件，罚没款合计192.2029万元；处理各类投诉举报88件；卫生监督覆盖率100%，投诉查处率100%。

【疫情防控监督检查】 疫情防控累计检查单位2427家次，共出动监督员2101人次。对市、区纪委以及疫情防控督察组移交的整改菜单共检查76家次。对疫情期间违反有关规定擅自营业的医疗机构给予行政处罚。

【专项监督检查】 对辖区内14家养老、护理机构组织开展了为期6天的“护理院疫情防控专项督查”专项检查，共计出动监督员60人次，车辆20台次。对辖区内各类医疗机构183家开展了为期2个月的医疗乱象专项整治行动。对辖区内医师出租、出借、转让医师执业证书；医疗机构买卖、转让、租借医疗机构执业许可证或医师执业证书；超出登记范围开展诊疗活动；使用非卫生技术人员从事医疗卫生技术工作；出具虚假证明；违规处置医疗废物等行为进行专项整治。联合区纪委、区检察院、区市场监督局对辖区内各大药店销售的“消”字号抗（抑）菌产品进行专项检查，共检查7个街道，15家药店，医疗机构10家，商超5家，出动监督人员40人次。为防止传染病传播和健康危害事故发生，7月底联合区疾控开展游泳场所卫生监督专项检查。对检查中发现的游泳场所清洁消毒工作落实不到位、浸脚池消毒余氯浓度不达标等问题，监督员现场进行了规范指导，现场立即整改落实到位。对辖区内安装使用集中空调通风系统的75家公共场所进行了监督检查，并对1家“双随机”抽中单位进行了抽检。其中，包括45家住宿场所、15家商场、3家博物馆和12家影剧院、歌舞厅。 （刘志陆）

·计划生育工作·

【落实三孩政策】 实施三孩生育政策，严格执行市人口与计划生育领导小组下发的《贯彻落实〈江苏省关于优化生育政策促进人口长期均衡发展实施方案〉任务分工方案》，完成计划生育目标管理各项指标任务。2022年生育登记2407人，其中，一孩登记1745人、二孩生育登记623人、三孩生育登记39人；出生人数2355人，其中，一孩1683人、二孩627人、三孩及以上45人；2022年，核查省、市、区及外地“一票否决”1个单位、32批次（共284人）。

【全员人口信息核查】 开展全面清理全员人口信息库数据工作，核实91749条信息、其中，更正姓名信息116条、核实补充信息17条、核实身份证信息（18个0）6623条、核实身份证信息（不规范）235条、核查死亡人口5223条、虚假人口核查数据105条、核查流动人口信息79430条。对市里新导入的2019年以来出生人口个案信息211条开展核实、更新、修改。

【计划生育奖励扶助政策】 2022年，累计为1330名失业人员发放独生子女父母奖励金7.98万元；为2972名企业退休职工发放一次性奖励1069.92万元；为108名符合政策条件的人员申请计划生育公益金31.10万元；全区各街道为5391人次特扶对象共发放扶助金1374.576万元，为771名特扶人员发放公交和游园补贴47.802万元。春节、中秋等节日慰问特扶人员2645人次，发放慰问金65.87万元；慰问计划生育困难家庭85户，发放慰问金3.40万元。计划生育各类奖扶政策兑现率达100%。

【计划生育特殊家庭援助项目】 长效落实区、街道、居委会计划生育特扶人员联系人制度，完善国家padis特扶系统平台数据。将1144名计划生育特扶人员优先纳入基层医疗机构家庭医生签约服务，开展健康管理，对行动不便服务人员做到上门服务，做到签约知晓率100%，应签尽签。为1373名特扶对象发放了计划生育家庭特别扶助制度扶助证。计生特扶对象凭特扶证在市、区定点医疗机构医享受优先挂号、就诊、检查、取药、住院、转诊“六优先”便利服务。

【计划生育特殊家庭全方位帮扶项目试点工作】 在锁金村街道开展计划生育特殊家庭全方位帮扶试点项目，以团队模式开展以“组织关心、健康关怀、精神关爱、生活关照”为目标的精准帮扶，帮助解决计划生育特殊家庭的实际困难和突出问题。

【计生困难家庭保险工作】 积极开展计划生育家庭生育关怀保险服务活动，2022年，投入19.425万元为1295名计划生育特扶人员办理了重大疾病及住院津贴险综合保险，投入1.164万元为97户计划生育困难家庭独生子女办理了意外伤害和重大疾病保险。

【计划生育特殊家庭稳控工作】 认真落实计划生育特殊家庭联系人制度，对独生子女伤残死亡家庭中的信访重点人进行全面摸排，根据不同情况分类登记造册，对思想波动较大、生活特别困难的，帮助疏导思想和解决实际生活困难。深入分析社情民意，及时发现苗头性、倾向性问题，确保诉求不出区、问题解决在基层。

【0～3岁婴幼儿早期发展工作】 出台《玄武区0～3岁婴幼儿照护服务设施建设实施方案》《关于印发玄武区促进3岁以下婴幼儿照护服务发展实施方案的通知》，明确工作目标、任务、职责。发挥区3岁以下婴幼儿照护服务工作联席会议制度作用，统筹推进全区婴幼儿照护服务工作，加大联合执法力度，托育机构规范管理取得了较好成果。全区现有托育机构30家，备案率100%。依托社区为全区0～3岁婴幼儿家庭免费发放科学育儿报、0～3岁婴幼儿早期发展指导手册，开展“家长学堂”“百场科学育儿知识进社区”等活动。针对老城区的制约，加强与区教育局、区民政局合作，支持民办幼儿园推行幼托一体化服务，不断满足婴幼儿家长需求。0～3岁婴幼儿早期发展知识普及率达到98%。

【计生协会工作】 全区计生协组织各类基层协会骨干业务培训达150多人次。各街道计生协以“5·29会员活动日”为契机，组织开展大力弘扬中华优秀传统美德。2022年，各基层计生协会开展各类协会活动30多场次。2022年，玄武区获得市级生育关怀帮扶项目点1个（玄武门街道）、市级青春健康教育项目5个（东南大学、南京理工大学、南京农业大学、南京邮电大学、东南大学成贤学院）、市级计生协工作成绩突出先进个人2人。 （江秀萍）

·干部保健·

【提高干保工作规范性】 完善医疗票据保管查阅制度，制定《医疗票据保管、查阅规定》，印制医疗票据查阅登记本和申请表，限定票据查阅的合理范围，对票据的管理做到有章可循有据可依。加强年审，提高特约医疗的规范性。

【提高医疗政策知晓性】 完善修订《南京市玄武区特约人员就医须知》，发放2000本宣传特约医疗政策。收集汇编《玄武区补充医疗享受人员可选择的就诊医疗单位和医疗等级》，告知补充医疗保险规定单位。

【提高医疗报销准确性】 严格按照玄武区补充医疗保险规定，2022年，审核结算130家机关职工及其子女医疗票据，并对全区100家下属事业单位补充医疗保险数据，进行审核汇总确认上报，未出现任何差错。对辖区4

所学校督查了补充医疗保险审核凭证，督促各家针对问题及时整改、严格把关。对特约医疗加强宣传，安排专人专项督查，动态掌握费用使用情况，每季度按费用总额进行排名，对前十名的着重关注，有过度医疗的费用予以扣减。

【提高补充医疗保险数据规范性】 着重推进职工子女用医保卡就诊，并申请安装了《机关子女补充医疗报销系统和电子扫描软件》，充分利用信息化智能识别和结算功能，提高了补充医疗保险数据的规范性、准确性。

（毛春红）

·安全生产·

【顶层规划】 先后制定下发转发文件通知97个，召开5次党委会、12次专题会学习部署安全生产工作，召开4次安全生产专题会讨论安全生产问题。组织“安全生产月”活动15次，参与497人；组织“百团进百万企业千万员工”活动，覆盖44家单位，宣贯1384人次；组织“学重要论述　促安全发展”网络平台学习，切实提升主要负责人、安全管理人员的能力素质和责任意识，宣传贯彻《中华人民共和国安全生产法》，共有29家单位，45人次参与；开展优秀公益广告展播，开展展播19块屏，累计展播23200条（次），覆盖14家单位。发表安全生产信息稿件36篇。通过邀请专家开展应急演练、授课、下发专题资料片、制作宣传展板等形式，在系统内广泛宣传安全生产知识。全年卫健系统组织应急演练16次。组织参加全市卫健系统安全生产知识技能竞赛，获得团体三等奖，个人二等奖。

【专项整治】 迎接市第五督导（巡查）组、市卫健委组织的区级互查江北新区卫民局督导检查组、区第三督导（巡查）组、区建设局、区危化品实验室联合督导组、区机关事务管理局等部门，督导检查安全生产工作15次。2022年，系统14家单位配备了微型消防站，玄武湖、锁金村、同仁街社区医院等单位在电动车棚安装了自动喷淋系统。持续抓好“181”信息化平台安全生产系统信息维护完善，累计录入信息290条。开展既有建筑安全隐患排查工作，卫健系统13家单位（除监督所外）既有建筑总数为28栋，总建筑面积54326.38平方米。其中，兰园、锁金村、孝陵卫社区卫生服务中心房屋已鉴定，后宰门、玄武门社区卫生服务中心房屋已加固。均未发现明显隐患建筑。区属医疗卫生行业中使用燃气单位共6家。系统内4家均为管道天然气，委管医疗机构1家使用管道天然气（已停用），1家年底前已经气改电。6家机构均已按要做好每月自查、安全公示、配备灭火器、煤气报警装置等。7月至11月开展安全生产百日攻坚行动。为认真贯彻落实市卫生健康委和区安委会部署要求，扎实开展安全生产大检查，持续深化安全生产专项整治，推动国务院安委会安全生产15条硬措施、市安委会66项重点检查内容、卫生健康系统120项检查细则落地落实，有效防范化解重大风险隐患。全面深入开展安全生产排查整治“治本攻坚”大会战。11月开始，在“一年小灶、三年大灶”基础上，坚持标本兼治、重在治本。建立健全风险分级管控和隐患排查治理双重预防体系，动态更新完善问题隐患和制度措施“两个清单”，从严从速闭环整改。以检查巡查、“回头看”，采取“四不两直”的形式，先后35次组织力量开展危化品管理、消防安全、燃气安全、疫苗管理、院感防控、危废固废处理等各环节安全隐患排查，共查出安全隐患427条，其中，消防136条、后勤86条（含燃气14条）、危化品43条、特种设备8条、制度落实120条、既有建筑3条、精麻药品31条。都已完成整改。

（戴　倩）

体　育

【概况】 2022年，区文化和旅游局以习近平新时代中国特色社会主义思想为指导，坚决贯彻落实中央和省委、市委、区委部署要求，坚持稳字当头、稳中求进工作总基调，紧紧围绕建设“强富美高”新玄武总目标，主动扛起“争当表率、争做示范、走在前列”光荣使命，科学抓好全系统、全行业疫情防控

6月21日，在匈牙利布达佩斯举行的世界游泳锦标赛上，南京籍运动员王赐月与队友以94.7202分，夺得花样游泳集体技术冠军　　（区文旅局　供图）

工作，努力推动文旅体事业繁荣发展，持续推进文旅行业“四区同创”，做到疫情防控与重点工作“两手抓、两不误、两推进”，玄武区成功申报省政府文旅产业督查激励支持对象、成功入选首批省级文化和旅游消费示范单位和省级文化和旅游产业融合发展示范区，区文化和旅游局被评为“江苏省2018—2021年度群众体育先进单位”。

【体育成绩】　承接省运会花样游泳赛事承办任务，按照筹备工作时间节点，有序推进赛事筹备，圆满完成赛事承办工作。组队代表南京市参加第20届省运会青少年部花样游泳和艺术体操比赛，共获得12枚金牌、5枚银牌、4枚铜牌的优异成绩，超额完成市政府下达的7枚金牌任务，受到市政府肯定和表扬，区文化和旅游局（体育局）被市政府评为“参赛组织工作先进单位”。同时，输送运动员王赐月在布达佩斯花样游泳世界锦标赛中获得集体自选和集体自由自选的两枚金牌，输送运动员高昉洁在印尼羽毛球国际挑战赛中获得女单冠军。

【文旅体行业疫情防控】　督促公共文化场馆、A级旅游景区、星级酒店、棋牌室、体育场馆等文旅体场所严格贯彻落实防疫要求，筑牢文旅领域安全防线，坚决守护好人民群众生命安全和身体健康。疫情防控期间，在做好行业巡查检查和督促整改的同时，局机关和直属单位共组织55名干部职工下沉社区支援基层防疫工作，在疫情大考中彰显党员本色、文旅担当。同时，全力助推行业企业复工复产。设立“纾困专员”，为辖区内文旅体企业提供纾困政策的分类指导，主动深入旅游企业集中辅导办理暂退旅行社旅游服务质量保证金，组织辖区内旅游企业申报旅行社企业创新发展奖补金。2022年，协调暂退质保金、减免旅行责任险、申请文旅体产业专项扶持资金等共计2259.6万元。

【玄武区老年人体育节系列健身活动】　2022年是北京冬奥会举办和中共二十大召开之年，4月至11月，玄武区老年人

6月28—30日，玄武区花样游泳队参加第二十届江苏省省运会，获8金1银1铜　　（区文旅局　供图）

体育协会以中共十九大精神为指导，以庆祝中共二十大胜利召开为主线，以“喜迎二十大·健身我先行”为主题的老年人体育节为抓手，大力开展丰富多彩的老年人体育节系列健身活动。举办玄武区老年人体育节广场舞、掼蛋、太极拳、桌上冰壶球比赛。举办玄武区老年人广场舞、太极拳、门球、桌上冰壶球、健身秧歌、健身球培训班。2022年，玄武区老年人参加各类体育健身活动80项次，计50000人次。组织参加全国、江苏省、南京市老年人桌上冰壶球、柔力球、太极拳、秧歌、健身球、掼蛋、气排球、气功、体育精品健身展示交流活动，全民健身公益活动走进社区，老年人体质现状调查。组织参加南京市门球协会举办的“三八杯、渡江杯、雨花功德杯、会员杯”门球赛。

6月8日，玄武区老年人体育节开幕式　　（区文旅局　供图）

【“喜迎二十大·健身我先行”系列活动】　1月19日，玄武区举办“迎冬奥·贺新春”第二届老年人桌上冰壶球比赛。来自全区7个街道，区退教协9个代表队的50多名运动员裁判员参加比赛。本次比赛特邀江苏省老年人体育协会桌上冰壶球专项委员会秘书长吴思凯作为本次比赛的裁判长。6月8日，玄武区隆重举行“喜迎二十大·健身我先行”2022年玄武区老年人体育节开幕式暨太极拳（剑）展演。玄武区老年人体育协会主席张萍，副主席傅根辉、赵锡榕，玄武区委老干部局副局长邬红生，玄武区文化和旅游局（体育局）副局长杨明，体育总会会长顾云超，玄武区武术协会会长夏文明等出席，全区14支代表队的175名运动员参加活动。本次展演活动中，除了进行开场太极拳《太极八法五步》展演、朴刀队的《团体朴刀》表演外，各代表队还进行了集体规定套路、集体自选套路的比赛，以及个人自选套路太极扇、太极剑、太极刀等表演。8月29日，为营造喜迎中共二十大胜利召开的浓厚氛围，“喜迎二十大·幸福舞起来”2022年玄武区老年人体育节广场舞比赛隆重举行。活动由玄武区文化和旅游局（体育局）、玄武区委老干部局主办，玄武区体育总会、玄武区老年人体育协会承办。来自全区7个街道的13支广场舞代表队的近200名广场舞爱好者们参加比赛。玄武区老年人体育协会主席张萍，常务副主席李永革，副主席傅根辉，副主席兼秘书长赵锡榕；玄武区委老干部局副局长邬红生；玄武区文化和旅游局（体育局）副局长杨明，副局长、体育总会会长顾云超参加开幕式。广场舞比赛在全体运动员齐跳《没有共产党就没有新中国》的舞曲中拉开帷幕，随后进行规定舞曲《领航》《跟党走》《妈妈教我一支歌》三选一，自选舞曲的比赛。最终梅园新村街道东方韵舞蹈队、锁金村街道舞芳华舞蹈队、新街口街道云乐艺术团等8支代表队获规定舞曲比赛优胜奖；梅园新村街道东方韵舞蹈队、锁金村街道舞芳华舞蹈队、新街口街道红舞鞋艺术团等8支代表队获自选舞曲优胜奖。9月20日，玄武区举办“喜迎二十大·健身我先行”2022年玄武区老年人体育节掼蛋比赛。活动由玄武区委老干部局、区

8月12—16日，玄武区艺术体操队参加第二十届江苏省省运会，获4金4银3铜
（区文旅局　供图）

文化和旅游局（体育局）主办，玄武区体育总会、区老年人体育协会承办。来自7个街道老年体协，区退教协，区离退休干部党支部的20对组合，40位掼蛋爱好者参加了比赛。比赛设个人积分赛和团体赛。经过两轮六局的比赛，玄武门街道老年体协、区退教协、梅园新村街道老年体协、孝陵卫街道老年体协、新街口街道老年体协代表队获得掼蛋团体赛第一至第五名。

【桌上冰壶球、气排球】　桌上冰壶球队于5月20日参加“喜迎二十大，健身我先行”第四届南京市老年人运动会桌上冰壶球比赛，荣获混合团体冠军。气排球队于6月7日参加第四届南京市老年人运动会暨江苏省老年人俱乐部联赛（南京站）气排球比赛。荣获气排球比赛（男子组）第一名，气排球比赛（女子组）第四名。气排球队于8月2—5日，代表南京市参加江苏省老年人体育协会主办的“2022年江苏省老年人气排球俱乐部联赛”。来自全省15支男子、12支女子气排球队的215名运动员参赛，玄武区荣获男子组第一名”。11月15—17日，代表南京市参加2022年江苏省老年气排球交流活动。来自全省13个设区市的20支女队和18支男队的近400名运动员参加了角逐。荣获“2022年江苏省老年气排球交流活动男子组二等奖”。

（董长春）

（栏目编辑　张　弛）

人民生活

人力资源和社会保障
民政工作
养老服务
残疾人扶助
红十字会工作

人力资源和社会保障

【概况】 2022年,区人社局围绕"民生为本,人才优先"工作主线,紧扣高质量发展要求,积极投身疫情防控和企业复工复产,人社工作完成主要发展指标:全区城镇新增就业20602人,城镇失业人员就业12704人,新增大学生就业参保28045人,实现就业困难人员就业1409人,支持成功自主创业4012人,引领大学生创业626人,累计青年大学生创业企业(实体)10268户。企业职工基本养老保险净增缴费2020人,新增单位参保2060户,中断缴费续保4031人,养老保险征收约30亿元。全年开展劳动保障书面审查用人单位7036家,拖欠农民工工资举报投诉案件结案率、劳动保障监察举报投诉案件结案率、劳动人事争议仲裁结案率均100%。

【就业创业】 落实各项援企稳岗政策,用足用好"免、减、缓、返、补"等优惠政策,联系、跟踪服务企业近600家,助力辖区优势产业企业举办直播带岗活动,完善基层就业服务平台建设,指导街道打造"零工驿站"。全年发放小微企业社保补贴454家(次)365.93万元,发放中小微企业一次性吸纳就业奖励93家次55.4万元。举办第五届"赢在玄武"青年大学生创新创业大赛,7个项目获得市级奖项。针对高校毕业生组织"宏志助航 乐业玄武"系列高校专场招聘会73场,为离校未就业高校毕业生实施精准帮扶。通过"131"长效服务机制,全区711名离校未就业高校毕业生就业率近98%。发放高校毕业生住房租赁补贴、外地高校毕业生来宁面试补贴、青年大学生开业补贴等3900万元。承办江苏省暨南京市2022年就业援助月活动启动仪式,组织就业援助"暖心活动"系列活动45场提供岗位近7000个,新增公益性岗位安置就业困难人员34人,向4062名就业困难人员发放灵活就业社保补贴2967.27万元,。推广"互联网+职业技能培训"的线上技能培训行动,扩宽和延伸就业培训服务。新增职业技能等级认定机构备案6家,开展政府补贴性职业技能培训7533人次,新生代农民工职业技能培训1912人次,开发青年就业见习岗位1733个,新增高级技能人才1601人次(技师以上141人次),新增数字技能人才510人,企业新型学徒制培训256人。

【社会保障】 落实阶段性降低失业保险费率政策,做好困难企业及特困行业养老保险、失业保险、工伤保险社保费缓缴申请,为全区1.5万多家企事业单位减轻社保负担约1.79亿元,落实省市关于社会保险费缓缴政策,审核通过81家企业社保费缓缴申请。推广网上办事,实现从"现场办"到"网上办""掌上办"的转变,网办率已达86%。建立部门联动机制,加强与区税务局、市场监督管理局等部门在扩面征缴工作上的联动,合力推动社会保险扩面征缴工作。全面推进"15分钟医保服务圈"建设,规范医保公共服务事项办理,实施综合柜员制服务模式,玄武区建成市级示范点,确保医保公共服务网络全覆盖。开展企业退休人员免费健康体检,做好困难人员参加城乡居民养老保险和医疗保险,全区退休人员免费健康体检完成39246人,困难人员参加城乡居民养老保险1300人,失业待遇审核5591人次,居民医保参保人数77199人,居民医保零星报销1265人次、855万元,工伤受理725件,共支付2692万元,困难群众医疗救助21276人次、589万元,发放原支边下放插队老年生活困难补助1887人次、167万元,发放被征地人员待遇16469人次、1215万元;发放老农保待遇3648人次、34万元。

【人事人才工作】 落实事业单位岗位管理、聘用制度管理及公开招聘三项基本制度。完成教育系统公开招聘新教师和骨干教师229人,引进优质骨干教师3人;卫生系统招聘专业技术人员17人;通用类招聘2人。完成定向招聘驻宁部队事业编随军家属和退役大学生士兵若干人;会同有关单位组织实施区内编外人员公开招聘180人。推进县以下事业单位管理岗位职员等级晋升制度,完成3名在职人员由管理十级岗晋升九级职员的晋升工作。会同区委组织部开展优秀社区书记纳入事业编制人员管理的工作,完成5名社区书记的入编和聘用手续工作。

对2021年度考核优秀人员表彰，共计28名事业单位工作人员荣获记功，947名(含机关工勤人员4名)获嘉奖。完成事业单位工作人员和机关工勤人员基本工资标准调整，事业单位离休人员和机关工勤退休人员生活补贴发放调整，增核2022年教育系统课后服务专项绩效，审批疫情防控期间在编一线医务人员一次性增核绩效总量和临时性工作补助。严格执行单位推荐、评审前、评审后的“三公示”制度，推进落实专家评委异地交流机制，职称初定通过577人(初级430人、中级147人)，评审审核457人(教育正高级6人、教育高级65人、卫生高级43人，其他系列343人)，完成2022年南京市玄武区中小学(幼儿园)一级教师专业技术资格评审工作。1名教师通过评审获得中职校初级专业技术资格(转评)，153名教师通过评审获得中小学(幼儿园)一级教师专业技术资格，1名教师通过评审获得中职校中级专业技术资格，54名教师通过评审获得高级专业技术资格，5名教师通过评审正高级专业技术资格，29名卫健人员通过评审获得卫生高级专业技术资格。积极指导机关事业单位完成2022年机关事业单位工勤人员等级考核、技师和高级技师申报及审核相关工作。玄武区3人通过技师考评，4人通过高级工考核，1人通过中级工考核。通过新媒体定期进行政策宣传，开设人才安居审核绿色通道，新增留学回国人员601人，累计留学回国人员3776人，人才安居审核7129人次，人才购房证明2502人次，处理人社资格校验1739人次。开展“入企问需”，提供一体化、网上办等贴心服务，确保政策红利应享尽享。全区累计入选区级企业专家工作室11个，入选市级企业专家工作室5个，玄武区金陵竹刻赵荣乡土人才大师工作室入选南京市乡土人才大师工作室。南京深业智能化系统工程有限公司的项目入选南京市专家服务基层项目。南京拓灵智能科技有限公司的人才项目入选2022年度南京留学人员科技创新项目择优资助B类项目。南京江行联加智能科技有限公司入选“江苏省最具成长潜力的留学人员创业企业”。

【劳动关系】 营造和谐劳动关系氛围，开展2022年度企业薪酬调查工作，创新实施“集体协商‘520’计划”，相关做法被省级媒体《江苏工人报》刊载报道，南京徐庄高新技术产业开发区获评“全国和谐劳动关系创建示范工业园区”，系南京市唯一一家获评该称号的高新园区，中科健康产业集团股份有限公司获评“全国和谐劳动关系创建示范企业”。成立区劳动人事争议联合调处中心，成功开通劳动维权来访、受理、调解、执法、审理的“直通车”，以“一站式+全流程”维权服务方式，实现劳动争议案件的融合办理。全年劳动人事争议调解仲裁机构共处理争议案件872件，仲裁结案率100%，以调解、撤诉以及终结方式结案的700件，占80%；裁决方式结案172件，占20%。深化“玄武区劳动保障监察码上管理平台”应用，试运行“企业劳动用工风险评估系统”。“双随机、一公开”检查用人单位400家，全年受理举报投诉1362件，简易调处915件，立案447件，接收国务院欠薪线索1185条，结案率100%，受理工伤认定案件679件，结案率100%。

【博士后工作】 玄武区现有博士后科研工作站12家，江苏省博士后创新实践基地6家，南京市博士后创新实践基地2家，新招收博士后人数46人。南京大学医学院附属口腔医院新备案为博士后科研工作站，南京市市政设计研究院有限责任公司设立为南京市博士后创新实践基地，江苏省农业科学院博士后科研工作站、南京大学医学院附属口腔医院江苏省博士后创新实践基地入选2022年南京市优秀博站单位。21名博士后入选卓越博士后资助计划，5名博士后入选南京市博士后科研资助计划，1名博士后入选南京市资助招收博士后计划，1名博士后获得2022年下半年企业博士后生活补贴。

【*2022年就业援助月活动启动仪式*】 2022年1月13日上午，由省人社厅，省就管中心、市人社局、市农业农村局、市总工会、市妇联、市残联、玄武区政府主办，市就管中心和玄武区人社局承办的江苏省暨南京市2022年就业援助月活动启动仪式在玄武区樱驼花园社区广场举办。江苏省人社厅副厅长张宏伟，省就管中心一级调研员陈少波、南京市人社局局长刘莅、市人社局一级调研员马书婷、市乡村振兴局、市总工会、市妇联、市残联相关负责人，玄武区委书记闵一峰，副区长邵睿及相关单位负责人出席活动，启动仪式由马书婷主持。启动仪式后，在广场举办2022年就业援助月区级首场专场招聘会。围绕“就业帮扶，真情相助”主题，现场精选20家企业参与招聘，提供1000个岗位，其中，南京玄武环境工程有限公司、南京百子物业管理有限公司开发公益性岗位175个，岗位专项招录就业困难人员，活动现场进场求职人员数百人。

【“创聚金陵”创业服务主题活动】 3月4日下午，玄武区首场“创聚金陵”主题服务活动在苏宁青创园成功举办，将园区推介、政策宣讲、项目引导融为一体，共有8个初创项目报名参加。区人社局重点介绍了玄武创业发展的优势特点，解读“紫金山英才宁聚计划”，鼓励大家积极报名大学生创新创业大赛，期待项目在园区的落地、孵化、成长。

【感知体验活动】 5月17日、8月26日区人社局分别邀请南京理工大学紫金学院和南京工业职业技术大学师生参加“感知体验活动”，走访参观汇通达网络股份有限公司、徐庄高新区管委会展厅、速度时空网信息技术股份有限公司、苏宁青创园等。通过与企业面对面交流，深度感知园区和企业的发展历程，了解企业各类产业的发展前景和人才需求，使学生切实感受玄武区在经济发展上取得的成就，增强留在玄武干事创业的信心，对留宁就业创业充满希望。

【重点企业招聘会】 首场“宏志助航　乐业玄武”系列重点企业进校招聘会于5月18日来到南京林业大学。招聘会优选29家企业近1800个岗位，其中220个岗位起薪超万元，邀请匹配南京林业大学特色专业的企业开发景观设计师等专业人才岗位。企业中有中铁二十四局集团江苏工程有限公司、江苏卡思迪莱服饰有限公司等知名企业，汇通达网络股份有限公司、速度时空信息科技股份有限公司等“独角兽”“瞪羚”企业。有近300名应届大学生进场应聘求职，高校大学生与企业在本场招聘会上都显示出很大的热情，超过百人达成初步意向。

5月17日，高校毕业生“感知体验行动”　　（区人社局　供图）

【暑期实习洽谈会】 6月13日，区人社局携企带岗走进南京农业大学举办“访企拓岗促就业，职等你来乐业玄武”——2022玄武区重点企业校园招聘会暨暑期实习洽谈会。活动邀请速度时空信息科技股份有限公司等20家优质企业，携381个岗位入校招聘。在提供高薪岗位的同时，组织中科院南京天文仪器有限公司、宁波银行股份有限公司南京分行等单位开发84个实习岗位，帮助2023年毕业的高校学生增强岗位实践经验，提升就业竞争力。

【女性就业专场招聘会】 为扎实做好“六稳”工作、全面落实“六保”任务，满足女性就近就业和辖区企业用工需求，6月23日上午，区人社局联合南京市人社局、南京市就管中心、区妇联、梅园新村街道，在1912街区广场以“家门口就业”的模式举办了“职等你来、乐业玄武”助力女性就业专场招聘会。招聘现场精选南京市总工会、南京玄武环境工程有限公司等近20家单位进场招聘，提供适合女性就业岗位600余个，岗位涵盖医疗、金融服务、物业管理等行业，200余人进场招聘。线上专题招聘会通过江苏省智慧就业云平台、玄武人社政务微博同步发布，48

家单位为求职者提供就业岗位近2000个。

【第五届“赢在玄武”青年大学生创新创业大赛】 7月27日上午，由玄武区委、区政府主办，南京市人社局指导，玄武区人社局承办的第五届“赢在玄武”青年大学生创新创业大赛决赛及颁奖仪式在南师大玄武科技园成功举办。大赛共征集到来自23个省、市以及海外的269个项目，涵盖85所高校，包含信息技术、新材料、生物医药、现代服务业等数十类产业方向，辐射覆盖面较往年进一步扩大。经初审复赛决赛，最终15个项目获得奖项，代表玄武区参加“赢在南京”市级创业大赛复赛的角逐，其中来自南京理工大学程思瑶博士的项目——黄金薄膜：超低介电聚酰亚胺材料的领跑者获得大赛的特等奖。南京理工大学、南京农业大学、南京林业大学获得优秀组织奖。“赢在玄武”在青年群体中的影响力不断提升，做到以赛引才，以策育才，以才兴产。

【劳动保护执法检查】 8月中旬，为维护劳动者尤其是户外劳动者在高温天气下的合法权益，区人社局组织开展夏季高温天气劳动保护执法检查，重点对辖区内工地的高温作业岗位防护工作进行监督检查，减少高温天气期间劳动用工隐患，保证安全生产，确保职工身体健康和生命安全。高温专项执法检查包括高温津贴发放情况、高温环境下用人单位是否根据生产特点和具体条件合理安排劳动者工作时间、轮换作业或减少高温时段室外作业等内容。

【企业稳岗】 9月22日，区人社局、区金融监管局与中国银行南京玄武支行联合举办“政银合作保主体，助企纾困稳就业”主题活动暨“苏岗贷”启动发放仪式。三方将进一步强化金融政策与就业政策的协同联动，助企纾困、援企稳岗，为中小企业注入金融血液，切实服务好经济和民生发展。

【高校毕业生专场招聘会】 9月27日，玄武区人社局联合玄武区锁金村街道在新庄花园综合楼广场举办就业援助“暖心活动”暨高校毕业生专场招聘会——凝聚青春新力量，青年就业有保障。招聘会精选了南京东大智能化系统有限公司、南京冠邦网技术有限责任公司、速度时空信息科技股份有限公司等14家单位，提供适合离校未就业高校毕业生的岗位近300个，涵盖信息技术、生物医药、高端服务等多个行业。

【海内外博士人才论坛】 11月30日，由区人民政府主办，区人社局和徐庄高新区管委会承办的第十四届中国留学人员南京国际交流与合作大会玄武区专场活动——“凤栖玄武　博创未来”2022年海内外博士人才论坛在徐庄高新区隆重举行。“凤栖玄武　博创未来”海内外博士人才论坛是玄武区为贯彻习近平总书记“人才强国”重要指示，凝聚人才力量，共谋事业发展而推出的一项重要引才举措。玄武区将积极落实“四鼓励、两服务”制度，为博士后创新创业营造有利条件，让博士后力量为建设“玄武最具竞争力的创新高地”做出更大的贡献。（曹　辰）

民政工作

【概况】 玄武民政工作以习近平新时代中国特色社会主义思想为指导，将学习贯彻中共十九届六中全会精神和省、市、区党代会精神，同贯彻落实习近平总书记对全国民政工作、江苏工作的重要讲话和指示精神相结合，及时组织学习中共二十大会议精神，紧扣区第十二次党代会精神，秉承“人民至上”理念，推动民政事业高质量发展。

【荣获“2022年南京市扛起‘争当表率、争做示范、走在前列’三大光荣使命先进集体”称号】 2022年，玄武民政系统坚持以习近平新时代中国特色社会主义思想为指导，把坚持和加强中国共产党的领导贯穿到民政工作的各领域、全流程。严明党的政治纪律，严肃党内政治生活，严格规范党员领导干部民主生活会、党组中心组理论学习、“三会一课”、双重组织生活等各项制度。推进民政党务干部队伍建设，以党史学习教育常态化、制度化为牵引，加大对民政党员教育培训管理力度，探索“互联网+党员教育”模式，用好远教站点等网络平台，探索将“新颖”与“兴趣”植入“三会一课”，融入红色主题教育、党组织联学联建、结对共建和文明创建

7月27日，玄武区全国未成年人保护示范区创建考核评估验收工作现场检查（第二组）　　（区民政局　供图）

统一活动日，实现党建工作与民政工作的无缝对接。坚持人民至上、生命至上，克服厌战心理、松劲心态，常态化、精准化做好疫情防控。完善应急处置预案，落实防疫应急演练。稳妥推进新冠病毒疫苗接种，持续开展民政服务机构疫情防控监督检查，抓好养老、儿童等服务机构常态化疫情防控，确保零感染、零病例。指导做好社区疫情防控工作，支持引导社会力量有序参与。加强受疫情影响困难群体救助，切实保障基本生活和服务。

【民政重点工作】　2022年，玄武区民政局在区委、区政府的正确领导和上级民政部门的业务指导下，牢固树立"民政为民、民政爱民"的发展理念，以新思想解放思想，以新举措应对时局，以新作为担当使命，认真履行民政职责，圆满完成各项重点目标任务。低保对象、困境儿童、困难残疾人服务保障覆盖率达100%。高标准建设示范性银发助餐点2家、认知症照护中心2家，新增养老机构床位106张、家庭养老床位349张，完成家庭适老化改造320户，目标完成率、合格率均达100%。

【全国示范区创建】　坚持由生活保障向全面保护转变，实现7个街道儿童"关爱之家"和59个社区未保服务点全覆盖，为困境儿童主动报告提供有力支撑；依托区内6家公益慈善基金会，以"政府+社会"的救助模式，从生命健康、教育成长、心理疏导等方面着手，为困境儿童提供全面保障。截至12月底，主动发现个案6个，有效帮扶困境儿童23人。坚持被动保护向主动保护转变，联合区法院、检察院、妇联等10部门共同签署《关于在涉未成年人案件中开展家庭教育指导工作的实施意见（试行）》，发布《玄武区全域推动家庭教育工作机制》，打造社会家庭共同参与格局。推进开展全区困境儿童入户精准排查，建立动态监测数据库，联动区未保成员单位，引入医保数据，提升排查效率。完成354名困境儿童"一人一档"，实施个案跟踪服务70次，为未成年人保护工作的开展提供科学决策依据。坚持从夯实基础向创树样板转变，制定未保工作"政府+社会"双轨运转流程图。通过《困境儿童社会服务规范》标准化项目，结合玄武实际，制定困境儿童临时寄养家庭调查、家庭监护缺失、家庭环境预警等评估标准，明确开展评估内容和打分标准。发布全域推动家庭教育工作机制和未成年人保护典型，打造齐抓共管、协力保护的未保工作"玄武模式"。

【慈善救助】　坚持把募集善款作为重要任务，坚持开展"一日捐"、定向捐赠；组织慈善义卖、慈善项目立项等多种形式的社会募捐活动，积极拓宽募集渠道，利用"互联网+"平台，进行线上线下全方位募捐。以全民慈善为目标开展"六助"活动，破局创新，为每个单位、组织、企业和个人传递爱心、参与慈善、乐于助人提供广阔的舞台，为建设强富美高新玄武注入慈善事业不竭的动力。按照南京市慈善总会和机关的统一部署，制定活动方案，创新"传统+新媒体"方式，扩大"中华慈善日"宣传力度；开展扶贫济困的爱心义卖、义捐、义诊等志愿服务和便民公益活动。

【志愿服务】　开展城市社区服务质量提升行动，促进城市社区服务体系化、标准化、品质化。

年内完成7个社区综合服务设施提档升级，实体化运作街道社会工作服务站7个。完善“三岗十八级”薪酬体系，动态调整社工薪资水平，组织开展“双十佳”社区工作者评选活动，建立正向激励机制。拓宽选聘渠道，完善社工招聘程序，推动社工和网格员队伍一体建设、一体管理。以社区为平台，社会组织为载体，社工专业人才为支撑，以高校学术资源为助力，构建府校社联动“三社一校”模式。探索社区与社会组织、社会工作者、社区志愿者、社会慈善资源的“五社”联动机制。加强社工站标准化规范化建设，依托社会工作服务站，建立完善购买社会服务机制和志愿服务协作载体，支持引导社会组织、驻区单位、志愿组织认领实施社区治理、志愿服务等项目。

【社会组织规范】 推进社会组织党建“蒲公英”项目，建成微型展览馆，制作党建“1+4”宣传片和党建口述历史。研究制定《玄武区社会组织党组织工作手册》，指导各党支部及党员“规矩办事”，全年举办线上书记微党课11次，完成15个党支部“送学上门”。通过“严管存量、严审增量、严抓质量”，落实社会组织“双重管理”制度。完成社会组织年检及“双随机、一公开”抽查工作，累计参检社会组织720余家，通过630余家，参检率达85%。全年清理注销“僵尸型”社会组织281家，激活整顿“僵尸型”社会组织23家。紧扣区委“创新驱动”战略，充分实现“引、育、创”链式发展，全年举办会议10场，开展活动19次，迎接参观4次；吸引4家社会组织入驻，推动1家基金会为区“公益圆桌”项目捐赠3万元用于困境儿童助学。

【社会保障多线托底】 2022年，在持续开展低收入人口认定和动态监测的基础上，深入开展特殊困难群体专项排查整治工作，对全区困难群体展开“拉网式”走访排查和“多元化”救助帮扶，全面摸清困难群众问题底数。截至12月底，全区累计梳理摸排7034人，建立“一户一策”救助台账357户，牵头解决空巢独居老人、低保人员等难点问题37个，150名重点帮扶人员全部落实“街道—社区”两级责任人和帮扶措施。落实低保、重残补贴等“基础性”保障政策，上门服务等惠民举措，严格应保尽保，确保困难群众共享社会发展成果。截至12月底，全区共有低保对象1487人，累计保障低保对象18455人次，发放最低生活保障金1759.85万元；发放残疾人“两项补贴”1414.44万元，惠及困难和重度残疾人2943人，发放护理服务补贴总计74.28万元，上门护理服务惠及残疾人165人；发放困境儿童生活补贴202.68万元，惠及困境儿童145人。实施临时救助和“3+X”特色救助项目。截至12月底，累计支出临时救助金43.15万元，惠及困难群众464户、660人次，“3+X”工程支出救助金83.92万元，惠及困难群众近1.56万户次、19627人次，福利彩票区域性销售额9791万元，募集福利彩票公益金近2741万元。

【社团、民办非、婚姻、收养登记】 2022年，全区已登记注册社会组织904家，其中社会团体86家；民办非企业单位812家；基金会6家。全年办理婚姻登记：结婚4529对，离婚申请2120对，离婚发证1576对，补发婚姻证件681对，登记合格率100%，核实当事人婚姻信息1205次。收养登记：收养1件，收养登记合格率100%。涉外婚姻登记：涉外结婚登记62对，涉外离婚申请15对，涉外离婚发证13对，涉外补领登记9对。

【党建工作】 规范各项党的组织生活制度，推进局机关、社会组织党建工作与民政业务、社会组织发展“两融合两促进”，开创民政党建工作新格局。依托“学习强国”学习平台和“玄武机关党建”完成党建信息推送20余篇，开展“知行玄武、学思见悟”主题微视频2次，扩大民政党建工作影响力。抓好党组织和党员“双指数”自查测评，探索“一支部一特色”“优秀支部工作法”典型案例；依托“玄武支部圈”定期进行党建工作自查，推动民政党建工作全纪实、全覆盖；优化局机关挂钩支援社区应急处突机制，引领党员干部深入社区，参与志愿者服务、疫情防控、文明典范城市创建等1000余人次；运用党史学习教育“为民办实事”成果，紧盯“最多说一次”“一件事一次办”概念落地与有效运用，着力提升民政窗口单位

管理服务水平，全年累计办理“12345”工单260件，“吹哨”工单11件，满意率处在全区部门前列。（项绍军）

养老服务

【概况】 玄武区60岁以上老年人口11.87万人，按照玄武区尊老金发放统计，80周岁以上老年人22683人，其中，80～90岁老年人口19034人，90～94岁老年人口3003人，95～99岁老年人口586人，100岁以上老年人口60人。

【养老新模式】 巩固居家和社区基本养老服务提升行动试点成果，提高重点老年人的政府购买服务标准，实现高龄、经济困难失能老年人养老服务保障扩面提质。调动政府、家庭和全社会力量提供多层次养老服务，支持和引导优质养老服务品牌机构规模化、连锁化发展。推进“银发顾问”社区全覆盖。开展养老服务“时间银行”提升计划，实施“时间银行”志愿者星级管理，全年开展服务不少于1.4万单。为1.41万符合条件老年人开展助餐、助浴、助洁、助医、助急、志愿陪伴等上门服务，接受上门服务的居家老人占比18%。落实《养老机构服务安全基本规范》《养老机构服务质量基本规范》等国家标准，持续保持全区养老机构100%达标。强化养老领域常态化疫情防控，压实养老机构疫情防控主体责任。开展防范化解养老服务诈骗专项行动，建立风险隐患等级从低到高的“绿黄橙红”风险管控名单。开展养老服务主体资质专项整治，将养老服务机构纳入街道网格化监管。

【养老服务质量提升】 全区现有养老机构16家、社区居家养老服务中心61家、银发助餐点73个，街、镇级养老综合服务中心7家，中心厨房5家，基本实现“15分钟养老服务圈”全覆盖。将全区7个街道划分为13个标段开展招投标，引进品牌连锁养老服务组织，针对性开展助餐、助浴、助医、志愿陪伴等政府购买服务；深化推行“时间银行”互助养老模式，服务各类群体更高层次的养老需求，开展智能手机培训3188人次，完成服务16169单，完成率115.49%；鼓励养老服务从业人员创优争先，积极参与各类评奖评优活动，提升行业整体素质。玄武区60周岁及以上户籍老人接受上门服务31406人次，全区养老机构收住老人1205人，拥有护理型床位2917张，床位占比约97.59%。全年累计摸排老人96068人，对867名重点空巢独居老人实行动态监管，落实每周至少1次探访探视，做好预知预判和服务跟踪；紧盯疫情形势变化，全力督导保障全区机构1209名入住老人和495名员工落实核酸检测要求；全面推进养老领域防诈专项行动，联合区金融监管局深入养老机构组织开展“守住钱袋子，护好幸福家”预防养老诈骗主题宣传活动，制作《防范养老领域“非法集资”》电子宣传册页、防诈电子宣传指南，印发养老防诈宣传横幅至各街道和养老机构，营造良好防诈氛围。（项绍军）

残疾人扶助

【概况】 区残联全面贯彻中共十九大、二十大精神和习近平新时代中国特色社会主义思想，抓细抓实疫情防控，扎实推进残疾人“两个体系”建设，精心实施残疾人民生实事工程，不断夯实残疾人工作基础，各项目标任务稳步推进。2022年，全区持证残疾人6560人（其中，男性3610人、女性2950人），其中，视力残疾838人、听力残疾599人、言语残疾34人、肢体残疾2753人、智力残疾655人、精神残疾1312人、多重残疾369人。

【残疾人民生保障】 全面落实“重残、孤残、老养残、一户多残”特困残疾人的定期补贴政策，共为“四类”512名残疾人发放救助金60.41万元；为5户残疾人家庭发放0.5万元的临时救助资金；发动社会爱心资源对10户困难残疾人家庭进行慰问，发放慰问金10000元；元旦、春节期间走访慰问困难残疾人732户，发放慰问金62.22万元；向省、市残疾人福利基金会申请了电热水器、电视机、洗衣机、电冰箱等家用电器181台；为737名残疾居民发放社会保险补贴110.53万元。

【残疾人托养服务】 认真落实省2022年度新增16～59周岁无业智力、精神和重度肢体残疾人托养服务民生实事项目，全年新增16～59周岁无业智力、精神和重度肢体残疾人托养服务49

人；制定《玄武区关于落实省市2022年度民生实事项目的实施方案》，完成新增托养49人，托养总人数329人。

【残疾人教育就业】 加强残疾人技能培训，组织63名残疾人参加美甲、西式面点、盲人按摩等培训课程，5名残疾人参加市残联职业技能大赛；邀请了3家用人单位，组织4批次300余名残疾人参加市、区残疾人就业专场招聘会，在“玄武残疾人之家”微信公众号发布4期线上残疾人就业招聘信息，完成新增残疾人实名就业61人；开展按比例安置残疾人就业年审工作，共年审企事业单位165家，安置残疾人484人；为11家盲人按摩机构发放疫情补贴4.4万元，为23名残疾学生发放省级教育补贴2.75万元。

【残疾人康复服务】 孤独症儿童康复列入2022年省民生实事任务，按照省、市残联关于实现孤独症儿童基本康复服务全覆盖相关文件要求，区残联对有康复需求、康复意愿和康复训练适应指征的17周岁以下孤独症儿童开展调查摸底工作，掌握辖区内孤独症儿童动态信息，摸清孤独症儿童康复需求底数，为180名0～17岁残儿与33家康复机构签订委托训练协议书，制定个人康复训练档案，疫情期间督促指导各残儿定点康复机构停课不停训，开展线上训练和授课；开展“四进家庭”辅具适配、低视力辅具适配、假肢矫形器安装、精神疾病患者免费服药、白内障复明等残疾人康复服务需求筛查，摸清底数，共有434人申请446件(套)；围绕第23个全国爱耳日主题，各街道残联、社区残协开展公益讲座20余次，制作宣传展板20块，利用微信公众号推送多篇爱耳护耳科普知识，邀请专家听力测试和咨询参与人数达到1000余人，发放宣传资料3500份。

【残疾人宣传文化体育活动】 联合南京市全民阅读办专门在玄武区锁金村街道汇爱残疾人之家、玄武区博爱勤善残疾人之家、玄武区博爱钟山残疾人之家设立图书漂流文化驿站，营造了“书香玄武”的浓厚氛围。组织“杖量文都　触摸金陵”文旅助残活动，以“诗游城墙+玄武湖畔”的形式为残障读者带来文旅结合式的全新服务体验。携手金陵图书馆开展“无障碍电影进社区”残疾人文化月系列活动，活动覆盖玄武区各街道、残疾人机构以及残疾人专门协会。北京冬奥会、冬残奥会期间，组织残疾人体验参加了“中国冰雪大篷车百场巡回”活动。在第32次全国助残日期间，区残联系统共举办各类特色文化活动近20场，多项文化活动在中央、省、市级媒体中报道，其中《江苏南京：织密残疾人“幸福网”展现玄武“温度”》一文被央视网、光明网等多家央级媒体刊发。组建了残疾人坐式排球队代表南京市参加了省第十一届残疾人运动会，取得了女队第三名的好成绩。

【组联维权】 围绕“党建引领”主题组织五大协会开展一系列丰富多彩的主题活动，280多名残疾人参加。加强残疾人专职委员队伍建设，以街道残疾人专职委员为重点“强基育人”，积极开展各类培训，探索建立残疾人专职委员工作指南和残疾人专职委员工作清单，提高残疾人专职委员的工作能力；召开区残联第七次代表大会。维护残疾人合法权益，全年办理区政协议案1件，“12345”政务热线29件；制定10场涉残政策法规宣讲计划；建成玄武区残疾人法律援助工作站，及时为残疾人提供法律服务；完成10户残疾人家庭无障碍环境改造摸底筛查，为6611名残疾人

6月24日，无障碍电影进社区文化月活动　（区残联　供图）

办理了公共交通意外伤害保险；认真落实《南京市残疾人证管理实施办法》《南京市残疾人残疾类别等级评定工作办法》，提升残疾人证发放和管理服务水平，构建科学合理、便捷高效的服务机制，组织开展好常态化残疾评定、“跨省通办”“省内通办”等工作；推进残疾人证办理便利化服务，认真做好行动不便重度残疾人残疾评定上门服务。

【疫情防控】 认真落实安全生产各项规章制度，加强残疾人机构的检查督促，定期召开残疾人机构安全生产工作会议，传达学习上级关于安全生产的有关要求，组织签定安全责任书和承诺书。把康复机构和“残疾人之家”作为防控重点，及时向各残疾人机构下发关于做好疫情防控工作的通知，班子成员带队分头到各残疾人机构检查督促防控措施落实，对抓好防疫工作提出具体要求。疫情期间，注重加强重点人员服务，协调机构开展线上服务，满足残疾人需求。响应区委号召，组织党员干部下沉结对社区，集中力量支援社区防疫，共派出400多人次党员干部参与社区流调、卡点值勤、隔离酒店专班和核酸检测工作。

【专项整治】 按照区委统一部署，扎实开展特殊困难群体救助帮扶和妇女儿童权益保障问题专项排查整治工作，区残联成立专项排查整治工作领导小组，联合各街道统筹安排了67名残疾人专职委员，会同各社区网格员采取逐户拉网、逐人见面的方式进行深入排查，对残疾人群体特别是“两项补贴”发放对象、居家托养照料、低收入精神残疾人免费基本用药对象开展了全面摸底排查，3月初，由班子成员带队走访了81户生活相对困难、一户多残、依老养残和有严重精神障碍患者残疾人家庭；从排查情况看，残疾人各项救助帮扶政策得到较好落实，未发现侵害妇女儿童权益的违法犯罪行为。

【区残联第七次代表大会召开】 11月12日，南京市玄武区残联第七次代表大会召开。市残联党组书记、理事长方芳，区委书记闵一峰出席会议并讲话，区委副书记、区长钱维，区领导吕璟、戴航、沈湧出席开幕式。副区长邵睿主持开幕大会。闵一峰指出，近年来，全区各级残联组织坚持以习近平新时代中国特色社会主义思想为指导，认真贯彻中央和省、市、区委决策部署，积极履行“代表、服务、管理”职能，全区残疾人事业迈出坚实步伐、取得扎实成效。方芳表示，过去五年，玄武区各级残联组织和残疾人工作者积极发挥桥梁纽带和协调组织作用，在残疾人的康复、教育、就业、扶贫、社会保障、宣传、文化体育、无障碍建设等方面取得新的突破。团区委书记王鹤代表群团组织致贺辞。区残联党组书记、理事长陶志龙代表玄武区残联第六届主席团向大会作工作报告。大会审议区残联第六届主席团工作报告。选举产生区残联第七届主席团，推举产生区残联第七届执行理事会。区有关部门、各街道有关负责人以及残疾人代表等140余人参加大会。

【第32次全国助残日活动】 5月14日，玄武区在南京图书馆东广场举办了第32次全国助残日活动，来自全区的残疾人代表、街道残联、助残机构代表参加活动。南京市残联一级调研员刘毅，玄武区政府党组成员、副区长邵睿，玄武区残联党组书记、理事长陶志龙出席活动。活动设置了康复、维权、就业、残疾人政策咨询等展台，来自区残联、区人社局、区卫健委、区特教学校的工作人员发放宣传资料，提供咨询服务。区残联联合江苏联盛律师事务所推出《助残日普法》知识手册。邀请专业医疗技术人员和专业机构现场提供义诊服务。并推出玄武区残疾人自立自强先进典型事迹和助残典型事迹图片展，发布玄武关爱残疾人事业光荣榜。

【残疾人文化月活动】 6—7月，区残联携手金陵图书馆联合举办无障碍电影进社区残疾人文化月系列活动，活动覆盖全区各街道、残疾人机构以及残疾人专门协会，活动旨在让更多的残疾人群体在“家门口”就可以体会电影带来的乐趣，感受到政府的关怀和社会的温暖，享受到丰富的精神文化大餐。

【女子坐式排球队获第3名】 在江苏省第十一届残运会坐式排球比赛中，南京市女子坐式排球队经过奋力拼搏，获得第三名，夺得1枚宝贵的铜牌。本届全省残疾人运动会，南京市坐式

排球项目由玄武区残联承办，负责该项目的组队、训练和带队比赛等相关工作。（万文慧）

红十字会工作

【概况】 2022年，玄武区有红十字基层组织77个，团体会员30个，会员17467名，注册志愿者1147名，红十字志愿服务基地5个，红十字救护培训基地1个，红十字博爱家园3个，红十字青少年教育基地1个，红十字博爱养老院1所，红十字冠名医院1所。

【组织建设】 推动落实区红十字会改革方案，梳理职能，增设内设的综合科（捐献服务科）及科长职数1名。7月份推动成立了赈济救护科，12月份成立监事会（新增1名科级职数）。召开街道、系统红十字工作会议，区委常委、副区长马千山到会提出要求。制定并下发《2022年全区红十字工作要点》《关于落实2022年区民生实事有关事项的通知》等文件，以区民生实事项目为重点，将全年任务分解落实，按照时点有序推进。加强党风廉政和意识形态工作，制定清单，完善制度。加强内控管理及制度建设，聘请常年法律顾问，修订完善《区红十字会工作制度及内部控制制度汇编》。9月21日至12月21日接受区委第二巡查组的巡察。根据区红十字会工作现状，抓住新出台并实施的《江苏省红十字会条例》契机，拓展红十字会基层组织，新建基层红十字会10家，2022年发展会员650人，新增注册志愿者603人，打通红十字工作面向基层、面向一线、面向群众的通道。摸清底数，将基层组织、志愿服务等有关方面信息录入总会及省红会相关工作平台。

【救助活动】 开展"博爱送万家"活动，推进"博爱送万家"活动日常化，对重大疾病家庭、困境儿童等困难群体和弱势群体加大救助力度，元旦、春节、重阳等节日共筹集慰问款物15万余元，慰问困难群众近300户；日常救助400余人次，发放人道救助金额共50.65万元。

【队伍建设】 玄武区红十字会建设1支综合性救援队，骨干力量21人，配39名志愿者，共50名队员；本级红十字会入队专职干部占比达100%；成立队委会，领导班子健全。成立有功能性党支部，定期开展业务及党建学习。队伍信息录入中国红十字会总会灾害管理系统及中国红十字会志愿服务信息管理平台管理系统。2022年投入救援队建设经费投入1.15万元。救援队规章制度明确，按权限派遣任务，辖区内未发现违规问题。8月、9月各组织救援队开展2次应急救援培训演练，聘请省内知名专家现场授课。参加市红会桌面推演、现场演练2次。

【志愿服务】 建立救援队与博爱家园互动机制，参与博爱家园志愿服务。救援队与樱驼花园社区博爱家园结对，定期与社区开展志愿服务活动。以完善基础功能、拓展特色项目为重点，融合红十字工作多个平台，全区8个博爱家园拥有注册红十字志愿者100余人，参加服务人员近400人。

【筹资渠道】 拓展人道救助能力，全年筹集款物合计70.58万元，未达到2021年数额。新建"雨田公益"基金，基金规模50万元。完成入驻苏宁公益平台、腾讯公益平台，在2个平台发布博爱家园实施项目。在腾讯公益平台上线"玄武区博爱家园""小区众筹安装AED"2个项目，在"9·9"公益日前后开展广泛宣传发动，圆满完成两个项目的筹款任务，共筹款12.3万元，17个小区成功安装上AED，完成市"小区共募AED"项目网络筹资任务。发放2021年"9·9"公益日项目资金2.1万元，资金使用率100%。积极探索新形势下"互联网+人道资源动员"模式，以区红十字会进驻腾讯公益平台为抓手，积极推进"互联网+公益"筹款，开展网上筹资。上半年在腾讯公益平台上线了3个筹资项目，并在"5·8人道公益日""9·9"公益日期间网络筹款超过11万元。加强同爱心企业、爱心组织和腾讯公益等其他网络平台的战略合作，建立可持续的长效筹资工作机制。截至10月底，捐赠账户接收捐赠52.48万元。接收疫情防控专项捐赠资金7000元，物资5笔。全年接收捐赠情况均在统一平台进行公示。设立江苏雨田公益基金、同心圆双宁助学基金，共募集善款近30万元，助力玄武区疫情防控，赴西宁开展助学捐赠等。

【救护培训】 全市率先完成5批108人次CPR+AED新师资培训，其中83人全勤并通过导师考核获得师资证。全年在区、街道两级共开展培训380多场次，完成CPR+AED持证救护员培训10753人，初级救护员培训800人，普及培训12114人。建立健全区救护培训师资队伍，以街道为重点充实强化师资队伍，开展社会和街道CPR新师资培训83人次，原有师资集中培训20人次，以百人以上规模的师资为全面推进应急救护培训落实好保障。落实救护师资准入、考核标准，新增师资注册率100%，利用率80%；加大教育、公安、交通等重点行业师资培养和救护培训力度，提升自主培训能力。加强培训阵地建设与管理，有年度开放计划，建有中科集团省级示范基地，完成CPR+AED培训1000余人次。将参训人员名单提前和"一键互救"平台对接，培训考核通过后导入有关信息，持证救护员共有5100人加入平台。

【公共场所设置自动体外除颤器（AED）】 遵循政府主导、部门协作、社会参与、倡导公益原则，系统制定AED机的布点设置方案，推进公共场所AED的设置工作。完成AED布点新安装67台。组织所在单位开展AED使用及心肺复苏术的培训，保证AED的有效使用。中山陵景区救护站救护员取证数占员工总数的比例超过50%；中山陵景区志愿服务队总开展活动次数达10次。新建总统府、南京博物院、玄武湖公园、梅园新村纪念馆、红山动物园5处景区救护站，AAAA景区救护站实现全覆盖。

【三献工作】 结合应急救护培训、社区宣传等广泛开展无偿献血、造血干细胞捐献、遗体和器官捐献宣传活动。2022年举办"三献"宣传活动60多场，新增志友94名，全区共有1302名志友；造血干细胞志愿者入库157例，实现捐献4人，无偿献血宣传2079人次。

【项目建设】 北门桥社区博爱家园城市社区博爱家园示范点项目，通过总会周期评估及验收。项目资料齐全。加强博爱家园规范化建设，打造特色品牌。全区共有8个博爱家园，新建2个基层红十字会。每个博爱家园建有1支红十字志愿服务队并服务群众，平均每个博爱家园受益群众不少于1000人次。每个博爱家园至少开展与红十字核心业务相关的项目2个以上。博爱家园筹资情况，平均每个博爱家园达到1万元以上。新庄博爱家园被评为南京市优秀博爱家园。有效整合高校红十字会资源，落实市红十字会高校红十字会联席会制度，结合2022年高校红十字工作要点，推进辖区高校红十字会与区红会"三救三献"工作相结合，深入开展防艾工作，积极开展2022年暑期"博爱青春"活动，5所高校全面完成所申报的4个项目。在全国防灾减灾日期间，联合区应急局等单位在孝陵卫海英小学开展应急演练，普及防灾避险知识技能。结合学校国防教育周，在红十字会冠名学校洪武北路小学开展救护包扎普及培训。

【志愿服务】 推进红十字志愿服务工作，完善志愿服务体系，将人员信息录入总会新版志愿服务信息管理平台。加大红十字志愿者注册力度，全区现已拥有注册红十字志愿者共1147人，参加志愿服务人员400人。

【宣传工作】 2022年年初《江苏省红十字会条例》（以下简称《条例》）正式实施，通过悬挂横幅、发放宣传资料、社区小型广场活动、学法培训等形式，在全区广泛宣传《条例》。制订、下发《2022年度"红十字博爱周"活动方案》，各街道博爱家园广泛开展救护演练、健康讲座、疫苗接种、义诊咨询等丰富多彩的宣传活动；在世界红十字日期间，以"生命教育，人道伴行"为主题，在玄武湖街道樱驼花园社区广场举办广场宣传活动，宣传红十字精神和红十字文化，普及应急救护等红十字知识宣传。据统计，各街道、社区、单位开展义诊、培训、宣传活动100余场，发放宣传材料10000余份，受益群众7000人次以上。用好用足"南京市玄武红十字会"微信公众号平台，坚持每周一期发布信息若干条，宣传工作动态。在国家、省、市、区各类媒体（系统外）发表宣传信息34篇，在《中国红十字报》发布信息6条，在省、市红十字网站发布信息50余条。

（曾佳生）

（栏目编辑　时蔓菲）

街道

新街口街道
玄武门街道
梅园新村街道
锁金村街道
孝陵卫街道
玄武湖街道
红山街道

新街口街道

·街道工作·

【概况】 新街口街道位于主城核心区域，新街口商圈东北象限，以孙中山先生铜像为交汇点，与鼓楼区、秦淮区隔街相邻，面积约2.6平方千米。东到太平北路，西至中山路、南到中山东路、北至北京东路。1、2、3、4号线地铁在街道地域形成“井”字型交通枢纽。街道辖6个社区，分别是成贤街社区、唱经楼社区、香铺营社区、长江路社区、北门桥社区、大石桥社区。辖区内有3所小学，2所中学和1所大学，有德基广场、南京银行总行、金陵图书馆、汉府饭店等多家党政军企单位，商业发达、交通便利，街道处于南京市最繁华的中心地段，资源更集中，优势更明显，实力更强劲，潜力更巨大。2022年，新街口街道坚持以习近平新时代中国特色社会主义思想为指导，聚焦喜迎中共二十大胜利召开工作主线，坚决落实“疫情要防住、经济要稳住、发展要安全”重大要求，围绕省、市、区党代会的决策部署，锚定“干在实处、走在前列，争当玄武发展新典范”的目标，扎实统筹疫情防控和经济社会发展，各项工作取得新成效。

【经济发展】 全年完成一般公共预算收入54.68亿元，达全年指标（54.38亿元）进度100.5%，同比增长3.3%。1—12月固定资产投资完成11.61亿元，达进度100.9%。新增实际使用外资4800万美元，超额完成年度目标。社零总额完成253.06亿元，同比上涨0.07%。项目签约总额完成117.58亿元，实际通过系统审核签约额101.56亿元，达进度92.33%（任务指标110亿元）。其中，亿元以上签约项目数3个（分别为全自动单晶生长炉、切割线等设备融资租赁项目，全时空数字消费项目，中核新能源项目）。德基三期取得桩基工程施工许可，上乘庵路配套市政道路完成现场施工和管线割接。长江会一期竣工验收，商业部分已经运营；太和紫金、及及广场完成提档升级，正常运营；聘请王建国院士团队，为珠江饭店地块全新规划，实现历史遗存保护和城市界面更新有机契合。新工集团、苏银金融和江苏国际信托被认定为南京市级总部，辖区累计已集聚12家市级总部企业，中核能源被认定为江苏省跨国公司功能性机构。街道有税收亿元楼宇15栋，10亿元楼宇4栋。新增科技型中小企业36家。成功申报“江苏省双创博士”3人，江苏省创新型企业家2人，常荣声学入选国家重点人才工程。一年来，累计为辖区科技企业争取上级财政奖励395.6万元。中核能源获3.5亿元增资，为深耕新能源领域备足“弹药”。苏美达发扬“1.01的365次方”微创新文化，在清洁能源、人工智能、储能装置等领域推出了一批科技创新成果。首店经济在全市独占鳌头，罗意威香氛全球首店、凯芮黛亚洲首店亮相德基广场，爱马仕五大顶奢品牌升级为全球旗舰店。法拉利订单需求增长强劲，引进小鹏、智己体验中心、华为智能生活馆，营造智能电动汽车与高端数字产品消费体验新场景。制定《新街口街道2022年优化营商环境十项举措》，全面宣传、落实减税降费，全年完成留抵退税21亿元；为小微企业发放产业发展资金1200万元；协助苏源高科等8家企业，申报产业引导资金3800多万元。坚定不移稳外贸，为企业“出海”提供“店小二”式服务，常态化组织辖区外贸企业交流互动，促进企业以大带小组团抢抓订单，帮助企业参与南京市“国际商务班机”，海聆梦家居意向订单和签约金额超千万美元。

【城建城管】 着力解决老旧小区基础设施陈旧、城市面貌老旧等“民生痛点”，完成估衣廊8~18号等3个小区总面积23900平方米出新改造，对尖角营等小区进行微更新，更换单元门41扇，安装智能安防系统47个；继续对进香河暗涵进行系统整治，全面完成清淤及智慧水务安装，妥善推进四牌楼59号二次供水改造。卫巷2号改造项目全面开工。有机更新卫巷4~10号片区内2640平方米的10幢危旧住宅。深入打好污染防治攻坚战，突出大气污染源管控，辖区PM2.5平均浓度27.8毫克/立方米，同比下降18.5%，排名全区第二；严格落实河湖长制要求，全年落实巡河1569次，闭环处置109个上报问题；妥善处理D9街区光污染等103件各类环境问题，完成吉兆营油烟扰民等6个中央环保督察件整改。加大工地监管力度，开展扬尘降噪、渣土外运等专项检查300余次。深化综合执法，开展"门前三包"等各类专项整治，完成一般程序20件、简易程序242件，拆除存量违建91处1486平方米。辖区主干道机械化清扫率达100%，在同仁西街等道路新增停车泊位25个。全年共受理"12345"投诉7076件，满意率94.46%。扎实推进红色物业建设，指导保利长九物业建设"红堡九号"，成功获评市级先进；指导恒基公寓等12个小区业委会的成立和改选。强化垃圾分类管理，指导珠江路金鹰创成全区首个"绿色商场"。

【民生服务】 开展"援助暖民心·就业解民忧"等6场专场招聘；累计新增城镇就业2.2万人、吸纳大学生就业2.4万人，确保零就业家庭动态清零，支持成功自主创业795人；引领大学生创业123人；为5500名企业退休人员开展免费体检，养老保险困难人员参保率100%。改进服务中心便民措施，获评南京最优服务大厅，完成成贤街、大石桥2个社区的升级改造，畅通服务群众"最后一米"。新增5台AED自动体外除颤器，建成"15分钟医保圈"。与3家律师事务所建立"结对"机制，在社区开展法治课堂21次。建成长江路、成贤街"育才图书室"，开启全市"社区公益阅读计划"。联合悦心养老服务中心，进一步优化居家养老特色服务，助餐送餐4378人次，兜牢了民生底线。完成适老化改造46户，为3493名80岁以上老人购买居家上门服务，综合服务覆盖率96.82%，全区排名第一。为香铺营等2个住宅小区更新全民健身器材。完成4间"梦想小屋"建设，助力困境青少年成长，获得省委副书记邓修明的充分肯定。

【平安法治】 妥善处理华东机械厂、森林摩尔集访等风险事件，将重点人头全部吸附稳控到位，做好冬奥会、全国"两会"、中共二十大等重大会议活动期间的维稳工作。聚焦高校、展会、商业综合体等意识形态风险易发区域，定期开展排查整治，快速处置4起事件，将风险消除于萌芽。

【基层党建】 全面深化基层党建引领。通过干部集体学、社区分片学、线上课堂学，掀起中共二十大学习热潮，强化思想引领。加强对人大工作的领导，在全区率先打造议政代表会样板，践行全过程人民民主。优化干部队伍管理，开展年轻干部培养"新火计划"，率先制定新街口社区及社工绩效考核办法。坚持党管武装不动摇，三室一库、两室一家建设规范达标。提升群团工作水平，策划建团百年系列青年沙龙；青少年关爱小屋建设获得省委领导肯定。探索新就业群体党建工作，新建"丹凤邮家·宁小蜂"驿站，通过思想宣传、暖心服务，变"管理变量"为治理"增量"。大力推进文明典范城市创建，做到了国查零失分，形成了良好文明风貌。依托新时代文明实践所站平台，通过主题宣讲、云端直播等多种方式，创设"艾芳书记先锋说"社区宣讲新媒体平台，开展各类思想理论学习百余场。聚焦居民小区、商业楼宇、教育培训机构、户外宣传屏等意识形态风险易发区域，定期开展排查整治，将风险消除于萌芽。着力完善到底到边的基层组织体系，选聘近500名居民党员骨干担任楼栋长，建成"街道党工委—社区党委—网格党支部—党员楼栋长"四级组织架构。扎实推进红色物业建设，针对业委会等自治组织，举办3场"党建引领、融合共治"系列培训会，指导保利长九物业建设"红堡九号"，成功获评市级先进。落实市委组织部"五常两聚"阵地要求，对成贤街、大石桥、长江路3个社区阵地进行提档升级。开展"同城共筑"行动，推动省烟草、国信集团等10个成员单位与6个社区、5家中小企业签订共筑协议，撬动更大治理资源。开展"村村到、户户进、人人访"排查行动，全体干部深入居民家中，了解居民诉求、排查风险隐患，共走访28554户71157人，收集并解决各类困难诉求214个，树立良好为民作风。

【新街口街道议政代表会】 6月14日，玄武区新街口街道议政代表会成立大会暨首届议政代表第一次会议成功举办。市人大常委会副主任、党组副书记李世贵，省人大常委会人代联委副主任张一卒，市人大常委会人代联委主任、一级巡视员姬桂玲，市人大常委会研究室主任王利民，区委书记闵一峰，区人大常委会主任贾慧，区人大常委会副主任朱明勇出席会议。大会现场，李世贵与闵一峰为新街口议政会揭牌，52名议政代表获颁聘任证书。大会听取了新街口街道办事处2022年工作情况通报，并审议通过了新街口街道议政代表会议事规则（草案）、新街口街道议政代表意见建议的提出和办理办法（草案）、新街口街道议政代表会民生实事项目会商票选办法（草案）。

·社　　区·

【长江路社区】 长江路社区位于新街口商业核心区，是典型的城市型社区。东起太平北路、西至中山路，南起中山东路、北至长江路，面积约0.36平方千米，办公地址邓府巷18-4号。社区12幢商务楼宇，政府机关、企事业单位较多。辖区总人口3101户5155人，社区党委下设5个党支部，有中共党员173人。3—12月，20余家共建单位携手助力社区完成汇金核酸点全员核酸的保障工作，确保全员核酸工作有序开展。社区联合深圳市平安公益基金会打造了长江路社区“育才图书室”，开展了“名家讲坛”“青少年科技素养提升”“读书分享会”“亲子阅读”等多样化阅读公益活动20余场，在中国江苏网、《南京日报》《新华日报》等多家媒体宣传报道。深入打造“上乘书院”“一米阳光”“小区营造”“七彩人生”等品牌项目，延续社区特色，对接共建单位资源，开展各类共建活动60余场。社区在寒暑假开展了“彩绘手作”“陶泥研学”“红色故事”“科普制作”“金融知识”等形式趣味生动、内容丰富多彩的青少年特色文化活动。由区委宣传部牵头的“e+”亲网络综合治理平台项目在长江路社区正式落地，采用“互联网+”的技术手段，不断优化升级改造，已初步成型，接待各类参观学习，将建成实现独具特色的社区网络综合服务管理模式。社区带领全体党员围绕中共二十大主题，推进各项工作，组织开展理论宣讲、道德讲堂、特色党日等20余场活动，扎实做好思想宣传，推动中共二十大精神深入寻常百姓家。社区通过特色党建活动，结合意识形态的工作要求，开展“思享五分钟”“实景教育”“强国复兴有我”“奋斗百年路，起航新征程”等各类主题活动20余场，确保意识形态工作入脑入心。

4月23日，长江路社区联合深圳市平安公益基金会打造“育才图书室”
（新街口街道　供图）

【香铺营社区】 香铺营社区位于南京市中心，是一个集商贸、文化、科技、居住于一体的综合性社区。东临太平北路，西至洪武北路，南靠长江路，北至珠江路，呈规整长方形，面积约0.36平方千米，办公地址相府营26号。社区有江苏省烟草公司、苏美达集团、玄武医院、南京人民大会堂、玄武区教育局等多家驻区单位。社区总人口5967户16272人，社区党委下设19个党支部，有中共党员631人。社区全年核酸任务战线长、频次高、人力需求量大，党员志愿者们主动报名、接力上岗，经受住年初到年尾的多轮疫情考验。社区选聘和培训80多名微网格员和32名法律明白人并颁发证书，以线上微信群线下楼栋长为抓手，实现党建统领全覆盖。通过多种载体开展丰富多彩的党建活动："中共二十大党史"主题宣讲、《习近平谈治国理政（第四卷）》专题学习辅导、"童心向党"爱国主义教育、在党50年老党员集体授章仪式、书记领学中共二十大精神等；"艾芳书记学党史"全新改版升级为"艾芳书记先锋说"，录播24期，平均收看量5万人次，收藏点赞800次。7月4日，"南京发布"微信公众号和《南京日报》头版封面大篇幅报道"艾芳书记先锋说"相关做法。社区解决了网巾市小区长期积存的停车位问题、调处鸡鹅巷20号电动车电池充电柜安放问题、金盛百货增设防火墙、肚带营楼道破损玻璃窗更换、石婆婆庵1号车棚改造、杨将军巷小区地面平整、碑亭巷和网巾市管网疏通等一系列难题。社区邀请东南大学师生打造出香铺营小区再生花园生态改善项目，与文旅集团合作营造和推介D9街区网红打卡点。依托"同城共筑"行动契机，大党委联盟成员认领了10个公益项目，全年18个单位共出动职工志愿者2400人次，年底的"慈善一日捐"捐出7.5万元善款。社区与省烟草公司开展"金叶同心"困难帮扶行动，与区残联开展"助威冬奥趣味运动会"，与人民大会堂开展"七彩党日——喜迎二十大"红色历史遗迹参观活动，与玄武医院开展"周二义诊"家庭医生活动，与南京市第九初级中学合作开展"文博之旅"活动，联合市公积金中心开展"城市美居"小区绿化带整治行动、与苏美达开展"小水滴"护河活动等。新打造香铺营小区"支部名片"红色楼道公示牌，丰富了辖区党建文化阵地分布。社区作为代表参选了全市最暖党群服务中心评选。"家立方"和"先锋说"2个项目分别参与全市和全区的优秀志愿服务项目评选。社区介入4位困难独居孤寡老人临终救治并协助家属妥善处理丧葬善后事宜。全年开展办实事项目共收获居民赠送的3面锦旗。

【成贤街社区】　成贤街社区位于南京市玄武区中西部，南京市人民政府南侧，是一个集商贸、文化、科教及良好人居环境于一体的综合性大社区。东起太平北路，西至进香河路，南临珠江路，北接北京东路，面积约0.8平方千米，12月16日成贤街社区搬入新的地址办公，社区办公地址为成贤街119号-2。社区有东南大学，市文旅局、市妇联、区人社局、区商务局、驻区部队，以及各民主党派社会团体等多家驻区单位。社区总人口6280户17346人，社区党委下设18个党支部，有中共党员702人。社区与中华门街道开源社区开展了"双结对，双提升"活动，通过互学互促，优势共享，达成社区工作能力和治理能力双提升。2个社区携手，共同制定了结对共建协议，一起举办2022年国庆庆祝活动。社区携手各共建单位开展一系列关爱服务：南京市中心医院党支部开展了"医生问候"项目，为行动不便的高龄老人提供上门问诊服务；合众人寿江苏分公司党支部和社区党委合作的"红棉袄"项目致力于关爱辖区失独家庭，每月为失独家庭寄送鲜花，每年量身定制过年新衣，为失独老人送去温暖。通过成贤"红豆荚"品牌，持续做好党建资源联动，构建家、校、社同心圆，组织开展了"乐享成贤""乐在成贤""打卡社区红色地标""保护珍珠河""红豆荚特色课"等一系列社会实践活动，惠及居民万余人次。社区在南京市社科联及玄武区妇联的帮助下，通过居民走访、实地调研、文献查询等方式收集材料，汇编了《成贤故事》一书。社区党委培训部分辖区少先队员，作为小小宣讲员讲述《成贤故事》。

【北门桥社区】　北门桥社区位于新街口区域东北角，属混合型社区。东起洪武北路，南靠长江路，西至中山路，北临珠江路，面积约0.26平方千米，办公地址为估衣廊38号。社区内有国信集团、南京市财政局、中山大厦、新世界中心、艾尚天地、凯润金城，人民中学、洪武北路小学，商贸、文化、教育集中。社区总人口3626户9352人，社区党委下设14个党支部，有中共党员470人。社区的各种志愿者队伍众多，其中：星光艺术团、先锋服务队、冰之声合唱团等多支基层民间组织活动丰富，还有璀璨年华居家养老服务中心等7家社会组织常年服务于社区。社区以"中国红十字会城市社区博爱家园示范点”、人大代表工作室打造为契机，利用社区三楼，完成活动室桌椅等硬件的更换、补充，博爱家园的阵地建设、氛围营造、红十字精神宣传，开展人道主义救助，走访慰问困难群众187人，AED培训5场146人，完成在凯润金城小区AED的募捐。人大代表工作室示范点打造完成，为人大代表提供依法履职、联系群众、倾听意见、学习交流的崭新平台。开展人大代表进社区活动，助力社区治理，如振泽律师事务所专业律师参与小区外墙石块脱落议事会，通过普法宣传，顺利推进消险工作。利用为民服务资金，重点打造长江花园党建文化主题广场，补栽、修剪绿化、增加休闲座椅、党建宣传栏、核心价值观、宣传立牌，营造浓厚的党建氛围，不断延伸党建阵地向纵深发展，让最美党员志愿者在楼栋内发光发热，从而实现党建引领社区治理“最美一公里”，不断增强党委凝聚力。社区加强与驻区单位的深度互联互建，与12家党建联盟单位紧密合作，探索打造“滢心桥”党建联盟品牌。一方面资源引进来，让在职党员走进社区，走入群众、倾听民意，参与疫情防控、文明创建、帮扶困难群众、建设美丽楼道等各类志愿服务，协助打造社区书屋、改善办公环境、“弘桥之声”楼道微宣传栏等，力所能及为社区办实事、为群众解困难；另一方面社区走出去，到共建单位开展活动联建，如“秋冬季膳食养生健康讲座”，交流党建工作经验，畅谈共建举措，牢记党的服务宗旨，切实将为群众办实事服务落地、落实，不断发挥“同城共筑”共建共治共享的作用，增强共建的宽度、广度与深度。“滢心桥”党建联盟品牌宣传被《人民日报》、今日头条、网易新闻等多家媒体报道，不断提升品牌影响力。开展“村村到、户户进、人人访”集中走访活动，区、街领导干部、社工对属地居民走访全覆盖，收集安全、环境、矛盾等各类问题59条，并逐条跟进反馈、协调解决。

【唱经楼社区】 社区位于珠江路北侧，是一个集政府、金融、商贸、科技、文化教育、医疗卫生和居住为一体的多元化、多功能的综合性大社区。东起进香河路、西至中山路，南起珠江路、北至大石桥，区域面积约0.26平方千米，办公地址为珠江路185号佳汇大厦二楼。社区范围内设有就医便捷的医疗服务中心，2所幼儿园，1所小学，1座清真寺；有87幢楼宇，14幢高层，3幢小高层，70幢多层，11个居民小区，10个物业管理公司；有数百家单位进驻，具有强大的商业功能；有多家银行、江苏省较大的手机批发零售市场、虹飞电信城、越时空通信广场，信泰证券公司、地铁大厦、金鹰国际天地购物中心、华利国际高档写字楼等；有南京市交通局、新街口街道办事处等企事业单位和政府职能部门。社区总人口6323户16864人，社区党委下设17个党支部，有中共党员680人。社区通过举办学习理论知识，学习中国共产党党史，中共二十大精神宣讲，老年人学手机，金融知识讲座，防范电信诈骗宣传等一系列丰富多彩的活动，积极关心社区老人的退休生活。社区党建服务队全年为社区居民提供政策咨询1000余人次，走访帮扶困难群众300余人，调解邻里纠纷10余起，化解矛盾10余起，有效维护了辖区稳定。10月，居安里片区因疫情，需要进行为期3天的临时封控管理，社区按照要求于晚上11点，联合物业、支部书记、党员楼栋长，迅速对相关人员所在单元进行临时封控，并连夜上门登记人员信息，配合卫生院进行核酸采样。在封控期间，社区积极保障居民的生活物资，以及特殊需求等，圆满完成任务。全年累计开展各类党员学习活动12次，开展党员实践主题活动35次，党员志愿者参与各类志愿服务约1500人次。

【大石桥社区】 大石桥社区位于新街口北侧，是一个融经济、文化、商业、居住人口密集的综合性社区。东至进香河路，西至中山路，北至北京东路，南至学府路，区域面积约0.42平方千米，10月20日社区搬入新的地址办公，办公地址为尖角营29号。社区有国家自然资源督察南京局、江苏省广播电视总台、江苏省中信银行、江苏省国资委、江苏省粮食集团、南京市粮食局、南京银行、南京市应急局、南京市审计局、南京市邮政局等单位。社区总人口3375户9904人，社区党委下设9个党支部，有中共党员362人。全年社区组织实施制定了民服务资金项目6个:安装楼道单元门、安装充电桩、更换尖角营破旧玻璃、大石桥10号做地坪、大石桥2号修围墙、飞线整治、增设小区"爱心休息椅"、修剪树木、疏通化粪池、疏通下水道、楼顶水管长期漏水等。丹凤邮家提档升级为丹凤邮家宁小蜂服务阵地,整合辖区资源汇聚力量为宁小蜂提供多方位的服务。以"清洁家园 你我同行"为活动主题,成立志愿者服务队,已有固定志愿者58人,流动志愿者22余人。开展学习雷锋、清洁家园、垃圾分类等形式多样的志愿服务活动共20次,共计1200人次。发动结对单位、辖区单位助力文创活动,共开展统一行动22次,出动人员878人次;共清理137个楼道杂物、小广告、脏污墙面、飞线充电、杂乱线缆等,新增加宣传栏3处。(成 蓉)

玄武门街道

·街道工作·

【概况】 玄武门街道位于玄武区西北部,域内以鼓楼广场为轴心,纵轴沿中央路向北至中央门立交桥、护城河、神策门公园,横轴沿北京东路向东至太平门,内含玄武湖、太平门至神策门段明城墙和北极阁山,呈环湖抱墙之势。东北沿玄武湖与锁金村接壤,西以中央路为界与鼓楼区相望,南以北京东路为界与新街口街道、梅园街道毗邻,街道办公地址位于百子亭8号。域内面积6.54平方千米(含玄武湖4.44平方千米)。现辖公教一村、台城花园、天山路、百子亭、大树根、廖家巷6个社区,常住人口约4.08万人,户籍人口约6.38万人(含市人才中心集体户籍人口约2万人)。辖区有玄武湖公园、明城墙、古台城、古鸡鸣寺、玄奘寺、北极阁山、九华山公园等风景名胜;南京明城垣史博物馆、中国科学院南京古生物博物馆等文博场馆;傅抱石故居、徐悲鸿纪念馆、宋子文公馆等人文景观;国家审计署驻南京特派员办事处、中国科学院南京古生物研究所、中国科学院土壤、地理和湖泊研究所等国家级单位;省气象局、科技厅、卫生厅、商务厅,市规划建设展览馆,省肿瘤医院、市口腔医院、南京市第十三中学、科利华中学、北京东路小学等省市机关事业单位。是南京市委、市政府所在地。2022年,玄武门街道按照"疫情要防住、经济要稳住、发展要安全"的总体要求,稳中求进,推动经济企稳向好;建管结合,加强城市精细管理;多措并举,改善社会民生福祉;扛起责任,严守安全稳定底线;主责主抓,强化基层党建引领,奋力推动经济社会高质量发展。

【经济发展】 2022年,完成一般公共预算收入4.76亿元,GDP同比增幅4.3%,规模以上服务业同比增幅9.5%,限额以上贸易业同比增幅13.7%,实际利用内资额完成15.98亿元,固定投资完成20.7亿元,技术合同成交额完成3.41亿元。全年11个区重大项目完成投资9.4亿元,新项目开工率达100%。联动省工商联,集中举办环湖载体资源推介会,《新华日报》财经版专题发布环湖载体信息。同步参加玄武区总部载体春季招商线上分享会,联合特斯联集团举办云上招商对接会,项目签约投资总额完成26.78亿元。全周期梯次性培育创新型市场主体,认定科技型中小企业96家、新增高企9家,申报"专精特新"企业1家。动态摸排、梳理完善街道各类科技型企业数据库,提前谋划中国科学院"一院两所"搬迁后载体再利用,接续推进富昇大厦改造升级,着力打造高能级、多类型科创平台。围绕消费促进,挖掘整合环湖文旅消费资源,联合玄武湖公园、南京古生物博物馆等42家文旅单位建立"环湖网红打卡联盟",打造"环湖网红打卡地"消费品牌。抢抓暑期、国庆和中秋等消费旺季,举办"花漾环湖 欢购精彩""花漾环湖缤纷当夏""环湖夜太美"等系列消费活动,不断激活消费经济。1—12月,社会消费品零售总额完成49.68亿元,同比增幅8%。消费活动先后被《新华日报》、江苏省广播电视台等20余家媒体广泛报道,相关信息被市委《南京工作动态》采用。积极开展"服务企业面对面"大走访行动,落实稳经济一揽子政策,坚持"一企一策"帮困解难,及时解决企业房租减免、金融贷款等274

个问题，帮助省医药、金拱门、新农集团等争取各级专项补助1100余万元。协调区财政局和金融局，帮助智慧交通申请"新三板"上市奖励100万元。为中国融通安保服务公司开辟审批"绿色通道"，推动江苏分公司落户玄武门。疫情期间，帮助冠华贸易完成上海至南京的1000万元货物运输任务。

【城建城管】 突出抓好中央路262号等小区的改造出新，组织厚载巷2~16号小区改造验收工作，稳妥推动中央路278-3号和西家大塘37号小区的"三供一业"移交改造及百子亭北路道路建设，开展中央路沿线7栋楼宇楼顶序化、立面净化。强化百子物业老旧小区托管服务功能，实现83个无物管老旧小区物业全覆盖，公教一村小区物业获评党建引领物业服务项目市级示范点。深化街道综合行政执法改革，完成赋权街道执法项各类型简易程序案件223件，查处各类违规案件601件。改善市民出行，联动解决高楼门6号盲道占用等问题。指导6个小区创建"省级达标垃圾分类管理小区"，稳步推进9个小区"争优除差"晋级，2022年荣获南京市城市治理标准化工作先进集体。常态抓好玄武湖国控点周边空气质量监管，对接环湖办等部门开展联合检查，全面普查整治3千米范围内污染源115家。推进中央环保督查问题整改，督促完成公教一村17栋院内环境"脏乱差"等整治任务。

【民生服务】 开展"大走访、大排查、大攻坚"行动，全面推进"村村到、户户进、人人访"集中走访，动态完善困难群体"一户一档一策"，摸排低保对象175人、独居和空巢老人396人、生活困难残疾人员292人，排查出特殊困难妇女儿童70人、严重精神障碍患者174人。发放低保金161.4万元，补助金35.3万元，募集慈善资金28.2万元，为1200名困难群体提供救助，及时调解低保户周某赡养问题并做好基本生活保障，落实龚某等4名严重精神障碍患者送医就诊、帮扶救治服务。发放困难残疾人生活补贴79.8万元，护理补贴34.4万元，"四类定补"5.9万元。成立6个社区银发顾问站点，为2298名老人提供助餐服务，联动"同心未保""心动力"等社会组织，精准帮扶24名困境儿童。做好退役军人优待证办理工作，发放伤残金及死亡抚恤金143.5万元、慰问"两参"人员23万元。持续完善街、社退役军人服务中心(站)建设，跟进做好台城花园社区办公用房升级改造。培育创业主体，新增就业3680人，自主创业724人，发放各类就业创业补贴575人。优化居民社保服务，组织企业退休人员体检2600人，慰问944人。落实劳动保障服务，处理劳动纠纷52件，调解率100%。及时回应民生诉求，办理"12345"工单2739件，满意率95.4%，位列全区第二。有序开展规模性核酸检测100轮，检测174.4万余人次。全力推进60岁以上老人疫苗接种，辖区老人首针接种率达91.3%。突出重点场所管控，推动辖区设置场所码点位数2562个，扫码总数达3334.5万次。疫情期间，指导社区联合百子物业共同围合管理无封闭小区，设置片区卡口20个，实现小区全覆盖值班值守。

【平安法治】 深化提升安全生产专项整治，扎实开展各领域安全生产检查，组织安全生产宣讲15次，累计检查生产、经营、建设单位8308家次，指导完成北京东路71号防盗门加装、新立基大厦电梯更换、天山路1号及百子亭28号小区围墙消险等6521处安全隐患整改，保持2200余天无安全生产亡人事故。以消防安全为重点，提升消防能力，安装简易烟感喷淋280组，配置灭火器3080个，清理飞线860根，安装充电桩362组，解决中央路298号迎街楼消防通道占用等消防安全问题。扎实开展"信访突出问题攻坚化解年"行动，攻坚化解7425厂群访等积案3件。严格落实"五包一"责任制，持续推行"开门接访+上门拜访"信访模式，全年累计接访200余人次，办结各类信访120余件，连续10余年保持进京"零非访"，2022年被评为全市信访系统先进集体。

【基层党建】 围绕迎接中共二十大召开和学习宣传中共二十大精神，贯穿习近平新时代中国特色社会主义思想这根主线，组织街道党工委理论学习中心组集中学习16次。创新组建街道“理论宣讲轻骑队”，开展分众化理论宣讲60余场。压实意识形态工作“一岗双责”，扎实开展意识形态风险隐患排查整治专项行动，突出对辖区“两寺一院一所”的重点检查，排除各类隐患160多处。深入学习借鉴仙林经验，专门组织社区“两委”班子成员赴仙林街道参观学习，研究制定7张任务清单83条具体举措。开展基层党组织建设专项整顿，持续推动“强力工程”，配齐网格党支部书记助理64人，选聘楼栋长293人。开展“同城共筑”行动，指导各社区召开党建联席大会，“大党委”单位党组织与网格党支部结对共建，认领志愿服务项目76个。打造“一社一品”，以探索实践台城花园社区“365”党建工作法为牵引，示范带动“老王工作室”“聊民生讲堂”等特色品牌建设，不断提升党建引领社区治理质效。6月14日，省委常委、市委书记韩立明检查调研了台城花园社区党群服务中心。推动两新党建，聚焦重点目标，建成创意中央、金谷创客空间等13家宁小蜂驿站，新建“红领金谷”两新党建阵地，做好“红领东华”升级改造。采取全覆盖式摸排，推动两新党组织应建尽建，全力提升两新组织“双有”比例，成立享道出行网约车司机流动党支部。打造过硬队伍。持续开展“扬帆计划”能力提升工程，以“听同龄人说”为实践抓手，开展“党务+业务”专题培训11场。推动落实“优苗选育”工程，加大年轻干部培养力度，优选4名“85后”科级干部。严密组织“两委”班子“学研训考”培训，集中举办街道“头雁论坛”，探索开展帮建支部、帮带社工、帮解难题等“三帮”活动，着力建强基层战斗堡垒。强化监督执纪。常态开展监督检查执纪，注重用好“四种形态”，开展提醒谈话、批评教育33人次，立案审查调查11人。以“清风计划”为牵引，常态开展警示性法治教育活动10余场，不断筑牢拒腐防变思想防线。召开街道第一届议政代表会，打造全过程人民民主基层实践点。持续推进省、市、区三级政协委员走进社区，开展“有事好商量”协商议事8场，协商提出肿瘤医院周边交通优化方案。深化社区“红石榴家园”阵地建设，巩固爱国统一战线。强化党管武装，推动社区民兵连正规化建设。加强党的工会、青年、妇联工作，获评市“五四红旗团工委”及市“三八红旗集体”。

·社　　区·

【台城花园社区】 紧邻市政府，东倚明城墙，外靠玄武湖，南以北京东路与新街口街道隔街相望，西至北极阁风貌区、高楼门路，北以西家大塘路为界与天山路社区毗邻，内含北极阁山、古鸡鸣寺，因台城坐落其间而命名。社区面积0.46平方千米，办公地址为台城花园3号。2022年年底，常住总户数3424户，常住人口10073人，流动人口856，中共党员398人，共11个党支部。社区所辖内有环亚凯瑟琳商业广场、明城墙古台城、鸡鸣寺及北极阁风貌区；有江苏省科技厅、对外经济贸易厅、气象台、南京古生物研究所、博物馆、南京市老干部活动中心、宋子文公馆、工艺美术大楼等30个机关企事业单位。2022年度，台城花园社区结合推进“强力工程”，探索开展“网格支部五赋能”行动。聘请驻区高校10名研究生党员

5月17日，玄武门街道第一届议政代表会第一次会议召开
（玄武门街道　供图）

担任网格支部书记助理，联姻10个“大党委”单位党组织与网格党支部结对共建，开展支部书记项目，延展为民服务领域。选聘59名党员楼栋长，结合开展“同城共筑”行动，注重发挥社区“大党委”凝聚辐射作用，召开“集结号”党建联席会，与辖区内22家共建单位签订共建协议，整合社区各类优质服务资源，开展主题党日、“非遗文化进社区”、义诊、疫情防控、文明创建等共建共学活动；与秦淮区王府南园社区开展“双结对、双提升”活动，不断提升社区治理能力现代化建设水平；聚焦“精网微格”，深入推进“红色物业”建设，成立功能性党支部，定期召开“台城圆桌会”，有效解决各类物业难题120多个；培育和孵化“箩筐文化”、“朝茶夕瓷”等10多家社会组织，开展养老服务、心理咨询、亲子阅读、非遗手工等活动。打造“育才图书室”“南京市最暖党群服务中心”“江苏省级科普示范基地”，为居民提供优质服务。社区书屋被评为2022年“书香玄武十佳读书角”。结合开展“村村到、户户进、人人访”大走访、大排查活动，聚焦群众关切，设立为民服务专项资金项目13个，着力解决居民急难愁盼问题，解决台城花园小区加装电梯、充电桩安装、停车位划设、垃圾亭设置等群众“家门口”急需解决的问题。开展“我们的节日”“邮票小视角，党建大成果”“仿生机器人”“相伴一生　幸福对话”金婚活动以及“温馨百岁　九十无忧”共庆生日等活动共计50余场，丰富了居民精神文化生活。创新党建工作模式，打造“365”党建工作品牌，推进党组织标准化建设。成立“台城砖”书记工作室，围绕社区治理、干部队伍培育等工作，助推社区治理能力提升。打造“四个有约”党员服务品牌，提升党员服务意识。依托社区新时代文明实践站，打造“小红花”“赛金宝”等6支金牌志愿服务队伍，提升“微光行”志愿服务品牌效应。台城社区2022年先后荣获“江苏省文明社区”“江苏省优秀志愿服务社区”“南京市优秀志愿服务社区”“玄武区优秀志愿服务社区”“‘我们的节日’——端午”文化传承基地等荣誉，接受省、市、区级领导检查调研20余次，接待学习参观人数达500余人次，央媒、省级、市级媒体报道共计30余次。

【公教一村社区】　东至龙蟠路（太平门随心圆大酒店），南至北京东路，西至鸡鸣寺路，北至玄武湖明城墙。社区总面积0.4平方千米，办公地址为北京东路51号公教一村小区22-1幢综合楼。2022年年底，社区总户数3286户，人口9601人，其中，低保户17户，优抚对象77人，持证残疾人113人，60岁以上老人3083人，其中80岁以上老人773人。社区党委下设10个网格党支部，共计443名党员。有专职社工13人。社区驻有南京市委市政府、中科院土壤所、地理湖泊研究所、南空干休所、九华饭店、随心圆大酒店、北京东路小学等大型单位和学校；和平公园、珍珠河、鸡鸣寺、九华山玄奘寺等名胜，2022年度公教一村社区被江苏省精神文明建设指导委员会评为江苏省文明社区。社区党委坚持常态化教育，积极开展中共二十大精神学习宣传，定期组织党员交流学习心得体会，坚持党员统一活动日制度等方式开展思想文化教育；疫情防控期间，全年累计排查重点地区回宁人员1.5万人次，开展100场全员核酸筛查，建立隔离垃圾点位39处，大力开展防疫知识宣传，协调社区医院为辖区行动不便的老人提供上门接种疫苗达216人（次）。社区作为服务群众的第一线，是党和政府落实政策到百姓家的“最后一公里”，坚持对困难群众、老年儿童等特殊人群开展电话上门等服务，做好民生保障工作，强化社工服务意识，保障好“一老一小”的托底服务，定期开展法制、健康、反诈骗等政策宣传，把民生惠民政策带入千家万户。

【天山路社区】　东以玄武湖畔明城墙为临，北与百子亭社区紧邻，西至高楼门路，南以西家大塘、峨嵋路与台城花园社区比邻。社区面积约0.26平方千米，办公地址位于天山路3-37号。2022年年底，常住总户数2812户，常住人口8247人，流动人口1200余人，中共党员367人，共10个党支部。辖区企业退休人员1582人，80岁以上老人享受尊老金共计432人，有残疾人119人，低保户23户。有综合治理志愿者、天山路帮帮团、铁鹰巡逻队、红歌歌咏队、青年先锋队等20余个民间组织。社区企事业单位64个、个体工商户112个。社区内有3304工厂、南京市第十三中学、玄武外国语附属小学、玄武门幼儿园、高楼门饭店、江苏《东方娃娃》期刊有限公司、苏果超市、峨嵋路农贸市场、天山路卫生服务站、老年康复护理院等机关企事业单位。2022年,天山路社区“三融”打造暖心港湾。聚焦“暖”深化党群融合,注重延伸组织触角、建强一线堡垒,按照“阵地支撑、品牌牵引”思路,不断提升为民服务效能;聚焦“亲”深化军民融合,依托辖区军队资源集聚优势,突出军民融合建设质量,加快推进资源优势转化。聚焦“爱”深化校地融合,以开展“织爱”计划为主线,统筹中小学、幼儿园、幼儿杂志社等辖区力量,着力打造“三个课堂”,不断提升“为小”服务质量。

【百子亭社区】 东至高楼门延至昆仑路、明城墙,南至鼓楼广场,西至中央路,北至洞庭路,面积约0.4平方千米。常住居民3244户,8300余人。社区(与街道党群服务中心一体)办公总面积约1000平方米,有工作人员11名,小区44个。社区党委下设14个党支部,中共党员443名。社区突出党建引领,创新社区治理模式,借力街道党群服务中心引进“心动力”家庭关爱中心、“八友坊”家政服务中心、“木兰轩”工作室等社会组织及包括中央路小学在内的多家机关企事业单位资源,搭建区域化家庭教育、未成年人关爱平台,打造“花骨朵成长俱乐部”等特色服务项目,开展面向妇女儿童的家庭心理咨询、矛盾调解、教育学习、亲子活动。打造党委“家门口的亭美社区”特色品牌项目,建立“守护百家”巡逻队、“亭美有您”文明志愿队等一批党员义工服务队,形成了以社区党委为核心,辖区单位和广大党员群众积极参与的党建引领社区治理新格局,增强了党在社会组织中的凝聚力、渗透力、影响力,推动了和谐社区建设,有效提升了社区服务管理水平。社区曾先后获得“全国反邪教创建示范社区”“江苏省充分就业社区”“南京市绿色人居环境社区”“南京市民主法治示范社区”“南京市六好关工委”等多项荣誉称号。

【大树根社区】 东靠明城墙,西连中央路,北与玄武湖隧道接壤,南至玄武门路。社区面积约0.47平方千米,办公地址位于大树根11号。2022年年底,常住总户数1328户,常住人口3064人,流动人口621人,中共党员278人,共9个党支部。社区办公地址位于大树根11号。驻区单位有江苏海事局,南京市城市建设规划展览馆,玄武湖公园管理处,南京港华燃气有限公司,江苏省军区第二离职干部休养所,金陵药业股份有限公司,南京公交总公司,南京城建集团,南京农垦集团等。2022年按期完成部分社区党支部书记换届选举。统筹为民服务专项资金,为大树根14~21号楼道管线整治,大树根22~48号车棚安装挡雨板,玄武巷9号单元门口安装路灯,大树根44、46号楼道口安装落水天沟、檐沟,东升花苑6幢危墙改造,大树根小区维修换新小区休闲座椅等项目;积极协调后大树根2号小区的物业代管工作。2022年社区新时代文明实践站联合社会组织,开展各类活动50余场,极大地丰富了辖区居民文化生活。以社区老年志愿者组成的“文明有宁”服务队,“银发护湖队”在玄武湖景区内巡逻、劝导不文明行为志愿服务。新冠疫情防控阻击战打响以来,在全员核酸检测、疫苗接种、人员排查、居家隔离检测等急难险重任务中,充分发挥社区党组织战斗堡垒和广大党员先锋模范作用;文明典范城市创建工作中,广泛发动楼栋长志愿者、街道下派机关干部、社区工作人员和物业人员每日进行巡查,清理楼道堆放杂物,清理小广告百余处,及时发现整改问题千余次。与共建单位玄武区政协、南京市规划建设展览馆、南京市港华燃气有限公司等单位开展共驻共建活动。结合群众需求,更换维修楼道灯、修剪树木、清理卫生死角,对大树根22号居民活动室进行提档升级,大树根社区环境面貌有了新改善。

【廖家巷社区】 东倚明城墙,外临玄武湖,西沿中央路,南起玄武湖隧道口,北至中央门护城河、神策门公园,面积约0.36平方千米,办公地址位于中央路

298号。居民住宅楼52幢。2022年年底，常住总户数2008户，常住人口5720人，流动人口745人，有11个党支部，中共党员396人。2022年被团南京市委评为2021年度南京市五四红旗团支部。社区内有江苏电信大厦、新立基大厦、锦盈大厦、创意产业园、东华产业园、富建城市酒店、南京市科利华中学等企事业单位。全年完成疫情防控、文明典范城市创建以及社区治理等各项工作任务。贯彻学习习近平新时代中国特色社会主义思想，组织党员群众集中收听收看中共二十大召开盛况，并原文研读中共二十大报告。组织专题研讨会学习习近平总书记重要讲话精神5次，讲党课4次，受众400余人次。召开党委班子成员专题会议12次，谈心谈话20人次，关心慰问困难群众220人次。构建“大党委”工作机制，主动与辖区14家单位进行对接，签订共建协议，营造社区治理“项目共建、资源共享、实事共办”的良好局面。以“聊民生讲堂”党建特色品牌项目为载体，依托新时代文明实践站志愿服务平台，组织志愿者们走进社区、走进校园，上门走访关爱孤寡老人、困难群众，组织孩子们开展学习红色英雄人物、环保手工制作等形式丰富、内容多样活动。组织开展“大走访、大排查、大攻坚”专项行动，以网格包干方式进行入户走访，坚持深入群众，串百家门，听百家事，解百家难，做群众的知心人。疫情期间，有序安排社工、党员、志愿者入户走访，特殊时期为高龄老人、残疾人、行动不便的人员，设立专门通道，全力为群众提供便利。完成用好社区为民服务9个专项资金，其中，环境类项目6个，公益类项目1个，管理类项目1个，活动类项目1个。全年为辖区安装防盗门2个，维护防盗门11个；对破损墙面和坑洼路面进行修补；对险树进行修剪，疏通满溢的下水道等。与结对单位深入开展“我为群众办实事”活动，区投促局为廖家巷小区居民安装充电桩，解决居民群众的烦心事、困难事，增强人民群众的获得感、幸福感和安全感。（王 莹）

梅园新村街道

·街道工作·

【概况】 街道位于玄武区东南部，东起中山门向北城墙，西至太平北路，南至中山东路，北至北京东路，东西分别与孝陵卫和新街口两街道毗邻，内秦淮河蜿蜒穿过境内，明城墙横亘于街道东北部，面积6.35平方千米。辖大行宫、东南大学、梅园新村、大影壁、兰园、明故宫、太平门、北安门、富贵山9个社区居委会，户数34358户，常住人口数84836人。街道地处南京市腹地，曾是太平天国和民国时期的政治和文化中心，历史文化底蕴深厚。区域范围大。梅园新村街道由原梅园、兰园、后宰门街道先后合并而成，是主城内面积较大的街道。教育资源多。有南京外国语学校、玄武外国语学校等9所知名中小学，以及市级机关幼儿园、小天鹅幼儿园等9所优质幼儿园。文旅资源多。辖区内“1园2寺8馆”，即明故宫遗址公园；毗卢寺、香林寺；六朝文化博物馆、总统府、梅园新村纪念馆、中国第二历史档案馆、南京博物院、南京图书馆、省美术馆、王安石故居。集六朝文化、明清文化、民国文化与现代文明于一体。科技产业多。辖区有“一街三园”，即珠江路创业大街、东南大学科技园、玄东科技园、金融科技园，聚集熊猫电子、紫泉能源、五星控股等一批研发、软件、“互联网+”企业。驻区部队多，双拥共建资源丰富。2022年，梅园新村街道班子在区委、区政府的正确领导下，深入贯彻落实习近平新时代中国特色社会主义思想和中共二十大精神，围绕“疫情要防住、经济要稳住、发展要安全”重大要求，凝心聚力抓落实、砥砺奋进谋发展，坚定不移推动全面从严治党，街道经济社会各项事业取得全面进步。

【经济发展】 全年完成一般公共预算收入17.39亿元，同比增幅5.5%，超额完成期成目标1.5亿元，钟山电子商务平台、联萌MCN总部、锦创书城等项目开展实际运营，中电熊猫集团总部回迁玄武，好享家入选胡润研究院《2022年中全球独角兽榜》，睿辰欣创入围2022年度南京“瞪羚”企业，宜热纵联、熊猫通信、睿辰欣创3家企业获评2022年省级

"专精特新"企业。精品招商成果丰硕,国内领先的汽车零部件制造集团亚新科集团正从北京整体迁入,浦发银行南京分行、寒武纪行歌正式入驻,国网英大下属4家公司签约入驻熊猫万谷金融科技中心,南京首个《读者》杂志服务中心入驻锦创书城,久华食品中心投资30亿元完成注册,南京市首家REITs项目华泰苏交REIT顺利发行。

【城管城建】 多措并举加强城市管理,坚持教育与处罚相结合的原则,对辖区内旅游景区、文博场馆及主次干道、农贸市场周边等重点区域的市容环境状况进行排查,开展多轮专项整治行动。严格城管执法,完成一般程序案件185件,简易程序案件368件。加大违建整治力度,通过深入细致的群众工作,共拆除佛心桥24号、后宰门西村89号等老违建109处,面积3098平方米。毫不放松抓好环境保护,街道联合区有关部门开展联合执法,对油烟扰民、无证经营、占道经营的100多家餐饮单位建立档案,定期检查、限期整改,完成问题餐饮业整治30余家,安装油烟在线监控5家,劝导22家餐饮单位、单位食堂更换高效油烟净化设备,10家油烟严重扰民的餐饮企业顺利转型。全年共清运河道边垃圾100余车,约680余吨,处理河道问题菜单12起。着力推进垃圾分类工作,在全区率先开展垃圾亭房日常管理移交物业工作,加强日常检查督导,广泛动员推动居民小区垃圾分类常态化运转,日厨余垃圾收运量稳定在13吨以上。

【民生服务】 全力筑牢疫情防控屏障,全年组织开展104轮全员核酸检测,累计采样304万人次。采取"大数据+网格化+铁脚板"工作模式,摸清辖区老年人、有基础疾病患者等重点人群底数,高质量完成65岁以上重点人群健康调查,充分掌握重点人群的健康状况。11月份,在区防疫指挥部统一领导下,快速处置了熊猫万谷、维景大酒店、华山饭店等突发疫情。民生保障有力有效,加大困难群体救助帮扶,按规定政策服务低保户、边缘户4241人次,发放低保金410.88万元,发放临时救助116人次,共计9.94万元,发放残疾人"两项"补贴286.01万元,对11户绝对贫困家庭实施5000元/户/年的精准帮扶,建立街道流浪乞讨救助服务点和社区流浪乞讨救助引导点,并成功创建市级流浪乞讨救助服务示范点。办理老年优待证502张,发放80周岁以上老人尊老金5.59万人次,为2664名愿意接收上门服务的80岁以上老人提供上门服务。结合街道退役军人服务站改造升级,建设街道双拥展示馆,打造政策咨询窗口、感情联络纽带、信息沟通渠道和帮扶援助平台,街道退役军人服务站入选退役军人事务部《全国"红站"荣光2021》汇编。

【平安法治】 坚持和发扬新时代"枫桥经验",建立一站式社会矛盾纠纷调处中心,与江苏法德东恒、北京浩天(南京)律师事务所建立合作关系,开展法律咨询和普法宣传工作。全年调处各类矛盾1406件,调解成功率98%以上;按时办结南京和谐网69件信访案,满意率96%;切实用心大力推进信访积案化解,已有效化解4件陈年老案,其中时间跨度最长的超过60年。积极开展打击整治"养老诈骗"行动,联合区机关部门举办"反诈同心、'梅'好同行"广场活动,"线上+线下"全方位多维度宣传发动,发现并及时制止239起潜在的养老诈骗案件。发挥网格化治理优势,集中组织反电诈宣教活动约20场次,禁毒宣教活动60场次,反有组织犯罪宣教活动10场次。充分调动各方力量参与基层治理,平安志愿者累计服务超过100场次4000余人次,营造共居一地、共保平安、共促发展的良好氛围。

【基层党建】 对标"仙林经验",始终把"一面旗"强化政治引领摆在首位,街道学习仙林经验做法获《新华日报》报道;充分利用红色资源禀赋,提档升级长江路"四史初心之旅"路线2.0版本,与高校合作探索红色研学新模式,"政校合作"机制获中国文明网报道。高质量完成"党史智慧领航'梅'好生活——2022年小红梅发展计划",升级后的"小红梅"党建阵地,集红色文化展陈、学习研讨交流、观影阅读体验等功能于一体,成为南京一张红色文化名片,相关做法获"求是网"专题报道。抓实"两新"领域和新业态新就业群体党建工作，建成3处“宁小蜂”驿站，在锦创数字产业园与南京市外卖配送行业党委共同打造食安宁阵地。全面推进从严治党，采取召开党风廉政建设专题会议、观看警示教育专题片、邀请市中院法官作警示教育专题辅导等多种形式，持续深化以案促改；支持纪工委监督执纪问责，综合运用监督执纪“四种形态”处置问题线索81人次，着力解决群众身边的微腐败和慢作为，进一步营造风清气正的政治生态。

·社　区·

【梅园新村社区】　东起龙蟠中路，西至东箭道，南延中山东路，北至珠江路，办公地址位于汉府新村68号。社区占地面积约0.38平方千米，常住人口2574户，5850人。辖区有梅园新村纪念馆、毗卢寺、六朝博物馆、逸仙小学、玄武高级中学（初中部）、圣和府邸精选酒店等大小单位100余家。社区共13名社工，社区党委下设7个党支部，共有中共党员346名，其中，配备党委书记1名，楼栋支部书记7名。社区内辖60座楼栋，分为45个社区居民小组。2022年梅园新村社区聚焦“一老一小”，以“邻里一家亲”“小红梅青少年公益课堂”等活动类项目为抓手，开展活动10余场，参与人数300人次。大力推动雍园41号小区既有住宅电梯加装，雍园41号小区成为南京市首个满堂红加装电梯的老旧小区。2022年，“梅园家庭病床”项目被评为玄武区文明实践项目大赛一等奖、南京市优秀志愿服务项目；社区获评江苏省老年友好型社区。

11月23日，求是杂志社到小红梅开展调研　　（梅园新村街道　供图）

【东南大学社区】　是相对封闭的东南大学教职工宿舍区。北沿北京东路、南至太平北路122号、东到兰园28号、西至太平北路，占地面积0.5平方千米，办公地址位于文昌街2号9舍。社区内有市级机关幼儿园、中科健康产业集团、上海银行南京分行等单位。社区现有专职社工9人，居民小组数30组，居民总户数2310户，总人数5360人。社区内还有学生宿舍9幢，居住有4000多名大学生。社区党组织为党委建制，下设4个党支部，有中共党员161名。2022年，社区依靠新时代文明实践站，协同理论宣讲、教育服务、文化服务、科技科普、健身体育五大平台，开展丰富多彩的活动，进一步打通组织和服务群众的距离，社区党建服务品牌“院士专家服务站”全年共开展传统佳节活动7次，举办专家义诊1次。

【大行宫社区】　南至中山东路，北至太平北路120号，东至花红园路、太平桥南裕德里路，与梅园新村社区、大影壁社区毗邻，西至太平北路1912街区，面积0.45平方千米，办公地址位于东箭道31号。户籍人口3794户，9943人。辖区有总统府、江苏省美术馆、南京市图书馆、玄武区市场监督管理局、梅园新村派出所、成贤街小学、花红园幼儿园、南京新华海科技产业集团有限公司、1912街区等大小单位2000余家。社区党委下设9个党支部，有中共党员364名。2022年，大行宫社区党委开展东箭道小区路面沥青铺设、东箭道25、29、太平桥南13号充电桩车棚安装、裕德里小区围墙修复及大门安装、太平桥南44号、132号水泥地面铺设、楼道窗户更换、宣传阵地维护等为民办实事项目13个，共开展活动32场，服务居民6130人次。

【大影壁社区】 位于珠江路北侧，龙蟠中路西侧，南至珠江路，东至龙蟠中路，西至花红园路，北至荷包套路。占地面积74500平方米，办公地址东大影壁6栋-1。居民常住户3350户，居民人口7463人。辖区内有金鹏饭店、华山饭店、玄武外国语学校、中国人民财产保险有限公司南京分公司、南京邦德中医院等企事业单位，华飞居家养老服务中心、飞鹰合唱团等社会组织。社区有社工12人，社区党委下设9个党支部有338名中共党员。2022年大影壁社区党委依托社区“红梅驿站”开展系列活动丰富党员群众精神文化生活，带领“365+党员义工”工作室为社区居民提供民生保障、文化素养提升、应急技能培训、居家养老、法律普及五大类“零距离”的优质服务。与市级机关管理局、区政府办结队开展三联建、三服务，促进优势资源互补，夯实党建基础。与融通旅发南京第二总支部委员会、人保南京市分公司营业部党支部委员会、江苏有线南京分公司玄武广电中心党支部、徽商银行南京分行珠江路支行等8家单位举行“双向奔赴，同城共筑”共建签约仪式，并经常性开展“365+党员义工”志愿服务、“四助”服务、红色惠民行动、护苗行动等共建活动。2022年社区获全区基层党员冬训优秀主讲人。

【兰园社区】 社区东起龙蟠中路、西至兰园路，南自红旗新村，北至北京东路，总面积0.43平方千米，办公地址位于兰园16号。居民常住户3218户，7459人。社区党组织建制为党委，下辖8个网格党支部，中共党员445名。辖区分布着演武新村小区、兰园小区、红旗新村小区、北京东路30号及小营北路1号部队营院等五大片区。辖区有南京市教育局、玄武区委党校、南京市外国语学校、小营小学、小百灵幼儿园、玄武区特殊教育学校、兰园集贸市场、华融资产、珠江路都市经济园等多家企事业单位。社区与部队签订了双拥共建发展协议书，建立了便民服务站，为军、民提供雨伞、应急救护、打气、防疫物资等志愿服务，进一步地加强军地团结，推进社区双拥工作。兰园社区党群服务中心高标准地建成了集党员活动、群众议事、便民服务、政策咨询、教育培训、文化娱乐于一体的“开放、集约、共享”式多功能党群服务中心，并打造以党建“红色火炬”为引领，“橙色夕阳”“黄色暖阳”“绿色卫士”“青色橄榄”“蓝色精灵”“紫色水晶”组成的“七彩兰园”特色党建项目，分别面向党员、老人、困难群体、退役军人、青少年、妇女不同群体开展志愿服务。社区党组织凝聚力不断加强，群众的精神文化素养和幸福感显著提升。

【明故宫社区】 东起前半山园路，西至龙蟠中路，南起中山东路，北至珠江路、后宰门街，社区面积1.3平方千米，户籍居民5484户，11033人。辖区内有中国第二历史档案馆、南京博物院、东部战区南京总医院、五星控股集团有限公司、维景国际大酒店、钟山宾馆等数十家军地企事业单位。社区党委下设27个党支部，共有中共党员1004名，其中，配备党委书记1名，党委副书记2名。2022年明故宫社区结合“文明典范城市”创建开展“党员河长”志愿者团队，定时对河道进行巡查。配合上级部门做好玄武区河长制主题公园以及东玉带河项目等建设工作，依托玉带河历史文化遗韵，融入市井生活气息，打造休憩景观节点，传播治水文化理念，创建趣味体验公园。发挥社区基层堡垒作用，守牢疫情防控社区关口。统筹辖区内资源组织开展以小红梅德育学堂和支部话坊为载体的理论宣讲24场，以社区健康自我管理和社区人防馆为依托的特色社教、科普活动12场。扶持青风志愿服务中心、熊猫居家养老服务中心等公益组织，进一步拓宽社区服务覆盖面。

【太平门社区】 位于北安门街西侧富贵山隧道旁，东至北安门街，西至龙蟠中路，南至珠江路，北至太平门街，占地面积1.3平方千米，户籍人口5634户，12262人；常住人口5106户，10325人。辖区内有中国江苏传媒出版集团、南京市玄武区高级中学、江苏省青年干部管理学院、南京宇花小学、玄武区妇幼保健所、玄武区民政局、融通农业发展（南京）有限责任公司、锦创书城等大单位20家，小单位125家。太平门社区党委下设

16个党支部，共有710名中共党员，2022年太平门社区紧密结合社区实际，深入学习贯彻习近平新时代中国特色社会主义思想和中共二十大精神，进一步增强社区党委的创造力、凝聚力和战斗力，不断提升基层党建工作水平。充分利用新时代文明实践站阵地功能，整合辖区资源，凝聚各方力量，发挥社区“大党委”牵头引领作用，努力推动共建共治共享。

【北安门社区】 东起明陵路，西至北安门街、前半山园路、后半山园路，南至后宰门街、中山东路，北至富贵巷，面积1.2平方千米，办公地址位于后宰门西村13号。总户数5110户，常住人口12064人。社区党委下设17个网格党支部有中共党员768名。辖区内驻有五十四中学、市慈善总会、南京金融科技园等部队、院校、企事业单位10余家。社区办公、服务用房面积1050平方米，居民户外健身的游园和广场面积过万。北安门社区以党建引领、多元共治、全员参与社会治理，增强社区居民的主人翁意识，发挥社区“好人榜”的引领作用，用身边事影响身边人。探讨网格党支部“五赋能”行动，推进社区网格党建工作全面提升。

【富贵山社区】 东以明城墙为界，西连北安门大街，南至富贵巷，北依富贵山，占地面积0.68平方米，办公地址位于富贵山4号。社区有居民楼220幢，居民4143户，总人口11012人。社区党委下设17个网格党支部，有中共党员612人。2022年，社区党委坚持“党建引领、社会协同、公众参与”的社区治理方向，结合社区特点和居民需求，整合社会力量，以“为民办实事”为抓手，充分发挥社区党委在基层社会治理和服务管理中的领导作用。依托新时代文明实践站、金陵图书馆社区分馆、残疾人之家等阵地，积极探索“志愿服务+”模式，让志愿服务成为社区治理的重要载体。

·驻街园区·

【珠江路都市经济园】 位于玄武区龙蟠中路29号，与珠江路和北京东路两条交通干道相邻，都市中心地理位置，区域交通便捷，园区占地面积10000平方米，建筑面积约12500平方米，园内建筑造型时尚、绿化优美、环境优雅。园区入驻企业42家，被列为南京市大学生创业园、南京玄武区劳动创业园。2022年，园区共纳税1200万元。

【南京科技金融园】 位于后宰门西村95号，总面积13000平方米，为市级金融园，是江苏首个由政府引导、市场化运作的综合性多层次科技金融服务专业机构，实行“平台+园区+基金”（中小企业科技金融服务平台+知识产权投融平台+科技金融园+基金）的新型商业模式。入驻企业62家，其中，科技服务类企业代表有江苏长三角技术产权交易有限公司；科技类企业代表有南京网元通信技术有限公司；2022年园区引进新企业8家，税收统计为1000多万元。

【东南大学国家大学科技园长江后街创业园】 位于玄武区长江后街6号，毗邻珠江路，是东南大学国家大学科技园的孵化载体，总面积18000平方米。东南大学玄武科技园以建设玄武硅巷为契机，通过功能布局、业态调整、体系搭建、环境优化等一系列措施，建设集创投俱乐部、双创综合实训中心、项目培育、企业孵化等为一体的创新资源集聚区，促进相关产业集聚和规模效应，带动周边业态调整升级，引领科技创新产业发展，从而更好地服务玄武区经济发展。推进园区信息化建设，根据“互联网+科技园”的整体战略部署，推进园区O2O企业孵化服务平台的建设，并在园区组织展开测试，累计孵化企业550余家，培育高新技术企业30余家，已形成电子信息技术、创意设计、工程设计、集成电路设计等产业的集聚。园区优质企业主要有江苏澳格姆生物科技有限公司、南京宜热纵联节能科技有限公司、南京商周纵联软件科技有限公司。全年税收为2500多万元。2022年，联合江宁经济技术开发区管理委员会和科技领军企业共建的国家创新平台“未来网络未来产业科技园”入选全国首批10家之一、江苏唯一的未来产业科技园建设试点单位。近年来，先后荣获国家中小企业公共服务示范平台、中国技术创业协会科技创业贡献奖、江苏省大众创业万众创新示范基地、江苏省综合孵化器十强单位等荣誉资质，连续六年获评江苏省科技企业孵化器绩效评价优秀（A类），获批南京市精品硅巷和中国科协海智计划江苏（南京）东大科技园基地，是江苏省大学科技园联盟执行理事长和秘书长单位、江苏省科技企业孵化器协会副理事长单位、南京市玄武区科学技术协会副主席和珠江路科技街科学技术协会首届主席单位。 （杨 柳）

锁金村街道

·街道工作·

【概况】 锁金村街道成立于1984年，面积约7平方千米，下设7个社区。街道南依紫金山、西靠玄武湖，山水城林一体，名胜古迹荟萃，是玄武区“山水城林”的区位特点显现最为明显的街道，也是南京历史文化遗存丰富的地区之一。常住人口约6.55万人，户籍人口约3.8万人，其中60岁以上的老人约1.25万人，占户籍人口的32%。辖区内有南京林业大学、南京师范大学紫金校区、南京邮电大学锁金校区、江苏省情报所、江苏省生产力促进中心、南京火车站、南京国展中心等70多家重点单位。

【经济发展】 深入学习贯彻党中央提出的“疫情要防住、经济要稳住、发展要安全”战略部署，统筹疫情防控与经济社会发展各项工作，服务企业发展，经济指标任务有序推进。全年完成税收3.15亿元；截至三季度，地区生产总值同比增幅1.2%；规模以上服务业同比增幅50.7%；限额以上社会零售品销售总额同比增幅30.6%；限额以上贸易业销售额同比增幅10.3%；劳动工资参与核算增幅8.9%。截至11月底，高新技术企业指标10家（复审6家、净增4家），完成11家（复审6家、净增5家）；科技型小企业指标70家，通过认定72家。全年推荐申报国家级人才计划3人、市创新型企业家培育计划1人、市级高层次创业创新人才计划1人，入选区级高层次创业创新人才计划2人。年度技术合同成交额完成7.63亿元，完成目标进度109%。钟山风景名胜区旅游服务中心正式开街运营、中铁二十四局江苏大厦和高力六角商业广场竣工。新庄立交地下过街通道、江苏电信实业办公楼和新世纪大酒店附属楼项目进展顺利。

【民生服务】 常态化推进防疫工作。严格落实落细各项防疫举措，累计核查数据148800条，管理中高风险返宁人员7015人、密接相关人员875人、入境人员150人；累计居家管理6140人，转运1900人进行集中隔离。组织开展数十轮全员核酸检测和常态化重点人群核酸检测。率先在全市、全区完成全人群口径疫苗接种80%的任务，60周岁以上老人疫苗首剂接种率达85%。成立爱国卫生组织309家，培训合格健康生活指导员19人，完成申报健康社区2家、健康家庭12户、健康市民23人。多元化落实救助帮扶。做好在册84户，120人的低保群体救助工作，保障经费140余万元；累计发放残疾人“两项”补贴122万余元。援助协会累计救助60户，发放救助金额59460元；累计发放帮扶、救助、慰问资金367.8万余元；实现独生子女特扶人员保险全覆盖，发放残疾辅具68件，助残物资21件，居家托养42名残疾人等。召开残联第七次代表大会，完成残联换届工作。开展“国学夏令营”“锁金有戏·戏剧夏令营”“我是劳动小能手”等特色夏令营，每周六为困境青少年开展公益托管。深化双拥工作格局。开展“同心共筑强国梦，国防教育进锁金”国防教育系列活动，组建国防教育志愿者队伍。拍摄宣传视频《退役不褪色 建功新时代——锁金村街道退役军人风采纪实》。集中力量办理退役军人优待证。全年各类抚恤补助金、慰问金准确发放率100%。不断优化退役军人阵地，累计接待省市区各级领导、各类群体3000余人参观交流。在全省退役军人服务中心主任培训会上作为示范点进行推介。顺利通过全国退役军人服务站的视频调度。优化社会事务服务。全年共举办6场失业人员招聘培训会，累计发布空岗信息2180条。医保续费征缴完成9683人，走访195家企业，净增380人参保，完成市级“15分钟医保服务圈”的创建。定期对建筑工地农民工工资支付情况进行专项检查，受理劳动监察投诉案件96起。为46位老人的家庭进行适老化改造，发放尊老金33787人次、201万余元，新增政府购买居家服务的老人515位。督促乐惠居养老综合体的运营，积极争创AAAAA级养老综合体。完成“生肖书局”项目，打造街道文化新的打卡点。挖掘特色亮点资源，擦亮民生服务品牌。街道一楼服务大厅新建“梧桐语城市客厅”，为居民提供休息、交流、学习的场所。打造省级示范点街道未保站，增设副站“丁阿姨工作室”“戏剧教育工作室”和活动室。完成“居民生态文化广场”建设，引入光伏系统、生态循环系统，升级硬件设施，争创示范型“城市口袋公园”。围绕“志愿锁金”“社工成长护航”等品牌建设，打造为民服务立体空间，均取得了较好成绩。

【城建城管】 城市宜居品质不断提升。完成板仓街9号、和平大沟小区改造和玄武区紫玄巷道路整治工程；推进改造岗子村63号3~4幢小区；配合市城建集团、区房产局等单位开展新庄地下通道南林大地块征收工作；推动锁金六村假三层项目，配合相关单位做好方案设计、工作细则制定等工作，对异地安置方案做前期入户调查工作。城市治理水平不断提高。坚持“服务融入管理、管理突出服务”的方针，增加夜间执法力量，重点针对倚门出摊、占道经营、渣土裸露运输、户外广告、卫生死角等城市乱象进行强力整治；加大违建管控，共拆除违法建设19处、面积2697平方米，拆除存量违建18处、2691平方米，拆除新增违建1处、6平方米；推进十三中地下停车场建设，完成目标任务5家12个共享车位，加大支路街巷违停贴单执法力度，共开具违停告知单7593件；规范综合行政执法局建设，以赋权执法为中心，深度融合街道综合执法队伍、2个领域派驻执法队伍和三类辅助执法队伍，搭建“1+2+3”队伍架构，正确行使街道相对集中行政处罚权，共处理简易案件228件，处罚13200元，一般案件5件，处罚500元；做好城市治理长效考核工作，充分发挥“数字城管”作用，菜单任务整改率达100%；完善垃圾分类收运体系，共计产生厨余垃圾2181.46吨，低附加值可回收物715吨，完成4个省级垃圾分类达标小区建设，对3个B类小区以及1个C类小区开展“争优除差”工作。城市环境质量不断改善。全面做好第二轮中央生态环境保护督察迎查工作，推进全年餐饮整治目标任务，完成45家餐饮规范整治，超额完成15家，完成27家餐饮高效整治；强化水务动态监管，配合水务局完成排水达标区锁金片区创建任务；扎实推进食品安全建设，完善街道食品安全工作组织架构，每月开展2次食品安全宣传活动。物业服务品质不断改进。规范物业管理服务，加强行业监督管理，协助业主自治组织成立、换届改选及监管物业企业工作，做好街道物业服务中心管理的各物业项目与城建集团百子物业项目移交和接管；发挥“红色物业”引领作用，推进老旧小区党建引领物业管理服务工作示范点打造工作，推行社区“两委”与物业服务企业、业委会交叉任职制，共同当好“红色管家”；完成老旧小区加装电梯4台。

【平安法治】 深入贯彻落实区委、区政府关于平安建设和围绕冬奥会、冬残奥会、全国“两会”、中共二十大营造安全稳定的决策部署，严格落实综合治理领导责任制和目标管理责任制，安全生产基础不断夯实。推动全区第一个街道消委办实体化运作；开展老旧小区消防隐患大排查工作，排查楼栋单元1245个，整治隐患439个；加强消防设施安装使用，利用技防提高消防应对能力；常态化开展燃气安全专项检查，完成11家“瓶改管”工作；对街道范围内681幢既有建筑和自建房70幢进行排查。强化工作责任，完善网格化、信息化管理手段，夯实维护社会稳定的基层基础，努力建设人民群众更加满意的平安社区。组织开展“信访突出问题攻坚化解年”行动。在全国“两会”、冬奥会、冬残奥会、中共二十大会议等重大活动期间，全力排查化解地区矛盾纠纷和信访疑难杂症问题，做好各类重点人员稳控。开展“第二届民法典宣传月”、《中华人民共和国反有组织犯罪法》、新修订的《信访工作条例》、禁毒、国家安全等宣传活动。开展“文明南京　温暖新春”志愿服务关爱行动与平安志愿服务工作。联合铁路公安部门，开展铁路护路联防联控宣传教育与铁路沿线巡逻，确保重要节日和重大活动期间辖区铁路平稳有序地运行。落实《玄武区群租房安全管理“清患安居”行动实施意见》，开展群租房安全整治工作。全力推进技防、物防进社区工作，有效压降案件的发生。全年辖区受理矛盾纠纷744件，化解744件，化解率100%，辖区没有发生重、特大矛盾纠纷和“民转刑”案件。群众安全感满意度测评达100%，位于全区前列。

3月3日，玄武区2022年学雷锋志愿服务集中行动暨志愿服务展示交流活动

（锁金村街道　供图）

【基层党建】　思想理论教育入脑入心。深化新时代党的创新理论武装，巩固党史学习教育成果，开展理论宣讲活动200余场。街道“冬奥之约　中国之诺　一起向未来”项目入选“我是冬训主讲人”优秀视频，获省委宣传部、组织部及市委宣传部通报表扬。深入学习宣传贯彻中共二十大精神，街道领导班子带头学、带头宣讲，街道各部、各社区党委跟进学，通过集中授课、专题学习、分组讨论、送学上门，全方位调动党员的学习热情。结合“我为群众办实事”，党工委书记带领班子成员下沉社区联系群众、为民办事，将学习成效转为干事创业的强大动力。基层党组织建设合力增强。圆满完成“到进访”，441名区街干部、社工和党员骨干参与，走访12176户、28002人，收集群众困难诉求95个、意见建议152条，解决风险隐患22个。抓好街道书记项目“网格大支部治理共同体建设”，以大联动为机制，建立网格行动党支部；以为民服务为宗旨，推动19个服务项目融入网格；以高素质为目标，形成700余人“专职+兼职”的网格力量。完成市委专项巡察反馈意见整改，街道牵头的1个问题整改到位。锻造坚强组织，配齐空缺科级干部5人，晋升一级主任科员2人、三级主任科员1人、四级主任科员2人，1名优秀社区党委书记纳入事业编制管理。举办新时代基层干部主题培训班，参训200余人，课时达11个半天。伊宁市解放路街道党工委到街道交流基层党建工作，举办书记论坛，共话友情、共谋发展。推动“两新”党建，走访300余家企业，组织“两新”党务培训，打造中央门商圈南京商厦党建阵地，调研26家新业态企业、站点和130余名新就业群体，建成6个“宁小蜂”驿站。湖景花园银城物业成功创建党建引领物业管理服务工作省级示范点。党员模范带头作用见行见效。科学应对南林一村疫情，50余名党员干部成立防疫专班和党员先锋队，投入中风险区域防控，确保秩序平稳、服务到位。“12345变身表扬信　锁金村街道‘二个一’工作法赋能社区防疫”案例被市委组织部在“宁学通”上宣传。发挥党建引领为民服务功能，完成45个社区为民办实事项目，锁四社区获评全国综合减灾示范社区，开展文化活动、展览251场、新时代文明实践活动500余场、全民阅读活动70余场，服务人次超20万人次。拓展集成改革成果，“12345”政务热线考评工作连续三年排名全区第一。深化“同城共筑”，结合“共学攻坚6040”，市委市级机关工委与锁一社区打造“畅通三个循环　构建基层应急治理体系”，成为全市首批重

点培育项目。创新社区"一网统管"平台功能，率先打造"韧性社区"，打通区、街道、社区、网格四级指挥调度体系，在城市运行监测、典范城市创建、疫情防控中发挥作用。

【人大工作】 春节前期，人大街道工委组织人大代表开展春节送温暖活动，共募捐米、油、口罩、慰问金等共计6万余元。3月，在区人大的号召和人大街道工委组织下，宗庆华、朱雪强、周艳等人大代表共捐助2万余元抗疫物资，发动140多名志愿者投身抗疫一线，助力疫情防控。圆满召开锁金村街道第一届议政代表会成立大会暨第一次会议，会议听取并讨论《锁金村街道办事处2022年上半年工作报告和下半年主要工作任务》、听取并通过了议政会议事规则(草案)、议政代表意见建议的提出和办理办法(草案)、街道议政代表会民生实事项目会商票选办法(草案)。大会情况被南京电视台、《南京晨报》等多家媒体报道。12月，根据区人大常委会关于社区"人大代表工作室"建设的工作要求，人大街道工委完成锁三社区人大代表工作室建设，并配合南京林业大学共同探索打造完成林苑人大代表专业工作室。

·社　　区·

【锁一社区】 成立于20世纪80年代，位于玄武湖东部，紫金山北，占地面积为0.27平方千米。有户籍数2246户，总人口6251人，常住户2614户，总人口6508人。有居民楼栋84个。社区办公地址位于锁金村7号8幢。2022年，锁一社区党委以"同城共筑"为契机，在"幸福心航——社区治理共同体"党建特色品牌引领下，创新工作法，始终坚持以人民中心，着力解决群众的操心事、烦心事、揪心事，依托驻区资源，通过社区大党委融合社会力量，发动党员群众积极主动参与社区治理。构筑多元学习载体，推动理论教育走深走实。组织在"心航客厅"红船微课堂举办党建论坛活动，举办"喜迎二十大，中秋话团圆"活动；与玄武湖假日酒店共建开展"端午共安康，粽香邻里情"包粽子比赛；录制玄武区冬训主讲人视频《如何理解绿水青山就是金山银山的理念》，通过"玄武发布"平台，转发1440次，收藏点赞2335人次，68条积极评论；联合南京旅游有限公司党总支、南京工业大学外国语言文学学院党委、南京师范大学红旗宣讲团等资源，开展"社区大党委　共建爱心林""学习献礼二十大　强国有我新征程""坚定跟党走　奋进新时代　喜迎二十大"等主题活动；与省生产力促进中心联办碳达峰、碳中和科普教育进社区活动。以"坚持不懈当好三个务必答卷人　创造新的更大伟业"为题，开展"书记上党课"，全年开展理论宣讲、召开专题学习会、上党课等共计15次。开展"情系老党员　书籍送上门"的主题活动。在紫金联合立方重点人员核酸检测现场、科技广场检测点现场，社区党员亮身份、做表率，确保核酸检测有序开展。落实"共学攻坚6040"行动，锁一社区与市委市级机关工委，构建"应急治理共同体"，探索形成韧性社区"锁金样板"。近年来，社区获得全国创建无邪教示范社区、江苏省民主法治示范社区、南京市文明社区、南京市人防先进社区、玄武区平安社区、玄武区民族工作示范社区、玄武区先进基层党组织、玄武区"群众满意窗口"、玄武区坚持发展"枫桥经验"示范社区、玄武区"优秀志愿服务社区"等称号。

【锁二社区】 东延锁金中路，南临锁金南路，西接情侣园，北靠锁金北路。社区始建于20世纪80年代初期，是南京市最早规划建设小区的一部分，由原锁金一村、锁金二村、南京邮电大学家属区和盛世华庭小区组成，辖区内有江苏省科技情报所、江苏省金思维信息技术有限公司、金陵之星大酒店等单位。社区占地面积达9万平方米，共有住宅楼35幢，其中，高层住宅楼3幢，多层住宅楼32幢，总户数为1735户，常住人口为4000余人。社区开展支部书记上党课、利用"三会一课""冬训""学习强国"等平台深入学习贯彻习近平新时代中国特色社会主义思想和中共二十大精神。坚持提升社区治理能力，以"红色合伙人"为书记项目，吸纳辖区单位、物业、公益组织、社会团体、党员志愿者等共建主体作为"红色合伙人”。联合区关工委、妇联、社教等部门积极打造“三全”家庭教育，营造“推门可见、社区可感、家家参与”的社区家庭教育氛围。完成南京市妇女儿童友好空间创建工作。完成锁金一村、盛世华庭业委会换届选举工作。持续推进新时代文明实践站建设，将其作为加强基层思想政治工作及精神文明建设的重要载体，不断丰富居民的精神文化生活，切实打通宣传、教育、关心和服务群众的“最后一公里”。充分发挥党组织的作用，社区党团员积极响应号召，101名中共党员和50名“00后”团员青年志愿者参与到每次的核酸检测、卡口值班中，以实际行动践行“我为群众办实事”活动。

【锁三社区】 东靠林产化学工业研究所，南临锁金北路，西倚龙蟠路和新庄立交桥，北接312国道。社区分为锁金三村、锁金村80号、南林一村和南林二村4个院落。辖区面积约1.6平方千米，总户数2916户，人口约6150人。社区办公地址位于锁金三村14幢旁。辖区内有南京林业大学、玄武区军队干部休养一所、南京市政工程管理处、金卡大厦和锁金幼儿园等单位。社区有9个网格，建立9个网格微信群，提供网格治理微服务，实现“小事不出网格、大事不出社区、为民服务零距离”。社区完成为民服务项目8个，其中为锁金三村、锁金村80号小区的进出口、车棚等公共区域都安装监控设备，对锁金村80号小区楼幢单元楼道进行粉刷出新，营造了一个干净、整洁的小区生活环境。2022年，锁三社区积极发挥区域化党建联盟作用，联合玄武区委编办、南京市城乡建设行政执法总队、南京市城建中等专业学校等单位，以党委为“圆心”，构建服务网格，围着“圆心”同向凝聚、同轴运转，为居民构建起一个零距离的“服务共同体”。各联盟单位利用各自资源在“3·5”学雷锋日集中开展广场志愿服务活动，大力支持社区防疫志愿工作；区人大代表为社区活动室捐赠空调、在传统节日慰问困难居民，参加社区“统一行动日”活动；锁三社区党群服务中心完成升级改造，设置了书记工作室、便民服务站、活动宣传展示等多个功能区，成为了凝聚党心民心、服务党员群众的主阵地。同时，锁三社区依托新时代文明实践站五大平台，以“服务为民”为导向，大力开展帮扶弱势群体、应急救援、便民服务等志愿服务活动，丰富了社区居民生活，提升了居民满意度和幸福感，社区工作在“学习强国”“紫金山”《南京晨报》等媒体进行宣传，在社会上取得良好反响。

【锁四社区】 建成于20世纪80年代初，东至锁金东路，南至锁金南路，西至锁金中路，北到锁金北路，辖区面积约88500平方米，属典型的老旧小区。社区总户数1414户，常住人口3175余人，60岁以上的老人约1326人，占总人口37%，80岁以上老人329人，空巢老人92人，独居老人37人。社区居民主要由金陵石化、轻工机械、医药公司、国网电力等单位的退休人员组成。辖区单位有南京第十三中学锁金分校、郭家大院餐饮企业等。社区办公地点位于锁金四村12栋旁，社区党群中心用房面积490平方米，专职社工8名，居民小组35个。社区党委下设5个党支部，有中共党员205人。2022年，社区党委将“到进访”与“我为群众办实事”活动相结合，为民办实事项目由支部书记牵头，“两委”班子、网格员摸排选点、征集意见诉求，帮助解决了休闲椅安装、落水管更换、树木修剪、车棚改造等一系列问题，打通服务群众“最后一米”。社区党委以网格党支部为依托，成立“心廉”防疫志愿服务队伍，社区党员主动请缨转战“疫”线，纷纷扛起小区卡口“守门员”、独居老人“快递员”、核酸检测“记录员”的责任。推动支部书记领办网格项目，做到每个支部有项目，每个项目有特色，其中第四网格党支部试点推行“红色积分”，从人居环境、示范引领、志愿服务、建言献策、文明风尚等多维度制定评分积分细则。设置“12345”便民接待点，每周一到周五“两委”班子成员轮班接待模式。依托新时代文明实践站，吸纳社区党员、辖区大专院校学生，成立红色能量汇志愿者服务队。与十三中锁金分校、水务集团站库管理所等大党委单位及玄武区城管局机关党支部、中鼎养老等共建单位联合，开展与社会服务相结合的义务志愿服务。社区以全国示范性老年友好型社区为契机，设计并总结了“12345”工作法，以构建和谐平安社区为主线，创建全国综合减灾示范社区工作顺利通过国家级验收。

【锁五社区】 东与玄武湖街道相邻，南至宁栖路，西以锁金东路与锁四、锁三社区相邻，北至南京林业大学。社区面积0.6平方千米，人口约4612人。社区办公面积450平方米，地址位于锁金五村4号。社区有锁金五村南院小区、北院小区、翠岭居、板仓街130号、板仓街78号、锁金村200号、林化所7个院落。辖区内有南师大玄武科技园、锁金二小、中国林产化工研究所、江苏省军区第十离休干部休养所等百余家单位。整合联盟资源。2022年，社区组织党建联盟单位开展共建活动20余次，与结对单位区委宣传部开展共建活动40余次。自2022年3月玄武区启动大规模核酸检测以来，辖区南师大科技园点位设置6个核酸采样台，锁五社区独自承担科技园核酸采集点的运作，仅全员大规模核酸检测组织18轮，检测超18万人次，共计1700余人次党群志愿者参与保障。由30多名社区党员、志愿者骨干组成的锁五社区“金手杖”党建先锋联盟，不仅积极在疫情防控、文明创建、为老服务、安全巡查等工作中发挥作用，每名成员还结对2～3名独居、孤寡老人提供为老服务，“金手杖”党建先锋联盟获得了2021年度玄武区优秀志愿组织的荣誉。深化“同城共筑”。充分发挥社区“大党委”牵头引领作用，推动辖区单位积极参与、深度融入基层治理。全年开展各类“同城共筑”共建活动20余次。用心用情开展好集中走访工作，共走访1474户。与党建联盟单位及栖霞区迈皋桥街道南塑社区深入开展“双结对，双促进”工作，双方共同学习交流。用心用情服务。全年开展多次居民喜闻乐见的节日类、教育类、文体类活动。统筹辖区资源举办“萌娃进军营”“童心向党”“夕课堂”等特色活动。支持志愿活动、社会组织开展各类公益活动。引导居民自治，召开居民议事会60余次。为3个小区安装了公共晒衣架，为2个小区电动车棚安装消防喷淋，为五村南院小区更换了监控设备等。打造基层宣传矩阵。以老年人为重点目标、面向全体居民，与区委宣传部合作打造基层社区理论学习“夕课堂”，组织前往红色文化教育基地参观学习，开展“喜迎二十大”等主题教育宣讲，组织“送课程、送讲师、送书本”活动，补全“老龄化社会”中的宣传版图。建立“兵支书”工作室，以退役军人锁五社区第五网格党支部书记为中心，搭建党群联系服务平台，重点开展民主议事、志愿服务、民情恳谈、走访慰问等活动，全年收集民意50余条，协助化解矛盾纠纷20余起，促进社会和谐稳定发展。

【新庄社区】 成立于20世纪80年代，2007年4月由韶山路社区和新庄社区合并而成。东靠紫溪湖桥，南临玄武湖，西倚白宫大酒店，北接红山铁道桥。社区占地面积为41500平方米，户籍数4073户、总人口9152人，常住户3412户、总人口7536人，其中，低保户57户、优抚对象3人、60周岁以上的老年人口1308人，居民小组80个。小区绿地面积24600平方米，占社区总面积的32%，人均占有绿地约6.5平方米。社区有社工15人，新建有近千平方米的“新庄社区党群服务中心”。社区规模以上单位有园林实业总公司、铁路办事处、中铁24局、新世纪大酒店、南京火车站、邮政枢纽、曙光国际大酒店、军转站、南京商厦等十多家企事业单位，300余户五小行业。2022年，社区党委深入学习贯彻习近平新时代中国特色社会主义思想，开展各类党员学习活动15次。创新学习载体，用活线上学习阵地，立足“学习强国”、青年大学习、幸福锁金智慧党建微信公众号等平台，发动广大党员干部积极参与线上学习活动，坚定理想信念。开展党务工作突出问题对照检查自查行动，并及时整改完成。全年发展党员1人，预备党员转正1人。健全基层治理。按照“社区大党委+网格党支部+楼栋党小组+党员单元长”四级组织架构，推选56名“红色楼栋长”，颁发聘用证书，建立健全治理网格微信群，夯实基层党组织建设“最后一百米”。扎实开展“到进访”工作，建立社区“大党委”联席会议制度，运用“诉求居民提、事项代表议、草案社区拟、方案党委审、实施居民决”的五步协商法，定期组织群众代表召开座谈会、听证会、恳谈会等处理社区事务。持续关注居民门前屋后的点滴事，着力解决居民“微诉求”，利用为民办实事资金在韶山路102号增设太阳能照明灯、在新庄花园增设乒乓球桌、粉刷小区楼道等。依托“议事微客厅”协调解决各类矛盾诉求70余件。提升社区工作执行力。积极参与文明典范城市创建，确保社区网格社工、小区物业、小区志愿者力量在创建工作中落地执行到位。积极参与疫情防控，确保稳定有序，社区共完成宁博疫各类核查数据14万余条，日均核查量近500条。全年保障核酸点位275天，动员志愿者共计7575人次、居家管控人员共1125人次，为辖区200余家企业，提供了疫情防控指导、处置及其他服务。

【紫鑫城社区】 东靠紫金山，西临玄武湖，南面毗邻白马公园与北安门大街，北接宁栖路，辖区面积约1平方千米。社区户籍数2365户，常住户5363户，总人口5751人，居民楼栋78个。社区办公地址位于岗子村63号12幢旁。辖区内有南京电影机械厂、玄武区金融园、白马商务楼、白马公园、紫金山索道等单位。社区党委坚持用习近平新时代中国特色社会主义思想凝心铸魂，全面推进党建全域提升行动。形成“社区党委—党支部—网格—楼栋”四级组织体系，构建起大党建引领下共治共为共享的社区治理共同体。抓实党史学习教育常态化。采取原文学习、集中收看“党的二十大开幕式”、座谈研讨交流、宣讲团讲党课、观看爱国主义影片、送学上门等方式学习宣传贯彻中共二十大精神。用好“学习强国”学习平台，党员参与学习率高达90%。依托党建“庭院”阵地，在板仓街9号小区打造“支部庭院”，开展“庭院活动”13次，志愿服务500余人次，调解家庭、邻里矛盾纠纷23起，解决民生问题85个。发动党员志愿者开展专项环境整治等志愿活动，夯实文明城市创建成果。疫情防控期间，设立疫情防控先锋示范岗。依托新时代文明实践站，组建社区“紫荆花开舞蹈队”“邻里互助队”，举办首届“党徽在庭院闪耀”文化艺术节。精心服务群众解难题。社区开展环境保护、安全生产、就业指导、宣传教育、文体娱乐等宣传，其中“冰墩墩雪人”“爱心厨房”受到市级媒体多次报道。联合社区民警及志愿者接送有需求的老人前往街道卫生服务中心接种疫苗，打通接种疫苗的“最后一公里”。支部年轻党员捐献“小区爱心共享药箱”、十几天如一日为确诊阳性无法外出孤寡老人送“爱心餐”。联合南京市红十字会第二支部开展支部共建慰问困难党员活动；联合渤海银行、社区民警开展电信防诈骗活动。与8家共建单位签署“党建特色”项目。联合市级机关工委将白马山庄小区监控系统升级换代，37个监控摄像头全部安装到位，得到小区居民一致好评。2022年，板仓街9号紫鑫城小区被评为南京市“生活垃圾分类优质小区”。

孝陵卫街道

·街道工作·

【概况】 孝陵卫街道东起顾家营与栖霞区相接，西至中山门与秦淮区相连，南至沧波门外秦淮河与江宁区接壤，北至紫金山分水岭与玄武湖街道相连，毗邻国家AAAAA级景区钟山风景名胜区。沪宁、宁杭、绕城等高速路网及地铁2号线穿境而过，交通四通八达。域内面积约27.47平方千米，社区有小卫街、孝陵卫、铁匠营、康定里、盛和家园、晏公庙、钟灵街、农科院、理工大、南农大、银城东苑11个社区居民委员会，人口约16万人，其中，在校大学生4.39万人，常住人口约13.56万人，户籍人口8.8万人。辖区内有南京理工大学、南京农业大学、南京体育学院、南京农业机械化研究所、江苏省农科院、江苏省地震局、中山陵园管理局、中山植物园、南京汇通达网络有限公司、南京国际会议大酒店、东郊国宾馆等高等院校、科研院所和企事业单位计50余家。2022年是中共二十大召开之年，街道坚持以习近平新时代中国特色社会主义思想为指导，以迎接中共二十大胜利召开和学习贯彻中共二十大精神为主线，守牢稳定底线、增进民生福祉、攻坚环境提升、稳定经济发展。街道获2022年全省“扫黄打非”先进集体、2022年度市扛起“争当表率、争做示范、走在前列”三大光荣使命先进集体。

【经济发展】 2022年，街道牢牢扭住经济内核，全年人均可支配收入、人均生活消费支出、社零、固投等指标实现大幅增长，新增高新技术企业7家，完成科技型中小企业认定79家。7个区级重大项目均达超序时进度，完成投资4.62亿元，超额完成全年投资计划，其中双拜巷地块挂牌出让，刷新玄武土地上市速度。统筹紫金山南麓文化旅游与商业配套资源，成功举办“欢GO孝陵卫无疫肆出彩”建设“国际消费中心城市中心区紫南核心街区”活动，抢抓“五一”“端午”“国庆”等节点，放大7家首店品牌效应，累计开展各类消费优惠活动100余场次，打造消费新场景100个。加快低效载体、产业园区优化升级，出台党工委委员联系企业“包保”制度、中山门大街科技创新集聚区政策措施，发挥钟山农业创新发展联盟资源优势，推动生物育种钟山实验室项目前期运作，助力汇通达港股成功上市，培育江苏三创商贸有限公司、江苏居家运通商贸有限公司2家企业入选市民营百强企业。

【城建城管】 以城市治理为“切入点”，推动区域环境改善，稳步推进小卫街229号、钟灵街48号小区整治改造，盛和家园南区北侧绿地改造工程和20部既有住宅增设电梯项目施工，紧前开展罗汉巷、铁匠营道路综合整治，樱花苑小区外墙渗漏治理，高标准完成科利华中学紫金分校和南理工科创园城市管理标准化示范单位检查验收。开展重难点问题攻坚，系统整治了孝陵卫49号地库长期浸泡、罗汉巷部分违建拆除等老大难问题。开展中央环保督察问题整改销号工作，完成晏公庙新村、晏公庙西村、罗汉巷片区环境综合整治可行性研究，并纳入2023年城建项目。持续开展空气尾气治理、油烟扰民集中整治、VOCs污染源治理等系列专项治理行动。为30个老旧小区引进区属国企百子物业，高标准打造“双拜新苑”系统性综合化标杆样本小区，并成功入选省级宜居示范居住区。

4月29日，孝陵卫街道举办“欢GO孝陵卫无疫肆出彩”建设“国际消费中心城市中心区紫南核心街区”活动 （孝陵卫街道　供图）

【民生服务】 积极依托议政代表团、居民议事会等感知民意、共享成果，全年走访居民3万余户、收集建议500余条，推进民生实事65个，完成为民服务项目80个。持续巩固“敲门大姐”“守望钟山”“宝藏老男孩”等民生项目，打造“红色钟灵”“卫民服务　敬业爱岗”等新生为民品牌。积极发挥网格支部、党员楼栋长，在特殊困难群体救助帮扶、妇女儿童权益保障等专项行动中的兜底保障作用，跟踪帮扶36户困难群体，落实辖区严重精神障碍患者以奖代补政策。聚焦“一老一小”，定期对174户重点空巢独居老人照料走访，为1969名老人提供每月上门服务，协调做好2名儿童监护代养、落户入学及关心关爱工作。

【平安法治】 街道依托统筹发展和安全“大走访、大排查、大攻坚”等专项行动，有效将哨点嵌入进网格、矛盾调处在一线、风险化解在基层。着力打造新时代“枫桥经验”孝陵卫样板，创新

"访调对接",积极"搭台组局",全年累计接访、走访500余人次,配合重点涉稳专班,攻坚化解1件2人次信访案件,稳妥处置多起涉及教育、经济等突发群众事件,有力压缩进京越级访,保障中共二十大顺利召开。街道"五个一"信访工作机制、"三位一体"信访接待矩阵等创新做法,被新华社内参、国家信访局内刊专题报道,受到市委主要领导批示肯定。

6月30日,宁小蜂驿站揭牌暨聚新行动启动仪式　（孝陵卫街道　供图）

【基层党建】　紧扣学习宣传贯彻中共二十大精神,坚持班子带头、支部紧跟、党员覆盖,组织中心组理论学习23场,开展群众性主题教育活动、廉政教育等集中学习50余场。深化"行走的党课"等理论宣讲品牌,打造"党员冬训E+"线上理论专栏。抓实头雁培优,采取社区内"选"、社区间"调"、挂钩下"派"等方式,做实结对成长、考核测评、多岗历练等"选育管用"措施,激励培养2名省"千名领先"社区书记分别考录公务员、纳入事业编制。立足规模拆分、网格覆盖,优化了社区布局,将铁匠营社区拆分重组,新增卫岗、钟山花园城2个社区,对99个居民网格和6个专属网格配额调整,增设4个网格党支部,同时针对性配强中山陵专属网格力量,有效覆盖了景区内治理盲区。着力强化党群服务中心建设,完成街道新办公用房产权办理,钟灵街、康定里、卫岗3个社区党群阵地实现提档升级,用足用活"钟山幸福站""红领1928"等特色党建载体,推动玄武首个"宁小蜂"驿站率先投入使用。

【疫情防控】　坚决落实"疫情要防住、经济要稳住、发展要安全"重大要求,组建10余支党员先锋队、上千余党员骨干靠前作战、担当作为,稳妥完成钟山花园城小区、康定里小区、理工大小区、亚朵酒店等9个区域临时封控管理工作,累计排查风险地区旅居史数据33万余人,落实境外、中高风险来宁等风险人员集中隔离5632人,居家管理2308人,受理苏康码转码1.9万余人,累计门磁安装962枚。组织开展90轮规模性核酸检测,共检测近360万人次,延长60岁以上老人新冠疫苗接种服务链,织密场所码覆盖网,构筑起疫情防控的坚实屏障。

【安全生产】　围绕"网格+责任体系""一次上门、全面会诊""执法+普法"等综合执法改革新模式,按照定人定岗与机动巡查相结合的方式,推动罗汉巷中央环保督查整改、安乐堂重大隐患点管控、晏公庙拆违拆破等难点事项整改。全年排查自建房52.3万余平方米,启动钟山花园城消防管网隐患整改,推进135部电梯智能梯控系统安装,完成省挂牌安全隐患点南京百江燃气孝陵卫供应站搬迁,辖区火灾起数同比压降29.2%,未发生安全生产亡人事故,实现安全隐患对账销号、动态清零。

·社　区·

【钟灵街社区】　东至马群南路,西至韦陀巷,南至沪蓉高速,北至紫金山东路,社区面积约1.5平方千米。居委会下设宏图上逸园、五矿晏山居、紫金华府、钟秀嘉园等7个小区,社区户数4632户,常住人口9308人,社区工作人员9名、中共党员247人。辖区内包含佳源广场大型商业街区以及南京农业机械化研究所、宏腾公司等单位。2022年新改造的社区党群服务中心位于玄武区柳营村100号,占地

790平方米，分为2层，是集教育、服务、管理、休闲为一体的社区客厅，在此基础上，社区党委与南机所家委会签订党建共建协议，共享800平方米党建活动阵地，进一步提升服务质效。社区党委依托党建联盟资源，在社区、佳源广场分别建设宁小蜂驿站。驿站建设以来共开展座谈3次、送温暖活动3场、累计服务新就业群体200余人次，切实将党建工作覆盖到新业态、新就业领域，营造全社会共同参与治理的良好氛围。全年社区共排查宁博疫数据47800余条，管理境外返宁人员140人，服务居家隔离、健康监测人员423人，积极动员60岁以上老人接种新冠疫苗。保障区域性核酸97轮，发动南京农业机械化研究所、宏腾公司、亚朵酒店、海底捞餐饮等10余家单位与107名党员、居民志愿者参与核酸检测扫码登记、秩序维护等工作，筑起社区防控的坚强堡垒。2022年，社区开展青少年素质拓展、知识讲座、文化节庆、颐养钟灵等新时代文明实践活动30余场，组织文明劝导、河道巡查、走访慰问、矛盾调解、楼道清理等党员义工活动300余人次，弘扬社区文明新风尚，传播社区发展正能量。

【银城东苑社区】 2007年10月成立，2022年7月经区划调整，辖区范围东起胜利村北路，南至紫金东路，西至东苑路，北至后标营南路。社区面积约0.31平方千米，有菱香园、东篱园、毓秀园、望山园、揽翠园、西华园、紫荆园、胜利村路50号和长巷200号共计8个综合网格，有居民3746户，常住人口8339余人，下设6个党支部，中共党员353人。社区内有南京理工大学附属中学、银城双语幼儿园等学校。2022年，银城东苑社区将学习教育和社区重点工作有机结合，带着党员们深入学习中共二十大精神，党史学习进百家、掀起老中青齐参与的热潮。积极组织志愿者服务活动，70名志愿者协助完成胜利村路4号核酸检测点3600小时全民核酸检测工作。10月26—28日，银城东苑5号楼3天临时封控期间，在区街指导下，全体社工及志愿者们按时按质按效完成5号楼36户113人居家隔离的管理及生活保障工作。

【卫岗社区】 2022年5月成立。社区坐落在风景优美的紫金山南麓，东至南京农业大学，南至翰苑大厦，西至秦淮区苜卫路，北至中山门大街，总面积约0.39平方千米，共有3820户（其中中山陵片区拆迁780户），常住人口10791，72幢楼宇，221个单元。社区教育资源丰富，文化积淀深厚，有江苏省地震局、南京市歌舞团、中石化物探研究院、南理工科创园等单位。社区办公地址位于南京市玄武区童卫路5号南理工科创园1号楼园区内，办公用房面积600平方米，专职社工9人。社区党委下设党支部5个，有中共党员254人。以满足人民日益增长的美好生活需要为目标，社区党委充分发挥党组织的领导核心作用，促进自我管理、自我服务、自我教育、自我监督，全心全意创建学习型、创新型、和谐型社区。本着“资源共享、优势互补、文明共建、共同发展”的原则，社区根据辖区内单位自身优势开展志愿活动，与南京市市场局监督管理局联合开展学雷锋活动，与南京基准地震台联学联建开展地震知识普及活动。2022年，创新活动品牌，开展了“青梅小筑手”“小小少年”“守护美丽家园”等活动，持续深耕“守望钟山志愿者服务队”活动品牌，志愿服务队由社区党员、热心群众组成，充分发挥机关单位的政治、组织优势，在治安巡逻、关心下一代、扶贫帮困等领域发挥重要作用，“守望钟山——宝藏老男孩志愿服务队”在2022年疫情防控工作中发挥了先锋模范作用。依托党员活动室、法制宣传栏、法律服务站等服务阵地，合理利用党建为民专项资金，社区2022年完成了“党建引领促发展　节日活动聚人心”“红学堂”“党建聚合力红色议事厅”“学艺在社区　暖心伴居民”“党建文化宣传栏”等12个项目。2022年获江苏省红旗团支部荣誉。

【农科院社区】 位于紫金山南麓，东邻南京农业机械化研究所，南临宁芜铁路，西至孝陵卫1号，北依森林摩尔商业街区，是城市单位型社区。社区办公地址位于钟灵街50号江苏省农业科学院内，有户数2420户，常住人口5290人，中共党员85人。

辖区内有江苏省农业科学院、汇通达网络股份有限公司等各类企事业单位和个体经营户约150多家。2022年，社区延续“花园式养老型”社区的建设总目标，完成新建老旧住宅加装电梯3部，累计加装电梯52部。顺利完成农科院住宅小区52幢楼，9万平方米综合整治工程。协调省农科院，进一步梳理新时代文明实践站服务平台，开放共享社区新时代文明实践站足球运动场、篮球运动场、网球运动场等活动场地，开放“蝴蝶馆”等场馆，开展紫藤花开广场便民服务，暖心一家亲互助项目，打造“青苗学堂”青少年活动基地。收集解决群众困难诉求37条，发现解决安全隐患12个，化解居民矛盾纠纷70余起，完成为民服务项目4个，切实提高辖区居民的幸福感、安全感和获得感。

【南农大社区】 东至龙宫路，西至童卫路，南至后标营路，北至中山门大街。辖区内有大单位一所——南京农业大学，辖区面积约5.4万平方米，辖区南农师生6000余户，21000余人。家属区有住宅楼房46幢，1889户，常住人口4609余人。社区党总支下设2个支部，有中共党员71名。社区工作人员9人，7人为社工，2人为南农编制职工。社区办公地址位于童卫路6号南京农业大学2号门处，办公面积80平方米，设有党建服务中心、居家服务中心、新时代文明实践站等功能场所。2022年，社区依托党建为民服务专项资金及“三力”入格共建共治活动，完成了老旧小区充电车棚安装、“爱心扶手　情暖夕阳”“晾晒幸福”“科技筑梦　创新圆梦”青少年科普等项目。此外，社区聚焦“一老一小”，延伸文明实践“触角”，将周边大单位优质资源整合对接进小区，如南京博物馆、银城康养中心、广发银行、浙商银行、中华农业文明博物馆等，打造了共享共建阵地，拓展了空间，依托优质资源做实公益惠民活动。社区强化“农情卫您”巡逻队、“向阳”合唱团、“不老松”宣讲队等队伍的管理及育新。12月初，社区“向阳”合唱团参加了玄武区微创投项目，“红歌训练营”通过项目审查，丰富队伍建设，提升了居民活力。

【康定里社区】 成立于2001年，位于孝陵卫街道的西南角，东、南、西三面与秦淮区相邻，面积约0.8平方千米，由康定里小区、胜利村100号、胜利村108号、紫金南苑共4个自然小区组成，总人口10115人，户籍人口8910人，专职社工9人，其中3人取得社会工作者资格证书。社区有60研究所、深圳莲花物业、南京振华包装厂等单位。社区党委下设5个党支部，有中共党员254名。社区办公地址位于康定里小区3幢，面积450平方米，设文体活动中心、党建书吧、居民学校、多媒体室等服务场所。社区继续探索“1+6”社区治理新模式，充分发挥党建引领的核心作用，成立了“红管家”党建议事团、“时间银行”上门帮帮团等志愿者队伍，组建了以党员为主的红色业委会管委会、红色物业组织，搭建以辖区大单位为主的党建联盟、社区商会的平台，整合资源，全员参与，形成社区、企业、物业、居民互动的良好氛围，打通服务居民群众的“最后一里路”，真正实现共建共治共享的党建新格局。2022年，社区获玄武区践行“争当表率、争做模范、走在前列”先进集体、“南京市文明社区”等荣誉称号。

【理工大社区】 东至罗汉巷，南至光华路，西至友谊河，北至中山门大街，社区面积约0.36平方千米。社区办公地址位于孝陵卫200号中山小区内，共有8个住宅小区，住宅楼114幢，总户数3558户，人口9692人。社区党委下设5个党支部，中共党员215人，预备党员1人，辖区单位南京理工大学，企业、“九小”行业56家。社区党委与高校退休处签订党建共建协议，发挥资源共享优势，推动共享式党建活动阵地的建立，进一步提升优质服务；与环生学院联合打造百时奉献志愿服务基地、理工大志愿服务队等党建品牌，发挥基层治理新活力。2022年社区宁搏疫系统下发数据达43871条，其中，落实居家管理（境外）8人、居家隔离39人、居家健康监测77人、健康跟踪31人，圆满完成60岁以上老人接种新冠疫苗任务。在全员区域核酸检测期间，社区9名工作人员全力以赴日夜奋战，为强化共防共治，社区向“百时奉献志愿服务基地”发出青年志愿者招募书，40多名大学生、青年党员和居民志愿者积极参与核酸检测扫码工作，为疫情防控筑起坚强堡垒。2022年社区依托新时代文明实践站开展青少年红色教育研学、中共二十大精神宣讲、书法艺术、便民服务等30余场活动，组织安全巡查、走访慰问、矛盾调解、楼道清理等党员义工活动260余人次。联合南京理工大学后勤部建立协商机制，围绕群众关心的热点、难点问题开展协商，并通过"微改造"系列实事项目，为老旧小区新建车棚、道路修缮、垃圾清运、新增健身器材4套等数件看得见、摸得着的实事好事。社区工作人员竭尽全力办好以实际行动赢得居民群众的支持，进一步改善居住环境，不断提升辖区居民的幸福感和获得感。

【钟山花园城社区】 2022年7月成立，位于风景优美的紫金山南麓，紧邻沪宁高速连接线，北沿中山门大街，东与南京理工大学相邻，西至南京农业大学，区域面积约1.08平方千米。辖区内有博雅居、山水居、陶然居、东郊美树苑小区、东元山庄小区、樱花苑小区等10个自然小区以及小卫街218号园区、胜利村2号园区。社区办公地址位于小卫街218号园区内，办公用房面积380平方米，专职社工9人。社区总户数3287户，户籍人口3122户，常住户数7728户，总人口9989人，社区网格7个，楼宇64幢。社区党委下设8个党支部，有中共党员301名。社区有南京理工大学实验小学、南京市孝陵卫中心幼儿园、孝陵卫派出所、孝陵卫法庭等企事业单位166家。2022年，社区将学习教育和社区重点工作有机结合，积极组织志愿者服务活动，65名志愿者协助完成胜利村路4号核酸检测点3600小时全民核酸检测工作。11月19—22日，博雅居小区3天临时封控期间，全体社工及志愿者们做好整个小区680户1098人居家隔离的管理及生活保障，同时做好2幢一单元43人转运集中隔离的思想工作，保障3幢其他3个单元57户居民居家的生活物资和核酸检测需求。召集山水居业主参加5次消防整改的协调会，召开协调小卫街229号樱花园小区出新后遗留问题和小区外墙渗水等问题的协调会3次，博雅居小区成立业主委员会的协调会4次，化解基层矛盾。

【盛和家园社区】 位于孝陵卫街道最东边，东临栖霞区马群街道馨康苑社区，南至江宁区麒麟街道麒麟科创园，以百水河为界，西与秦淮区白下科技园接壤，北与江苏省农科院相连。社区面积约3.2平方千米，有2个拆迁安置房小区29幢住宅，居民4244户，常住人口6117人，户籍人口2580户、3899人，流动人口1627人。社区下设5个党支部，有中共党员179人。社区居民多为征地农民，人户分离现象突出，流动人口多，失业人员多，老年人多。辖区内有南京市第三看守所、南京长江路小学启迪分校、南京逸仙第二实验幼儿园、孝陵卫物业服务中心、九如城康养中心、金钟山汽车检测站等单位。社区办公地址马高路319号综合楼，面积1100平方米，设有文体活动中心、居家服务中心、图书阅览室、党员活动室、综合文化服务中心、道德讲堂等功能场所。2022年，社区完成疫情防控、文明典范城市创建、"村村到、户户进、人人访"等重点工作。其中在"到、进、访"活动中，共计走访2588户、6117人，收集群众困难诉求35条，发现周边风险隐患8个，收集居民意见建议18个，努力为辖区居民排忧解难：针对辖区周边公交线路少、居民公共出行难的问题，积极汇报街道主要领导，在街道党工委书记章凯高效推进协调下，将315路公交车延伸1.5千米至小区门口，方便了居民日常出行，畅通为民服务的"最后一公里"；打造小区"口袋公园""宁小蜂"驿站，为居民、新业态新就业群体提供了多处休闲娱乐、休息充电的暖心地；配合小区物业，推进盛和一期地下充电桩喷淋系统全覆盖，杜绝了地下室消防安全隐患。社区依托党建为民服务专项资金，积极打造"幸福追梦残疾人再就业培训""弘扬中国传统文化服务""绿色加油站"等项目；东门小广场亮化、党史广场、"书香盛和"阅读空间、党建长廊及社区变迁小广场等项目已投入使用；继续推进"钟山互助+"、钟山互助+党建项目，其中"钟山驿+"党建项目从成立至今已被多个媒体网站报道。社区将进一步拓展与周边社区共建广度和深度，持续深化“党建引领、党群联动、区域共建”模式，共享社区党建资源，将党员、居民群众参与社区治理创新逐步引向深入，确保基层党组织的凝聚力和战斗力，推进社区共建共治共享、规范有序的工作合力的形成。2022年，社区被评为“南京市健康社区”。

【小卫街社区】 社区于2022年7月进行区划调整，辖区位于孝陵卫街道北侧，东至柳营民国风情街、环陵路范鸿仙墓一线；西至陵园路紫金坊、琵琶湖、紫金山索道一线；南至中山门大街，北至紫金山头陀岭，辖区面积16平方千米，辖区内包含拆迁安置小区，商品房小区，部队、高校家属小区。辖区拥有1个AAAAA风景区——钟山风景区(紫金山南麓)；1所高校——南京体育学院；5个商业街区——紫金坊商业街、君临紫金商业街、钟鼎名悦商业街、森林摩尔商业街、柳营民国风情街；2个商业园区——十朝文化园、T80科技文化国际社区等。社区总户数4198户，常住人口9343人。社区办公地址铁匠营1号，办公用房面积1000余平方米，专职社工13人。小卫街社区设党委，下设7个党支部，有323名中共党员。社区设有金陵图书馆小卫街分馆、舞蹈室、多动能室、心理沙盘室和社会组织孵化中心、慈善超市、钟山先锋幸福站等功能模块。2022年，小卫街社区党委团结群众，坚守抗疫一线，圆满完成防疫任务。通过丰富多彩的庆祝活动喜迎中共二十大召开，认真学习贯彻中共二十大精神。坚持“敲门大姐”“巧线婆婆”等一批老牌服务项目，定期上门看望困难孤寡老人2000余人次，开展专场慰老志愿服务活动17次。为老年提供稳定的上门访视，生日庆祝，慰老理发，养生知识讲座等一系列慰老服务活动。依托金陵图书馆，吸纳江苏平安集团等社会资源，不断做优青少年道德讲堂，为辖区青少年提供30多场专项活动，内容涵盖党史讲座、青少年阅读、传统文化学习、手工制作等。创新使用“幸福小驻”志愿服务公众号，发动居民志愿者通过“幸福小驻”积攒志愿积分，以服务换服务，促进志愿服务良好循环。开展春节、中秋、国庆等重大节日专题庆祝活动11场，“喜迎二十大　强国复兴有我”专题庆祝活动3场，慰问困难党员群众120余人。

【孝陵卫社区】 成立于2009年6月，由原孝陵卫东段社区、孝陵卫西段社区、晏公庙西村社区、铁匠营社区部分合并而成，地处南京市东郊、风景秀丽的中山陵园风景区的南侧，位于玄武区孝陵卫街道的中心地带。2022年7月经历辖区范围调整，东至双拜岗路、南至紫金东路、西至孝陵卫街179号南京市中西医结合医院、北临宁杭公路沿线，辖区面积约2.5平方千米，属老旧小区、拆迁安置房型社区，社区总户数4565户，总人口10900人。社区办公位于晏公庙村西9幢205室，办公用房面积260平方米，专职社工11人。社区内有19个居民小区，住宅楼125幢，居民小组18个。孝陵卫社区设党委，下设8个楼幢党支部，有中共党员312人。社区有孝陵卫街道民生服务中心、南京孝陵卫供销实业有限公司、龙湖紫金、玄武区第二干休所、南京市中西医结合医院等10家单位，非公有制经济组织和新社会组织15个，个体商业网点246个。2022年，社区党委为用好为民服务专项资金，通过网格党支部、召开党员代表大会和居民代表大会等形式，广泛地征求意见和建议，组织实施并完成6个项目。与玄武区朗诗常青藤居家养老服务中心合作，继续打造“钟山幸福之家”党建品牌，为社区老年人提供上门探望、助医、助聊、助乐、助浴、助洁、助急、助学、助餐、日间照料等服务。与南京市中西医结合医院内科党支部、苏果超市有限公司标超便利事业部南京门店党支部、南京市绿化园林局机关委员会第三党支部、南京市玄武区建设局机关党总支、玄武区城市建设集团有限公司党委、江苏银行孝陵卫支行党支部签订共建协议，通过共建开展党建为民活动。

【晏公庙社区】 成立于20世纪90年代初，位于孝陵卫街道以东，2022年7月进行区划调整，东临绕城公路，南至双拜巷108号部队干休所，西靠龙湖紫金原著广场，北到孝陵卫1号部队。

辖区面积约1.5平方千米，有14个自然小区，其中，有物业小区10个，单位和部队自管小区4个，120幢住宅楼，9个网格，居民3957户，常住人口7770人，工作人员10名，社区党委下设8个党支部，中共党员349人。辖区内有孝陵卫社区卫生服务中心、南京市公路事业发展中心、紫京饭店、孝陵卫初级中学、银城幼儿园博爱分园等企事业单位，引进了爱孝索酷居家养老服务中心和博爱残疾人之家2个社会组织。社区棚户区、老旧小区多，是一个流动人口相对较多的综合型社区。2022年，社区大力推进老旧小区微改造，实施了“双拜巷2号17幢下水管道维修”“双拜巷100号路面硬化”“安居守护　照亮回家路”3个为民服务项目，解决群众急难愁盼，改善社区环境。与栖霞区马群街道紫金社区开展“双结对双提升”活动，互相学习基层治理的先进做法，提升社区治理能力水平。完成文明典范城市创建、安全生产、疫情防控等重点工作，扩大“假期乐园”品牌覆盖面和影响力，打造“妙紫南臻”社区志愿者队伍，开展丰富多彩的文娱活动，积极构建和谐美丽的晏公庙社区。

·驻街园区·

【南理工科技创新园】　位于中山门外紫金山南麓卫岗，园区交通便捷、配套完善、坐拥园林式办公环境，已建成9幢研发办公楼，总建筑面积约11万平方米（包括1.8万平方米商业等服务配套）。遵循“优势互补、协作双赢、资源共享、共同发展”原则，由玄武区人民政府与南京理工大学合作共建。按照“政府引导、产业引领、国资经营、市场运作”管理模式，由江苏卫岗一九二八科技发展有限公司运营。园区坚持“以科技服务园区、以园区推动街区、以街区推动文化，以文化创新发展”的理念，致力于打造“智慧、文化、国际、典范”科技园区。2022年，园区圆满承办“2022动商学术高端论坛”，打造完成“诗意地”动商共创中心，建设具有最新动商理念的实践创新基地。园区在普法用法中持续发力，同玄武法院合作设立“24小时自助服务中心”，提供“家门口式”诉讼服务，保持与胡律团队良好互动合作，举办普法沙龙第二期——《企业广告宣传中的法律风险与防范》，有效提升园区企业知识产权风险防范意识。

【T80科技文化国际园区】　位于玄武区铁匠营80号，地处南京钟山风景区下马坊遗址公园博爱路，紧邻地铁2号线下马坊站。园区原址是中华民国在1934年所建中央政治学院分院，1949年中华人民共和国成立后先后为军队院校单位和第七〇一研究所，1970年至今为第七二四研究所。园区占地面积107亩，规划建筑面积4.1万平方米，坐落于中山陵核心景区，北靠紫金山，环抱下马坊遗址公园和邵家山生态公园，功能设施配套完善。2022年，园区结合玄武区“服务企业一面对面”大走访活动安排，承办孝陵卫街道助企纾困惠企发展座谈会，接待新疆维吾尔自治区伊宁市克伯克于孜乡考察团来访。发挥资源优势，展现服务特色，承接了民建玄武区八支部“矢志不渝跟党走、携手奋进新时代”政治交接主题教育动员部署会、玄武欧美同学会、2022年中国船舶第八研究院青年职工中秋联谊晚会等多类活动，有力提升品牌知名度，持续打造良好服务形象。

【十朝历史文化园】　位于明孝陵景区大金门入口处，由南京手表厂老厂区改建而成，2011年5月建成开园。园区占地面积350亩，建筑面积21000平方米，环境优美、历史文化底蕴深厚，有展馆区、文化经营区、商务办公区、户外景观区4个功能区域，其中展馆区有南京十朝历史文化陈列馆、明孝陵博物馆，户外景观设施分布在园区入口处、中心广场、大草坪边缘及明孝陵神道周边等区域，由十朝鼎立、佛光塔影、成语长廊、文苑英华4个部分组成。园区以其独特的城市历史文化主题、创意的展示服务理念和优美的自然人文环境，广受中外游客好评，每日接待参观浏览人员2000人以上。2022年，园区持续升级服务体验，与玄武区阅读促进会签订共建协议，打造集展示、书吧、学堂、会议为一体，面积近300平方米的十朝文化园读书角，每周会定期举办各类讲座、会议、活动、文化展示及阅读交流分享活动，以十朝历史文化赋能空间，旅游文化知行合一，通过文学主题活动，研学旅游线路，多样式丰富单位职工及市民阅读生活，成功入选首批十家“书香玄武”读书角。（黄雯婷）

玄武湖街道

·街道工作·

【概况】 玄武湖街道位于玄武区东北部，辖区面积11.6平方千米，整体以玄武大道为轴呈哑铃状分布，有10个社区，常住人口8.6万。街道党工委下辖4个党委，9个党总支，124个党支部，有中共党员3200余人。辖区内有中科院南京天光所、中国医科院皮肤研究所、南京环境科学研究所等规模企事业单位47家，有先声再康、国环科技等纳税企业1500余家。2022年，玄武湖街道在区委、区政府的坚强领导下，高效统筹疫情防控和经济社会发展，统筹发展和安全，真抓实干、锐意进取，全力推动全年各项目标任务落细落实。

【经济发展】 面对疫情防控和经济发展环境不确定性，坚持经济发展稳字当头，稳步推进。一般公共预算收入完成1.77亿元，完成全社会固定资产投资4.39亿元，完成实际使用内资1.49亿元；完成外贸进出口3.95亿元，达全年进度108.2%。GDP支撑行业中，限额以上贸易业销售额完成76.53亿元，同比增长7.3%；规模以上服务业营业收入完成63.3亿元，同比增长1.24%。规模以上贸易业企业净增5家、规模以上服务业企业净增8家、规模以上工业新增2家、建筑业新增1家，劳动工资同比增长17.5%。在疫情影响下，依然展现了经济发展的韧劲。在区金洽会签订金旅德必紫金山北麓绿色办公产业带项目、中电建南京能源发电并网项目2个总投资5亿元的项目。招引北交所上市公司汉唐自远在街道新成立区域总部江苏汉唐自远技术有限公司，并在区软博会上与街道签约落户可视化数据行业云平台项目。结合总部企业招商、线上线下招商等形式成功引进江苏美多科技有限公司、南京宁镇埈安汽车销售有限公司等新能源板块企业成功落户。共引进注册企业330家，其中注册资金千万以上企业40余家，完成签约项目投资总额43.29亿元，完成年度进度的144%。全年新增消费新场景20个、首店3家。南京钟山高尔夫酒店紫金阁被评为“2022金梧桐中国餐厅指南·一星餐厅”、锦上雅集·山中的宴会被评为“2022年黑珍珠餐厅”。成功举办“活力夏日·绿色放心”玄武湖街道农副食品展销会，激发居民消费热情，丰富居民“菜篮子”“米袋子”和“果盘子”；在聚宝山公园举办“运味金秋·巨嗨金陵”南京聚宝山第二届城市户外运动嘉年华活动；精心策划玄武湖街道“汽车消费月”活动，联合10家一线车企、推出20个主力车型，激发市场活力，已带来近3000万元的销售额，获得各界良好反响。

【民生服务】 民生质量不断提高。打好疫情阻击战，主动应对、及时排查，辖区疫情防控形势平稳。牢固树立“疫情就是命令，防控就是责任”的思想，坚持毫不松懈、筑牢防线，严格落实常态化防控各项举措。开展60轮规模性核酸检测，采样282万人次，集中隔离392人次，居家监测936人次，核查宁搏疫下发数据15万余条，完成60岁以上老人疫苗接种31671剂次。做好特殊困难群体服务，全面摸排、持续跟踪，兜牢兜实基本生活底线。严格落实“三大行动”要求，深入开展特殊困难群体救助帮扶工作，排查高龄空巢独居老人103人、困境儿童49人，落实定期巡访、免费上门服务等措施。落实“应保尽保、应扶尽扶”要求，为1800余位80周岁以上老人发放尊老金，为720位老人提供上门服务，新增家庭养老床位46个。为72户低保家庭，3名特困人员，26户临时救助人员等发放救助金；申报4户绝对贫困家庭帮扶救助；新申请3户住房租赁补贴。成立街道未保工作站，建立“3+N”困境儿童帮扶队伍，为6名实事无人抚养儿童基本医疗保险纳入财政补助。全面落实残疾人“两项”补贴工作全覆盖，为74名有康复需求的残疾人申请辅具适配近百件；向101人登记发放年度残疾人保险补贴。抓好社区建设，着眼需求、普及普惠，打通民生服务“最后一公里”。立足于群众所需所盼，强化社区建设、完善社区功能、改善社区管理。结合实际选优配强社区力量，推荐4名想干事、能干事的年轻人担任社区书记，实施社区书记“导师制”，并设置社区后备人才库，通过“一人一档”工作纪实管理和培养。为激励全体社区工作者，街道制定社区争先创优考核方案，自主筹资50万元。徐庄社区打造多样化公共文化空间成功获评“江苏省最美公共文化空间”，以“we+”党建工作法为主线，将社区活动、居民互动、文化推动、企业联动融为一体，实现沉浸式社区党群服务中心。牢牢抓住稳就业就是稳民生这一主线，面对严峻就业形势，多渠道开展就业服务工作。举办春风行动2场，成功匹配24人；举办招聘会6场，成功推荐就业385人。新增就业1980人，实现再就业820人，其中援助困难人员就业170人；培育自主创业509人，带动就业2973人，大学生创业49人；积极做好拥军优属和退役军人服务工作，协调组织专场招聘会，匹配适合退役士兵的岗位。

【城建城管】 城市面貌持续改善。10个区重大项目有序推进。其中，紫金108总部园区新建楼宇全部封顶，长途东站地块低效用地开发方案正在市交通局指导下征求规资局意见，东站南侧公交枢纽项目已完成地块收购即将上报市土地出让专题会研究，江苏二手车交易监管平台项目、中国交通广播·长三角之声项目等其余7个项目均完成年度目标任务。紫金108总部园区项目作为全区代表，参与承办了全市推进高质量发展重大项目现场观摩暨重大项目竣工活动。城管坚持精细管理，在固强补弱中深化法治建设水平。从实战出发，不断深化综合执法改革，逐步健全完善各项规章制度，形成一套案件处理规范操作流程。2022年以来，开展综合执法120多次，开具法律文书110多份，拆除违建1300平方米，取缔占道经营200余处，整治机动车违停8000余辆，既形成了城市管理环境治理高压态势，又实现了综合执法队伍指挥、调度、协调等机制深度融合。坚决打好污染防治攻坚战，不断加大河道巡查、油烟监控、环境保护宣传等工作力度。截至2022年，街道河长共巡河110余次，完成5家油烟在线监控系统安装，更换高效油烟净化器17家，辖区PM2.5、PM10稳控良好，9条河道水质稳定达标。聚焦城市发展，在持之以恒中深化文明典范城市创建。深化街道三级责任体系，实行领导挂钩责任制。落实老旧小区“清理+巡查”，道路街巷“城管+环卫”，农贸市场“整改+服务”的分类整改模式，建立专项整治工作日机制，每周明确具体时间，全面查摆问题，督促整改。开展“路面、摊点净化行动”，对辖区主次干道，背街小巷及重点地域进行集中整治。目前，出动各类人员300人次，清理牛皮癣200余处，清运各类垃圾杂物260余车，规范户外广告7处，营造干净整洁的市容环境。加强物业管理，在守正创新中深化新型物业管理模式。坚持“区分类别、示范引领、以点带面”的思路，抓住紫金东郡和颂和园创建省级红色物业示范点的契机，放大徐庄社区紫金东郡商业高端小区、樱驼花园社区颂和园老旧小区示范作用，影响和带动全体物业公司共同提升物业服务水平。紫金东郡“向阳花·红色悦居”党建项目，收集小区治理建议140余条，召开“四方”(社区党组织、社会组织、业主委员会和物业服务企业)议事会20余场，有效解决小区院内私搭乱建、车辆乱停、消防通道不畅通等150余件问题，极大地推动了小区物业服务水平的提升。樱驼花园“百子红”党建项目，构建“1+3+X”多方联动治理体系，组建暖心为民的“红色管家”先锋队，着力破解一批小区治理难点痛点，政务热线解决群众问题满意率也由原来的71%提升至95%。全年完成8个老旧小区物业管理移交，一改小区环境差、秩序乱、居民投诉多的状况，逐步形成居民提意见，小区物业来改善的良性互动，破解老旧小区治理急难问题，激发小区居民共同参与维护管理的热情，提升物业管理水平。

【平安法治】 底线红线守牢守好，全力夯实安全生产基础。以安全生产专项整治三年行动为抓手，严格落实国务院十五条硬措施，组织实施"百日攻坚"行动，持续开展重点行业领域、危化品单位、人员密集场所、餐饮场所等的安全生产专项整治，全面排查整治安全隐患。检查生产经营单位250余家，排查各类场所风险源1562个，巡查2783次，发现并整改隐患1035个，整改率达100%，签订安全生产责任书1280份，处罚20起。先后就地下室住人、居民小区消防隐患、油气长输管道等重点部位进行专项整治行动。安装居民充电桩353组，充电头3176个，处理飞线3373条，在1744个楼栋单元投放灭火器材。妥善推进信访维稳工作。严格执行领导干部带班和关键岗位24小时值班制度，按照统一领导、分级响应的原则，"定时定岗、定人定责"的要求，细化分工、上下联动、横向配合。2022年以来，街道班子成员先后接访131人次，处理阳光和谐系统信访件67件、区领导信箱6件、人民网5件，共处理人民调解案件965件，化解信访积案3起。突出加强重点人员管理。街道排查梳理出12名重点稳控人员，逐一分类登记建档，实行"一案一策"，形成责任清单，落实化解稳控责任。街道主要领导和分管领导每周不定期接待重点上访人员，以主动研究、主动约谈、主动上门作为工作立足点，组建"五包一"工作组，多方联动，责任到人，确保所涉问题得到及时疏导、有效化解、妥善处置。全力保障仙鹤门片区和谐稳定，组建仙鹤门片区工作专班，由街道1名工委委员具体负责片区管理工作。抽调纪检、资产管理、城管、综治等条线工作人员充实专班力量，形成一般事务专班研究解决，复杂问题街道协调处理的行政管理模式。街道对片区所有资产进行梳理和登记，并逐一开展核查，在完成人员优化、流程管理规范的基础上，已逐步形成制度化管理模式。为强化对片区的综合治理，加快推进仙鹤门综合服务站建设，将公安、城管、消防、交警等力量集中办公，形成片区安全管理和社会服务的综合力量，为片区居民提供综合服务，守护片区和谐安宁。

【基层党建】 基层党组织建设专项整顿出实效。结合实际选优配强社区力量，推荐4名想干事、能干事的年轻人担任社区书记，调整1名有能力、有经验、有干劲的老书记到花园路社区主持工作，以"头雁引领"逐步提高社区队伍素质。扎实开展"村村到、户户进、人人访"集中走访，全覆盖走访辖区居民。街道社区切实找准自身存在的最突出问题、最薄弱短板逐一整改。通过入户"五问"，共收集居民意见建议785条，群众困难诉求187个，立行立改174个，解决率93%，答复群众咨询2000余项，问题破解率和群众满意度不断提升。党建引领基层治理下实招。积极推进"同城共筑"活动，与90余家企事业单位结成共建关系，圆满举办"同城共筑"结盟仪式，梳理出便民服务"四大行动"，认领社区困难群体"微心愿"。不断加强党群服务中心建设，全面落实"五常两聚"，以"we+"党建工作法为主线，提档升级徐庄社区党群服务中心，打造功能全、覆盖面广的综合党建服务阵地。精准使用为民服务资金，先后4次修改审核为民办实事项目，3次召开项目调度会，形成并推进2022年项目71个，群众满意度持续向好。新就业群体党建用实劲。街道定期

7月7日，街道第二季度"书记沙龙""金点子"分享会 （玄武湖街道 供图）

开展“清底”行动，完成园区、商业综合体走访调查共计150余家企业，座谈及电话访谈500余人次，电话访问82家新业态企业，实地调研新业态企业或站点共35家，号召、组织“两新”党组织观看《先锋直播间》总计五期150余人次，持续深化“书记沙龙”活动，邀请“两新”党组织书记参与，共话基层治理“金点子”，分享同城共筑“新经验”，新成立“两新”党组织3家，不断充实壮大“两新”组织队伍。

【意识形态质效提升】 强化落实主体责任。坚持书记是第一责任人原则，班子成员按照“一岗双责”要求对职责范围内意识形态工作负领导责任，切实加强对意识形态工作的领导、引导和管理。完善专题研究意识形态工作制度，每年至少专题研究2次意识形态工作，召开意识形态工作专题研判会议，在中共二十大召开前加强辖区内意识形态领域预警监测、分析研判。持续深入正面宣传。优化各社区宣传栏、志愿服务站、道德讲堂、未成年活动中心等宣传阵地的氛围布置，全年共建设完善宣传栏近400个、制作宣传物料5000余件。利用“钟麓好声音”宣讲团、“聚焦钟山”百姓故事宣讲团等街道和社区宣讲团，宣传中共二十大精神、社会主义核心价值观等。全面监测网络舆情。健全完善新闻“三审制”，注重网络舆情，牢牢掌握新闻报道主动权。强化街道网评员队伍管理，做好网络热点舆论实时监控，牢牢把握网络意识形态工作主动权。充分发挥社区楼幢长、积极分子的作用，组建思想网格员队伍，做好家庭户、社区广场、宗教点等重点工作场所的舆情监控，并将“三供一业”资产移交、招商引资、信访纠纷等纳入舆情监控，实现舆情风险监测全覆盖。

·社　　区·

【板仓社区】 位于南京市区东北角，南临紫金山，东接蒋王庙社区，西接玄武湖畔，与锁金村街道接壤，风景秀丽、地理位置优越。面积约2.7平方千米，地带狭长。社区有居民小区18个，住宅楼94幢，总人口数5895人。社区党总支下设6个党支部，中共党员254人。社区内有中科院南京天文研制中心、南京市疾病预防控制中心金山医院、玄武区法院锁金村法庭、玄武区检察院、玄武区法院等30多家规模型企事业单位。2022年，社区党总支坚持以习近平新时代中国特色社会主义思想为指导，深入贯彻落实中共二十大精神，不断巩固深化“不忘初心、牢记使命”主题教育成果，学党史，强化党建引领。充分发挥社区“组织建设融合推进、群众服务融合供给、社区治理融合开展”三融合的工作特色，加强与社会组织及共建单元的联合联建，积极开展各类文化活动，定期组织开展元宵、端午、中秋、重阳、国庆等主题活动，多次走访慰问社区困难居民家庭。充分发挥志愿服务队的作用，开展爱心帮扶、环境督查、治安维稳和文化建设等志愿服务30余次。为了进一步丰富辖区居民的文化娱乐生活，社区党总支引进专业机构，开设少儿机器人兴趣班、老年人“非遗”文化兴趣班等。通过开展系列活动，进一步促进了邻里和谐，增强了居民的幸福感和归属感。在疫情防控工作中，发挥党员先锋模范作用，联合共建单位有序组织开展数十轮核酸检测，在文明典范城市创建中，推动党员带头参与，整合社会组织和驻区单位党建力量，以及志愿服务队共同参与创建工作。社区党总支深入了解居民的需求，听取居民的意见和建议，合理使用为民服务项目资金安装休闲椅13个、安装晒衣架12组，更好地解决居民群众“急、难、愁、盼”的问题。

【蒋王庙社区】 成立于1992年6月，南靠宁栖路，西临312国道，北与华新西路连接，地理位置优越，交通便利。社区内有中国医学科学院皮肤病医院、国家环保总局南京环科所等多家机关、企事业单位。社区占地面积0.85平方千米。社区由钟山山庄、宁栖园、园丁园、南空四站宿舍区、皮研所宿舍区、环科所宿舍区等9个小区组成。社区有总户数2183户，常住人口6378人，住宅楼60幢。2022年，社区党总支切实履行基层党建工作第一责任人职责，做好发展党员工作，社区党总支2022年发展预备党员1人，接收入党申请2人。在做好党建各项基础工作的同时，多形式开展为民服务项目，在中国共产党成立101周年之际，开展庆“七一”等特色党组织活动，联合皮研所退休党支部、江苏健康广播生活支部邀请7家三甲医院为社区居民免费义诊，并开展支部座谈与交流活动；结合“二十大的召开”组织党员及青少年开展“红领巾寻访抗战老兵”活动，开展一系列特色专题讲座包括消防安全、智能手机、心理健康等。深入开展“村村到、人人访、户户进”活动，共收集并整改18类问题。组织党员义工志愿者开展环境卫生综合整治，对小区车棚，楼道杂物、卫生死角，枯枝杂叶进行整治及清理，多达30余次，劝收及清理飞线充电30余次。针对老旧小区矛盾纠纷诉求多，社区以党建为核心，积极探索矛盾化解机制，社区党组织能充分调动资源，发挥好社区协商议事平台，调动辖区资源多方资源，利用社区为民办实事项目：对钟山山庄18、19、22、24幢共安装5处上楼梯扶手；对居民反映存在较大的安全隐患的钟山山庄10幢五单元与河道路边存在落差区域，社区实地查看后，通过居民共同商议，在单元附近安装防护；推进非机动车棚改造及充电桩安装，对钟山山庄6幢车棚进行翻新，包括路面及顶棚，并进行了微改造，多安装一排充电桩，最大程度地利用起车棚，停放更多的车动车。结合民康路出新，为蒋王庙118号散居民户电瓶车充电问题，在民康路东段，安装3组18个充电桩头，彻底解决蒋王庙118号无充电桩的情况，减少了安全隐患；在冬季雨雪季节来临之前，对社区40余根树木进行了修剪，大大解决居民的采光及安全问题，保障居民的安全出行。为满足社区居民不断增长的精神文化需求，蒋王庙社区党总支经常组织开展具有社区特色、群众喜闻乐见、健康向上的群众性文体活动。社区先后为社区居民开展“过了腊八就是年”庆腊八节活动、学雷锋志愿者服务活动、“浓情端午，粽享欢乐”庆端午游园会活动、“礼赞新时代　歌声献给党”庆七一活动、“月圆人团圆，巧手盼中秋”冰皮月饼DIY活动、“与时代同步　让歌声飞扬”喜迎国庆、与民同乐文艺会演、“小手拉大手　好书相伴　亲子共读　温馨满家庭”家庭亲子分享阅读等活动，丰富社区居民的业余生活，也提高居民参与建设社区的积极性。多次利用社区居民论坛的方式，为居民搭建沟通的桥梁，有效化解各类纠纷矛盾，改善居民的生活环境，得到居民的认可和好评。

【东方城社区】　位于风景秀丽的紫金山下，南依紫金山，北靠312国道，东邻岔路口，西沿宁栖路至经五立交桥，社区环境优美、治安良好。社区面积约1.3平方千米，有居民小区5个，社区总户数3376户，总人口8921人。社区党总支下设10个支部，中共党员399人。2022年，东方城社区党总支认真开展学习贯彻中共二十大精神，理解核心要义、把握精神实质，结合工作抓好贯彻落实。战“役”号角吹响以来，东方城社区党总支组织百名党员参与核酸检测点抗疫行动，在飘扬的党旗下，用实际行动践行了“不忘初心走在前、牢记使命做表率”的新时代党员的使命和担当。为进一步构建老年群体新冠肺炎疫情防控免疫屏障，社区强化疫苗接种宣传和各项便民服务保障，通过开展“送苗进社区”等举措，用心、用情、用功做好老年群体疫苗接种服务工作。社区党总支通过党建共建的方式，引领驻区爱心企业，共同参与基层社区治理工作，同辖区3家单位，分别与社区党总支签署党建共建协议，做到资源共享，优势互补，服务双向。党总支利用为民服务专项资金对广场塑胶地坪修复、晨曦园广场环境整治加微改造、增设乒乓球桌，移动羽毛球场地、东方城文体活动中心改造升级。同时，结合“我们的节日”，开展了丰富多彩的广场文艺活动，丰富社区居民的文化生活，拉近了彼此之间的距离，打造出共驻、共建、共享的多元共治社区治理新格局。

【樱驼花园社区】　位于紫金山北麓，东临经五立交桥西南角，南邻宁栖公路，西有华新西路，北毗312国道。社区共有13个院落，面积0.32平方千米，常住人口7890人。社区党委下设16个党支部，中共党员660名。2022年，樱驼花园社区党委充分发挥党建引领作用，以深化党史学习主题教育为纽带开展工作:夯实党建组织基础。社区全年经过了全民核酸检测、疫苗接种宣传发动、疫情防控、文明创建等重大工作,各项工作衔接紧完成较好。切实为民排忧解难。在疫苗接种、全民核酸检测中,社区党委及时与玄武湖卫生院沟通,联系医生为行动不便老人上门做核酸。跃新园小区在2月份召开管委会会议,和百子物业签订了托管协议,百子物业在3月1号正式进驻;指导华侨新村小区完成了业委会换届改选。推动党建创新发展。社区党委和江苏有线南京分公司玄武广电中心党支部签订共建协议,有效整合各方在党建、人力、文化、信息、阵地、等不同方面的资源优势,以共建共享为基础,以合作共赢为目的,积极拓展基层党组织功能,实现社区党建与企业党建融合发展。开展"精微网格"试点工作,以党建创新为引领,聚焦群众需求,全面覆盖实施"红色楼栋长"机制。文化活动丰富多彩。社区依托爱之光公益发展中心、益家仁等多家社会组织开展文化活动30余场,受益人群5000余人次。2022年社区再次获得"江苏省文明社区"荣誉称号。

【樱铁村社区】 东与经五立交相邻,南至樱驼花园社区,西到长途汽车东站,北至玄武大道。位于紫金山脚下,玄武湖畔,紧邻312国道。面积0.6平方千米,有居民楼38幢,2173户家庭,5228名居民。社区党总支下设7个党支部,有中共党员203人。2022年樱铁村社区秉承"专心、耐心、细心、贴心、放心"的五心工作法,坚持以党建为龙头,有条不紊地认真做好社区的各项工作。以社区党建带动社区各团体共同开展创建工作,增强居民的归属感和凝聚力;以活动为载体,开展丰富多彩的活动充实居民的日常生活,用真情凝聚民心,用真心赢得民心;以服务为重点,以文化为载体,努力加强居民自治建设,合心合力做好社区综合治理、文化教育、计划生育、环境卫生、社会保障等方面工作。结合传统节日采用线上线下活动方式深化"我们的节日"主题,组织形式多样的文体娱乐活动共10余场,大力弘扬民族传统文化,丰富居民的文化生活。在寒暑假期间根据"幸福樱铁,乐习课堂"项目,组织辖区的青少年开展科普、阅读、环保、手工及志愿服务等系列实践活动共10余场,丰富居民日常生活,加强居民精神文明建设。利用为民办实事专项资金项目积极解决居民急难愁盼的实际需求问题。对待小区居民反映的社区宣传栏破损、无晾晒区域、下水管道堵塞导致单元楼道内粪便满溢等问题,积极建设社区宣传阵地、安装公共晾衣架、主动联系专业人士进行管道疏通,切实回应居民需求,解决居民生活日常实际困难,改善小区居住环境。强化社工队伍建设,每月至少召开1次工作例会,不断提高社工的专业素质及为民服务能力,强化基础工作。统筹区域资源,构建共治共享,以共建形式为社区提供学习、交流平台等资源,切实以服务社区居民为出发点,为民办好事、做实事。深化党建特色品牌,打造社区特色项目。"老铁"志愿者积极支持社区各项工作,参与文明城市创建、疫情防控、垃圾分类、矛盾调解、治安巡逻、政策宣传等等志愿服务,让"老铁"融入服务对象的日常,深入人心。发挥品牌作用,树立"老铁"互助志愿服务特色品牌形象。

【花园路社区】 社区东临华新西路,西临南京林业大学,南至花园路8号(南京高信创业园),北至玄武大道。辖区2平方千米,花园路主干道横贯其中,社区有17个居民小区,居民楼96幢,有居民3418户,人口约1.2万人。辖区内有先声再康江苏药业有限公司,江苏高信环保科技有限公司和江苏省安全生产科学研究院等多家企事业单位,花园8号创业园和花园路11号千秋意境2个园区,200多家九小场所。社区党总支下设8个党支部,中共党员315名。有社工11人。社区以组织联建,活动联建、经验联建、治理联抓,四联动开展系列党建项目,抓实共建共享,通过慈孝文化,以文明、生态、康乐、和谐为主旋律,打造"花开四季悦幸福"品牌项目,以党员先锋行动,平安志愿服务为载体,构建群防群治的服务。依托"我们的节日"开展10余场次特色广场活动,积极开展春节、元宵、端午、中秋、重阳等主题活动。将居民从小家引入社区大家，凝聚人心。以项目联建方式，与红色物业辖区单位联盟，以项目化推进社区品牌再延伸。与结对单位玄武区水务局、江苏高信环保科技创业园、锁金法庭等单位共同开展“我是党员我先行”亮身份、助力文明典范城市创建、送法进社区、健康义诊等活动，有机结合居民的需求点与共建单位达成共识，梳理出一批同城共筑项目，在区域党建力量再聚合。合理利用为民服务项目资金，打造“微改造”项目，花园路70号小区广场进行扩建，微更新、微改造，提高小区居民的幸福指数。加大安全隐患排查，推进非机动车棚改造及充电桩安装，新建花园路70号小区、花园路19号小区、7号小区电动车充电桩，解决了居民充电难、停车难的问题。社区重点打造新时代文明实践站，全面贯彻中共二十大精神，加强改进基层宣传思想文化工作和精神文明建设工作。实践站共设有8个实践点，六大服务平台，6支志愿队伍，每个服务平台每月至少开展1次文明实践活动。2022年11月荣获南京市关心下一代工作委员会颁发的“先进科技活动小阵地”的称号。

【聚宝山社区】 成立于2010年1月，面积约3.5平方千米，东面以绕城公路为界；南面以紫金山为界与栖霞马群接壤；西面以刘王井为界；北面与朝阳山红山街道、栖霞尧化门街道接壤。涵盖聚宝山庄、臻园、美林墅、朝阳府、帝豪花园、高尔夫别墅商品房小区和蒋王庙267号老小区，社区总户数为3800户，常住人口10208人、户籍人口5264人。社区党总支下设6个党支部，中共党员245人。辖区内共有企事业单位48家，与聚宝山公园、南京有恒胶业有限公司等单位党组织形成党建联盟、进一步提高党组织的服务内容。在疫情防控期间，强化党建引领，社区主动协调卫生院对辖区南京邮区中心局近千名一线员工进行定期核酸检测。对辖区内紫金山庄、钟山高尔夫等酒店的服务人员和入住人员提供24小时防疫政策咨询等服务，为新冠疫情防控工作贡献出聚宝力量。在文明典范城市创建时组织党员志愿者、联合小区物业及城管，开展环境卫生综合整治。对小区楼道杂物、卫生死角，花坛绿地枯枝杂叶进行清理。对文明养犬、规范停车、严禁飞线充电杜绝安全隐患等一列问题进行整治，督促沿街小商铺自我管理，配合检查工作。社区以用好为民办实事专项服务资金为契机，以“传统节庆活动提升”“幸福邻里@聚宝”等活动项目为载体，开展书法、纸扎染、剪纸等活动，让居民在家门口欣赏学习到优秀传统文化的风采，同时增强社区居民的幸福感和归属感，营造快乐、祥和、平安、健康的社区氛围。

【仙居雅苑社区】 东至紫东实验学校，南至仙鹤门3号路，西临宁芜铁路，北至玄武大道，位于紫金山东脚下，是典型的以被征地农民为主体的经济适用房小区，辖区面积2.1平方千米，有居民楼幢116幢。社区户数3734户，总人口9763人。社区办公地址仙居华庭63号，有专职社工12人。社区党委下设5个党支部，有中共党员196人。2022年，社区坚持以服务居民为宗旨，以“热心办实事、真心换民心”为工作出发点和落脚点，认真落实基层组织阵地建设，建强社区党委、网格党支部以及党员志愿者的三级网格体系，积极发挥网格化管理作用，探索建立“党员楼栋长”制度，引导楼栋内老党员主动当好社区“红管家”，架起党群连心桥，把服务基层“最后一公里”变为“零距离”，实现了党建阵地凝聚群众、服务社会的功能。社区党委注重资源整合，依托区域化党建，与紫金农商银行、仙鹤门社区卫生院、行知实验幼儿园等辖区单位结对共建促发展，凝心聚力办实事，全年开展“学雷锋志愿服务”“健康义诊”“重阳节”等多场便民服务活动，充分发挥各单位的专业特长，做到与企事业单位资源共享、利益共联、矛盾共商、实事共办，壮大共建共治力量。提升社区服务功能。打造“老管家”和“雅苑禾苗耘作园”一老一少2个特色服务品牌。“老管家”们甘于奉献，发挥余热，利用业余时间，以治安巡逻、绿色环保宣传等形式开展社区志愿服务，为小区治安和环境起到积极作用。“雅苑禾苗耘作园”是社区与南京师范大学志愿者团队长年开展的合作项目，通过“希望来吧”、义务家教、假日夏令营等一系列志愿活动，提升社区青少年学习成绩，丰富课余生活。在疫情防控重大任务面前，社区党委采取设置“党员先锋岗”、组建“党员突击队”等措施，积极发挥党员干部的模范带头作用，组织党员冲在一线，干在实处，迅速集结网格员、物业、志愿者等各方力量，从快从严从实抓紧落实全民核酸检测，筑牢疫情防控的家庭防线，切实提高群众的防范意识，保障群众生命健康安全，全面构建起社区共驻共建、联防联控工作格局。做好小区内环境整治工作，发动社区民警、城管、物业、志愿者等各方力量，明晰各方主体责任，排查各单元楼道的整理情况，规范商家门前环境，利用张贴横幅、宣传画、显示屏滚动播放宣传标语等多种方式，调动居民共同参与文明创建的积极性。深入了解居民的需求，认真听取居民意见建议，切实用好为民服务专项经费。全年加装便民座椅250个、修复破损路面2处、加装便民晾衣架30多处，得到居民好评。

【仙鹤门社区】 东与栖霞区仙林街道接壤，南邻仙林大道，西接宁芜铁路，北与仙居雅苑社区相邻，是玄武区最大的自建型经济适用房社区，由仙居花园、仙鹤茗苑、骋望云邸、奥克斯钟山府4个小区组成，面积2.7平方千米。社区人口10412人，常住人口7803人，有社工14人。2022年仙鹤门社区党总支增强“四个意识”，坚定“四个自信”，做到“两个维护”。紧紧围绕党建这个“主心骨”，积极开展工作：结合社区实际，着重抓党建工作并落到实处，始终把组织建设作为党建着手点，不断健全党建工作例会，认真落实“三会一课”制度，坚持每月20日为党员集中学习日，开展主题突出、特色鲜明、形式多样的学习活动6场；组织全体党员收听收看中共二十大现场直播，学习中共二十大精神，并以支部为单位组织开展专题学习。针对不同群体采取多元化手段，统筹兼顾开展学习，继续开展“我为群众办实事”实践活动。2022年，社区党总支组织广大党员积极参与疫情防控志愿服务，在社区开展的90余次规模性核酸检测工作中，百余名党员志愿者在疫情防控一线集结，让疫情防控成为党员锤炼党性的“先锋岗”。结合网格化管理工作，对辖区党员、居民骨干的居住、在职情况进行梳理，将热心社区公益事业的居民骨干纳入楼栋长的替补队伍中来，遴选党员和居民骨干楼栋长84人，建立精网微格体系。线上建立网格群，线下入户走访，收集民意诉求，在第一时间内向社区反映群众的热点、难点问题以及出现不稳定因素和苗头，适时向社区提出建议，提高网格化治理工作效率。“村村到、户户进、人人访”集中走访中，共走访居民4072户，8958人，顺利完成走访任务。走访过程中，收集群众困难诉求11个，发现周边风险隐患3处。其中，群众困难诉求已解决6个，风险隐患已防范处置2处。与玄武区司法局、南师附小仙鹤门小学、百里秦淮风光带建设总公司、淘淘幼儿园、南京悦心居家养老服务中心等20家单位签订党建联盟服务协议，形成党员群众下单，党总支接单，协议办单，共建做单的良性互动。发动党建联盟单位党组织力量，筑牢基层疫情防控“红色防护网”。把慈孝文化传承与发扬作为项目重点，整合辖区中小学校的资源，举办夏令营、冬令营，开展慈孝文化主题教育活动；举办邻里节，表彰文明家庭、和谐家庭，以身边人说身边事，进一步弘扬慈孝文化。依托辖区单位资源，加强区域化党建，成立“红领鹤舞”志愿服务队，通过微信网格群，志愿江苏等平台招募志愿者，由社区书记任队长，探索建立“居民点单—实践站下单—志愿服务队伍接单”的志愿服务机制，深化拓展志愿服务的内容、项目、形式，常态化开展文明实践活动，推动社区服务居民群众“精准化”。

【徐庄社区】 位于徐庄高新产业园内，2018年8月成立，社区有紫金东郡、紫气钟山、紫气路9号3个小区约2776户、人口约10000人，党员117名。积极探索社区党建新方法，狠抓党风廉政建设，争创最暖党群服务中心。积极探索“we+”党建工作法，社区从小处着手，从we领航、we文化、we乐活、we聚力、we优服等方面着力，带领居民齐心协力参与基层治理。2022年11月，社区按照《中国共产党章程》和有关规定，召开党员大会，由党总支升格为党委。社区将把党建工作与网格化管理服务融合，将党员责任落实到网格化服务中，充分发挥党组织在社区的服务作用、引领作用。社区高度认识到意识形态工作的重要性，以更大的担当与作为，落实好主体责任。在意识形态领域扎实做好各项工作，定期开展意识形态风险排查。尤其在网络意识形态的维护上，加强对本社区QQ、微信、微博等网络群组的建设与管理，坚持守好用好网络意识形态阵地。2022年疫情发生期间，社区每日常规检测人数达3000余人，疫情严峻时能达到7000余人次，社区核酸采集人数在街道排名第一。多次支援先声药业、鱼跃医疗等辖区内大型企业的核酸检测工作，有力保障企业的正常运行。10月21日，徐庄社区作为南京社区代表，接受了国家疫情防控督查组督查并顺利通过检验。组织开展形式多样的文明实践活动，丰富活跃文化生活、持续深入移风易俗等工作任务。整合资源，构建多样化党群服务空间。围绕“公共文化有效供给、公共空间有效利用、社区居民切实需求、美丽空间展示设计、信息技术与AI产品利用”等思路对中心进行打造。通过整合资源，引进辖区单位、社会组织及社会力量，结合传统节日活动、阅读沙龙、亲子学堂、教育培训、美食分享、作品展陈、知识研学等多样化活动，在春节等传统节日开展丰富多彩的广场文艺便民活动，引入“非遗”体验课，让青少年感受“非遗”魅力；为老漂一族带去智慧助老公益服务，教老人玩转智能手机，开展包饺子、包粽子、香薰蜡片手作、香囊制作等各类手工活动，丰富居民精神生活，2022年徐庄社区获得“省级最美文化空间”“省级民主法治示范社区”“省级红石榴家园”等荣誉称号。（朱鹏飞）

5月27日，徐庄社区开展粽情端午活动（锁金村街道　供图）

红山街道

·街道工作·

【概况】　街道位于玄武区东北部，面积7.16平方千米，下辖10个社区，常住人口9.6万人。街道党工委下设6个党委、6个党总支，共有124个党支部，2902名中共党员，其中，机关党员117人、企业党员101人、社区党员2684人。近年来，在区委、区政府的关心支持下，红山新城作为“玄武新中心”，聚焦高端商务商贸、科技研发、文旅体验三大主导产业，打造“一带两廊三园”的空间布局，形成集居住、商业、办公、产业科研设计、教育于一体的产城融合综合体。街道辖区内有南京火车站北广场、小红山客运站、红山森林动物园等，引进学前、小学、初中、高中4个学段共18所玄武名校分校，高质量基础教育体系已构建完备。“十四五”规划期间，街道有中北电子城、玄武之光、中德商务等5个商贸、园区将正式投入使用。

【经济发展】　2022年是街道“新城招商年”，成立红山新城产促中心，建好“双新”产业信息库，签订《徐庄高新区核心区、红山新城工作联动备忘录》，通过《玄武新中心·红山新城产业促进中心建设方案》，成功举办“产聚红山　梦汇新城”红山新城创新经济带主题推介会、“聚势新玄武　共享新机遇”南京玄武&招商局·江苏中心交流活动等系列活动。依托星河WORLD成功签约重点企业150余家，其中包括中国铁塔、中科软2家上市公司，江苏省科技型中小企业近20家。“科技+人才”，推动产研升级。高质高量完成各项人才企业申报，全年省双创列入市推荐项目共3个，市高层次项目申报约14个，科小企业市审认定近60家，技术合同成交额2.4亿元，完成率达120%。强化项目管理。推进完成区下达的签约项目指标，玄武区金洽会中重点项目签约9个，总投资额近100亿元。抓好在建项目进度，做好和昌奥莱项目、电子城E地块竣工后8万余平方米商业和9万余平方米办公载体的投产工作。综合施策调节，稳复经济运行。全年GDP排名全区街道第一。贸易业完成约82亿元，增长122%。服务业完成约10.5亿元，1—11月增长16.8%。税收完成3.76亿元，超期成指标，其中，房地产占比62%。固投完成110亿元，完成进度116%，占全区总量65%，全区所有省重大项目、90%的市重大项目来自红山街道。实际使用内资完成80亿元、占全区80%，外资完成2.75亿美元、占全区95%，均主要为招商局项目，其中内资按照非住宅占比推算，已完成项目所有投资(150亿元)。

【民生服务】 高效防控疫情。街道优化设立8个检测点位(全区最多)，开展规模性核酸检测41轮，至10月中旬，累计检测1200918人。高效处置天然居栖霞尧化核酸混管阳性、月苑社区栖霞壹城核酸混管阳性等5起涉疫事件。在涉栖霞货场疫情防控工作中，坚决完成防止栖霞疫情外溢至玄武的工作目标。截至9月份，政府购买居家养老服务共计服务老人863人，完成家庭养老床位入户27张，完成家庭适老化改造41户，开展老年人运用智能技术专项培训10场，共503人。辖区共建成10个居家养老服务站点，实现社区全覆盖。在扎实做好为老服务工作基础上，街道民生保障部着力推进特色品牌打造。继续推动“民医联盟”和“社区家庭医生工作室”工作，夏季持续高温期间，街道、社区、居家服务站点三级联动，定期走访高龄老年人910多人次。优化教育资源，做好为小为老工作。全面衔接贯通从学前到高中的基础教育资源，完成街道社工站建设，街道未成年人保护站和“向阳花”工作室迎接国家级未成年人创建工作检查考评。精准托底帮扶，守牢保障底线。全年为低保、伤残、优抚等困难群体4101人发放947.74604万元各项补贴补助，发放退役军人优待证。全年新增城镇就业人数1250人，下岗失业人员实现再就业125人；再就业培训1900人，创业带动就业330人。

【城建城管】 建设便民公共空间。推进营苑新寓、营苑东西村老旧小区出新，重点改造小区配套和适老化设施，惠及居民3000余户。试点“一刻钟便民生活圈”，提档升级北苑农贸市场，改造具有工业文化特色的功能性南汽生活广场和“儿童友好型、宠物友好型”2个主题“口袋公园”。聚焦停车难题，释放37个共享停车位。全力降低PM2.5年度浓度指标。坚持工地包保责任领导每周至少1次调度，新增雾炮车1辆，每日至少4次喷洒降尘；落实小标站周边一千米扬尘管控措施，联系设备运维，提出维护和检修建议。做好餐饮油烟整治，完成第二轮中央环保督察工作的回复办理，152家餐饮店油烟设备安装并正常使用。“创食安南京、服务高质量发展”三年行动。与各社区等单位签订了食品安全责任书；开展基层食品安全协管人员能力培训学习，现场培训学习12次。对街道范围内1000平方米以上的大型超市实行每月检查制，要求340余家餐饮单位张贴地址码并落实相关要求。排摸检查校园周边零售、餐饮、便利店等商铺，确保相关消毒设施、清洁设施正常运行。美化城市环境。积极做好“美丽宜居城市建设”省级试点项目，通过市城治办对星河WORLD产业园新增标准化示范单元创建的验收工作。创建5个垃圾分类省级达标小区，完成2个C类小区晋升B类小区、1个B类小区晋升A类小区工作。巩固小区物业100%全覆盖管理成果，指导并协助10个小区业委会成立、换届改选。同时，做好城市管理，一年来拆除违建7850平方米，铲除违规菜地25000平方米，累计巡河1052次，清运沿河垃圾约12吨。持续推进“333”达标区创建工作，顺利完成市级考核检查，完成达标区验收工作。特种设备运营检查工作突出，被南京市特种设备管理办公室评为特种设备设备管理先进单位。

【平安法治】 健全网格体系。建立党工委书记一把手负责制，形成街道、社区、网格三级责任体系，协调民政、城管、公检法等力量进入网格，实现网格管理全覆盖。信访突出问题的领导包案率100%、办结率100%、有效化解率达到60%以上，落实"信访突出问题攻坚化解年"行动，化解了孔某某信访事项，同时将实事求是，依法依规做好协调和沟通工作。深入推进"精网微格"工程，建立微网格治理机制；持续推进网格化服务管理水平提高，做好全区网格化社会治理"数据大会战"；积极开展参与玄武区月度"双十佳网格员"评选活动，建立完善网格员正向激励机制，树立先进典型，激发工作热情。警信联动，平安志愿 做好春节、北京冬奥会和残冬奥会、市"两会"、全国"两会"和中共二十大等重大节日和活动期间的铁路联防、平安建设、信访维稳工作，开展了疫情期间的群防群治工作以及志愿者服务工作；街道各平安志愿者协会(站)紧紧围绕疫情防控需要，精心组织，勇于担当，强化联防联控措施，增强群防群治合力，协助相关职能部门和基层组织，动员广大平安志愿者参加疫情防控工作，开展了采样点秩序维护、联防联控、防护宣传、政策解读、便民服务、防疫消杀、社区排查等活动。共动员志愿者30000多人次。"清患安居"群租房安全管理整治，集中开展了6轮集中整治；群租房安全管理体制机制趋于完善，日常监管质态显著改善；群租房登记率达到100%，租住人员信息采集率达到95%；群租房重大安全隐患及时流转率、整改率均达到100%，未发生有影响的重大安全事故。

【基层党建】 严格落实意识形态责任，增强政治定力。严格落实全面从严治党主体责任，深化意识形态工作全面领导责任；对标仙林经验，专题研究基层党建工作，推动责任区网格党建；结合"到进访"制定党组织整改措施29条，形成街道层面5项长效机制、社区层面13项长效机制；突出提升新城形象抓舆论引导，研究制定《红山街道党工委意识形态工作责任制实施方案》，组织专题学习12次，专题意识形态工作研究9次，结合舆情处置等主题研究14次，开展了3轮意识形态领域风险排查，成功迎接省市"扫黄打非"领导小组办公室指导检查，荣获"2022年度全市境外电视管理先进单位"。推动优苗选育，组织互学互访、"红领星"培优，累计培训党员干部235人次，荣获年度"全省基层党员冬训工作示范街道"称号。建强基层组织。融合"精网微格"工作，新增22个网格党支部，选优配强"网格支部书记"、党员楼栋长656人，选派10名优秀大学生担任支部书记助理。开展社区"两委"班子培训、"红领星"成长培优等，累计培训党员干部235人次。加大对年轻干部的培养任用，街道现有"85后"区管副职3人，新增科级干部及职级晋升6人、其中"90后"2人。15名年轻社工纳入后备人才库，1名优秀社区书记纳入事业编管理。各社区"两委"班子成员固定、社工队伍稳定。健全服务矩阵。改扩建社区党群服务中心，新增墨香山庄社区服务用房700平方米，年底前交付阳光嘉园社区1637平方米、红山社区1800平方米办公用房；强化"同城共筑"服务能力，引入"同城共筑"成员单位43家；做优"15分钟党建服务圈"，在常发、东华等五大商圈园区，提档升级"红领·星河"党建阵地；搭好服务新就业群体平台，打造了以"红领·常发"宁小蜂驿站为中心的10个服务平台；设立红色物业党组织书记项目14个。培育了北苑社区银龄管家，曹后社区物业V联盟等一批基层自治组织；开展社区微治理项目，改造北苑社区中心广场、北苑二村荒地；设置"锋领前哨 红色总动员"等一批网格支部书记领办项目；邀请辖区内党组织为新就业群体开展交通安全普法培训13场，为新就业群体子女开讲"小蜂课堂"17场402人次。引导宣传主流。全年专题研究意识形态工作4次，结合国家安全、民族宗教等主题研究9次。微信公众号WCI(微信传播指数)始终位列全市街道前列，共推送257期、发布动态信息977条，被"学习强国"学习平台、《新华日报》等主流媒体宣传250余次。依托全国“扫黄打非”先进基层示范点，积极开展各类“扫黄打非”专项行动。加大对先进网格支部书记、党员楼栋长，兼职网格员的宣传。

【“同城共筑”行动】 为积极响应“同城共筑”行动，充分发挥街道“大工委”、社区“大党委”牵头引领作用，8月19日，红山街道在伊邨饭店举办“同城共筑齐发力 社会治理共赋能”活动。市纪委监委机关党委一级调研员袁梅林，市纪委监委机关党委三级主任科员孙小亮，区人大常委会党组成员、副主任、区总工会主席朱明勇，区政协党组成员、副主席杨冬梅，区政府党组成员、徐庄高新区党工委书记、红山街道党工委书记、铁管委主任唐承武，区委组织部、区委宣传部、区委政法委、玄武分局分管负责人和红山街道全体工委委员，15名共建单位代表，各社区书记、副书记，党员楼栋长代表及红山街道新时代文明实践理论宣讲志愿服务队代表等共计100余人参加活动。

红山街道有机结合群众需求和共建单位资源，梳理一批为民服务事项，15位共建单位代表纷纷走上认领“同城共筑”民生实事项目。活动现场为10位党员楼栋长代表发放聘书并为宣讲队代表们颁发授章。

·社　　区·

【北苑社区】 北苑社区成立于2000年，东至龙腾路，南临华飞路，西到北苑西路，北至网板路，辖区面积1.14平方千米，社区主要由华飞、南汽、网板等公司家属楼、部分商品房和当地拆迁失地农民组成，属于老旧小区和商品房混合居住型社区。社区常住居民3349户，10468人，社区党委下设9个网格党支部，共有中共党员324名。2022年，社区党委着力夯实党建基础，完成2个支部的新增和原有的7个支部的换届。坚持以打造“幸福、和谐、文明”社区为宗旨，积极探索党建引领基层治理的有效路径。落实基层“村村到、户户进、人人访”收集解决群众困难，“银龄管家工作室”被评为玄武区第二届最美老干部团队，工作室的“银龄自治 引领幸福”特色项目获2022年玄武区“十佳”新时代文明实践项目。

8月19日，红山街道举办“同城共筑齐发力 社会治理共赋能”为民服务活动
（红山街道 供图）

【月苑社区】 建于1997年。由11个自然小区组成，共有83幢楼房。东至经五路，南与藤子村、南汽厂区相邻，西至北苑东路，北至营苑南路，辖区面积1.6平方千米，属拆迁安置房、商品房型社区。社区党委下设12个党支部；有居民住户4382户，常住人口12456人，户籍人口3429户9510人，流动人口2946人。社区呈现“五多一低”的特点：即低收入人员多、老年人口多、下岗失业人员多、“两劳”释放人员多、残疾人多和居民文化水平低。社区办公用房1000平方米。建有文化信息共享工程室，图书室，居家养老服务站、世代服务室、何婷工作室、社区服务（志愿者服务）站、综合会议室、宣传橱窗、宣传栏、居务公开栏等。社区党委坚持“抓党建，促全面”的工作方针，集中培训提高广大党员的思想觉悟加强对流动人口服务管理，广泛开展政策法规和健康知识宣传，加强环保巡河与环境整治，辖区南十里长沟每天有工作人员巡河，按照

街道环保部门要求工作。垃圾分类工作整改30余次。

【墨香山庄社区】 成立于2007年7月，东临农场山，南临月香路，西临墨香路，北临栖霞区兴卫村，面积0.66平方千米。社区由兴贤佳园二期经济适用房小区及墨香山庄商品房小区组成，包括墨香山庄、修贤苑、尚贤苑和近贤苑4个小区，属于经济适用房及商品房混合型社区。社区有7450户，16790人，其中，户籍人口3971户，10396人。社区有中共党员349人，社区工作人员18名。社区积极落实新冠病毒疫苗接种特别是60岁以上老年人接种工作任务，针对居民反映强烈的飞线充电、电动车进楼道问题，社区在修贤苑、尚贤苑、近贤苑增设充电桩共计186头。

【营苑社区】 营苑社区组建于1997年3月，正式挂牌于1998年3月，位于营苑南路以北，东以经五路，西以北苑东路，北与栖霞区接壤为界。辖区内含营苑东村、营苑西村、营苑新寓、祥和佳园4个自然小区。总占地面积约0.4千米，有居民住宅楼68幢，社区办公用房面积560平方米，户籍户数2977户7249人，流动人口2868人，残疾人102人，低保户24户29人。社区党委下设5个支部，有266名中共党员。认真落实"三会一课"、组织生活会、民主评议党员、主题党日等制度。开展主题鲜明、内容丰富、形式多样的学习宣讲活动50余场，组织党员、入党积极分子、团员青年开展党建知识竞赛20余场，联合铁北红山新城管委会机关党支部等单位，定期走访慰问困难群众60余人次，提供各类生活、防疫等物资500余件。全年为辖区妇女、青少年、儿童提供各类服务50余场。联动医务党建服务队和志愿者累计开展各类服务80余次。2022年，营苑片区的东村、新寓、西村3个小区被列为老旧小区出新改造计划，收集居民群众需求智能充电桩、车位优化、楼顶漏水、线缆私拉乱接、公共实施缺失等居民重点关注的事项80余条。与施工设计等单位负责人开展了党群议事会、群众恳谈会等各类专题协商会议42场，现场达成解决居民重点关注事项29件。

【曹后社区】 2000年6月成立，社区位于南京市东北角，南以红山南路中间为界，西南均与原红山社区相邻，东起红山南路路口，紧依沪宁铁路线呈东西走向，北与红山森林公园、红山公园社区相邻，面积0.24平方千米，属城区新型社区。社区办公地址位于红山南路51号，社区工作人员11人，有8个住宅小区，住宅楼91幢，有户籍数2599户6512人。社区党委下设9个党支部，有中共党员261人。社区每月定期开展"有你"主题月服务活动，提升服务质效。2022年开展为民服务项目13个，组织各类活动150余场，受益人群达5000人，结合"到进访"查摆社区党组织建设专项整顿问题，对照清单制定整改措施4条，形成长效机制1条，新增网格党支部1个，社区9个网格均实现基层党建网格与社会治理网格"两网融合"，优化调整2名网格党支部书记，配备党员楼栋长44名，在广宣传、巧引导上再添新思路多举措做实正面宣传。全年上报各类信息109篇，被媒体采用36篇。

【红山公园社区】 成立于2000年4月，位于红山路157号-1，毗邻红山（古名大壮观山），面积1.5平方千米，东至东华培训中心，南至新华书店，西至红山森林动物园东大门，北至玄武公安分局。常住人口10388人，总户数3919户，户籍人口6032人，外来人口4356人。社区党委下设10个党支部，中共党员444名。有18个居民小区，106幢住宅楼。辖区有江苏省建筑材料检测中心有限公司、南京市质检院、红山森林动物园、南汽研究院、东华培训学校、南京兵工物资学校、江苏天泓4S店及玄武公安分局等数十家单位。2022年，社区扎实开展习近平新时代中国特色社会主义思想、中共十九届六中全会精神和中共二十大精神学习教育。先后与玄武区民政局、红山森林动物园等签订"结对共建"协议，搭建"共建""共治""共享"平台。严格落实防疫要求，动员老年人接种疫苗。为民服务项目完成率90%，"村村到、户户进、人人访"集中走访2000余户，解决相关困难问题。

【阳光嘉园社区】 成立于2005年4月，办公地址为黑墨营98号南会所二楼。辖区为阳光嘉园、中电颐和家园尚玄、星河国际天颂花园。常住人口2289户6594人。有星河WORLD产业园、北京东路小学红山分校、东恒阳光嘉园幼儿园等企事业单位，周边现有玄武之光、星河国际、地铁6号线、十三中红山新城校区等多处工地正在施工建设中。社区党总支下设党支部5个，有中共党员253人。社区工作人员、区、街道挂钩社区干部深入辖区困难家庭户2289户，全部完成走访。七类人员共计45户，走访率100%。积极开展便民广场活动，组织节日活动10场，新时代文明实践活动100余场。社区积极招募志愿者100余人，平安巡防队伍30余人，在辖区进行治安巡逻，向居民群众、沿街店面宣传治安防范、安全生产等信息，确保社区治安稳定。全年开展志愿者活动达1000余人次。

【藤子社区】 西邻南京火车站，东靠南京长途汽车东站，面积约1.5平方千米，原属村居合一的社区，2012年年底撤村并居。因过街村、藤子村、黑墨营、尚塘村拆迁，户籍人口1903人，流动人口600余人，社区下设三个党支部，有中共党员71人。2022年，坚持以群众满意为标准，深化社区服务，推进绿色社区、平安社区、文明社区、和谐社区创建，面向社区居民搞好便民、利民服务。通过"两委"会议、党员大会、入户走访等方式征集民意，全年社区共承接9个专项为民服务项目，中共二十大召开前夕邀请区宣讲团来社区进行红色宣讲，在文明创建工作中，对照指标开展自查，引导居民做文明知识的传播者，针对伊刘村片区居住环境较差，无物业管理，存在家庭维修难、出行不便等问题。通过走访座谈会等形式，摸排征求意见，展开安装宣传栏、便民维修、山林防火、温暖孤老心志愿服务、环境提升等项目。与伊刘花卉市场签约开展"同城共筑"活动，进一步发挥基层党组织在社区治理中的统筹协调功能。

【红山社区】 成立于1994年，由原沈阳村居委会合并到红山村。地处红山街道西南部，黄家圩片区东南与红山森林动物园的山体西北坡相接，西至地铁红山动物园站3号出口，北至十字街十里长沟，环抱红山森林动物园，面积约68公顷。由于经历多次拆迁，红山社区有4块管辖片区，城中村黄家圩，海嘉花园，恒大翡翠华庭，星河天赋。红山社区临时过渡办公地址在恒嘉路77号2幢108室，黄家圩片区有居民住户111户，户籍人口351人，流动人口是常住人口的三倍，是社区工作的重点对象。其余3个楼盘是2019年开盘后居民陆续迁入。红山社区总支部下设3个支部，有中共党员127人。红山社区党群服务中心在2022年进行升级打造，即将投入使用。2022年，社区完成3个党支部换届及7个新网格党支部成立。疫情期间党员骨干充当"红色跑腿员"与"红邻管家"为居家健康监测人员提供生活必需品、快递、外卖送上门。社区通过"红色客厅""回音壁""民情恳谈会"等形式收集民意、解决困难。红山社区新时代文明实践站联南京市润恬社会工作服务中心一同开展"阵地打造换新颜，暖心便民迎新春"主题活动，活动现场设置4个便民服务点，包括磨刀、修鞋、理发、修伞，搭建民俗服务点，得到居民好评。

【紫金小营社区】 成立于2013年6月，位于京沪城际铁路北侧（月香路6号），分别安置了沪宁城际铁路、华电路、北广场、红山商贸地块、小营地块、小营南侧、北站房、中南里、明城墙项目拆迁户。面积14.8万平方米，有16幢高层住宅楼和1幢办公楼。社区总户数3079户、户籍人数2786人，寄住居民3425人，流动人口2719人。社区内有北京东路附属幼儿园月香分园、紫金小营菜市场、红山街道社会治理一体化（网格化）管理中心、红山物业服务中心紫金墨香苑项目部等单位。2022年完成社区8个网格支部建设全覆盖，8名中共党员骨干被选入网格支部书记队伍。多次开展基层党组织活动，社区党总支通过"理顺工作室+四会议事"模式配合搭建"微邻里"微信群线上模式，高效处置社区事务，方便群众，受到肯定。

（孙晓银）

（栏目编辑　卢永晨）

人物·荣誉

新任区领导

新闻人物

先进集体

先进个人

新任区领导

朱明勇

2022年1月8日，经南京市玄武区第十九届人民代表大会第一次会议选举，朱明勇当选为玄武区人大常委会副主任。

朱明勇，男，1967年7月出生，江苏南京人，1987年12月参加工作，1996年8月加入中国共产党，大学学历。1987年12月，任南京市栖霞区玄武湖乡政府水利员；1992年10月，任南京荣华清洗服务公司副总经理；1997年11月，任玄武区玄武湖街道行政办公室副主任；1998年8月，任玄武区玄武湖街道岔路口村党支部书记；2004年3月，任玄武区玄武湖街道副处级统战员；2005年1月，任玄武区锁金村街道党工委委员、办事处副主任；2011年8月，任玄武区锁金村街道人大工委主任、办事处副主任；2012年9月，任玄武区城市管理局党工委书记、纪工委书记；2013年8月，任玄武区城市管理局局长、党工委书记、纪工委书记；2013年9月，任玄武区城市管理局局长；2016年2月，任玄武区环保局局长；2016年12月，任玄武区孝陵卫街道党工委书记；2018年1月，任玄武区孝陵卫街道党工委书记，南理工科技创新园管委会主任，徐庄高新区（软件园）党工委委员；2021年4月，任玄武区水务局党组书记、局长；2022年1月，任玄武区人大常委会副主任，水务局党组书记、局长；2022年2月，任玄武区人大常委会党组成员、副主任，区总工会党组书记、主席人选；2022年4月，任玄武区人大常委会党组成员、副主任，区总工会党组书记、主席。

余莉萍

2022年1月8日，经南京市玄武区第十九届人民代表大会第一次会议选举，余莉萍当选为玄武区人大常委会副主任。

余莉萍，女，1968年8月出生，江西都昌人，1987年9月参加工作，2006年12月加入中国共产党，大学学历。1987年9月，任江西省景德镇市税务局科员；1994年9月，任江西省景德镇市国税局科员；1995年4月，任南京市国税局玄武分局科员；2002年3月，任南京市国税局玄武分局人事监察科副科长；2002年6月，任南京市国税局玄武分局综合业务科副科长；2005年4月，任南京市玄武区国税局稽核管理（税源管理）二科副科长；2006年2月，任南京市玄武区国税局计划统计科副科长；2006年7月，任南京市玄武区国税局计划统计（收入核算）科科长；2010年7月，任玄武区财政局副局长；2013年9月，任玄武区财政局副局长、税源办主任；2016年2月，任玄武区财政局副局长、经发办主任；2017年1月，任玄武区玄武门街道党工委副书记、办事处主任；2018年2月，任玄武区财政局党组书记、局长；2022年1月，任玄武区人大常委会副主任，财政局党组书记、局长；2022年2月，任玄武区人大常委会党组成员、副主任。

梁卫国

2022年1月8日，经南京市玄武区第十九届人民代表大会第一次会议选举，梁卫国当选为玄武区副区长。

梁卫国，男，1972年12月出生，江苏南京人，1992年6月参加工作，1996年11月加入中国共产党，大学学历。1992年6月，在南京市公安局防暴支队一大队见习；1993年7月，任南京市公安局防暴支队一大队办事员；1995年6月，任南京市公安局玄武区公安分局防暴大队科员；1999年4月，任南京市公安局玄武区公安分局防暴大队副主任科员；2000年1月，任南京市公安局玄武区公安分局防暴大队副大队长；2000年8月，任南京市公安局防暴支队第四大队副大队长；2002年6月，任南京市公安局特警支队第四大队副大队长；2002年12月，任南京市公安局特警支队作训科科长；2005年4月，任南京市公安局玄武分局特巡警大队大队长；2008年2月，任南京市公安局玄武分局孝陵卫派出所所长；2009年10月，任南京市公安局玄武分局梅园派出所所长；2010年10月，任南京市公安局秦淮分局副局长；2014年4月，任南京市公安局鼓楼分局副局长；2016年11月，任南京市公安局治安警察支队副支队长(正处职);2017年12月,任南京市公安局秦淮分局党委副书记、政治委员;2021年12月,任南京市公安局玄武分局党委书记、局长、督察长;2022年1月,任玄武区副区长,市公安局玄武分局党委书记、局长、督察长;2022年2月,任玄武区政府党组成员、副区长,市公安局玄武分局党委书记、局长、督察长。

吴 恒

2022年1月7日,经政协玄武区第十三届委员会第一次会议选举,吴恒当选为玄武区政协副主席。

吴恒,男,1979年8月出生,江苏泗洪人,2002年8月参加工作,2001年11月加入中国共产党,党校研究生学历,学士学位。2002年8月,任南京市江宁区东山街道科员;2004年1月,任江宁开发区管委会办公室副主任科员;2005年9月,任南京市发改委政策法规处副主任科员;2007年5月,任玄武区招商局副主任科员;2007年12月,任玄武区招商局项目服务部部长;2008年1月,任玄武区发改局局长助理;2009年1月,任玄武区梅园新村街道办事处副主任;2012年9月,任玄武区科技街管委办常务副主任、徐庄软件园管委会副主任(正处);2013年4月,任玄武区孝陵卫街道党工委副书记、办事处主任;2016年5月,任玄武区新街口街道党工委副书记、办事处主任;2018年3月,任玄武区玄武湖街道党工委书记;2020年7月,任玄武区发改委党组书记、主任;2022年1月,任玄武区政协副主席,发改委党组书记、主任;2022年2月,任玄武区政协党组成员、副主席,发改委党组书记、主任。

章 凯

2022年11月30日,中共南京市委任命章凯为南京市玄武湖周边地区综合管理办公室主任。

章凯,男,1973年9月出生,江苏南京人,1993年8月参加工作,2001年5月加入中国共产党,党校研究生学历。1993年8月,任江苏省地矿厅地质调研所工人;1997年8月,任南京市玄武区市容监察大队队员;2003年6月,任玄武区城管行政执法大队珠江路中队副中队长;2004年8月,任玄武区城管行政执法大队大队长助理;2007年12月,任玄武区城管行政执法大队大队长;2010年7月,任玄武区城管局副局长、城管行政执法大队大队长;2012年4月,任玄武区征收办主任,拆迁办主任、支部书记,住建局副局长;2016年2月,任玄武区建设和交通局党工委书记、征收办主任;2017年2月,任玄武区建设和交通局党组书记、局长,征收办主任;2019年2月,任玄武区建设局党委书记、局长;2021年3月,任玄武区孝陵卫街道党工委书记,南理工科技创新园管委会主任,徐庄高新区(软件园)党工委委员;2022年11月,任玄武湖周边地区综合管理办公室主任,玄武区孝陵卫街道党工委书记,南理工科技创新园管委会主任,徐庄高新区(软件园)党工委委员;2023年2月,任玄武湖周边地区综合管理办公室主任;2023年3月,任玄武区政府党组成员,玄武湖周边地区综合管理办公室党组书记、主任。

新闻人物

吴 俊

南京农业大学作物遗传与种质创新国家重点实验室副主任,教授,博士生导师。2022年7月,被授予"中国青年女科学家奖"。

吴俊,女,汉族,1975年6月出生,安徽省滁州人。1993年,安徽农业大学果树学专业学习;2000年,硕士研究生毕业;2003年,山东农业大学获博士学位后任教于南京农业大学。长期致力梨种质资源及分子育种方面的科研工作,重点围绕梨果实品质性状遗传改良开展系统研究,在梨的基因组和遗传变异、种质资源评价和利用、重要品质性状功能基因挖掘、分子育种技术创新和新品种创制方面取得重要成果。主持国家及省部级科技项目20多项,以第一或通讯作者(含共同)在国际主流期刊发表SCI论文60多篇,4篇论文入选ESI高被引论文。作为共同第一作者利用梨花粉单细胞测序组装单倍型基因组的研究成果入选2020年中国农业科学十大重要进展。以第一发明人获授权国家发明专利24项、国家软件著作权2项；参编中、英文专著9部；参与选育梨新品种6个；作为主要完成人获国家科学技术进步奖二等奖、教育部自然科学奖一等奖、教育部技术发明奖一等奖等国家及省部级科技奖励9项。获中国青年科技奖、江苏省杰出青年科学基金，获评科技部中青年科技创新领军人才、教育部新世纪优秀人才、江苏省特聘教授，入选江苏省“333高层次人才培养工程”第二层次培训对象。（虞朝东）

王赐月

南京体育学院花样游泳运动员。2022年6月，获第19届世界泳联世界游泳锦标赛花样游泳集体技术自选冠军、集体自由自选冠军。

王赐月，女，1999年11月出生于南京，江苏仪征人。2005年9月，进入南京市玄武区体校花样游泳队训练；2012年2月，输送至江苏省少体校；2015年，进入江苏省花样游泳队；2018年，入选国家花样游泳队。2007年，获江苏省少年儿童花样游泳比赛丙组集体第一名；2009年，获江苏省少年儿童花样游泳比赛双人第一名；2011年，获全国青少年花样游泳锦标赛儿童B组25米配乐同乐游第一名、儿童B组陆上柔软组合第一名、儿童B组组合第二名。2019年，获全国花样游泳锦标赛集体第一名；2021年，获第十届全国运动会花样游泳比赛集体第四名；2022年，获全国花样游泳锦标赛集体第三名。（李承孝）

先进集体

国家级先进集体一览表

表2

获奖单位	荣誉称号	授予单位	授予时间
区审计局	国有资产专项审计方法体系软件著作权	中华人民共和国国家版权局	2022.8
区审计局	政府采购专项审计方法体系软件著作权	中华人民共和国国家版权局	2022.8
区市场监管局	国家知识产权强县建设试点县	国家知识产权局	2022.8
区人民检察院	2022年度全国检察宣传先进单位	最高检系统、检察日报社	2022.9

省级先进集体一览表

表3

获奖单位	荣誉称号	授予单位	授予时间
区委老干部局	老干部工作先进集体	省委老干部局	2022.12
区人民检察院	2021年度全省“五好”基层检察院	省人民检察院	2022.2
区人民检察院《向阳花开》	江苏十佳检察文化品牌	省人民检察院	2022.12
区退役军人事务局	全省双拥模范区	省委、省政府、省军区	2022.7
区退役军人事务局	全省退役军人权益维护工作先进集体	省退役军人事务厅	2022.12
区退役军人事务局	省级优秀退役军人服务中心	省退役军人事务厅	2023.1
区商务局	第四届进博会江苏交易团组织工作先进集体	省人力资源厅、省商务厅	2022.12
区统计局	2021年度优秀统计法治宣传作品优秀创作奖	省统计局	2022.1

续表3

获奖单位	荣誉称号	授予单位	授予时间
区统计局	2021年统计基层基础规范化管理创新项目	省统计局	2022.1
区审计局	新修订审计法线上知识竞答活动优秀组织奖	省审计厅	2022.12
区教育局	江苏省融合教育示范区	省教育厅	2022.6
区教育局	江苏省幼儿园课程游戏化项目	省教育厅	2022.6
区教育局	江苏启动前瞻性教改重大项目基础教育高质量发展实验区	省教科院	2022.8

市级先进集体一览表

表4

获奖单位	荣誉称号	授予单位	授予时间
新街口街道	2021年南京市扛起“争当表率、争做示范、走在前列”三大光荣使命先进集体	中共南京市委、南京市人民政府	2022.5
玄武湖综管办	2022年南京市扛起“争当表率、争做示范、走在前列”三大光荣使命先进集体	中共南京市委、南京市人民政府	2023.3

先进个人

2022年玄武区“江苏好人”一览表

表5

姓　名	工作单位及职务	表彰单位
江　辉	东部战区总医院骨科副主任医师	中共江苏省委宣传部
魏　波	玄武公安分局刑警大队副大队长	

2022年玄武区“南京好市民”一览表

表6

姓　名	工作单位及职务	表彰单位
班海滨	玄武区军队离退休干部第五休养所军休干部	中共南京市委宣传部
黄　滢	玄武区新街口街道北门桥社区书记、主任	
江　辉	东部战区总医院骨科副主任医师	
李　蔚	南京同心未成年人保护与服务中心志愿者	
史玉梅	中山陵职工医院院长	
苏露露	东部战区总医院非现役文职人员	

续表6

姓　名	工作单位及职务	表彰单位
魏　波	玄武公安分局刑警大队副大队长	中共南京市委宣传部
巫　蓉	南京市长江路小学附属银城幼儿园党支部书记、园长	
杨　华	玄武区应急管理局防汛防台减灾科科长	
钟小宇	后宰门社区卫生服务中心中医科副主任医师	

2022年玄武区“玄武好人”一览表

表7

姓　名	工作单位及职务	表彰单位
李　锐	江苏省演艺集团交响乐团后台主任、新街口街道香铺营社区居民	中共南京市玄武区委宣传部
田翔熠	玄武区城市管理综合行政执法大队一级行政执法员	
蒋秋霞	锁金村街道锁三社区居民	
俞晓阳	北京浩天(南京)律师事务所专职律师	
陈　炼	玄武区逸仙桥消防救援站助理	
丁国卫	玄武公安分局民警	
耿　辉	玄武区人民法院审管办主任	
葛　盛	南京市紫东实验学校班主任、年级主任	
肖　群	江苏柯菲平医药股份有限公司小分子靶向药物研究中心分析经理	
张　伟	玄武区人民检察院第五检察部副主任	

(栏目编辑　时蔓菲)

附录

文件目录

文件选编

统计资料摘编

新闻媒体报道题录

2022年玄武区街道、社区一览表

表8

街道办事处		社区居民委员会		备注
名　称	驻　地	个数	名　　称	
新街口	大石桥19号	6	香铺营、长江路、北门桥、唱经楼、大石桥、成贤街	
玄武门	百子亭8号	6	台城花园、百子亭、大树根、天山路、廖家巷、公教一村	
梅园新村	珠江路665号院落	9	东南大学、兰园、大影壁、梅园新村、大行宫、太平门、富贵山、北安门、明故宫	
锁金村	锁金村67号	7	锁一、锁二、锁三、锁四、锁五、新庄、紫鑫城	
孝陵卫	紫金华府B-79、B-82栋	12	小卫街、孝陵卫、晏公庙、盛和家园、钟灵街、农科院、南农大、卫岗、理工大、康定里、银城东苑、钟山花园	
玄武湖	板仓街98号	10	板仓、花园路、蒋王庙、樱驼花园、东方城、樱铁村、仙鹤门、仙居雅苑、聚宝山、徐庄	
红　山	营苑南路58号	10	北苑、月苑、营苑、红山公园、曹后、藤子、墨香山庄、红山、阳光嘉园、紫金小营	
合　计		60		

2022玄武区地名命名表

表9

地名名称	类　别	所在位置	批复文号
汇贤青年公寓	综合性建筑	东至红山路，南至沪宁城际铁路，西至现状小区，北至红山南路	宁建地名复〔2022〕51号
汇聚理想商务中心	综合性建筑	东至现状，南至沪宁城际铁路，西至红山路，北至红山南路	宁建地名复〔2022〕52号
晨峰商务楼	综合性建筑	东至现状小区，南至现状小区，西至丹凤街，北至现状	宁建地名复〔2022〕57号
粮安巷	道路	起点：羲和广场西门，止点：中山路路口	宁地名复〔2022〕46号
臻境城	综合性建筑	东至北苑东路，南至大壮观路，西至恒嘉路及龙腾路，北临红腾路及华飞路	宁地名复〔2022〕12号
臻境南园	臻境城内组团	东至北苑东路，南至大壮观路，西至恒嘉路及龙腾路，北临红腾路及华飞路	宁地名复〔2022〕12号
臻境西园	臻境城内组团	东至北苑东路，南至大壮观路，西至恒嘉路及龙腾路，北临红腾路及华飞路	宁地名复〔2022〕12号
臻境商务中心	臻境城内组团	东至北苑东路，南至大壮观路，西至恒嘉路及龙腾路，北临红腾路及华飞路	宁地名复〔2022〕12号
臻境北园	臻境城内组团	东至北苑东路，南至大壮观路，西至恒嘉路及龙腾路，北临红腾路及华飞路	宁地名复〔2022〕12号
臻境商业广场	臻境城内组团	东至北苑东路，南至大壮观路，西至恒嘉路及龙腾路，北临红腾路及华飞路	宁地名复〔2022〕12号

南京市玄武区2022—2023学年初幼儿园一览表

表10

机构名称	校数	地　址
总计	55	
一、教育部门	17	
南京市北京东路小学附属幼儿园	1	江苏省南京市玄武区北京东路47号
南京市半山园小学附属幼儿园	1	江苏省南京市玄武区后宰门街46-2号
南京市长江路小学幼儿园	1	江苏省南京市玄武区邓府巷36号
南京市逸仙实验幼儿园	1	江苏省南京市玄武区紫金东路2号28栋
南京市锁金幼儿园	1	江苏省南京市玄武区锁金三村1号
南京师范大学附属小学实验幼儿园	1	江苏省南京市玄武区老虎桥16号
南京市玄武门幼儿园	1	江苏省南京市玄武区高楼门26-5号
南京市孝陵卫中心幼儿园	1	江苏省南京市玄武区钟山花园城陶然居1号
南京市北京东路小学附属阳光幼儿园	1	江苏省南京市玄武区玄武大道88-2号
南京市北京东路小学附属月香幼儿园	1	江苏省南京市玄武区月香路8号
南京师范大学附属小学钟秀幼儿园	1	江苏省南京市玄武区钟毓街8号
南京市铁北新城第一幼儿园	1	江苏省南京市玄武区华飞路6号
南京市北京东路小学附属恒嘉幼儿园	1	江苏省南京市玄武区过街山路23号
南京市逸仙实验第二幼儿园	1	江苏省南京市玄武区马高路317号
南京师范大学附属小学星河幼儿园	1	江苏省南京市玄武区华跃路17号
南京市长江路小学附属博爱幼儿园	1	江苏省南京市玄武区双拜巷155号
南京师范大学附属小学丹凤街幼儿园	1	江苏省南京市玄武区尖角营27号
二、民办	17	
南京玄武钟灵农科苑幼儿园	1	江苏省南京市玄武区钟灵街48号
南京市行知实验幼儿园	1	江苏省南京市玄武区鹤鸣路49号
南京华星艺术幼儿园	1	江苏省南京市玄武区华瑞苑33号
南京市小哈佛双语幼儿园	1	江苏省南京市玄武区丹凤新寓6-1号
南京市玄武区淘淘幼儿园	1	江苏省南京市玄武区仙居花园小区内
南京玄武樱花幼儿园	1	江苏省南京市玄武区樱驼花园思立园
南京玄武晶晶幼儿园	1	江苏省南京市玄武区营苑新寓小区14幢
南京玄武东方城幼儿园	1	江苏省南京市玄武区樱花路东方城小区内
南京红山幼儿园	1	江苏省南京市玄武区月苑南路5号
南京玄武北苑之星幼儿园	1	江苏省南京市玄武区华飞路8号北苑之星17幢
南京玄武月苑幼儿园	1	江苏省南京市玄武区月苑南路7号
南京玄武墨香幼儿园	1	江苏省南京市玄武区墨香路30号
南京紫金东郡幼儿园	1	江苏省南京市玄武区苏宁大道8号

续表10

机构名称	校数	地　址
南京市玄武区淘淘幼儿园十字街分园	1	江苏省南京市玄武区十字街1号
南京市玄武区淘淘幼儿园钟山山庄分园	1	江苏省南京市玄武区钟山山庄28幢
南京市行知实验幼儿园花园路分园	1	江苏省南京市玄武区花园路7号
南京市圣玛丽紫金华府幼儿园	1	江苏省南京市玄武区顾家营路60号
三、集体办	6	
南京市长江路小学附属银城幼儿园	1	江苏省南京市玄武区东苑路12号
南京市锁金新村第一小学附属幼儿园	1	江苏省南京市玄武区锁金二村7号
南京市玄武区如意幼儿园	1	江苏省南京市玄武区如意里38号
南京市玄武区花红园幼儿园	1	江苏省南京市玄武区文德里78号
南京市玄武区钟山幼儿园	1	江苏省南京市玄武区孝陵卫双拜巷28-1号
南京市玄武区锁金村第一幼儿园	1	江苏省南京市玄武区锁金六村9号
四、其他部门办	15	
南京理工大学附属幼儿园	1	江苏省南京市玄武区孝陵卫200号
东南大学总务处幼儿园	1	江苏省南京市玄武区进香河路35号
南京体育学院附属幼儿园	1	江苏省南京市玄武区灵谷寺路8号
南京农业大学附属幼儿园	1	江苏省南京市玄武区童卫路6号
中国人民解放军海军指挥学院幼儿园	1	江苏省南京市玄武区半山园21号
中国人民解放军32075部队香禾幼儿园	1	江苏省南京市玄武区进香河路22号
南京军区南京实验幼儿园	1	江苏省南京市玄武区黄埔路3号
南京前线幼儿园	1	江苏省南京市玄武区卫岗55号
东部战区空军后勤部机关幼儿园	1	江苏省南京市玄武区汉府街18号
南京军区空军直属机关幼儿园	1	江苏省南京市玄武区龙蟠中路23号-1
南京军区政治部小天鹅幼儿园	1	江苏省南京市玄武区龙蟠中路16号
中国人民解放军31121部队幼儿园	1	江苏省南京市玄武区板仓街109号
南京市市级机关第一幼儿园	1	江苏省南京市玄武区北京东路24号
南京熊猫新兴实业有限公司幼教中心御道街幼儿园	1	江苏省南京市玄武区秦淮区中山东路526号
南京熊猫新兴实业有限公司幼教中心后宰门幼儿园	1	江苏省南京市玄武区后宰门街32号大院内

玄武区2022—2023学年初小学学校一览表

表11

机构名称	校数	学校类别	学校地址
总计	27		
南京市徐庄高新区实验小学	1	小学	江苏省南京市玄武区鹤鸣路1号
南京玄武外国语学校附属小学	1	小学	江苏省南京市玄武区昆仑路43号
南京市锁金新村第一小学	1	小学	江苏省南京市玄武区锁金村61号

续表11

机构名称	校数	学校类别	学校地址
南京市锁金新村第二小学	1	小学	江苏省南京市玄武区锁金五村2号
南京市宇花小学	1	小学	江苏省南京市玄武区佛心桥36号
南京市小营小学	1	小学	江苏省南京市玄武区龙蟠中路21号
南京市成贤街小学	1	小学	江苏省南京市玄武区太平北路120号
南京市逸仙小学	1	小学	江苏省南京市玄武区汉府街2号
南京市长江路小学	1	小学	江苏省南京市玄武区长江路260号
南京市洪武北路小学	1	小学	江苏省南京市玄武区北门桥1-16号
南京市同仁小学	1	小学	江苏省南京市玄武区同仁西街16号
南京师范大学附属小学	1	小学	江苏省南京市玄武区四牌楼4号
南京市中央路小学	1	小学	江苏省南京市玄武区中央路52号
南京市红山小学	1	小学	江苏省南京市玄武区黑墨营路96号
南京农业大学实验小学	1	小学	江苏省南京市玄武区小卫街1号
南京市海英小学	1	小学	江苏省南京市玄武区半山园20号
南京市北京东路小学	1	小学	江苏省南京市玄武区北京东路47号
南京市月苑第一小学	1	小学	江苏省南京市玄武区月苑南路10号
南京市玄武实验小学	1	小学	江苏省南京市玄武区玄武大道88-1号
南京市立贤小学	1	小学	江苏省南京市玄武区网板路9号
南京市紫金山小学	1	小学	江苏省南京市玄武区顾家营59-6号
南京理工大学实验小学	1	小学	江苏省南京市玄武区胜利村路4号
南京市樱花小学	1	小学	江苏省南京市玄武区樱花路15号
南京市铁北新城小学	1	小学	江苏省南京市玄武区龙腾路5号
南京市启迪小学	1	小学	江苏省南京市玄武区启迪大街29号
南京市科利华小学	1	小学	江苏省南京市玄武区龙蟠路151-2号
南京市孝陵卫初级中学	1	九年一贯制学校	江苏省南京市玄武区双拜巷133号

玄武区2022—2023学年初普通中学基本情况一览表

表12

学校名称	校数	办学类型	地　址
总计	17		
南京市梅园中学	1	初级中学	江苏省南京市玄武区大悲巷13号
南京市孝陵卫初级中学	1	九年一贯制学校	江苏省南京市玄武区双拜巷133号
南京市科利华中学	1	初级中学	江苏省南京市玄武区后大树根40号
南京市紫东实验学校	1	初级中学	江苏省南京市玄武区仙鹤门101号
南京市弘光中学	1	初级中学	江苏省南京市玄武区胜利村路68号

续表12

学校名称	校数	办学类型	地　址
南京市第十三中学锁金分校	1	初级中学	江苏省南京市玄武区锁金村71号
南京市红山初级中学	1	初级中学	江苏省南京市玄武区营苑南路3号
南京市第五十四中学	1	初级中学	江苏省南京市玄武区后宰门西村20号
南京玄武外国语学校	1	初级中学	江苏省南京市玄武区珠江路653号
南京市科利华紫金中学	1	初级中学	江苏省南京市玄武区顾家营59-7号
南京市第九初级中学	1	初级中学	江苏省南京市玄武区杨将军巷46号
南京市科利华铁北中学	1	初级中学	江苏省南京市玄武区红藤路9号
南京市科利华铁北第二中学	1	初级中学	江苏省南京市玄武区曹后村28号
南京市玄武高级中学(太平门校区)	1	高级中学	江苏省南京市玄武区农场巷124号
南京市人民中学	1	完全中学	江苏省南京市玄武区中山路178号
南京市第十三中学	1	高级中学	江苏省南京市玄武区西家大塘14号
南京市第九中学	1	高级中学	江苏省南京市玄武区碑亭巷51号

玄武区养老机构一览表

表13

序号	名　称	地　址	负责人
1	南京高堂和悦养老服务有限公司	南京市玄武区玄武门街道中央路6号	沈宙铭
2	南京市玄武区仁德养老养护中心	南京市玄武区玄武门街道厚载巷23号	殷　鸣
3	南京市玄武区鸿福老年公寓	玄武区梅园新村街道珠江路667-2号	徐敏州
4	南京市玄武区梅园街道老年照料中心	南京市玄武区梅园新村街道演武新村60号	梅思远
5	南京钟山银城养老产业发展有限公司(梅苑颐养中心)	梅园新村街道后宰门东村80号	潘丽芳
6	南京市玄武区九如城盛和养老护理中心	孝陵卫街道马高路319号	许岁红
7	南京博爱老年公寓	玄武湖街道钟山山庄20幢-21幢	祝玉梅
8	南京市玄武区颐鹤老年公寓	玄武湖街道鹤鸣路59号	王四新
9	南京市玄武区君兆老年服务中心	玄武湖街道樱驼花园樱花西路10号	臧小林
10	南京钟山银城养老产业发展有限公司(聚宝山颐养中心)	玄武湖街道玄武大道96号聚宝山公园内	李文霞
11	南京玄武好悦养老服务有限公司	南京市玄武区红山街道十字街3号	俞明明
12	南京钟山银城养老产业发展有限公司(月苑颐养中心)	玄武区红山街道月苑南路9号	王　静
13	江苏安康通健康管理有限公司玄武颐养院分公司	玄武区红山街道华飞路1号	蓝育勇
14	银城康养富贵山颐养中心	玄武区梅园新村街道佛心桥3-1号	江　珊
15	南京市玄武区锁金村乐惠居养老综合服务中心	玄武区锁金村街道新庄39号综合楼	朱秦伟
16	南京幸福索酷养老服务有限公司	南京市玄武区营苑南路100号	高献兵

文件目录

区委文件(部分)

3月14日　玄委发〔2022〕1号　关于印发《玄武区建设最具竞争力的创新高地若干意见》的通知

1月27日　玄委发〔2022〕7号　关于进一步做好“三重一大”事项决策和监管的意见

2月15日　玄委发〔2022〕11号　关于表彰2021年度玄武区践行“争当表率、争做示范、走在前列”先进集体、先进个人的决定

4月11日　玄委发〔2022〕16号　关于印发《玄武区2022年优化营商环境实施方案》的通知

5月10日　玄委发〔2022〕20号　关于全面加强新时代中小学幼儿园劳动教育的实施意见

6月10日　玄委发〔2022〕21号　关于印发《玄武区法治政府建设实施方案(2021—2025年)》的通知

6月9日　玄委发〔2022〕24号　关于印发《“探索多元创新主体合作共建机制　推动多层次科创平台建设”改革项目实施方案》的通知

9月1日　玄委发〔2022〕26号　关于通报表扬“2022年玄武区优秀教育工作者”获得者的通知

9月1日　玄委发〔2022〕27号　关于通报表扬玄武区第十二届“斯霞式人民教师”获得者的通知

区政府文件(部分)

4月5日　玄政〔2022〕43号　关于印发《玄武区积极应对疫情助企纾困稳定经济发展二十项举措》的通知

4月28日　玄政〔2022〕57号　关于印发《玄武区产业发展引导基金管理办法》的通知

5月5日　玄政〔2022〕59号　关于玄武区第五届青少年科技创新区长奖的表彰决定

12月8日　玄政〔2022〕150号　关于印发《玄武区区属单位房屋出租管理办法》的通知

1月20日　玄政办〔2022〕5号　关于转发《玄武区0～3岁婴幼儿照护服务设施建设实施方案》的通知

1月20日　玄政办〔2022〕6号　关于转发《玄武区3岁以下婴幼儿照护服务发展实施方案》的通知

3月17日　玄政办〔2022〕14号　关于转发《玄武区科技创新基金实施办法》的通知

9月26日　玄政办〔2022〕42号　关于转发《玄武区全民健身实施计划(2021—2025年)》的通知

10月30日　玄政办〔2022〕47号　关于公布玄武区行政许可事项清单的通知

11月25日　玄政办〔2022〕51号　关于印发玄武区全面加强药品监管能力建设若干措施的通知

12月28日　玄政办〔2022〕53号　关于印发《南京市玄武区推进数字经济高质量发展实施方案》的通知

文件选编

玄武区区长质量奖评定管理办法

玄政规〔2022〕1号

第一章　总　则

第一条　为贯彻落实新发展理念，大力推进质量强区建设，激励在本区质量工作中取得卓越绩效的组织，引导本区各行各业加强质量管理、追求卓越绩效，发挥质量、标准和创新对经济社会发展的支撑引领作用，进一步推动高质量发展，根据《中华人民共和国产品质量法》《中共中央国务院关于开展质量提升行动的指导意见》《江苏省省长质量奖管理办法》和《南京市市长质量奖评定管理办法》等规定，结合我区实际，制定本办法。

第二条　玄武区区长质量奖(以下简称区长

质量奖)由玄武区人民政府设立,授予我区实施先进质量管理模式,有广泛知名度与突出影响力、质量领先、技术创新、品牌优秀、效益突出的组织(包括企业或者其他组织)。并设立提名奖,鼓励追求卓越的组织。

第三条　区长质量奖评定工作在自愿申请的基础上,坚持科学、公正、公平、公开的原则,严格标准、好中选优、宁缺毋滥。申报及评审不收取任何费用。

第四条　区长质量奖为年度奖,每年评定一次。区长质量奖获奖组织每次不超过3家;区长质量奖提名奖获奖组织每次不超过5家。上述获奖数可以少额或空缺。

第五条　鼓励我区新兴重点产业和传统优势产业的龙头骨干企业,成长性强的中小型企业,教育、医疗卫生等公共服务机构积极申报区长质量奖。对获得区长质量奖的组织,优先推荐申报参评下一年度南京市市长质量奖。

第六条　区长质量奖评定标准主要采用《玄武区区长质量奖评定标准细则》等,并根据质量管理理论及其实践的发展,适时进行修订。

第二章　组织管理

第七条　为确保区长质量奖评定过程及结果的公正性和科学性,区长质量奖由玄武区质量发展委员会(以下简称区质发委)组织评定,其日常工作由玄武区质量发展委员会办公室(以下简称区质发委办)承担,办公室设在区市场监督管理局。区质发委主任由区长担任,常务副主任由分管副区长担任,副主任由区市场监督管理局主要领导担任,其他成员由区政府有关部门领导组成。

第八条　区质发委在区长质量奖评定工作中承担的主要职责:

(一)组织、推动、指导、监督区长质量奖评定活动,决定区长质量奖评定过程的重大事项。

(二)审定区长质量奖评定标准细则、工作程序、管理制度等工作规范。

(三)审查评审结果,审定区长质量奖及提名奖获奖组织名单。

第九条　区质发委办在区长质量奖评定工作中承担的主要职责是:

(一)组织制(修)订区长质量奖评定标准细则、工作程序、管理制度等工作规范。

(二)组建独立的专家评审组,对评审人员的职责履行情况进行监督管理。

(三)组织编制区长质量奖年度工作计划,组织开展国内外先进质量奖评定标准的跟踪研究。

(四)负责受理区长质量奖的申请、组织评审、公示评审结果以及宣传和推广工作。

(五)调查、评价申报组织及获奖组织的经营管理情况、企业信用及企业社会责任情况等。

(六)向区质发委报告区长质量奖的初步评审结果,提请审议候选组织名单。

第十条　区质发委办根据评审工作需要,在南京市市长质量奖评审专家库内,随机聘请3名以上(含3名)专家组建评审组,评审组实行组长负责制,开展年度评审工作。区质发委办派观察员监督评审过程。

评审组的主要职责是:

(一)具体负责区长质量奖的评审工作。

(二)向区质发委办报告评审结果,提出获奖建议名单。

第十一条　区政府有关行业主管部门、各街道办事处、园区和行业协会分别负责本行业、本区域内组织申报区长质量奖的发动和推荐工作;宣传、推广获奖组织的先进经验和成果,协助调查核实申报组织的获奖资格。

第三章　申报条件

第十二条　申报区长质量奖的组织,必须具备下列基本条件:

(一)在玄武区行政区域内登记注册,具有法人资格,正常运营三年以上。符合国家和省市区有关产业导向、环境保护、节能减排、安全生产、质量等法律法规及政策要求,具备相关资质或者证照。

(二)通过实施ISO 9001质量管理体系认证或者其他相关行业体系认证,推广应用卓越绩效管理模式,质量管理体系有效运行,实现标准化生产、经营和服务。具有杰出的经营业绩和社会贡献,从事生产、经营活动的,其经营规模、实现利税、总资产贡献率等在上年度位居市区同行业先进水平,并在玄武区依法纳税,贡献突出。

(三)积极开展质量创新、标准创新和品牌创新,形成先进的质量管理理念,总结出具有特色的质量管理模式，深入开展质量攻关和质量改进活动并取得实效，积极宣传和普及先进的质量管理技术方法。

（四）对有行政许可、强制性产品认证或者体系认证、产品注册等要求的产品或者体系已获得许可、认证或者注册。

（五）提供的产品、工程和服务符合相关标准要求，近三年国家、省、市、区监督抽查产品或者服务合格。

（六）具有良好的诚信记录和社会声誉。近三年未发生亏损（政策性亏损除外）。近三年无重大质量、安全、环境污染、公共卫生、食品安全等事故（按相关行业规定认定）及重大质量投诉，无行政处罚记录及失信记录（至申报截止日期之前已进行信用修复的除外）。

第十三条　已获得区长质量奖的组织，自获奖年度起5年内不得再次申报；获提名奖的组织，再次申报不受上述限制。

第四章　申报和评定程序

第十四条　区长质量奖评定包括资格审查、信用审查、资料评审、现场评审和审定公示等程序。

第十五条　区质发委办印发申报通知，通告本年度区长质量奖的申报工作安排和有关事宜，并在区政府和区市场监督管理局网站或公众平台上公布。

第十六条　组织在自愿的基础上如实填写统一格式的玄武区区长质量奖申报表，按照区长质量奖的评定标准及填报要求进行自我评价和说明，同时提供有关材料，经区有关主管部门、所在地街道办事处、园区或行业协会之一签署推荐意见后，报送区质发委办。

第十七条　申报组织对所申报的所有材料的完整性、真实性、准确性负责，区质发委办对申报组织是否符合申报条件、申报材料是否齐全等情况进行审查，确定符合资格审查要求的组织名单。

第十八条　区质发委办组织评审组对组织提交的申报表、自评报告等申报材料，依据评定标准逐条评分，形成资料评审报告，并据此提出进入现场评审的组织名单。

第十九条　对进入现场评审的组织，区质发委办组织评审组按评定标准进行现场评审，形成现场评审报告。

第二十条　区质发委办在资格审查、资料评审及现场评审等环节，结合实际对申报组织进行信用审查，并征求区质发委成员单位意见，对存在失信记录且未进行信用修复的组织取消评定资格。

第二十一条　区质发委办综合资料评审和现场评审的得分进行排序，分别提出区长质量奖、区长质量奖提名奖候选名单。

第二十二条　区质发委办将获奖组织候选名单提交区质发委审议。经审议批准后的名单通过区政府和区市场监督管理局网站向社会进行为期7天的公示。公示期结束后，由区政府发文认定、授牌颁证，并给予资金激励。

第五章　激励与工作经费

第二十三条　区政府对每个首次获得“区长质量奖”称号的组织给予20万元的激励，对每个首次获得“区长质量奖提名奖”称号的组织给予5万元的激励；激励经费主要用于获奖组织的质量持续改进、质量创新、质量攻关和教育培训等，不得挪作他用。

第二十四条　区长质量奖组织、管理、评定、培训、监督等工作经费和激励经费，列入区年度财政预算。

第二十五条　已获得区长质量奖的组织，经复评再次获得该奖的，由区政府发文认定、授牌颁证，但不给予资金激励，不占用当年奖项名额。

已获得区长质量奖提名奖的组织，自获奖年度起5年内经复评仅达到提名奖条件的，不再重复获提名奖。

第六章　监督管理

第二十六条　区质发委办会同相关部门切实加强对评审工作的监督，对在评审过程中滥用职权、玩忽职守、徇私舞弊、造成不良后果的责任人员，报经区质发委批准后，取消其评审工作资格，并提请其主管部门或者所在单位给予纪律处分。构成犯罪的，依法追究刑事责任。

第二十七条　申报组织对其所提供材料的真实性负责，对弄虚作假或者以其他不正当手段谋取区长质量奖的，取消其5年内申报区长质量奖的资格。对已经认定的，撤销其称号，追回证书、奖牌及激励资金，公开通报，并建议其主管部门依据有关规定予以处理。

第二十八条　获奖组织发生质量、安全、环境污染、公共卫生等事故导致重大不良社会影响的。撤销其称号，追回证书、奖牌及激励资金，并公开通报。

第二十九条　参与区长质量奖评定的人员与申报组织有利害关系的，应当主动申请回避。对未能主动提出回避的人员，区质发委办可以责令其回避，并视情况决定是否取消其参与评定的资格。

第三十条　申报组织应当主动申明申报材料中涉及的商业秘密或者技术秘密，参与区长质量奖评定的有关机构和人员应当依法保守知悉的商业秘密和技术秘密。

第三十一条　获奖组织可在组织宣传中使用该称号，并注明获奖年度，但不得用于产品推销，不得在产品或包装上标注玄武区区长质量奖获奖称号。对违反前述规定者，由区质发委办责令其限期改正。如逾期未改，由区质发委提请区政府撤销其称号，追回证书、奖牌及激励资金，并公开通报。

第三十二条　获奖组织应当履行向社会宣传推广其先进质量管理经验和方法的义务（涉及商业秘密的除外），推广质量文化建设成果，并持续改进质量管理，不断推进质量创新、技术创新、管理创新，发挥标杆示范引领作用，带动全区整体质量水平提升。

第七章　附　则

第三十三条　本办法自2022年2月27日起施行。原《玄武区区长质量奖评定管理办法》（玄政规〔2017〕1号）同时废止。

玄武区积极应对疫情助企纾困稳定经济发展二十项举措

玄政〔2022〕43号

为统筹推进疫情防控和经济社会发展，全力缓解当下疫情冲击，减轻企业负担，进一步恢复市场信心、稳定预期，最大限度减少疫情对经济社会发展的影响，在全面落实中央和省、市支持政策的基础上，结合本区实际，现制定以下工作举措。

一、落实减税降费，降低企业运营成本

1.加大财政资金投入。安排区级财政专项资金不低于3000万元，推进各类市场主体提振信心、融合发展，重点支持小微企业纾困解难、稳定就业。（责任单位：区财政局）

2.缓缴减免各类税费。全面落实增值税小规模纳税人阶段性免征增值税、暂停预缴增值税有关政策规定。对增值税小规模纳税人、小型微利企业和个体工商户减征“六税两费”。进一步加大增值税期末留抵退税政策实施力度。免征农产品批发市场、农贸市场房产税和城镇土地使用税。对承担商品储备政策性业务的企业自用房产、土地免征房产税和城镇土地使用税。对受疫情影响严重的餐饮、文体娱乐、交通运输、旅游、零售等行业纳税人和增值税小规模纳税人，暂免征收2022年房产税、城镇土地使用税。其他行业纳税人生产经营确有困难的，可申请减免房产税、城镇土地使用税。延续实施制造业中小微企业延缓缴纳部分税费。（责任单位：区税务局、区财政局）

3.加大税费抵扣力度。我区中小微企业在2022年新购置的设备、器具，单位价值在500万元以上的，按照单位价值的一定比例自愿选择在企业所得税税前扣除。凡符合条件的创投企业和天使投资个人对其投资的初创科技型企业，按投资额一定比例抵扣应纳税所得额。对符合条件的从事污染防治的第三方企业减按15%的税率征收企业所得税。（责任单位：区税务局、区财政局、区科技局）

4.减轻企业房租负担。对承租区属行政事业单位和国有企业（包括全资、控股和实际控制企业）国有房产的服务业小微企业和个体工商户，减免3个月租金，如列为中高风险地区延长减免3个月租金。减半收取餐饮业的电梯、锅炉、压力容器定期检验和监督检验收费。（责任单位：区国资办、区财政局、区市场监管局）

二、强化援企稳岗，助力企业纾困解难

5.缓解企业社保压力。继续实施阶段性降低保险费率政策，优化社保经办业务流程。失业保险继续阶段性执行用人单位0.5%的缴费比例；职工基本医疗保险（含生育保险）单位缴费率从9.8%下调为8.8%；区社保经办机构为辖区企业开展“点对点”服务，多渠道扩大网办覆盖率，降低企业运行成本。对符合条件的困难企业，经财政、税务和人社部门认可后，可继续缓缴养老、失业和工伤三项社会保险费，缓缴期限最长不超过6个月，缓缴期间免收滞纳金。（责任单位：区人社局、区税务局、区财政局）

6.助力企业减负稳岗。对企业组织职工开展岗前培训、岗位技能提升培训或项目制培训的，给予相应培训补贴。鼓励街道和社区招聘辖区内因疫情歇业或暂时停业的企业员工参与防疫工作，并给予临时性工作补助。（责任单位：区人社局、区财政局、各街道、徐庄高新区）

7.降低企业用工成本。小微企业新招用毕业2年内的高校毕业生（含符合条件的海外留学人员）及高级工、技师班（预备技师班）和特殊教育院校职业教育类毕业生，签订1年以上劳动合同并参保的，可按企业实际缴费金额给予1年的社会保险补贴（不含个人应缴纳的社会保险费）。对符合《中小企业划型标准规定》（工信部联企业〔2011〕300号）的小微企业，继续全额返还工会经费，截止时间顺延至2022年12月31日。（责任单位：区人社局、区财政局、区发改委、区总工会）

三、加强金融服务，支持企业稳定发展

8.降低小微企业融资成本。对受疫情影响的住宿餐饮、文化旅游、零售等行业小微企业，在2022年4月1日至6月30日之间向银行申请并取得的新增流动资金贷款，按年化利率1%给予3个月贷款贴息。对融资担保机构开展的1000万元以下、费率不超过1.5%的小微、科技、文化、战略性新兴产业企业担保业务给予奖补。支持融资担保机构为小微企业1000万元以下无抵押、无质押流动资金贷款提供免保费政策性担保服务。（责任单位：区财政局、区金融监管局、区发改委）

9.满足企业应急资金需求。通过政府增信，为受到疫情影响的批零住餐、文化旅游等中小微企业提供“应急贷”。对正常经营2年以上，年销售额达到200万元的，有固定经营场所，正常纳税且无经营处罚记录或失信记录的小微企业，由所在街道、园区推荐，可提供100万元的1年期应急贷款（个体工商户销售额达到100万元，可提供50万元的1年期应急贷款）；对前12个月增值税和所得税缴税总额大于1万元，纳税评级为B级（含）以上的企业，可提供纳税总额2～5倍应急贷款。支持银行机构向中小微企业发放循环授信、随借随还贷款，落实不盲目抽贷、断贷、压贷等政策要求。（责任单位：区金融监管局、各街道、徐庄高新区）

10.提供便捷高效融资服务。提供“线上融”融资服务，针对需要股权融资，或贷款遇到困难的企业，邀请相关股权投资机构或金融机构通过线上视频会议的方式，帮助企业线上对接、线上诊断，提高融资效率。依托“玄武金服”公众号，推出“码上贷”融资服务，企业线上填写基本资料，区内10多家合作银行限时择优推荐金融产品供企业自主选择，银行承诺开辟绿色通道快速审批，审批后3～7日内放款。（责任单位：区金融监管局、各街道、徐庄高新区）

四、聚力消费复苏，推动重点行业发展

11.推动文旅行业回暖。紧抓节假日期间消费热点，策划推出特色文旅活动套餐，举办城市休闲旅游节、文化体育惠民等活动；加强夜间及周末文旅市场联动，鼓励夜购、夜食、夜游等夜间消费，提供全时段、全流程文旅消费体验。鼓励党政机关、国有企事业单位在财政支出定额范围内，按程序委托旅行社、酒店等企业承办培训、会议活动，委托餐饮企业提供用餐服务。（责任单位：区文旅局、区各相关部门、各街道、徐庄高新区）

12.助力商贸行业复苏。支持商贸产业发展，适时开展主题消费促进活动，鼓励线上企业、大型商业综合体、步行街等各类企事业单位开展系列特色促销活动，激发消费活力。支持培育首店首秀、网红打卡等消费新业态，营造消费新场景。对主动减免小微商户租金的商场、商业综合体、商业街区等民营企业，优先予以各类商务发展政策、试点示范项目等方面支持。鼓励有条件的商场、商业综合体、商业街区，在做好常态化疫情防控、不影响周边居民正常生活的前提下，因地制宜，增设临时外摆，增加营业面积。（责任单位：区商务局、区公安分局、区城管局、玄武湖综管办、各街道、徐庄高新区）

13.保障重点行业从业人员健康安全。将道路客运驾驶员、进口货物（冷链食品除外）直接接触人员、出租汽车（网约车）驾驶员、零售及餐饮企业员工等群体纳入“应检尽检”信息管理系统，开展定期常态化核酸检测，统筹安排相应资金给予补贴。落实防疫要求，对外地来宁货运车辆实施相应管理措施，最大程度保障运输效率。（责任单位：区发改委、区卫健委、区建设局、区商务局、区市场监管局、区财政局、各街道、徐庄高新区）

14.促进新兴产业发展。围绕软件和信息技术赋能疫情常态化防控，引导企业运用大数据、云计算、5G等技术，加大基础研发投入，推动疫情防控相关产品迭代升级，并积极组织申报数字经济应用新场景，有效促进数字技术与实体经济深度融合；鼓励区内生物医药企业，围绕核酸检测和创新药物研发等领域，强化核心技术攻关，加快抢占市场份额，有效带动区域新兴产业快速发展。对获科技型中小企业评价入库认定的驻区企业，给予4000元的一次性评价入库奖补。（责任单位：区发改委、区科技局、区财政局）

15.增强招商引资质效。全年举办50场线上+线下招商引资、为企服务活动。升级在线全景产业投资地图，及时发布投资机会；开通直播带看载体专线，根据企业发展扩容需要，精准推介优质载体；开设云上会议室，及时为企业提供政策咨询服务。持续做优“玄武金卡”，兑现服务承诺，为企业发展保驾护航。（责任单位：区投促局）

16.强化项目要素保障。持续深化投资项目审批制度改革，落实“告知承诺制”“拿地即开工”等改革举措；切实保障项目能耗需求，对于省、市、区级重大项目优先保障能耗指标；拓展项目融资渠道，积极争取中央预算内投资、专项债券、基础设施REITs试点等多元投资渠道支撑。（责任单位：区发改委、规划资源分局、区建设局、区财政局、区金融监管局）

17.发挥联盟互助作用。充分发挥我区钟山农业创新发展联盟、硅巷联盟、金融产业协同发展联盟、文旅融合发展联盟、新街口商圈发展联盟、玄武婚庆产业发展联盟、玄武跨境电商联盟等行业协会枢纽作用，为中小微企业牵线搭桥，实现资源信息互享、互通、互利、互惠，组织不同行业类型企业开展互助服务，推动大中小微企业融通发展。（责任单位：区发改委、区科技局、区金融监管局、区文旅局、区商务局、新街口街道）

五、优化营商环境，提升服务保障水平

18.提升审批服务效能。针对各类促销活动，开辟户外消费活动绿色审批通道，进一步压缩审批时限，承诺在1～3个工作日内完成审批。针对施工许可证办理，推行重大项目服务专员机制+施工许可告知承诺，做到“即来即办”；针对消防设计审查验收审批，承诺5个工作日内完成；针对绿色图章办理，承诺1～3个工作日内完成。（责任单位：区商务局、区建设局、区公安分局、区卫健委、区城管局、玄武湖综管办）

19.加强企业信用和法律服务。对受疫情影响产生的轻微失信行为实施信用豁免，及时指导各类失信主体开展信用修复。发挥司法行政职能作用，组织法律服务团队深入辖区内中小微企业提供法律服务，推进法律服务产品应用。全面排查涉疫涉企矛盾纠纷，通过非诉解决机制促进纠纷争议化解。加强对行政执法的监督，坚持宽严相济和惩教结合的原则，突出行政指导对企业合法合规经营的引导规制作用，依法审慎实施行政处罚和行政强制。（责任单位：区发改委、区司法局）

20.畅通政策兑现渠道。加大惠企政策宣传力度，扩大政策覆盖面，提升企业知晓度，确保惠企政策应知尽知；区各相关部门同步制定惠企政策操作细则，明确操作流程、量化标准、执行范围，优化网络申报、政策咨询、免申即享等流程，确保政策能落地、可操作。（责任单位：区发改委、区各相关部门、各街道、徐庄高新区）

本政策自印发之日起实施，未特别注明时限的，有效期至2022年12月31日。国家、省、市出台的相关支持政策，一并遵照执行，如国家和省市出台同类政策，原则上按“取高不重复”原则执行。区各相关部门负责相关政策的解释工作。

玄武区0～3岁婴幼儿照护服务设施建设实施方案

玄政办〔2022〕5号

为推进落实党中央《关于优化生育政策促进人口长期均衡发展的决定》的战略部署，根据国家住建部2019版《托儿所、幼儿园建筑设计规范》、《关于促进3岁以下婴幼儿照护服务发展的实施方案》（宁政办发〔2020〕57号）及《市政府办公厅转发市卫健委关于南京市0～3岁婴幼儿照护服务设施建设实施方案的通知》(宁政办发〔2021〕18号)等文件精神,建立公益化指导、普惠性服务、社会化运营相结合的服务模式,推动我区3岁以下婴幼儿照护服务健康规范发展,奋力打造“首善之区、幸福玄武”,对我区0～3岁婴幼儿照护服务设施建设提出以下实施方案。

一、原则目标

1.全面覆盖。“十四五”期间,建设一个区级婴幼儿发展指导中心,每个街道建设一个街道婴幼儿发展指导中心,每个社区建有一处婴幼儿照护服务设施。按照每3～5万人口居住社区范围,配建至少一个婴幼儿托育机构。

2.普惠发展。经过3～5年,每个街道或半径1千米范围内至少建有一个婴幼儿普惠托育机构。

3.合理布局。根据人口、空间等实际情况,科学规划,合理布局婴幼儿托育机构、社区亲子室、区(街)婴幼儿发展指导中心(站),发展有特色的托育机构。

二、具体任务

1.新建地区配建幼儿园时,应同步配建、同步验收0～3岁婴幼儿托育机构空间;新建地区规划建设居住社区级综合服务中心时,应同步配建、验收0～3岁婴幼儿托育机构空间。托育机构空间可与文化、体育、养老、居住等设施合建,并相对独立。每个托育机构不低于500平方米。(责任单位:区卫健委、规划资源分局)

2.新建社区按每社区配建1个亲子室,面积不低于100平方米;街道指导站按每街道配建1个,面积不低于1000平方米;我区配建1个面积1000～2000平方米的区级指导中心。(责任单位:区卫健委、规划资源分局)

3.推动落实《南京市婴幼儿照护服务设施布局专项规划》,实现全区婴幼儿照护服务设施满足居民15分钟服务圈需求。(责任单位:区卫健委、规划资源分局)

4.作为公共设施配套纳入城市规划。将婴幼儿照护服务设施建设规划纳入我区国土空间总体规划,优先予以保障。新增用地指标分配予以适当倾斜,鼓励利用低效土地或闲置土地建设。在城市公共设施配套规划中,将婴幼儿照护服务设施建设用地纳入基本公共服务配套建设。在老旧小区改造中,同步规划配置婴幼儿照护服务设施。(责任单位:区卫健委、规划资源分局、区建设局、区房产局)

5.开展专项建设行动。在老旧城区改造中,开展房屋现状梳理,实施婴幼儿照护服务设施配建专项工作,实现区、街、社区应建实建。加大普惠托育机构扶持力度,房租可适当减免。(责任单位:区发改局、区建设局、区房产局、区卫生健康委、各街道)

6.确保相关规划落实。规划明确配建婴幼儿照护服务设施的,区卫健委应当参加联合验收。在区卫健委指导下,优先考虑设置普惠托育机构。(责任单位:区卫健委、区建设局、规划资源分局、各街道)

三、保障措施

1.提高思想认识。各部门街道要充分认识到婴幼儿照护服务工作对于服务保障民生工作、提高优生优育服务水平的重要性。要进一步细化目标,加快开展婴幼儿照护服务设施建设,推动婴幼儿照护服务相关产业发展。

2.加强组织领导。区卫健、发改、规划、建设、房产等各部门和各街道要形成合力,加大对婴幼儿照护服务设施建设的支持力度。区财政、发改等部门要统筹安排财政资金支持开展专项建设。区卫健等部门要积极争取吸引国家、省市级相关资金和政策支持。

3.强化跟踪指导。相关部门和街道对规划目标要建立定期督查制度,重点事项一事一议,及时发现和解决重点难点问题,确保规划的婴幼儿照护服务设施建设按时序建设推进。区卫健委对新建婴幼儿照护服务设施使用过程中要加强指导,促进规范化运作。

统计资料摘编

地区生产总值完成情况表(2022)

表14　　　　单位:亿元

行业分类	本年累计	增长速度(%)
国内生产总值	1231.43	2.4
第一产业	0.00	—
第二产业	21.17	-0.3
第三产业	1210.26	2.4

注:绝对值按现行价格计算,增长速度按可比价格计算,本表为季报

全社会固定资产投资完成情况表

表15　　　　单位:%

指标内容	同比增速
全社会固定资产投资	10.2
其中:房地产开发投资	21.5

房地产开发投资完成情况表(2022)

表16

指标内容	计量单位	本期止累计	同比增速(%)
房地产开发投资额	万元	925231	21.5
1.按工程用途分			
住宅	万元	431715	-7.3
办公楼	万元	98798	24.7
商业用房	万元	146010	59.7
其它	万元	248708	99.2
2.房屋建设面积			
施工面积	平方米	2410183	43.7
其中:住宅	平方米	948798	27.7
竣工面积	平方米	232986	11672.9
其中:住宅	平方米	162072	8089.6
3.商品房销售面积	平方米	143459	-58.0
其中:住宅	平方米	116826	-64.1
4.房屋销售额	万元	622819	-59.9
其中:住宅	万元	564833	-62.6

续表16

指标内容	计量单位	本期止累计	同比增速(%)
5.商品房待售面积	平方米	7259	—
其中:住宅	平方米	5627	—

注:商品房销售面积包括现房销售面积和期房销售面积;销售额同指

社会消费品零售总额完成情况表(2022)

表17　　单位:万元

项　　目	本期止累计	同比增速(%)
社会消费品零售总额	11295697	1.3
其中:限额以上社零	9070863	2.0
一、限额以上社零按行业分		
(一)批发业	7352709	21.8
(二)零售业	80422023	1.1
(三)住宿业	549645	-9.7
(四)餐饮业	2384251	3.8
二、限额以上社零按登记注册类型分		
(一)内资经济	7159104	1.6
(二)港澳台商投资经济	1878812	4.7
(三)外商投资经济	24858	-22.2
(四)个体经营经济	8089	-62.4

外向型经济完成情况表(2022)

表18

	年计划	1—12月累计	同比±%	完成年计划%
实际利用外资(万美元)	30000	32300	-17.9	107.8
外贸进出口(亿元)	822	695.4	-13.8	84.6
服务贸易进出口(万美元)	45700	50300	10.1	110

玄武区2022年年末户籍人口情况表

表19

地　区	总户数(户)	总人口(人)			性别比(%)	2021年末户籍人口(人)
		合计	男	女		
玄武区	157839	462089	228268	233821	97.63	464454
梅园新村街道	29718	77381	36866	40515	91.04	78455

续表19

地　区	总户数(户)	总人口(人)			性别比(%)	2021年末户籍人口(人)
		合计	男	女		
新街口街道	25044	73901	36548	37353	97.84	74813
玄武门街道	15567	60339	31045	29294	105.98	62440
锁金村街道	14150	42777	20991	21786	96.35	43230
红山街道	24280	65769	32407	33362	97.14	64269
孝陵卫街道	29028	89262	44654	44608	100.1	88894
玄武湖街道	20052	52660	25757	26903	95.74	52353

玄武区2022年户籍人口变动情况表

表20　　单位:人

			总人数	男	女
人口变动情况	增加数	出　生	2192	1109	1083
		市外迁移	5655	—	—
		市内移入	10178	—	—
		其　他	—	—	—
	减少数	死　亡	2843	1620	1223
		迁往市外	4887	—	—
		市内移出	6134	—	—
		其　他	—	—	—

2022年高新技术、科技型企业认定情况表

表21

	单位	新增数	全区累计数
高新技术企业	家	42	413

注:高新技术企业按年度进行认定,年底确定累计数

2022年徐庄高新区注册企业情况表

表22

	单位	引进注册企业	累计注册企业
徐庄高新区	家	491	3270

注:该数据为徐庄核心区统计数据

2022年专利授权量完成情况表

表23

类　别	单位	1—12月累计数(件)	同比增长±%
发明专利	件	5430	51.17
实用新型	件	3852	-40.32
外观设计	件	381	-1.3
合　计	件	9663	-7.37

城镇居民生活情况表(2022)

表24　　单位:元

	2022年	2022年为上年(%)
市居民人均可支配收入	84779.6	4.1
城市居民人均消费支出	—	—
恩格尔系数(%)	—	—
文教娱乐支出比重(%)	—	—
人均住房建筑面积(含偶尔居住房平方米)	—	—

玄武区2022/2023学年初幼儿园学生、办学条件基本情况表

表25

机构名称	班数(个)	离园人数(人)	入园人数(人)	在园人数(人)	幼儿园占地及校舍面积(平方米)				室外游戏场地(平方米)	图书(册)
					占地面积	建筑面积	教学及辅助用房	行政办公用房		
总计	450	4402	3458	12136	236056.44	168582.12	125079.13	11385.56	106071.85	255024
南京市北京东路小学附属幼儿园	11	98	89	299	3248	3247	2434.9	182.1	1400	6479
南京市半山园小学附属幼儿园	9	94	79	248	4528	3775	3106	405	2088	3800
南京市长江路小学幼儿园	8	94	70	214	4003.8	4485.3	3381.95	345	1800	7050
南京市逸仙实验幼儿园	9	87	66	235	2861.93	2227.53	1704.8	60	1356	3000
南京市锁金幼儿园	9	86	75	237	3600	1677	1367	215	1600	4689
南京师范大学附属小学实验幼儿园	12	117	100	329	4554	5413	4244	360	2450	5564
南京市玄武门幼儿园	6	56	53	167	3670	1367	1171	65	609	5350
南京市孝陵卫中心幼儿园	9	107	75	260	4123.8	2836	2232	232	1500	3830
南京市北京东路小学附属阳光幼儿园	9	85	74	263	4457.45	2843.9	2392.35	293.55	1966.43	3836
南京市北京东路小学附属月香幼儿园	10	125	113	272	5160	3746.51	2978.81	198.6	1876	4300
南京师范大学附属小学钟秀幼儿园	6	34	50	168	4707.52	3197.61	2483.71	264.4	2133.62	3817
南京市铁北新城第一幼儿园	9	59	67	224	4778.25	3824.16	2852.4	262.6	2662.43	3868
南京市北京东路小学附属恒嘉幼儿园	7	37	63	201	4156.8	3180.24	2887.09	92.51	2299.48	2428
南京市逸仙实验第二幼儿园	6	34	47	165	6227.33	4058.44	3124	120	1759	4934
南京师范大学附属小学星河幼儿园	3	0	43	60	5409	4323.6	2542.8	155.8	1799.89	708

续表25

机构名称	班数（个）	离园人数（人）	入园人数（人）	在园人数（人）	幼儿园占地及校舍面积（平方米）				室外游戏场地（平方米）	图书（册）
					占地面积	建筑面积	教学及辅助用房	行政办公用房		
南京市长江路小学附属博爱幼儿园	6	15	49	142	4000.11	2514.09	1860	90	2060	1800
南京师范大学附属小学丹凤街幼儿园	1	0	4	4	3319.2	4036.4	2366	261	2210	210
南京玄武钟灵农科苑幼儿园	11	128	75	307	4200	3280	3000	100	2000	6125
南京市行知实验幼儿园	9	120	82	289	4600	4090	3335.6	382	2037	4631
南京华星艺术幼儿园	5	39	36	110	2120	1740	1016.55	190	1000	2500
南京市小哈佛双语幼儿园	6	94	15	179	1100	1700	970	90	640	3200
南京市玄武区淘淘幼儿园	10	110	78	290	4500	3150	2192	110	1900	5000
南京玄武樱花幼儿园	7	67	65	181	2644	1697	1357	30	1020	4085
南京玄武晶晶幼儿园	9	81	78	270	6048	2628.56	1229	68	2412	4697
南京玄武东方城幼儿园	5	56	24	100	2480	1923	1659	114	1011	2668
南京红山幼儿园	11	106	56	252	5544	3933	2969	528	2904	5829
南京玄武北苑之星幼儿园	5	57	20	125	4100	1900	1310	90	2000	3000
南京玄武月苑幼儿园	6	35	50	165	1200	1268	1008	45	400	2130
南京玄武墨香幼儿园	8	76	55	231	2800	2350	1564.9	79.5	1464	5030
南京紫金东郡幼儿园	8	86	64	210	10466	3635	3130	335	3400	4091
南京市玄武区淘淘幼儿园十字街分园	4	59	17	95	1000	1300	1200	35	300	1550
南京市玄武区淘淘幼儿园钟山山庄分园	5	57	25	127	1750	1450	1305	60	500	1640
南京市行知实验幼儿园花园路分园	6	63	45	164	2200	860	720	40	700	2100
南京市圣玛丽紫金华府幼儿园	9	67	73	208	4674.25	3314.5	2451.2	194.17	2970	3411
南京市长江路小学附属银城幼儿园	9	104	75	270	7000	3522.88	2750	160	2762	3200
南京市锁金新村第一小学附属幼儿园	10	113	83	300	2500	1490	1197	63	1050	3325
南京市玄武区如意幼儿园	8	72	68	232	2125	2426	2134	114	964	5910
南京市玄武区花红园幼儿园	5	82	39	158	1057	670	541	60	450	2840
南京市玄武区钟山幼儿园	6	69	37	157	2313	1383	1203	70	900	3920
南京市玄武区锁金村第一幼儿园	5	97	30	140	3265	1921	1570	96	1285	4160
南京理工大学附属幼儿园	18	156	136	463	8038	5425	4188	500	4749	7510
东南大学总务处幼儿园	12	90	92	316	7001	4213	3551	163	2788	9826
南京体育学院附属幼儿园	6	64	46	163	3285	1805	1533	150	1355	2696
南京农业大学附属幼儿园	10	98	75	276	3078	3300	2789	199	1848	5052
中国人民解放军海军指挥学院幼儿园	6	49	43	138	5500	2800	1458	200	3300	4000
中国人民解放军32075部队香禾幼儿园	9	81	75	247	6450	4127	1873.7	1178.4	3106	4962
南京军区南京实验幼儿园	10	98	73	272	11340	5880	3869	116	5732	9050
南京前线幼儿园	7	37	46	184	4600	2615	2007	88	1750	4446
东部战区空军后勤部机关幼儿园	10	73	62	231	2146	4342	2024	231	920	7436
南京军区空军直属机关幼儿园	13	118	94	364	7451	5183	3854	594	3853	7640

续表25

机构名称	班数（个）	离园人数（人）	入园人数（人）	在园人数（人）	幼儿园占地及校舍面积（平方米）				室外游戏场地（平方米）	图书（册）
					占地面积	建筑面积	教学及辅助用房	行政办公用房		
南京军区政治部小天鹅幼儿园	15	120	123	436	7500	7750	5727	310	2500	16980
中国人民解放军31121部队幼儿园	5	33	31	97	3770	2475	1380	112	1400	2760
南京市市级机关第一幼儿园	14	165	120	434	5902	5072.4	3971.37	533.93	2832	10116
南京熊猫新兴实业有限公司幼教中心御道街幼儿园	12	178	99	324	5180	3956	2931	184	3000	9000
南京熊猫新兴实业有限公司幼教中心后宰门幼儿园	6	76	36	143	2324	1254	982	170	1300	2845

玄武区2022/2023学年初幼儿园教师基本情况表

表26 单位：人

机构名称	教职工	专任教师	专任教师按专业技术职务分						专任教师按学历分					
			正高级	副高级	中级	助理级	员级	未定职级	博士研究生	硕士研究生	本科	专科	高中阶段	高中阶段以下
总计	2185	1118	0	10	292	439	23	354	0	19	871	228	0	0
南京市北京东路小学附属幼儿园	57	36	0	1	12	21	0	2	0	0	35	1	0	0
南京市半山园小学附属幼儿园	43	27	0	1	14	9	0	3	0	0	25	2	0	0
南京市长江路小学幼儿园	43	25	0	1	10	12	0	2	0	1	24	0	0	0
南京市逸仙实验幼儿园	44	25	0	0	14	9	0	2	0	2	23	0	0	0
南京市锁金幼儿园	39	22	0	0	12	10	0	0	0	0	20	2	0	0
南京师范大学附属小学实验幼儿园	54	29	0	1	16	10	0	2	0	1	28	0	0	0
南京市玄武门幼儿园	31	17	0	0	10	7	0	0	0	0	17	0	0	0
南京市孝陵卫中心幼儿园	40	23	0	2	13	7	0	1	0	0	22	1	0	0
南京市北京东路小学附属阳光幼儿园	41	22	0	1	5	13	0	3	0	0	22	0	0	0
南京市北京东路小学附属月香幼儿园	44	24	0	0	7	14	0	3	0	1	23	0	0	0
南京师范大学附属小学钟秀幼儿园	30	15	0	1	3	10	0	1	0	0	15	0	0	0
南京市铁北新城第一幼儿园	37	18	0	0	1	15	0	2	0	0	18	0	0	0
南京市北京东路小学附属恒嘉幼儿园	33	16	0	0	1	12	0	3	0	1	15	0	0	0
南京市逸仙实验第二幼儿园	28	14	0	0	2	7	0	5	0	0	14	0	0	0
南京师范大学附属小学星河幼儿园	13	6	0	0	0	3	0	3	0	0	6	0	0	0
南京市长江路小学附属博爱幼儿园	27	14	0	0	2	9	0	3	0	0	14	0	0	0
南京师范大学附属小学丹凤街幼儿园	7	2	0	0	1	0	0	1	0	0	2	0	0	0
南京玄武钟灵农科苑幼儿园	49	23	0	0	0	3	3	17	0	0	11	12	0	0
南京市行知实验幼儿园	38	18	0	0	1	0	2	15	0	0	8	10	0	0
南京华星艺术幼儿园	21	10	0	0	0	2	0	8	0	0	5	5	0	0
南京市小哈佛双语幼儿园	29	14	0	0	2	4	1	7	0	0	10	4	0	0

续表26

机构名称	教职工	专任教师	专任教师按专业技术职务分						专任教师按学历分					
			正高级	副高级	中级	助理级	员级	未定职级	博士研究生	硕士研究生	本科	专科	高中阶段	高中阶段以下
南京市玄武区淘淘幼儿园	38	20	0	0	0	5	0	15	0	0	12	8	0	0
南京玄武樱花幼儿园	37	22	0	0	2	8	1	11	0	0	11	11	0	0
南京玄武晶晶幼儿园	41	20	0	0	0	0	4	16	0	0	10	10	0	0
南京玄武东方城幼儿园	22	10	0	0	0	4	0	6	0	0	7	3	0	0
南京红山幼儿园	52	25	0	0	2	15	0	8	0	0	22	3	0	0
南京玄武北苑之星幼儿园	22	10	0	0	1	0	0	9	0	0	6	4	0	0
南京玄武月苑幼儿园	24	12	0	0	0	4	0	8	0	0	4	8	0	0
南京玄武墨香幼儿园	36	16	0	0	0	0	0	16	0	0	9	7	0	0
南京紫金东郡幼儿园	44	22	0	0	1	14	0	7	0	0	17	5	0	0
南京市玄武区淘淘幼儿园十字街分园	17	8	0	0	0	8	0	0	0	0	8	0	0	0
南京市玄武区淘淘幼儿园钟山山庄分园	23	10	0	0	0	2	0	8	0	0	4	6	0	0
南京市行知实验幼儿园花园路分园	25	12	0	0	0	0	3	9	0	0	7	5	0	0
南京市圣玛丽紫金华府幼儿园	41	21	0	0	1	4	0	16	0	0	13	8	0	0
南京市长江路小学附属银城幼儿园	38	21	0	0	3	10	0	8	0	0	20	1	0	0
南京市锁金新村第一小学附属幼儿园	42	21	0	0	12	3	0	6	0	0	16	5	0	0
南京市玄武区如意幼儿园	35	18	0	0	4	9	0	5	0	0	11	7	0	0
南京市玄武区花红园幼儿园	22	12	0	0	5	4	3	0	0	0	8	4	0	0
南京市玄武区钟山幼儿园	26	12	0	0	0	3	4	5	0	0	1	11	0	0
南京市玄武区锁金村第一幼儿园	21	10	0	0	2	7	0	1	0	0	8	2	0	0
南京理工大学附属幼儿园	84	44	0	0	7	18	0	19	0	3	30	11	0	0
东南大学总务处幼儿园	58	30	0	0	7	1	0	22	0	0	25	5	0	0
南京体育学院附属幼儿园	26	12	0	0	1	2	0	9	0	0	7	5	0	0
南京农业大学附属幼儿园	52	23	0	1	0	9	2	11	0	1	19	3	0	0
中国人民解放军海军指挥学院幼儿园	36	18	0	0	8	8	0	2	0	0	14	4	0	0
中国人民解放军32075部队香禾幼儿园	53	26	0	0	2	17	0	7	0	0	19	7	0	0
南京军区南京实验幼儿园	65	32	0	0	22	6	0	4	0	0	25	7	0	0
南京前线幼儿园	41	18	0	0	0	15	0	3	0	0	16	2	0	0
东部战区空军后勤部机关幼儿园	56	26	0	0	9	15	0	2	0	1	23	2	0	0
南京军区空军直属机关幼儿园	83	52	0	0	24	19	0	9	0	0	34	18	0	0
南京军区政治部小天鹅幼儿园	81	45	0	1	18	22	0	4	0	6	39	0	0	0
中国人民解放军31121部队幼儿园	26	13	0	0	5	4	0	4	0	0	11	2	0	0
南京市市级机关第一幼儿园	90	41	0	0	21	15	0	5	0	2	39	0	0	0
南京熊猫新兴实业有限公司幼教中心御道街幼儿园	55	24	0	0	7	6	0	11	0	0	10	14	0	0
南京熊猫新兴实业有限公司幼教中心后宰门幼儿园	25	12	0	0	2	5	0	5	0	0	9	3	0	0

玄武区2022/2023学年初小学学校班级、学生数情况表

表27 单位：人

机构名称	班级数（个）	毕业生数	招生数							在校生数						
			合计	一年级	二年级	三年级	四年级	五年级	六年级	合计	一年级	二年级	三年级	四年级	五年级	六年级
总计	752	135	134	126	126	122	109	3877	5524	29398	5524	5321	4886	4867	4735	4065
南京市徐庄高新区实验小学	33	6	6	6	6	5	4	134	249	1276	249	239	217	226	176	169
南京玄武外国语学校附属小学	28	4	8	4	4	4	4	167	174	1177	174	324	174	174	163	168
南京市锁金新村第一小学	18	3	3	3	3	3	3	88	114	602	114	101	107	108	77	95
南京市锁金新村第二小学	18	3	3	3	3	3	3	88	123	655	123	112	109	99	118	94
南京市宇花小学	16	2	3	2	3	3	3	68	58	363	58	58	47	54	79	67
南京市小营小学	37	7	6	6	6	6	6	171	312	1577	312	268	267	268	252	210
南京市成贤街小学	27	5	5	4	5	4	4	139	214	1135	214	208	180	203	180	150
南京市逸仙小学	18	3	3	3	3	3	3	65	71	435	71	80	87	60	69	68
南京市长江路小学	33	6	6	6	5	5	5	204	264	1409	264	264	243	225	200	213
南京市洪武北路小学	18	3	3	3	3	3	3	96	89	568	89	92	83	100	105	99
南京市同仁小学	18	3	3	3	3	3	3	80	99	562	99	94	105	95	95	74
南京师范大学附属小学	73	13	12	12	13	13	10	363	584	3181	584	540	506	557	553	441
南京市中央路小学	30	5	5	5	5	5	5	152	186	1076	186	192	163	179	188	168
南京市红山小学	24	4	4	4	4	4	4	172	167	935	167	158	118	157	180	155
南京农业大学实验小学	35	6	6	6	6	6	5	188	270	1422	270	243	249	253	229	178
南京市海英小学	24	4	4	4	4	4	4	128	130	757	130	116	142	116	141	112
南京市北京东路小学	40	7	7	6	7	7	6	227	287	1708	287	286	273	288	313	261
南京市月苑第一小学	38	7	6	6	6	7	6	284	288	1553	288	249	241	264	275	236
南京市玄武实验小学	18	3	3	3	3	3	3	94	123	663	123	124	96	108	116	96
南京市立贤小学	34	7	6	6	5	6	4	169	312	1476	312	265	268	224	223	184
南京市紫金山小学	20	4	4	5	4	3	0	0	172	826	172	179	196	163	116	0
南京理工大学实验小学	62	11	10	10	11	10	10	460	488	2837	488	449	444	488	477	491
南京市樱花小学	33	5	5	6	6	6	5	184	196	1179	196	179	221	198	207	178
南京市铁北新城小学	14	5	4	3	2	0	0	0	211	601	211	180	135	75	0	0
南京市启迪小学	5	3	2	0	0	0	0	0	132	222	132	90	0	0	0	0
南京市科利华小学	18	3	3	3	3	3	3	72	103	565	103	104	95	87	91	85
南京市孝陵卫初级中学	20	3	4	4	3	3	3	84	108	638	108	127	120	98	112	73

玄武区2022/2023学年初小学学校教职工基本情况表

表28

机构名称	教职工数（人）	专任教师数（人）	专任教师按职称分（人）						专任教师按学历分（人）					
			正高级	副高级	中级	助理级	员级	未定职级	博士研究生	硕士研究生	本科	专科	高中阶段	高中阶段以下
总计	2040	1994	7	106	1094	595	1	191	0	174	1754	66	0	0
南京市徐庄高新区实验小学	82	81	0	7	28	30	0	16	0	8	70	3	0	0
南京玄武外国语学校附属小学	83	74	2	4	23	39	0	6	0	11	61	2	0	0
南京市锁金新村第一小学	49	48	0	3	38	7	0	0	0	2	40	6	0	0
南京市锁金新村第二小学	47	46	0	5	31	9	0	1	0	3	42	1	0	0
南京市宇花小学	48	46	0	3	28	12	0	3	0	6	39	1	0	0
南京市小营小学	95	94	0	5	54	29	0	6	0	8	82	4	0	0
南京市成贤街小学	75	72	0	3	48	18	0	3	0	4	68	0	0	0
南京市逸仙小学	49	47	0	3	34	8	0	2	0	5	39	3	0	0
南京市长江路小学	93	91	0	5	59	26	0	1	0	3	84	4	0	0
南京市洪武北路小学	55	54	0	2	37	13	0	2	0	4	50	0	0	0
南京市同仁小学	48	47	0	2	34	8	0	3	0	2	43	2	0	0
南京师范大学附属小学	191	189	2	7	102	55	0	23	0	22	159	8	0	0
南京市中央路小学	89	87	0	4	53	17	0	13	0	6	80	1	0	0
南京市红山小学	69	68	0	3	38	22	0	5	0	3	64	1	0	0
南京农业大学实验小学	87	86	0	5	49	21	0	11	0	6	76	4	0	0
南京市海英小学	63	62	0	3	52	4	0	3	0	3	56	3	0	0
南京市北京东路小学	116	115	2	11	76	23	0	3	0	9	101	5	0	0
南京市月苑第一小学	105	104	1	3	48	48	1	3	0	7	91	6	0	0
南京市玄武实验小学	50	49	0	3	20	20	0	6	0	7	42	0	0	0
南京市立贤小学	89	88	0	4	43	25	0	16	0	10	78	0	0	0
南京市紫金山小学	55	53	0	1	10	28	0	14	0	11	42	0	0	0
南京理工大学实验小学	170	168	0	10	77	60	0	21	0	12	150	6	0	0
南京市樱花小学	86	85	0	3	49	26	0	7	0	8	71	6	0	0
南京市铁北新城小学	39	36	0	2	7	17	0	10	0	2	34	0	0	0
南京市启迪小学	16	15	0	1	2	5	0	7	0	0	15	0	0	0
南京市科利华小学	46	46	0	2	30	13	0	1	0	8	38	0	0	0
南京市孝陵卫初级中学	45	43	0	2	24	12	0	5	0	4	39	0	0	0

玄武区2022/2023学年初小学学校办学条件基本情况表

表29

学校名称	占地面积(平方米)	运动场地面积(平方米)	校园足球场(个)	图书(册)	数字终端数(台)			网络多媒体教室(间)	固定资产总值(万元)		校舍建筑面积(平方米)					
												教学及辅助用房				
															公共教学用房	
					合计	教师终端数	学生终端数		合计	教学仪器设备资产值	合计	合计	教室	专用教室	计	室内体育用房
总计	353718.79	181737	25	996799	7645	3027	3714	1073	36339.85	19317.58	279590.56	182947.57	100947.8	33421.78	48577.99	27271.4
南京市徐庄高新区实验小学	29167	9800	1	41062	243	103	140	41	1055	1014	34638	9529	3289	1400	4840	2500
南京玄武外国语学校附属小学	5696	3765	0	37119	235	76	159	33	415	380	5139.6	4355.6	2872.6	1156	327	0
南京市锁金新村第一小学	6365	2679	1	27417	273	97	176	28	1032.44	721.12	8398.5	5954	3051	556	2347	2179
南京市锁金新村第二小学	7575	4690	1	25711	273	65	103	28	969.78	666.66	3779	3280	2720	350	210	0
南京市宇花小学	9414	3500	1	15481	141	63	78	27	1482	424	6239	4164	1474	1588	1102	320
南京市小营小学	15200	8114	1	47626	276	180	96	50	2133	1383	13414.3	8940.1	4739.1	1015	3186	2400
南京市成贤街小学	9476	4486	0	39081	258	35	223	45	1020.97	486.89	6453	6114	4619	520	975	880
南京市逸仙小学	6647.9	1650	0	20867	301	117	158	27	1673.68	914.38	11128.5	6451.2	2138.4	1260	3052.8	1652.4
南京市长江路小学	11512	5436	1	42475	537	214	279	46	1414.8	817.5	9579	7509	4276	1718	1515	708
南京市洪武北路小学	8600	4900	1	26868	140	80	60	40	745.6	360.6	6710	5276	3116	1145	1015	520
南京市同仁小学	6641.5	2890	1	23933	159	45	109	38	1033.32	514.75	7090	5681	3253	792	1636	993
南京师范大学附属小学	24026.2	17010	1	95430	592	199	362	96	3137	1609	17309	15154	11004	930	3220	1650
南京市中央路小学	4719	2960	1	36381	364	201	89	42	1460.87	661.08	7406.59	6932	5052	830	1050	800
南京市红山小学	14100	6489	1	34586	232	89	143	40	1785.07	633.54	10040	7967	2813	3552	1602	605
南京农业大学实验小学	15934.69	7780	1	43837	311	97	130	49	1341.98	887.8	11619.7	7754.7	3764.7	1912	2078	1200
南京市海英小学	7389	5435	1	31561	154	64	90	36	1206.39	528.91	6690	5241	3356	1345	540	350
南京市北京东路小学	18820	12525	2	55372	800	298	161	56	3232.14	1220.04	13086	9939	6166	2725	1048	360
南京市月苑第一小学	18199	11188	1	58160	291	107	131	58	1220	608	10382	8256	6874	600	782	462
南京市玄武实验小学	15074.95	4914	1	32311	133	48	85	26	2145	312	6525	3810	1664	1277	869	570
南京市立贤小学	19301	9100	1	46376	266	170	96	51	1273	1226	22521	17145	7490	2800	6855	3184
南京市紫金山小学	24842	14271	1	26611	147	65	82	33	741.31	738.81	15593.9	5131.97	2604	518.78	2009.19	1300
南京理工大学实验小学	24926	17940	1	93940	638	296	342	88	2317	1069	14960	13271	5795	3682	3794	2899
南京市樱花小学	17729	8580	2	44741	472	191	239	43	1389	910	9562	6493	3870	515	2108	399
南京市铁北新城小学	14473	4995	1	18742	173	26	48	17	1316.1	495.55	6238	3415	2140	202	1073	640
南京市启迪小学	12390.55	2700	1	7400	76	16	60	9	306.4	294.94	10701.21	1720	300	600	820	700
南京市科利华小学	5500	3940	1	23711	160	85	75	26	493	440	4387.26	3464	2507	433	524	0

备注：孝陵卫初级中学小学部办学条件部分统计在初中

玄武区2022/2023学年初普通中学班级、学生数情况表

表30

学校名称	班级数(个)									毕业生数(人)		招生数(人)		在校学生数(人)								
	合计	初中				高中				初中	高中	初中	高中	合计	初中				高中			
		计	一年级	二年级	三年级	计	一年级	二年级	三年级						计	一年级	二年级	三年级	计	一年级	二年级	三年级
总计	501	341	118	112	111	160	55	51	54	4344	2302	4964	2584	21523	14237	4964	4517	4756	7286	2586	2258	2442
南京市梅园中学	20	20	6	7	7					227		215		664	664	215	208	241				
南京市孝陵卫初级中学	9	9	3	3	3					128		75		216	216	75	65	76				
南京市科利华中学	42	42	14	14	14					597		666		1978	1978	666	640	672				
南京市紫东实验学校	26	26	10	8	8					305		409		1013	1013	409	300	304				
南京市弘光中学	38	38	14	12	12					537		618		1700	1700	618	517	565				
南京市第十三中学锁金分校	34	34	12	11	11					479		530		1580	1580	530	538	512				
南京市红山初级中学	43	43	14	14	15					641		676		1963	1963	676	594	693				
南京市第五十四中学	18	18	6	6	6					221		186		580	580	186	192	202				
南京玄武外国语学校	36	36	12	12	12					523		517		1566	1566	517	531	518				
南京市科利华紫金中学	12	12	4	4	4					82		152		493	493	152	156	185				
南京市第九初级中学	37	37	13	12	12					438		571		1586	1586	571	504	511				
南京市科利华铁北中学	11	11	4	4	3					27		154		421	421	154	151	116				
南京市科利华铁北第二中学	2	2	2	0	0					0		82		82	82	82	0	0				
南京市玄武高级中学(太平门校区)	30					30	10	10	10		475		499	1422					1422	499	447	476
南京市人民中学	42	13	4	5	4	29	10	9	10	139	399	113	452	1684	395	113	121	161	1289	452	391	446
南京市第十三中学	54					54	19	17	18		739		882	2357					2357	882	712	763
南京市第九中学	47					47	16	15	16		689		751	2218					2218	753	708	757

玄武区2022/2023学年初普通中学教职工基本情况表

表31　　单位:人

学校名称	教职工	专任教师	初中专任教师												高中专任教师											
			按专业技术职务分						按学历分						按专业技术职务分						按学历分					
			正高级	副高级	中级	助理级	员级	未定职级	博士研究生毕业	硕士研究生毕业	本科毕业	专科毕业	高中阶段毕业	高中阶段以下毕业	正高级	副高级	中级	助理级	员级	未定职级	博士研究生毕业	硕士研究生毕业	本科毕业	专科毕业	高中阶段毕业	高中阶段以下毕业
总计	1930	1847	2	263	526	196	0	164	1	238	912	0	0	0	7	265	260	41	3	120	1	256	439	0	0	0
南京市梅园中学	83	78	0	22	49	5	0	2	0	8	70	0	0	0												
南京市孝陵卫初级中学	37	36	0	14	18	4	0	0	0	4	32	0	0	0												
南京市科利华中学	143	138	2	32	55	24	0	25	1	44	93	0	0	0												
南京市紫东实验学校	81	78	0	12	26	12	0	28	0	13	65	0	0	0												

续表31

学校名称	教职工	专任教师	初中专任教师												高中专任教师											
			按专业技术职务分						按学历分						按专业技术职务分						按学历分					
			正高级	副高级	中级	助理级	员级	未定职级	博士研究生毕业	硕士研究生毕业	本科毕业	专科毕业	高中阶段毕业	高中阶段以下毕业	正高级	副高级	中级	助理级	员级	未定职级	博士研究生毕业	硕士研究生毕业	本科毕业	专科毕业	高中阶段毕业	高中阶段以下毕业
南京市弘光中学	131	127	0	31	63	16	0	17	0	28	99	0	0	0												
南京市第十三中学锁金分校	121	118	0	28	62	16	0	12	0	27	91	0	0	0												
南京市红山初级中学	150	146	0	28	66	28	0	24	0	28	118	0	0	0												
南京市第五十四中学	67	62	0	21	33	7	0	1	0	6	56	0	0	0												
南京玄武外国语学校	140	128	0	18	59	40	0	11	0	27	101	0	0	0												
南京市科利华紫金中学	43	41	0	1	8	17	0	15	0	9	32	0	0	0												
南京市第九初级中学	122	118	0	33	64	12	0	9	0	23	95	0	0	0												
南京市科利华铁北中学	42	38	0	7	5	7	0	19	0	17	21	0	0	0												
南京市科利华铁北第二中学	7	7	0	1	4	2	0	0	0	1	6	0	0	0												
南京市玄武高级中学(太平门校区)	140	137													0	62	46	9	0	20	0	30	107	0	0	0
南京市人民中学	169	156	0	15	14	6	0	1	0	3	33	0	0	0	0	48	46	8	0	18	0	32	88	0	0	0
南京市第十三中学	243	233													6	76	87	15	3	46	1	113	119	0	0	0
南京市第九中学	211	206													1	79	81	9	0	36	0	81	125	0	0	0

玄武区2022/2023学年初普通中学办学条件基本情况表

表32

学校名称	占地面积(平方米)	运动场地面积(平方米)	校园足球场(个)	图书(册)	数字终端数(台)			网络多媒体教室(间)	固定资产总值(万元)		校舍建筑面积(平方米)					
					合计	教师终端数	学生终端数		合计	教学仪器设备资产值	合计	教学及辅助用房	计			
													教室	专用教室	公共教学用房	室内体育用房
总计	421349.79	158910.85	16	1021721	8221	3396	4401	819	45611.72	25115.45	357172.97	179818.07	71764.11	50999.95	57054.01	30689.47
南京市梅园中学	15965	7026	0	32394	183	99	84	55	2257	750.34	18534	8307	4637	1800	1870	1030
南京市孝陵卫初级中学	15840	5588	1	31625	582	198	250	48	2123.31	1331.13	16278	10781	2055	1530	7196	2450
南京市科利华中学	10576	3973.6	0	79318	590	324	260	53	2806.37	1812.15	22553.2	12062.7	5816.4	3594.3	2652	1914
南京市紫东实验学校	39824	11392	1	41533	356	75	96	38	2545.69	690.33	9920	6380	3013	1617	1750	0
南京市弘光中学	28380	15480	2	69500	737	422	315	53	1040	1007	19445	14474	3430	6250	4794	2570
南京市第十三中学锁金分校	19079	15100	1	64281	571	266	290	49	2346.19	1515.05	20219.2	12489	3300	5208	3981	1329
南京市红山初级中学	34616	18844.8	1	78571	451	159	276	72	1409.85	1332.25	24477.85	14129.72	5775.91	4734.59	3619.22	1361.4
南京市第五十四中学	16170	7004	1	42874	234	70	164	32	1049.57	463.83	10922.8	5590.63	2620.8	2383.35	586.48	88.49
南京玄武外国语学校	17207	10985	1	65280	770	139	631	58	1094.74	770	20843	13945	6894	3275	3776	3496
南京市科利华紫金中学	18158	4757	1	23339	339	81	254	18	881.34	850.99	9992.58	3811.13	1663	1000	1148.13	671.33
南京市第九初级中学	23390.1	5816.45	1	63518	519	323	185	58	1534.97	961.5	21139	10988	6680	2724	1584	1045
南京市科利华铁北中学	24619.17	4430	1	18080	265	46	206	20	1126.68	562.95	28234.7	4799.89	2446	1016.71	1337.18	871.25
南京市科利华铁北第二中学	13101.3	2450	1	3600	62	9	53	8	220	70	9584.94	1529	315	274	940	600
南京市玄武高级中学(太平门校区)	19606	6464	1	73267	556	150	406	43	4699.26	1594.92	22160	12729	4254	4145	4330	1278

续表32

学校名称	占地面积(平方米)	运动场地面积(平方米)	校园足球场(个)	图书(册)	数字终端数(台)			网络多媒体教室(间)	固定资产总值(万元)		校舍建筑面积(平方米)					
													计			
					合计	教师终端数	学生终端数		合计	教学仪器设备资产值	合计	教学及辅助用房	教室	专用教室	公共教学用房	计 室内体育用房
南京市人民中学	27105	9602	1	87571	609	162	447	50	2978.19	1927.15	34993.9	17583	4132	4038	9413	7284
南京市第十三中学	41670	15700	1	119750	661	438	223	74	6711.56	3833.87	31377	15473	8616	2960	3897	2800
南京市第九中学	56043.22	14298	1	127220	736	435	261	90	10787	5642	36497.8	14746	6116	4450	4180	1901

玄武区2022/2023学年初特殊教育学校基本情况表

表33

<table>
<tr><td>学校类别</td><td colspan="2">校数(个)</td><td colspan="5">学校情况</td><td colspan="4">学生情况</td></tr>
<tr><td rowspan="9">学生数</td><td colspan="2" rowspan="2">1</td><td colspan="2">学校类别</td><td colspan="2">学校办别</td><td>班数(个)</td><td colspan="2">毕生业数</td><td colspan="2">学生数</td></tr>
<tr><td colspan="2">专业学校</td><td colspan="2">教育部门</td><td>9</td><td colspan="2">25</td><td colspan="2">86</td></tr>
<tr><td colspan="11">教职工情况</td></tr>
<tr><td colspan="5">按学历分(人)</td><td colspan="6">按职称分(人)</td></tr>
<tr><td>博士研究生</td><td>研究生毕业</td><td>本科毕业</td><td>专科毕业</td><td>高中阶段毕业</td><td>正高级</td><td>副高级</td><td>中级</td><td>助理级</td><td>员级</td><td>未定级</td></tr>
<tr><td>0</td><td>3</td><td>21</td><td>1</td><td>0</td><td>0</td><td>2</td><td>11</td><td>9</td><td>0</td><td>3</td></tr>
<tr><td colspan="11">办学条件</td></tr>
<tr><td colspan="2">占地面积(平方米)</td><td colspan="2">建筑面积(平方米)</td><td colspan="2">教辅面积(平方米)</td><td colspan="2">教育办公室(平方米)</td><td>图书(册)</td><td colspan="2">数字资源(GB)</td></tr>
<tr><td colspan="2">4289</td><td colspan="2">5377</td><td colspan="2">4190</td><td colspan="2">500</td><td>5160</td><td colspan="2">0</td></tr>
</table>

玄武区2022/2023学年初中等职业教育在校学生数及分专业情况表

表34　　单位:人

专业	年制	毕业生数	#职业类证书	#职业技能等级证书	招生数	在校生数	#现代学徒制	一年级	二年级	三年级	四年级以上	预计毕业生数
表演艺术类_中职	3	25	25	0	38	74	0	38	36	0	0	0
电子商务_中职	3	17	17	0	33	83	0	33	29	21	0	21
电子商务_中职	3	52	52	0	141	296	0	141	81	74	0	74
动漫与游戏制作_中职	3	0	0	0	35	69	0	35	34	0	0	0
绘画_中职	3	0	0	0	195	366	0	195	171	0	0	0
动漫与游戏制作_中职	3	69	69	0	0	28	0	0	0	28	0	28
计算机网络技术_中职	3	31	31	0	30	86	0	30	32	24	0	24
计算机应用_中职	3	4	4	0	0	1	0	0	0	1	0	1
计算机应用_中职	3	28	28	0	79	143	0	79	34	30	0	30
现代家政服务与管理_中职	3	1	1	0	0	1	0	0	0	1	0	1
老年人服务与管理_中职	3	33	33	0	65	168	0	65	61	42	0	42
美容美体艺术_中职	3	26	26	0	0	16	0	0	0	16	0	16
美容美体艺术_中职	3	0	0	0	21	47	0	21	26	0	0	0
绘画_中职	3	115	115	0	0	161	0	0	0	161	0	161
美发与形象设计_中职	3	18	18	0	26	59	0	26	16	17	0	17

续表34

专　业	年制	毕业生数	#职业类证书	#职业技能等级证书	招生数	在校生数	#现代学徒制	一年级	二年级	三年级	四年级以上	预计毕业生数
软件与信息服务_中职	3	27	27	0	32	95	0	32	36	27	0	27
商务韩语_中职	3	6	4	0	2	15	0	2	5	8	0	8
商务日语_中职	3	8	6	0	13	37	0	13	10	14	0	14
商务英语_中职	3	7	4	0	8	21	0	8	10	3	0	3
数字媒体技术应用_中职	3	0	0	0	42	81	0	42	39	0	0	0
数字媒体技术应用_中职	3	23	23	0	0	27	0	0	0	27	0	27
舞蹈表演_中职	3	1	0	0	47	57	0	47	10	0	0	0
戏剧表演_中职	3	4	4	0	0	10	0	0	5	5	0	5
休闲服务_中职_已撤销	3	23	23	0	0	28	0	0	0	28	0	28
休闲体育服务与管理_中职	3	0	0	0	26	53	0	26	27	0	0	0
计算机类_中职	3	0	0	0	67	104	0	67	37	0	0	0
艺术设计类_中职	3	23	23	0	65	117	0	65	34	18	0	18
艺术设计与制作_中职	3	30	30	0	0	52	0	0	0	52	0	52
艺术设计与制作_中职	3	0	0	0	70	95	0	70	25	0	0	0
音乐表演_中职	3	0	0	0	0	36	0	0	0	36	0	36
音乐表演_中职	3	37	36	0	54	103	0	54	49	0	0	0
婴幼儿托育_中职	3	0	0	0	146	257	0	146	111	0	0	0
幼儿保育_中职	3	49	49	0	38	152	0	38	47	67	0	67
婴幼儿托育_中职	3	68	68	0	0	124	0	0	0	124	0	124
运动训练_中职	3	23	23	0	2	58	0	2	19	37	0	37
软件与信息服务_中职	3	1	1	0	0	0	0	0	0	0	0	0
旅游服务与管理_中职	3	0	0	0	0	25	0	0	25	0	0	0
财务会计类_中职	3	0	0	0	0	38	0	0	0	38	0	38
旅游服务与管理_中职	3	0	0	0	0	41	0	0	0	41	0	41
数字媒体技术应用_中职	3	2	2	0	0	0	0	0	0	0	0	0

玄武区2022/2023学年初中等职业教育学校专任教师及办学条件情况表

表35

学校名称	中职专任教师										
	按学历分(人)					按职称分(人)					
	合计	研究生毕业	本科毕业	专科毕业	高中阶段及以下	合计	正高级	副高级	中级	初级	未定职级
玄武中等专业学校	234	59	175	—	—	234	3	78	101	24	28

学校名称	办学条件											
	占地面积(平方米)	建筑面积(平方米)							运动场地(平方米)	绿化面积(平方米)	计算机(台)	固定资产总值(万元)
		教辅用房(平方米)		行政用房	会堂	体育馆	图书馆	其他				
		教室	实验室									仪器设备
玄武中等专业学校	30301	6452	—	3962	—	—	489	—	7000	6550	—	—

新闻媒体报道题录

《新华日报》

3月21日　搭载“科研重器”，创新玄武再起势（盛文虎）

3月25日　玄武区齐心株牢疫情防控堡垒（宋龙）

3月28日　锁金村烹出冬训“色香味”（盛文虎 丁超）

4月8日　南京长江路探索文商旅全向融通发展新路径（张姣姣 顾萍）

4月11日　玄武湖开启“美颜进行时”（盛文虎 袁浚领）

4月12日　玄武区统一战线战“疫”排查：闻令而动 严密布防 全力保障（宋龙）

4月25日　“社区公益阅读计划”于4·23世界读书日在南京正式启动

5月16日　锁金村老小区装上暖心灯（陈梅 盛文虎）

6月6日　五届青少年科技创新区长奖累计遴选千余件优秀作品 点燃“科技梦”，玄武劲涌创新“后浪”（盛文虎 何斌）

12月5日　徐庄高新区培厚沃土激活“第一资源” 紫金山下，创新“梦之队”起飞（盛文虎）

《南京日报》

1月5日　玄武积极推进停车资源共享 机关事业单位腾出百余“共享车位”（邓露洁）

1月6日　梅园新村香林寺沟两大片区整治一新（何钢）

1月6日　南京D9街区：巷陌中拥抱文旅发展新机遇（孟璟玉）

1月6日　以建设“四最”城区为引领，聚力六大方面集中攻坚——玄武：活力主城迈进现代化“新篇”

1月7日　玄武“博思汇”、栖霞“走进观摩”、鼓楼“家庭助力”引领——创新招商培训，为我市传授引资秘诀（曹丽珍）

1月10日　北京东路小学开展校园冰嬉节（徐琦）

1月11日　玄武为群众送上“文艺礼包”（邓露洁）

1月12日　玄武法院发出全市首例家庭教育令（张源源）

1月12日　扫雪防冻突击队应急演练（段仁虎）

1月17日　玄武创新推出“民生资金安全岛数字化平台” 一看一点一查，申领补贴到帐（邓露洁）

1月21日　小学生体验寒假科技周活动（徐琦）

1月24日　玄武社会组织建设获两项省级称号（邓露洁）

1月24日　玄武奏响未成年人司法保护“合音”（邓露洁）

1月25日　玄武区党员抗疫支援服务队在国展中心集合

1月27日　第三届长江路小剧场话剧节闭幕（邓露洁）

1月28日　“牵手”十余家社区组织 小社区成家门口“大舞台”（邓露洁）

1月28日　推动廉洁文化建设更加生动有效（张义）

1月28日　见义勇为积极分子向玄武区见义勇为基金会捐赠奖金（朱静）

2月5日　玄武环境集团有限公司环卫工人在龙蟠路开展日常清扫（董家训）

2月8日　昨日，玄武区园林部门在北京东路街头清除树梢积雪（徐琦）

2月9日　昨日，在锁金村街道紫鑫苑社区，居民和社区工作人员堆积雪人（孙中元）

2月9日　听首身边的历史故事，更爱这座城市（朱彦）

2月11日　玄武加固网络消费维权“保护罩”，使取证固证变得智能无误—“云端”监管平台，全程助您维权（夏雪晴 邓露洁）

2月11日　连续两年全市作风建设满意度评议第一名 玄武：高位“起跳”，对标“最优”奔跑争先（吕巍 梁哲斌）

2月12日　玄武区法检携手召开联席会议（张源源）

2月13日　玄武全区推广“网约家医”一键下单,家庭医生服务到家(邓露洁)

2月14日　“四维”同步,为学生定制“寒假套餐”(夏雪晴)

2月16日　校门口越野车自燃 护学警力及时扑救(王茸)

2月18日　D9街区举办“历届冬奥会海报”展(孙中元)

2月19日　孝陵卫:乘势而上抓落实,只争朝夕谋发展(王潇雪)

2月20日　玄武一百七十个重大项目集中竣工开工(邓露洁 夏雪晴)

2月22日　玄武湖街道升级10个特色便民服务中心 修整“螺丝壳”孵化“活动圈”(夏雪晴)

2月23日　玄武“红媒礼堂”揭牌(夏雪晴)

2月23日　梅园新村完成片区整治(何钢)

2月24日　玄武今年将建成6条幸福河湖(邓露洁)

2月25日　玄武区玄环公司开展“岗位练兵强技能”主题活动(董家训)

2月25日　今年玄武将新增绿地10万平方米(邓露洁)

2月25日　玄武区创新做法提高居民垃圾分类积极性(顾小萍)

3月4日　樱花小学:小选手初谈新闻理解(薛菁)

3月4日　樱花小学党员干部寒假看望慰问教师(钱红艳)

3月4日　“学雷锋”便民服务暖人心(孙中元)

3月10日　玄武区一年支持资金超百亿元(张安琪)

3月14日　玄武这家“银行”有165名存款人(邓露洁)

3月15日　蔬菜供应充足价格平稳——进香河农贸市场(冯芃 徐琦)

3月16日　玄武严查校园周边非法出版物(夏雪晴)

3月18日　百子亭天地项目北区年底竣工(邓露洁 卫凌云)

3月19日　玄武区退役军人事务局与新街口街道北门桥社区组织志愿者开展防疫工作

3月21日　珠江路,创新思路再出发(邓露洁)

3月23日　无手机老人测核酸不便 社区:携身份证即可(张彪)

3月23日　【一网统管】提速疫情防控(孙中元)

3月29日　玄武区孝陵卫街道:用心用情画好党建引领下多元共治“同心圆”(王灿)

4月8日　孝陵卫街道多部门协调解决停车难题 疏通“小堵点”畅通“民心路”(邓露洁)

4月11日　夏心旻参加市人大玄武团分组审议时强调:创新驱动塑造新优势 提质增效展现新作为(杨凡)

4月11日　玄武区曹后二三村小区入口,市民正扫描场所码(董家训)

4月11日　玄武区代表团团长闵一峰:慎终如始抓防控 一着不让谋统筹(邓露洁)

4月11日　窗口地区美丽蝶变,绘就玄武高质量发展生动画卷(许韦国)

4月13日　玄武区出台助企纾困二十项举措(邓露洁)

4月19日　“玄武之光”加紧建设(孙中元)

4月19日　玄武区检察院干警孙军坚守枢纽地区防疫一线 当好闭环转运工作“螺丝钉”(邓露洁)

4月20日　玄武入选省级文旅产业拟激励支持名单(邓露洁)

4月21日　聚焦三大板块五大在售总部载体 玄武春季招商线上分享会举行(邓露洁)

4月22日　玄武区:“云上”招商热度不断

4月26日　玄武防疫与建设“两手抓” 一省级重大项目完成多项节点任务(夏雪晴 邓露洁)

4月27日　10家“书香玄武”读书角名单发布(邓露洁)

4月28日　徐庄知识产权运营中心投入使用(夏雪晴 邓露洁)

4月30日　2022南京国际消费节玄武分会场活动举行“1+5+N”系列活动点燃“消费季”(夏雪晴 邓露洁)

5月4日　玄武门街道防疫志愿者放弃休息,坚守在自己的岗位上

5月4日　市劳模高毅:坚守岗位20多年的“城市美容师”(余梦迪)

5月8日　玄武区税务局为科技型中小企业建

立"成长档案"一对一定制服务，助企轻身快跑（邓露洁）

5月9日　老烟厂之变（张璐 孙中元）

5月16日　"玄武青年探百店"第三季拉开序幕 线上"种草"线下打卡 达人探店"引流"带客（夏雪晴）

5月20日　玄武新中心崛起，百年央企再造南京"新地标"

5月23日　老旧宿舍隐患多 居民盼消险（胥欣）

5月24日　玄武区精准除差提升垃圾分类水平 105个小区和单位今年"提优"（顾小萍）

5月24日　满足经营需求，让孩子放学后有个自习环境 "小课桌"托管服务扎根集贸市场19年（夏雪晴）

5月25日　宣讲红色故事 传承红色基因（孙中元）

5月26日　红山新城18所学校今秋招生（夏雪晴）

5月26日　玄武33个项目获科技创新区长奖 "一老"学科技 "一小"秀创新（夏雪晴）

5月28日　打击整治养老诈骗，警方"三箭齐发"行动开展以来，我市打掉养老诈骗团伙8个，抓获嫌疑人100余名（朱静）

5月31日　市规划和自然资源局玄武分局：突出担当作为"五心级服务"不打烊（王灿）

6月2日　玄武区香林寺沟"变身"城市公园

6月4日　"宁夜行动"开启动态巡防（段仁虎）

6月5日　"我们的节日 端午"活动基地落户玄武（夏雪晴 邓露洁）

6月6日　玄武区D9街区举行D调复古市集活动

6月8日　团省委"青年学习社"云接力活动启动 第一站走进玄武区"初心之路"（余梦迪）

6月9日　玄武首批核酸采样小屋启用（邓露洁）

6月9日　听梅园故事 忆峥嵘岁月（孙中元）

6月10日　南京市玄武中等专业学校 何须浅碧深红色，自是花中第一流

6月11日　玄武区【质量小站】质量管家暖心上线（宁市轩）

6月13日　留住街巷记忆，展现创业精神 话剧《珠江路 万万没想到》首演（邓露洁）

6月15日　街道议政团，"家门口"议政（邓露洁）

6月16日　"梧桐论语"理论宣讲走进玄武区锁金村街道锁五社区（夏雪晴）

6月16日　让青春不负"热血"（王茸）

6月17日　议政代表解民忧，孝陵卫来了"智囊团"（尹娟 王潇雪）

6月22日　玄武区试点农贸市场管理新机制 "回"字形阵法破了"老大难"（顾小萍）

6月23日　徐庄高新区将添集酒店商业为一体的综合载体 启缤精选商业中心加速建设（夏雪晴 邓露洁）

6月25日　700余部无障碍电影服务残疾人（夏雪晴）

6月25日　网格党支部书记认领"书记项目" 社区"头雁"飞，基层治理"美"（邓露洁）

6月26日　玄武：超百场活动尽管来体验（邓露洁）

6月27日　紫金山一沟流域雨污水管网修缮有进展 玄武涌入涌支流水质将提升（邓露洁）

6月30日　孝陵卫街道："望闻问切"，画好基层治理"同心圆"（王潇雪）

7月1日　玄武"迷彩少年行"暑期夏令营开营（夏雪晴 邓露洁）

7月1日　北京东路小学学生在江苏省美术馆上书画鉴赏课

7月1日　玄武"迷彩少年行"暑期夏令营开营（夏雪晴 邓露洁）

7月2日　闻"汛"而动，孝陵卫"练兵"（邓露洁）

7月3日　扫描【场所码】严格执行防疫要求（徐琦摄）

7月5日　玄武暑期夏令营办到社区门口（夏雪晴）

7月6日　省第十四次党代会党代表魏超见证玄武"消费蝶变"——主动"造景"，力促消费"满园春色"（邓露洁 夏雪晴）

7月11日　聚焦创新引领、消费促进，对标建设"四最"城区——玄武特色立区，老城焕新（邓露洁 夏雪晴）

7月18日　人大代表一线履职成立专业工作室(邓露洁)

7月21日　玄武超六成老旧小区由国企托管(夏雪晴)

7月29日　长江路:“高端时尚范”和“市井烟火气”相得益彰

8月1日　摊位前面挂小桶 菜叶杂物不落地——月苑农贸市场首试垃圾分类“二级四分”(顾小萍)

8月1日　市老年健康大讲堂玄武首讲(邓露洁)

8月1日　聆听英模故事 点燃家国情怀(孙中元)

8月2日　玄武区发布专题视频聚集退役军人代表 军人退役永不褪色,续写荣光永担当夏雪晴 邓露洁)

8月3日　十三中红山分校创新德育工作模式 变抽象说教为生动的活动体检(钱红艳 沈建梅)

8月4日　玄武老旧小区培育近百名【红色管家】汗湿【红马甲】,共建【美家园】(邓露洁)

8月4日　从卖相机到“卖技术”、从手机卖家到“手机主播”,老卖场业态升级——“新网红”让珠江路再度“翻红”(邓露洁)

8月5日　玄武区市场监督管理局加大执法检查力度 保障网购生鲜质量 守护市民“菜篮子”(夏雪晴)

8月6日　暑期实践,青少年家门口学史懒今以街巷为“书”,听建筑“说话”(邓露洁)

8月8日　扫描“场所码”严格执行防疫要求(徐琦)

8月15日　人社局长直播带岗聚焦鼓楼玄武重大项目企业,2小时吸引近13万人观看6家单位现场推荐岗位需求(余梦迪)

8月15日　高楼门部分违建已拆 产权单位与玄武门街道协商消险(胥欣)

8月22日　红山街道各级单位积极参与基层治理 这些民生实事,我们来办!(夏雪晴)

8月24日　玄武11条暗涵整治工程即将完工(邓露洁)

8月25日　校园消杀迎开学(周瑾 陈涛)

8月26日　话剧《珠江路·万万没想到》上演(邢虹)

8月26日　玄武:搭建科研平台,探索“创新密码”(夏雪晴)

8月27日　红山街道北苑配衣服安全银龄管家工作室的志愿者上门为老人送上避暑物品。(孙中元)

8月29日　借戏育人,“锁金有戏”工作室揭牌(夏雪晴)

8月29日　小学迎新:萌娃新入校 传统文化润心田(徐琦摄)

8月30日　新生军训磨炼意志(徐琦摄)

8月31日　这个“省钱法”千万别用(朱静)

8月31日　玄武聚焦科技创新 举办学习会(夏雪晴)

9月5日　推行两年,268个老旧小区居民满意度提升—“百子红”蹚出党建引领基层治理“玄武路径”(殷学兵 邓露洁)

9月6日　玄武 鼓楼医院临床医学研究院落户(夏雪晴 邓露洁)

9月8日　党的创新理论“飞入寻常百姓家”红色“支点”送课进基层(邓露洁)

9月8日　玄武推动数字经济与实体经济深度融合 数字赋能,产业插上“智慧翼”(邓露洁)

9月14日　孝陵卫街道农科院社区第一书记唐春红经历小区51部电梯加装——小小一部梯满满幸福感(顾小萍)

9月14日　第十三中学举行“明月 青春 梦想”月光诗会(徐琦摄)

9月18日　扎根珠江路十几年,几经危机育新机 “老珠江路”转型折射产业更新(邓露洁)

9月20日　我市小学生亲身体验“开飞机”(余梦迪)

9月22日　对标典范城市创建标准提升城市环境品质

9月23日　充一次电,满载垃圾跑一天,运行成本降低一两成 我市明确新增环卫作业车须为新能源车(顾小萍)

9月25日　玄武统筹推进消费载体建设与消费活动开展 打好文商旅融合发展特色牌(邓露洁 夏雪晴)

9月26日　玄武举办“苏岗贷”启动发放仪式 首批5家企业获信贷3000余万元(夏雪晴)

9月29日　玄武区梅园新村街道雍园41号小区:居民圆了“电梯梦”幸福指数成倍增(满菲)

9月30日　防——为人间“烟火气”拧紧“安全阀”

9月30日　住家保姆成功向雇主讨薪 玄武区商务局为群众追回经济损失(徐宁 许震宁)

10月1日　我和祖国比个心(段仁虎)

10月3日　玄武区开展“倡廉护企”行动(余梦迪)

10月11日　紫玄巷整治一新(孙中元)

10月11日　玄武:融入共享理念,河畔收获幸福(张万春)

10月12日　见证老旧小区蝶变,梅园新村社区副书记蒯梦倩:立足岗位,做居民的“贴心人”(夏雪晴)

10月13日　玄武:以“稳”求“进”谱写发展新篇

10月13日　全力构筑投资兴业“一流生态”

10月13日　玄武城建:书写高质量发展“国企答卷”

10月13日　孝陵卫街道深入推进基层治理到边到沿 织就钟山南麓【幸福大街】

10月13日　建管一体打造精品项目,创新机制提升品质养护——匠心绘就【美丽玄武】好风光

10月14日　玄武外校门前从“停四排”到“零停放”(王茸)

10月20日　捍铺营社区志愿者引导市民有序排队进行核酸采样(孙中元)

10月20日　玄武跑出重大项目建设“加速度”(邓露洁 夏雪晴)

10月22日　这场中学运动会,让“劳动:遇上运动”(钱红艳)

10月23日　孝陵卫法庭庭长陈文军:忠诚履职,办理好每起案件(张源源)

10月26日　区街两级管工地 工程进度更顺畅(顾小萍)

11月1日　孝陵卫这个志愿服务组织多年义务为孤寡老人织冬衣 “巧线婆婆”织出暖暖邻里情(邓露洁)

11月2日　优化收运时间、频次 让垃圾在小区少停留

11月2日　三级联动 “争优除差”快速见效

11月3日　玄武老旧小区配上“爬楼机”(邓露洁)

11月6日　玄武区干部群众认真学习领会党的二十大精神——凝心聚力抓落实 聚精会神谋发展(邓露洁 夏雪晴)

11月7日　南理工实小为孩子们设计跨学科主题作业 用上各科知识“玩转”面食(钱红艳)

11月10日　严字当头守底线 强力保障护大局(罗昌锋)

11月10日　南京师范大学附属小学“童心母爱”滋养儿童成长

11月15日　南师大附小与5所高校共建“儿童课程研究基地”(钱红艳)

11月18日　南京启动吸入式并新冠疫苗接种(徐琦摄)

11月22日　玄武区城建运行“一网统管”平台的网格员正在与核酸检测点现场工作人员连线,了解实时情况(孙中元)

11月22日　位于后宰门东村的养老业务受理中心里,市民正在窗口办理业务(段仁虎)

11月22日　议政代表建议“家门口”落地 “百米巷”:点亮路灯,照亮人心(邓露洁)

11月23日　服务企业“小切口”彰显营商环境“软实力”2022年珠江路创客节系列活动举行(邓露洁)

11月23日　玄武区“升级”共享单车管理模式 一家公司一片区,清理单车淤积点(顾小萍)

11月24日　街道有了“社工站”,服务居民“零距离”(邓露洁)

11月25日　校友定向划拨资金培养学生科学素养 九初“东奇科技创新中心”成立(钱红艳)

12月8日　玄武区建设国际消费中心城市中心区—首店经济奔腾,澎湃发展新势能(魏超 王翔)

12月9日　五大方面全面发力 展现玄武生动图景(邓露洁)

12月10日　和平公园“梧桐语”今年挂牌“书香玄武”读书角

12月14日　玄武区在侵华日军南京大屠杀遇难同胞北极阁丛葬地举行悼念活动(孙中元)

12月16日　玄武3辆称鎰疫苗接种车启用(邓露洁)

12月30日　不能说的优秀(谈洁 钱红艳)

(栏目编辑　卢永晨)

索引

说　明

一、索引采用主题分析索引方法，依据首字汉语拼音字母顺序排列，同音字按声调，同音同调按笔画顺序排列。

二、类目用黑体字。数字表示内容所在页码或参见页码。

三、特载、专记、大事记、附录、概况条目及表格不收入索引。

A

B

C

D

E

F

G

H

J

K

L

M

N

P

Q

R

S

T

W

X

Y

Z

（栏目编辑 卢永晨）